北京农村年鉴

2018

中国农业出版社
北　京

领导调研与考察

2017年6月21日，农业部部长韩长赋调研北京市农林科学院

2017年3月2日，中央农办主任唐仁健一行到通州区调研

2017年1月5日，北京市副市长林克庆到潭柘寺慰问

2017月3月1日，北京市副市长林克庆视察通州区崔家楼无煤化工程

2017年11月11日，北京市副市长卢彦到房山首诚、窦店恒升、泰华芦村调研

2017年9月27日，北京市政协领导视察怀柔区沟域经济

都市型现代农业

高效现代密植果园挂果

金叶紫穗槐生态适应性与繁育技术研究

赤眼蜂防治技术培训

深松作业

外国专家参观北京设施农业

延庆区有机产品认证示范区创建工作

北京市农林科学院新品种介绍

美瑞

京春1号

瑞都科美

板栗—黑山寨7号

粉黛毛芒乱子草

京科甜191果穗

京科糯2000K果穗

京科糯609果穗

京麦21

京农科736

绿姬奇巨芒

赛迪7号紫花苜蓿

雪绒东方狼尾草

优迪339

新农村建设

梦幻紫海香草庄园进入花季 (张磊　摄)

长子营湿地 (张磊　摄)

京西太平鼓

门头沟区送气下乡液化气站

民俗旅游与观光

“北京最美乡村”候选村——通州区永乐店镇西河村

“北京最美乡村”候选村——大兴区榆垡镇西麻各庄村

北京市花（月季、菊花）三十周年暨第九届北京月季文化节在大兴区魏善庄镇月季主题园开幕

北京市延庆区2017年乡村旅游文化节

2017第十九届北京国际旅游节在大兴闭幕（张磊　摄）

端午文化节传统武术表演

山区经济与生态建设

京张优质农产品推介会

门头沟区斋堂镇爨底下村全景

农村改革与集体经济发展

2017年北京市乡镇长专题培训班

百姓宣讲走进门头沟区活动

农村社会事业

延庆区人力社保局组织“我是‘村官’”主题演出

2017年门头沟区低收入农户增收工作推进会

门头沟区园林绿化局组织法制宣传

门头沟手工编织培训

基层组织建设

北京市大兴区重点扶持村党组织书记培训班

门头沟区2017年农村党组织书记培训班

《北京农村年鉴》编辑委员会

《北京农村年鉴》编辑部

主　　编　吴宝新

副 主 编　曹四发（常务）　王修达　魏惠东　张　旭

执行主编　徐再城

成　　员　刘孟超　邱　睿　杨秋玲

特约编辑（按姓氏笔画排序）

才庆学　王　东　王　宇　王　滨　王　磊　王　震
王以中　王丽洁　王宏宇　王春华　王晓日　甘国再
田　雨　田亚南　田丽娜　付　鹏　冯晓晴　兰　岚
邢贵平　毕　珊　朱淑英　任　荣　任玉玲　华　蕾
刘　刚　刘孟超　刘春广　刘艳艳　齐　智　齐庆栓
孙存虎　孙甜甜　纪绍军　杜力军　李　理　李　潇
李云忠　李文超　李玉霞　李东伟　李永翔　李志敬
李灵犀　李景辉　杨　姝　杨　琦　杨中杰　杨慧艳
肖　勇　肖姗姗　吴汝明　邱　睿　汪凌波　沈春林
张　旭　张英洪　张晓晟　张毅良　陈连武　陈奕捷
陈雪原　季　虹　周　凯　周立轩　周洪生　郑　贤
郑丽娜　郑海峰　孟建洲　赵　华　赵　颖　胡登州
侯　进　侯书江　侯福强　姚杰章　袁庆辉　聂观涛
贾　雪　贾寒智　顾崇华　徐建军　郭振华　涂宏汉
黄生斌　曹晓兰　符乃清　梁自山　葛继新　程晓仙
蔡晓东　魏惠东

凡　例

一、《北京农村年鉴》是集中反映北京农村经济和社会发展情况的大型资料性工具书和史料文献。在中共北京市委农村工作委员会和北京市农业农村局的领导下，由北京市农村经济研究中心主持编纂。

二、《北京农村年鉴》以马克思列宁主义、毛泽东思想、邓小平理论、"三个代表"重要思想、科学发展观、习近平新时代中国特色社会主义思想为指导，运用丰富、翔实的资料和客观、真实的记述，使社会各界增进对北京农村的认识与了解，促进北京地区各行业和国内外与北京农村的合作、交流，也为地方史志的编写积累珍贵的历史资料。

三、《北京农村年鉴》基本写作形式为条目体，并选载适量文章，辅以图片、表格，使读者对北京农村情况有一完整了解。

四、《北京农村年鉴》所设栏目与类目基本固定，依据年度变化情况作适当调整。

五、《北京农村年鉴》稿件，由北京市委农工委、北京市农业农村局各职能部门，北京市农业系统各单位，各涉农区，并邀请各有关部门，确定专人撰写，均经各部门主管领导审阅。有关数据采用国家和市统计部门发布的权威数字；未列入国家和市统计范围的，采用业务部门经过核实、可以发布的数字。

目　录

特　载

文件选载

涉农文件目录

总　　述

大　事　记

城乡发展一体化

都市型现代农业

郊区二、三产业

郊区生态与基础设施建设

山 区 建 设

农 业 科 技

农村改革与发展

农民生活和农村社会保障

农村社会事业

农村社会管理

农业农村法制建设

组 织 建 设

郊区农情

市农业系统行政、事业机构

统 计 资 料

索　　引

特　载

北京市副市长林克庆在2017年1月9日北京市社会主义新农村建设领导小组（扩大）会议上的讲话

今天会议很重要，既是对习近平总书记关于“三农”工作重要指示精神和中央农村工作会议精神的学习贯彻，也是岁末年初全市“三农”工作的总结部署。刚才，文锴同志作了工作报告，总结了大家一年来的工作成绩，对2017年的重点任务进行了布置，我完全赞同。会议印发了北京市贯彻中央1号文件的意见讨论稿，希望大家结合工作实际，深入研究谋划，提出好的建议。

下面，我再谈几点意见，可以概况为“两点一线一主题”：2016年工作亮点突出，2017年工作节点频至，我们要紧紧围绕城乡一体化发展这个主题，抓住农业供给侧结构性改革这条主线，深化农村各项改革，推动农业农村朝着绿色生态、和谐宜居的目标不断迈进。

一、关于2016年工作

习总书记讲：农业是“基本盘”，这几年为全局工作作了贡献。过去一年，我们这个“基本盘”稳中向好，各项工作进展顺利，主要任务较好完成，“十三五”实现良好开局。这里有几项亮点工作，比较振奋，值得总结，值得肯定。

一是农村“电气化”大力度推进，工作超乎常规。2016年农村的“煤改电”“煤改气”可以说是“一步跨了两个台阶、一年当了十年使”。年初张高丽副总理两次到北京调研大气污染防治工作后，我们把原定完成400个村“煤改清洁能源”任务提高到463个村，天天调度、周周督查、月月通报，在各有关部门和郊区共同努力下，供暖季前全部完成，这是第一个台阶。同时，各区也加大力度、自我加压，年底前又超额完成200个村，这是第二个台阶。所以说，2016年是上下同心，“两步并作一步走”，全市共完成改电、改气663个村、22.7万户。有两个数是可参照的，一是东西两个城区13个年头一共改造了31万户，平均每年改2.3万户；二是农村这项工作从2013年开始，前三年平均每年也是改2万多户，可2016年不同，我们一年完成了相当于过去十年的任务量，而且农村基础设施差、工程战线长、施工强度高、推进难度大，有这样的成绩实属不易。这是市委市政府下大决心、相关部门通力合作、郊区各区下大力气的结果，蔡奇市长专门对电力、燃气公司批示表扬，这里要对电力公司、燃气集团、各区及市农委等有关部门提出表扬。

二是农民收入继续保持“两个快于”的势头，得之不易。从全国来看，宏观经济增速普遍放慢，经济下行压力较大，农业也不能独善其身，农产品价格总体比较疲软，2016年多数省份农民收入增速慢于城镇居民；从北京市来看，随着非首都功能疏解，一些低端的业态加快退出，农民转移就业的难度也在增加，对农民收入起决定性作用的工资性收入的增速在放缓。我这里有组数据，2013、2014、2015年及2016年前三季度的农民人均工资性收入增速分别为11%、8.6%、8.6%、6.8%，农民工资收入增幅呈下降趋势。在各种不利因素下，2016年全市农村居民人均可支配收入初测约

22 000元左右，增速连续8年快于城镇居民；低收入农户的增速连续6年快于农民整体。这主要得益于我们有比较健全完善的城乡统一的就业政策和城乡一体的社会保障体系，得益于绿岗就业、公益性岗位就业的有效吸纳和补贴标准的不断提升，得益于全市实施的一系列惠民工程和实事工程，更得益于我们采取的精准识别政策。2016年，我们调整了低收入农户认定标准（从2012年的人均收入7 750元调整到11 160元），用半年多的时间开展低收入农户精准识别，全面完成了建档立卡、全员监测工作，建立起“六个一批”的系统帮扶工作体系。可以说，正是有了这套“组合拳”，才保证了农民增收这个核心任务有效完成。

三是农业“调转节”深入推进，生态效果开始显现。经过两年多努力，全市粮田面积由2013年的176万亩①减少到110万亩，调减了66万亩，完成“调转节”计划任务的69%；其中，高耗水作物小麦同比减少了20万亩，推广节水抗旱品种50余万亩。在完成百万亩造林任务的基础上，又新增平原造林19万亩，平原地区森林覆盖率一年提升了1.8个百分点，达到26.8%。落实《水十条》，划定5 202.3平方公里的禁养区，379家养殖场正在加紧关闭、搬迁和治理，生猪、家禽年出栏量比2013年分别调减了11%、15%。节水方面，2016年农业用新水6亿立方米，比2013年减量17.8%，年均减少用新水4 000万立方米左右，灌溉水有效利用系数由2013年的0.69提高到目前的0.71。另外，农药、化肥用量都明显下降，病死畜禽集中无害化处理水平大幅提高，秸秆禁烧保持了“零火点”，农业农村生态产品的供给能力明显提升。

四是农村改革不断深化，成绩可圈可点。农村承包土地确权颁证完成总体任务的60%以上，为下一步做好“三权分置”工作奠定了基础。首宗集体建设用地入市交易，同地同权同价试点取得实效。闲置农民住宅盘活利用试点在怀柔、密云、房山、延庆等区也取得了较好的效果，特色民宿、乡村酒店发展水平明显提升。普惠制农村金融也取得进步，支持新型经营主体融资5.7亿元，贷款贴息740多万元。另外，农业科技成果权益改革也取得初步成效，市农科院的蔬菜、玉米、小麦三个中心试行股权激励这一权益分配形式改革，有效放活了科研机构的创造性，新品种的商业转化、新技术的推广能力都有了明显提升，一些领域占据国内种业领先地位，有的进入世界先进行列。比如蔬菜中心，2016年推广“京研”系列良种50余万千克，销售额突破亿元，公司一个9人研发团队预计分红1 000万元，人均收入是过去的3～5倍。

五是以治污、绿化为代表的一批重点工程圆满完工，城市基础保障水平有新的提升。完成了污水治理第一个三年行动方案的收尾工作，启动了第二个三年行动方案，全市污水处理能力提升了70%，污水处理率达到了90%，过去我们有些污水处理厂是“吞不下”、处理不过来，现在则出现了“吃不饱”的情况。重点区域大尺度森林持续增加，湿地恢复与建设大力推进，城市绿化水平和郊区生态承载能力进一步提高，新增京冀生态水源保护林10万亩。南水北调中线工程年度累计调水11.04亿立方米，超过计划分配水量（10.5亿立方米）5%，密云水库蓄水量突破16亿立方米。“一绿”地区第一批试点的6个乡，已拆迁腾退400万平方米，绿化建设5 000亩。另外，其他一些民生工程也都开始发挥作用。比如，首农在河北投资近40亿元建设的三元乳品工业园和高标准养殖场已经投入使用，这是京津冀农业协同发展的“代表作”。又比如，在农村医疗卫生机构“空白村”新建310个村卫生室，把乡村医生岗位补贴由1 600元提高到3 500元，实实在在地提升了农村卫生服务水平。

六是乡村换届选举圆满完成，党在农村的执政基础进一步巩固。182个乡镇党委、3 906个村级党组织完成换届选举，京郊乡村两级基层领导班子的学历、年龄等各方面结构进一步优化，彻底消除了“白点村”。通过在全市村党组织和党员中深入开展“两学一做”学习教育、完善村干部待遇保障机制、面向45岁以下村干部推行免费学历教育等工作，使农村基层组织建设进一步巩固和加强。

说成绩也是挂一漏万，不可能一一点到。总的看，过去的一年，“三农”发展符合预期，各项工作朝着城乡一体化既定目标扎实迈进。借此机会，我代表市委、市政府，对新农村建设领导小组各成员单位和各区，在过去一年为新农村建设做出的努力、付出的艰辛、取得的成绩表示感谢！

但是我们也应清醒看到，“三农”工作中一些困难并没有减少，甚至有的还在累积，不少难点问

---

① 15亩=1公顷。

题还需要更大的突破，这样才能保证我们确定的“十三五”奋斗目标顺利实现。突出的问题主要有三个，也可以说是工作的难点：一是农民持续增收难，占农民收入75%左右的工资性收入增速连续四年下降，农民增收动能疲软，保持“两个快于”压力很大，必须要引起高度重视，采取有力措施积极应对。二是以土地制度为主要内容的改革创新难。土地有效供给、集约节约利用形势严峻，亟需有新的应对、新的突破。三是在优质安全农产品的有效供给、均衡供给方面还有待进一步提高，农业供给侧结构性改革的任务还较重，“调转节”中“节”的压力还很大，包括节水、节肥、节药、节劳力，也包括降成本、降能耗，都还有较大的提升空间。

二、关于2017年工作

2017年是继往开来的关键一年。从大形势来说，要召开党的十九大，要举办“一带一路”国际合作高峰论坛，市委要召开第十二次党代会，这些都是重大政治任务，必须要做好服务保障、环境保障和安全保障；从农口工作来说，各项重点工作陆续进入“窗口期”，有一批工作和工程今年要收尾，要划句号；有一批工作要攻坚，拿下几个“山头”，划出“分水岭”；有一些工作还要谋划新的篇章，实现新的布局。我简单罗列了一下，大体有这么几项。

一方面，今年要做好阶段性收尾，并着手谋划下一步的，起码有四项是“实打实”的任务：

一是南部7区平原地区农村“无煤化”。农民做饭取暖不烧煤，这是一项历史性的变革，是农村真正“电气化”的一场革命。今年要再改造700个村庄，保证这一阶段性目标的实现。2016年这项工作推动面临的主要是技术性难题，难在技术路线的确定、设备的选型等，今年面临的主要是健全完善机制，包括整村整镇改造的民主决议机制、企业及设备优选机制、后期维护保养机制、长期运行补助机制等等，都要深化研究、不断改进、及时跟进。另外，广大山区农村的冬季采暖问题怎么改善和提升，也需要更多的创新和试点，路线成熟、农民欢迎的也要有序推进。

二是“一绿”地区第一批试点建设。按照“城乡接合部建设三年行动计划”，“一绿”地区第一批6个乡的试点也是告捷之年，要实现全面城市化的阶段性目标，人、地、业、居都有具体量化的任务指标，年底要逐一对账、照单签收，也给大家一个明示，我们现在选择的这条路径是可推广、可复制的。目前，“一绿”地区按乡（场）划分共有24个单元，计划是分四批陆续启动推进，第二批6个试点方案去年市政府已经批准，工作要全面铺开；第三批6个试点的方案要尽快完善，抓紧报批审定，年内争取启动；第四批最后6个试点也要争取在今年底，最晚在明年上半年要启动实施。

三是农宅抗震节能改造。这项工程从2006年实施至今，市财政累计投入了85亿元，共改造完成63.3万个农宅，可以说，农村房屋节能保暖效果明显，100多万农民得到实惠。今年是《北京市农民住宅抗震节能改造工程建设规划（2014—2017年）》的收尾之年，按过去的口径来看，今年再完成改造6万户的目标任务后，基本上是做到了农业户籍住户的能改尽改。但随着新形势的发展变化和“煤改清洁能源”工作的需要，农村肯定还是有需求的，也需要作深入的调研，提出下一步的意见或方案，做到应改尽改。

四是国有林场改革。按照市政府《北京市国有林场改革实施方案》，今年底前要基本完成改革任务，包括完成改制为公益一类事业单位，理顺国有森林资源管理体制，推行事企分开，创新管护方式等等，要抓紧做好改革各项具体工作收尾。

另一方面，需要集中力量进行攻坚的任务，起码也有这么六项“硬骨头”，需要啃下来、见成效：

一是低收入帮扶。2016年主要是开展基础工作、“拉弓搭箭”，今年才是真正的首战之年，各项政策要落地，必须做到“有的放矢”。7.2万户、15.6万人的低收入农户、234个低收入村，到2020年实现高水平的全面小康，我们也要按总书记提出的“小康路上一个都不能落下”，用好管好专项帮扶资金，把“六个一批”帮扶措施做实、做细、做具体，调动各部门和社会各界力量，形成全面覆盖、协同有效的帮扶合力。同时，帮扶也要讲究工作方法，习总书记强调“扶贫先扶智，扶贫先扶志”，两个“zhì”，第一个是智力的智，第二个是志气的志，所以我们要特别注意调动帮扶对象的积极性、能动性，摆明政府“帮穷不帮懒、救困不救闲”的姿态，正确认识和充分发挥帮扶资金“药引子”的作用，帮助低收入农户鼓起脱贫志气、掌握谋生技能、燃起致富希望，帮助低收入村理清发展思路、培育主导产业、打造致富动能。

二是农村“三块地”的改革。土地制度改革的各类型试点我们都有，包括国家授权的改革试点，都取得了一定的成效，但主要的问题就是我们自己选择确定的一些试点，效果也不错，事权也不在中央，可就是没有有效地推开，都还是局限于试点之中。今年中央 1 号文件和汪洋副总理讲话都专门强调了这个问题，特别指出要“破解自己的地自己不能用、用不好的困局”。郭金龙书记在 2016 年 12 月 21 日，市委常委会传达学习中央农村工作会议精神的时候，再次强调集体经营性建设用地乡镇统筹利用的试点，讲得是掷地有声、振聋发聩，郭书记讲“乡镇统筹是北京探索的有益做法，我们不搞土地拍卖，这个试点也不用国土部批准，这个事我讲了两三年了，现在推广得慢一点，试点还限在大兴，症结出在哪了？有关部门要深入研究，这个做法要下决心推广”。市委十一届十二次全会也把这项工作作为 2017 年“关键性改革”予以明确，2016 年底蔡奇市长还专门召开了专题会进一步研究政策措施。今年每个远郊区都要抓一个试点，市规划国土委、市农委要组织各区抓紧研究确定方案，基本成熟的要尽快启动，确保有突破性的、实质性的进展。“三块地”里面，承包土地确权颁证今年也要基本完成，也是攻坚任务。宅基地还要继续推进闲置农房的盘活利用，要创新管理方式、建设模式和服务手段，提高多元化主体共同参与的积极性，把农村闲置资产变成长期收益。

三是农业节水。今年中央明确提出把农业节水作为方向性、战略性的大事来抓，前不久总书记又过问了北京农业的节水情况。我们 2014 年虽然出台了关于“调转节”的意见，明确了节水的目标，这两年节水的效果也比较明显，但离中央给我们提出的要求、离农业现代化的要求还是有差距的，在这个问题上我们必须要有清醒的认识，要有紧迫感，要用更高标准来要求。现在看，光靠常规的工作、一般性的号召是不够的，“调转节”三年来我们改造节水灌溉面积 21 万亩，照这个进度要干到哪一年？要像治污水、“煤改电”等工作一样，必须要有责任、有督查、有部门联动，更要有大的行动，这就需要有个系统的谋划，要把工程节水、农艺节水、技术节水和农业水价综合改革、用水定额管理结合起来。前不久，根武同志带队专题调研检查了两天，掌握了一些情况，这项工作还要请市水务局牵头，市农委、市园林绿化局、市发改委、市财政局、市农业局等部门共同参与，一起研究制定一个行动计划，争取用三年时间在“两田一园”实现高效节水工程全覆盖，给中央交一份满意的答卷。

四是农业现代化要打好“四张牌”。具体就是国家现代农业示范区、国家农业可持续发展试验示范区、国家农产品质量安全市、国家（北京）现代种业自主创新试验示范区。这“四张牌”都是“国”字号的王牌，代表了农业现代化、绿色可持续、农产品质量、种业“高精尖”以及农业供给侧等不同层面，都需要通过系统的创建，达到一定的标准才能拿下来。像国家现代农业示范区创建我们已经开始在做，国家农产品质量安全县创建有部分区在争取，有的区也获得了命名，今后，这“四张牌”我们是要全市共同来做，全市作为一个整体整建制创建。这就是我们今后农业工作的总抓手和大方向，做好了、创成了，我们农业供给侧结构性改革的目标也就达到了，高水平的农业现代化也就基本实现了。这些工作，国家层面是由农业部、国家发改委、科技部、财政部、国土部、环保部、水利部、国家林业局等多个部委共同推进的，北京市各相关部门也要积极参与进来，农委要牵好头，充分调动各部门、各区的积极性，统筹好各方面政策措施，朝着目标一步一步迈进，早日把“庄家”手里的“王牌”变成我们发展的“底牌”。

五是山区搬迁工程。从 2004 年至今，市里已连续实施了三轮山区搬迁，三轮市财政投入了 33 亿元，加上今年计划搬迁的，累计搬迁的将达到 4.7 万户、11 万人，通过搬迁建成了一批新村，发展起一批乡村旅游，更主要的是致富了一方百姓，达到了“造血”的目的，这也是一场历史性的彻底变革。今年是第三轮计划的最后一年，因为搬迁、房屋建设需要跨年度，确定的最后一批任务要全部启动，确保 2018 年农民能全部入住。同时，要做好新一轮（也就是第四轮）山区搬迁的基础研究、政策制定和工作计划，让符合标准、有搬迁意愿的险村险户尽早搬迁。我这也有一组地质灾害详查的数据，目前，7 个山区还有 20 441 户、56 066 人生活在地质灾害易发区范围内，这些农户的住房怎么办？是加固改造，还是就近搬迁，要进一步摸底调查，做细致的工作，切实把群众安危冷暖放在心头。

六是事关全局的重大生态环境工程建设。具体有这么四项，污水治理要加码。深入实施第二个治污三年行动方案，加快解决城乡接合部污水直排问题，完成 57 条段、248 公里黑臭水体治理任务，全面消除建成区黑臭水体，确保实现年底中央对黑臭水体的考核目标。城市副中心生态环境建设要告捷。年底前部分市级行政机关就要挂牌迁入副中心，农林水系统要抓紧推进"营林、增绿、净水、造景"各方面工作，营造良好生态环境和基础保障。世园会园区建设要有阶段性效果。园区展馆等基础设施要全面开工，公共景观建设基本完成。京津冀协同发展生态环境还要有新突破。要继续大力推进京冀生态水源保护林建设，加大张承地区生态保护和修复支持力度，协同毗邻北京的市县开展重点生态廊道绿化，加快推进永定河全流域生态功能恢复，构建环京城市群大规模森林湿地板块。

三、提高认识，聚焦重点，汇聚起发展新动能

推进城乡发展一体化是"十三五"时期北京市"三农"工作的主题，而推进农业供给侧结构性改革是中央布置的当前和今后一个时期全国农业农村工作的主线，我们要结合北京实际，切实把北京市的工作主题与这条工作主线结合起来，各区、各部门要聚焦聚力，步调一致，统筹推进。

抓好落实，基础和前提是认识到位。

一要认识到，城乡发展一体化必须坚定不移推进。城乡二元结构矛盾，依然是当前经济社会最大的结构性矛盾。城乡发展一体化是解决"三农"问题的根本途径，这些年来，北京市贯彻落实中央 1 号文件的主题都是坚定不移推进城乡一体化发展，没有之一，这就是唯一，是市委市政府结合全市实际作出的重大判断和重要决策，必须坚持这个方向。北京发展到这个阶段，已经具备了促进城乡资源要素双向自由流动、对等使用、合理配置的条件，具备了城乡统筹、城乡一体、城乡均衡发展的能力，必须要抓住这个战略机遇期，抓住非首都功能疏解这个重要"窗口期"，用政策的导向整合资源、汇聚力量、集成优势，久久为功，咬定青山不放松、一步一个脚印，锲而不舍地推进城乡一体化朝着高水平的目标迈进。

二要认识到，农业供给侧结构性改革是有实践基础的。我们从 2014 年开始推进农业"调转节"，2016 年提出围绕"吃得放心、游得开心"推进农业提质增效、乡村旅游提档升级，这些是与中央提出的农业供给侧结构性改革高度契合、方向一致的。作为具体实践者，这也更加坚定了我们的信心和决心。下一步，要把"调转节"作为农业供给侧结构性改革的主要内容和重要手段，结合"三权分置""互联网+"、一二三产融合发展等工作要求，突出绿色生态、消费需求导向，进一步拓宽路径，打开新的局面。

三要认识到，"三块地"改革是有巨大红利的。全市 3 566 平方公里建设用地中，集体建设用地有 1 557 平方公里、占 44%，体量很大，但利用粗放、效率不高，产业形态低端，发展潜力巨大。把这些存量建设用地统筹整理用好，可以在很大程度上缓解农村用地紧张问题；把那些低端低效不符合首都功能定位的业态疏解出去，也可以吸纳中心城功能疏解出的一些高端优质项目落地。如果能盘活 10%的集体建设用地，那就相当于一个通州新城的规划面积（155 平方公里）、相当于通州新城三个核心区域的面积（48 平方公里），你说这潜能大不大？我们过去城乡接合部 50 个重点村的改造、现在"一绿"地区的城市化建设，都是利用了存量的土地资源，"原汤化原食"，取得了预期的效果。还有我们试点的集体经营性建设用地入市，2016 年大兴一块 2.6 万平方米的集体建设地块以 8.05 亿元成交，与国有土地同地同价，这是多大的潜力。我们还有几百万亩的农用地、上千万亩的集体林地、大量的闲置宅基地，如果经营利用好了，无论是对农业发展还是促进农民增收，无论是对乡村建设还是破解"城市病"，都会产生巨大的促进作用，释放出的红利将是惊人的。

四要认识到，推进农村改革是有潜在风险的。农村改革既是生产力的广泛调整，也是体制机制的深刻变革，在一些环节甚至要"动奶酪"，触及一些深层次的利益。所以在推进过程中就不可能做到四平八稳、事事兼顾、处处周圆，也很难做到每项改革都不出一点偏差，更不能保证每次调整都能准确到位。在改革的过程中，肯定会遇到各种各样的问题，有的可能需要付出一些代价、交点学费，阵痛在所难免。我们必须要有承受风险的准备，有应对、减少、防范风险的措施，要守住政策的底线，评估改革的成本，把握好出牌的时序，防范系统性

风险。只有这样，才能尽量少走弯路、避免出现工作停摆和问题反复。

抓好落实，还要妥善处理好一些重大关系，掌控好平衡、把握好度。一是在结构调整中，处理好进与退的关系。我们推进的“调转节”，其中最主要的一项内容就是进与退，高耗水、高耗能、高污染的要退，资源负荷重、边际效益低、低端落后的要退，但这些退不是简单的关停，更不是说都不要了，关键的还是要进，生态要进、品质要进、效益要进，先进的技术设备和管理手段更要进，退是为了更好地进。凡事不能绝对化，坚决避免“一退六二五”，把该担当的“菜篮子”基本保障等责任推得干干净净。退出的土地等资源不能闲置，该复绿的要植绿，划定的“两田一园”要精耕细作，要上水平。二是在工程建设中，处理好整体与个体的关系。现在实施的工程很多，投资也很大，但一定要把握好农户与村庄、村庄与乡镇、城市与乡村的关系，政策不能扎堆在一个点上，不能人为垒大户、造盆景，政策的基本面必须要照顾到大多数农户和村庄，阳光要普照，实现均衡发展。另外，也要注意工程先后时序，科学规划，做好统筹，既要避免重复建设，浪费投资，也要注意整体风貌营造，绝不能出现建完了还不如不建，被老百姓背后戳脊梁骨。三是在工作推动中，处理好政府、市场和农民的关系。发展到现在这个阶段，很多事情必须得依靠市场、放活市场，如果我们管得太多，市场“这只手”就伸不进来、施展不开，那各类要素、各类主体就激不活，那我们的农业农村、小城镇就会变得“死水一潭”，没有生气。另外，该发挥农民主体作用的必须要发挥，不能怕工作不好做、任务不好完、指标达不到，就全部大包大揽，那政府的“包袱”就越背越重，农民勤劳致富的步伐就越迈越慢。今后，我们要把工作重点放在强化政策引导、宏观调控和加强服务上，既不越俎代庖，也不袖手旁观。

抓好落实，关键是要方法对头，真抓实干。习总书记在2017新年贺词中发出了“撸起袖子加油干”的号召。我们要牢固树立“四个意识”，向党中央看齐、向习总书记看齐，积极响应号召，朝着既定的目标“加油干”。

一是要加强学习，保持工作连贯。各区都完成了换届，主管“三农”工作的同志大部分都是新面孔，基层大多也是一批新的年轻领导干部走上乡镇工作岗位，这将给我们的工作带来新的活力。但新到“三农”岗位工作的同志，要认真学习党中央和习总书记关于“三农”工作的新思想、新论断和新要求，准确把握城乡发展一体化的重大决策、重点工程和关键节点，深入调查研究，尽快熟悉情况，跟上节奏。要做到政策有延续、工作有连续，不能出现“断片”“断档”。

二是要加强统筹，做好分类指导。做好“三农”工作，必须区别情况、差别政策、因地制宜，平原与山区、近郊与远郊、城乡接合部与纯农地区、小城镇与村庄，各方面的资源禀赋、发展基础、发展优势、任务目标都不相同，政策措施不能简单化，不能依葫芦画瓢，更不能一刀切，必须在精细、精准、精确上下功夫。市里落实中央的政策，结合了全市的实际，平衡了各区的关系；各区落实中央和市里的政策，也要按照自身的特点，突出重点，细化任务，明确指向，一把钥匙开一把锁，这样工作才见效。这里我想强调一下，各区每年的工作任务都很重，而“三农”工作又是点多面广、条块交织，一年的时间就这么多，不可能所有的事都一年干完，所以各区、各部门一定要做好统筹，要抓住市里确定的重点工作和区里的关键环节，打攻坚战、歼灭战，切忌眉毛胡子一把抓，事事都抓了，又事事都没变化。

三是要激发基层改革创新活力，保护群众热情。现在社会发展变化很快，可以说，农村每天都有新情况出现、有新问题产生，我们不可能拿出所有的方案、给出所有的答案。水是冷是热只有在水里的人最清楚，许多矛盾问题往往是基层最先感知，求新求变也是基层最为迫切。鞋子合不合脚也只有穿的人才知道，不要以为我们什么都比老百姓强，比基层干部聪明，我们许多想不到的，往往基层已经在做了；许多看似难办的问题，往往一到基层就能找到解决的办法。一定要充分尊重基层的首创精神，保护群众的创新探索。对那些还看不准、自己还没想清楚的、也没有应对之策的事情，要允许基层先试一试、闯一闯，只要不违反法律红线、不触碰改革底线，就不要急于作判断、轻易下结论，随口否决，乱扣帽子，要给出时间来观察、留出空间来看效果。不要一遇到点小问题、有点分歧就怀疑探索创新的正确性，我们可以多等一等、看一看，要有点耐心，多点对基层的信心，对的要肯定、要激励，偏的就帮助纠正，错的就改过来。如果什么都限得太死，那不只是捆住了老百姓的手脚，也是束缚了我们的胸怀。中央深改组也多次明确，要建立容错机制，鼓励创新、允许试验、支持试错、宽容失败，让基层想干、敢干、能干。我们要清楚，基层的探索创新是科学顶层设计的主要源泉，基层的经验创造是我们推动工作的重要法宝。

最后，我要特别强调一下高度重视农村社会稳定和公共安全。当前，影响农村社会稳定的因素还很多，各区要高度重视，妥善解决各种矛盾纠纷，防止矛盾激化。要做好农村房屋、取暖、枯井、河塘等方面的隐患排查，消除管理盲点。要加强农业安全生产，强化农产品质量安全监管，加大重大动物疫病防控，做好森林防火，避免发生各类事故。要大力开展积极健康、丰富多彩的群众文化活动，倡导移风易俗、抵制陈规陋习，确保农村社会安定祥和有序。

同志们，今年春节比往年早，节前时间很紧，过两天市里将召开“两会”，大家要按照市“两会”精神和今天会议要求，抓好组织落实。借此机会，再次感谢大家一年的辛勤付出，给大家拜个早年，祝愿大家工作顺利、身体健康、阖家幸福！

北京市副市长卢彦在2017年7月26日新农村建设领导小组会议上的讲话

今天召开新农村建设领导小组全体会议，目的是动员部署全市农业农村战线，切实抓好“两贯彻一落实”，扎实做好下半年工作，以优异成绩迎接党的十九大胜利召开。刚才文锴同志作了工作报告，3个单位围绕农民增收作了典型发言，讲得都很好、很有启发。一会儿，景俊海副书记还将作重要讲话，俊海副书记代表市委分管“三农”工作以来，密集开展了系列调研和座谈，今天将对北京市“三农”工作作出全面指示，我们要认真学习领会，抓好贯彻落实。下面，我讲两点意见。

一、关于下半年工作

上半年工作文锴同志总结得很全面了，我不再重复。下半年工作，总的要求就是，深入学习贯彻习近平总书记系列重要讲话精神和治国理政新理念新思想新战略，深入学习贯彻习近平总书记两次视察北京重要讲话精神，学习宣传落实市第十二次党代会精神和十二届二次全会精神，把2017年市委9号文（《关于坚持疏解整治促提升扎实推动城乡一体化发展的意见》）和全市农村工作会议的工作部署抓在手里、落到实处。工作重点就是“五增”：农民增收“一增”、农业增效“二增”、农村增绿“三增”、城乡增水“四增”、居民增乐“五增”。具体来说：

第一，扭住“两个环节”，促进农民增收。

以前农民增收都不是第一个要讲的，今天放在第一位讲，这是“三农”工作的第一要务。本市已连续8年实现农民收入增速快于城镇居民，但近年农民收入增长势头逐年减弱，2015年、2016年农民收入增速与城镇居民收入增速基本持平，2017年上半年则出现了倒转，城镇快于农村，形势严峻。上半年，城镇居民人均可支配收入31 016元，实际增长6.9%，农村居民人均可支配收入12 953元，实际增长6.1%，农村居民低于城镇居民0.8个百分点。根据上半年情况预测，全年实现城乡居民收入与GDP同步增长的目标仍有很大压力，扭转农慢于城的增收趋势难度很大。所以，今天会议安排的交流发言都是围绕农民增收，这是一个关键的内容，其他各项工作都做到位了，但农民收入没上来，这个基础就不牢。上半年，市人力社保局、市农委牵头，出台了系列政策举措，各相关部门积极发挥职能作用，工作的思路、抓手都很明确，关键是要抓好落实，而且下半年要见到成效。重点抓好两项工作。

一是转移就业。工资性收入是农民收入结构的最大头。农民收入增速放缓，实质上就是工资性收入增长对农民增收带动力减弱，具体体现在，工资增收贡献率由2014年85.4%下降到2016年的65.9%，上半年仅为42.2%，与2014年相比下降了一半。所以，只要抓好抓实转移就业这个“牛鼻子”，农民增收就会立竿见影，就会立刻见效。有几个方面工作。

第一个方面，市人力社保局、市农委要加强政策督导，统筹用好岗补、社补、“托底”安置等政策工具，提高政策的受益面和覆盖率。具体来说，就是向可以集中转移就业的方向、区域转移。哪个方向？今天国资委也在这儿，比如地铁公司的安检员，可不可以集中式的替代？比如公安局的保安人员，可不可以集中式的替代？比如东西城、朝海丰石的保洁员，可不可以集中替代？比如我们园林绿化的养护人员，可不可以实行集中替代？这就需要我们把这篇文章做好，做得越到位，对接得越彻底，效果就越好。人力社保局跟我讲过，前几年延庆和东城对接环卫保洁，去了两三百人，集中村里的老老少少，原来一块儿在村子里的，现在一块儿到东城做环卫保洁，就很扎实，很稳定，所以这一类的替代需要我们做。但是这一类的替代并不是说光要大伙儿作贡献，人力社保局的岗补、社补、“托底”安置等政策很优惠，安排一个本地农民就业给予 5 000 块钱以上的补贴，这个力度很大，企业也不吃亏。而且，还实现了我们现在疏解整治促提升的核心目标——减人。一个岗位我们郊区的农民去了，意味着从别的地区来就业的就被替代了，而且还实现了增收，一举数得的事，值得我们去做。这方面，人力社保局、农委要加强对接。

第二个方面，请市国资委研究，国有企业招收本市农村劳动力的相关政策举措，比如建筑企业、出租车公司和刚才说的地铁、环卫，这都属于国有企业，这一类适合农民就业的，而且可以成批量转移的，也有必要有针对性地拿出举措，推出一批，做好对接。

第三个方面，请市财政局对公益性岗位的待遇标准进行研究，比如平原绿化造林的标准，也包括特定地区的，比如密云库区经过两次转移，现在将近 3.5 万的农民没事可干，为什么这么说？第一，库区退耕了，不能再种田了。第二，2016 年开始划定禁养区，养猪、养牛、养鸡，都不能养了，我到那个村子去看，农民都坐在村口晒太阳，而且这批农民需要转移就业的积极性非常高。我跟村里的农民交流，说先安排年轻人吧，50 岁左右的大妈说了，我们也不能闲着，也得给我们找工作，我们也得干点事，这一类重点区域的安置也要盯住，否则会出现社会性的问题，安全稳定的问题。

在这个过程中，各区是农民增收的责任主体，要一手组织农民积极进入就业市场，还要一手对用人单位规范用工进行检查，双管齐下，在本区域内的用工要进行规范检查，“五险一金”是不是交了。只有加大检查力度，同时宣传有关岗位替代的政策，也就是岗补、社补、“托底”安置等相关政策，把政策宣传到位，才有可能让这些企业实行人员的替换。区域之内也可以挖掘一块，而且区里有一些政策还可以落实的，比如我们对平原养护的补贴标准，1 平方米 4 块钱，市里 2 块、区里 2 块，市里面早已落实到位了，但个别区前几年财政困难没有落实到位，现在作为农民增收的一项措施，应该把这 2 块钱安排到位。所以市里的各个部门，包括农委、园林绿化、财政、人力社保等，不仅仅是我们政策制定完了就完了，还要让这个政策在区里都要落地，特别是区里补的那一部分要落地，真正成为居民增收的重要内容。

二是低收入帮扶。2016 年主要做基础工作，今年是全面交成绩单，要劲的工作主要在下半年。要按照“一个也不落下”的要求，将“六个一批”的帮扶举措精准落实下去，将帮扶责任逐一落实到乡镇、村。市财政安排了低收入专项帮扶资金，各区都安排了产业发展项目，要进一步加快项目落地，确保年底前发挥效应。低收入农户收入基数低，给点助推力、加点力，速度就会上去，而且这部分上去对农民的收入是一个重要的增量，绝不能因为工作程序、项目手续等人为因素耽误进度。低收入帮扶是一场攻坚战，更是大会战，各方面都要发挥作用。人力社保要发挥作用，教育要发挥作用，医疗卫生要发挥作用，低收入户一个人有大病就麻烦，两个人有大病就完蛋，医疗卫生要托底，特别是民政方面，确因大病有困难的可以申请补助，这个政策我们也要给农民传递出去。同样，助残工作也很重要，农村低收入中有一部分主要就是因为残疾。前一段时间我去门头沟调研，几户农民家里面都有残疾的人员，还有一户说有一个孩子在城里工作，我说在城里每月怎么也得挣三五千吧，说不是，在城里每月也就挣一二千，后来村里人员跟我嘀咕，说孩子也有残疾。所以，我们要把可能集中的政策向低收入农户聚焦，把政策送给他们，逐户分析这个户是什么特点，什么原因导致的收入低，对症下药，解决问题，这样最后才能见效。笼统地说是没有用的。从这个角度来说，需要我们把工作做细，实现全覆盖。在这个过程中，还要发挥第一书记的作用，调动各部门和社会各界力量，形成全面覆盖、协同有效的帮扶合力。第一书记来自两个方面，一个来自于市级委办局，一个来自于市国有企业，这两个方面都要带着相应的资源下去支持，这部分对低收入村、低收入农户的帮扶也同样需要加大力度。实现党代会报告提出的今后五年“率先全面建成小康社会”“现行标准的低收入村和低收入人口全部消除”的工作目标，需要我们每个区，特别是乡镇、每个村的低收入农户清单要清楚，低收入农户的原因要清楚，精准帮扶的措施要清楚，需要送到位的政策要清楚，而且最后要落实到年度，每年能够增收多少，最后实现党代会确立的低收入农户、低收入村全部消除的工作目标。

第二，打好“四张牌”，促进农业增效。

刚才，大家看了打好“四张牌”的专题片，国家现代农业示范区、国家农业可持续发展试验示范区、国家农产品质量安全城市、国家现代种业创新试验示范区，这“四张牌”是农业的“金字招牌”，代表了绿色、安全、现代和可持续，一定意义上说也是农业的“高精尖”。打好“四张牌”，今年4月召开的农村工作会部署了八项重点任务，这里不一一展开了，重点说三件事：一个是水，一个是地，一个是网，要做好这三篇文章。

一是水。就是要节水，高效节水农业要摆在重要位置。习总书记第一次视察北京的重要讲话，提出北京再也不能搞大水漫灌式的农业种植了。按照这个要求，高耗水的种植业、不达标的养殖业都要调减退出。下一步，我们要推进“两田一园”灌溉用水全面落实总量控制、限额管理。这也是前一段吉宁代市长提出的要求，要把生产、生活、生态三个领域的用水量、耗水量，按乡镇进行统计，按乡镇进行排名。下一步也一定会实行按乡镇进行考核，就像现在抓大气污染防治，PM2.5按乡镇排名一样。这件事水务局正在落实，已经拿出第一批的数据分析报告，吉宁市长要求，在这个基础上进一步深化落实。下一步，节水一定要变成可计量，生产、生活、生态三个领域都要计量。通过你这个乡镇的用水量，掌握你人口变化的情况，生活用水突然增加了，说明疏解整治促提升有关工作没到位，说明人口大量涌入导致用水增加。生产用水增加了，说明产业结构调整不彻底，某些耗水的产业又到你这儿入驻了。所以，要把节水这篇文章做到位，最后量化管理、量化考核。各区分管领导，要梳理乡镇生产、生活、生态三个方面的用水量，逐个乡镇梳理，分析产业结构，分析种植结构，分析人口结构，最后的目标是实现“高精尖”发展，实现疏解整治促提升的目标。这里要提一下，新增改善节水灌溉面积，2016年完成了10万亩，今年上半年只完成了1.2万亩，必须加大力度，落后的区回去要抓一下，这个任务是要完成的，不能打折，要用3年基本实现高效节水灌溉设施全覆盖。中央也会来检查，从这个角度来说，请各区把自己的任务差距梳理一下。

二是地。农业增效很重要的就是地，用好地，现在的目标是把集体经营性建设土地统筹利用试点做好。市规土委、市农委要加强对试点乡镇的指导，按照市委深改组第十三次全体会议审议通过的《工作方案》和配套文件，编制好各乡镇的试点方案，探索多种用地模式。多种用地模式往哪儿用？无非有这么几个方面。第一个，和周边的产业园区配套联动，比如说和各区的中关村科技园区结合，做公租房，实现和产业园区相协调的职住平衡的目标。第二个，和产业定位明确、符合首都功能定位、适宜在首都发展的“高精尖”产业对接，或组建联营公司，或成立合作社，实现土地的高效集约利用。工作的目标是，农民在这个公司里有股金，然后每个月能拿到薪金，退休之后还有养老金，实现“三金”的目标。这就是通过合作，解决农民土地增值的问题、农民收入增加的问题、农民未来保障的问题。第三个，为城市配套相应的公共服务设施。比如一个乡镇跟地铁换乘停车结合起来，搞P＋R的停车场，或者公共服务设施的公园，为什么公园园林绿化也能发挥作用，那就是通过土地流转，实现土地的增值利用，这几个方面都是值得我们去探索、深化。

三是网。就是“互联网＋”。我们农业要想实现增效，必须借助“互联网＋”这个现代产业融合的大通道，多方借力，实现农业的增效。有这么几个方面。第一个，村子里发展民俗旅游，民俗户如果自己个人和城里对接，相对的来说没有议价能力，通过“互联网＋”，开发出网上订单来，客源会有持续保障。我们看房山的一个村，这个村最贵的院子一晚上是8 999元，农民有30%的保底，在此基础上农民又做了院子的管家，根据这一天来的客户数量和消费内容，还会有进一步的收入。第二个，农产品要通过“互联网＋”进行销售。平谷的大桃通过“互联网＋”进行销售，一棵树一个桃子还没产呢，跟城里某个人约好了，这颗树上的桃你就预定了，订单农业，产的桃就是你的，一年5 000块钱，加上一个小摄像头，在家里就能看到这个桃开花了，出果了，然后开始打叶、修枝，全过程都能看到。一棵树一年 5 000 块钱，一亩地能种多少棵桃树，最起码三四十棵，这是什么收益，所以增效要通过“互联网＋”。而“互联网＋”需要的人才，来自两个渠道。一方面，我们自己回来的，村子里的，这又要说到密云的不老屯村，“村官”孟炳淋，学的美术，当了“村官”为农民增收发愁，弄了一个不老屯的网站，最后不仅他所在的村，周边几个村的农产品、山货都从这个网站销售，农户户均增收 1 万元。这是自己当地出来的，以“村官”的方式出来的。第二个渠道，通过跟城里的农业公司、“互联网＋”公司结合。

第三，统筹“三个节点”，促进农村增绿。一定意义上说也是增美。

一是美丽乡村。这项工作要提到新的高度来抓，2014 年就开始抓了，但是 2017 年抓要提到新的高度。刚才文锴同志传达了蔡奇书记、俊海副书记作的批示、提的要求。今天上午我们也看了顺义、怀柔的四个美丽乡村的典型，下一步农委还要拿出美丽乡村建设的方案。关于美丽乡村我提几点意见，一会儿俊海副书记还会提要求，要按照俊海副书记的指示深化落实。首先，大的分工，市里做好统筹、区里做好规划、乡镇抓好实施。这是一个大方向、大分工。具体来做，是不是可以搞“三个一批”：即巩固提升一批、建设一批、搬迁一批。

巩固提升一批。全市一共 3 930 多个村，2014年以来，我们验收合格的美丽乡村已经有 1 300 多个村，咱不能推倒重来，这 1 300 多个合格的村要巩固提高，今天看的这四个村，都属于巩固提高的村。比如我们看的石家营村，要巩固提高的是水，要按照海绵城市的要求做，水不要流在路上，要流到村边的林子里去，这就是要提升的方向。

建设一批。这个数量目前还在测算，减去巩固提升的 1 300 多个村，还要减去将来要搬迁的村，大约会是 2 000 多个，这是主流。

搬迁一批。抓紧研究制定新一轮山区搬迁工程的实施意见，重点对生活在地质灾害易发区、受洪水威胁地区的险村险户，努力实现应搬尽搬、能搬早搬。同时，对饮水、交通等生存条件困难的山区低收入村，只要条件成熟、有搬迁意愿，也要积极推动搬迁。市农委和市规土委正在拿方案，我这里就提醒一点，前一段对受洪水威胁地质灾害易发地区的险村险户我们搬迁了，但是有一些区，搬迁后的那个村还留着，有的做了民俗村，这要注意。这个村子如果是险村的话，应该说一个都不能留。如果说部分是安全的，部分属于险户，险户的房子必须拆掉。如果由集体安排做了民俗接待，一旦出了事，后面的赔偿一定是天价的。所以说，确实属于险村险户的、以险村险户的名义转移的，必须得拆掉，否则这方面藏着极大的隐患，而且责任上交代不了，市农委、市规土委交代不了，区里、乡镇也交代不了，我们可不能在这里“抖机灵”。

按照这“三个一批”，当前主要应做好以下几项工作，起码有五件事要做。

第一件，疏解整治。按照疏解整治促提升的要求，加快疏解整治不符合首都功能定位的、藏在农村的“散乱污”企业，这个得清理。特别是有旅游的这些村，私搭乱建的，也得整掉。要借鉴疏解整治促提升的思路，对不符合首都功能定位的、不符合美丽乡村建设要求的相关产业进行整治，这是今天回去之后就可以干的。各区会同市农委，用一个月的时间，要像疏解整治促提升一样，拉出任务清单，要关多少个厂子、“散乱污”企业，要治多少个开墙打洞，要治多少处私搭乱建，把它量化、细化、具体化、项目化。

第二件，做规划。原来我们做过一批乡村规划，但是相对来说都是愿景式的规划，不是落地的规划，这一轮我们要做落地的规划。这个落地的规划，要包括三个核心，即三个方面的内容：环境建设规划、基础设施规划、公共服务规划。比如基础设施，“六网”要同进，要一次性做到位，不能今天弄这个网进村，明年弄那个网进村，必须一次性做到位，这个规划非常重要。上午在顺义，顺义说已经完成八个村的规划，怀柔说完成了两个村的规划，其他各区有多少个村规划做完了，请市农委抓紧梳理一遍。在路上我跟俊海副书记交流，如能有三五十个村就可以凑成一批，就可以开动员大会了，这个前提是要有规划。环境的整治没有规划可以先整，但是后面做基础设施、公共服务、环境建设，这些方面就得有规划。刚才文锴同志也作了安排，分三批把我们的乡村规划做到位。按照和市规土委对接的，这个乡村规划的编制由市里下放到区里，市里面出标准，区里来做落地的乡村规划，然后引导美丽乡村建设。

第三件，搞绿化。这也是现在就可以做起来的。绿化要抓“四边”，即村边、路边、沟边还有房边，家里房前屋后。像在顺义看到的美丽庭院，院子里也应该种树，北京四合院讲究一定要有一棵大树，夏天大人在院子里乘凉，小孩子过家家。现在农村的院子，有树的不多，是不是也需要转变思路，该种树还得种树，绿化得加大力度。你看高丽营镇一村，利用房前屋后栽种的樱桃树、玉兰树一万余棵，村庄绿植覆盖面积达到80%，乡村要实现这个目标就很美。俊海副书记这一段跟我们提的要求是“村在林中”，远看是林，近看是村，村在林中。

第四件，抓好党支部建设。做好农村的事，必须有一个坚强的党支部。巩固提升一批的1 300多个村，需要有坚强的党支部，做好村庄规划需要有坚强的党支部，抓好疏解整治、绿化美化也需要坚强的党支部，党支部发挥作用很重要。加强支部建设，要考虑几个角度。第一个，自己当地要培养，鼓励年轻人、能人回乡，这是一个方式。再一个，第一书记是一个方向。除了“村官”之外，前几天蔡书记跟我交待，将来乡村有没有可能设“医官”，市卫计委下一步要研究。

第五个，订好乡规民约。今天我们看的这几个村，典型的都是有乡规民约的。这很重要，因为农村是熟人社会，乡规民约在熟人社会里就能发挥作用，就能起到约束作用，这一点和城市里的社区是不一样的，要把这个传统乡村的治理方式做到位。

二是城乡接合部。城乡接合部的核心是做什么？是把“一绿”“二绿”建成。朝阳区今年年底五个乡做完之后，基本上就做完了，东部的“绿色项链”就戴上了。下面就看两个区了。看哪两个区？突破在丰台，关键在海淀。突破在丰台，丰台现在需要起步，第一步得做起来。为什么关键在海淀？因为海淀的建设用地基本上没有了，怎么平衡把这盘棋下好，这是关键。最终的目标就是，通过“一绿”城市公园环、“二绿”郊野公园环，给城市戴上“绿色的项链”。

三是浅山区。近期，蔡奇书记、吉宁代市长和俊海副书记密集带队调研，对浅山区提出要求。7月22日，蔡奇书记到门头沟专题调研浅山区时强调，浅山区是生态保护的重要屏障，要把浅山区建设成为首都城市建设发展的第一道生态屏障，核心是要抓好浅山区的违法建设治理。要把疏解整治促提升专项行动延伸到浅山区，对浅山区的违法建设进行专项治理。这里要探索“村地乡管”的有效机制，进一步强化农村土地用途管制和荒山荒地荒滩承包合同管理，对浅山区新增违法占地、违法建设保持零容忍。而且要杜绝在浅山区搞圈地开发。海拔100～300米的山地过渡带，属于浅山区，这个浅山区范围初步确定涉及房山、门头沟、昌平、怀柔、密云、平谷六个区。延庆是不是属于浅山区范围，现在看法上有点差异，待有关部门研究之后再确定。浅山区范围内的这六个区要加大管控，首先要做到违法建设零增长。吉宁代市长明确提出，每个月照一次卫片，要落实责任。下一步农口的同志对于浅山区要加强管控，强化管理。靠什么管？核心是靠林子管，多种树，现在市园林绿化局按照这个要求正在跟市规土委研究，下一步各区也要配合，把浅山区要种树的地给找出来。

第四，抓好“五水共治”，促进城乡增水。

这几年，我们大力推进“治污水、防洪水、促节水、保供水、多调水”，核心目标就一个，给城乡增水，增净水。要做好几项工作。

一是治污水。下半年，要紧盯水环境治理目标任务，扎实推进污水处理新三年行动计划，力争年内完成141条段黑臭水体、140个村的污水治理任务，全面消除建成区黑臭水体。把污水治理好，就是给城乡增活水、增净水。

二是防洪水。经过这几年努力，基本形成了中心城“西蓄、东排、南北分洪”的防洪格局。我们在防洪水的同时，还要把水留住，不能让水白白流走。下一步，要按照俊海副书记提出的“水要蓄”的要求，结合海绵城市建设，把防洪和蓄水统筹起来考虑，不断提高“自然积存、自然渗透、自然净化”的城市蓄水能力，让这个水流到地下去，变成地下水。

三是促节水。刚才讲了农业节水。要全面推进节水型社会建设，大力推进再生水利用，节约下来的水、再生水，这都是我们的“第二水源”，要做好各方面的节水工作。

四是保供水。按照“郊区供水城市化，城乡供水一体化”的目标要求，不断建设完善全市供水设施体系，持续推进农村饮水安全巩固提升工程，全面提升城乡供水安全保障水平。最近“市长电话”接了一批反映远郊区村民夏季供水难的电话，有反映水压不够的，有反映供水太短、一天就一两个钟头的，还有反映村子里管网漏水的。必须把农村的供水纳入到我们的工作视野，靠近城边的进大管网，不在城边的、单独的每个村都要统筹安排好供水。还有后面的污水治理也要跟上，前些年我们做的污水治理的村要巩固住、利用好，针对农村污水还要上一批新的设施，这批设施按照吉宁代市长的要求，将来主要用自然净化的方式，湿地的方式。蔡书记在平谷看到的用挪威的技术，一片芦苇地，芦苇地分为几层，净水层、脱水层，经过一两天的水出来之后基本上达到了三类水的水质，自然净化，维护成本很低，基本上一次性投入，二三十年之内不需要再维护了。

五是多调水。这个任务现在各区都有需求。下一步结合各区黑臭水体的治理，来给予水源的保障，包括环境用水、河湖用水等。

第五，提升“三生供给”，促进居民增乐。“三生”就是生态、生活、生产。

生态方面。现在农业就占全市 GDP 的 0.52%，占比很小，但是农业的生态价值很大，刚才宣传片也说了价值 1 万亿。要继续推进大尺度绿色生态空间建设，确保今年平原地区森林覆盖率再提高 1 个百分点。重点要做好城市副中心、新机场、世园会、冬奥会举办地等重点区域的生态工程建设。北京的生态涵养主要看山区，过去还提生态涵养发展区，今后就提生态涵养区，少了“发展”二字，不是说这个区域就不要发展了，而是要更加突出生态保护，发展更加有利于生态保护的产业，走绿色发展、绿色富民的道路。市里将加强生态涵养区的政策和财力保障。山区只要把生态保住了，“绿水青山就是金山银山”，城乡居民都会从中受益。

生活方面。主要指休闲农业和乡村旅游，要加快提档升级。关键是要以市民需求为导向，创新农旅结合、农科结合、农文结合等发展模式，不断丰富乡村旅游业态和产品。吉宁代市长在门头沟调研时提出，乡村旅游的主体是农民，不要把主体变了。弄不好我们把主体变成城里人了，这就错了。城里人到你这儿休闲旅游需要的是什么？绝不是要城里的东西，人家来要吃的是农家饭，住的是农家炕，体会的是农家的氛围，千万别把乡村旅游、休闲农业弄得全城市化，星期一到星期五在城里已经很闷得慌了，到农村来休闲两天还是城市化的东西，这个不行。现在有的乡村旅游，屋子里都不放电视机了，在城市里天天看电视，难不成说开着车、花着钱，到农村还坐在床上看电视，这就耽误了。所以，把农民这个主体坚持到位，最后城里人在这个体验过程中就会得到更多的乐，农民也会得到更多的实惠。你越“土”，就越有味，越到位。

生产方面。主要指为城市提供优质安全农产品，保障“菜篮子”安全。市民对农产品供给的最大关切是吃得安全、吃得放心。农业要做好这篇文章，通过标准化生产、品牌创建、质量监管，也就是“四张牌”，让市民吃上放心的农副产品。

只要抓好这三个方面的供给，做大生态产品、做精休闲产品、做优农产品，市民乐了、更加愿意消费了，农民收入肯定会增加，农民也高兴，最后的结果就是城乡居民增乐。

二、几点工作要求

做好下半年工作，任务重，责任大。我们要在新一届市委的坚强领导下，在俊海副书记的直接带领下，共同努力，把农林水的这篇文章做到位，高标准严要求地做好农业农村各项工作。

一是要担当。在座的同志们，各部门、各层级领导干部，都要扛起责任、敢于担当，面对问题不推诿，面对挑战不退缩，敢作敢为、善作善成，用实际行动展现“四个意识”。担当体现在哪儿？我昨天开城乡接合部安全整治专项会，发现个别区出现一个情况，有些村把村外的工业大院都拆了，村子里农民自己的私搭乱建没拆，这说明什么问题？说明担当不够，在工业大院的基本上都是外来的承租户，把这个关了、拆了，很必要。但是村子里农民私搭乱建的没拆，这可不行，安全隐患不除，那就不到位。所以担当体现在哪儿？体现在要真下力气、动真格的，温情脉脉不行，完成不了这个任务，美丽乡村的任务完成不了，农民增收的任务完成不了，农村增绿的任务也完成不了，城乡增水的事也落实不了。所谓担当，就是要一个一个事的盯。前不久到海淀调研，海淀的同志跟水务局金树东说，请树东同志多给调点水，树东同志回答得很清晰，海淀的黑臭水体治理到位了再谈调水的事，黑臭水体都治理不到位给你调什么水，调完了还是黑臭水体，把好水还污染了。所以要担当，就要通过啃硬骨头，通过大胆的开拓创新，打开工作局面。蔡书记带着我们到朝阳等区拉练，书记、市长都很感动，朝阳区十八里店乡，前几年因为私搭乱建，因为安全生产事故处理了一批干部，现在做疏解整治促提升，这些干部还都背着处分，但是他们做的很来劲，为什么？疏解整治促提升把安全隐患消除了。工业大院给清除了，安全生产的风险没了；把私搭乱建给拆了，消防安全的事也没有了。你不担当，这些包袱就得一直背着。

二是要联动。今天是新农村建设领导小组开的会，在座各个部门的政策要集成，工作要联动。同时，要加强市、区、乡镇到村的联动，衔接好各项工作，形成合力。

三是要落地。习总书记两次视察北京的重要讲话精神要落地，市第十二次党代会和十二届二次全会的要求要落地，“留白增绿”的要求要落地，美丽乡村的要求要落地，浅山区的整治要落地，每项工作都要落实到位。

四是要稳定。安全是底线，必须死盯死守。要坚持问题导向、底线思维。农口的底线在哪里？三个角度。第一，防汛。防汛不能出事，这是底线。要实现蔡书记说的“不死人、少伤人”，不能打破这个底线，要守住这个底线。第二，防疫。要做好H7N9禽流感防控工作，确保不发生大的疫情。一旦发生疫情要妥善处置，及时扑杀。第三，防火。现在忙着防汛，路上怀柔的同志跟我说，前几天防汛的同时一个雷把山上的林子给打着了。防火，这个也不能丢。山区长成一片林子大概得50年，国际会都以及冬奥会、世园会场馆等周边都是山，一定要重视防火。

总之，农业农村工作要努力营造和谐稳定局面，一切工作都要有利于为十九大营造良好环境和氛围，以优异的成绩迎接十九大胜利召开。

文 件 选 载

中共北京市委　北京市人民政府关于坚持疏解整治促提升　扎实推动城乡一体化发展的意见

（2017 年 5 月 2 日）

2017 年全市农业农村工作，要全面贯彻落实党的十八大和十八届三中、四中、五中、六中全会精神，以习近平总书记视察北京重要讲话精神为根本遵循，牢固树立和贯彻落实新发展理念，认真落实中央农村工作会议部署，牢牢把握首都城市战略定位，以调结构、转方式、发展高效节水农业作为农业供给侧结构性改革的主线，以疏解非首都功能与整治突出环境问题、承接中心城区功能转移与优化提升首都核心功能为重点，加大城乡统筹与农村改革力度，协调推进新型城镇化与农业现代化，在疏解整治中谋发展，在承接提升中增动能，推动城乡一体化发展取得新进展，实现农业增效、农民增收、农村增绿，为建设国际一流的和谐宜居之都作出更大贡献。

一、优化区域功能布局，着力提升农村经济社会发展水平

1. 加快推进郊区功能调整、布局优化和产业升级。积极主动疏解郊区非首都功能，坚决落实新增产业的禁止和限制目录以及工业污染行业、生产工艺调整退出及设备淘汰指导目录，全面清理整治镇村产业小区和工业大院，加快退出一般制造业，治理“散乱污”企业，推进产业升级。大幅度扩大绿色生态空间，大力整治污水、农业面源污染等突出环境问题，加大违法建设拆除力度，持续提升郊区生态环境水平。积极承接中心城区转移功能，推进一批高校、医院、科研机构、高端服务业企业到郊区落户，推进人随功能走、人随产业走，引导和吸引各类人才到郊区就业居住，不断提升新型城镇化建设水平。（责任单位：市发展改革委、市规划国土委、市经济信息化委、市教委、市科委、市卫生计生委、市农委、市住房城乡建设委、各区委区政府）

2. 扎实推进城乡接合部建设。围绕节地减人增绿目标，加快推进第一道绿化隔离地区城市化建设，2017 年基本完成第一批朝阳区 6 个乡的城市化建设试点，全面推进第二批朝阳区东坝乡等 5 个乡及大兴区旧宫镇共 6 个实施单元的城市化建设试点，研究制定第三批试点方案并力争启动 6 个实施单元的城市化建设试点，推动试点地区提升产业、环境、基础设施和社会治理水平。以提升公共服务、生态环境水平为重点，加快推进第二道绿化隔离地区城乡一体化建设。在总结前期工作经验的基础上，继续开展城乡接合部重点地区公共安全隐患综合整治，积极推进市级挂账村治理工作。（责任单位：市城乡办、市发展改革委、市规划国土委、市农委、市住房城乡建设委、首都综治办、相关区委区政府）

3. 科学推进功能性特色小城镇建设。坚持特色引领、试点带动，研究出台支持特色小城镇建设的政策措施，围绕承接中心城区功能疏解和新型特色产业培育，支持规划建设一批特色小城镇。通过规划、土地、财政、金融等方面政策集成创新，引导功能性项目、特色文化资源、品牌企业落户小城镇。推动区域内资源整合、项目组合和产业融合，提升教育、医疗等公共服务水平，打造与小城镇自身禀赋与地域特点相适应的优势产业，探索形成宜居宜业宜游的功能性特色小城镇发展路径。（责任单位：市发展改革委、市农委、市规划国土委、市住房城乡建设委、市财政局、除东城、西城、朝阳、海淀、丰台、石景山外的10个区区委区政府）

4. **加快推进美丽乡村建设。**大力推进基础设施改造提升工程，重点做好电力、燃气等管线改造和压缩天然气、液化天然气气站建设，在山区乡村积极探索分布式污水处理和供暖模式。着力推进农村地区冬季清洁取暖工作，2017年完成700个村庄“煤改清洁能源”任务，实现城六区和南部平原地区基本“无煤化”。完成6万户农宅抗震节能改造任务，研究进一步提高新建农民住宅抗震节能技术标准，开展超低能耗农宅试点示范；启动农村公共建筑抗震加固和节能改造试点工作，提升农村公共建筑绿色化水平。注重历史文化名镇名村和传统村落保护与发展，公布第一批市级传统村落名录。持续改善农村人居环境，完成4 200亩村庄绿化，做好第三轮山区地质灾害易发区及生存条件恶劣地区农民搬迁工程收尾工作，2017年启动搬迁4 715户、10 400人，研究制定下一轮山区农民搬迁工作意见。（责任单位：市农委、市发展改革委、市规划国土委、市住房城乡建设委、市环保局、市水务局、市园林绿化局、市经济信息化委、市文化局、市文物局、市电力公司、市燃气集团、除东城、西城、石景山外的13个区区委区政府）

5. **大力推进生态环境建设。**在具备条件的郊区建设具有一定规模的郊野公园、森林公园或湿地公园，不断扩大生态空间环境容量。制定永定河综合治理与生态修复行动计划，实施林水共治，建设永定河绿色生态廊道。严格落实“河长制”，继续实施水环境区域补偿，加强跨界断面水质监测，全面改善水环境质量。加快实施新一轮污水治理和再生水利用工作三年行动方案，突出抓好污水管线和农村分布式污水处理设施建设。2017年全市新增造林绿化面积16万亩、城市绿地面积9 000亩，森林健康经营面积70万亩，建成10处城市休闲公园，启动4处郊野公园建设，恢复和增加湿地面积3.3万亩，平原地区森林覆盖率提高1个百分点；建设生态清洁小流域29条，完成57条黑臭水体治理任务，完成140个村的污水治理工作。加强京津冀区域生态环境保护与建设，配合国家发展改革委编制环首都国家公园体系规划，继续推进京津风沙源治理、太行山绿化和国家公园建设，全面完成京津保造林绿化试点任务和10万亩京冀生态水源保护林合作项目，完成张承地区250平方公里生态清洁小流域建设。（责任单位：市园林绿化局、市水务局、市发展改革委、市农委、各区委区政府）

二、推行绿色生产方式，增强农业可持续发展能力

6. **全域推进农业可持续发展试验示范区建设。**突出绿色生态导向，发展高效节水农业和生态循环农业，促进农业发展由依赖资源消耗、主要满足量的需求，向追求绿色生态可持续、更加注重满足质的需求转变。把农业节水作为方向性、战略性大事来抓，在地下水严重超采区继续调减高耗水的粮食种植，严格落实用水限额管理制度，加快推动节水栽培技术广泛应用和绿地林地集雨节水工程建设，全面开展区域规模化高效节水灌溉，用3年时间基本实现高效节水灌溉设施全覆盖。总结完善房山区、顺义区试点经验，全面推动农业水价综合改革，建立合理水价形成机制和节水激励机制。健全农产品质量安全监管体制，全面开展争创国家农产品质量安全城市活动，增加绿色优质农产品和生态产品供给，做精做优城市“菜篮子”。大力推进耕地质量保护与提升，实施化肥农药使用减量行动计划，开展测土配方施肥，推广水肥一体化、绿色防控、统防统治等技术，启动设施农业土壤改良工作。加强农业、园林绿化废弃物资源化利用，全面禁止秸秆焚烧。2017年完成100家规模化养殖场污染治理。加快推进设施农业（蔬菜、畜牧、水产、园艺）生产“无煤化”，建设一批生态农业标准园区。（责任单位：市农委、市水务局、市园林绿化局、市农业局、市规划国土委、市发展改革委、市财政局、除东城、西城、石景山外的13个区区委区政府）

7. **全方位创建国家现代农业示范区。**坚持适度规模经营、特色发展的方向，进一步调整完善补贴政策，聚焦资金使用，整合项目工程，逐步将政策和资金支持范围调整到已划定的“两田一园”上

来，聚焦到新型经营主体上来。加强现代农业产业园建设，围绕品种优化、品质提升、品牌创优，促进大桃、苹果、草莓、西瓜、葡萄、板栗、食用菌和特色规模养殖等产业提档升级，把特色种植（养殖）业发展成为带动农民增收的大产业。发挥农业龙头企业、农民专业合作社示范社引领带动作用，引导其重点发展农产品加工流通、电子商务和农业社会化服务，鼓励和支持其转变成为以服务为核心的综合型主体，为农户提供技术培训、贷款担保、农业保险资助等服务。不断完善农业龙头企业、农民专业合作社和农户的利益联结机制，大力发展土地入股、订单生产、代耕代种等多种形式的合作与规模经营，探索"土地股份合作社＋农业职业经理人＋现代农业服务体系"的农业经营模式，实现利益共享。实施智慧农业工程，强化互联网与农业的融合发展，建设一批智慧农园、智慧果园等农业物联网示范工程，不断提升农业生产智能化、精细化、规范化水平。强化科技创新驱动，深入推进科研成果权益改革试点，着力发展以现代种业为制高点的都市型现代农业。（责任单位：市农委、市园林绿化局、市规划国土委、市经济信息化委、市科委、市财政局、市农业局、市农经办、市农科院、除东城、西城、石景山外的 13 个区区委区政府）

8. **全面推动乡村休闲旅游产业提档升级。**2017 年，新启动 100 个旅游休闲村镇创建工作。以市民需求为导向，创新农旅结合、农科结合、农文结合等发展模式，打造一批集农事体验、娱乐休闲、健康养老等为一体的乡村旅游目的地和精品线路，不断丰富乡村旅游业态和产品。优化城乡建设用地布局，在控制农村建设用地总量、不占用永久基本农田的前提下，加大盘活农村存量建设用地力度，允许村庄改造、宅基地整理等节约出的建设用地，通过入股、联营等方式发展乡村休闲旅游、养老等产业，促进农村一二三产业融合，同时，严禁违法违规开发房地产或建设私人庄园会所。在统一规划和确保安全的前提下，结合村庄改造、山区搬迁等工作，试点探索在民俗旅游专业村镇允许村民利用合法宅基地建设二层或三层为主体的自用住宅，发展特色民宿和乡村酒店，带动农民创业增收。进一步完善乡村旅游公共服务设施，大力发展由步道和自行车道等构成的慢行交通系统，推进 3 000公里京郊旅游休闲步道建设。丰富沟域经济内涵，推动沟域内现代农业生产、休闲旅游、特色民宿、文化创意、生态友好型加工、信息大数据等产业联动发展。完善休闲农业、乡村旅游业的行业标准，建立健全食品安全、消防安全、环境保护等方面的监管规范。加强重要农业文化遗产保护和开发，推动市级农业文化遗产认定工作。（责任单位：市农委、市旅游委、市规划国土委、市园林绿化局、市发展改革委、市农业局、市住房城乡建设委、市农经办、除东城、西城、石景山外的 13 个区区委区政府）

9. **大力发展农产品电子商务。**加快农村互联网基础设施建设，全面推动信息进村入户，改善农村地区电子商务服务环境。继续推进"一村一品＋电商"建设，鼓励电子商务平台服务"一村一品"，促进品牌农产品走出去。强化农村物流体系建设，整合现有农业、供销、邮政、商贸领域的农村物流资源，在郊区建设一批"农邮通"服务站，培育一批"快递＋农产品"样板项目，鼓励邮政、快递企业参与鲜活农产品物流配送，畅通"工业品下乡"和"农产品进城"双向流通渠道。2017 年完成北京鲜活农产品流通中心主体工程建设。（责任单位：市商务委、市农委、市农业局、市经济信息化委、市园林绿化局、市邮政管理局、中央农产品批发市场管委会、除东城、西城、石景山外的 13 个区区委区政府）

三、加大农村改革力度，激活农业农村内生发展动力

10. **深化农村土地制度改革。**认真落实《中共中央办公厅、国务院办公厅关于完善农村土地所有权承包权经营权分置办法的意见》，结合本市实际，积极探索农村土地"三权分置"的有效实现形式，加快放活土地经营权，创新流转方式，加强农村承包土地经营权流转合同管理，促进适度规模经营。2017 年基本完成农村土地承包经营权确权登记颁证工作，在大兴区和平谷区继续试点探索农村承包土地经营权抵押贷款。在东城、西城、石景山以外的 13 个区各选择 1 个乡镇开展统筹利用农村集体经营性建设用地试点，按照村级土地入股、乡镇统筹运营、市区统一规划、科学测算"拆占（建）比"的实施路径，推动实现集体建设用地腾退减量与集约节约利用、产业"腾笼换鸟"、环境优化改善、人口调控等目标。推广大兴区编制集体建设用地规划的做法，推动其他区开展集体建设用地规划

编制工作。深入总结大兴区集体经营性建设用地入市试点经验，完善集体经营性建设用地入市增值收益分配机制。深入总结有关区盘活农村闲置房屋及宅基地的试点经验，按照政府引导、集体组织、农民主体、企业参与、市场化运作的模式，创新管理方式、建设模式和服务手段，提高多元化主体共同参与盘活农村闲置资产的积极性。加快推进农村宅基地确权登记颁证工作，积极研究探索宅基地改革试点。（责任单位：市农委、市规划国土委、市发展改革委、市金融局、市农经办、除东城、西城、石景山外的13个区区委区政府）

11. **深化农村集体产权制度改革**。认真贯彻落实《中共中央、国务院关于稳步推进农村集体产权制度改革的意见》，完善集体资产股权管理，积极探索集体经济新的实现形式和运行机制。推动未实施村级集体产权制度改革的村启动改革，深入推进第一道、第二道绿化隔离地区乡镇集体经济产权制度改革。完善财政引导、多元化投入机制，鼓励整合利用未承包到户的集体资源性资产和经营性资产、集体积累资金、政府帮扶资金等，通过入股或参股等多种形式发展集体经济。深化集体林权制度改革，基本完成房山区全国集体林业综合改革试验示范区及家庭林场试点建设。进一步规范社区股份合作经济组织管理，完善股东登记制度，将股权证书发放到位，并将其作为参加集体收益分配的基本依据。提倡实行已经折股量化给成员的集体资产股权不随人口增减变动而调整的方式，引导集体经济组织确定合理的集体资产股权调整期限。结合农村土地确权和农村集体产权制度改革，进一步推进集体资产清产核资工作，建立健全集体资产登记、保管、使用、处置等制度，实行台账管理。全面加强集体资产监督管理，健全体制机制，严格落实区、乡镇的属地管理责任，充分发挥农业、规划国土、园林、水务、民政、财政、审计等有关部门职能作用，形成工作合力。总结海淀区成立农村集体资产监督管理委员会的经验，进一步扩大试点，规范农村集体资产监督管理。切实加强农村集体经济组织审计监督，做好日常财务收支等定期审计，继续开展村干部任期和离任经济责任等专项审计。由各区根据实际，对集体资产量大的农村集体经济组织和土地补偿款、财政转移支付补贴资金等重点资金实行年度审计，对审计发现的问题，严格督促整改；对涉嫌违纪违法案件，及时移送相关部门依法依规处理。加强对农村集体资产管理人员的教育培训。引导农村产权规范流转和交易，加强相关服务体系建设和监督管理。加快完善和调整与统一城乡户口登记制度相适应的各项政策，依法保障农民土地承包经营权、宅基地使用权和集体收益分配权，鼓励农民带着资产融入城市。（责任单位：市农委、市园林绿化局、市水务局、市财政局、市审计局、市发展改革委、市民政局、市规划国土委、市公安局、市农经办、除东城、西城、石景山外的13个区区委区政府）

四、持续促进农民增收，保持农村和谐稳定

12. **大力促进农民增收**。认真落实《国务院办公厅关于完善支持政策促进农民持续增收的若干意见》，紧紧围绕农业提质增效强基础、农民就业创业拓渠道、农村改革赋权增活力、农村社会保障固基本，进一步完善政策，挖掘增收潜力。实施农村劳动力转移就业工程，继续拓展转移就业空间，提升就业质量，稳定公益性岗位就业，将就业困难人员托底安置机制延伸至农村，继续保持工资性收入增长势头。坚持因地制宜、分类施策、精准帮扶，防止大水漫灌，调动好农户的积极性。研究促进就业帮扶政策，加强就业技能培训，不断增强农民就业能力。大力推进低收入农户增收及低收入村发展，将帮扶责任进一步落实到乡镇、村，合力推进“六个一批”精准帮扶举措覆盖到村、户，坚决防止帮扶工作中的形式主义，不搞层层加码，严禁弄虚作假。低收入专项帮扶资金主要用于扶持产业发展，支持特色林果业、种植业等产业升级，着力解决销售渠道问题，增强“造血”能力。鼓励各区积极创新产业帮扶政策，可采取异地购置物业、建立投融资平台等有效措施，发挥帮扶资金“药引子”的作用，培育农村致富新动能。扎实开展致富带头人培育工作，带动低收入农户入股合作、就业创业。继续做好征地农转非工作，加快消化解决应转未转的积存指标，促进农业转移人口市民化。（责任单位：市委农工委、市农委、市人力社保局、市民政局、市卫生计生委、市直机关工委、市国资委、除东城、西城、石景山外的13个区区委区政府）

13. **全面实施基层干部轮训和新型职业农民培育工程**。实施农村基层干部人才培养工程，开展新一届乡镇领导班子全员集中培训、村“两委”干部

示范培训工作，组织开展乡镇中青年干部示范培训，储备一批扎根农村的公共管理服务人才。实施新型职业农民激励计划，健全新型职业农民教育培训体系。以农民需求为导向，创新职业农民培训模式，实施精准培训，加快培育一批农场主、专业大户、农业职业经理人。支持大中专毕业生、退役军人、科技人员等各类人才回乡下乡创业创新，领办合作社、创办家庭农场（林场）、农业园等经营组织。提升新型经营主体和职业农民信息化专业技能，增强其电子商务应用和市场营销推广能力。加强对全科农技员、管水员等的专业培训，提高其技术服务水平。整合和优化农业农村各类培训资源，加快形成生产经营、专业技能、社会服务“三类协同”，教育培育、管理服务、政策扶持“三位一体”，市级示范、区级统筹、院校培训“三方共育”的新型职业农民培育工作格局。（责任单位：市委农工委、市委组织部、市农委、市教委、市人力社保局、市农职院、市农科院、北京农学院、除东城、西城、石景山外的 13 个区区委区政府）

14. 加强党对农村工作的组织领导。各级党委和政府必须坚持把解决好“三农”问题作为工作重中之重不动摇，切实把认识和行动统一到中央的决策部署上来，把农业农村工作的重心聚焦到农业现代化和城乡发展一体化上来，落实到政策制定、工作部署、财力投放、干部配备等各个方面。要深入贯彻落实党的十八届六中全会精神，将全面从严治党要求落实到农村基层，严格落实农村基层党建工作责任制，建立区委、乡镇党委书记抓农村基层党建责任清单，全面规范农村基层党组织生活，持续整顿软弱涣散村党组织，管好用好农村基层党组织带头人，实行村党组织书记区级备案管理。区、乡镇纪检监察机关要把查处违反农村集体资产管理规定、侵占集体资产、侵害群众利益的不正之风和腐败问题以及在推进农村改革中“不作为、乱作为”等作为主要工作任务，加大监督执纪问责力度，形成震慑。完善村党组织领导的村民自治有效实现形式，进一步深化村务、财务公开和民主管理，强化村务监督委员会建设。加强宣传思想和意识形态工作，培育与社会主义核心价值观相契合、与新农村建设相适应的优良家风、文明乡风和新乡贤文化。提升农民科学文化素质，加强农村移风易俗工作，引导群众抵制婚丧嫁娶大操大办、人情债等陈规陋习。加强农村社会治安综合治理、消防安全、法律宣传教育服务和信访工作。（责任单位：市委组织部、市纪委市监察委、市委宣传部、市委农工委、首都文明办、市民政局、首都综治办、市司法局、市审计局、市文化局、除东城、西城、石景山外的 13 个区区委区政府）

中共北京市委农村工作委员会　中共北京市委组织部　北京市民政局　北京市农村合作经济经营管理办公室　关于印发《北京市村干部管理监督办法（试行）》的通知

（2017 年 12 月 15 日）

各涉农区区委组织部、区委农工委，区民政局、区经管站：

现将《北京市村干部管理监督办法（试行）》印发给你们，请认真贯彻落实。

北京市村干部管理监督办法（试行）

第一章　总　　则

第一条　为进一步推进全面从严治党向农村基层延伸，加强村干部管理监督工作规范化、制度化、法制化建设，打造高素质的村干部队伍，提升农村基层组织建设整体水平，保障乡村振兴战略实施，推动农村经济社会发展，根据有关规定，结合实际，制定本办法。

第二条　本办法中所称的村干部，是指享受《关于村干部基本待遇和基本保障的实施办法（试行）》（京组通〔2016〕16 号）等相关政策的现任村党组织成员、村民委员会委员。选派到村担任职务的机关、企事业单位工作人员以及村集体经济组织工作人员和村务监督委员会成员（民主理财监督机构成员）参照本办法执行。

第三条 村干部管理监督工作坚持党管干部、全面从严，坚持依法依规、分级负责，坚持上下联动、合力推进，坚持抓在日常、严在经常，坚持注重实绩、严格考评，坚持强化监督、严肃问责的原则。

第四条 村干部管理监督工作由乡镇（涉农街道）党（工）委、政府（办事处）具体负责，承担主体责任。各涉农区纪委、区监委、区委组织部、区委农工委、区民政局对村干部管理监督工作进行指导和监督。

第二章 选拔任用

第五条 村干部选拔任用必须在党的领导下，坚持公开、平等、民主、择优原则，依照《中国共产党基层组织选举工作暂行条例》《北京市基层党组织换届选举工作暂行规定》《中华人民共和国村民委员会组织法》和《北京市村民委员会选举办法》的规定及相关政策文件的要求进行。

第六条 明确选拔标准。认真落实思想政治素质好、带富能力强、协调能力强的“一好双强”标准，坚持把党性强、作风好放在首位，努力把政治上靠得住、工作上有本事、群众中有威信的优秀人才选进村干部队伍，着力培养造就一支懂农业、爱农村、爱农民的农村基层干部队伍。

第七条 拓宽来源渠道。村干部一般从本村致富能手、复退军人、企业骨干、专业合作组织负责人等人员中产生，支持和鼓励本地机关企事业单位退休干部职工、外出务工人员回村任职。必要时，上级党组织可以选派优秀干部到村担任村党组织负责人。加强村级后备人才队伍建设，注重把青年农民致富能手培养成党员，把党员致富能手培养成村干部，鼓励和引导高校毕业生到村任职。

第八条 严格资格条件。严把村干部入口关，建立村干部任职资格负面清单，实行村干部任职资格联审。村“两委”换届选举期间，各区应组织区纪委、区监委、区委组织部、区委农工委、区委政法委、区民政局、区公安分局、区规划国土分局、区卫生计生委、区经管站、区信访办等相关部门对候选人进行资格联审。日常调整村干部时，乡镇（涉农街道）党（工）委和政府（办事处）要从严把好人选资格审查关，主动向有关部门了解情况，依法依规履行民主程序。

第三章 日常管理

第九条 实行村“两委”主要负责人区级备案管理。村党组织书记出现调整的，乡镇（涉农街道）党（工）委应于调整后15个工作日内报区委组织部、区委农工委备案；村民委员会主任的罢免、辞职、职务终止或者补选，应在乡镇（涉农街道）政府（办事处）的具体指导下，严格按照有关法定程序进行，完成后15个工作日内报区民政局备案。

第十条 实施村干部信息动态管理。建立市级村干部信息管理系统，及时更新维护，定期同相关单位数据库进行比对核查，确保村干部信息真实准确，全面掌握村干部队伍建设情况，充分发挥村干部信息管理系统的作用。

第十一条 严格落实村干部坐班值班制度。工作日村干部无特殊情况必须坚持在岗在位，节假日实行轮流值班制度，日常要保持通讯畅通。村干部在岗、外出、请休假等情况要向村民群众公开。

第十二条 严格村干部请示报告制度。村干部离京、出国（境）的，应提前书面请示报告，经批准后方可外出。村“两委”主要负责人要向乡镇（涉农街道）党（工）委书记书面报告，其他村干部要向村党组织书记书面报告。村内发生重大突发事件或事故，村干部必须第一时间向乡镇（涉农街道）党（工）委、政府（办事处）报告，坚决杜绝瞒报、漏报、迟报现象的发生。

第十三条 实行村干部包片联户走访制度。村干部要带头联系一定数量的村民群众，落实村民群众患重大疾病时必访、亡故时必访、家庭遭灾时必访、生活有困难时必访、发生矛盾纠纷时必访的“五必访”工作机制，切实做到听民声、察民情、解民忧。村干部要做好入户走访记录，及时解决处理村民群众反映的合理诉求和相关问题。

第十四条 关心、爱护和支持村干部。按照村干部基本待遇和基本保障实施办法的有关规定，健全完善村干部待遇保障机制。严格村干部谈心谈话制度，乡镇（涉农街道）党（工）委书记每年与村“两委”主要负责人至少进行一次谈心谈话，村党组织书记每半年与其他村干部至少进行一次谈心谈话，注意听取意见建议，帮助解决实际困难。落实村干部体检制度，由各乡镇（涉农街道）每年组织村干部进行体检，关心爱护村干部身体健康。实行困难村干部救助制度，动员各方力量，对因病、因灾或其他原因导致生活困难的村干部给予及时救助。对打击报复村干部的案件，要严肃查处；对受到诬告的村干部，要及时澄清事实真相，还其公道清白。

第四章　监督约束

第十五条　村党组织每年应当至少召开一次以开展批评与自我批评为主要内容的组织生活会，查找存在问题，深刻剖析原因，提出整改措施，增强村级班子凝聚力和战斗力。村级各类组织应定期向村党组织汇报工作，接受村党组织领导和监督。村民委员会、村务监督委员会每年应向村民会议或村民代表会议至少报告一次工作。村集体经济组织每年应向村集体经济组织成员大会或成员代表大会至少报告一次工作。

第十六条　探索实行村级组织主要负责人个人重大事项申报制度。村“两委”和村集体经济组织主要负责人每年要向乡镇（涉农街道）党（工）委如实报告收入、房产、投资、承包、经营等个人有关重大事项。乡镇（涉农街道）党（工）委、政府（办事处）定期对报告情况组织专项核查，对无正当理由不按时报告、不如实报告、隐瞒不报的，根据相关规定严肃处理。

第十七条　规范重大经济事项决策程序。涉及村民群众利益的重大经济事项，如：年度财务预决算方案、收益分配方案、资产购置和处置、经营方式确定或变更、重大项目投资、资产和资源发包出租、土地征收及征地补偿费使用、资金借贷、农村劳务人员设置及报酬发放、农村规划建设方案、农村体制机制改革方案等，须经村党组织、村民委员会联席会议讨论通过，提交村民（代表）会议或社员（代表）会议讨论通过，并报乡镇（涉农街道）相关部门审核通过后方可实施，事项的决议及过程、实施结果应及时公开。村务监督委员会（民主理财监督机构）全程参与重大经济事项民主决策过程。

第十八条　规范村干部财务管理权限。各村要建立财务收支审批制度，明确财务收支审批人员和审批权限、财务收支审批程序、财务收支审批人员职责等。计划内数额较小的日常开支，由村主管财务负责人审批；计划内数额较大和重大开支事项，须由村党组织、村民委员会、村级集体经济组织以及村务监督委员会（民主理财监督机构）联席会议研究，并经民主决策程序讨论通过；计划内重大开支事项和计划外支出，须报乡镇（涉农街道）相关部门审核通过。所有财务收支事项，应经村务监督委员会（民主理财监督机构）审核盖章。数额“较大”和“重大”的标准，由乡镇（涉农街道）征求各村意见后，结合工作实际和相关政策规定确定，报区经管站、区财政局备案。

第十九条　实行村干部经济责任审计制度。在村干部任期届满或离任时，必须进行经济责任审计。审计重点主要包括：农村经济责任目标完成情况、财经法纪执行情况、资产处置、债权债务管理、集体土地征用占用、村集体土地使用和租赁、对外投资、专项资金管理、财务公开以及村民群众关注的热点问题等。探索在线审计、引入第三方机构等方式开展经济责任审计工作，提高审计效能。审计结果要及时公布，并作为村干部考核奖惩、岗位调整的重要依据。对审计中查出的问题，造成损失的，责令有关责任人如数退赔和赔偿，给予党纪政纪处分，涉嫌犯罪的，移交司法机关依法处理。

第二十条　抓早抓小、纪严于法。坚持把纪律和规矩挺在前面，重点强化政治纪律和组织纪律，带动廉洁纪律、群众纪律、工作纪律、生活纪律严起来。坚持惩前毖后、治病救人，充分运用谈心谈话、函询和诫勉谈话等手段，对村干部身上的问题早发现、早提醒、早纠正，防止小问题变成大毛病。

第二十一条　健全村党组织纪律检查工作与村务监督委员会工作衔接机制。进一步加强村党组织的纪律检查工作，规范设置和选优配强村党组织纪律检查委员，全面推行“村党组织纪律检查委员兼任村务监督委员会主任”工作机制，村党组织成员已兼任村民委员会成员的，不得担任村务监督委员会主任。充分发挥村务监督委员会作用，突出抓好对村干部履职情况的监督，督促其依法依规履职。

第二十二条　健全完善村干部监督网络。深化监察体制改革，按规定将村干部纳入监察对象。完善区级党委巡察制度，按规定将巡察对象延伸至村干部。坚持从村级权力运行的重点领域、重点岗位和关键环节入手，建立健全内控机制，牢固构筑制度防线，强化“不敢腐”的震慑，扎牢“不能腐”

的笼子，增强“不想腐”的自觉，有效防止和减少腐败行为发生。

第五章　考核奖惩

第二十三条　村干部考核由乡镇（涉农街道）党（工）委、政府（办事处）负责。村干部考核主要包括日常考核和年度考核。村干部考核重点围绕日常履职尽责、完成重点任务、经济社会发展、村内和谐稳定、为民办事服务、党员群众满意度等内容进行。村干部考核结果作为村干部选拔使用、评先评优、绩效奖励、组织处理等的基本依据，严格兑现奖惩。

第二十四条　实行村干部竞职、履职、辞职承诺制度。在村“两委”选举前，组织候选人就遵守换届选举纪律、依法公平参选等作出竞职承诺，就任期工作目标和举措设想等作出履职承诺，就参选或者当选后出现违法违纪、任务目标完成差、民主评议不称职等情况作出辞职承诺。“三项承诺”内容经乡镇（涉农街道）党（工）委审核后公开公示接受监督。乡镇（涉农街道）党（工）委要加强审核把关，特别要防止擅自处分集体资产的承诺、不切实际的承诺和把个人捐助村内公益事业与选举挂钩。

第二十五条　开展“双述双评”活动。村党组织书记、村民委员会主任每年要向乡镇党委、本村全体党员和村民代表述职述廉，并与村“两委”班子其他成员一起接受本村党员大会与村民（代表）会议的民主评议。连续两次被评议不称职的村级组织班子成员，经上级党委核实确认，依法履行相关程序后，及时公布其职务终止。

第二十六条　实行村党组织书记抓基层党建工作述职评议考核制度。每年年底或次年年初，围绕年度基层党建工作重点任务，组织村党组织书记开展抓基层党建工作述职评议考核，完善党建工作考核综合评价体系，强化党建工作考核结果运用，做好述职评议查摆问题整改落实工作，确保党建工作各项部署落到实处。

第二十七条　村干部履职不力、失职失责或有其他违纪违法行为的，应由乡镇（涉农街道）党（工）委、政府（办事处）视情节轻重，依照《中国共产党问责条例》《中国共产党纪律处分条例》《农村基层干部廉洁履行职责若干规定（试行）》和相关法律法规等有关规定，予以处理。加大正风肃纪力度，对在疏解整治、低收入农户增收等工作中不作为、乱作为，具有违法建设、违法占地行为，侵占集体资产，参与、纵容、支持黑恶势力活动，党的十八大后不收敛不收手的村干部，坚决予以查处。涉嫌犯罪的，移送司法机关依法处理。

第六章　附　　则

第二十八条　本办法由市委组织部、市委农工委、市民政局负责解释。

第二十九条　各涉农区根据本办法，结合实际制定具体实施细则。

第三十条　本办法自2018年1月1日起执行。

中共北京市委农村工作委员会
北京市农村工作委员会
关于进一步深化本市农村集体产权制度改革
发展壮大农村集体经济的若干意见

（2017年12月25日）

相关各区区委、区人民政府：

为贯彻落实《中共中央国务院关于稳步推进农村集体产权制度改革的意见》（中发〔2016〕37号）和市委关于落实中央巡视组对北京市开展巡视“回头看”反馈意见整改方案的要求，进一步深化全市农村集体产权制度改革，发展壮大农村集体经济，经市委、市政府同意，特制定本意见。

一、总体目标和工作原则

（一）总体目标

通过深化改革，加快构建归属清晰、权能完整、流转顺畅、保护严格的农村集体产权制度，积极探索农村集体经济有效实现形式，有效保护和发展农村集体经济组织成员的合法权益。从现在起到2020年末，完成农村集体资产清产核资，加强农村集体资产监管，建立农村集体资产动态监管机制；基本完成剩余难点村和重点乡镇的集体产权制度改革任务；加强农村集体经济组织规范管理，建立健全农村集体经济管理制度，规范农村集体资产股权（股份）管理，完善集体资产股东股权（股份）管理系统，进一步赋予农民对集体资产股份权能；全面落实好集体经济组织成员的集体收益分配权和对集体经济活动的民主监督管理权利，形成有效维护农村集体经济组织成员权利的治理体系；积极探索创新集体经济发展途径，促进农村集体资产保值增值，不断发展壮大农村集体经济。

（二）工作原则

把握正确改革方向。充分发挥市场在资源配置中的决定性作用，更好发挥政府作用，依法保障农村集体经济组织市场主体地位，完善农民对集体资产股份权能，把实现好、维护好、发展好广大农民的根本利益作为改革的出发点和落脚点，促进集体经济发展和农民持续增收。

坚守法律政策底线。坚持农民集体所有不动摇，不能把集体经济改弱了、改小了、改垮了，防止集体资产流失；坚持农民权利不受损，不能把农民的财产权利改虚了、改少了、改没了，防止内部少数人控制和外部资本侵占。坚持男女平等的基本国策，保证男女同股同权，同股同利。严格依法办事，妥善处理各种利益关系。

尊重农民群众意愿。尊重基层实践，充分发挥农民主体作用，支持农民创新创造，把选择权交给农民，确保农民知情权、参与权、表达权、监督权，真正让农民成为改革的参与者和受益者。

坚持党的领导。坚持农村基层党组织的领导核心地位不动摇，农村集体经济组织要在党组织的领导下开展各项工作，紧紧围绕巩固党在农村的执政基础深化农村集体产权制度改革，确保农村集体经济组织依法依规运行，逐步实现共同富裕。

二、进一步开展清产核资，全面加强集体资产监督管理

（三）开展清产核资，进一步摸清底数

要按照农业部的统一部署和安排，在原有工作基础上，对资源性资产、经营性资产和公益性资产全面进行清产核资。已经完成农村集体产权制度改革的乡镇、村集体经济组织，应进一步巩固清产核资成果，核实农村集体资产，完善集体资产管理制度。尚未完成产权制度改革的乡镇、村集体经济组织，要全面清查集体资产情况，重点清查核实未承包到户的资源性资产和集体统一经营的经营性资产以及现金、债权债务等，查实存量、价值和使用情况，做到账证相符和账实相符。

（四）建立健全集体资产监管制度

在清产核资基础上，建立健全集体资产台账，结合农村集体资产产权年检制度，进行年度清查核实，并利用农村集体“三资”监管平台，实行信息化、规范化和常态化动态管理；集体资产承包、租赁、出让经营时，要严格履行民主程序，签订规范的书面合同并公开合同履行情况；实行财务预决算制度，规范财务开支审批程序；落实好财务公开制度，定期公开财务收支情况，重大事项要随时公开，各区要进一步细化完善公开内容，创新公开办法，采取纸质、电子媒介以及村务公开栏等多种方式，真正让农民群众看得明白；土地补偿费要纳入账内核算，严格实行专户存储、专账管理、专款专用；强化集体经济审计工作，对集体资产量大的乡村集体以及土地补偿费、村集体拆迁补偿款、集体经济收入、上级转移支付资金等农民群众关注度较高的科目，要进行重点审计，实行年度审计全覆盖，主管部门要积极与纪检监察、审计等相关部门沟通配合，抓好审计问题的整改落实，建立健全责任追究制度。

三、全面推进和深化改革，强化农村集体经济组织规范管理

（五）全面推进和深化村级集体产权制度改革

因地制宜推进剩余村的村级集体产权制度改革。对于有经营性资产，但存在成员界定难度大、历史遗留问题多、产权关系相对复杂等问题的村，

要积极探索创新，坚持问题导向，攻坚克难，采取经营性资产量化方式完成改革；对于前期仅完成清产核资和成员界定的村，要继续深化改革，进一步采取量化股份的方式，完成股份合作制改革；对于经营性资产少，而集体山场等旅游资源相对较多的村，可以依法将山场等资源性资产确权到集体经济组织成员，再与社会资本开展合作，盘活利用集体闲置资产，发展乡村旅游产业，增加农民收入。已经完成改革但集体股比例较高的村，要按照以成员股为主的要求，通过深化改革，逐步降低集体股比例，具体比例由本集体经济组织成员民主讨论决定。

（六）稳步推进乡镇级集体产权制度改革

有集体经营性资产的乡镇集体经济组织，要加快推进乡镇级集体产权制度改革。近期要重点推进“一绿”“二绿”及重点城镇化地区的乡镇集体产权制度改革。集体经营性资产规模较大且实行乡镇和村两级所有、两级核算的乡镇集体经济组织，要积极推进以村集体为团体股东的经营性资产股份合作制改革；实行乡镇一级所有、一级核算的乡镇集体经济组织，要加快推进直接以集体经济组织成员个人为股东的股份合作制改革。集体净资产较少的乡镇，可结合本地实际，加大镇域统筹力度，在明晰乡镇和村两级产权关系的基础上，通过多种形式的股份合作，由乡镇集体经济组织统筹发展集体产业。

（七）加强农村集体经济组织登记管理

全市农村集体经济组织作为特别法人，按照本市现有规定进行登记注册。村经济合作社和改革后成立的村股份经济合作社，乡镇合作经济联合社和改革后成立的乡镇股份合作经济联合社等农村集体经济组织应到区农村合作经济经营管理部门进行登记注册。集体产权制度改革后成立企业的，到工商部门登记注册，取得营业执照。同时，其作为农村集体经济组织应到区农村合作经济经营管理部门进行备案。农村集体经济组织法定代表人、经营地址、联系方式、组织章程等重要事项发生变化的，要及时到登记注册部门办理变更登记和备案手续。

（八）健全内部机构，明确管理职责

改革后在工商部门登记为集体所有制（股份合作）企业的，要按照《北京市农村股份合作企业暂行条例》的要求，建立健全内部管理机构，完善企业法人治理机制。在农村合作经济经营管理部门登记的农村股份经济合作社，应参照上述规定，建立健全管理架构，明确各机构的管理职责和权限。成员（股东）数量较多的集体经济组织可以设立成员（股东）代表大会。凡涉及本农村集体经济组织发展和成员（股东）利益的重大事项，应召开成员（股东）大会或者成员（股东）代表大会进行讨论，执行一人一票的投票决策机制，经民主讨论通过后方可做出决议。董（理）事会是农村集体经济组织的常务决策机构和管理机构，对成员（股东）大会负责。主要职责是组织实施本农村集体经济组织发展规划，负责资本经营、资源开发、管理服务等日常管理工作，董（理）事会可根据发展需要聘请职业经理人并授权其负责经营管理活动。监事会是农村集体经济组织的内部监督机构，监督董事、经理和其他管理人员的经营管理行为，检查业务、财务等有关情况，审查股东提出的重大质疑事项。

（九）按时换届选举，严格履行选举程序

积极探索推进农村集体经济组织成员（股东）代表、董（理）事会及监事会换届选举与村“两委”换届选举工作同步进行，提倡有成员（股东）身份的村民代表经民主决策自动成为成员（股东）代表。董（理）事会、监事会成员与具有集体经济组织成员身份的村“两委”班子、村务监督委员会成员可以交叉任职，提倡农村集体经济组织负责人由村党支部书记兼任。农村集体经济组织章程中应明确换届选举的时间安排、选举方式、工作程序、选举条件等，并严格执行。区委农工委、区农委和农村合作经济经营管理部门根据本区实际，共同负责指导组织全区农村集体经济组织换届选举工作，要从严把握成员（股东）代表以及理事会、监事会成员的选举条件。乡镇党委、政府负责组织本乡镇内农村集体经济组织的换届选举工作。

（十）理顺分配关系，大力推进按股份分配

认真处理好集体积累和分配的关系。已经完成农村集体产权制度改革的农村集体经济组织要加大按股份分配力度。加快由实物分配向按股份分配转变，逐步减少实物分配，切实防止在集体收益分配中产生侵害农村集体经济组织成员权益等不正之风。农村集体经济组织要根据当年经营情况提出分配方案，其中应明确规定集体股的分配标准。分配方案要经成员（股东）大会或者成员（股东）代表大会审议通过后方可实行。进一步规范收益分配，不得举债进行分配，确保集体经济可持续发展。各乡镇农村合作经济经营管理机构要加大对集体收益分配的审计监督力度。

（十一）严守集体所有制底线，保障集体成员权益

农村集体资产受法律保护，禁止任何组织或者个人侵占、哄抢、私分。加强对农村集体经济组织在改革过程中设立公司的监管，农村集体经济组织及其下属企业，投资参股、控股、设立公司的，应到区经管部门进行备案。切实防止农村集体经济组织内部少数人控制、侵害农民集体资产权益；防止农村集体经济组织由少数人员设立公司转移或者剥离集体优质资产；防止农村集体经济组织通过下设多层级公司的方式绕开民主决策，逃避民主监管；防止农村集体经济组织不经民主讨论决定，擅自对外投融资，参与市场竞争性行业。对于已经发生上述情况的，要及时予以纠正，切实保护好集体成员权益。

（十二）加快推进农村集体经济组织和农村自治组织职能分离

认真贯彻落实《北京市实施〈中华人民共和国村民委员会组织法〉的若干规定》和《北京市农村集体资产管理条例》，在农村基层党组织统一领导下，加快推进村民委员会事务和集体经济事务分离工作。村内公益事业、村民自治公益性事务等由村委会负责；集体经济发展及集体经营性资产经营管理、土地等资源性资产的经营管理及开发利用等由农村集体经济组织负责。逐步探索村集体经济组织和村民自治组织实行账务分离，明确村集体经济组织与村民自治组织的财务往来关系，进一步规范村集体经济组织承担的村级公益事业费用的使用和管理。有条件的地区可以试点村内公共服务、公益事业等公共管理支出由财政负担，农村集体经济组织不再承担。

四、进一步规范股份管理，完善集体资产股份权能

（十三）建立健全集体资产股东股份管理系统

村集体经济组织将集体经营性资产以股份或者份额形式量化到集体成员，作为其参加集体收益分配的基本依据，应当建立健全集体资产股东股份管理台账，建立股东备案制度，确保股权证书发放到位。要及时根据股东股份变动情况对股东姓名、身份证号、联系方式、股份数额或份额以及股份继承、转让、抵押担保、股份分配等情况进行整理和登记。利用全市集体“三资”监管平台，建立股东股权登记管理信息系统，推进股东股份台账登记信息化、动态化管理。切实保障农民对集体资产股份占有和收益权。

（十四）分类引导股份固化

提倡集体资产股份固化管理。农村集体经济组织章程中已经约定实行固化管理的，应按照章程约定严格执行。各区可根据实际，在严格履行民主程序的基础上，积极探索股份固化到户的方式，采取新衍生人口通过分享家庭内拥有的集体资产权益的办法，按章程规定获得集体收益分配。股份管理要切实保护妇女儿童合法权益。对城市化进程较快及整建制农转居、没有或有少量农村集体土地的农村集体经济组织，提倡实行股份完全固化管理，新衍生人口可通过继承或者增资扩股获得股份。农村集体经济组织章程约定实行动态调整的，也应适当延长调整周期，保持股份相对稳定。对于剩余土地较多且增值较快、集体经济发展良好、具有较大发展潜力和空间的农村集体经济组织，可以采取5至10年为一个动态调整周期。已经量化给农转非人员的集体经营性资产股份，与其他成员股份相一致，不能无故收回，在股东自愿的基础上，可以通过合法继承、内部赠与或有偿转让、农村集体经济组织有偿收回等方式妥善处理，切实保护农转非人员的集体收益分配权。

（十五）探索集体资产股份退出

现阶段，股份退出严格限定在本集体经济组织内部。股份退出主要有集体成员内部转让（赠与）和集体赎回两种方式。提倡采取集体成员内部转让（赠与）方式退出。对受让人或受赠人的持股比例进行控制，防止出现超大股东。严格限定集体赎回股份条件。对因特殊情形经民主决策允许赎回的，应在确保集体资产不流失的前提下，明确赎回的条件和要求，并对赎回成本进行严格控制。

（十六）稳妥开展集体资产股份权能有序继承和抵押、担保

各区要按照保持集体资产的完整性和便于集体经济组织管理的原则，指导农村集体经济组织稳妥探索和规范集体资产股份权能继承。现阶段，集体资产股份在本集体经济组织章程规定的存续期内可

以继承，作为其参与集体收益分配的基本依据。集体资产股份的继承，原则上本集体经济组织成员具有优先权，具体办法经成员（股东）民主决策同意后，由农村集体经济组织章程规定，应明确继承的程序、要求、权利、义务等。继承人为本集体经济组织成员的，要充分保障其参与集体经济的经营管理权益。按照农业部试点工作要求，在大兴区、海淀区审慎开展集体资产股份抵押担保试点。

五、积极探索创新，发展壮大集体经济

（十七）落实国家现有税收优惠政策

认真贯彻落实《财政部国家税务总局关于支持农村集体产权制度改革有关税收政策的通知》（财税〔2017〕55号），对进行股份合作制改革后的农村集体经济组织承受原集体经济组织的土地、房屋权属，免征契税；对农村集体经济组织进行清产核资收回集体资产而承受土地、房屋权属，免征契税。对因农村集体经济组织进行清产核资收回集体资产而签订的产权转移书据，免征印花税。

（十八）加大推进农村集体产业结构升级力度

各区要按照全市“疏解整治促提升”的总体工作要求，根据区域功能定位，加大对农村集体经济发展的支持力度。对财政拨款、减免税费等形成的资产归农村集体经济组织所有，其中，形成的经营性资产可结合集体产权制度改革量化的股份比例量化为集体资产股份。结合地区实际，分类发展集体经济。平原地区农村集体经济组织要调整产业结构，退出高消耗产业，通过集体建设用地乡镇统筹利用，建设租赁住房等物业，加快发展符合首都功能定位的集体产业，实现“腾笼换鸟”和转型升级；山区农村集体经济组织要充分发挥绿水青山等资源优势，抓住机遇，结合沟域经济建设，大力发展乡村旅游和休闲观光产业，通过土地入股、联营联建等多种方式发展乡村酒店，促进乡村旅游提档升级，培育旅游品牌，发展壮大农村集体经济。

（十九）通过合作进一步盘活利用好农村资产

进一步发挥村集体经济组织的带动和引领作用，通过村集体经济组织领办、参办农民专业合作社以及通过集体资产入股专业合作社等多种方式，在提高农民组织化水平的同时，促进集体增收。要大力发展集体经济组织主导或领办农民住宅合作社，进一步盘活利用农民闲置住房，发展特色民宿，增加农民财产性收入和集体经济收入。进一步引导和发展农产品产销专业合作社，提高土地产出率和资源利用率，增加集体和农民土地经营收入。

（二十）创新集体资产经营机制

认真贯彻落实《北京市人民政府办公厅关于引导农村产权流转交易市场健康发展的若干意见》（京政办发〔2015〕40号），各区应制定标准和办法，明确一定标的额以上的农村集体资产必须进入市场公开交易。具备条件的农村集体经济组织，可以采取入股、合作等多元化经营方式引入社会资本，在确保农村集体经济组织及广大成员利益的基础上，审慎探索发展混合所有制经济，提高农村集体资产经营效率。

六、强化组织领导，加大工作指导力度

（二十一）统一思想，加强领导

深化农村集体产权制度改革，各区是统筹推进的责任主体，乡镇是组织实施的工作主体，集体经济组织是具体工作的实施主体。各级党委、政府和农村基层组织要充分认识深化农村集体产权制度改革的重要性、复杂性、长期性，把思想认识统一到中央决策部署上来。在深化改革中，既要鼓励创新、勇于实践，又要把控改革方向、有历史耐心，切实加强组织领导，积极稳妥推进改革。要切实加强对农村集体经济组织的监督、指导和服务，特别是要进一步加大对乡级集体经济组织以及整建制农转非后的农村集体经济组织的监督指导力度，切实保障好集体经济组织成员权益。

（二十二）加强监督管理和工作指导

各区及各乡镇党委、政府要严格落实属地责任，切实履行集体经济监督管理职责，全面加强农村集体资产监督管理和工作指导。要切实防止部分乡镇、村以深化改革为由，不顾改革底线原则，通过资本运作、设立关联企业等手段，绕过民主决策，导致集体经济被内部少数人或外部资本控制，特别是对城市化进程较快、市场化程度较高、资产量大的农村集体经济组织，更要加大指导和监督力度，保障好广大集体经济组织成员的集体财产权益。

（二十三）加强调查研究，及时解决改革中遇到的问题

各级主管部门要加强对农村集体产权制度改革及资产监管的调查研究，总结基层好的经验做法，

发现问题及时研究，积极探索解决办法。注意挖掘基层集体经济发展典型，总结提炼，开展宣传推广。各区在改革中遇到重大疑难问题，要及时向市委农工委、市农委报告。

中共北京市委农村工作委员会　北京市农村工作委员会 北京市旅游发展委员会　首都精神文明建设委员会办公室 北京市文化局　北京市园林绿化局　北京市人力资源和社会保障局 关于印发《“北京最美的乡村”评选表彰暂行办法》的通知

（2017 年 6 月 16 日）

郊区各区区委、区人民政府：

根据《中共北京市委办公厅北京市人民政府办公厅关于印发〈北京市加强评比达标表彰活动管理实施细则（试行）〉的通知》（京办发〔2012〕3 号）有关要求，现将《“北京最美的乡村”评选表彰暂行办法》印发给你们，请结合实际，认真贯彻执行。

“北京最美的乡村”评选表彰暂行办法

第一章　总　　则

第一条　为规范“北京最美的乡村”评选表彰工作（以下简称“评选表彰工作”），根据《中共北京市委办公厅北京市人民政府办公厅关于印发〈北京市加强评比达标表彰活动管理实施细则（试行）〉的通知》（京办发〔2012〕3 号）有关要求，结合活动实际，制定本办法。

第二条　评选表彰工作围绕城乡一体化发展和社会主义新农村建设，以“共建美丽乡村、共享美好生活”为主题，坚持公开、公平、公正原则，面向全市行政村，严格按照规定的条件、权限和程序进行，以宣传为主、评选为辅，以精神奖励为主、物质奖励为辅，体现先进性、代表性和时代性。

第二章　评选范围和评选周期及表彰名额

第三条　评选申报对象为全市所有行政村。

第四条　评选表彰工作每 2 年开展一次，每届共评选表彰“北京最美的乡村”20 个。

第三章　评选条件

第五条　“北京最美的乡村”推荐评选条件延续历届评选标准并参考国家标准委发布的《美丽乡村建设指南》，“北京最美的乡村”应综合体现“生产美、生活美、环境美、人文美”，在“美丽乡村”建设中具有良好的示范带动作用，且同时符合以下基本条件（市级“美丽乡村”和首都文明村优先）：

1. 生产美。主要包括：

产业发展方式科学。村里有符合自身实际且正在有效执行的产业发展规划，有明确的主导产业且符合资源节约、环境友好、科技创新、文化创新的发展方向，较好地体现了“人文、科技、绿色”的特征，认真推进了“新三起来”工作并取得了明显成效。

现代农业特征突出。突出绿色生态导向，推行绿色生产方式，及时进行了调结构、转方式，高效节水农业和生态循环农业成效突出，生产、生活、生态、示范等新功能得到比较充分的拓展，农业现代化及一二三产融合发展的态势比较明显。

农民就业增收明显。村里各项产业发展与农民高质量就业需求相适应，加强了对农民的教育培训，有效促进了农民在二三产业中实现充分就业，工资性收入应是农民收入的主要来源并且比例不断提高，在促进农民持续增收上创造了行之有效的办法。

2. 生活美。主要包括：

人均收入水平较高。村集体组织有稳定的收入来源，农民人均可支配收入绝对值和增速须在本区平均水平以上或位列本乡镇前 1/3，集体经济产权改革和林权改革等全面完成。

日常生活条件便利。交通、购物、邮政、洗浴、卫生、文化、体育、网络等公共服务便利，养老、医疗、低保等社会保障应保尽保。

农民生活方式文明。村庄有明确详细且有效执行的村规民约，农民生活文明有序，无讲求排场、奢侈浪费等不良现象。

3. 环境美。主要包括 3 个方面：

村庄绿化美化良好。有良好生态环境，村内绿化美化养护到位，环境整洁美观，无乱堆乱放、开墙打洞现象，注重清洁能源和可再生能源的推广应用，生活垃圾实现了分类处理，达到市级生态村、首都绿色村庄或“环境建设先进村”标准。

民居建设富有特色。村庄民居建设坚持规划先行、布局合理，无违法建设，民居与周边环境协调一致、融为一体，较好地体现出乡村独有的文化符号，农民庭院干净整洁并且绿化美化，历史文化名村、传统村落或民族特色村优先。

基础设施比较完善。基础设施不断改造提升并建立了切实有效的长效管护机制，设施使用和管护良好，“冬季清洁取暖”等工作推进有力，没有使用烟煤、焚烧秸秆等情况，明显改善了群众的生活环境。

4. 人文美。主要包括：

干群关系融洽。党的执政能力建设、先进性和纯洁性建设成效显著，党组织战斗堡垒作用和党员先锋带头作用明显；党员和干部切实做到以人为本、服务群众、管理民主、廉洁奉公；“两委”换届中没有违法违纪现象；两年内没有群访、越级访、党员干部违法违纪等情况。

道德风尚良好。有正确的意识形态，深入践行社会主义核心价值观，立足实际弘扬中华民族优秀传统文化，按照新农村建设的要求培育优良家风、文明乡风和新乡贤文化，大力推进移风易俗，两年内无重大刑事案件、黑恶势力等问题。

文化活动健康。文化设施设备比较完善，有常年演出的文艺团队，农民参与比例≥10%，文艺活动比较丰富，每年演出≥12 场，无封建迷信、邪教会道门、聚众赌博等不良现象，文物和非物质文化遗产保护、传承与利用较好的村优先。

第四章　评选程序

第六条　推荐。评选表彰工作要坚持公开、公平、公正原则，严格按照自下而上、逐级推荐。其中，每个远郊区最多各推荐 3 个村，朝阳区、海淀区、丰台区最多各推荐 2 个村（已经获得“北京最美的乡村”称号的行政村不再参评）。由各区“北京最美的乡村”牵头部门进行初审，并须在本区新闻媒体上进行公示。公示内容包括推荐对象的基本情况和主要事迹。公示后 7 天内无异议者，报评选表彰工作领导小组办公室审核。

第七条　初审。评选表彰工作领导小组办公室对推荐材料进行初审，初审符合推荐评选条件的纳入评选范围。

第八条　评选。

1. **网络投票评选**。在活动官方网站“北京美丽乡村”、官方微信“北京美丽乡村”开设专题网页，接受广大网民进行投票评选。本项得分占总成绩的 10%。

2. **报纸选票评选**。在《北京日报》《北京晚报》《京郊日报》等新闻媒体同步刊登选票，鼓励广大社会公众积极参加评选。本项得分占总成绩的 20%。

3. **公众体验评选**。鼓励持有《“北京最美的乡村”候选村庄体验套票》的社会公众，在亲身体验后再进行投票评选。本项得分占总成绩的 35%。

4. **专家评委评选**。由主办单位领导、“三农”专家、社会公众代表组成专家评委会，在多种形式考察的基础上，严格按照“北京最美的乡村”的评选标准和程序，逐项进行客观公正地评分。本项得分占总成绩的 35%。

上述 4 项得分相加即为总成绩，评选表彰工作领导小组办公室根据总成绩确定排序第 1 至 20 位的候选村庄被确定拟表彰对象，报评选表彰工作领导小组审定。

第九条　审定。评选表彰工作领导小组召开会议，对评选表彰工作领导小组办公室提交的拟表彰对象名单进行审定，确定表彰对象名单。

第十条　公示。评选表彰工作领导小组办公室将市评选表彰领导小组审定的名单面向全市公示。

第十一条　表彰决定。公示后 7 天内无异议者，由市委农工委、市农委、市旅游委、首都文明办、市文化局、市园林绿化局与市人力社保局会签表彰决定。

第十二条　对评选出的行政村授予“北京最美的乡村”称号，颁发奖牌。

第五章　组织领导

第十三条　为加强评选表彰工作的组织领导，

由市委农工委、市农委、市旅游委、首都文明办、市文化局、市园林绿化局和市人力社保局联合成立评选表彰工作领导小组，负责评选活动的组织实施。评选表彰领导小组办公室设在市委农工委宣传处，负责评选表彰的日常工作。

第六章　工作要求

第十四条　评选表彰工作要坚持评选标准，严格执行评选条件。要坚持把评选表彰与促进全市的美丽乡村建设结合起来，切实使评选表彰活动成为有效提升农村全面发展水平的有效抓手。

第十五条　评选表彰工作要严肃评选纪律，加强监督检查。要注重充分发扬民主，广泛听取各方面意见，各区主管部门要严把关、把好关。

第七章　附　　则

第十六条　本办法实施过程中出现的问题，由市委农工委负责解释。

第十七条　本办法自发布之日起施行。

北京市农村工作委员会
关于印发《北京市农业科技示范推广项目管理办法》的通知

（2017 年 1 月 13 日）

各有关单位：

为做好北京市农业科技示范推广项目的管理工作，市农委研究制定了《北京市农业科技示范推广项目管理办法》（以下简称《办法》），现予以印发。请按照《办法》要求，认真做好本系统（单位）项目申报和管理工作。

北京市农业科技示范推广项目管理办法

第一章　总　　则

第一条　为规范北京市农业科技示范推广项目管理，提高项目质量和管理效率，按照《北京市进一步完善财政科研项目和经费管理的若干政策措施》（京办发〔2016〕36 号）、《关于进一步规范市财政支农政策资金项目管理的办法》（京政农发〔2005〕52 号）、《资金管理办法》和《支农项目支出预算管理办法》（京农发〔2016〕7 号）要求，特制定本办法。

第二条　北京市农业科技示范推广项目（以下简称项目）是指由北京市农村工作委员会（以下简称市农委）、北京市财政局（以下简称市财政局）拨款支持的公益性农业应用技术研究、试验示范和推广项目。

第三条　项目实施目的旨在提高农业自主创新能力，强化农业技术的集成与配套，突破农业发展技术瓶颈，解决北京农业发展中的关键技术问题，促进农业科技成果示范推广，全面提高农业劳动生产率、资源利用率和土地产出率，为都市型现代农业发展提供科技保障。

第四条　在本市依法登记注册，具备独立法人资格，产权清晰、财务管理制度健全，从事农业科研、教学、推广、生产活动的科研院所、推广机构、企业和其他相关机构，均可申报项目。申请的项目须在申报单位法人证书规定的业务范围之内。

第二章　组织管理

第五条　市农委是项目的主管部门，负责项目的组织和管理。设立项目管理办公室（以下简称项目办），成员由市农委、市财政局及相关部门组成，负责日常工作。项目主持单位是项目的具体实施单位，负责项目的组织实施。项目主持单位管理部门负责协助项目主管部门开展具体管理工作。

第六条　市农委的主要职责是：

（一）研究确定每年度项目支持的重点领域，发布项目指南。

（二）负责项目的征集、立项、实施、验收等日常管理工作，监督检查项目执行进展情况。

（三）负责项目调整、撤销、中止、延期等重大事项。

（四）研究确定项目资金预算，按照有关规定拨付经费，对项目进行资金使用情况检查或绩效评价。

第七条 项目主持单位的主要职责是：

（一）对所有项目材料的真实性负有责任。

（二）负责项目的组织实施，落实项目实施所必需的保障条件，完成项目合同规定的任务。

（三）定期向市农委和单位管理部门报告项目有关的重大问题。

（四）对项目执行过程中产生的研究成果及时采取知识产权保护措施，依法取得相关知识产权，并予以有效管理和充分使用。

（五）负责项目首席专家的管理。项目实行首席专家负责制，首席专家应按照《项目合同书》的规定具体负责项目实施中的技术路线选择、人员选聘、时间安排等。

第八条 项目主持单位管理部门的主要职责是：

（一）组织本系统或本部门有关单位进行项目申报，并按相关要求对申报项目进行审核。

（二）协调项目的实施，督促项目主持单位按进度完成项目合同规定的任务。

（三）协助市农委进行项目执行进展情况检查和验收工作。

（四）监督项目资金的到位和使用情况。

第九条 市农委组建北京市项目专家库，广泛吸收农业科研、教学、生产、推广单位和企业的有关技术和管理专家共同组成，咨询专家应从专家库中抽取。专家咨询意见应作为项目管理和决策的主要参考依据。

第三章 立项管理

第十条 立项管理包括六个基本程序：编制与发布指南、项目申报、项目论证、项目立项、项目公示、项目合同书签订。

第十一条 编制与发布指南：市农委会同市财政局组织各郊区有关农业部门和专家进行广泛调研，根据生产实际需求，结合北京市农业工作重点，确定下一年度农业科技支持的重点领域，于每年7月编制项目指南并发布。

第十二条 项目申报：每年7—9月，进行下一年度的项目申报。项目主持单位按照项目申报要求编制申报材料，经主管部门审核后，报市农委。市农委根据指南要求，结合生产需求，对申报项目进行初审。对与郊区农业部门或新型农业生产经营主体联合申报的项目，可优先予以通过。

第十三条 项目论证：市农委组织相关专家，对通过初审的项目进行论证，并出具专家论证意见。论证时可聘请农业生产一线技术人员参加，在专家论证讨论时提出建议。每年10月之前完成论证。

第十四条 项目立项：市农委根据专家论证意见，进行立项审核，编制预算。立项结果需经市农委办公会审定。

第十五条 项目公示：市农委会同市财政局安排下一年度项目预算。立项的项目在市农委网站进行公示，公示期为7个工作日。公示期间如有异议，将对具体项目进行重新审议，必要时进行预算调整。

第十六条 项目合同书签订：市农委、项目主持单位及其管理部门签订《项目合同书》。

第四章 实施管理

第十七条 项目主持单位和首席专家应严格按照《项目合同书》的要求实施项目，市农委对项目执行情况进行中期检查或不定期抽查。

第十八条 项目主持单位及其主管部门对项目执行和经费使用进行日常的监督和管理，并于定期向市农委报送《项目执行情况报告》。

第十九条《项目合同书》内容原则上不做调整。对执行中出现的情况变化，项目主持单位应及时采取措施协调解决。执行中遇不可抗拒因素，确需调整、终止的，应书面提交申请，经市农委批准后执行。

第二十条 项目管理实行重大事件报告制度。对项目实施过程中取得的重大进展，或发生影响项目执行的重大问题，应及时书面上报市农委，市农委根据具体情况进行相应处理。

第二十一条 项目资金由市财政局列入市农委年度预算，统筹拨付，项目主持单位应实行专账管理，专款专用。

第二十二条 凡违反资金使用规定的单位，一经查出将立即停止拨款甚至追回已经拨付资金。对于终止或未通过验收的项目，主持单位应及时清理账目，进行经费审计，按市农委和市财政局的处理意见返还相应资金。执行过程中因人为因素造成重大损失和恶劣社会影响的项目，要依法追究当事人责任。

第五章　验收管理

第二十三条　项目应在执行期结束后三个月内进行验收。验收由市农委组织，一般分为验收准备、专家验收、验收确认。

第二十四条　验收准备：项目主持单位应在执行期结束后一个月向市农委提交验收申请，市农委根据具体情况制定验收方案，确定验收专家和验收时间。项目主持单位应准备好验收材料，项目资金使用情况应经有关部门检查或中介机构审计合格后才能进行验收。

第二十五条　专家验收：市农委组织召开项目验收会，由专家对项目完成情况进行专家评议，形成专家验收意见。专家建议通过验收的项目，整理验收材料后报市农委确认。专家建议不通过验收的项目，市农委按照合同违约及资金管理要求进行相应处理。专家建议暂缓通过验收的项目，市农委责成项目主持单位及其管理部门落实整改措施后两个月内再次组织验收。

第二十六条　验收确认：专家建议通过验收的项目，主持单位应在15日内向市农委提交项目验收材料。市农委确认后，对项目的相关文件、资料进行归档。

第二十七条　因特殊原因不能如期验收的项目，由项目主持单位及时填写《项目延期申请表》，经主管部门审核后报送至市农委，经批准后执行。

第二十八条　对项目执行成效显著的项目主持单位及首席专家给予通报表彰。对项目执行中管理不善、执行不力，验收未通过的项目，要对项目主持单位和首席专家予以通报批评，两年内不得申报新的项目。

第六章　附　　则

第二十九条　本办法自公布之日起实行。原《北京市农业科技项目管理办法（试行）》（京政农发〔2005〕51号）同时废止。

第三十条　遇有国家或本市相关政策发生变化时，从其规定。

第三十一条　本办法由市农委负责解释。

北京市农村工作委员会
关于完善本市农民专业合作社市级示范社
监测和考评相关程序及标准的通知

（2017年2月28日）

郊区各区农委、经管站，平谷区、密云区、延庆区农民专业合作社服务中心：

按照《北京市农村工作委员会关于对本市农民专业合作社市级示范社实行监测考核及动态管理的通知》（京政农发〔2013〕26号）要求，从2014年至2016年，本市共开展了三次农民专业合作社市级示范社（以下简称“示范社”）数据监测工作和一次示范社动态考核工作。根据前期发现的问题以及实际工作中客观情况的变化，现对示范社数据监测和考核评定相关程序及标准调整如下。

一、考核评定标准

（一）规章制度健全

1. 根据本社实际情况并参照《北京市农民专业合作社示范章程》制定章程。

2. 民主管理、财务管理等制度健全。

（二）产权关系清晰

1. 合作社产权清晰，合作社财产与其他非合作社财产划分清晰。

2. 国家财政直接补助形成的财产必须平均量化到每个成员，并建立具体的项目资产管护制度。

（三）民主管理健全

1. 成员（代表）大会、理事会、监事会等组织机构健全，并定期召开相关会议。

2. 建立完善的财务管理、社务公开、议事决策记录等制度，并认真执行。

3. 每年至少召开一次成员（代表）大会并有完整的会议记录，所有出席成员在会议记录或会议签到簿上签名。重大财产处置和重要生产经营活动等事项由成员（代表）大会表决并由三分之二以上成员（代表）通过。

4. 成员（代表）大会选举和表决实行一人一票制，或采取一人一票制附加表决权的办法，附加表决权总票数不得超过本社成员基本表决权总票数的20%。

5. 监事会（或执行监事）负责对本社财务进行内部审计，审计结果报成员（代表）大会，或由成员（代表）大会委托审计机构对本社财务进行审计。自觉接受农村经营管理部门或农民专业合作社服务指导部门对合作社财务会计工作的指导和监督。

（四）财务管理规范

1. 配备必要的财会人员，设置会计账簿，规范编制会计报表。财会人员持有会计人员从业资格证书，会计和出纳互不兼任。理事会、监事会成员及其直系亲属不得担任合作社的财会人员。合作社也可以委托有关代理机构记账、核算。

2. 成员账户健全，成员的出资额、公积金量化份额、与本社的交易量（额）和返还盈余等记录准确清楚。

3. 可分配盈余应主要按成员与本社的交易量（额）比例返还，返还总额不低于可分配盈余的60%。

4. 每年编制合作社年度业务报告、财务状况说明书，并在成员（代表）大会召开的十五日前置于合作社的办公地点供成员查阅，并接受成员质询。

（五）生产经营稳健

1. 社员入社有实际出资，成员出资总额达到一定规模。

2. 固定资产应达到一定规模。

3. 经营稳健波动小，有持续盈利能力，收入达到一定规模。

（六）服务成效明显

1. 入社成员数量高于本地区同行业农民专业合作社平均水平，其中：正式登记注册的农户成员平原地区应达到150户以上，山区地区应达到100户以上。

2. 成员主要生产资料统一购买率、成员主要产品统一销售率或统一服务提供率超过80%。

（七）产品（服务）质量安全

1. 广泛推行标准化，有严格的生产技术操作规范，建立完善的生产、包装、储藏、加工、运输、销售、服务等记录制度。

2. 实行品牌化建设，合作社有注册商标，获得一项（含）以上农产品质量安全认证，产品质量安全。

（八）社会声誉良好

1. 遵纪守法，社风清明，诚实守信，在当地影响大、示范带动作用强。

2. 没有信贷违约，没有行业通报批评、媒体曝光等不良记录。

凡是有下列情况之一的，取消市级示范社资格：

（1）在申报过程中，提供虚假材料或存在舞弊行为的。

（2）被工商部门吊销营业执照的。

（3）经营中违反国家政策，存在违法行为的。

（4）不按规定提供监测材料，拒绝参加监测的。

（5）区级示范社资格被取消的（不包括各部门国家示范社直接进入市级示范社的）。

（6）发生5名以上社员与合作社产生纠纷或发生5名以上社员集体信访的。

（7）由于合作社自身原因或与外部法人、自然人产生纠纷、诉讼等影响正常生产经营活动的。

（8）发生生产（质量）安全事故，造成严重后果的。

（9）示范社担保贷款发生代偿、银行贷款违约等确实无力偿还的或恶意违约不偿还贷款的。

（10）考核期内发生媒体负面曝光，情况属实并造成恶劣社会影响的。

（11）本市促进农民专业合作社联席会议认为严重损害北京市农民专业合作社市级示范社声誉及形象的。

二、考核评定评分项目及评分主体

北京市农民专业合作社市级示范社考核评定标准（试行）主要分为市级评分项目和区级评分项目，每个示范社满分为100分，由市级评分项目和区级评分项目得分加权构成。其中：市级评分项目满分100分，占示范社总分的25%，区级评分项目满分100分，占示范社总分的75%。市级评分项目主要由市农委依据工商登记注册信息、市农委示范社监测数据、市农研中心示范社培训情况、市级相关部门和单位提供的示范社经营情况等进行评分。区级评分项目主要由各区农委、经管站或农合中心依据对示范社的检查核实情况进行评分（详见附件3）。区级评分表分为规范性指标（75分）和行业指标（25分）两部分评分项，规范性指标适用所有示范社评分使用，行业指标根据不同示范社所属行业分别进行评分，规范性指标和行业指标得分之和为示范社区级评分最终得分。示范社考核评定得分达到60分（含）至70分（含）的为合格，70分（不含）至90分（含）为良，90分（不含）至100分（含）为优，得分低于60分（不含）的为不合格。北京市农民专业合作社市级示范社考核评定标准（试行）将根据国家法律法规、政策变化及北京市农民专业合作社发展情况适时调整，市农委将在考核评定年份的评定方案中提出具体的调整内容。

三、数据监测和考核评定程序及时间安排

从2017年起，市农委会同有关部门对示范社继续实行数据监测和考核评定制度，每年进行数据监测，每两年考核评定一次，具体程序和时间安排如下：

（一）数据监测程序及时间安排

1. 每年3月底前，由示范社按照要求，将市级示范社发展情况统计监测表（详见附件2）及本社上年度资产负债表、盈余表、盈余分配表报所在区农委。

2. 每年4月底前，各区农委会同本区农村合作经济经营管理部门或农民专业合作社服务指导部门，负责对所辖区域内的市级示范社所报材料进行收集汇总（详见附件1），并将市级示范社发展情况统计过录表（区级部门填报）、市级示范社发展情况统计监测表（示范社填报）和示范社上年度资产负债表、盈余表、盈余分配表等表格电子版报送市农委。

（二）考核评定程序及时间安排

1. 逢考核评定年份，市农委提出考核评定方案，并会同市相关部门组织开展示范社考核评定工作。

2. 按照市农委考核评定方案，区农委会同本区农村合作经济经营管理部门或农民专业合作社服务指导部门，依据《北京市农民专业合作社市级示范社考核评定标准（试行）》（详见附件3），对辖区内市级示范社进行考核评分，提出初步审核意见，连同汇总表及相关申报材料纸质版一并上报市农委。

3. 市农委会同市相关部门根据考核期内工作情况对示范社相关评分项进行评分，对各区上报的监测材料及初步审核意见进行评审，并提出最终评审意见。

4. 市农委会同市相关部门，根据最终评审意见，确定市级示范社名单，经市农委办公会讨论通过后向社会公布。

四、监测考评工作要求

1. 各区农委要会同相关部门，认真组织本区内市级示范社按时上报有关材料。

2. 各区主管部门和市级示范社要准确如实填报监测材料，严格防止弄虚作假。

3. 严格执行示范社标准，对考评等次为合格以上的，保留市级示范社资格，对考评不合格的取消市级示范社资格。

五、实行动态追加申报

市农委将根据各区在考核中淘汰的市级示范社数量以及本市农民专业合作社发展情况，会同市相关部门组织各区追加申报市级示范社。具体申报条件和时间安排由市农委根据工作需要确定。

附件1　市级示范社发展情况统计过录表（区级部门填报）

附件2　市级示范社发展情况统计监测表（示范社填报）

附件3　北京市农民专业合作社市级示范社考核评定标准（试行）

附件 1

市级示范社发展情况统计过录表（区级部门填报）

合作社名称	合作社成员数量		出资成员人数	成员出资总额（万元）	合作社主营产品	产品主要销往地区	主营产品上年度产值（万元）	合作社种植总面积（亩）			合作社畜禽总存栏（万头/只）		上年度资产总额（万元）		上年度生产经营和服务总收入（万元）		上年度可供分配盈余总额（万元）				农社对接情况			冷藏或产品加工设施面积（平方米）	上年度银行贷款余额（万元）	上年度接受政府扶持资金数额（万元）
									其中：									其中：								
	工商局登记成员人数	实有成员人数						合作社种植总面积	社员家庭种植面积	合作社流转土地种植面积	合作社畜禽总存栏	其中：社员存栏规模	上年度资产总额	其中：固定资产总额	上年度生产经营和服务总收入	其中：服务性收入	上年度可供分配盈余总额	提取公积金总额	按交易量返还	按出资额返还	直销店（点）个数	上年度产品销售量（吨）	上年度产品销售额（万元）			

附件 2

市级示范社发展情况统计监测表（示范社填报）

示范社全称					
详细通信地址				邮政编码	
法定代表人姓名		联系电话			
登记成员人数		实有成员人数			
出资成员人数		成员出资总额（万元）			
合作社主营产品		基地、产品认证情况		产品注册商标名称	
主营产品产值（万元）		合作社畜禽总存栏（万头/只）		其中：社员家庭存栏规模	
合作社种植总面积（亩）		其中：社员家庭种植面积（亩）		合作社流转土地种植面积（亩）	
建立农社对接直销店（点）个数		农社对接产品销售量（吨）		农社对接产品销售额（万元）	
冷藏和产品加工设施面积（平方米）		产品主要销往地区	本区　本市　外省市　国外		
成员主要农资统一采购率（%）		成员主要产品统一销售率或服务提供率（%）			
上年度资产总额（万元）		其中：固定资产总额（万元）			
上年度生产经营和服务总收入（万元）		其中：服务性收入（万元）			
上年度可供分配盈余总额（万元）		提取公积金总额（万元）			
按交易量（交易额）返还盈余总额（万元）		按出资额返还盈余总额（万元）			
上年度银行贷款余额（万元）		上年度接受政府扶持资金数额（万元）			

附件 3.1

北京市农民专业合作社市级示范社考核评定标准（试行）——市级考核评定汇总表

评分项 示范社名称	规范登记，登记社员数符合要求（10 分）	成员出资额达到 100 万元，联合社 200 万元（10 分）	考核期内固定资产均达到 200 万元，联合社 500 万元（10 分）	考核期内年收入均在 500 万元以上，联合社 1 000 万元以上（10 分）	经营稳健盈利共享		培训积极		报表规范，采用北京市合作社财务报表（8 分）	及时准确填报农民专业合作社年终统计报表（8 分）	无相关部门责令整改、处罚、社员信贷违约等不良记录（14 分）	市级考核评定得分（占比 25%）	区级考核评定得分（占比 75%）	最终考核评定得分	区级考核评定意见	最终考核评定意见
					考核期内均实现净盈余（10 分）	考核期内均进行了盈余分配（10 分）	中心合作处（6 分）	中心资产处（4 分）								

附件 3.2

北京市农民专业合作社市级示范社考核评定标准（试行）——区级考核评定汇总表

填表单位（盖章）：

示范社名称	区级评分	区经管部门或农合中心意见	区农委意见	建议取消示范社称号原因	备注

填表人： 联系电话：

说明：1. 区级部门意见可以根据考核评分情况填写“区级考核评分合格”“区级考核评分不合格”或根据《通知》中取消示范社称号的条件直接提出“建议取消示范社称号”；2. 对于建议直接取消市级示范社称号的，区级主管部门可以不进行评分直接建议取消示范社资格，并简单填写原因。

附件 3.3

北京市农民专业合作社市级示范社考核评定标准（试行）——区级评分表

示范社名称： 检查时间：

序号	检查项目	考核内容	分值	评分标准	实际得分
规范性指标 75 分					
1	数量规模 6 分	成员数量、带动社外农户数量明晰	2	实际成员人数符合要求	
			2	有实际成员花名册	
			2	带动社外农户名单登记	
2	产权状况 6 分	合作社产权清晰	2	合作社财产与其他非合作社财产划分清晰	
			4	成员入、退社手续完备，程序明确；成员持有《社员证》且记录完整	
3	议事制度 12 分	合作社会议记录详实，文件档案齐全	3	有会议记录	
			3	文件档案齐全	
		决议、决策有民主程序，按照章程规定履行人员签字程序	3	民主决策程序规范	
			3	决议签字完备	
4	财务管理 15 分	会计核算规范准确	3	按照《北京市农民专业合作社会计核算办法（试行）》要求单独建账、独立核算	
			3	规范设置和使用会计科目，设立单独的成员交易明细台账	
		财务制度健全，执行到位	4	建立健全资金管理、开支审批、资产台账、债权债务、财务公开及会计档案管理等各项财务管理制度和内部控制制度，严格执行制度规定	

（续）

序号	检查项目	考核内容	分值	评分标准	实际得分
4	财务管理 15分	会计人员管理合规	2	财会人员持有会计从业资格证书。会计和出纳互不兼任。财务人员由理事会、监事会成员及其直系亲属以外人员担任	
		使用专门的记账软件	3	使用“北京市农民专业合作社综合管理系统”进行记账	
5	成员账户 15分	成员账户记录完整	4	为每位合作社实际成员单独建立成员账户，记录出资额、公积金量化份额、国家财政扶持资金和接受捐赠量化份额、交易量和交易额及盈余返还金额	
		成员账户记录准确	2	成员账户中记载的出资额与实际出资、实收资本账面余额及工商注册资本一致	
			2	每年按照出资额或交易量（额）量化当年形成的公积金	
			2	国家财政扶持资金形成财产的部分和接受捐赠平均量化到合作社所有实际成员	
		盈余分配符合规定	5	按照交易量/额向成员返还比例不低于60%。按照资金额向成员返还比例不高于40%	
6	规章制度 6分	规章制度健全	6	章程及各项民主管理制度规范，悬挂于办公场所内明显位置	
7	办公场所 2分	合作社办公场所、设施规范	2	办公场所、设备、生产设施规范到位	
8	联合发展 3分	联合其他合作社共同发展	3	牵头成立或加入联合社	
9	成员评价 6分	社员对合作社服务和经营的满意度	3	对合作社的服务满意	
			3	对合作社的经营满意	
10	接受指导 4分	接受区级主管部门及相关部门的业务指导	4	本考核期示范社接受区级主管及相关部门指导，按要求报送各种数据、文字材料等相关信息	
行业指标25分					
种养殖业类					
1	服务事项 8分	统一服务水平高	4	生产资料由合作社统一采购的比率达到80%以上	
			4	成员生产的主产品由合作社统一销售的比率达到80%以上	
2	质量安全 7分	合作社具备质量认证书，产品质量安全	4	具备质量认证证书	
			3	建立产品质量追溯系统	
3	品牌经营 10分	合作社具备注册商标、独立产品包装及深加工能力	1	具备产品包装	
			2	具备注册商标	
			1	具备食品生产资质	
			2	参股或控股农产品加工企业	
		有自己的销售渠道	2	有门店或农社对接销售（店）点	
			2	合作社有网络销售门店	

（续）

序号	检查项目	考核内容	分值	评分标准	实际得分
农机类					
1	服务事项 8分	统一服务水平高	2	统一对外联系业务、作业调度	
			2	统一提供农机具保养维修服务	
			2	统一作业质量、服务规范和收费标准	
			2	每年安全及技术培训不少于2次	
2	机器装备及安全生产 8分	农机作业安全无事故	1	拥有农机原值200万元以上	
			1	农机具数量不少于30台（套）	
			1	机库棚面积不少于400平方米	
			1	维修间（含配件库）面积不少于40平方米	
			1	农机上牌率、检验率、驾驶人员持证率达到100%	
			3	考核期内无安全生产事故	
3	稳健经营 9分	诚信经营，有稳定的农机作业任务，有一定规模自有农产品经营	3	考核期内年均农机服务面积达到10 000亩以上	
			3	在本市租赁或流转土地进行农业生产面积不低于1 000亩	
			3	自营农产品具有质量认证证书	
手工艺类					
1	服务事项 10分	统一服务水平高	4	提供原材料统一采购及产品统一销售服务	
			4	定期组织技能培训	
			2	协助社员取得相关技术等级或资质证书	
2	人才培养7分	合作社有自己的技艺带头人，培养社员成为相关技术能人	4	合作社主要产品有50%以上社员达到熟练制作水平	
			3	合作社技艺带头人取得手工艺相关高级技术、技能等级证书或大专以上学历	
3	品牌经营 8分	合作社开展品牌经营	2	有注册商标	
			2	合作社有网络销售门店	
			2	与学校、社区合作，定期开展技术培训和文化推广活动	
			2	与旅游、文化等产业结合发展	
民俗旅游类					
1	服务事项 9分	统一服务水平高	2	停车场、公厕等服务设施齐全	
			2	制定统一服务标准、收费标准	
			1	统一提供客房用品换洗及餐饮用品消毒服务	
			1	路标等各类标识齐全	
			1	统一提供餐饮服务主要原材料	
			1	提供生活垃圾和餐厨垃圾统一收集处理	
			1	投诉处理制度完善，纠纷处理及时	
2	品牌经营 7分	合作社走品牌发展路线，服务水平较高，并以旅游为载体带动农产品、手工艺品销售和文化产品开发	1	开发观光采摘、农产品及手工艺品等旅游产品销售	
			1	有合作社形象标识，统一开展宣传推广，有宣传折页、手册、光盘等	
			1	拥有4A级景区、传统古村落、革命遗址、名人故居等优质旅游资源	

（续）

序号	检查项目	考核内容	分值	评分标准	实际得分
2	品牌经营7分	合作社走品牌发展路线，服务水平较高，并以旅游为载体带动农产品、手工艺品销售和文化产品开发	1	开发特色餐饮或主题住宿产品	
			1	有观赏性或参与性的农村民俗节庆文化活动、民俗技艺展示或农事体验活动	
			2	有5星级民俗旅游户或评为4星级（含）以上民俗旅游村	
3	产品安全9分	餐饮、娱乐服务及产品安全	2	餐饮服务安全，没有卫生部门处罚或食物中毒事故	
			2	旅游设施、娱乐设施安全，设备设施、景区未发生过安全事故	
			2	住宿设施安全，未发生过火灾、电器人身伤害事故；	
			1	消防器材、设施齐全，标识清晰	
			1	合作社配备监控设施及安保人员维护治安	
			1	配备医务室，常备药品，能提供简单医疗服务	
联合社					
1	带动作用明显6分	联合社本地带动作用明显	3	联合社成员社中有北京市农民专业合作社市级示范社	
			3	成员社中至少有3家本市合作社	
2	质量安全7分	合作社具备质量认证书，产品质量安全	4	农产品具备质量认证证书	
			3	建立产品质量追溯系统	
3	品牌经营8分	联合社开展品牌经营	2	联合社有注册商标	
			1	联合社产品统一包装、统一销售	
			1	社有门店或农社对接销售（店）点	
			1	合作社有网络销售门店	
			1	具备食品生产资质	
			2	参股或控股农产品加工企业	
4	产业规模大4分	联合社在本区单一产业规模、覆盖产业比例达到一定规模	2	联合社某类主要农产品产量占所在区该类农产品产量20%以上	
			2	联合社涉及产业占该区合作社涉及产业种类的50%以上	
区级评分总分			100分	占最终评分75%	
农民专业合作社意见	本合作社对以上考评内容的真实性和准确性负责，同意考评结果。 法定代表人签名：　　　　单位公章： 年　月　日				
区经管站或区农合中心意见	负责人签名：　　　　单位公章： 年　月　日				
区农委意见	负责人签名：　　　　单位公章： 年　月　日				

北京市农村工作委员会关于印发《北京市特色专业示范村认定管理办法》的通知

（2017年3月14日）

郊区各区农委：

按照中央关于培育宜居宜业特色村镇，“打造‘一村一品’升级版，发展各具特色的专业村”的要求，结合我市特色农业产业发展实际，依照绿色可持续发展的理念，更加注重产业引领，更加注重融合发展，更加注重农民增收，我们研究制定了《北京市特色专业示范村认定管理办法》，现印发你们，请结合实际，认真贯彻落实。

市农委将于近期评选第一批北京市特色专业示范村，请各区农委按照《北京市特色专业示范村认定管理办法》的要求，做好申报准备工作。

北京市特色专业示范村认定管理办法

第一章 总 则

第一条 为推进北京都市型现代农业发展，做大做强特色优势产业，依托产业发展，建设一批产业特色鲜明、产品附加值高、农民增收显著的绿色可持续发展特色专业示范村，实现将地方土特产和小品种做成带动农民增收的大产业的目标，特制定本办法。

第二条 北京市特色专业示范村的申报、认定、管理适用于本办法。

第二章 管理机构

第三条 北京市农村工作委员会（以下简称“市农委”）负责特色专业示范村的申报、认定、组织工作。北京农学院都市农业研究所提供技术支持。

第三章 认定范围

第四条 本办法所称的北京市特色专业示范村，是指在本市行政区域内，以农业及其衍生产业为主导产业，在产业规模、带动能力、组织化水平、市场影响力、可持续发展能力等方面达到规定标准，并经市农委认定的村庄。

第四章 认定原则

第五条 坚持地域特色。必须具备鲜明的主导产业特征，具有本村的地域特色，产品能够充分体现“农味”“京味”，产业定位符合资源节约、环境友好的发展方向。

第六条 坚持绿色发展。必须坚持以特色产业为基础，着力推进全产业链生态化，着力推进农产品安全化，着力推进村庄发展绿色生态可持续。

第七条 坚持品牌引领。必须突出质量品牌，主导产品实行标准化生产，村内生产的农副产品达到无公害要求，具有一定的市场影响力和品牌美誉度。

第八条 坚持农民增收。必须强化利益联结，强化农民专业合作社与龙头企业、专业合作组织的带动作用。通过延伸产业链，提高产品附加值，增加农民就业，带动农民增收。

第五章 申报条件

第九条 主导产业收入占全村农业经济总收入的50%以上。从事主导产业生产经营活动农户数占全村一产农户数的40%以上。

第十条 注重农业生产与资源环境的协调统一，农业资源利用率高。农作物秸秆综合利用率高于全市平均水平，亩均化肥施用量低于全市平均水平，村庄须有污水处理设施。村容村貌整洁，发展循环农业村优先考虑。

第十一条 主导产品拥有注册商标。主导产品通过无公害农产品、绿色食品或有机农产品认证，主导产品“三品”认证覆盖率须达到60%

以上。获得地理标志或市级以上名牌认证的村优先考虑。

第十二条　建有农民专业合作社，入社农户数占村从业农户数的40%以上。村与龙头企业或专业批发市场有效对接，实行订单生产的占主导产品产量的30%以上。建有农业产业园或拥有APP等互联网销售平台的优先考虑。

第十三条　村农民人均可支配收入高于所在乡镇农民人均可支配收入10%以上。

第十四条　注重队伍建设，注重技术服务，注重人才培养，需拥有一定数量的农村实用人才和科技示范户。

第六章　申报认定程序

第十五条　各区农委组织本区申报工作。北京市特色专业示范村的申报主体为达到申报标准的村，申报需填写《北京市特色专业示范村申报书》及《北京市特色专业示范村基本情况表》，并保证所填内容的真实性、准确性、完整性。

第十六条　各区农委按照认定原则和申报条件做好遴选、初审、推荐等工作，择优上报市农委。

第十七条　市农委组织专家对申报村进行评审，提出专家审核意见和候选名单，报请市农委领导研究决定。

第七章　公示公告

第十八条　市农委将经过领导研究通过的候选名单，在北京农业信息网上公示1周。

第十九条　公示期满后，市农委对没有异议的村进行审核认定，发文公布北京市特色专业示范村名单。

第八章　监督管理

第二十条　北京市特色专业示范村实行动态管理，每年认定一批并开展发展情况调查分析。对不符合认定标准的村进行淘汰，对于发生重大生产、质量安全事故，且在全社会造成恶劣影响的村，取消其特色专业示范村称号。

第二十一条　各区农委负责特色专业示范村日常的培育、建设及监督，每年3月向市农委报送本区特色专业示范村建设发展情况。

第二十二条　各区组织推荐全国一村一品示范村镇时，村应全部从本区特色专业示范村中产生，镇可单独上报。获得全国一村一品示范村镇的村，全部纳入北京市特色专业示范村管理。

第二十三条　北京市特色产业村（第一批、第二批），直接纳入北京市特色专业示范村管理。

第九章　支持政策

第二十四条　加大对新认定的北京市特色专业示范村支持力度。各区农委应指导示范村或所在乡镇，以示范村农民专业合作社为载体，围绕特色产业发展，组织基础设施建设、品牌建设、营销平台建设等项目，会同区财政部门统筹农业改革发展资金予以支持，支持资金当年不少于50万元/村。并加强项目资金管理，跟踪项目绩效实现情况，对项目管理规范、实施效果好的示范村，可以连续3年予以支持。原有全国一村一品示范村和北京市特色产业村有较为成熟的项目，也应纳入支持范围。

第十章　附　　则

第二十五条　本办法自发布之日起施行。2013年印发实施的《北京市特色产业村认定管理办法》（京政农发〔2013〕23号）同时废止。

本办法由北京市农村工作委员会负责解释。

附件1　北京市特色专业示范村申报书

附件2　北京市特色专业示范村基本情况表

附件3　北京市特色专业示范村指标解释

附件 1

北京市特色专业示范村申报书

申报单位：　　　　　　　　　　　　　　　　　　　　　　　　　　　　申报时间：

<table>
<tr><td>申报村名称</td><td colspan="5"></td></tr>
<tr><td>所在区、乡镇</td><td colspan="5"></td></tr>
<tr><td>村负责人</td><td></td><td>电话</td><td></td><td>手机</td><td></td></tr>
<tr><td>联系人</td><td></td><td>电话</td><td></td><td>手机</td><td></td></tr>
<tr><td>通信地址</td><td colspan="3"></td><td>邮编</td><td></td></tr>
<tr><td colspan="6">申报村基本情况：</td></tr>
<tr><td colspan="6">申报村产业发展现状：</td></tr>
<tr><td colspan="6">申报理由：</td></tr>
<tr><td>乡镇
政府
意见</td><td colspan="5">（盖章）</td></tr>
<tr><td>各区
农委
意见</td><td colspan="5">（盖章）</td></tr>
</table>

注：表中数据用上年实际数或当年预计数。

附件 2

北京市特色专业示范村基本情况表

填报单位：北京市_______区_______镇（乡）_______村

序号	指标内容	单位	数量（名称）
1	是否有产业发展规划	—	
2	主导产品名称	—	
3	主导产业收入	万元	
4	农业经济总收入	万元	
5	主导产业收入占农业经济总收入的比重	%	
6	从事主导产业农户数	户	
7	农户总数	户	
8	从事主导产业农户数占农户总数的比重	%	
9	从事主导产业农户家庭经营总收入	万元	
10	主导产业收入占家庭经营总收入的比重	%	
11	农民人均可支配收入	元	
12	所在乡镇农民人均可支配收入	元	
13	产品注册商标名称	—	
14	获得地理标志保护产品名称	—	
15	获得市级以上名牌认证产品名称	—	
16	通过“三品”认证产品名称	—	
17	主导产品“三品”认证覆盖率	%	
18	农产品抽检合格率	%	
19	土地适度规模经营比重	%	
20	是否成立专业合作社	—	
21	从事主导产业农户中入社农户所占比重	%	
22	是否与龙头企业、专业批发市场对接	—	
23	主导产品实行订单生产的比重	%	
24	是否建有网上销售推介平台	—	
25	农作物秸秆综合利用率	%	
26	农膜回收处置率	%	
27	节水灌溉面积比重	%	
28	亩均化肥施用量	千克/亩	
29	村庄有污水处理设施	—	

附件3

北京市特色专业示范村指标解释

1. 是否有产业发展规划。指在近5年内编制过村特色产业发展规划、美丽乡村建设或特色小镇发展（含产业）、设施农业、生态农业等涉及产业发展的规划，并得到上级部门的批准。

2. 主导产品名称。指村域经济的核心与特色产品或服务，在经济规模上具有主导地位。

3. 主导产业收入。指专业村从事主导产业经营活动取得的收入或实现的产值。

4. 农业经济总收入。指专业村从事农林牧渔等产业经营活动取得的收入或实现的产值。

5. 主导产业收入占农业经济总收入的比重。指主导产业经营活动取得的收入占村农林牧渔等产业经营收入的比例。

计算方式：主导产业经营收入/农业经济总收入×100%。

6. 从事主导产业农户数。指专业村从事主导产业经营活动的农户总数。

7. 农户总数。指专业村全部农户的总数。

8. 从事主导产业农户数占农户总数的比重。指专业村从事主导产业经营农户与全村总户数的比值。

计算方式：主导产业经营农户/村农户数×100%。

9. 从事主导产业农户家庭经营总收入。指专业村从事主导产业农户的家庭经营总收入。

10. 主导产业收入占家庭经营总收入的比重。指专业村从事主导产业农户，从主导产业获得的总收入与全村农户家庭经营总收入的比值。

计算方式：家庭主导产业总收入/家庭经营总收入×100%。

11. 农民人均可支配收入。指农民年内获得的、可用于最终消费支出和储蓄的总和，即农民可以用来自由支配的收入。

计算方式：可支配收入＝工资性收入＋经营净收入＋财产净收入＋转移净收入。

12. 所在乡镇农民人均可支配收入。指村所在乡镇农民人均可配收入。

数据来源：乡镇统计资料。

13. 产品注册商标名称。指主导产品所拥有的在工商部门登记注册的商标名称。

14. 获得地理标志保护产品名称。指主导产品获得的地理标志保护产品的名称，包括通过农业部农产品地理标志登记保护认证的产品，经国家工商行政管理总局批准的中国地理标志证明商标，由国家质量监督检验检疫总局批准实施保护的地理标志产品的名称。

15. 获得市级以上名牌认证产品名称。指获得国家工商总局认定的“中国驰名商标”或北京市工商局认定的“北京市著名商标”的产品名称。

16. 通过“三品”认证产品名称。指获得“无公害产品”“绿色产品”“有机产品”认证的产品名称。

17. 主导产品“三品”认证覆盖率。指村主导产品获得无公害农产品、绿色食品、有机食品认证的产量占村主导产品总产量的比重，反映农产品质量和标准化生产水平。

计算公式：主导产品获得“三品”认证的产量/主导产品总产量×100%。

18. 农产品抽检合格率。指农产品抽检中获得合格的产品数量比例。

计算方式：抽检农产品合格数量/抽检数×100%。

数据来源：所在乡镇统计资料。

19. 土地适度规模经营比重。指采用集中规模化经营方式的土地面积比重。

计算方式：土地适度规模经营面积/耕地面积×100%。

20. 是否成立专业合作社。指专业村是否围绕主导产品成立农民专业合作社。

21. 从事主导产业农户中入社农户所占比重。指专业村从事主导产业经营活动的农户中，加入主导产业农民专业合作经济组织的农户占比。

计算方式：主导产业入社农户数/主导产业农户社×100%。

22. 是否与龙头企业、专业批发市场对接。指专业村通过股份制、股份合作制、合同、订单等形式，与农产品加工或流通龙头企业、批发市场等建立紧密型关系，实行产加销一体化经营。

23. 主导产品实行订单生产的比重。指主导产品订单销量占总销量的比例。

计算方式：主导产品订单销售量/总销售量×100%。

24. 是否建有网上销售推介平台。指专业村是否建有各类网上销售平台或与各类网络销售平台对接推销自有主导产品。

25. 农作物秸秆综合利用率。农作物秸秆综合利用率指秸秆肥料化（含还田）、饲料化、食用菌基料化、燃料化、工业原料化利用总量与秸秆产生量的比值。

计算方式：秸秆综合利用重量/秸秆产生总重量×100%。

26. 农膜回收处置率。指回收利用的废农膜重量占使用的农膜总重量的百分比。

计算方式：回收利用的废农膜重量/使用的农膜总重量×100%。

27. 节水灌溉面积比重。指使用节水灌溉的耕地面积占全部耕地的比重。

计算方式：使用节水灌溉的耕地面积/耕地总面积×100%。

28. 亩均化肥施用量。指专业村每亩化肥施用量，单位：千克/亩。

计算方式：化肥施用量/（农作物播种面积＋果园面积＋桑园面积）。

29. 村庄有污水处理设施。指村庄建有集中式或分散式污水处理设施。

北京市农村工作委员会关于印发《北京市级现代农业示范区创建管理办法（试行）》的通知

（2017 年 4 月 11 日）

郊区各区农委：

随着我市“两田一园”农业生产空间划定，农业生态功能的强化，各区均就农业现代化建设方面的工作内容进行了较大调整。为进一步有效地指导各区农业现代化建设，规范市级现代农业示范区的创建、监测、评审、验收工作，近期我们重新修订了《北京市级现代农业示范区创建管理办法（试行）》，重点对评价指标体系、专家考察评分内容进行了修改完善。现印发给你们，请结合实际，认真贯彻落实。

北京市级现代农业示范区创建管理办法（试行）

第一章　总　　则

第一条　按照《农业部关于创建国家现代农业示范区的意见》（农计发〔2009〕33 号）、《北京市国家现代农业示范区建设实施方案（2015—2020年）》（京新农发〔2015〕1 号）和《北京市国家现代农业示范区“十三五”发展规划》（京政农函〔2016〕19 号）的要求，到 2020 年，北京市要创建 10 个市级现代农业示范区。为做好北京市级现代农业示范区的创建工作，特制定本办法。

第二条　门头沟区、昌平区、平谷区、怀柔区、密云区、延庆区等 6 个区开展北京市级现代农业示范区创建、年度监测及 2020 年评审验收时适用本办法；通州区、大兴区已申报了市级示范区的创建，开展年度监测及 2020 年评审验收时适用本办法；房山区、顺义区为国家现代农业示范区，参加年度监测时适用本办法。

第三条　参加北京市级现代农业示范区的申报、监测、评审、验收时，要确保填报数据真实可靠、发展水平客观真实。

第二章　管理机构

第四条　北京市创建国家现代农业示范区联席会议统筹、协调、管理示范区创建工作，联席会议成员单位在职责范围内，为市级现代农业示范区创建提供协助支持。

第五条　北京市创建国家现代农业示范区联席会议制度办公室（以下简称联席办）负责组织市级现代农业示范区的申报、监测、评审、验收。

第六条　北京市创建国家现代农业示范区技术

服务中心协助开展申报材料初审、年度监测、现场考察、指标体系评分统计等工作。

第三章 评价办法

第七条 采取指标体系评价与专家考察评价相结合的评价办法。

第八条 指标体系评价：由各区自行测评。从物质装备与科技水平、经营管理水平、支持产出水平、北京都市现代农业发展水平、各区农业特色发展水平等指标进行评价，总分为100分。

第九条 专家考察评价：专家组实地考察申报区内2～3个农业产业园和示范基地的建设情况，听取示范区发展规划和建设方案汇报，审查验收材料。专家评价体系包括体现都市农业发展特色情况、示范区建设总体规划的落实、区内农业产业园和示范基地建设水平、农村一二三产融合发展情况等11项内容，总分为100分。

第四章 申　　报

第十条 2017年，门头沟区、昌平区、平谷区、怀柔区、密云区、延庆区等6个区由区农委向联席办提出创建申请。

第十一条 提交以下申请材料：

（一）创建现代农业示范区申报书。

（二）创建现代农业示范区建设水平自评价报告。

（三）现代农业示范区总体规划。

（四）加盖公章的近三年（2014—2016年）推动区农业发展的意见、实施方案等政策性文件，获得国家及市级的农业方面的奖项复印件等其他相关辅助材料。

第五章 年度监测

第十二条 门头沟区、房山区、通州区、顺义区、大兴区、昌平区、平谷区、怀柔区、密云区、延庆区每年都要参加市级示范区建设水平监测，并根据要求上报相关材料。

第十三条 年度监测仅开展指标体系评价内容的监测。

第六章 评审验收

第十四条 2020年，组织门头沟区、通州区、大兴区、昌平区、平谷区、怀柔区、密云区、延庆区参加评审验收。

第十五条 由区农委提交以下评审材料：

（一）创建期间现代农业示范区总结报告。

（二）创建期间现代农业示范区建设水平自评价报告。

（三）加盖公章的创建期间推动区农业发展的意见、实施方案，获得国家及市级的农业方面的奖项复印件等其他相关辅助材料。

第十六条 2020年10月，联席办组织都市农业、生态农业、农业规划、农业管理等方面专业人员组成专家组，对各区建设情况进行评审、验收。终审评审专家不少于5名（为单数），进行现场考察，并组织召开专家评审会，出具书面评审意见。

第十七条 联席办在组织专家实地考察评价的基础上，结合评价指标体系的评分，对参加创建的各示范区建设情况进行验收。

（一）指标体系评分：参见第八条，以2019年的数据为准。

（二）专家评分：参见第九条。

（三）记分方法：评审综合得分＝指标体系评价得分×1/2＋专家实地考察评估得分×1/2，总分为100分。

第十八条 分值达到80分以上的区即可进入验收候选名单，并报请两委办公会研究审定。

第七章 公示公告

第十九条 经市委农工委、市农委办公会研究通过的候选名单将在北京农业信息网上公示一周。

第二十条 公示期满后，对有效的投诉进行甄别，对无异议的创建区，正式挂授“北京市级现代农业示范区”牌，进行公告并表彰。

第八章 附　　则

第二十一条 本办法自发布之日起实行。2016年印发实施的《北京市级现代农业示范区创建管理办法（试行）》（京政农发〔2016〕6号）同时作废。

第二十二条 本办法由北京市创建国家现代农业示范区联席会议制度办公室负责解释。

北京市农村工作委员会　北京市农业局
关于做好中央环保督察反馈意见
指出问题整改落实工作的通知

（2017 年 4 月 27 日）

郊区各区农委、农业局：

根据中央环保督察北京市整改落实领导小组办公室《关于做好中央环保督察反馈意见整改落实的通知》要求，对畜禽养殖禁养区内规模畜禽养殖场关闭搬迁进展滞后问题进行整改落实。现将有关整改要求通知如下：

1. **摸清关闭底数**。各区对本区禁养区内规模畜禽养殖场关闭情况进行摸底，并逐一建立台账。以区政府名义于 5 月 3 日下班前将关闭情况反馈我委（可反馈扫描件和电子版）。

2. **制定整改方案**。相关区要根据市级整改方案，制定本区整改方案，细化具体工作措施（可反馈扫描件和电子版）。

3. **抓好整改落实**。各区要明确责任主体，按照市区两级整改方案，抓好工作落实，并于 6 月底前完成整改任务。

4. **及时反馈进展情况**。各区明确 1 名联络人，从 5 月 3 日起每周三下班前上报进展情况。

附件　北京市畜禽养殖禁养区内规模养殖场关闭或搬迁工作整改落实方案

附件

北京市畜禽养殖禁养区内规模养殖场关闭或搬迁工作整改落实方案

根据中央环境保护督察北京市整改落实领导小组办公室《关于做好中央环保督察反馈意见整改落实的通知》精神，整改落实部分区畜禽养殖禁养区内规模养殖场关闭或搬迁工作滞后问题，特制定本整改方案。

一、组织领导

市级成立由市农委主管领导为组长，市农委、市农业局、市环保局相关处室组成的整改工作小组，具体负责整改工作，制定市级整改落实方案和措施，收集掌握整改工作进展情况，督促相关区按照工作方案推进整改工作。

二、工作原则

（一）坚持问题导向

对中央环保督察反馈意见指出的问题，进行摸底，掌握底数，对号入座，以最大的决心、最强的措施抓好整改落实。

（二）坚持属地管理

各区政府既是畜禽养殖禁养区划定的责任主体，也是禁养区内规模养殖场关闭或搬迁工作的责任主体，同时也是整改落实工作的责任主体。

（三）坚持统筹协调

市、区两级农业、督查、环保、水务、城管、工商等部门要上下联动，密切配合，形成整改合力落实整改工作。

三、总体目标

根据《关于做好中央环保督察反馈意见整改落实的通知》要求，6 月底之前，全市禁养区内所有规模化养殖场，按照有关要求完成关闭、搬迁或整治工作。

四、整改问题和具体措施

（一）畜禽养殖场清退工作不力，截至2016年12月上旬，密云水库一、二级保护区内分别有3家、95家规模以上养殖场未完成清理。

整改目标：密云水库一、二级保护区内所有规模养殖场完成关闭、搬迁或整治工作。

整改措施：

1. 督促密云区相关部门对禁养区内全部养殖场进行逐一普查，现场检查其关闭、搬迁、治理情况并建立台账。

2. 督促密云区环保等相关部门针对二级区内未关闭但已治理养殖场进行环保验收，未达到环保标准的责令关闭或搬迁。

3. 市级组成督导组对关闭、搬迁或治理情况进行抽查。

完成时限：6月底前。

（二）禁养区内规模化畜禽养殖场关闭进展滞后，379家规模化养殖场中仍有176家未按要求于2016年底前完成关闭、搬迁。

整改目标：畜禽养殖禁养区内379家规模养殖场，按照有关要求完成关闭、搬迁或整治工作。

整改措施：

1. 督促各区政府对畜禽养殖禁养区内规模养殖场关闭情况进行摸底，现场检查其关闭、搬迁、治理情况并建立台账。

2. 督促畜禽养殖禁养区内存在尚未关闭或搬迁规模养殖场的区，制定整改落实方案，明确时间节点，抓紧组织关闭或搬迁。

3. 市级组成督导组，对全市禁养区内规模化养殖场关闭、搬迁或治理情况进行抽查。

完成时限：6月底前。

五、建立工作机制

（一）联席会议机制

市农委、市环保局、市水务局、市农业局等部门建立联席会议机制，定期通报工作进展情况，研究推进落实措施。

（二）联合督导机制

市农委、市环保局、市农业局等部门组成联合督导组，对各区整改落实情况进行督导，推进整改工作。

（三）信息周报机制

各区于5月3日下班前将关闭情况盖公章反馈我委。存在还未关闭规模养殖场的区，同时上报整改方案和整改工作联络人，且从5月3日以后每周三下班前上报进展情况。

六、工作要求

（一）明确主体责任

各区人民政府是整改落实工作的责任主体，要按照《畜禽规模养殖污染防治条例》有关规定，落实区级相关部门的职责，特别是环保部门的职责，加强执法检查，确保按时完成整改任务，并建立长效监管机制，防止出现复养现象。（《畜禽规模养殖污染防治条例》第三十七条要求“在禁止养殖区域内建设畜禽养殖场、养殖小区的，由县级以上地方人民政府环境保护主管部门责令停止违法行为；拒不停止违法行为的，处3万元以上10万元以下的罚款，并报县级以上人民政府责令拆除或者关闭。”）

（二）加强组织领导

整改工作涉及农业、环保、水务、规划等多个部门，各区要成立由相关行业部门参与的工作机构，制定整改工作方案，推进整改工作。市、区、镇、村等各级要层层落实，区级人民政府要加大对整改工作的督导检查和问责。

（三）强化台账管理

各区要建立和完善畜禽养殖禁养区内规模养殖场关闭、搬迁、治理工作台账，做到“一场一台账”。具体包括畜禽养殖禁养区划定方案、禁养区内关闭养殖场（户）清单（包括备案时间、养殖种类、备案规模）、补助资金证明（明确：资金总额、补助标准、领取补助的名单及签字等信息）、关闭拆除前后照片。已治理的规模化畜禽养殖场台账包括项目简介、养殖量有关材料、治污设施建设情况（含照片）、项目竣工验收材料、环保部门现场监察情况等。

北京市农村工作委员会
关于加强2017年财政支农专项转移支付改革试点
资金项目管理　推动郊区发展的通知

（2017年5月2日）

郊区各区农委：

根据《北京市人民政府关于改革和完善市对区转移支付制度的实施意见》（京政发〔2016〕3号）、《北京市财政局关于印发〈北京市专项转移支付管理办法〉的通知》（京财预〔2016〕947号）等文件精神，我委会同市财政局对“2017年财政支农专项转移支付改革试点资金”（以下简称“改革资金”）进行了分配，并于2016年10月下达各区。为加强改革资金项目管理，推动郊区发展，现就有关工作通知如下：

一、资金管理

2017年全市改革资金共7亿元，分为沟域经济、都市农业、休闲农业3大类。各区资金分配依据农业资源状况、2016年项目完成情况、2017年全市重点任务等因素确定（详见附件）。

改革资金应重点用于3类事项范围内的项目支出，原则上各项资金投入要按照市级分配额度安排落实，并将资金安排和项目组织情况向市农委备案。同时，各区应结合本级资金安排情况，加大整合力度，将支持方向相同、扶持领域相关的其他专项资金及区级财力整合使用，全面完成市委、市政府确定的各项“三农”工作。

二、职责分工

市农委对改革资金及项目负有分配、指导、监督、考核的责任。相关业务处室负责会同市农业局根据所负责领域，提出相关建设目标和建设标准，指导各区改革资金使用及项目管理；对改革资金及项目执行情况进行监督；督促各区加强改革资金预算执行和项目管理；组织考核检查，考核结果作为2018年各区改革资金分配额度的重要因素。

各区农委对改革资金项目组织、实施、落实负有直接责任，各区财政部门对改革资金负有监督管理责任。区农委应结合2017年改革资金分配情况，会同区财政部门制定实施细则；根据年度重点任务和改革资金使用方向，编制相关项目预算，组织项目实施；对改革资金项目进行全过程监管，对资金安全规范使用负责。改革资金项目应保证申报材料真实、预算编制准确、项目内容完整，同一项目集成其他专项资金支持的，应明确不同资金支持内容，避免财政资金重复投入。

三、时间安排

5月31日前，各区完成改革资金安排和项目组织，报市农委备案。

6月30日前，全面启动项目。

8月31日前，各区对改革项目进行自查，向市农委发展规划处提交工作总结和自查报告。市农委业务处室完成相关项目检查。

10月31日前，市农委会同市财政局结合2017年改革资金项目完成情况、改革资金到位情况、其他资金集成整合情况，以及2018农业领域重点工作和任务，确定下一年度改革资金安排。

附件　2017年财政支农专项转移支付改革试点资金分配汇总表

附件

2017 年财政支农专项转移支付改革试点资金分配汇总表

单位：万元

事项			合计	朝阳区	海淀区	丰台区	门头沟区	房山区	通州区	顺义区	大兴区	昌平区	平谷区	怀柔区	密云区	延庆区	建设目标及标准
合计			70 000	1 010	170	1 510	2 605	10 400	5 460	6 930	10 125	5 345	6 860	4 730	7 795	7 060	
沟域经济			15 000	0	0	0	2 000	1 700	0	1 000	0	800	1 500	2 000	3 000	3 000	水·长城沟域提升，推进天河川·满韵汤河—河北丰宁沟域带；酒乡之路、云蒙风情大道沟域提升，启动雾灵溪谷—河北兴隆沟域带；九里山桃花谷提升，启动金海湖—天津蓟县沟域带；百花山沟域(新建)、启动永定河—河北怀来沟域带；乡宴柳沟沟域提升；新十渡沟域（新建）、启动十渡—河北野三坡沟域带；延寿沟域提升；舞彩浅山提升
都市农业	国家现代农业示范区	农作物种业	1 000	0	0	0	0	500	100	0	100	0	0	0	100	200	
		水产种业	300	0	0	0	0	0	0	0	0	0	0	0	0	300	
		畜牧种业	1 000	0	0	0	0	400	400	0	0	0	200	0	0	0	
		示范镇建设	1 250	0	0	0	50	150	150	150	150	100	150	100	150	100	在全市创建 25 个示范乡镇，按照每个项目 50 万元标准测算分配资金
		一村一品	200	0	0	0	20	20	20	20	20	20	20	20	20	20	在全市创建 10 个示范村，按照每个项目 20 万元标准测算分配资金
		基地及示范园等重点建设项目	22 000	200	0	200	0	2 800	3 000	3 700	5 700	1 600	1 000	400	1 900	1 500	
		水产改造	2 200	0	0	0	0	600	0	470	750	0	0	0	0	380	
		畜牧提升	785	0	0	0	0	170	150	190	60	0	165	10	25	15	
		农产品质量安全	4 065	260	120	10	55	745	440	280	475	200	300	465	500	215	
		景观农业	2 000	0	0	0	0	440	0	280	420	0	0	160	620	80	
	国家可持续发展示范区	面源污染治理	6 500	0	0	0	130	975	650	390	650	325	975	975	780	650	在全市完成 100 个粪污治理项目建设，按照每个项目 65 万元标准测算分配资金
		生态园区建设	1 000	50	50	0	100	100	50	100	100	100	50	100	100	100	在全市建设 20 个生态园示范项目，按照每个项目 50 万元标准测算分配资金
	农业生产救灾		2 000	0	0	0	0	1 000	0	0	1 000	0	0	0	0	0	
休闲农业			10 700	500	0	1 300	250	800	500	350	700	2 200	2 500	500	600	500	推动全市休闲农业发展，组织第五届昌平嘉年华，筹备平谷休闲大会

注：“农业设施外墙保温改造”补贴资金可在“都市农业”资金中统筹安排。

北京市农村工作委员会 北京市农村合作经济经营管理办公室 关于开展国家农民合作社示范社 监测工作的通知

（2017 年 5 月 19 日）

各区农委、经管站，农合中心：

根据《国家农民专业合作社示范社评定及监测暂行办法》（农经发〔2013〕10 号，以下简称《监测办法》）要求，经全国农民合作社发展部际联席会议（以下简称“全国联席会议”）同意，决定开展 2017 年国家农民合作社示范社（以下简称“国家示范社”）监测工作。现将国家示范社有关监测事项通知如下：

一、监测对象和标准

（一）监测对象

本次监测对象为农业部、发展改革委、财政部等九部门《关于公布国家农民合作社示范社名单的通知》（农经发〔2014〕10 号）和《农业部关于公布第一次监测合格国家农民合作社示范社名单的通知》（农经发〔2015〕13 号）公布的国家示范社（6 745 家）和全国农民用水合作示范组织（254 家），共计 6 999 家。

（二）监测标准

国家示范社原则上按照以下标准进行监测：

1. 符合《监测办法》第五条规定的依法登记设立、实行民主管理、财务管理规范、经济实力较强、服务成效明显、产品（服务）质量安全、社会声誉良好等国家示范社标准。

2. 按时报送年度年报进行公示，不存在经营异常情况。

全国农民用水合作组织示范组织原则上按照以下标准进行监测：

1. 具备法人资格。有具体的章程，在民政或工商部门登记注册，取得社团或农民专业合作社法人资格。

2. 规模较大。农民用水户达到 200 户以上，管理有效灌溉面积 1 000 亩以上。

3. 管理制度比较健全。有明确的财务管理、灌溉管理、工程管理、水费征收和使用管理等制度。

4. 组织运转基本正常。管理目标任务明确，管理人员责任心强，措施得到有效落实，资金、经营管理规范，用水、经费使用公开透明。

5. 管理成效比较明显。在工程维护、分水配水、水费计收等方面成效明显，农业用水秩序良好，得到用水户、当地政府和水利部门的充分肯定。

6. 取得农民专业合作社法人资格的用水合作组织，按时报送年度年报进行公示，不存在经营异常情况。

二、监测工作程序

国家示范社监测工作严格按照《监测办法》规定的程序进行。

1. 在监测范围内的国家示范社应于 2017 年 6 月 15 日之前，通过国家农民合作社示范社管理系统（www.jgs.moa.gov.cn/cfc），填报 2015 年度、2016 年度合作社信息报表，并主动向各区农业行政主管部门提交纸质材料。

2. 区级农业行政主管部门对所辖区域国家示范社系统填报和纸质材料进行核查。核查无误后，电子版通过系统上报，纸质版通过系统打印，盖章后报市农委、市农经办。

三、监测工作时间及材料

1. 各区请于 2017 年 6 月 30 日（星期五）下班

前将以下材料（附件 1～4）报送至市农委。纸质版要求通过国家农民合作社示范社管理系统生成并打印。

各区农业行政主管部门的合格与不合格监测意见正式文件，《国家农民合作社示范社监测合格名单汇总表》（见附件 1），《全国农民用水合作组织示范组织监测合格名单汇总表》（见附件 2），《国家农民合作社示范社监测不合格名单汇总表》（见附件 3），《全国农民用水合作组织示范组织监测不合格名单汇总表》（见附件 4）。

2. 请各区于 2017 年 7 月 14 日（星期五）下班前将《国家农民合作社示范社发展情况监测表》（见附件 5 及其要求的财务报表等相关材料）纸质材料报送至市农经办。

四、有关要求

1. 国家示范社要如实提供有关材料，材料填写完整、按照规定时间上报。填报材料不完整不准确、无正当理由不按时上报的，视为监测不合格。填报材料弄虚作假的，一经查实，取消其国家示范社资格。

2. 各区在工作中要积极主动加强沟通协调，建立会商机制，遇到林业类、供销类示范社、用水示范组织等出现情况时，应加强与园林、水务和供销社等部门的沟通和会商，形成共识。

3. 各区农委、经管站、农合中心要加强协调配合，明确任务分工，按时保质保量完成本次任务。各区要严把数据质量关，确保国家示范社监测系统数据完整准确，并及时完成系统数据审核报送。

附件 1　国家农民合作社示范社监测合格名单汇总表

附件 2　全国农民用水合作组织示范组织监测合格名单汇总表

附件 3　国家农民合作社示范社监测不合格名单汇总表

附件 4　全国农民用水合作组织示范组织监测不合格名单汇总表

附件 5　国家农民合作社示范社发展情况监测表（格式）

附件 1

国家农民合作社示范社监测合格名单汇总表

填报单位（章）：　　　　　　　　　　　　填表日期：______年______月______日

序号	国家农民合作社示范社名称	实有成员总数（人）	成员出资总额（万元）	主要产业	固定资产（万元）		年经营收入（万元）		理事长	
					2015 年	2016 年	2015 年	2016 年	姓名	联系电话

附件 2

全国农民用水合作组织示范组织监测合格名单汇总表

申报单位（章）：　　　　　　　　　　　　　　　　　　　　填表日期：________年________月________日

序号	全国农民用水合作组织示范组织名称	登记日期	登记类型（民政/工商）	组织成员数（人）	服务农户数量（户）		管理有效灌溉面积（亩）		负责人	
					2015 年	2016 年	2015 年	2016 年	姓名	联系电话

附件 3

国家农民合作社示范社监测不合格名单汇总表

填报单位（章）：　　　　　　　　　　　　　　　　　　　　填表日期：________年________月________日

序号	国家农民合作社示范社名称	监测不合格原因

附件 4

全国农民用水合作组织示范组织监测不合格名单汇总表

填报单位（章）： 填表日期：______年______月______日

序号	全国农民用水合作组织示范组织名称	监测不合格原因

附件 5

国家农民合作社示范社发展情况监测表
（格式）

合作社/用水合作组织（盖章）：__________所属省份：__________ 填报日期：2017 年 月 日

一、部门审核意见

县级农业行政主管部门	本单位会同同级农业、水利、林业、供销社等部门和单位，对本材料进行了真实性审查，并会商发改、财政、税务、工商、银行业监管等单位确认。 盖 章 年 月 日
地（市）级农业行政主管部门	经复核，同意报送。 盖 章 年 月 日
省级农业行政主管部门	本单位经会商同级农业、发改、财政、税务、工商、水利、林业、银行业监管、供销社等单位同意，并经专家审核，特此报送。 盖 章 年 月 日

二、国家农民合作社示范社发展情况表

格式见附件 5－1。

三、全国农民用水合作组织示范组织情况表

格式见附件 5－2。

四、需要提交的其他材料

1. 国家农民合作社示范社提交 2016 年资产负债表、盈余及盈余分配表、成员权益变动表及其他能够反映合作社情况的证明材料。

2. 全国农民用水合作组织示范组织提交其他能够反映用水合作组织情况的证明材料。

凡是复印、复制的材料均需加盖农民专业合作社或用水合作组织公章，以确认复印件、复制件与原件一致。

附件 5－1

附表 5－1－1　国家农民合作社示范社基本情况表

1	2			3	4	5	6	7		8	9
农民专业合作社名称	理事长情况			地址	邮编	电话（传真）	注册登记时间	实有成员情况		成员出资总额（万元）	信用等级
	姓名	文化程度	社会兼职					实有成员总数	其中：农民成员数		

附表 5－1－2　国家农民合作社示范社资产负债及收益情况表

	10	11	12	13	14	15	16
	期末贷款余额（万元）	盈余返还总额（万元）	可分配盈余按成员与本社交易量（额）返还比例	固定资产净值（万元）	年经营收入（万元）	获得财政扶持资金总额（万元）	成员社内年均所得收入（元）
2015 年							
2016 年							

附表 5－1－3　国家农民合作社示范社主要生产经营服务情况表（一）

	17	18	19	20	21	22	23	24	25	26	27	28
	主要生产经营项目	农作物种植面积（亩）	农作物产量（吨）	畜禽出栏产量（头、只）	畜禽年末存栏总量（头、只）	畜禽产品总量（吨）	水产养殖面积（亩）	水产品产量（吨）	特色产品总量（吨）	植保合作社服务面积（亩）	农机拥有量（台、套）	农机合作社作业服务面积（亩）
2015 年												
2016 年												

附表 5－1－3　国家农民合作社示范社主要生产经营服务情况表（二）

	29	30	31	32					
	休闲农业收入（万元）	手工业产品总值（万元）	信用合作资金规模（万元）	林业合作社情况（仅限林业合作社填写）					
				林业种植面积（亩）	木材等林产品总量（立方）	造林绿化增量（立方）	林业种苗培育面积（亩）	是否承担林业重点工程	是否获得森林产品认证
2015 年									
2016 年									

附表 5-1-4 国家农民合作社示范社产品（服务）质量安全情况表

	33	34	35					36	37	38				39	40	
	是否获得省级以上科技奖励或荣誉	是否建有合作社质量管理制度	农资统一管理、统一配送率（%）					是否建立质量安全追溯制度	是否建立生产记录档案制度	产品通过以下哪种认证				通过ISO9000，HACCP等质量认证情况	获得商标情况	
			农（兽）药	种子（苗）	种畜禽	饲料	肥料			有机	绿色	无公害	地理标识		是否是中国驰名商标	是否是著名商标
2015年																
2016年																

附表 5-1-5 国家农民合作社示范社 2015 年、2016 年经营情况报告

（1 500 字以内）

附件 5-2

附表 5-2-1 全国农民用水合作组织示范组织基本情况表

1	2			3	4	5	6	7	
农民用水合作组织名称	负责人			组织成员人数	地址	邮编	电话	登记注册时间	
	姓名	文化程度	社会兼职					民政	工商

附表 5-2-2 全国农民用水合作组织示范组织运行管理情况表

	8		9	10	11	12	13	14	15
	管理灌排工程		管理灌溉面积（亩）	服务农户数量（户）	用水计量设施是否完备	年均用水量（万立方米）	粮食平均单产（千克/亩）	是否具备工程建设能力	是否建立工程维护档案
	渠道（米）	建筑物（座）							
2015年									
2016年									

附表 5－2－3 全国农民用水合作组织示范组织经营收支情况表

	16				17				18	19	20
	收入（元）				支出（元）				是否建立水量、水费、收支公示制度	服务农户是否满意	是否获得省级奖励或荣誉
	水费收入	财政补助	经营收入	其他收入	人员补助	工程维护	办公经费	其他支出			
2015 年											
2016 年											

附表 5－2－4 全国农民用水合作组织示范组织 2015 年、2016 年工作总结

包括制度建设，在民主议事、工程建设与管护、用水管理、水费计收等方面采取的措施和取得的成效（1 500 字以内）

北京市农村工作委员会
关于印发《2017 年北京市农业农村信息化重点工作》的通知

（2017 年 5 月 19 日）

市农委系统各单位，郊区各区农委：

现将《2017 年北京市农业农村信息化重点工作》印发给你们，请结合实际认真贯彻落实。

2017 年北京市农业农村信息化重点工作

做好 2017 年全市农业农村信息化工作，要深入学习贯彻习近平总书记系列重要讲话和视察北京工作时重要讲话精神，牢固树立创新、协调、绿色、开放、共享的发展理念，立足首都城市战略定位，坚持需求导向、创新驱动、政府引导、应用为先，充分发挥信息化的引领支撑作用，着力促进互联网与农村经济社会各领域的深度融合，不断提升生产智能化、经营网络化、管理高效化和服务便捷化水平，为推进农业供给侧结构性改革和城乡发展一体化提供有力支撑。

一、不断提升农业生产智能化水平

1. **建设一批智慧农园。**按照政府引导、企业主体的原则，紧密结合全方位创建国家现代农业示范区，以有效促进农业节本增效为目标，继续实施农业物联网示范推广工程，不断提高信息技术应用比例；按照农业部要求，开展数字农业畜禽养殖类试点，推进智慧蛋鸡物联互通模式建设项目。

主责单位：市农委（产业发展处）

协办单位：市农业局、市农委（城乡经济）信息中心、市农科院、各郊区农委

完成时限：2017年12月底

2. **强化农业物联网公共平台服务能力。**以“北京221物联网应用服务平台”为基础，针对北京地区常见品种，丰富生长模型、阈值和专家知识库；建立设施蔬菜种植规范智能化管理系统，开展优质农产品气候品质认证服务；从农业生产经营主体的需求出发，增强对“全产业链、全过程、全要素”的信息化支撑力度，提高在线化、数字化比例，促进一二三产融合发展。

主责单位：市农委（产业发展处）

协办单位：市农业局、市农委（城乡经济）信息中心、各郊区农委

完成时限：2017年12月底

3. **促进形成线上与线下融合发展的现代农业服务体系。**发挥互联网集聚资源的作用，实现农业生产主体与农技、农资、农机、金融等服务机构的有效对接，建立农药减量使用管理系统，完善绿色防控社会化服务试点平台建设，提高农业生产性服务的社会化、专业化和精准化水平。

主责单位：市农委（产业发展处）

协办单位：市农业局、市农委（城乡经济）信息中心、各郊区农委

完成时限：2017年12月底

4. **完善农产品质量安全追溯体系。**政府引导与市场化运作相结合，强化企业主体责任，鼓励行业组织和企业自建产品追溯系统；加强追溯信息互通共享，促进公益性和市场化平台有机衔接、协调发展；优化公共服务，注重生产源头信息的真实性、中间环节信息的连续性、消费端信息获取的便捷性；加强追溯数据的开发利用。

主责单位：市农业局、市农委（产业发展处）

协办单位：市农委（城乡经济）信息中心、各郊区农委

完成时限：2017年12月底

二、有效提升农村公共服务水平

5. **继续推进智慧乡村建设。**按照平原每区不少于5个村、山区每区不少于3个村的数量标准，与“美丽乡村”“特色专业示范村”“信息进村入户”等建设相结合，重点培育村“两委”、农村居民提升信息化意识、强化信息化能力，加快形成农村地区发展方式转变；鼓励山区各郊区结合沟域建设，整合资源，开展智慧沟域建设与应用。

主责单位：市农委（城乡经济）信息中心、各郊区农委

协办单位：市农委（山区处）、市农业局

完成时限：2018年6月底

6. **全面推进信息进村入户工程。**按照《农业部关于全面推进信息进村入户工程的实施意见》的要求，在前期试点建设的基础上，研究制定全市实施方案，落实建设任务，逐步探索公益服务与商业服务相辅相成的模式，发挥益农信息社在农村发展、农业增效、农民增收过程中信息服务的作用。

主责单位：市农业局

协办单位：市农委（城乡经济）信息中心、各郊区农委

完成时限：2017年12月底

7. **丰富农村公共信息服务方式。**加强政企合作，利用有线电视覆盖率高的优势，在部分镇、村进行高清数字电视双向改造，开展农村党务、村务、财务公开有线电视入户点播试点，保障农村群众知情权、参与权、表达权和监督权。

主责单位：市农经办

协办单位：市委农工委（组织处）、市农委（城乡经济）信息中心

完成时限：2017年12月底

8. **继续做好北京移动农网、12316与12396服务热线、农村党员干部远程教育等农村公共信息服务工作。**

主责单位：市农委（城乡经济）信息中心、市农业局、市农科院

协办单位：市委农工委（组织处）、各郊区农委

完成时限：2017 年 12 月底

三、不断深化电子政务应用

9. **深化信息资源开发利用。**制定覆盖市、区两级的涉农信息资源共享管理办法，加快形成开放共享的发展格局；完善涉农信息资源平台建设与应用；按照农业部部署，以生猪、蛋鸡产业为切入点，开展农业大数据试点工作。

主责单位：市农委（城乡经济）信息中心

协办单位：市农委系统各单位、各郊区农委

完成时限：2017 年 12 月底

10. **推进“互联网＋”政务服务。**从政府信息公开、公共服务和政民互动等方面，规范网上服务事项、优化服务流程、公开服务信息，完善涉农行政审批网上审批系统功能；加强对移动互联网应用的监督与管理；在保障安全的前提下，开展移动办公和移动政务应用。

主责单位：市农委（办公室、法制处）、市农业局、市农经办

协办单位：各郊区农委

完成时限：2017 年 12 月底

11. **拓宽涉农政策宣传渠道。**充分利用网站、微博、微信、客户端等平台及新媒体，在政策宣传解读、舆情监控、热点回应等方面创新宣传模式，加大宣传力度。

主责单位：市委农工委（宣传处）、市农业局

协办单位：各郊区农委

完成时限：2017 年 12 月底

12. **强化政务信息化应用。**完善农村土地承包经营权确权登记颁证信息平台、农村金融与风险管理公共服务平台、农村“三资”监管平台、低收入村户立档建卡等工作的建设与应用。

主责单位：市农委（经管处、发展规划处、协调联络处、办公室）、市农业局、市农经办

协办单位：各郊区农委

完成时限：2017 年 12 月底

四、大力发展农业农村电子商务

13. **加强农村电子商务主体培育。**鼓励新型农业生产经营主体依托区域优势产业，开展多种形式的农村电子商务；继续推进“一村一品＋电商”建设，利用互联网整合农业、旅游、文化等特色资源，开展休闲农业电子商务试点，提高乡村影响力、吸引力；继续强化培训，不断提高新型农业生产经营主体的电子商务应用能力。

主责单位：市农委（产业发展处、农产品流通处、协调联络处）

协办单位：市农业局、市农委（城乡经济）信息中心、各郊区农委

完成时限：2017 年 12 月底

14. **开展多种形式的农业电子商务对接活动。**发挥牵线搭桥作用，促进农业生产经营主体与电商企业合作，拓宽销售渠道，促进优质优价，提升农产品标准化、品牌化水平。

主责单位：市农委（产业发展处、农产品流通处）

协办单位：市农业局、市农委（城乡经济）信息中心、各郊区农委

完成时限：2017 年 12 月底

15. **不断完善农业农村电子商务基础支撑。**鼓励邮政、快递企业参与鲜活农产品物流配送，进一步完善“农邮通”服务站运营机制，培育一批“快递＋农产品”样板项目；发挥农业龙头企业、农民专业合作社示范社、益农信息社的带动作用，引导重点发展农产品加工流通、电子商务等社会化服务；加强产地预冷、集货、分拣分级、包装、仓储等基础设施建设和资源优化配置；加快我市农业电商标准研究制定及推广应用。

主责单位：市农委（农产品流通处、产业发展处）

协办单位：市农业局，各郊区农委

完成时限：2017 年 12 月底

五、不断营造良好发展环境

16. **完善领导机制。**成立北京市农业农村信息化领导小组，促进形成城乡统筹、部门联动的运行机制。

主责单位：市农委（办公室）、市农委（城乡经济）信息中心

协办单位：市农委系统各单位、各郊区农委

完成时限：2017 年 5 月底

17. 完成顶层设计。完成北京市农业农村信息化顶层设计，明确到“十三五”末，全市农业农村信息化发展目标和实现路径。

主责单位：市农委（城乡经济）信息中心

协办单位：市农委系统各单位、各郊区农委

完成时限：2017 年 9 月底

18. 完善政策机制。完善全市“互联网＋”现代农业扶持政策和工作机制，发挥互联网农业联盟、农业电商标准联盟等社会团体的作用，培育发展新模式；优化使用财政资金信息化项目全流程管理；加强京津冀农业农村信息化合作。

主责单位：市农委（产业发展处、农产品流通处）、市农委（城乡经济）信息中心

协办单位：市农委系统各单位、各郊区农委

完成时限：2017 年 12 月底

19. 夯实发展基础。把互联网作为基础设施之一，不断提高农村地区宽带网络和第四代移动通信网络（4G）的覆盖率；发挥科技、教育优势，加强农业物联网、北斗导航等智能装备和软件产品的研发。

主责单位：市农委（村镇建设处）、市农委（城乡经济）信息中心

协办单位：市农科院、市农业局、各郊区农委

完成时限：2017 年 12 月底

20. 切实加强信息安全保障。强化信息安全体系建设，优化涉农部门信息安全联动与通报机制；全面推进信息安全等级保护制度落实；完善应急机制建设，持续加强信息安全保障水平；配合做好城市副中心行政办公区信息化支撑工作。

主责单位：市委农工委（办公室）

协办单位：市农委系统各单位、各郊区农委

完成时限：2017 年 12 月底

21. 加强示范引领和宣传培训。开展 2017 年农业农村信息化示范基地和全市农业信息化龙头企业认定与监测工作；开展新型职业农民信息化能力培训，重点开展手机应用技能培训。

主责单位：市农委（城乡经济）信息中心、市农业局

协办单位：各郊区农委

完成时限：2017 年 12 月底

北京市农村工作委员会　北京市农业局 关于印发《北京市新建南繁科研育种基地（海南）建设与管理暂行办法》的通知

（2017 年 5 月 24 日）

各有关南繁单位：

为贯彻落实《国家南繁科研育种基地（海南）建设规划（2015—2025）》及市领导对南繁科研育种基地建设的有关批示，切实加强本市南繁科研育种基地建设，有力支撑国家（北京）现代种业创新试验示范区建设，促进北京现代种业和现代农业发展，特制定《北京市新建南繁科研育种基地（海南）建设与管理暂行办法》。现印发给你们，请结合实际，认真遵照执行。

北京市新建南繁科研育种基地（海南）建设与管理暂行办法

为建设和管理好新建南繁育种基地，根据《国家南繁科研育种基地（海南）建设规划（2015—2025）》（以下简称《国家规划》）和《国家南繁工作领导小组办公室关于印发推进南繁基地建设实施方案的通知》（国南繁字〔2016〕6 号）精神，特制定本办法。

一、租赁土地

（一）建设规模

按照《国家规划》要求，经农业部同意和海南省南繁局协商，在 2.5 万亩南繁科研育种核心区内划定 5 000 亩土地，用于建设北京市南繁科研育种基地。

（二）土地范围

新建5 000亩南繁科研育种基地位于海南省乐东县和三亚市，其中乐东县黄流镇育种基地3 500亩、三亚市崖州区育种专区1 000亩、三亚市海棠湾育种基地500亩。

（三）租赁期限

按照《国家规划》要求，要求土地租赁期限为10年，土地租赁合同起始时间原则为自《国家规划》颁布后至2017年9月底，以实际土地租赁合同签订日期为准。

（四）租地程序

一是在上述土地租赁范围内，由南繁单位自主与土地所有者（或南繁服务公司）签订土地租赁合同，租期为10年。二是签订土地租赁合同后，将土地租赁合同、租金支付凭证（要求支付租金至少70%以上）等材料报北京市南繁指挥部备案。三是土地租赁面积要求达到50亩以上，租赁面积不足50亩的单位可以联合进行申报。

二、土地租赁与建设补贴

（一）补贴对象

完成土地租赁后申请土地租赁及建设补贴的南繁单位需要同时满足以下条件：

1. 在京注册的经北京市南繁指挥部统一备案的国家级和市级科研院所、高等院校、事业单位以及种业企业，申请备案单位无违法经营行为、有合法品种。

2. 南繁单位开展南繁科研育种工作、生物育种研究、品种鉴定扩繁、科研育种服务等工作。

（二）补贴标准

按照土地租赁合同，对符合补贴条件的南繁单位，北京市财政给予10年土地租金30%的土地租赁和建设补贴。

1. **备案申请**。2017年9月30日前，南繁单位签订土地租赁合同后，向北京市南繁指挥部提交备案申请，提交资料包括土地租赁合同原件一份、租金支付凭证原件和复印件各一份。

2. **签订责任书**。提交备案申请15个工作日内，北京市南繁指挥部对土地租赁合同、租金支付凭证等进行审核，并开展现场勘验。审核无误的，依据土地租赁合同，南繁单位与北京市南繁指挥部签订《北京市南繁科研育种基地目标建设责任书》，进一步明确租赁土地使用、建设、管理等责任。

3. **补贴发放**。提交备案申请30个工作日内，依据土地租赁合同的实际价格拨付补贴金额的70%；2017年底，依据《北京市南繁科研育种基地目标建设责任书》验收合格后，拨付补贴金额的30%。补贴资金管理工作依据《北京市南繁科研育种基地（海南）建设资金管理办法》执行。

4. **其他**。凡不在北京市南繁指挥部登记备案的、不在核心区范围内租地、逾期（即2017年9月30日前）没有签订土地租赁合同和备案申请的南繁单位不能享受补贴政策，每个南繁单位只能享受一次补贴。

三、建设要求

1. 享受“土地租赁及建设补贴”的南繁单位，基地基本建设要按照“首都水平、海南特色”的要求开展南繁基地建设，达到环境优美、功能完备、运行稳定的基地建设目标。

2. 各南繁单位根据本单位自身科研育种实际需要，自主开展建设，完成土地整理、农田环境整治、田间基础设施等建设任务。

3. 重点开展基本的农田土地整理，平整农田田埂，实现田面平整。整治农田环境，确保基地良好地容地貌和田间生产环境，与周边单位和周边生态环境相协调。

4. 要结合当地生态环境条件和田间景观特点开展基地建设，不得在田间私搭乱建，切实维护公共田园环境和景观秩序。

四、其他事项

1. 新建南繁基地采取“统一规划、共同建设、自主管理”的方式运行，各南繁单位本着自用、自建、自管、自主的原则开展南繁科研工作。

2. 北京市南繁指挥部负责新建南繁基地的统一协调管理，负责新建南繁基地土地租赁资料核实、补贴发放和基地统一管理。北京市南繁指挥部依据2016年各南繁单位上报的用地需求申报面积，结合当前实际情况，协调安排南繁用地。

3. 各南繁单位要严格遵守国家和地方对核心区建设管理的相关规定和政策，在全市南繁科研育种基地统一建设标准上，按照本单位实际需要完成基地建设并尽快投入使用。享受补贴的南繁用地，10年内不得转租，不得改变用途，私自转租或改变用途的，作为不良记录，载入企业诚信系统。因特殊原因不再租地的，书面向北京市南繁指挥部提出申请，经北京市南繁指挥部同意后，将土地使用权收回，由北京市南繁指挥部统筹安排使用，并不负责土地租金退还等相关事宜。

本办法最终解释权归北京市南繁指挥部。

北京市农村工作委员会　北京市人力资源和社会保障局关于进一步做好本市农村劳动力转移就业工作的通知

（2017年6月2日）

各区人民政府：

为深入贯彻落实国务院《关于做好当前和今后一段时期就业创业工作的意见》（国发〔2017〕28号）、国务院办公厅《关于完善支持政策促进农民持续增收的若干意见》（国办发〔2016〕87号）和市委、市政府有关文件精神，促进本市农村劳动力向二、三产业转移就业，提高农村居民收入，实现城乡居民共享改革发展成果，经市政府同意，现就进一步做好本市农村劳动力转移就业工作的有关事项通知如下。

一、准确把握当前本市农村劳动力转移就业面临的新形势，明确工作目标和工作任务

科学研判非首都功能疏解整治深入推进，对全市就业工作提出的新要求、新挑战；积极面对农业生产空间不断压缩，全市经济转型优化调整，农村劳动力就业结构、就业技能、就业意愿等发生新的变化；认真分析重大建设和改革实施对农村劳动力分流安置的影响；切实增强做好农村劳动力转移就业工作的紧迫感、责任感，实施农村劳动力转移就业工程，促进有转移就业要求的农村劳动力实现稳定就业。2017年度，全市帮助4万名农村劳动力实现转移就业，动态保持“零就业家庭”至少一人就业。

二、加强部门协同，对本市农村劳动力就业失业状况进行动态监测

深入推进就业管理制度落实，将有转移就业意愿的农村劳动力全部纳入公共就业服务体系，对无业或阶段务农的重点了解其求职、创业或职业培训意愿，分析职业素质特点，找出存在的主要问题和困难，为提供有针对性的促进就业帮扶奠定基础。加强部门协同，推进农村经济管理、人力资源市场系统等信息平台的信息共享交流，全面动态监测农村劳动力就业状况。

按照《关于做好促进低收入农户就业增收有关工作的通知》（京人社就发〔2016〕11号）文件要求，全面推进精细化公共就业服务，实现对农村劳动力转移就业监测、服务、政策全覆盖。

三、加强就业技能培训，提高本市农村劳动力转移就业能力

弘扬乡风文明，加强就业观念的教育引导，倡导转移就业实现家庭增收。根据转移就业农村劳动力素质特点、就业需求和培训愿望，依托职业院校、技工院校、民办职业技能培训学校等，大力开展就业技能培训和岗位技能提升培训，创新培训模式，强化实际操作技能训练和职业素质培养。对参加培训且符合条件的农村劳动力落实培训补贴政策。

四、加强岗位资源和劳动力资源对接，深化“城乡手拉手”就业协作机制

在农村设立人力资源基地，在用人单位设立就业基地，引导用工规模较大的单位与农村劳动力密集的远郊区、乡镇实现有效对接。加快研究公交安保员、轨道交通安检员、交通协管员、停车管理员等城市运营服务岗位集中招用本地劳动力的试点方案和支持政策，鼓励用工单位面向郊区农村开展定岗、定向招聘。

国有企业要充分发挥就业“压舱石”作用和社会责任，挖掘岗位潜力，积极吸纳本地农村劳动力就业，实现企业本地用工稳中有升。建立市、区国有企业招用本地劳动力递增机制。鼓励市区所属事业单位、民营企业、小微企业等用工单位招用本地农村劳动力。不断完善定向输出、定向招聘、定向培训、定向服务的就业协作机制。

各区政府围绕“疏非控人”、市重大项目建设，以及各区经济社会援建、合作项目的实施，建立重大建设地区失业就业影响评估机制，以政府组织、政策引导、资金支持、定向技能培训和岗位推荐等就业服务为保障，帮助农村劳动力实现跨区域转移就业。

五、优化创业环境，鼓励本市农村劳动力自谋职业、自主创业

持续推进“双创”，全面落实创业扶持政策。本市转移就业的农村劳动力从事新产业、新兴业态，创办小微企业或从事个体经营，可按照本市城镇灵活就业人员缴费标准缴纳各项社会保险费。符合条件的可享受自主创业扶持政策，申请小额担保贷款和财政贴息补贴。

六、落实“岗补”“社补”政策，鼓励用人单位招用本市农村劳动力

深入开展促进就业政策宣传，积极鼓励和引导各类企业等用人单位招用农村劳动力就业。用人单位招用农村就业困难人员可按规定申请享受最长5年的岗位补贴（5 000 元/人・年）和社会保险补贴。

各涉农区研究落实促进本地劳动力就业的帮扶政策。对生态涵养、高失业率等就业困难区出台的本地化促进就业政策所需资金，市财政促进就业专项资金、失业保险基金，给予一定比例资金支持。

七、充分开发利用公益性岗位，鼓励托底安置本市农村就业困难人员

积极推进社会公益性就业组织建设，征集适合农村就业困难人员就业的公益性岗位，逐步扩大社会公益性就业组织托底安置农村就业困难人员规模。社会公益性就业组织在经市人力资源和社会保障局认定的公益性岗位安置农村“4050”、残疾、享受“低保”待遇、零就业家庭、纯农就业家庭等就业困难人员，且符合规定条件的，失业保险基金给予公益性就业组织岗位补贴。补贴标准：一般地区每人每月 1 900 元；重点帮扶地区每人每月 3 250 元。

继续发挥平原造林养护、农村管水员、护林员、保洁员、巡防员等农村基本公共服务岗位的“稳定器”作用。各区要积极探索研究增加农村地区公共管理服务类岗位数量和提高酬劳补贴的具体措施。

八、充实基层就业服务力量，加强农村公共就业服务

各区、乡镇要将农村就业服务纳入公共就业服务体系中，统筹规划，加强基层就业服务机构建设，合理布局力量，完善服务功能，着力推进服务专业化。要加强工作人员教育培训，增强主动服务、精细服务意识，不断提高就业服务水平。

各级公共就业服务机构要细化服务标准和服务流程，提供个性化服务方案，为农村劳动力转移就业提供免费职业介绍及相关服务。充分利用人力资源市场信息网络和互联网络等媒体资源，在行政村及时发布有效的招聘、培训信息，并为用人单位开展招聘提供服务。通过组织招聘洽谈会、定向上门应聘、现场培训和政策咨询等活动，就近满足农村劳动力的就业服务需求。

九、明确筹资渠道，加大本市农村劳动力转移就业的资金支持力度

将失业保险基金促进就业功能扩大到本市农村劳动力转移就业。市级促进农村劳动力转移就业的岗位补贴、社会保险补贴、职业培训补贴、职业介绍补贴等政策经费由失业保险基金列支。

市级财政就业促进专项资金加大对各区稳定促进本地区农村劳动力就业政策的支持力度，按照一定比例、工作绩效作为专项转移支付依据，给予重点倾斜。

各区、乡镇要根据本地区促进农村劳动力转移就业工作需要，加大政策扶持力度，增加资金投入，不断改善农村劳动力转移就业环境。

十、加强劳动监察执法，规范企业用工行为

加强对本市行政区域内的所有用人单位及其他用工主体遵守劳动和社会保险法律、法规、规章情况的行政执法监察力度，督促企业依法履行“签合同、发工资、上保险”的法定责任，对企业违法行为依法查处，切实维护劳动者的合法权益。

十一、加强组织领导和督查考核，健全促进本市农村劳动力转移就业的工作机制

各区政府将促进农村劳动力转移就业工作列为就业工作的重要内容，强化并完善目标责任制，层层分解，落实到人。区人力资源和社会保障局、区农业部门，要加大对农村劳动力转移就业工作的督查考核力度，每半年督导通报一次。市级在市社会保障和就业工作领导小组年度考核和奖励的基础上，市新农村建设领导小组结合农民增收考核，对促进农村劳动力转移就业工作成绩突出的单位给予专项表彰和奖励。

北京市农村工作委员会　北京市农业局
关于全面推进信息进村入户工程的实施意见

（2017 年 5 月 22 日）

郊区各区农委、农业局：

按照 2016、2017 年中央 1 号文件有关精神及农业部《关于全面推进信息进村入户工程的实施意见》（农市发〔2016〕7 号）和市政府《关于积极推进“互联网＋”行动的实施意见》（京政发〔2016〕4 号）的要求，为加快我市农业农村信息化服务普及，以信息化引领驱动农业现代化快速稳步发展，培育提升“三农”新动能，现就我市全面推进信息进村入户工程提出如下实施意见，请各区根据工作实际，认真组织，抓好落实。

一、背景及意义

北京作为首善之区，已经步入以信息化为引领的工业化、城镇化、农业现代化同步发展的新时期。北京农业农村信息化基础好、起点高，郊区农村网络覆盖率基本达到 100％，智能手机入户率较高。村委会培训、服务场地设施基本完备，电脑、打印机等办公硬件条件较为完善。郊区农民信息需求旺盛，党员远程教育系统、村邮站、文化大院、“三资”管理平台等已经实现部分公益服务、便民服务进村，各种公益性农业农村服务体系对农村辐射面较广。同时，也存在服务资源较为分散，多个服务体系缺乏有效整合，服务标准不统一，基层信息服务人员队伍不完善，可持续运营能力弱等问题，还需要对现在服务资源和体系进行充分整合，进一步提升服务水平，创新运营模式。

农业部全面推进信息进村入户工程，为北京市农村、农业发展搭乘信息化快车提供了契机，对于北京市加快农业现代化建设、促进城乡一体化发展、全面建成小康社会具有重大意义。北京市全面推进信息进村入户工程，大力推进信息进村入户，能够用信息技术服务农村、提升农业，利用现代科技推动农村发展，推动农业转型升级，提升农村农业现代化水平；能够畅通农村信息服务渠道，推动城乡信息服务均等化，增强农村信息消费能力；能够构建涉农综合信息服务平台，有针对性地培育新型职业农民，不断提高农民整体素质，从而实现建立可持续发展机制、服务精准到户（企业）的目标。

二、指导思想

全面贯彻落实党的十八大和十八届三中、四中、五中、六中全会精神，深入学习贯彻习近平总书记系列重要讲话精神，牢固树立创新、协调、绿色、开放、共享的发展理念，坚持服务首都城市战略定位，紧密围绕北京三农重点任务，发挥“互联网＋”的支撑和聚变效应，以资源整合、统筹推进、需求导向、区级主导、市场运营、持续发展为原则，以打造线上线下相融合的现代农业农村综合服务体系为目标，充分依托北京市农业农村信息化基础好、起点高的特点，着力发挥已建服务体系的资源聚合效应和服务渠道优势，借助市场的力量完善可持续运营机制，形成农业部门为主、各级党委政府大力支持、各类市场主体积极参与的建设和服务格局，为首都农村经济社会良好发展提供有力支撑。

三、总体目标

通过整合各类信息服务资源，促进北京市信息进村入户综合服务管理云平台与党员远程教育等系统服务资源共享和服务渠道对接，实现村级基础公益服务信息全覆盖；按照各区农业农村发展特点，形成统一的服务标准和有效的人员保障机制，建设认定一批提升服务型益农信息社，按照“填平补齐”的原则，开展公益、便民、电子商务、培训体验四项精准服务；结合北京互联网＋现代农业发展要求，打造一批创新示范型益农信息社。同时，完善可持续运营机制，形成“政府＋运营商＋服务商”三位一体的推进机制以及政策与资金保障机制。最终实现以12316公益服务资源为基础、线上线下相结合、人员队伍较完善的综合信息服务体系，政类服务、民类服务、商类服务在一个平台协同运行，服务延伸到村，信息精准到户（企业）的目标，推动首都农村繁荣和农业产业发展。

四、工作原则

1. 总结经验，统筹推进。在充分总结试点建设经验及运营模式的基础上，统筹各单位各部门、各行业各领域、线上线下各类服务资源，形成多方协同、合力推进的格局。

2. 需求导向，务实发展。结合农民生产生活实际需求，以提供精准服务为着眼点和落脚点，奠定农村信息服务基础，做实“四项”服务。

3. 区级主导，因地制宜。发挥各区政府的主导作用，结合各区实际情况，制定切实可行的实施方案，积极落实各项工作任务。

4. 市场运营，持续发展。充分发挥市场配置资源的决定性作用，鼓励和支持运营商充分调动社会资本参与信息进村入户工程，创新商业化运营模式，形成可持续发展的运营机制。

五、主要任务及年度实施计划

（一）主要任务

1. 利用现有基础，实施分类建设，整体推进信息进村入户工程。北京信息进村入户工程由市级农业主管部门负责统筹规划，区级农业主管部门负责建设管理，运营商负责市场化运营。采用“政府修路、企业跑车、农民取货”的“政企合作”模式，全面整合服务资源和渠道，融合互联网技术，研发市级信息进村入户综合服务管理云平台，完成益农信息社建设、认定、管理、运营、示范、创新服务工作，高标准打造能够适应北京社会主义新农村发展的综合信息服务体系。益农信息社使用全市统一标识、标牌及编号。

（1）整合现有服务体系和资源，实现农村基本信息服务全覆盖。市级通过整合12316三农服务平台、221信息平台、城乡经济信息网等公益服务资源及金融、保险、旅游、水、电、票务等各类社会化服务资源，促进北京信息进村入户工程综合服务管理云平台与党员远程教育等系统进行对接和资源共享，实现公益服务下行和涉农数据信息上行。区级协调镇政府、村民委员会与运营商，强化对党员远程教育等系统的管理和使用，指定专人负责信息维护及服务，并对实现基本信息服务的行政村直接挂牌认定为标准型益农信息社。

（2）区级建设提升服务型益农信息社，实现信息精准服务。区级结合本地农业农村政策及发展实际情况，统筹智慧乡村、美丽乡村、一村一品、12396农科热线、养老助残、农民书屋等涉农公益信息资源，落实资金，协调镇政府、村民委员会、运营商，参照农业部“六有”标准，选择常住人口规模在700人以上、信息服务需求较高、综合服务能力较弱的行政村，按照“填平补齐”的原则建设600家左右标准型益农信息社，常住人口规模在700人以下的行政村，由各区根据实际情况自主建设，为农村发展、产业提升、农民增收提供精准信息服务。

结合都市型现代农业建设和各区实际，重点发展专业型益农信息社，在具有一定组织化程度、生产规模和运营条件的农业生产基地（企业），积极利用互联网、物联网等信息化手段，建设不少于600家专业型益农信息社，针对园区生产经营管理等环节提供全产业链服务，提升本区智慧农业水平。

（3）市级建设创新示范型益农信息社，服务产业转型升级。市级联合区级，重点打造创新示范型益农信息社70家（专业型50家，标准型20家），带动全市益农信息社建设发展。

专业型创新示范社将传感、遥感、物联网、智能装备等先进的现代信息技术与农业生产与管理环节深度融合，提升生产智能化水平和园区综合管理水平，并运用互联网思维打通、串联农业产业链条，通过线上+线下的综合信息服务，最终实现生产企业的数字化管理、智能化生产及互联网营销。

标准型创新示范社结合当地产业特点和功能定位，围绕特色种植（养殖）打造产业服务型益农信息社，提高农产品竞争力；围绕金融理财、保险、生活必需品下乡打造便民服务型益农信息社，提高农民生活品质；围绕民俗旅游、休闲观光等打造功能拓展型益农信息社，提高农民收入，探索多产业融合发展模式。

2. 全面统筹协调，整合涉农资源，夯实信息进村入户工作基础。充分发挥各级政府职能职责，以农业部门为主体全面协调涉农单位，整合涉农政策、农业生产、农产品销售、行业规范、文化创意、专家队伍、基层服务体系等涉农公益服务资源；全面协调社会化企业，整合与民生相关的金融、医疗、保险、旅游、水电、票务等服务资源，夯实信息进村入户工作基础。

3. 做实公益服务，引导市场参与，完善信息进村入户工作机制。充分发挥政府公益服务作用和市场配置资源的决定性作用，完善市区共建、市级统筹、区为主体、村为基础、社会参与、合作共赢的建管体制和市场化运行机制，形成政府推动力、市场活力、社会创造力相辅相成的动力机制，同时，建立考核监督和评估分级机制，确保工作有效运行。

4. 统一数据标准，构建综合平台，实现服务联动信息共享。依托12316综合服务平台，整合标准型建立的益农信息管理服务平台和专业型建立的智慧农业综合服务平台，构建北京市信息进村入户综合服务管理云平台，实现益农信息社统一管理、涉农数据采集统计、领导决策科学支撑、信息资源服务下沉。同时，对接部级信息进村入户云平台，融合基层涉农服务平台，实现部、市、区三级服务联动、信息共享。

（二）年度实施计划

北京市全面推进信息进村入户工程，于2018年之前完成农业农村基础信息服务全覆盖；于2020年前完成1 200家提升服务型、70家创新示范型益农信息社建设、运营、管理、服务工作。

2017年：完成北京12316三农服务热线体系与党员远程教育系统融合工作；完成120家提升服务型、7家创新示范型益农信息社建设工作。

2018年：完成全市信息进村入户工程综合服务管理云平台建设工作，完成480家提升服务型、28家创新示范型益农信息社建设工作。

2019年：完成480家提升服务型益农信息社、28家创新示范型益农信息社建设工作。

2020年：完成120家提升服务型、7家创新示范型益农信息社建设工作。

六、任务分工及工作职责

1. 市级任务分工及工作职责。北京市农业农村信息化领导小组是北京信息进村入户工程领导机构，信息进村入户工程办公室设在市农业局，建立联席会议制度，负责全面统筹推进北京信息进村入户工程。

主要职责：

（1）统筹推进全市信息进村入户工程工作。

（2）协调市级政府、社会化资源。

（3）制定规划、规范、制度。

（4）组织验收、考核工作。

（5）落实市级政策与扶持资金。

2. 区级任务分工及工作职责。区级参照市级标准设立组织管理机构，负责组织实施本区信息进村入户工程工作。

主要职责：

（1）负责本区信息进村入户工程组织落实工作。

（2）统筹制定区级信息进村入户工程实施方案。

（3）协调区级政府、社会化资源。

（4）组织、实施、监督、管理本区益农信息社建设、运营、服务工作。

（5）落实本区相关政策及配套资金。

3. 运营商任务分工及工作职责。按照农业部要求，运营商根据各区需求组建管理、运营及服务团队，承担市场风险，辅助及配合各区全面推进北京信息进村入户工程工作。

主要职责：

（1）负责具体落实信息进村入户工程运营服务工作。

（2）建立运营企业公益服务、社会化服务标准。

（3）建立村民委员会、企业之间合作双赢的机制保障。

（4）引进先进技术、人才、资金等优势资源保障北京信息进村入户工程工作有效实施。

七、工作要求

1. 加强组织领导。市区两级应进一步完善信息进村入户工作组织机构，北京市农业农村信息化领导小组（见京政农发〔2017〕17号文件）是北京信息进村入户工程的领导机构，负责统筹领导全市信息进村入户工程相关工作，区级参照市级标准设立组织机构，负责组织实施本区信息进村入户工程工作。同时，建立联席会议制度，保障工作有效开展。

2. 完善政策保障机制。因地制宜制定市、区两级配套政策，市级积极协调相关补贴及奖励资金，区级设置资金完成益农信息社建设、运营、管理、服务等相关工作任务。同时统筹精准扶贫、智慧乡村、美丽乡村、一村一品等项目，逐步探索政企合作模式，充分发挥财政资金撬动社会资本的作用。

3. 建立监管考核机制。市级制定、发布益农信息社建设及考核验收标准，建立健全制度规范和监管体系，制定建设运营、风险防控、绩效考核等方面的制度规范，逐步将考核结果纳入政府绩效考核范畴。考核采取区级自查、日常监督、实地检查、效果评估的方式对各区信息进村入户工程工作进行考核评定，并将评定结果作为奖励和补贴的重要依据。

4. 加强宣传引导。各级政府充分调动新闻媒体力量，借助互联网优势，加大对信息进村入户工程有关政策措施、典型案例、建设成效的宣传力度，积极营造全社会关心支持信息进村入户发展的良好氛围。

附件　益农信息社验收标准

附件

益农信息社验收标准

为全面推动北京市信息进村入户工程工作，科学规范益农信息社建设、管理、运营、服务工作，结合北京地区农业农村实际情况，制定益农信息社建设标准如下。

一、区级标准型益农信息社

（一）场地标准

依托村委会建设或认定，场地由村委会提供，面积以满足公益、便民、电子商务、培训体验四项服务基本需求为标准，公益、便民服务可共用1个房间，有条件的村委会可分别设立；电子商务服务单独使用1个房间；房间整洁、干净、具有取暖设施及通风条件；培训体验服务与村委会合用会议室，也可共用农民田间学校等公益服务场所。

（二）设备标准

配备办公桌椅不少于2套，计算机1台、专用电话、传真、打印、复印等设备、商品展示架若干，满足公益、便民、电子商务、培训体验、自助服务等功能。

（三）人员标准

至少配备2名以上村级志愿者信息员，信息员应具有初中以上文化水平、熟悉互联网且能够熟练使用电脑，沟通能力强、热爱公益事业，具有市场化经营和服务能力，懂得信息采集、信息传播。

（四）网络标准

网络带宽不低于10M，无线WiFi覆盖益农信息社。

（五）网站（页）标准

行政村具有专属网站或网页，设置不少于村情简介、村域新闻、村域产业、村域文化四个版块，并及时更新维护。

（六）可持续运营标准

具备公益、便民、电子商务、培训体验服务能力。公益服务包括经营管理、技术推广、政策法规、投诉举报等内容；便民服务包括水电气、通信、金融、保险、票务、医疗挂号等内容；电子商务服务包括农产品、工业品、农资及生活用品统购统销，农村物流代办等内容；培训体验服务包括科学致富、品牌打造、健康养生等内容；农村基础信息采集与维护实现农村经济、土地、人口、农产品等涉农信息采集、维护，及时更新维护基层网站（页）；建立村级微信公众号、微信技术服务群、益村秀、微营销渠道。

二、区级专业型益农信息社

（一）基地规模

应具有一定组织化程度、生产规模和运营条件的农业生产基地（企业），种植业农业生产基地规模原则上不低于100亩，养殖业生产主体参照北京市规模化养殖场标准。园区要有明确的责任主体，健全的组织机构，财务、人事劳资、生产管理、经营销售、农产品质量安全等核心部门设专人负责。

（二）场地与设备

应具有独立办公场所和办公桌椅，并配备相关电脑、显示大屏设备以满足产销对接及生产端信息化服务要求为标准，并在明显位置设置益农信息社标牌。

（三）人员

至少配备1名具有初中文化程度，懂得电脑操作，沟通能力较强的人员作为信息员，负责本地的标准执行、系统运行、数据维护等工作。

（四）数字化管理

部署应用智能农场管理系统，对农场生产的各个方面进行数字化管理。实现农场设施数字化：丈量土地，规划收成，划分土地和温室等各种资源，并记录这些土地的使用情况和土壤测试记录；智能排产：把生产计划工作变成一个数据化的过程，既可以根据经验安排生产，也可以根据订单进行自动排产，帮助农场向“以需定产”模式转变；生长监控：利用现代通信技术和物联网技术，对农业设施内影响农作物生长发育的环境因子进行定量化的实时监控；农事管理：管理人员提前对农事操作进行安排，指导生产者科学生产，提高生产管理效率，节省人力资源；农资管理：建立农资购买台账，自动记录农资出入库过程，完成从库房到使用点，使用时间和使用人的完整记录。

（五）智能化生产

建立大棚物联网系统，并与智能农场管理系统有效对接。运用物联网系统的温度传感器、湿度传感器、pH传感器、光传感器、CO_2传感器、高清摄像头等设备，采集大棚内土壤温湿度、空气温湿度、光照强度、空气CO_2浓度、土壤养分等物理量参数和可视化监控数据，参与到自动控制中，实现对多个大棚的环境远程控制和精准调控，并与智能农场管理系统中专家提供的作物生长模型进行对比分析，进行种植环境监测、作物生长分析、病虫害预警、成熟度预报等，达到增产、改善品质、调节生长周期、提高经济效益的目的。

（六）农产品绿色履历追溯

园区利用智能农场管理系统建立农产品生产履历可追溯系统，对标准园内生产者和产品统一实行二维码编码管理，实现产品质量信息自动化查询。

（七）互联网宣传与营销

利用互联网络，整合和展示园区资源，建立企业微信号、企业微信商城等新型农产品营销平台，并且实现农产品实时在线交易。积极通过农产品众筹、社区直供、认购地块等实现订单式农业。积极利用益农信息社产销服务平台实现与生鲜电商、渠道商机构合作，通过与冷链物流公司合作，提高配送效率，实现生鲜产品全程冷链配送。

北京市农村工作委员会　北京市农业局关于印发《落实北京市土壤污染防治工作方案2017年重点任务分解安排》的通知

（2017年6月28日）

两委机关、市农业局相关处室：

为深入实施《北京市土壤污染防治工作方案》（京政发〔2016〕63号），扎实推进2017年土壤污染防治工作，按照《北京市土壤污染防治工作方案2017年重点任务分解》（京政办发〔2017〕16号）明确的重点任务，结合市农委、市农业局相关处室的职责，对涉及农业领域的任务进行分工明确。经两委办公会同意，现将《落实北京市土壤污染防治工作方案2017年重点任务分解安排》印发给你们，请各相关处室切实负起责任，推进各项工作任务落实，并指定1名联系人，按照绩效考核要求，每月28日前将本月进展情况报牵头处室汇总。各牵头处室要加强统筹协调和督查督办，确保两委承担的土壤污染防治工作任务全面完成。

落实北京市土壤污染防治工作方案2017年重点任务分解安排

序号	措施名称	2017年重点任务	牵头处室	责任单位	责任单位具体工作	备注
1	受污染耕地安全利用率	已发现的受污染耕地安全利用率达到85%以上。	产业发展处 能源生态处			★
2	开展土壤环境质量详查	按照国家有关部署和要求，依据国家有关土壤污染详查总体方案和技术规范，结合实际制定本市详查方案并组织实施。	能源生态处	农业环监站	协助制定农用地土壤详查方案及技术规程；协助完成全市农用地土壤污染状况调查布点。对监测数据进行审核和评价，协助撰写详查报告。	★
		完成全市农用地土壤污染状况调查布点，开展现场采样及监测。启动全市重点行业企业用地土壤环境质量调查与评估工作，完成关停企业基础信息调查，确定采样名单。				
3	健全土壤环境质量监测网络	配合完成土壤环境质量国控监测点位设置，基本形成土壤环境监测能力。大力推进本市土壤环境质量监测网络建设，制定市控监测点位设置方案，明确监测点位、监测项目及监测频次。研究规划和国土资源管理、农业、地勘、园林绿化等专业土壤监测网络建设方案。	能源生态处	农业环监站	配合完成土壤环境质量国控监测点位设置。配合推进本市农用地土壤环境质量监测网络建设，制定农用地土壤市控监测点位设置方案，明确监测点位、监测项目及监测频次。研究规划农业专业土壤监测网络建设方案。	
4	建立土壤环境信息化管理平台	积极推进全市土壤环境质量、土地利用类型及分布、农药化肥施用量、集中式饮用水水源保护区分布、土壤地质环境等相关数据的共享。研究土壤环境信息化管理平台建设方案。	产业发展处 能源生态处	局信息中心	整合现有农业生态信息平台，配合研究土壤环境信息化管理平台建设方案。	★
				农业环监站	积极推进全市农用地土壤环境质量等相关数据的共享。	
				土肥站	提供土地利用类型及分布、土壤地质环境化肥施用量、农用地有机质含量等相关数据共享。	
				植保站	研究、提供农药施用量相关数据共享。	

（续）

序号	措施名称	2017 年重点任务	牵头处室	责任单位	责任单位具体工作	备注
5	公布土壤环境状况信息	按照国家有关部署和要求，开展本市土壤环境状况信息公开工作。	产业发展处 能源生态处			
6	强化空间布局管控	合理确定畜禽养殖布局和规模。	产业发展处 畜牧处	兽医处	结合畜禽病害防疫工作，合理确定畜禽养殖布局和规模。	★
				畜牧总站	配合畜牧处确定畜禽养殖规模和布局。	
				畜禽环监站	配合畜牧处确定畜禽养殖规模和布局。	
7	严格保护饮用水水源地土壤环境安全	组织制定区级及以上集中式饮用水水源地农业污染防治工作方案。	产业发展处 能源生态处	粮经处	结合区级及以上集中式饮用水水源地的分布提供粮经产业分布情况。	★
				蔬菜处	结合区级及以上集中式饮用水水源地的分布提供蔬菜产业分布情况。	
				畜牧处	结合区级及以上集中式饮用水水源地的分布提供产业分布情况，以及畜禽粪污治理及综合利用措施。	
				水产处	结合区级及以上集中式饮用水水源地的分布提供产业分布情况，以及水产养殖污染防治措施。	
8	控制农业污染	全面禁止施用列入国家名录的高毒、高残留农药，推行农作物病虫害专业化统防统治和绿色防控，推广高效低毒低残留农药和精准高效植保机械。全面推广科学施肥技术，引导施用配方肥、缓释肥、有机肥，加快实现水肥一体化利用。	产业发展处 能源生态处	土肥站	组织各区推广科学施肥技术，引导施用配方肥、缓释肥、有机肥，加快实现水肥一体化利用。	★
				植保站	组织各区全面禁止施用列入国家名录的高毒、高残留农药，推行农作物病虫害专业化统防统治和绿色防控，推广高效低毒低残留农药和精准高效植保机械。	
9		制定引导科学施用农药化肥工作方案和技术指南，并组织开展培训。全市化肥利用率达到 35%以上，农药利用率达到 42%以上，化学农药和化肥施用量分别比 2014 年降低 8%和 10%以上。	产业发展处 能源生态处	土肥站	制定引导科学施用化肥工作方案和技术指南，并组织开展培训。全市化肥利用率达到 35%以上，化肥施用量比 2014 年降低 10%以上。	
				植保站	制定引导科学施用农药工作方案和技术指南，并组织开展培训。全市农药利用率达到 42%以上，化学农药施用量分别比 2014 年降低 8%以上。	
10		严禁将城镇生活垃圾、污泥、工业废物直接用作肥料。	产业发展处 能源生态处	土肥站	加强有机肥料质量监测检测。	
11		严厉打击违法生产和销售不合格农膜的行为。	产业发展处 能源生态处			
12		制定农药包装、农膜等农业废弃物回收利用试点方案，在通州、顺义、大兴等蔬菜产业重点区先行试点。	能源生态处	农业推广站	制定农膜等农业废弃物回收利用试点方案，在通州、顺义、大兴等蔬菜产业重点区先行试点。	
				植保站	制定农药包装等农业废弃物回收利用试点方案，通州、顺义、大兴等蔬菜产业重点区先行试点。	

（续）

序号	措施名称	2017年重点任务	牵头处室	责任单位	责任单位具体工作	备注
13	控制农业污染	全市禁止新建、扩建规模化畜禽养殖场（育种、科研用途除外）。严格规范兽药、饲料添加剂生产和使用，防止过量使用。	畜牧处 屠药处	畜牧处	全市禁止新建、扩建规模化畜禽养殖场（育种、科研用途除外）。	★
				饲料所、动监所	指导全市严格规范饲料添加剂生产和使用，防止过量使用。	
				兽药所、动监所	严格规范兽药添加剂生产和使用，防止过量使用。	
14		完成禁养区外100家以上规模化畜禽养殖场粪污治理，并实现粪污资源化利用。	畜牧处	畜牧总站	示范、推广规模化畜禽养殖场粪污技术，对100家进行治理的养殖场进行技术支持。	
				畜禽环监站	示范、推广规模化畜禽养殖场粪污技术，对100家进行治理的养殖场进行技术支持。	
15		禁止污水灌溉。严格管理再生水灌溉，建立再生水灌溉水质、土壤土质、农产品质量协同监测与评价机制。制定本市历史污灌区农用地土壤环境状况调查方案。	能源生态处 粮经处	蔬菜处 农安处	配合严格管理再生水灌溉，建立再生水灌溉水质、土壤土质、农产品质量协同监测与评价机制。	
				农业环境站	配合建立再生水灌溉水质、土壤土质、农产品质量协同监测与评价机制。配合制定本市历史污灌区农用地土壤环境状况调查方案。	
16	实施农用地分类管理	研究制定本市农用地土壤环境质量类别划分工作方案。	产业发展处 能源生态处	土肥站 农业环监站	配合研究制定本市农用地土壤环境质量类别划分工作方案。	★
17	切实加大保护力度	研究本市优先保护类耕地的保护措施并推进落实。	产业发展处 能源生态处	粮经处 蔬菜处	配合研究本市优先保护类耕地的保护措施并推进落实。	★
18	着力推进安全利用	研究本市安全利用类耕地的安全利用措施。	产业发展处 能源生态处	粮经处 蔬菜处 农安处 农业环监站	配合研究本市安全利用类耕地的安全利用措施。	★
19	全面落实严格管控	以保障农产品和地下水安全为重点，研究重度污染类耕地的治理和管控措施。对已发现的重度污染耕地，严禁种植食用农产品。	产业发展处 能源生态处	粮经处 蔬菜处 农安处 农业环监站	以保障农产品和地下水安全为重点，配合研究重度污染类耕地的治理和管控措施。对已发现的重度污染耕地，严禁种植食用农产品。	★
20	实施受污染耕地综合治理	研究受污染耕地的治理措施。	产业发展处 能源生态处	土肥站 植保站 农业环监站	配合研究受污染耕地的治理措施。	★
21	加强设施农业用地土壤环境管理	建立有机肥重金属含量、施肥土壤重金属污染、农产品质量协同监测与评价机制。	能源生态处	农安处 土肥站 农业环监站	共同配合建立有机肥重金属含量、施肥土壤重金属污染、农产品质量协同监测与评价机制。	★
22		严格控制农药使用量，完善生物农药、引诱剂使用管理制度。加强生产食用农产品质量检测，发现超标的，应采取种植结构调整等措施。		植保站	严格控制农药使用量，完善生物农药、引诱剂使用管理制度。	
				粮经处	根据检测结果，采取种植结构调整等措施。	
				蔬菜处	根据检测结果，采取种植结构调整等措施。	

（续）

序号	措施名称	2017年重点任务	牵头处室	责任单位	责任单位具体工作	备注
23	加强未利用地环境管理	制定全市未利用地调查方案并组织实施。	产业发展处			
24		严格控制未利用地开发利用，原则上作为生态涵养用地。未利用地确需开发为农用地的，相关区政府应组织开展土壤环境质量调查与评估，不符合相应标准的，不得开发利用；可以开发利用的，应采取防治措施。加强对未利用地的巡查和保护，防止矿山资源开采等活动造成土壤污染。				
25	减少生活垃圾污染	推进农村生活垃圾治理和环境连片整治，完成不低于140个村的环境综合整治。	村镇处			
26		实施农村生活污水治理工程，完成29条生态清洁小流域建设。				
27	明确土壤污染治理修复责任主体	按照“谁污染，谁治理”原则，造成土壤污染的单位或个人承担治理修复主体责任。责任主体发生变更的，由变更后继承其债权、债务的单位或个人承担相关责任；土地使用权依法转让的，由土地使用权受让人或双方约定的责任人承担相关责任。责任主体灭失或责任主体不明确的，由所在区政府依法承担相关责任。	产业发展处 能源生态处			
28	完善法规标准	全面落实国家有关土壤污染防治法律法规和标准。结合实际研究制定本市土壤污染防治相关法规，逐步建立健全土壤污染调查评估、风险管控及治理修复等标准体系。	产业发展处 能源生态处	环监站 土肥站	全面落实国家有关土壤污染防治法律法规和标准。结合实际配合研究制定本市土壤污染防治相关法规，逐步建立健全土壤污染调查评估、风险管控及治理修复等标准体系。	
29	严格监管执法	以石油加工、化工、制药、固体废物集中处置等污染源单位和工业园区为重点监管对象，落实双随机抽查制度，采取日常监管和专项检查相结合等方式，切实加强土壤环境监管。严厉打击非法排放有毒有害污染物、违法违规贮存或非法处置危险废物、不正常使用污染治理设施、监测数据弄虚作假等环境违法行为。对严重污染土壤环境、群众反映强烈的企业进行挂牌督办。	产业发展处 能源生态处	粮经处 蔬菜处 畜牧处 水产处 屠药处 植保站	结合农药、饲料、兽药、肥料等农业执法职能，配合市级环保部门开展环保执法工作。	
30	提高土壤环境监测能力	积极推进增加土壤环境监测人员编制和监测仪器设备。	产业发展处 能源生态处			
31	加强土壤污染防治科学研究	推进土壤中各类污染物监测和评价方法、土壤污染修复技术可行性测试和修复效果评估体系等科学研究。	产业发展处 能源生态处	科教处	根据国家、市级政策提供相关支持。	
32		加大对土壤污染防治类科研项目的支持力度，促进国际合作研究与技术交流。推进土壤污染防治科研机构建设。				
33	开展技术研发与示范	开展污染场地挥发性有机物（VOCs）原位好氧阻隔技术研发与示范，推动重点监管企业和工业园区场地污染防治与风险预防预警技术体系等研究与试点。	产业发展处 能源生态处	科教处	根据国家、市级政策提供相关支持。	

（续）

序号	措施名称	2017年重点任务	牵头处室	责任单位	责任单位具体工作	备注
34	推动土壤治理修复产业发展	鼓励社会机构参与土壤环境监测评估等活动。加快培育覆盖土壤环境调查、分析测试、风险评估、治理修复工程设计和施工等环节的完整产业链。	产业发展处 能源生态处			
35	加大财政投入	市、区两级财政统筹用好现有各项相关资金，切实加大对土壤污染防治的投入，重点支持土壤环境质量调查评估、监测网络和信息平台建设、受污染耕地和污染地块的风险防控和治理修复、尾矿库治理和风险管控等。将高标准农田建设、耕地保护与质量提升、测土配方施肥等涉农资金，更多用于优先保护类耕地集中的区。	产业发展处 能源生态处	计财处	依据国家、市级政策，统筹用好现有各项相关资金，加大对土壤污染防治的投入，重点支持土壤环境质量调查评估、监测网络和信息平台建设、受污染耕地的风险防控和治理修复。将高标准农田建设、耕地保护与质量提升、测土配方施肥等涉农资金，更多用于优先保护类耕地集中的区。	
36	发挥市场作用	通过政府和社会资本合作（PPP）模式，发挥财政资金撬动功能，带动更多社会资本参与土壤污染防治。加大政府购买土壤环境监测与评估服务力度，积极推动受污染耕地和以政府为责任主体的污染地块治理修复。	产业发展处 能源生态处	计财处	配合研究制定相关财政支持。	
37	开展宣传教育	制定土壤环保宣传教育工作方案，采取多种形式开展土壤污染防治科学普及和政策解读，营造保护土壤环境的良好氛围。	宣传处	产业发展处 能源生态处 局宣教中心	配合制定土壤环保宣传教育工作方案，采取多种形式开展土壤污染防治科学普及和政策解读，营造保护土壤环境的良好氛围。	★
38	引导公众参与	鼓励公众通过12369环保举报热线、信函、电子邮件等形式，对乱排废水、废气，乱倒废渣、污泥等环境违法行为进行举报；查证属实的，可给予举报人奖励。	产业发展处 能源生态处		配合市环保局针对土壤污染引发的社会问题做好舆情监测及引导工作。	
39	引导公众参与	市、区环保部门可根据需要聘请社会监督员，协助监督土壤污染防治工作。对土壤污染引发的社会问题，及时开展调查评估，主动回应社会关切。	产业发展处 能源生态处		配合市环保局针对土壤污染引发的社会问题做好舆情监测及引导工作。	
40	推动公益诉讼	支持依法对污染土壤等环境违法行为提起公益诉讼。建立信息共享和工作协作机制，积极配合司法机关的相关案件办理工作和检察机关的监督工作。	产业发展处 能源生态处			
41	加强组织领导	成立北京市土壤污染防治领导小组，负责组织研究土壤污染防治政策措施，协调解决重大问题。领导小组下设办公室，负责日常工作。	产业发展处 能源生态处			
42	强化责任落实	市环保局负责统筹协调本市土壤污染防治工作。市规划和国土资源管理、农业、园林绿化、经济信息化、住房城乡建设、水务、城市管理等部门按照职责分工，完善政策措施，强化行业监管，切实做好土壤污染防治相关工作。市有关部门要加强协调联动，形成合力，共同推进全市土壤污染防治工作。	产业发展处 能源生态处			★

（续）

序号	措施名称	2017年重点任务	牵头处室	责任单位	责任单位具体工作	备注
43		各区政府对辖区土壤环境质量负总责，制定本区土壤污染防治工作方案，报市政府备案并向社会公布。	产业发展处 能源生态处			
44		制定本区土壤污染防治年度工作计划并向社会公布。	产业发展处 能源生态处			
45	强化责任落实	各区政府、市有关部门每季度向市土壤污染防治领导小组办公室报送土壤污染防治工作进度，并于12月底前报送年度工作总结；市环保局于次年1月底前将上年度全市土壤污染防治工作总结报市政府。	产业发展处 能源生态处			
46		督促土地使用权人或管理人履行土地巡查、管理责任，发现违法排污行为和土壤污染现象，应及时采取措施并向上级主管部门和环保部门报告。	产业发展处 能源生态处			
47		监督排污企业加强土壤污染防治，造成土壤污染的，应承担损害赔偿、治理修复等责任。	产业发展处 能源生态处			
48	强化责任落实	将土壤污染评估、修复、监理、检测企业纳入社会信用体系，将失信信息纳入全市公共信用信息服务平台，促进依法依规开展土壤污染治理修复工作。	产业发展处 能源生态处			
49		市政府与各区政府、市有关部门签订目标责任书，各区政府与重点企业签订目标责任书。各区政府和市有关部门及重点企业按年度进行任务分解，抓好落实。	产业发展处 能源生态处			★
50		将各区政府、市有关部门土壤污染防治重点任务完成情况纳入政府绩效考核内容。	督查处	产业发展处 能源生态处	配合督查处将各区政府、市有关部门土壤污染防治重点任务完成情况纳入政府绩效考核内容。	
51		制定本市土壤污染防治工作方案实施情况考核评估办法。	产业发展处 能源生态处			
52	严格考核问责	将市属国有企业落实土壤污染防治工作方案情况，纳入对企业领导班子和领导干部考核内容。	产业发展处			
53		对年度考核评估结果较差或未通过考核的区，提出限期整改意见，实施建设项目环评限批，约谈有关责任人。对土壤环境问题突出、防治工作不力、群众反映强烈的区或街道（乡镇），约谈有关区政府或街道办事处、乡镇政府主要负责人。对失职渎职、弄虚作假的，予以诫勉、组织调整或处理、党纪政纪处分；对构成犯罪的，依法追究刑事责任。	产业发展处 能源生态处			

说明：“★”表示市农委系统作为牵头单位的工作。

北京市农村工作委员会　北京市教育委员会 北京市科学技术委员会　北京市财政局 北京市人力资源和社会保障局　北京市农业局 关于推进北京市种业人才发展和科研成果权益改革工作的若干意见

（2017 年 7 月 5 日）

各区农委、教委、科委、财政局、人力社保局、农业局，有关单位：

为深入贯彻《国务院关于印发实施〈中华人民共和国促进科技成果转化法〉若干规定的通知》《国务院办公厅关于深化种业体制改革提高创新能力的意见》和《北京市人民政府办公厅关于印发〈北京市促进科技成果转移转化行动方案〉的通知》精神，全面落实农业部、科技部、财政部、教育部、人力社保部《关于扩大种业人才发展和科研成果权益改革试点的指导意见》（以下简称《指导意见》），激发广大种业科技人员的创新活力，促进科技成果的转移转化，加快推动北京种业之都建设，按照中组部和市委组织部的有关政策规定，并报请市纪委同意，现就北京市种业人才发展和科研成果权益改革工作提出如下意见。

一、高度认识改革工作的重要性

（一）开展种业科技人才和成果权益改革是北京建设全国科技创新中心的重要举措

北京农业科技资源富集，种业科技人才和科技成果优势明显，开展科技人员和成果权益改革，激发科技人员创新活力、加速科技成果转化，是落实北京“四个中心”特别是全国科技创新中心建设的重要举措。

（二）种业科技人才和成果权益改革是北京都市型现代农业实现创新驱动发展的重要内容

种业是北京农业的重点产业和农业调转节的主要方向，也是农业科技创新最活跃的产业。深入推进种业领域科研成果权益分配改革，探索成果权益分享、转移转化和科技人员分类管理机制，激发农业科研机构和科技人员的科技创新活力，是北京农业实现创新驱动发展的重要内容。

二、明确改革的总体思路、目标和原则

（三）总体思路

深入学习贯彻习近平总书记系列重要讲话精神和治国理政新理念新思想新战略，深入学习贯彻习近平总书记两次视察北京重要讲话精神，学习宣传落实市第十二次党代会精神，按照《国务院关于印发实施〈中华人民共和国促进科技成果转化法〉若干规定的通知》和《北京市促进科技成果转移转化行动方案》的要求，以创新种业人才发展机制和深化科研成果权益改革为突破口，建立健全种业人才培养、评价、流动和分类管理机制，着力激发科技人员创新热情，解决制约科技创新、成果转化、人才发展等方面的突出问题，加快全国科技创新中心和“种业之都”建设步伐，全面提升北京现代种业发展水平。

（四）基本原则

一是激励创新原则。激发科技人员创新积极性，统筹推进种业基础理论创新、技术创新、品种创新、管理创新，激活科技人才和科研成果两大资源，实现种业创新能力提升与可持续发展。二是分类管理原则。依据科研类型、职务职权等情况，对科技人员持股、兼职、评价进行分类管理，既调动科研人员创新转化积极性，又切实做到管理规范有序。三是统筹协调原则。处理好国家、单位和科技人员三种关系，确保国家基础科研能力不能改弱、

科研单位实力不能改小、科技人员收入不能改少，形成改革合力，实现改革最大公约数。四是放管结合原则。坚持放管结合、制度管控，“放”是为了充分发挥激励政策的正效应，既要放到位，又要制度化、规范化，确保有章可循；“管”是要坚持底线思维，风险防范，既要管得住，又不能管死，确保改革秩序井然。五是依法依纪原则。改革要严格遵守人才管理、成果转化等相关法律法规和政策要求，以及党员领导干部廉洁从政有关规定，严禁以权谋私，严防职务腐败。

（五）工作目标

北京市从事种业科研的农业科研院所、大专院校和经市主管部门批准的公益性农业科研推广机构纳入改革范围（以下简称“改革单位”），通过改革，建立充满活力的种业人才发展机制，提高种业科技创新和成果转化能力，打通科技与经济结合的通道，提升科技成果转移转化效率和服务种业能力，探索北京现代种业发展新思路、新模式。

三、全面落实改革的重点任务

（六）实施科技人员分类管理

各改革单位要高度重视，结合本单位实际情况，出台科技人员分类管理办法，规范科技人员兼职取酬、成果作价入股等事项，明确审核审批和公开公示等要求。科技人员分类管理办法要报上级主管部门批准。

市属改革单位正职及所属单位担任法人代表的正职领导，是科研成果主要完成人或者对科研成果转化作出重要贡献的，可以按照《中华人民共和国促进科技成果转化法》的规定获得现金奖励，原则上不得获取股权激励；在担任现职前因科研成果转化获得的股权，可在任现职后及时予以转让，转让股权的完成时间原则上不超过3个月；股权非特殊原因逾期未转让的，应在任现职期间限制交易；限制股权交易的，不得利用职权为所持股权的企业谋取利益，在本人不担任上述职务1年后解除限制。改革单位领导班子其他成员、所属院系所和内设机构领导人员以及没有领导职务的科技人员，是科研成果主要完成人或者对科研成果转化作出重要贡献的，可依法获得现金奖励或股权激励。获得股权激励的领导人员不得利用职权为所持股权的企业谋取不当利益。

市属改革单位正职不得到企业兼职。领导班子其他成员根据工作需要，经批准可在本单位出资的企业兼职，兼职数量一般不超过1个，个人不得在兼职单位领取薪酬。改革单位所属院系所和内设机构领导人员，按干部管理权限，经批准可在企业兼职，个人按照有关规定在兼职单位获得的收益报酬，应当全额上缴本单位，由单位根据实际情况给予适当奖励。没有领导职务的科研人员经批准后可以到企业兼职、兼薪，兼职审批程序和兼职数量等按有关规定执行。

（七）鼓励种业科技人员合理流动

畅通改革单位与种子企业间的科技人员流动渠道，改革单位的科技人员经所在单位批准，可转为科技成果转化岗位（参照《北京市高等学校、科研机构设立科技成果转化岗位实施细则》执行）或者离岗创业。对离岗创业从事科研创新和转化工作的，可在3年内保留人事关系，与原单位其他在岗人员同等享有参加职称评聘、岗位等级晋升的权利，以事业单位人员身份参加社会保险、缴纳公积金。原单位应根据科技人员创业实际情况，与其签订或变更聘用合同，明确权利义务。3年后愿意回原单位的，应在合同或协议期满前30日，向原单位提出书面申请，原单位不得拒收，应根据岗位聘用情况，将其聘用在相应的岗位上；不回原单位工作的或者逾期没有提出书面申请回原单位工作的，由原单位依据相关规定与其解除聘用合同，为其办理档案和保险转接手续。

（八）完善种业科技人员评价考核和培养引进机制

健全种业科技人员分类评价考核制度，坚持以科技创新质量、贡献、绩效为导向，基础研究人员以同行学术评价为主，应用研究人员突出创新转化和市场评价，将科研育种成效、应用推广面积或企业兼职成效等作为考核评价的重要指标，不将论文、审定品种数量等作为限制性条件。增加应用研究人员职称评定的数量。有突出贡献的，可优先破格推荐申报相应专业技术职称。鼓励改革单位设立一定比例流动岗位，吸引具有创新实践经验的企业家、科技人才兼职，建立产学研用结合的协同育人模式。鼓励改革单位与有实力的企业合作，联合培养企业需要的高端育种人才。鼓励科研单位和种子企业积极吸引集聚海内外高层次人才，对符合政策规定条件的高层次人才，在引进落户、义务教育入学等方面给予支持。

（九）明确种业科研成果权益

种业科研成果覆盖育种创新全过程，包括植物新品种权、专利、著作权、技术秘密等。改革单位要根据相关法律法规和政策，制定或完善相关规章制度和管理办法。根据科技人员对成果形成的贡献大小，确定成果权益比例，明确科研成果完成单位、科研团队及完成人之间相应权益。要全面梳理已有科研成果，依据规定明确权益到人。要严格界定成果完成人范围，成果完成人必须是对成果实质性特点做出创造性贡献，应具有明确的职责定位和任务分工，在科学研究实施阶段有实际工作量和创造性贡献，在专利、品种权、软件著作权等知识产权证书或品种审定证书中列出的实际完成人，或在科研成果评价时列入的实际完成人。

（十）推进成果转移转化和公开交易

鼓励采用转让、许可、作价入股等方式开展科研成果转移转化。应当通过协议定价、在技术交易市场挂牌交易、拍卖等市场化方式确定科研成果价格；协议定价的，应在本单位公示成果名称和拟交易价格，公示期不得少于 15 日。支持改革单位在国家种业科研成果公开交易平台进行交易。引导成果持有者积极参与由本单位主导和参与的科技园、成果示范区、科企合作及承接政府购买服务任务等成果转化工作。

（十一）加大科研成果权益分配的激励力度

成果转移转化所获得的收入全部留归本单位，纳入单位预算，实行统一管理。首先用于对科技人员的奖励和支付报酬，成果完成人和为转化成果作出重要贡献人员获得奖励可按转化收益的 70%及以上比例执行。转化收益用于人员奖励和支付报酬的部分，经批准可以一次性计入当年本单位工资总额，但不纳入本单位工资总额基数。改革单位以股份或出资比例等股权形式给予个人奖励的，科技人员所获科技成果技术入股股权归个人所有。取得按股权、出资比例分红或股权转让、出资转让所得时，应依法缴纳个人所得税。成果完成单位应制定科研成果权益分配相关规定，明确权益分配方式、比例、时限等事项，细化程序要求。科研成果权益分配应当兼顾科研成果完成人、成果转化人员及科研单位等方面利益和事业发展。

（十二）规范科研成果转化资产处置收益管理

改革单位实施科研成果转化所获收益为科研事业收入，纳入单位预算管理和单位统一会计核算。所有权转让的，依据处置合同和收入原始单据，按照现行国有资产管理规定报有关部门批准核销科研成果无形资产账面余值，资产处置收入计入科研事业收入；使用权许可的，依据处置合同和收入原始单据，资产处置收入计入科研事业收入；作价入股的，依据处置合同和股权价格，按照现行国有资产管理规定报有关部门批准核销科技成果无形资产账面余值，计入长期投资，股权红利计入其他收入；科研成果转化资产处置过程中发生的直接费用，计入科研事业支出。

（十三）保证改革单位及其科技人员的成果转化收益

各改革单位和市各有关部门要准确把握法律和政策界限，大力支持改革单位科技人员开展科研成果转化，保障单位和科技人员依法依规获得成果转化收益。改革单位以股份或出资比例等股权形式给予个人成果转化收益奖励的，可进行股权确认。鼓励企业建立健全成果转化的激励分配机制，充分利用股权出售、股权奖励、股权期权、项目收益分红、岗位分红等方式激励科技人员开展成果转化。国有科技型企业科技人员的股权和分红奖励办法按照国家有关政策实施。

（十四）强化种业基础性公益性研究

改革单位要加强种质资源搜集、保护、鉴定、利用，突破性育种材料的改良和创新，育种理论方法等基础性、战略性研究以及常规作物育种等公益性研究，增强原始创新和集成创新能力。市有关部门要加大对科研院所和高等院校种业基础性、公益性、国家战略性研究和常规作物新品种选育的支持力度，建立长期稳定的经费支持机制，完善基础研究人才培养机制。鼓励企业和社会力量增加基础研究投入。

（十五）建立科研成果转化有关决策尽职免责机制

科研成果转化过程中，通过技术交易市场挂牌交易、拍卖等方式确定价格的，或者通过协议定价并在本单位及技术市场公示拟交易价格的，单位领导在履行勤勉尽责义务、没有牟取非法利益的前提下，免除其在科技成果定价中因科技成果转化后续价值变化产生的决策责任。

四、加强改革工作的组织保障

（十六）加强组织领导

成立种业人才发展和科研成果权益改革工作联席会议，召集人由市农委主任担任，副召集人由市农业局局长、市农委主管副主任担任，成员由市教委、市科委、市财政局、市人力社保局、市农委、市农业局、市农科院、北京农学院等相关部门主管领导组成。联席会议主要协调解决种业人才发展和科研成果权益改革工作中的相关问题，联席会议办公室设在市种子管理站。市农委、市农业局负责统筹协调改革工作，市种子管理站负责日常工作。

（十七）强化制度建设和监督检查

各改革单位要建立改革工作机制，成立本单位改革工作领导小组，明确改革工作负责人、联络人，明确各部门职责，分工到人，责任到人，制定改革工作方案，建立健全规章制度，规范成果确权、分类管理、持股兼职及审核审批等事项，强化公开公示，加强监督检查，及时总结改革推进过程中的经验方法，按要求提交工作报告，积极稳妥推进改革。

（十八）加强宣传

通过宣讲、培训等方式，对改革工作的重要性、实施方案、配套制度措施进行讲解、宣传，确保广大种业科研人员了解改革工作，积极参与改革工作，为扎实推动种业人才发展和科研成果权益改革工作营造良好的舆论氛围。

北京市农村工作委员会　北京市农业局
关于进一步规范设施农业建设和利用的通知

（2017 年 7 月 24 日）

郊区各区农委、农业局、种植业（农业）服务中心：

为提高我市农用地和水资源的利用水平，更好地保障鲜活农产品的有效供给和富裕农民，促进北京都市型现代农业发展，2008 年市政府印发了《关于促进设施农业发展的意见》（京政发〔2008〕30 号），我市设施农业得到快速发展。

根据 2015 年印发的《关于贯彻落实国土资源部农业部进一步支持设施农业健康发展有关问题的通知》（京国土耕〔2015〕72 号，以下简称“72 号文”）规定，为促进我市设施农业规范发展，防止以设施农业名义违法违规建设，防止设施农业低效利用，现就有关工作通知如下：

1. 摸清设施农业底数。由各区农业行政主管部门牵头，组织乡镇政府，对设施农业建设和利用现状进行调查，填写《设施农业利用现状调查表》（见附件），于 8 月 8 日前报送市农业局蔬菜处。

2. 强化属地责任。设施农业建设和利用监管实行属地负责制，责任主体是区、镇（乡）政府。各区农业部门要督促镇（乡）政府严格执行 72 号文相关规定，将设施农业建设和利用纳入日常管理，建立台账、完善制度，禁止设施农业建设和利用存在违法违规用地行为，杜绝设施农业非正常闲置。

3. 建立健全日常巡查机制。各区农业部门要加强对设施农业生产利用情况的检查，建立设施农业日常巡查机制，对巡查中发现的设施农业非农利用情况和趋向，及时通报同级国土资源管理部门，并于每年 5 月 30 日、11 月 30 日前向市农业局蔬菜处报送巡查情况。

北京市农村工作委员会　北京市农业局关于开展清理整治违法占用基本农田建设“大棚房”的通知

（2017 年 8 月 3 日）

郊区各区农委、农业局、种植业（农业）服务中心：

目前，国家土地督察北京局致函市政府，指出我市“大棚房”占用基本农田等违法违规占地问题有抬头趋势，要求市政府严格落实政府土地利用管理主体责任，强化责任传导，开展农用地清查工作和耕地保护宣传等工作。市政府高度重视，专题部署“大棚房”清理整治工作。

“大棚房”严重干扰了正常农业生产秩序，影响了都市现代农业外部形象，拉低了设施农业对丰富首都“菜篮子”的贡献。按照市政府工作部署，各区要高度重视，根据《关于进一步支持设施农业健康发展的通知》（国土资发〔2014〕127 号）和《关于贯彻落实国土资源部农业部进一步支持设施农业健康发展有关问题的通知》（京国土耕〔2015〕72 号）规定，重点开展以下工作：

1. 暂停对设施农业项目用地备案工作。

2. 督促乡镇对设施农业再次进行全面摸排，建立清查工作台账，将清理工作落实到人。现场排查要入区入棚，留存照片，填写排查表并签字，排查内容主要包括设施农业现有总量及分布情况、设施农业备案情况、非农利用和违法违规建设情况和目前整改情况。

3. 加强对设施农业的日常巡查，对发现设施农业非农利用和违法违规建设的情况，要及时通报区国土分局并上报市农委，要发现一起通报一起。

4. 要监督乡镇、村、生产经营者（农户）层层签订《加强设施农业建设和管理责任书》（自行下载），明确设施农业管理责任、保护责任、利用责任等。

5. 在设施农业集中区域设立禁止违法违规建设“大棚房”警示牌和标语。

6. 建立企业、合作社、生产经营者负面清单制度，将违法占用基本农田建设“大棚房”的企业、合作社、生产经营者纳入负面清单管理。

各区由农委牵头，于 8 月 8 日前将上述工作落实情况、清理工作汇总情况及区级台账正式报送市农委。

北京市农村工作委员会　北京市发展改革委员会　北京市经济和信息化委员会　北京市财政局　北京市规划和国土资源管理委员会　北京市住房和城乡建设委员会　北京市水务局　北京市旅游发展委员会　北京市文化局　北京市文物局　北京市园林绿化局　北京市妇女联合会　中国人民银行营业管理部　关于加快休闲农业和乡村旅游发展的意见

（2017 年 8 月 16 日）

郊区各区农委、发展改革委、经济和信息化委、财政局、规划分局、国土分局、住房城乡建设委、水务局、旅游委、文委、园林绿化局、妇联，各银行：

休闲农业和乡村旅游是北京都市型现代农业的重要组成部分，是推进城乡一体化发展的重要内容，是落实“绿水青山就是金山银山”的重要载体，在推动农业供给侧结构性改革、建设美丽乡村、带动农民就业增收、传承农耕文明等方面发挥着重要作用。为深入贯彻落实中央 1 号文件，落实农业部、国家发展改革委、财政部等 14 部门《关于大力发展休闲农业的指导意见》（农加发〔2016〕3 号）和市委、市政府《关于坚持疏解整治促提升扎实推动城乡一体化发展的意见》（京发〔2017〕9 号）等文件精神，加快推动休闲农业和乡村旅游提档升级，现提出以下意见。

一、总体要求

（一）指导思想

深入学习贯彻习近平总书记系列重要讲话精神和治国理政新理念新思想新战略，深入学习贯彻习近平总书记两次视察北京重要讲话精神，学习宣传落实市第十二次党代会和市委十二届二次全会精神，践行“绿水青山就是金山银山”的发展理念，立足首都城市战略定位，适应京津冀协同发展新要求，顺应首都居民过上更好生活新期待，以环境生态化、居住文明化、活动民俗化、饮食本地化、服务规范化、管理网络化为方向，以“存量抓升级、增量重转型”为主线，以激发消费活力、促进产业升级、实现产业富民为着力点，坚持农耕文化为魂，美丽田园为韵，生态农业为基，传统村落为形，创新创造为径，加强规划引导，完善基础设施，创新开发模式，强化公共服务，加快品牌培育，推进规范发展，提高组织化水平，促进农业与旅游、教育、文化、体育、健康、养老等产业深度融合，推动休闲农业和乡村旅游提档升级和健康发展。

（二）基本原则

生态优先、持续发展。按照首都生态文明建设的要求，遵循开发与保护并举、生产与生态并重的理念，统筹考虑资源、环境承载能力，加大生态环境保护力度，实现可持续发展。

以农为本、促进增收。以农业为基础，农村为载体，农民为主体，立足提升农民的生活品质和环境，提高村民的服务能力和水平，让游客体验到真实的农村生活，促进农民持续稳定增收。

市场导向、突出特色。以满足消费者的休闲旅游需求为导向，结合农业资源、乡村景观、人文历史、交通区位、旅游基础和投资条件，因地制宜、突出特色、创新发展，提供舒适自然、特色鲜明的休闲农业和乡村旅游产品。

多方参与、政策集成。使市场在资源配置中起决定性作用，更好发挥政府作用，创新休闲农业发展体制机制，调动各方积极性，形成“政府引导、主体多元、市场运作”的发展模式。

（三）发展目标

休闲农业和乡村旅游产业规模不断扩大，接待人次、经营收入年均增长5%和8%以上，到2020年，分别达到5 000万人次和60亿元；产业布局更加科学合理，产业结构明显优化，产品内容更加丰富，发展质量明显提高，形成京津冀休闲农业协同发展新格局。

二、主要任务

（一）加强基础设施建设，改善休闲旅游环境

1. **提升乡村景观**。从农田景观、廊道景观、村落景观建设入手，开展景观建设与培育，全面提升乡村景观。推进农田景观建设，实施规模农田镶边、农田缓冲带种植、闲置地景观化改造、坡地景观栽培、沟路林渠景观提升等生态景观农业工程。开展景观作物品种筛选及栽培技术研究，筛选并推广适宜的景观作物品种。实施景观进村入院，鼓励在村域内栽花种草、植树绿化，建设廊架景观、庭院景观、阳台盆栽景观。编制乡村景观建设规划，制订技术规程，建立乡村景观建设和管理体系。

2. **加强基础设施建设**。结合新农村建设，重点推进实施农村六网（供水管网、污水管网、垃圾收运处理网、电网、乡村路网、互联网）改造提升工程，切实改善乡村旅游地区的基础设施条件。到2020年，民俗旅游村集中供水实现全覆盖，饮水符合国家《生活饮用水标准》，污水处理率达到95%以上，生活垃圾收运处理率达到100%，公共交通和4G无线网络实现全覆盖。进一步完善乡村旅游公共服务设施条件，加强游客综合服务中心、餐饮住宿的洗涤消毒设施、农事景观观光道路、农产品展示中心、休闲辅助设施、乡村民俗展览馆和演艺场所等公益性基础服务设施建设，改善休闲旅游环境。大力发展由步道和自行车道等构成的慢行交通系统，推进3 000公里京郊旅游休闲步道建设。开展生态停车场、导引系统建设，提高游客的可进入性。大力推进旅游厕所建设。开展超低能耗农宅示范。在“五个一工程”基础上，进一步推进传统村落升级发展。

（二）创新产品，优化休闲农业结构

3. **创新发展业态**。鼓励根据资源禀赋和市场需求，通过农旅结合、农科结合、农文结合等发展模式，紧密结合中小学生教育示范基地、北京市科普教育基地、A级景区等建设标准，因地制宜创新发展业态。鼓励发展亲子农业、教育农园、市民农园，促进农业与科普、教育、体验的结合。推进乡村酒店、养生山吧、休闲农庄、生态渔家、山水人家、采摘篱园、民族风苑、国际驿站、葡萄酒庄、汽车旅游营地等特色业态发展。探索发展中医药健康旅游产品。挖掘北京地方民俗文化资源和农业文化遗产，开展重要农业文化遗产认定，做好开发、利用、保护、传承工作。支持发展“乡村非遗旅游”，传承北京地方乡土文化。

4. **延伸产业链条**。支持一产与二三产业融合发展，培育生产标准化、经营集约化、服务规范化、功能多样化的休闲产业链。支持有条件的乡村盘活闲置农宅，吸引社会资本，发展旅游、休闲、养老、健身等产业，延长产业链条。民俗旅游村要结合美丽乡村建设，完善村内公共服务设施，开展绿色农宅、绿色村庄建设，保留乡村文化符号，健全旅游要素，拓展发展空间。休闲农业园区要以增加体验性、参与性为重点，完善功能分区，搞好标识系统建设，增加解说服务，丰富游览体验内容。注重保护传统村落、民族村落，建设一批具有历史记忆、地域特点、民族风情的民俗旅游村。支持采摘园改造提升。积极发展城市农业，促进创意农业走进市民家庭。

（三）推进资源整合与产业集聚，优化区域布局

5. **转变经营方式**。创新休闲农业组织形式、体制机制和发展模式，优化资源配置，促进休闲农业由粗放经营向规模集约经营转变。支持建设集乡土文化展示、农事体验、乡村休闲娱乐、商业服务、休闲度假等项目于一体的休闲农业和乡村旅游综合体。鼓励休闲农业园区通过品牌合作、资产重组等方式做大做强，支持休闲农业和乡村旅游企业上市。鼓励休闲农业企业申报农业产业化龙头企业。支持以农民为主体、利益为纽带的民俗旅游专业合作社发展。

6. **推进集群发展**。积极推进休闲农业要素、项目、产业集聚。发挥旅游景区景点的带动作用，

环绕交通干道、河流和沟域，通过资源优化和创意设计，将民俗旅游村、休闲农业园区与景区景点等串联起来，形成特色明显、资源互补、利益联结紧密、满足游客多元化需求的乡村旅游带。对休闲农业园区较多、基础条件较好、资源独特、发展潜力大的区域进行整体包装，建设集中连片的休闲农业集聚区。有序开展全域旅游示范区创建，借力提升休闲农业和乡村旅游发展水平。结合特色小城镇建设，推动休闲农业与新型城镇化有机结合，开发建设一批具有示范带动作用的乡村旅游小镇。结合沟域经济开发，引进一批休闲农业和乡村旅游重大项目，实现产业集聚发展。借助筹办2019年世界园艺博览会、2020年世界休闲大会等大型会展机遇，引领推动周边休闲农业和乡村旅游快速发展。

7. **推动京津冀休闲农业协同发展**。按照“市场导向、优势互补、资源共享、特色鲜明、共赢发展”的原则，统筹规划京津冀三地休闲农业建设，共同打造休闲农业精品旅游线路。建立京津冀休闲农业公众服务平台，加强休闲农业品牌合作，开展休闲农业人才培养，策划休闲农业大型推介活动。以沟域景观建设为契合点，联合推进京津冀沟域发展。

（四）加强宣传推介，培育知名品牌

8. **加强宣传推介**。充分发挥“互联网+”在促进休闲农业和乡村旅游宣传推介中的作用，在重大节假日前和重要农事节庆节点，利用网络、电视、报纸、微信等，以图文并茂的形式，有组织、有计划地开展休闲农业和乡村旅游宣传推介。鼓励通过传统媒体和互联网等新兴媒体宣传推介精品线路和精品景点，扩大休闲农业和乡村旅游的影响力。鼓励举办特色鲜明、影响力大、公益性强的农事节庆活动，增强市场开拓能力。继续开展休闲农业和乡村旅游信息标注工作。

9. **加强品牌建设**。实施休闲农业品牌战略，培育一批特色突出、品质优秀、创意新颖的知名品牌。推进星级民俗旅游村、民俗旅游接待户，休闲农业园星级园区示范创建工作。打造一批乡村美食、创意产品、农事活动等特色乡村旅游品牌。推进100个特色旅游村镇创建。培育山区10条精品沟域经济带，实现全域景区化。充分发挥北京农业嘉年华的品牌和市场影响力。

（五）强化培训服务，优化创业环境

10. **大力开展培训**。依托职业院校、行业协会和产业基地，分层、分类开展管理人员和服务人员培训。继续推进民俗村户旅游经营者万人培训。整合优化青年创业致富“领头雁”计划、实用人才培训、田间学校、全科农技员等资源，开展针对休闲农业经营管理、从业人员多种形式的培训。切实做好休闲农业解说员的培训。

11. **培育休闲农业创客**。落实“大众创业、万众创新”，引导和支持返乡农民工、大学毕业生等通过经营休闲农业和乡村旅游实现自主创业。鼓励首都文化、艺术、科技专业人员发挥优势，开展休闲农业和乡村旅游创作创业。鼓励烹饪协会、北京巧娘协会、玩具协会、工艺美术协会等专业社会团体与民俗旅游村、休闲农业园区“结对子”，提升经营水平。到2020年，在京郊建设一批休闲农业创客示范基地，形成一批高水准文化艺术旅游创业就业乡村。

12. **加强规范管理**。认真贯彻实施新修订的《北京市旅游条例》，全面推动休闲农业和乡村旅游依法、有序、规范发展。完善休闲农业地方标准，科学设计评价指标体系，提高市场准入门槛。研究制订市民农园等新业态标准。鼓励休闲农业和乡村旅游企业参与国家有关标准体系认证。支持休闲农业行业协会、产业联盟等行业服务组织强化服务，加强专业指导，通过自我服务、管理和约束，规范竞争行为，营造公平环境。加强对休闲农业和乡村旅游从业人员的诚信教育，严惩违法乱建、欺客宰客，提高服务质量。强化食品、卫生等各方面安全意识和管理制度建设。

三、政策措施

（一）完善用地制度

结合北京农村一二三产融合发展实际，进一步优化集体经营性建设用地的指标结构和空间布局。在与土地利用总体规划、城乡规划、风景名胜区规划、环境保护规划等相关规划充分衔接的基础上，科学规划，合理布局，发展休闲农业和乡村旅游项目。在符合规划的前提下，严格各种用途管制，属于永久性设施建设用地的，依法按建设用地管理；属于自然景观以及农牧渔业种植、养殖用地不征收（收回）、不转用，按现用途管理。允许农村集体经济组织利用集体经营性建设用地，进行休闲农业和乡村旅游所必须的配套设施建设。鼓励利用村内的建设用地发展休闲农业和乡村旅游，支持开展城乡

建设用地增减挂钩试点。支持有条件的村通过盘活农村闲置房屋、集体建设用地、四荒地、废弃矿山、水面等资产资源发展休闲农业和乡村旅游。

（二）加强政策集成

各部门要加大对休闲农业和乡村旅游的政策倾斜，加大投入力度，建立政府投入为引导，农民、企业和社会投入为主体的多元投入机制。进一步集成新农村基础设施建设、沟域经济发展、中小河道治理、园林绿化等方面政策，支持休闲农业和乡村旅游发展。充分结合农村地区现有的产业发展扶持政策、抗震节能改造补贴政策、超低能耗示范奖励资金和传统村落保护修缮资金等，支持休闲农业园区和乡村旅游发展。对开展农田景观建设的镇、村、园区，加大在品种选育、产品开发、基础设施建设等方面的支持。统筹山水林田湖资源，探索发展集循环农业、创意农业、农事体验于一体的田园综合体。对纳入农民专业合作社市级示范社培育创建范围的民俗旅游专业合作社予以支持。对获得国家级、市级荣誉称号的休闲农业园区和民俗旅游村予以支持。

（三）拓宽融资渠道

依托京郊旅游融资担保服务体系，采取“政府引导，市场运作”的方式，撬动金融资本，引领资金投向休闲农业和乡村旅游。鼓励银行业金融机构开发特色休闲农业金融产品，拓宽抵押担保物范围，开展农村承包土地的经营权抵押贷款业务。鼓励银行业金融机构加强与农业担保机构合作，适当扩大保证金的放大倍数，满足休闲农业发展的资金需求。要对特色鲜明、管理规范、带动就业的休闲农业园区和民俗旅游村给予贴息支持。支持社会资本依法合规利用PPP模式、众筹模式、“互联网＋”模式、发行债券等方式，投资休闲农业产业。推进乡村旅游政策性保险。

（四）提升公共服务

加大“智慧乡村”对休闲农业和乡村旅游的支持力度。增强线上线下营销能力，加快构建网络营销、网络预订和网上支付以及导航等公共服务平台。推进“一村一品＋电商”建设，开展休闲农业电子商务试点。支持依托互联网技术开发休闲农业新产品。运用大数据和云计算技术，强化行业运行监测分析，构建北京休闲农业和乡村旅游监测统计制度。支持休闲农业聚集区域的公共交通体系，加强道路、观光巴士等公共服务设施配套。

休闲农业和乡村旅游是重要民生产业和新型消费业态，要从战略和全局的高度深化认识，高度重视、大力支持，营造良好的发展环境。各区农业、发改、经信、财政、规划国土、住建、水务、旅游、文化、文物、园林绿化、妇联、银行等部门要出台具体的支持政策，加强规划引导，加大投入力度，建立协调推进机制，形成工作合力，扎实推动各项任务落实，加快建立带动农民广泛参与、实现就业增收的机制，形成多方共赢的发展局面。

北京市农村工作委员会
关于进一步加强全市农村集体土地承包
及流转管理工作的通知

（2017年9月8日）

各有关区人民政府：

为加强本市农村集体土地管理，切实防止在全市农村地区特别是浅山地区进行违法建设，根据《中华人民共和国土地管理法》《中华人民共和国农村土地承包法》《北京市农村集体所有荒山荒滩租赁条例》等法律、法规和政策，经市政府同意，结合郊区实际，现就进一步加强全市农村集体土地承包（租赁）及流转管理工作有关事项通知如下。

一、稳定农户家庭承包关系，加强承包土地流转合同管理

全面落实农户家庭土地承包经营权，农户家庭经营及流转承包土地必须坚持农地农用原则，不得

改变土地用途，严禁从事非农建设。

（一）稳定和完善农户家庭土地承包关系

各区要按照全市统一部署，于2017年底前基本完成农户家庭土地承包经营权确权登记颁证工作。已经依法纳入农户家庭土地承包经营权确权范围内的确权确地、确权确股（利）土地，都应当依法进行登记颁证，并将已划定的永久基本农田信息记载到农户的土地承包经营权登记簿和土地承包经营权证书上。

（二）全面规范农户承包土地流转合同签订工作

除代耕期不足1年不需签订书面流转合同外，所有农户承包土地流转都必须依法签订书面合同。此前没有签订合同或合同内容不规范的，要组织相关当事人按照全市或本区统一规范的合同文本进行补签或重新签订；已经签订规范流转合同双方无异议的，维持原合同不变。农户自愿委托他人流转其承包土地的，应当与受托方签订本市统一制定的委托流转合同。土地接转方以转包、出租方式取得的土地进行再流转的，应当经原承包农户书面同意。

（三）加强土地流转合同备案管理

农村承包土地经营权流转合同一式四份，流转双方各执一份；本集体经济组织和乡镇农村合作经济经营管理机构各备案一份。此前没有进行备案的流转合同以及再次流转的合同均要重新备案。流转合同中有违反法律法规和政策规定内容的，村集体经济组织和乡镇农村合作经济经营管理机构应当及时予以纠正。

二、全面加强村集体经济组织统一经营土地的发包（出租）和流转管理

依法强化乡镇政府管理职责，探索完善“村地乡管”机制，合法依规使用和管理农户确权确股（利）的土地以及集体机动地和荒山、荒滩等未确权到户的土地。其中：涉及集体耕地的，严禁破坏耕作层；涉及集体荒山、荒滩的，仅限于发展林果业和种植业。严格禁止在发包（出租）或流转的集体土地上进行违法建设。

（一）规范流程，严格履行民主决策和监督程序

村集体经济组织发包（出租）或流转统一经营的土地，必须制定发包（出租）或流转方案，经本集体经济组织成员（代表）会议三分之二以上成员（代表）的同意，并进行公示。其中发包（出租）或流转给本集体经济组织以外的单位或个人的，应当报乡镇政府批准后实施。已经承包（租赁）或流转的土地，未经村集体经济组织民主决策同意，不得擅自再流转；经村集体经济组织民主决策同意再次流转的，也应当报乡镇政府审批。其中：承包（租赁）集体荒山、荒滩未经依法登记取得土地承包经营权证的，严格禁止再次流转。

（二）落实责任，严格履行乡镇审批监管职责

村集体经济组织发包（出租）或流转统一经营的土地，各乡镇政府必须依法履行审批职责。乡镇政府要根据实际情况，组织力量，对村集体经济组织的土地发包（出租）或流转方案、履行民主程序情况以及承包（租赁）或接转主体的资质、农业经营能力、经营项目、土地用途等事项进行审核，坚持农地农用，严禁违法建设。

（三）完善合同，严格执行集体土地承包（租赁）或流转合同签订和备案管理

村集体经济组织在履行上述程序后方可签订合同，2003年3月1日《中华人民共和国农村土地承包法》实施后，未履行上述程序的合同可视为无效合同。土地承包（租赁）或流转合同，必须依法对再次流转作出明确约定；原已签订合同不规范的，要按要求进行规范。村集体经济组织签订的确权确股（利）土地流转合同须报乡镇政府备案；签订的荒山、荒滩承包（租赁）合同以及依法再次转租的合同，须同时报乡镇政府和区政府备案，合同管理的具体工作由同级农村合作经济经营管理机构负责。

（四）打造平台，通过公开市场发包（出租）或流转集体土地

各区要按照《北京市人民政府办公厅关于引导农村产权流转交易市场健康发展的若干意见》（京政办发〔2015〕40号）的有关要求，依托北京市农村产权交易所，加快区、乡镇和村级农村产权交易服务体系建设，进一步规范工商资本租赁农地经营权的交易原则、交易内容、交易方式、交易程序、监督管理及相关责任等事项，指导村集体经济组织通过公开市场发包（出租）或流转集体农地经营权。村集体经济组织对外发包（出租）或流转统一经营的土地，均应通过产权交易平台公开进行。未经区农村产权流转交易服务机构（或主管部门）审查审核同意的，市农村产权交易所不予提供农地流转交易服务。

（五）创新机制，探索乡镇组织流转村集体土地经营权统一经营管理试点

按照农村集体土地所有权、承包权、经营权“三权分置”的有关政策，可选取具备条件的村，由乡镇组织流转村集体土地经营权，探索开展乡镇统一经营管理试点。

三、加强组织领导，落实监管职责

各级政府及农村基层组织要站在保护首都生态环境、维护首都可持续发展的高度，充分认识农村集体土地保护的极端重要性。要进一步明确职责，严格防止和坚决杜绝借农村土地承包（租赁）或流转徇私舞弊，搞违法建设。

（一）村级组织承担具体监管责任

村集体经济组织作为集体土地所有权主体代表，要在村党支部的领导和村民委员会的支持下，依法履行发包（出租）方职责，按照有关规定签订规范的书面合同，并切实承担起对集体土地使用的具体监督管理责任。要建立健全工作机制，对农地经营、项目实施、风险防范等情况定期开展监督检查。村集体经济组织和承包农户对发包（出租）或流转农地利用情况进行监督。对违反合同约定的，原承包农户和村集体经济组织可依法解除合同并要求赔偿。

（二）乡镇政府承担监管主体责任

乡镇政府作为本地区农村集体土地使用的监督管理主体，要依法承担监管工作主体责任，乡镇长要亲自抓，分管乡镇长要具体抓。乡镇农村合作经济经营管理部门具体负责农村集体土地承包（租赁）或流转合同签订的指导和备案管理工作。乡镇政府要定期组织检查，及时发现和纠正存在的问题，对村集体经济组织上报的违法违规使用农地的行为，要及时制止并向上级政府报告。

（三）区政府承担管理主体责任

各区政府是本区农村集体土地使用的管理责任主体，要切实承担主体责任，由区长负总责、分管区长具体负责；区农委具体负责统筹协调农村集体土地承包（租赁）及流转政策落实情况的监督检查，区农村合作经济经营管理机构具体负责农村土地承包（租赁）或流转合同管理及备案工作。各区对群众反映和乡镇政府上报的违法违规使用农地行为要及时纠正和查处，特别对擅自改变农业用途、破坏或污染农地等行为，一经发现，责令限期整改，并依法追究相关责任。要积极探索利用网络、遥感等现代科技手段实施动态监测。对失信的接转农地企业要通过企业信用信息公示系统向社会公示，并启动联合惩戒机制。各区农村集体土地承包（租赁）和流转合同管理工作所需经费，应由本区财政预算予以保障。

（四）加强监督检查

市农委会同相关部门对各区农村土地承包（租赁）及流转合同管理情况进行联合检查；各区政府要加强对各乡镇落实工作的监督检查；乡镇政府要加强对各村集体经济组织落实工作的监督检查。做到一级抓一级，层层抓落实，确保各项工作取得实效。

北京市农村工作委员会　北京市财政局关于印发《2017年北京市整区推进农村一二三产业融合发展试点工作的实施方案》等中央财政农业生产发展资金项目实施方案的通知

（2017年9月20日）

门头沟区、房山区、大兴区、昌平区农委、区财政局，各有关单位：

为贯彻落实《农业部 财政部关于做好2017年中央财政农业生产发展等项目实施工作的通知》（农财发〔2017〕11号）精神，确保政策落实和项目实施，提高资金使用效益，依据《农业生产发展资金管理办法》（财农〔2017〕41号），结合我市实际情况，市农委、市财政局制定《2017年北京

市整区推进农村一二三产业融合发展试点工作的实施方案》等4项实施方案。现印发给你们，请认真贯彻执行。

2017年北京市整区推进农村一二三产业融合发展试点工作的实施方案

根据《农业部 财政部关于做好2017年中央财政农业生产发展等项目实施工作的通知（农财发〔2017〕11号）》的要求，为做好今年我市整区推进农村一二三产业融合发展试点工作，确保中央财政惠农政策落到实处，取得实效，特制订本实施方案。

一、实施单位

2016年我市向国家发展改革委推荐房山区、大兴区为农村产业融合发展试点区。2017年北京市整区推进农村一二三产业融合发展试点工作计划支持两区带动或辐射农民分享二三产业增值收益的新型农业经营主体，由房山区农委、大兴区农委具体组织实施。

二、指导思想

牢固树立并切实贯彻创新、协调、绿色、开放、共享发展理念，以完善利益联结机制为核心，以深化改革、深度创新、深层融合为主要动力，以龙头企业、合作社、现代农业服务组织、新型职业农民为主体，以推进一产与二三产业深度融合发展为主要途径，加快转变农业生产方式、经营方式、服务方式、资源利用方式和管理方式，深入推进农业供给侧结构性改革，厚植发展优势、增强发展动力，促进农业增效、农民增收和农村增绿。

三、建设任务

结合当地实际，突出融合发展的方向和重点，延伸农业产业链，提升价值链，拓展多功能性，发展休闲农业、农业文化产业，支持农业产业化，培育新产业、新业态、新模式，突出构建与农民的利益联结机制，整区推进农村一二三产业融合发展。

四、支持方向

（一）新型农业经营主体发展加工流通、休闲旅游公共设施。

（二）加工企业建设装备设施、厂房、加工能力建设。

（三）休闲农业企业建设公共服务设施。

（四）农村产业融合发展集中建设农产品及加工副产物综合利用公共设施。

五、项目申报程序及要求

（一）经营主体需填写申报表。

（二）区级农业和财政部门经筛选审查，审批确认后，将示范主体信息及补助信息录入管理系统，信息状态将改为已审批。

（三）区级农业与财政部门对示范点进行联合验收或核查。

（四）验收或核查合格后，在系统中更新信息状态为已验收。

补贴项目审批情况和验收情况分别在区级农业、财政部门审批同意后10个工作日和验收通过后10个工作日内完成相关信息的录入。

六、资金使用及要求

2017年中央财政农业生产发展资金安排我市支持农村一二三产业融合发展资金2 237万元，房山区、大兴区各安排1 118.5万元。试点区采取先建后补、贷款贴息、设立产业引导基金等方式，重点支持带动或辐射农民分享二三产业增值收益的新型农业经营主体。采取以奖代补方式，每个单位补助标准不低于100万元，如单体补助超过500万元以上需附详细资金使用说明。补助内容可为已建设施，要求竣工时间在2016年1月1日以后；也可为在建设施，要求开工时间在2016年1月1日以后，2017年12月31日以前竣工；也可为新建或改扩建设施，要求2017年12月31日前竣工。

鼓励试点单位探索将财政补助资金以股份形式量化到农民合作社成员或农户，使其参与全产业链和价值链利益分配。获得财政资金奖补的各类新型农业经营主体，可以通过股份合作制、合作制、股份制、“保底收益＋按股分红”、订单农业等形式与农户建立紧密利益联结机制。原则上不得补助未与农户建立紧密利益联结机制、农民不能分享二三产业增值收益的经营主体。

七、组织实施

（一）结合本地实际，突出优势产业和重点环节，明确建设内容和资金支出方向，编制农村一二三产业融合试点实施方案和绩效目标，由各区农业部门会同财政部门联合行文上报市农委、市财政局，经审核同意后实施。

（二）利用各类新闻媒体加强政策宣传，及时将中央财政政策措施和实施方案向社会公布，使之准确地了解政策内容、项目实施程序和要求，强化社会监督。

（三）各区农业部门会同财政部门组织本辖区的农村一二三产业融合发展项目申报工作，按照公开、公平、公正的原则，择优推荐。

（四）各区农业部门和财政部门联合审批、联合验收，市级部门参与执行过程的监督和管理。审批和验收或核查完成后 10 个工作日内将相关信息录入管理信息系统。

（五）各区农业、财政部门审批同意的项目信息需在项目所在村或乡镇公示 7 天，区级农业部门和财政部门组织验收或核查通过后，在项目所在村或乡镇公示 7 天。

（六）各区农业部门和财政部门要建立项目执行定期调度督导机制，及时掌握项目执行和资金使用情况，并分别于 2017 年 10 月 10 日和 11 月 10 日前向市农委、市财政局报送项目阶段性执行情况。

（七）各区农业部门对照绩效管理内容和具体指标，自评打分，形成自评报告，于 2017 年 12 月 10 日前报市农委、市财政局。

（八）市农委、市财政局成立绩效评价工作小组，采取资料查看与实地抽查相结合的方式，对各区自评报告和自评得分进行查验核实。

八、保障措施

（一）加强组织领导

市级成立农村一二三产业融合发展试点工作协调小组，各区应成立产业融合工作协调小组，认真组织、指导项目单位开展申报、建设等工作。

（二）加强审核把关

各区要严格审核试点项目遴选、建设、验收等环节，并对申报材料严格把关。要对项目实施单位的情况认真核实，确保无误，并对申报材料的完整性、真实性负责。督促项目单位按照规定使用项目资金。

（三）加强实施监管

各区要定期调度项目进展情况，及时了解试点过程中出现的新情况、新问题，采取有效措施，尽快加以解决。严格执行项目公示制度和项目复核制度。

（四）严肃纪律要求

对违反相关规定的（乡）镇及经营主体且屡次不改的，市农委会同市财政局停止项目单位试点示范资格，并督促区有关部门严肃处理；对存在违法违纪行为的，要及时移交处理，依法惩处；对敢于大胆试点、成效显著、成果丰硕的试点地区和经营主体给予通报表扬，并及时推广试点示范经验，扩大政策的社会影响。

（五）加强总结宣传

要及时总结试点经验，树立示范典型，积极加以推广。要充分运用电视、报纸、网络等媒体，广泛宣传农村一二三产业融合发展的建设成效，推广试点工作的好经验好做法，推动农村一二三产业融合发展。

附表　中央对地方专项转移支付市级绩效目标表

附表　中央对地方专项转移支付市级绩效目标表

（2017 年度）

专项名称	北京市整区推进农村一二三产业融合发展试点工作		
主管部门	市农委	实施单位	房山区农委、大兴区农委
资金情况（万元）	年度金额	2 237	
	其中：中央补助	2 237	
	地方资金		

（续）

年度目标	推动房山区、大兴区整区农村一二三产业融合发展			
	一级指标	二级指标	三级指标	指标值
绩效指标	产出指标	数量指标	指标1：房山区支持产业融合建设项目	5个
			指标2：大兴区支持产业融合建设项目	8个
		质量指标	按照农业部建设内容等要求完成	100%
	效益指标	经济效益指标	指标1：整区推进区促进农民增收产业增效	明显提升
			指标2：整区推进区农民利益联结机制	建立
			指标3：整区推进区新业态新产业活跃度	活跃
		社会效益指标	提升区域品牌影响力	明显提升
	满意度指标	服务对象满意度指标	所支持的经营主体满意度	≥85%

2017年支持家庭农场建设实施方案

为贯彻落实中央农村工作会议、中央一号文件精神，培育农业农村发展新动能，促进农业转型升级、提质增效和农民增收，根据《农业部关于促进家庭农场发展的指导意见》（农经发〔2014〕1号）和《农业部财政部关于做好2017年中央财政农业生产发展等项目实施工作的通知》（农财发〔2017〕11号）要求，结合我市家庭农场发展实际，特制定本实施方案。

一、实施单位

农业部从2014年开始在全国开展家庭农场动态监测工作，我市共有31户家庭农场参与监测。2017年支持家庭农场建设计划从以上31户家庭农场中选取出连续3年参与监测、从事种植业生产且经营情况良好的家庭农场予以资金支持。结合各区实际情况，由房山区农委、大兴区农委、昌平区农委具体组织实施。

二、指导思想

牢固树立并切实贯彻创新、协调、绿色、开放、共享发展理念，加快转变农业生产方式、经营方式、服务方式、资源利用方式和管理方式，培育农业农村发展新动能，促进农业转型升级，加快发展适度规模经营、提升农业效益、提升产品品质、提高农民收益。

三、支持方向

（一）支持发展生态农业

按照“绿水青山就是金山银山”理念，大力发展生态农业，推进规模化种植业发展。围绕农业资源和生态环境保护，整合生态技术，按“整体、协调、循环、再生”的原则，调整和优化农业生产结构，提高有限资源的利用率，促进可持续发展，发挥水、肥、药的增产效益，降低生产成本，减轻因不合理施肥施药带来的环境污染，做到科学施肥、安全用药和旱作节水。健全投入品登记使用管理制度和生产操作规程，完善农产品质量安全全程控制和可追溯制度。加强土壤和农产品质量检测。

（二）支持发展品牌农业

促进家庭农场农产品品牌提升。大力推进农产品标准化生产，积极开展“三品一标”认证。加大家庭农场农产品品牌的培育，强化宣传引导推介，通过各种形式，提升品牌影响力。

（三）支持多渠道推进农产品营销

推广“农超对接”“农校对接”“农社对接”等直销模式，利用“互联网＋”、云平台等现代化手段，积极与电商平台对接，拓宽农产品销售渠道，提升农产品销量，增加农场收益。

四、组织申报

（一）申报的家庭农场，按照所在区农委的要求准备各项材料，并保证材料的真实性。

（二）区农委对申报材料进行核实，确认无误后统一报市农委备案。

（三）项目审定与资金拨付。按照相关要求，区农委负责组织相关部门对申报家庭农场进行审定，审定合格后报市农委备案。审核结束后10个工作日内将资金拨付到申报家庭农场。

五、资金管理

2017 年中央财政农业生产发展资金安排 45 万元用于支持家庭农场建设。通过近 3 年对家庭农场的监测，我市符合条件的家庭农场包括房山区 3 户、大兴区 7 户、昌平区 5 户，计划按照每户扶持资金 3 万元的标准给予支持。

（一）申请扶持资金的家庭农场对申报材料的准确性和真实性负责

对于提供虚假材料，骗取扶持资金的，由区农委收回已拨付资金，永久取消该家庭农场的申报支持、补助资金资格；涉嫌犯罪的，移交司法机关处理。同时，使用补贴资金的家庭农场，要设立台账，专款专用，不得挪做他用。

（二）区农委负责本区申报家庭农场及项目的全过程监督检查

严禁弄虚作假、截留、挪用扶持资金，以保证专款专用。严格执行现行的财务制度和管理办法，严格管理、规范操作，在扶持资金拨付 6 个月内向市农委报送扶持资金使用情况报告，自觉接受监督、检查。

（三）市农委负责相关政策的解读和业务指导

同时，将会同有关单位定期对项目实施、资金使用和经济效益情况进行监督检查。

六、保障措施

（一）加强组织领导

各区应重视家庭农场扶持与管理，认真组织、指导家庭农场对支持资金规范使用。

（二）严格审核把关

各区要严格审核申报主体，并对申报材料严格把关，确保申报材料的完整性、真实性，督促申报主体按照规定使用项目资金。

（三）加强实施监管

各区要定期调度项目进展情况，及时了解试点过程中出现的新情况、新问题，采取有效措施，尽快加以解决。

附表　中央对地方专项转移支付市级绩效目标表

附表　中央对地方专项转移支付市级绩效目标表

（2017 年度）

专项名称	支持家庭农场建设			
主管部门	北京市农委	实施单位	房山区农委、大兴区农委、昌平区农委	
资金情况（万元）	年度金额	45		
	其中：中央补助	45		
	地方资金			
年度目标	支持家庭农场发展			
	一级指标	二级指标	三级指标	指标值
绩效指标	产出指标	数量指标	指标 1：房山区家庭农场数量	3
			指标 2：大兴区家庭农场数量	7
			指标 3：昌平区家庭农场数量	5
		质量指标	指标 1：农业部家庭农场数据监测参与度	100%
			指标 2：生产环节节水、节药、节肥管理水平	进一步提高
			指标 3：农产品“三品一标”认证率	有所提高
	满意度指标	服务对象满意度指标	所支持的家庭农场满意度	≥80%

2017 年农业组织创新与产业融合发展项目（农民合作社）实施方案

根据《农业部 财政部关于做好 2017 年中央财政农业生产发展等项目实施工作的通知》（农财发〔2017〕11 号）要求，为保障 2017 年农业组织创新与产业融合发展项目（农民专业合作社）顺利实施，特制定本实施方案。

一、实施单位

2016 年按照农业部《2017 年农业财政项目申报指南》的要求，我市申报了《农业部 2017 年农业组织创新与产业融合发展项目（农民专业合作社）》，具体是支持北京清水腾达乡村旅游专业合作社联合社建设。根据农业部的要求，2017 年中央财政农业生产发展资金计划给予该项目支持，由北京清水腾达乡村旅游专业合作社联合社所在门头沟区农委具体组织实施。

二、任务目标

扶持 3 家国家级示范社、4 家市级示范社，提升联合社示范效应，带动区级示范社及普通合作社加强规范化建设，促进农民增收。

三、项目主要内容

通过财政转移支付资金，支持北京清水腾达乡村旅游专业合作社联合社开展项目建设。支持门头沟区以市级以上示范社为龙头，探索发展联合社，利用示范社资源搭建公共服务平台，促进资源集约节约利用，形成规模效应，降低单体合作社各项成本，在更大规模上提高农民组织化程度。

四、资金安排

2017 年中央财政农业生产发展资金安排 100 万元用于补贴项目总体建设，其余资金由联合社自筹解决。

五、组织实施

按照中央财政农业生产发展资金管理相关要求，项目于 2017 年 9 月开始，2018 年底完成。区农委要定期监督检查项目进度，并会同区财政等部门于项目完成后验收。区农委验收后，市农委将适时对该项目建设情况进行复查。

六、保障措施

（一）保障资金及时足额到位

区农委、区财政局要加强沟通协作，确保项目资金及时、足额到位。

（二）加强项目指导

区农委要责成主管科室，认真组织、指导联合社开展项目建设，按照相关规定规范使用资金。

（三）加强实施监管

区农委要定期调度项目进展情况，及时了解实施过程中出现的新情况、新问题，采取有效措施，尽快加以解决，确保项目按进度完成。

附表 中央对地方专项转移支付市级绩效目标表

附表 中央对地方专项转移支付市级绩效目标表

（2017 年度）

专项名称	农业组织创新与产业融合发展项目（农民专业合作社）			
主管部门	市农委	实施单位	门头沟区农委	
资金情况（万元）	年度金额	100		
	其中：中央补助	100		
	地方资金			
年度目标	探索农民专业合作社联合社建设新模式，支持门头沟区联合社建设试点			
	一级指标	二级指标	三级指标	指标值
绩效指标	产出指标	数量指标	指标 1：支持联合社数量	1
			指标 2：带动国家级示范社数量	3
			指标 3：带动市级示范社数量	4
		质量指标	按照农业部相关要求完成	100%
	效益指标	经济效益指标	指标 1：探索联合社发展新模式	形成规模效应，降低单体成本
			指标 2：联合社产品销售能力	明显提升
		社会效益指标	指标 1：合作社规范化程度	有所提高
			指标 2：推动经济转型	替代传统煤炭产业，带动农民增收
	满意度指标	服务对象满意度指标	所支持的联合社成员社满意度	≥65%

2017年国家级、市级农民专业合作社示范社牌匾制作项目实施方案

根据《农业部 财政部关于做好2017年中央财政农业生产发展等项目实施工作的通知》（农财发〔2017〕11号）要求，为保障2017年农业组织创新与产业融合发展项目（农民专业合作社）顺利实施，特制定本实施方案。

一、实施单位

根据农业部经管司《关于颁发国家农民合作社示范社证书和明确奖牌格式的通知》（农经综函〔2017〕55号）要求，市农委计划为国家级农民专业合作社示范社、市级农民专业合作社示范社制作牌匾，进一步加强农民专业合作社管理。

二、项目主要内容

2017年，按照国家示范社监测合格名单和市级示范社监测结果，对检测合格的示范社颁发牌匾。牌匾规格按照《关于颁发国家农民合作社示范社证书和明确奖牌格式的通知》（农经综函〔2017〕55号）要求，国家示范社和用水示范组织颁发纯铜牌和沙金牌。市级农民专业合作社示范社按照前两批示范社标准颁发纯铜牌。

三、资金安排

2017年中央财政农业生产发展资金安排18万元用于制作农民专业合作社示范社牌匾。其中，国家示范社和用水示范组织共计134家，每个合作社制作纯铜牌、沙金牌各1块，共需制作268块；市级示范社未颁发牌匾的共计125家，每个合作社制作纯铜牌1块。

四、组织实施

中央财政农业生产发展资金管理相关要求，拟安排项目实施时间进度为：

（一）2017年9月底前，完成前期预算资金申请、项目追加申报、联系生产厂商等程序性工作。

（二）2017年10月底前，制作完成示范社牌匾。

（三）2017年12月底前，将牌匾下发至各区主管部门，并由各区发至相关示范社。

五、保障措施

（一）做好组织保障

市农委责任处室要认真组织项目实施，协调相关处室及项目承担单位，按照规定标准落实项目内容。

（二）加强质量监督

市农委要加强产品质量的监督检查，确保产品符合相关标准，并规范使用项目资金。

（三）强化后期工作

市农委要协调各区农委、经管站、农合中心等单位，认真组织好后期牌匾发放工作，确保牌匾及时发放到相关示范社。

附表 中央对地方专项转移支付市级绩效目标表

附表 中央对地方专项转移支付市级绩效目标表

（2017年度）

专项名称	国家级、市级农民专业合作社示范社牌匾制作项目		
主管部门	市农委	实施单位	市农委
资金情况（万元）	年度金额	18	
	其中：中央补助	18	
	地方资金		
年度目标	为国家级示范社和2012年、2015年市级示范社制作并颁发牌匾		

（续）

一级指标	二级指标		三级指标	指标值
绩效指标	产出指标	数量指标	指标 1：国家级示范社牌匾数量	268 块
			指标 2：市级示范社牌匾数量	125 块
		质量指标	指标 1：国家级示范社挂牌覆盖率	100%
			指标 2：市级示范社挂牌覆盖率	100%
		社会效益指标	指标 1：示范社信誉	信誉普遍提升
			指标 2：合作社规范化建设	带动合作社提高规范化程度
	满意度指标	服务对象满意度指标	指标 1：国家级合作社满意度	≥80%
			指标 2：市级合作社满意度	≥80%

北京市农村工作委员会　北京市发展和改革委员会　北京市科学技术委员会　北京市财政局　北京市规划和国土资源管理委员会　北京市环境保护局　北京市水务局　北京市园林绿化局　北京市农业局　关于印发《北京市全市创建国家农业可持续发展试验示范区三年行动计划（2017—2019 年）》的通知

（2017 年 9 月 30 日）

郊区各区人民政府，市各有关单位：

经市政府同意，现将《北京市全市创建国家农业可持续发展试验示范区三年行动计划（2017—2019 年）》印发给你们，请结合实际，认真贯彻落实。

北京市全市创建国家农业可持续发展试验示范区三年行动计划（2017—2019 年）

创建国家农业可持续发展试验示范区，是贯彻绿色发展理念、推动生态文明建设、转变农业发展方式、补齐资源环境短板、加快农业现代化、促进农业可持续发展的重要抓手。按照农业部等 8 部委《关于印发国家农业可持续发展试验示范区建设方案的通知》（农计发〔2016〕88 号）要求，特制定北京市全市创建国家农业可持续发展试验示范区三年行动计划。

一、总体要求

（一）指导思想

深入学习贯彻习近平总书记系列重要讲话精神和治国理政新理念新思想新战略，深入学习贯彻习近平总书记两次视察北京重要讲话和对北京工作的一系列重要指示精神，牢固树立和贯彻落实新发展理念，牢牢把握首都城市战略定位，以深入推进农业供给侧结构性改革为主线，以绿色生态为导向，以资源承载力为底线，以疏解整治促提升为手段，深化农业“调转节”成果，统筹生产、生活、生态，压缩生产空间规模，大幅度扩大绿色生态空间，全面构建起农业可持续发展的产业体系、制度体系和长效机制。

（二）基本原则

生态优先，统筹兼顾。围绕生产、生活、生态空间管理，落实生态保护红线管理要求，重视农业生态功能，优化种植结构，推进生态健康养殖，实现从注重产量向品质转变、从资源消耗向保护转变。

疏堵结合，管服并重。经营主体要转变生产方式，实行生态循环发展，同时严格执行法规条例，采取禁养、整治、监管等有力措施，整治突出问题，加强重点问题和关键环节的科技支撑，扩大社会化服务，做到建设与保护并重。

分类施策，突出重点。立足资源禀赋和生态环境承载力，围绕地下水超采区、畜禽养殖禁限养区、河湖流域等重点区域，落实各区责任主体，分区分类采取不同措施，积极稳妥推进。

政府主导，完善机制。坚持政府主导作用，建立以绿色生态为导向的农业补贴制度，强化法治保障，建立长效机制，鼓励社会力量参与农业可持续发展，引导社会公众积极参与。

二、主要目标

到 2019 年，农业产业布局更加优化、农业生产清洁实现可控、生态安全产品日益丰富、农业生态功能逐步提升、农业资源底数全面摸清、环境突出问题不断改善、资源利用效率大幅提高、生态服务价值得到体现，有关创建评价指标达到农业部要求，建立起与资源环境承载力相匹配的农业可持续发展格局。具体达到“两扩大、三提升、四推进”:

两扩大：一是扩大畜禽养殖禁限养范围。进一步巩固畜禽养殖禁养区划定成果，将河道两侧适当范围纳入禁养区范围，同时将禁养区以外区域划定为畜禽养殖限养区。二是扩大节水生态作物种植范围。重点在地下水超采区和重要水源保护区，以及零星分散地块，加快农业种植结构调整，引导种植适宜的节水生态作物，减少化学农药和化肥使用。

三提升：一是提升综合生产能力。推进高标准农田建设，高标准农田面积比重达到 65%；实施农业高效节水工程，灌溉用新水总量下降到 4.5 亿立方米左右，农田灌溉水有效利用系数提高到 0.75 以上。实施耕地质量保护与提升行动，推进耕地轮作休耕，增施有机肥、土壤改良剂等，提高土壤有机质含量。开展土壤污染监测，实施污染耕地治理与修复，受污染耕地安全利用率达到 90%以上。二是提升农村农业环境。推进农村地区和农业生产领域“煤改清洁能源”工作，逐步实现农业生产设施“无煤化”。推进美丽乡村、美丽田园、美丽牧场建设，发展景观农业，实现裸露农田绿色覆盖，森林覆盖率达到 43%以上，提高农村生活垃圾处理率和生活污水处理率。三是提升优势特色产业。实施优势特色农业提质增效行动，推进农业品牌建设，打造以万亩镇、千亩村为重点的蔬菜产业集聚区，建设以矮化密植为方向的高效节水现代化果园，“三品一标”年均增长率达到 6%以上。

四推进：一是推进化肥农药减量使用。实施有机肥替代化肥行动，推广农作物病虫害专业化统防统治和绿色防控，化肥和农药施用量低于全国平均水平以下。二是推进畜禽养殖污染治理。推进美丽生态牧场建设，规范使用兽药和饲料，实现畜禽养殖粪污综合利用，推进病死畜禽专业无害化处理，标准化规模养殖比重达到 80%以上。三是推进废弃物综合利用。构建以企业为主体、市场化运作的农业废弃物收集、贮运、处理体系，推进农作物秸秆、蔬菜残株、废旧农膜、农药包装物、园林废弃物等综合利用和无害化处理，实现农作物秸秆全利用，农膜回收率达到 80%，农药包装物回收处理。四是推进生态循环农业发展。构建“主体小循环、园区中循环、区域大循环”的循环利用体系，推进种养结合、农牧结合、农林结合，因地制宜推广循环农业模式，实现农业资源循环利用。

三、主要任务

立足农业发展与资源环境承载力相匹配，围绕农业产业可持续、资源环境可持续、农村社会可持续，从疏、控、用、建等方面入手，全面推进本市农业可持续发展。

（一）疏解整治规范工程

1. 规范整治畜禽养殖。按照“一清一治一防”目标，对全市畜禽养殖进行整治规范，切实有效解决养殖环境污染问题。一是划定畜禽养殖禁限养区。深化畜禽养殖禁养区划定成果，将河道两侧一定范围纳入禁养区范围。严格落实全市禁限目录，将禁养区外的区域划定为畜禽养殖限养区，合理确定畜禽养殖规模。二是清退禁养区内畜禽养殖。严格落实禁养要求，分种类、分步骤加快退出禁养区畜禽养殖。三是实现畜禽生态养殖。限养区内养殖户配备畜禽粪便、畜禽尸体、污水收集、贮存、清运等设施，通过就近就地消纳利用、异地消纳利用、第三方机构处置等方式完成生态消纳。建立健全区、乡镇、村三级畜禽养殖污染网格化巡查、部门联合执法等机制，规范管理畜禽养殖行为。

2. **推进景观农业发展**。严格落实基本农田保护责任，推动落实“藏粮于地”“藏粮于技”方略，调整优化种植结构，发展生态景观农业。连片面积50亩以下的粮田，重点发展雨养旱作农业，减少地下水灌溉和化肥、化学农药使用量。连片面积50亩以上的粮田，发展高效节水农业，推进多种形式适度规模经营，减少化肥农药使用。地下水超采区和水源保护区，推行“一季雨养、一季休耕”模式；旱作种植区，推行种植雨养作物或杂粮、薯类等抗旱作物；重要交通沿线、城市周边及重点休闲地带，推行生态景观作物周年覆盖模式。

（二）控源减量提质工程

3. **化肥使用减量行动**。深入实施测土配方施肥，推广水肥一体化技术，引导农民施用有机肥、种植绿肥、秸秆还田等方式进行土壤培肥，减少化肥使用。粮田重点推广秸秆机械化快速腐熟还田，种植绿肥和增施有机肥。菜田重点实现园区小循环生产，推广蔬菜残体粉碎沤肥，增施有机肥，以及施用生物有机肥和沼液。鲜果园重点推广园林枝条粉碎还地，果园生草技术，增施有机肥和土壤调理剂。

4. **化学农药减量行动**。坚持预防为主、标本兼治，采取“控、替、精、统”等措施，实现化学农药减量使用。严格落实国务院《农药管理条例》（国令第677号），加强农药生产、经营、使用全链条管理，从源头控制农药施用。推广应用绿色防控技术，制定绿色防控产品推荐目录，建设绿色防控示范基地，鼓励施用天敌产品，生物农药、理化诱控、授粉昆虫产品，以及高效低毒低残留化学农药产品。推进专业化统防统治建设，鼓励绿控产品生产经营企业、专业合作社以及农业生产基地组建专业服务队，扶持区级建设一定数量的专业化统防统治服务公司。

5. **农业节水推进行动**。按照北京市“两田一园”农业高效节水实施方案，推行“细定地、严管井、上设施、增农艺、统收费、节有奖”的农业高效节水模式，逐步建立现代化的农业高效节水建设、管理、运营体系。按照“缺什么补什么”的原则，因地制宜地建设喷灌、微灌等高效节水灌溉工程设施。推进农艺节水，推广地膜覆盖、雨水集蓄、防草布、生物防治、水肥一体化、测土施肥等农艺技术，以及养殖业节水设施和措施。

6. **农业设施设备节能行动**。推进农业生产领域“煤改清洁能源”和“减煤换煤”工作，2017年10月底前，朝阳、海淀、丰台、房山、通州、大兴6区，完成全部农业籽种设施“煤改清洁能源”工作；同步实施农业设施外墙保温改造，确保农业生产设施实现“无煤化”。其他区按照本区“无煤化”工作推进的整体要求有序推进。完善农机购置补贴政策，加快淘汰老旧、高耗能农机装备，加大绿色环保型农机装备引进、示范力度。

（三）资源综合利用工程

7. **农作物秸秆综合利用行动**。因地制宜选择秸秆粉碎还田、加工青（黄）贮，以及制作有机肥、膨化饲料、压块能源、菌棒等处理利用模式，推进农作物秸秆等综合利用。适宜大型机具机械化作业的地区，推行“机械化还田＋秸秆处理配套整地”作业，确保还田作业质量，提高秸秆腐熟效率。实行种养结合、农牧结合，发展玉米全株青贮饲料，以及玉米干秸秆收集加工黄贮饲料，推进秸秆饲料化利用。采取政府购买服务，构建以本地区有机肥加工企业为主体，市场化运作的蔬菜废弃物收集贮运处理体系，促进秸秆和畜禽粪便循环利用。

8. **畜禽废弃物资源化利用行动**。积极探索畜禽废弃物资源化利用PPP模式，培育提升畜禽废弃物收集、利用、处理主体和社会化服务组织，构建以养殖场（小区）为单元的生态小循环、以生态园区为单元的生态中循环、以区域为单元的生态大循环“三循环”废弃物资源化利用模式。加强养殖主体、种植主体、畜禽废弃物处理与利用主体、社会化服务组织之间的循环对接，建立健全政府推动、主体运行、监督管理有机结合的链接机制，加强农机购置补贴对畜禽废弃物治理和资源化利用的支持力度。

9. **农膜和农药包装物回收行动**。推广使用加厚地膜和可降解农膜，集成示范推广农田残膜捡拾、回收相关技术，减少农膜造成的污染。建立“市场主体回收、专业机构处置”的农膜和农药包装废弃物回收和处置体系，按照谁经营谁回收、谁使用谁交回的原则，落实生产企业、经营单位和使用者的回收责任，鼓励经营单位采取以销定收、包片回收、以旧换新等方式促进废旧农膜和农药包装物回收处置，扶持经营回收处置的专业机构发展。

（四）优美环境营造工程

10. **推进高标准农田建设**。落实全市“十三五”期间23万亩高标准农田建设任务，开展土地平整、灌溉与排水、田间道路、农田防护与生态环境保持等建设，重点对划入永久基本农田和“两田”范围内尚未实施高标准农田建设的耕地进行查漏补缺。

11. **实施田园土壤清洁**。开展土壤环境质量详查，实施农田土壤污染源头防控，建立农田土壤污染监测预警长效机制。加强受污染耕地治理，重点以传统老旧蔬菜基地、近郊“两田一园”等土壤污染高风险地区为主，选取典型作物和污染物，开展耕地污染综合治理与修复试点。

12. **实施生态清洁小流域建设**。以小流域为单元，构建生态修复、生态治理、生态保护三道防线，实施山、水、林、田、路、村综合治理，清淤沟底渠道，集蓄雨洪，整治环境，推动清水下山、净水入河。

13. **整治农村环境**。全面推进农村环境连片整治，通过以城带村、以镇带村、联村合建、单村处理等方式，因地制宜解决农村污水和垃圾处理问题。到2019年，城乡接合部村庄、水源地所在村、民俗旅游村实现污水处理设施全覆盖。

（五）特色产业提升工程

14. **建设蔬菜产业集聚区**。实施蔬菜产业区域化整体提升工程，突出“专业镇、专业村、百亩园”重点区域，推进果类蔬菜基质轻简化栽培，扩大集约化育苗能力，推广统防统治社会化服务，引导生产要素向优势产区聚集、打造京郊蔬菜产品地域化品牌，全面提升蔬菜产业整体生产能力和综合效益。

15. **建设美丽生态牧场**。突出资源循环、农牧结合、种养平衡，优化调整畜禽养殖规模和布局，实现与环境资源承载力相匹配。推广科学生态养殖技术和环保节能节水设施工艺，实现粪污源头减量和循环利用。依法规范使用兽药、饲料及添加剂等投入品，提高畜禽产品品质，以及减少畜禽粪污中的重金属含量。

16. **建设标准化健康养殖渔场**。开展健康养殖示范场、标准化养殖示范场和休闲渔业示范基地建设。推广生态养殖模式，提升休闲渔业发展水平，有效节能降耗减排。开展高效节水工厂化养殖、循环温室养殖和标准化生态化池塘改造，提升渔业生态服务功能发挥池塘湿地作用，实现“水循环、鱼安全、场美化”的目标。

17. **建设现代高效节水果园**。应用高产高效果园栽培管理技术，加快推进50万亩低效果园改造、10万亩高效节水现代化果园建设。推进优质特色果品品牌建设，挖掘体现北京特色的果品品种，培育果品绿色生产主体，扩大北京特色果品知名度和影响力，积极发挥果树产业基金的作用，带动传统产业转型升级。

四、保障措施

（一）组织保障

建立由分管市领导牵头的创建国家农业可持续发展试验示范区协调机制，成员单位由市级相关部门组成，负责统筹全市试验示范区创建工作。创建工作办公室设在市农委，具体负责试验示范区创建的组织协调工作。各区参照市级建立相应协调机制，贯彻落实农业部、市政府关于试验示范区建设的有关要求和部署，推进项目落地、政策资金落实。

（二）政策保障

以绿色生态为导向，整合发改、财政、科技、国土、农业、环保、水利、林业等方面政策和资金，建立支持农业可持续发展的政策支撑体系。建立并落实耕地保护补偿制度。完善现行耕地地力保护补贴、基本菜田补贴、农机购置补贴等农业补贴政策，支持农业面源污染防治和农业废弃物综合利用，实施耕地休耕轮作，鼓励有机养分替代和配方肥、新型肥料应用，推广病虫害绿色防控、统防统治、畜禽生态健康养殖，引导畜禽粪污、死亡动物、农作物秸秆、蔬菜残株、园林废弃物、废旧农膜、农药包装物等回收处理与利用，加大对清洁化生产方式的补贴力度。落实金融、税收等扶持政策，放宽市场准入，研究出台具体政策措施，引导各类农业经营主体、社会化服务组织和专业化企业推进农业可持续发展。

（三）机制保障

围绕防治畜禽养殖、秸秆、农药包装物、化肥农药使用等污染，建立激励引导的农业补贴政策与生态保护的负面清单制度相结合的长效机制。建立健全由公共财政和社会资本共同参与的多元化投入机制，采取政府购买服务等方式，努力形成“政府引导、市场运作、有效监管、主体自觉”的常态运行机制。建立农资全链条监管机制，对有机肥、化肥、化学农药、饲料、兽药等农业投入品，从生产（进货）、销售、使用实行全程登记、监管制度，从源头控制投入品的使用。建立农产品质量安全监管机制，推进农产品质量安全追溯体系建设，严格生产过程中的投入品使用，扩大农产品“三品一标”认证范围，实现高度开放、共享共用、通查通识的智能化信息化监管服务。建立重要农业资源台账，完善农业资源监测统计体系，开展重要农业资源评价，做好农业可持续发展基础性工作。

（四）科技保障

发挥首都科技、人才与资源优势，组建试验示范区创建专家团队，强化试验示范区技术支撑。推动耕地地力提升、化肥农药减施、高效节水、农田生态、农业废弃物资源化利用、环境治理等方面技术协同攻关，加强环境友好技术等高新技术领域的研发力度，推介发布符合绿色增产、节本降耗、生态环保要求的引领性技术模式或单项共性技术。集成推广农业生产过程中的控湿、控温、控水、控肥、控病等生产控制节约技术，以及生产污染、养殖排泄物污染管控等实时监控监测技术。

北京市社会主义新农村建设领导小组综合办公室关于进一步做好制定并落实精准帮扶措施的函

（2017 年 1 月 23 日）

远郊各区人民政府：

市委、市政府《关于进一步推进低收入农户增收及低收入村发展的意见》（京发〔2016〕11 号）要求，精准识别工作完成后，要组织力量逐村逐户摸清低收入成因和发展需求，因地制宜研究帮扶措施并给予分类指导，确保扶持对象精准、项目安排精准、资金使用精准、措施到户精准、因村派人精准、增收成效精准。全市推进低收入农户增收工作会议进一步强调，低收入帮扶措施一定要精准到村、到户，促进低收入农户增收。根据市领导指示精神，各区要进一步深化精准帮扶，围绕落实“六个一批”帮扶举措，突出“精准”二字，切实做到“一村一策”“一户一策”。现将有关要求通知如下：

一、高度重视落实精准帮扶的重要性

精准帮扶、分类施策是低收入帮扶的重要原则。精准识别工作完成后，最重要的是要抓好精准帮扶。精准帮扶贵在精准、难在精准、成在精准。要站在讲政治、重民生、补短板的高度，充分认识精准帮扶的重要性，切实提高精准帮扶水平，由“大水漫灌”向“精准滴灌”转变，提高帮扶的针对性和实效性。要深刻认识抓好精准帮扶的困难和复杂性，统筹力量、攻坚克难、久久为功，让低收入农户有实实在在的帮扶获得感。

二、层层落实精准帮扶责任

促进低收入农户增收和低收入村发展是各级党委和政府的重大政治任务。请各区在抓好政策制定、组织动员、资金安排、工作力量配备等工作的同时，要将责任进一步落实到具体的镇、村，充分发挥“第一书记”、驻村工作队等作用，解决帮扶工作“最后一公里”问题。要将帮扶任务进一步落实到区级相关部门，结合部门职责，强化政策倾斜和聚焦，持续深入推进各领域的帮扶。落实精准帮扶，既要有综合性的全面部署，也要有相关部门的专题部署；既要在区级层面部署，也要在镇级、村级层面部署。要通过进度通报、考核评估等方式，督促抓好各项帮扶措施的落实。

三、结合实际，有针对性地制定好精准帮扶措施

低收入村和低收入农户情况各不相同，要紧密结合帮扶对象自身条件、低收入原因、帮扶需求，结合帮扶工作可利用的资源条件，有针对性地制定具体的帮扶举措并认真落实，真正做到因村施策、因户施策，让帮扶工作精准到每一个低收入村、每一个低收入农户。要突出重点，围绕产业帮扶、就业帮扶、山区搬迁帮扶、生态建设帮扶、社会保障兜底、社会力量帮扶等“六个一批”，将帮扶措施和任务进一步细化实化，实现“一村一策”“一户一策”。

四、及时做好落实精准帮扶措施阶段性总结工作

请各区于 3 月 1 日前将落实精准帮扶措施情况认真总结，形成书面材料报送市新农办（包括报送附件表格），电子版发送至 xietiaochu@bjnw.gov.cn，由市新农办汇总后将报市委、市政府。总结材料要简明扼要，重点提供落实“六个一批”帮扶措施的情况。其中，各项帮扶措施涉及到的低收入村、低收入户，要精确到个位数。要一项一项对照说明：①产业帮扶方面，计划通过产业帮扶项目带动多少低收入村、多少低收入农户发展，已有多少低收入村实施了产业帮扶项目，已有多少低收入农户直接参与或受益于产业帮扶项目，产业发展的主要内容是什么等；②就业帮扶方面，多少低收入农户家庭有劳动力，已就业多少，落实就业帮扶政策情况如何等；③山区搬迁帮扶方面，计划对多少低收入村、多少低收入农户予以搬迁，已落实多少等；④生态建设帮扶方面，提高生态补偿标准惠及多少低收入村、低收入农户，低收入农户生态公益就业岗位多少等；⑤社会保障兜底方面，有多少低收入农户符合低保、医保、养老、助残、救助等政策，实际多少纳入等；⑥在社会力量帮扶方面，有多少低收入村开展了社会力量结对帮扶，与企业结对的多少村，与政府部门结对的多少村，与高校等其他机构结对的多少村，有多少低收入农户获得了社会力量帮扶等。

附件　“六个一批”帮扶措施落实进度表

附件

“六个一批”帮扶措施落实进度表

（精确到个位数）

<table>
<tr><td colspan="9">一、产业帮扶</td></tr>
<tr><td></td><td colspan="4">计划帮扶</td><td colspan="4">已帮扶</td></tr>
<tr><td>1. 低收入村</td><td colspan="4"></td><td colspan="4"></td></tr>
<tr><td>2. 低收入农户</td><td>户</td><td></td><td>人</td><td></td><td>户</td><td></td><td>人</td><td></td></tr>
<tr><td>产业帮扶内容简要概况（产业类型，林果业、种植业主要发展品种等）</td><td colspan="8"></td></tr>
<tr><td colspan="9">二、就业帮扶</td></tr>
<tr><td></td><td colspan="4">低收入人数</td><td colspan="4">涉及低收入户数</td></tr>
<tr><td>1. 计划就业人数</td><td colspan="4"></td><td colspan="4"></td></tr>
<tr><td>其中，已就业</td><td colspan="4"></td><td colspan="4"></td></tr>
<tr><td>2. 计划转移就业人数</td><td colspan="4"></td><td colspan="4"></td></tr>
<tr><td>其中，已转移就业</td><td colspan="4"></td><td colspan="4"></td></tr>
<tr><td>3. 计划公益性岗位就业</td><td colspan="4"></td><td colspan="4"></td></tr>
<tr><td>其中，公益岗位已就业</td><td colspan="4"></td><td colspan="4"></td></tr>
</table>

（续）

三、山区搬迁帮扶

	计划搬迁数				已搬迁数			
1. 低收入村								
2. 低收入农户	户		人		户		人	

四、生态建设帮扶

	享受生态补偿范围			
1. 低收入村				
2. 低收入农户	户		人	

五、社会保障兜底

	低收入人数	涉及低收入户数
1. 低保		
2. 低收入家庭		
3. 医疗保险		
4. 养老保险		
5. 残疾人救助		
6. 在校生救助		

六、社会力量帮扶

	企业帮扶	机关、事业单位帮扶	高校帮扶	其他单位帮扶
1. 低收入村				
2. 低收入农户				

北京市社会主义新农村建设领导小组综合办公室 北京市财政局 北京市农业局 关于印发《2017年北京市农业生产领域“煤改清洁能源”和“减煤换煤”工作推进指导意见》的通知

（2017年3月1日）

各有关区新农办、财政局、农业局、动监局、农业（种植业、水产）服务中心：

为全面推进2017年全市农业生产领域“煤改清洁能源”和“减煤换煤”工作，市新农办、市财政局、市农业局共同研究制定了《2017年北京市农业生产领域“煤改清洁能源”和“减煤换煤”工作推进指导意见》，现印发给你们，请遵照执行。

2017年北京市农业生产领域“煤改清洁能源”和“减煤换煤”工作推进指导意见

根据市政府办公厅《关于印发〈2017年北京市农村地区村庄冬季清洁取暖工作方案〉的通知》（京政办发〔2017〕6号）要求，为推进全市农业生产领域“煤改清洁能源”和“减煤换煤”工作，确保完成2017年度工作任务，现提出2017年本市农业生产领域“煤改清洁能源”和“减煤换煤”工作推进指导意见。

一、明确责任主体，落实“四个一批”

农业生产领域“煤改清洁能源”和“减煤换煤”工作，是全市农村地区“煤改清洁能源”和“减煤换煤”工作的重要内容，各区人民政府是此项工作的责任主体。各区要认真按照“四个一批”的要求，积极开展各项工作，确保完成本区工作任务。一是“清退一批”，各区要对本区老旧、无法正常生产的农业设施进行清退，淘汰一批落后产能；二是“调转一批”，各区要结合我市农业结构调整的总体要求，引导农业生产经营主体逐步调整生产方式和生产品种，在生产时不再使用燃煤加温；三是“提升一批”，即对“育秧、育种、育苗、仔畜、雏禽”等农业籽种设施（以下简称农业籽种设施）实施“煤改清洁能源”工作，提升农业籽种设施冬季生产水平；四是“完善一批”，即对冬季需加温的农业生产设施实施保温改造，完善保温条件。具体工作任务如下：

朝阳、海淀、丰台、房山、通州、大兴南部6区：2017年10月31日前，完成全部农业籽种设施“煤改清洁能源”工作；同步实施农业设施外墙保温改造，确保农业生产设施实现“无煤化”。

门头沟、顺义、昌平、平谷、怀柔、密云、延庆北部7区：要按照本区“无煤化”工作推进的整体要求，对完成“煤改清洁能源”的村庄，同步配套完成农业籽种设施“煤改清洁能源”和农业生产设施保温改造；对未开展“煤改清洁能源”的村庄，要确保农业生产全部使用优质燃煤替代。

二、明确补贴政策，确保完成任务

对农业籽种设施实施“煤改清洁能源”改造的，市财政按照取暖设备购置费用的20%给予补贴，最高不超过65元/平方米，各区财政应不低于市级补贴额度进行补助，减少农户负担。对其他非籽种农业设施自行开展“煤改清洁能源”改造，由各区财政自主安排。实施改造后的籽种设施农业园区包括其配套生活区不得再使用燃煤。

对现有使用燃煤取暖的农业设施外墙进行保温改造的，各区可统筹使用市财政安排的农业改革发展资金，出台具体的补贴政策有序推进。

对其他实施优质燃煤替代的，纳入农村地区优质煤替代整体工作中，市级财政按照200元/吨的标准对区政府予以奖励。

在具备条件的设施农业园区建设“太阳能光伏发电”的，按照市发展改革委的现有政策执行。

对上述建设内容，各区财政可根据本区实际情况，酌情给予资金配套。

三、明确责任分工，做好沟通对接

全市农村生产领域“煤改清洁能源”和“减煤换煤”工作由市新农办综合协调，市农业局负责具体实施。各区可按照市级分工，由区新农办牵头，会同相关农业行业主管部门，成立本区农业生产领域“煤改清洁能源”和“减煤换煤”工作领导小组，落实好各行业部门的任务与分工。各区新农办是本区农业生产领域“煤改清洁能源”和“减煤换煤”工作的组织者，要负责协调各行业部门制定工作方案、组织开展招投标、组织检查督导等工作。各区蔬菜、畜牧、水产行业主管部门是实施主体，要落实年度任务，分别研究制定本行业的具体工作实施方案，指导本行业相关项目的实施，开展本行业检查验收等相关工作。各区农村能源管理办公室可开展技术服务、试验示范和技术把关等工作。

本区农业生产领域“煤改清洁能源”和“减煤换煤”工作相关数据、工作方案及工作进度情况等相关材料，均由各行业主管部门负责核实，区新农办牵头汇总上报。各区新农办、行业主管部门之间要做好沟通对接，密切协作，构建良好的工作体系。

四、做好技术选型，确保改造效果

各区要结合本区实际，尽快明确改造的技术路线和类型，确保技术、产品经济可行，运行效果良好，确保改造能达到杜绝燃煤的效果。

鼓励采用蓄热、热泵（水源热泵除外）、太阳能利用、燃料加温、“煤改电（电加热）”、“煤改气”以及保温改造等技术。鼓励将上述各类技术进行优化组合，通过多能互补，降低运行成本，确保使用效果。各区也可采用其他建设成本低、运行费用低、可长期稳定运行的成熟技术进行改造。对农业籽种设施实施“煤改电”项目需要电力增容的，将根据各园区实际情况落实一户一方案，并纳入电力公司业扩报装绿色通道，加快业务办理。

五、严格招标程序，确保公平公正

由于时间紧，任务重，为便捷高效开展此项工作，各区可对原料供应企业、改造施工单位进行招标。招标企业应具备企业资质全、生产能力强、产品质量优、服务信誉好等基本条件。招标采购应纳入本区整体安排中，要严格按照招标程序进行，确保合法合规、公平公正。招标后各区要做好中标单位与农业企业（农户）的对接协调工作，可由农业企业（农户）从中标单位中选择具体的供应商和施工单位，并与选定的供应商和施工单位直接签订合同书，合同书应包括改造规格、改造价格、改造后温度等内容。要根据企业（农户）取暖面积、种养类型等实际情况，在计算取暖负荷的基础上实施“一户一设计”，有针对性地满足农业设施冬季生产供暖需求。各区要监督中标企业与每家企业签订改造合同和“一户一设计”方案，并按照合同和设计方案做好安装施工工作。

六、强化台账管理，完善“三本台账”

各区要按照“有迹可查”原则，强化台账管理制度，完善“三本台账”，确保各项工作数据清楚，公正透明。

一是完善“底数台账”。各区要科学完成本区的蔬菜、畜牧、水产设施的用煤情况核查，要紧密结合去年冬季生产用煤实际情况，严格审核，杜绝虚报、新增用煤量，科学准确建立用煤台账，做到准确、全面。

二是完善“工作台账”。各区要根据全市任务要求，结合本区实际，科学确定本区年度工作计划，并建立完整的工作台账。各乡镇应建立本乡镇工作台账，各行业主管部门应建立本行业的工作台账，各区新农办应建立本区完整的工作台账。各区工作台账由区新农办报市新农办、市农业局备案。

三是完善“资金台账”。此次“煤改清洁能源”和“减煤换煤”补贴采用“先建后补”的方式，各区要以工作台账为基础，建立完整的资金台账。市、区有关部门要加强资金监管，要聘请第三方机构开展审计核查工作，严防套取财政补贴资金行为，确保资金使用安全。

七、强化长期管理，确保使用效果

为确保完成年度工作任务，保证农业设施“减煤换煤”的持续效果，要加强日常监管。在开展“煤改清洁能源”和保温改造之前，各区农业主管部门要和各生产设施责任主体签订燃煤禁烧协议，在完成改造后，及时拆除燃煤设备。各区要加强对农业企业（农户）对清洁能源技术使用的宣传和培训，确保各项技术设备安全稳定运行；对农户在使用过程中发现的问题，各区要组织技术人员及时进行整改，确保使用效果稳定良好。

农业生产领域“煤改清洁能源”和“减煤换煤”工作任务将纳入市政府与各有关区政府签订的“煤改清洁能源”和“减煤换煤”目标责任书和市政府专项督查工作之中。市新农办、市农业局将成立市级农业生产领域“煤改清洁能源”和“减煤换煤”工作小组，加强对各区工作的指导和督导。同时，引入第三方专业督查机构，加强督查力度。各区政府要将农业生产领域“无煤化”督查和劣质燃煤监管工作纳入农村地区“煤改清洁能源”和“减煤换煤”工作的整体督查中，加大联合执法力度，实施优质燃煤替代的不再烧劣质燃煤，确保完成“煤改清洁能源”和保温改造的不再烧煤。

八、进度安排

2月底前，摸清底数和需求，并将本区“煤改清洁能源”及保温改造建设需求，包括改造面积及对应的改造技术、保温改造面积等上报市农业局。

4月底前，完成招标工作，并签订建设合同。

5月至9月，各区开展建设，市级分组进行督导。

9月底前，各区要全部完成相关建设工作，并进行自查和提交工作报告。

10月底前，市级相关部门对各区开展集中检查，确保任务完成。

11月至12月，市级督查、区级巡查，发现问题及时处理。

北京市社会主义新农村建设领导小组综合办公室　北京市住房和城乡建设委员会　北京市财政局关于深入推进农民住宅抗震节能改造工作的指导意见

（2017年11月16日）

各有关区人民政府：

自《北京市农民住宅抗震节能改造工程建设规划（2014—2017年）》（京新农办函〔2014〕2号，下称《四年规划》）实施以来，各有关区认真贯彻市委、市政府关于大气污染防治、推进社会主义新农村建设“暖起来”工程的工作部署，采取“以奖代补”方式积极推进农宅改造工作，有力促进了全市污染减排和农村人居环境双重改善，极大增强了全市广大农民群众的获得感。为在更高标准、更深层次上持续推进农宅改造，现就深入推进我市农民住宅抗震节能改造有关工作提出如下指导意见：

一、高度重视，不断加强农宅抗震节能改造工作的组织领导

此次全市农宅抗震节能改造工程建设政治和社会影响大、农户改造意愿差别大、涉及工程量大、奖励资金额大、工作推进难度大、持续时间长。在现有成果基础上持续推进农宅改造，让更多农村群众享受到党和政府的关怀，需各有关区政府进一步加强对农宅改造的组织领导。

（一）深化思想认识

各区要客观看待当前农宅改造工作形势，在看到成绩的同时，要更多地从促进我市农村地区社会发展、改善农村人居环境的高度，正视农宅改造过程中出现的问题，进一步增强深入推进农宅抗震节能改造工作的责任感、紧迫感。

（二）健全领导组织

相关各区要成立由分管区领导任组长，区新农办、区住房城乡建设委、区财政局等主管部门参加的农宅抗震节能改造工作领导小组，在区委、区政府领导下，全面负责本区农宅抗震节能改造各项工作，切实解决部分区农宅改造领导管理不到位的问题。

（三）完善推进机制

各区农宅抗震节能改造工作领导小组，要根据工程建设进度，针对存在的问题，及时召开农宅改造主管部门协调推进会，及时解决农宅改造中遇到的问题。

（四）全面完成2017年改造任务

各区政府作为农宅改造的责任主体，要按照《2017年北京市农民住宅抗震节能改造工作实施方案》确定的“完成6万户农宅抗震节能改造”任务部署，抓紧完成确户信息审核、录入和工程设计、施工、监理、验收等工作，确保2017年12月底前全面完成2017年度农宅改造任务。

二、严格标准，着力解决当前农宅改造不规范、不统一问题

关于农宅改造的项目分类、改造原则、奖励办法、推进程序、保障措施等主要问题，《四年规划》和各年度实施方案都作了明确规范，各有关区要认真学习、准确理解、严格把握。为便于各区开展工作，根据相关政策规定，现就有关问题再作进一步明确。

（一）关于奖励对象和奖励标准

《四年规划》中“新建翻建及综合改造每户2万元、节能保温改造每户1万元”的规定，已明确界定了奖励对象的范围和标准。总体上，各区要按照“一户、一处、一次”的原则来进行确户：一户即公安部门所确定的一户家庭，一处即每个农户只享受一处住房的市级抗震或节能改造奖励，一次即每户只享受一次市级财政奖励补贴。对“一宅多户”等个别情况，由各区在符合现行市级政策前提

下，自行明确特殊农户奖励条件。

（二）关于基础数据核查和录入

各区要依据《四年规划》和各年度实施方案，对使用市级奖励资金用于行政事业单位办公用房、企业经营用房、非集体经济组织成员的非农户、非京户居民用房改造和同一人重复申报奖励资金等问题展开核查、整改，凡有恶意骗取市级奖励资金行为的，除全额收回多领奖励资金外，还要追究相关人员责任。核查结束后，各区要在2017年12月底前将2014—2016年未录入信息系统的纸质文本数据全部、如实录入信息系统，2017年农宅改造项目数据也要一并录入信息系统。各区务必要确保纸质文本和信息系统录入数据一致。2017年数据录入完成后，各区要从信息系统导出本区全部改造农户的信息汇总表，经区主管部门审核盖章后作为结算依据。

（三）关于政策完善和档案管理

财政部门要紧跟形势变化，及时研究制定《农宅抗震节能改造市级奖励资金结算管理办法》；各区要加强档案管理，凡涉及改造户个人信息、住宅信息和与改造项目有关的材料（如申请表、验收表等）纳入纸质档案收集范围。凡无关键证据性纸质档案资料的工程，在重新核查认定、补充完整相关证据材料前，市、区财政部门不予全部结算。

（四）关于项目过程环节管理

各区新农办和住房城乡建设委，要履行好计划协调、检查抽查、技术指导和服务职能。要严格按照《四年规划》及《北京市2017年农民住宅抗震节能改造工作实施方案》（京新农办函〔2017〕8号）《北京市村庄规划建设管理指导意见（试行）》（京规发〔2010〕1137号）《北京市农民住宅抗震节能建设项目管理办法》（京建发〔2011〕26号）等有关文件要求，加大管理力度，规范操作程序，加强工程建设全过程监督管理。工程管理中，严禁替农户直接指定设计和施工单位，严禁为施工单位直接指定材料供应商；项目执行单位要加强招投标和施工监理，严防自然人借用企业资质中标工程。2018年一季度，各区要完成对本区2017年改造工程的验收、核查；2018年二季度，市级主管部门将组织第三方机构对各区农宅改造工程进行核查。

三、通力协作，确保高标准、按时限完成四年规划建设任务

各区政府要以高度的政治责任心和强烈的服务意识，发挥农宅改造工程责任主体作用，统筹抓好年底前各项改造工作。各区主管部门要根据《四年规划》第三项“保障措施”赋予的职能分工，按照区委、区政府统一部署，围绕高标准完成农宅抗震节能改造任务，坚持问题导向、坚持上下一致、坚持各尽其职、坚持通力协作，切实把这次深入推进农宅抗震节能改造工作，变成全力推进农宅改造四年规划落实的“收官之战”，变成下一步实施“实施乡村振兴战略推进美丽乡村建设（2017—2020年）专项行动”前的总动员。

各区于2018年1月底、4月底前，将2017年度农宅改造及《四年规划》任务完成情况报市新农办、市住房城乡建设委、市财政局。

涉农文件目录

2017年涉农文件目录

中共北京市委　北京市人民政府关于坚持疏解整治促提升　扎实推动城乡一体化发展的意见

中共北京市委农村工作委员会　中共北京市委组织部　北京市民政局　北京市农村合作经济经营管理办公室关于印发《北京市村干部管理监督办法（试行）》的通知

中共北京市委农村工作委员会　北京市农村工作委员会关于进一步深化本市农村集体产权制度改革发展壮大农村集体经济的若干意见

中共北京市委农村工作委员会　北京市农村工作委员会　北京市旅游发展委员会　首都精神文明建设委员会办公室　北京市文化局　北京市园林绿化局　北京市人力资源和社会保障局关于印发《“北京最美的乡村”评选表彰暂行办法》的通知

中共北京市委农村工作委员会　北京市农村工作委员会　北京市旅游发展委员会　首都精神文明建设委员会办公室　北京市文化局　北京市园林绿化局　北京市人力资源和社会保障局关于组织开展2017—2018年度寻找“北京最美的乡村”评选表彰工作的通知

中共北京市委农村工作委员会　北京市农村工作委员会　北京市旅游发展委员会　首都精神文明建设委员会办公室　北京市文化局　北京市园林绿化局关于印发《“北京最美的乡村”全面发展督导测评指标体系（试行）》的通知

北京市农村工作委员会关于印发《北京市2017年政策性农业保险统颁条款》的通知

北京市农村工作委员会关于印发《北京市农业科技示范推广项目管理办法》的通知

北京市农村工作委员会关于成立北京都市型现代农业专家库的通知

北京市农村工作委员会关于公布首批北京都市型现代农业（高效农业）示范乡镇的通知

北京市农村工作委员会关于印发《2016年北京都市型现代农业（高效农业）示范镇创建监测评价报告》的通知

北京市农村工作委员会关于完善本市农民专业合作社市级示范社监测和考评相关程序及标准的通知

北京市农村工作委员会关于印发《北京市特色专业示范村认定管理办法》的通知

北京市农村工作委员会关于印发《北京市级现代农业示范区创建管理办法（试行）》的通知

北京市农村工作委员会　北京市农业局　北京市城市管理综合行政执法局　北京市环境保护局关于印发《2017年农作物秸秆禁烧与综合利用重点工作及任务分工》的通知

北京市农村工作委员会关于加强2017年财政支农专项转移支付改革试点资金项目管理　推动郊区发展的通知

北京市农村工作委员会　北京市农村合作经济经营管理办公室关于开展国家农民合作社示范社监测工作的通知

北京市农村工作委员会关于印发《2017年北京市农业农村信息化重点工作》的通知

北京市农村工作委员会　北京市农业局关于印发《北京市新建南繁科研育种基地（海南）建设与管理暂行办法》的通知

北京市农村工作委员会关于成立北京市农业农村信息化领导小组的通知

北京市农村工作委员会　北京市人力资源和社会保

障局关于进一步做好本市农村劳动力转移就业工作的通知

北京市农村工作委员会 北京市农业局关于做好中央环保督察反馈意见指出问题整改落实工作的通知

北京市农村工作委员会 北京市农业局关于印发《落实北京市土壤污染防治工作方案 2017 年重点任务分解安排》的通知

北京市农村工作委员会 北京市农业局关于进一步规范设施农业建设和利用的通知

北京市农村工作委员会 北京市农业局关于全面推进信息进村入户工程的实施意见

北京市农村工作委员会 北京市教育委员会 北京市科学技术委员会 北京市财政局 北京市人力资源和社会保障局 北京市农业局关于推进北京市种业人才发展和科研成果权益改革工作的若干意见

北京市农村工作委员会 北京市农业局关于开展清理整治违法占用基本农田建设“大棚房”的通知

北京市农村工作委员会 北京市发展改革委员会 北京市经济和信息化委员会 北京市财政局 北京市规划和国土资源管理委员会 北京市住房和城乡建设委员会 北京市水务局 北京市旅游发展委员会 北京市文化局 北京市文物局 北京市园林绿化局 北京市妇女联合会 中国人民银行营业管理部关于加快休闲农业和乡村旅游发展的意见

北京市农村工作委员会关于印发《2018 年北京市农业产业化项目申报指南》的通知

北京市农村工作委员会关于进一步加强全市农村集体土地承包及流转管理工作的通知

北京市农村工作委员会关于进一步推进 2017 年沟域经济建设的函

北京市农村工作委员会 北京市环境保护局 北京市农业局关于进一步做好畜禽养殖污染防治工作的函

北京市农村工作委员会关于进一步开展农村集体资产监督管理工作的通知

北京市农村工作委员会 北京市经济和信息化委员会 北京市城市管理委员会 首都社会治安综合治理委员会办公室北京市城乡接合部建设领导小组办公室关于做好中央环保督察反馈我市城乡接合部地区环境问题的整改工作并定期报送进展情况的通知

北京市农村工作委员会关于进一步做好农村土地承包经营权确权登记颁证工作的通知

北京市农村工作委员会 北京市财政局关于开展现代农业产业园创建工作鼓励支持现代农业产业园发展的意见

北京市农村工作委员会关于清查荒山荒滩承包（租赁）合同严肃查处违章建设的通知

北京市农村工作委员会 北京市经济和信息化委员会 北京市城市管理委员会 首都社会治安综合治理委员会办公室 北京市城乡接合部建设领导小组办公室关于进一步落实中央环保督查反馈意见抓好城乡接合部地区环境污染问题的通知

北京市农村工作委员会关于印发《2018 年北京市支农资金农业科技示范推广项目申报指南》的函

北京市农村工作委员会关于印发《北京市乡镇统筹利用集体产业用地试点民主决策程序及实施主体组建运行管理暂行办法》的通知

北京市农村工作委员会 北京市规划和国土资源管理委员会关于进一步做好山区农民搬迁工作的通知

北京市农村工作委员会 北京市农业局关于开展畜禽养殖禁养区划定及禁养区内规模养殖场关闭工作检查验收考核的通知

北京市农村工作委员会 北京市财政局关于进一步加强村级公益事业建设一事一议财政奖补项目和资金管理的意见

北京市农村工作委员会关于做好第五批中国传统村落调查推荐工作的通知

北京市农村工作委员会 北京市财政局 北京市规划和国土资源管理委员会 北京市环境保护局关于开展中国传统村落保护项目实施情况专项检查工作的函

北京市农村工作委员会关于开展“中国特色农产品优势区”申报工作的函

北京市农村工作委员会关于公布 2017 年北京市农民专业合作社市级示范社考核评定结果的通知

北京市农村工作委员会关于巩固“大棚房”清理整治工作成效进一步提升设施农业建设利用监管水平的通知

北京市农村工作委员会 北京市园林绿化局 北京市农业局关于进一步做好当前农产品产销对接工作的函

北京市农村工作委员会 北京市财政局关于批准创建第一批市级现代农业产业园的通知

北京市农村工作委员会关于做好“大棚房”清理整治后续工作的通知

北京市农村工作委员会关于印发《浅山区违法占地违法建设专项整治农业项目甄别工作实施方案》的通知

北京市农村工作委员会关于公布第四次监测合格北京市农业产业化重点龙头企业名单的通知

北京市农村工作委员会　北京市发展和改革委员会　北京市经济和信息化委员会　北京市公安局　北京市财政局　北京市卫生和计划生育委员会　北京市质量技术监督局　北京市食品药品监督管理局　北京市园林绿化局　北京市农业局关于印发《北京市创建“国家农产品质量安全市”实施方案》的通知

北京市农村工作委员会　北京市发展和改革委员会　北京市科学技术委员会　北京市财政局　北京市规划和国土资源管理委员会　北京市环境保护局　北京市水务局　北京市园林绿化局　北京市农业局关于印发《北京市全市创建国家农业可持续发展试验示范区三年行动计划（2017—2019 年）》的通知

北京市农村工作委员会　北京市农业局关于印发《北京农业好品牌》和《京郊农业好把式》遴选结果的通知

北京市农村工作委员会　北京市财政局关于印发《2017 年北京市整区推进农村一二三产业融合发展试点工作的实施方案》等中央财政农业生产发展资金项目实施方案的通知

北京市农村工作委员会关于做好 2017 年度全市农村土地承包经营纠纷调解仲裁考核评价工作的通知

北京市农村工作委员会关于印发《北京都市型现代农业（高效农业）示范乡镇创建工作管理办法（试行）》的通知

北京市社会主义新农村建设领导小组综合办公室　北京市财政局　北京市农业局关于印发《2017 年北京市农业生产领域“煤改清洁能源”和“减煤换煤”工作推进指导意见》的通知

北京市社会主义新农村建设领导小组综合办公室关于北京市农村地区清洁取暖工作管理及运行效果评估平台运行使用有关事项的通知

北京市社会主义新农村建设领导小组综合办公室关于进一步加强清洁能源取暖设备质量和安装质量的通知

北京市社会主义新农村建设领导小组综合办公室　北京市住房和城乡建设委员会　北京市财政局关于深入推进农民住宅抗震节能改造工作的指导意见

北京市社会主义新农村建设领导小组综合办公室关于进一步做好制定并落实精准帮扶措施的函

北京市社会主义新农村建设领导小组综合办公室关于印发《北京市 2017 年农村地区村庄冬季清洁取暖工作推进指导意见》的通知

北京市社会主义新农村建设领导小组综合办公室关于进一步加强农村地区“煤改清洁能源”住户户内设计、设备检测和安装验收工作的通知

北京市社会主义新农村建设领导小组综合办公室关于明确低收入农户动态管理有关问题的通知

北京市社会主义新农村建设领导小组综合办公室关于公布北京市第二批美丽乡村建设名单的函

北京市社会主义新农村建设领导小组综合办公室　北京市财政局　北京市住房和城乡建设委员会关于印发《2017 年北京市农民住宅抗震节能改造工作实施方案》的函

北京市社会主义新农村建设领导小组综合办公室关于印发《2017 年北京市国家现代农业示范区重点工作细化方案》的通知

北京市社会主义新农村建设领导小组综合办公室关于印发《2017 年北京市社会主义新农村建设重点工作分工方案》的通知

北京市社会主义新农村建设领导小组综合办公室关于推荐 2017 年全国特色小镇的函

北京市社会主义新农村建设领导小组综合办公室关于建立健全农村地区清洁取暖设备长效管护服务机制的通知

北京市社会主义新农村建设领导小组综合办公室关于实施北京市新型职业农民激励计划的若干意见

北京市社会主义新农村建设领导小组综合办公室关于做好农村地区冬季清洁取暖市级财政资金核查核算工作的通知

北京市社会主义新农村建设领导小组印发《关于促进本市农民增收及低收入农户增收工作的若干政策措施》的通知

北京市农村合作经济经营管理办公室关于做好 2017 年度农村经营管理统计年报工作的通知

北京市农村合作经济经营管理办公室关于印发《北京市农村土地家庭承包与流转合同示范文本》的通知

北京市农村合作经济经营管理办公室关于认真做好2017年度新型集体经济组织收益分配工作的通知
北京市农村合作经济经营管理办公室关于深化农经统计制度改革与“三资”监管平台应用的通知
北京市农村合作经济经营管理办公室关于加强2017年农村管理信息化软硬件及网络设备运维管理工作的通知
北京市农村合作经济经营管理办公室关于做好2017年全国农村固定观察点工作的通知
北京市农村合作经济经营管理办公室关于做好2017年农产品成本核算工作的通知
北京市农村合作经济经营管理办公室市农经办关于做好2017年农民负担执法检查工作的通知
北京市农村合作经济经营管理办公室关于印发《北京市农村集体经济审计示范文书及参考文本》的通知
北京市农村合作经济经营管理办公室关于做好2017年度农村经营管理统计年报工作的通知
北京市农村合作经济经营管理办公室关于做好2017年农村管理信息化数据更新工作的通知
北京市农村合作经济经营管理办公室关于认真做好2017年度农村集体资产产权登记证年检工作的通知
北京市农村合作经济经营管理办公室关于对2017年村级公益事业专项补助资金管理使用情况进行年度审计的通知
北京市农村合作经济经营管理办公室关于开展2015—2017年度农村集体经济组织征地补偿费管理使用情况审计的通知
北京市农业局关于印发《北京市2017年基层农技推广体系改革与建设补助项目绩效考评实施方案》的通知
北京市农业局关于印发《北京市农药生产许可审查专家管理办法》的通知
北京市农业局关于印发《北京市耕地质量等级调查评价工作实施方案》的通知
北京市农业局关于公布《北京市农业系统2017版权力清单》的通知
北京市农业局关于进一步加强秋冬季农作物秸秆综合利用促进禁烧工作的通知
北京市农业局关于贯彻落实《农药管理条例》强化农药管理的意见
北京市农业局关于进一步加强兽药管理保障畜禽产品质量安全的通知
北京市农业局关于印发《农业部组织“寻找最美农技员活动”结果》的通报
北京市农业局关于印发《北京市农艺节水工作方案》的通知
北京市农业局关于印发《北京市植保专业化服务组织建设标准（试行）》《北京市蔬菜农机专业化服务组织管理办法（试行）》的通知
北京市农业局关于动物及动物产品无害化处理残渣处理方式的意见
北京市农业局关于全面加强生猪定点屠宰企业证章标志管理的通知
北京市农业局关于印发《遏制动物源细菌耐药行动实施方案（2017—2020年）》的通知
北京市农业局关于印发《北京市农业“七五普法”工作意见》的通知
北京市农业局关于做好2017年秋冬种工作的意见
北京市农业局关于印发《北京市2017年水生生物增殖放流实施方案》的通知
北京市农业局关于加强对民间动物收容场点的动物防疫管理及相关服务工作的通知
北京市农业局关于印发《畜禽屠宰企业标准化示范创建实施方案》的通知
北京市农业局关于印发《北京市生态农业综合建设暨农业面源污染防治规划（2016—2020年）》的通知
北京市农业局　北京市财政局关于印发《2017年北京市设施蔬菜有机肥替代化肥试点建设等实施方案》的通知
北京市农业局关于印发《北京市2017年草地资源清查工作实施方案》的通知
北京市农业局关于进一步加强狂犬病免疫和犬只产地检疫工作的通知
北京市农业局关于落实本市取消调整涉及企业和群众办事创业证明工作的通知
北京市农业局关于切实加强蛋禽养殖质量安全管理工作的通知
北京市农业局关于印发《执业兽医资格考试北京考区相关工作制度》的通知
北京市农业局河北省农业厅关于发布《官厅水库渔具使用管理特别规定》的通告
北京市农业局关于印发《进一步做好农业生态环境保护工作的意见》的通知
北京市农业局关于切实做好全市高致病性禽流感秋

季免疫工作的通知
北京市农业局关于印发《北京市犬只狂犬病免疫标识监制办法》的通知
北京市农业局关于印发《北京市动物狂犬病防控工作考核评估办法》《北京市动物狂犬病疫情报告、诊断和处置工作程序》的通知
北京市农业局关于印发《2017 年北京市基层农技推广体系改革与建设项目实施意见》的通知
北京市农业局关于印发《2017 年北京市新型职业农民培育工作项目实施意见》的通知
北京市农业局关于印发《2017 年北京市农业标准化工作实施方案》的通知
北京市农业局关于发布北京市农业机械推广鉴定大纲的通告
北京市农业局关于印发《2017 年北京市无公害农产品工作实施意见》的通知
北京市农业局 天津市农村工作委员会河北省农业厅关于公布 2017 年京津冀主要农作物审定品种的通告
北京市农业局 北京市宗教事务管理局关于进一步加强宗教界水生生物放生（增殖放流）管理的通知
北京市农业局关于印发《2017 年北京市农产品质量安全工作意见》的通知
北京市农业局关于进一步加强畜禽养殖污染防治工作的通知
北京市农业局关于开展 2017 年种畜禽质量监测工作的通知
北京市农业局关于进一步加强水生野生动物保护管理工作的意见
北京市农业局关于开展“北京蔬菜好园区”申报工作的通知
北京市农业局 北京市发展和改革委员会 北京市经济和信息化委员会 北京市公安局 北京市工商行政管理局 北京市质量技术监督局 北京市供销合作总社关于印发《2017 年北京市农资打假和监管工作要点》的通知
北京市农业局关于公布北京市第 33 批主要农作物审定品种名录的通告
北京市农业局关于公布 2016 年度奶牛布鲁氏菌病净化场（群）名单的通知
北京市农业局关于印发《2017 年北京市三夏工作的意见》的通知
北京市农业局关于加强北京市生猪调出大县奖励资金监督管理的通知
北京市农业局关于印发《2017 年农业领域禁种铲毒工作方案》的通知
北京市农业局 北京市卫生和计划生育委员会关于印发《北京市布鲁氏菌病防治计划（2016—2020年）》的通知
北京市农业局关于进一步加强非洲猪瘟防范工作的通知
北京市农业局关于印发《2017 年水产健康养殖示范创建活动实施方案》的通知
北京市农业局关于印发《2017 年北京市动物疫病监测与流行病学调查计划》的通知
北京市农业局关于开展休闲渔业发展监测工作的通知
北京市农业局关于印发《北京市 2017 年农业生态环境保护重点工作要点》的通知
北京市农业局关于印发《2017 年北京市动物疫病强制免疫计划》的通知
北京市农业局关于印发《2017 年北京市蔬菜产业发展指导意见》的通知
北京市农业局关于印发《2017 年全市农业法治工作意见》的通知
北京市农业局关于注销拖拉机和联合收割机号牌及驾驶证的公告
北京市农业局关于印发《2017 年北京市渔业渔政工作要点》的通知
北京市农业局关于印发《2017 年北京市农产品质量安全异地监督抽查实施方案》的通知
北京市农业局关于进一步规范本市动物无害化收集处理工作的通知
北京市农业局关于印发《2017 年农业机械化工作要点》的通知
北京市农业局关于公布 2017 年北京市农业机械推广鉴定产品种类指南的通告
北京市农业局关于印发《北京市 2016 年基层农技推广体系改革与建设补助项目绩效考评实施方案》的通知
北京市农业局关于认真做好 2017 年禁种铲毒工作的通知
北京市农业局关于公布 2016 年市级休闲渔业示范基地的通知

总　述

2017年北京市农村经济社会发展总述

2017年，全市以习近平总书记两次视察北京重要讲话精神及对北京工作的一系列重要指示精神为根本遵循，落实市十二次党代会决策部署，紧紧围绕“四个中心”城市战略定位和“国际一流的和谐宜居之都”建设大局，坚持疏解整治促提升，扎实推动城乡一体化发展，持续加大城乡统筹与农村改革力度，深化农业供给侧结构性改革，在率先全面实现小康、城乡融合发展、生态文明建设、绿色农产品供应、重大活动保障等方面作出了积极的努力，“三农”各项工作持续向好发展。

启动实施新一轮美丽乡村建设三年行动计划。全年新建美丽乡村300个，累计达1 300个。研究制定了《实施乡村振兴战略扎实推进美丽乡村建设专项行动计划（2018—2020年）》，2017年11月21日召开全市动员大会，蔡奇书记、陈吉宁市长出席会议，直接动员部署，明确了全市美丽乡村建设的总体要求、“三步走”的建设时序和10项重点任务。先期推进63个试点村的村庄建设发展规划、环境整治和美丽乡村建设实施方案的编制任务。

大力推进农村地区冬季清洁取暖工作。落实京津冀大气污染防治强化措施，全年完成901个村庄、36.9万户的“煤改清洁能源”工作，超额完成市政府要求的700个村的目标任务。同步完成1 514个村委会、村民公共活动场所和95万平方米籽种农业设施的改造工作，在山区乡村探索开展冬季清洁取暖的有效方式。自2013年工程实施以来，全市已累计完成2 237个村庄、约90万户住户的“无煤化”改造任务，减少散煤燃烧约270万吨。

扎实推进功能性特色小城镇建设。坚持特色引领、试点带动，通过规划、土地、财政、金融等方面政策集成创新，引导功能性项目、特色文化资源、品牌企业落户小城镇。配合有关部门出台了《北京市关于进一步促进和规范功能性特色小城镇发展有关问题的通知》，围绕承接中心城区功能疏解和新型特色产业培育，支持规划建设一批特色小城镇，怀柔区雁栖镇等4个镇被认定为第二批中国特色小镇，累计达到7个。完成城乡接合部重点地区环境问题整改年度任务，疏解整治一批工业大院、“散乱污”企业。扎实推动小城镇区域内资源整合、项目组合和产业融合，提升教育、医疗等公共服务水平，打造与小城镇自身禀赋与地域特点相适应的优势产业，探索形成宜居宜业宜游的功能性特色小城镇发展路径。

继续推进农宅抗震节能改造。全年组织开展6万户农宅的改造工程，完成《北京市农民住宅抗震节能改造工程建设规划（2014—2017年）》任务，累计实施近70万户农宅的抗震节能改造，基本实现全市农宅应改尽改。

加强传统村落保护和发展。研究制定《关于加强传统村落保护发展的指导意见》以及规划设计指南、修缮指导意见等一系列技术规范和管理文件。确定了北京市第一批44个市级传统村落，其中21个列入中国传统村落名录，并全部完成了村庄的保护发展规划编制工作。启动了第五批中国传统村落调查推荐。

推动山区绿色发展。配合做好浅山区违法占地违法建设整治工作，全面清查了全市荒山荒滩承包（租赁）合同，认定涉违合同589份、违章构筑物1 073亩（分别占合同总数和清查面积的3.82%、0.07%），加强荒山荒滩承包（租赁）管理，坚决拆除违章建设。在 2 778 平方公里的范围内，实施严格控制新开发建设项目、严格农村土地用途管制、严格落实快拆机制等六项严禁严管措施，确保管控范围内无违法占地、无违法建设、无违法排污、无禁限产业。扎实做好第三轮地质灾害易发区和生存条件恶劣地区山区搬迁收尾工作，2017 年启动了 46 个村、4 715 户、10 400 人的搬迁工程。扎实推进 10 条重点沟域建设；推动京津冀三地 10 个区县共同建设 5 条跨区域沟域经济发展带，重点培育特色产业、增强生态服务功能。

深入推进农业“调转节”。继续调减退出高耗水种养业，在地下水严重超采区继续调减高耗水的粮食种植，已完成“调转节”2020 年目标任务的 80%。把农业节水作为方向性、战略性的大事来抓，配合有关部门印发了《北京市推进“两田一园”高效节水工作方案》《北京市农业水价综合改革实施方案》，严格落实用水限额管理制度，加快推动节水栽培技术广泛应用和绿地林地集雨节水工程建设，全面开展区域规模化高效节水灌溉，全面推进农业水价综合改革和区域规模化高效节水灌溉，农业用新水节约 4 000 万立方米。

积极创建国家现代农业示范区。制定《2017 年北京市国家现代农业示范区重点工作细化方案》，修订《北京市级现代农业示范区创建管理办法（试行）》，组织 6 个区开展北京市级现代农业示范区创建工作，启动创建本市第一批 4 个市级现代农业产业园，新认定 23 个北京都市型现代农业示范乡镇，推动房山区良乡现代农业产业园入选第二批国家现代农业产业园名单。开展特色农产品优势区创建，评选出 44 个“北京农业好品牌”、20 个“京郊农业好把式”。农业部评价 2017 年北京市国家现代农业示范区建设水平综合得分 76.11 分，达到基本实现农业现代化水平。

推进以现代种业为重点的农业科技发展。市农委牵头六部门，研究出台了《关于推进北京市种业人才发展和科研成果权益改革工作的若干意见》，深化种业体制机制改革，启动北京南繁科研育种基地建设，举办了第六届北京现代种业博览会，北京现代种业继续保持全国领先优势，更好地服务国家粮食安全。创新农业科技服务方式，重点加强农业综合节水技术、育种繁种技术、农业高端技术转化、农业生态技术和观光休闲技术五个领域的扶持引导，不断提升农业科技应用水平。完善全科农技员绩效管理手段，试点“滴滴农科”（互联网＋农技服务）的新模式，组织实施“移动 APP 及咨询通产品在全科农技员管理服务中的应用示范”项目，提升全科农技员服务实效。

加强“菜篮子”工程建设。加强农产品质量安全监管，全面创建国家农产品质量安全城市，健全监管体制，增加绿色优质农产品供给，“菜篮子”产品质量抽检合格率达到 97%以上，汪洋同志在北京出席全国“双安双创”现场会时，对北京农业和农产品质量安全给予表扬肯定。结合疏解整治促提升，支持本市农业企业、合作社在环京周边地区建立蔬菜基地 3.3 万亩、畜禽基地 5 家，每年可为首都市场提供蔬菜 7.5 万吨、牛奶 7.1 万吨、商品猪 10.3 万头、鸡肉产品 1.8 万吨，稳步提升本市“菜篮子”产品供给能力，同时也进一步推动了京津冀农业协同发展。

推进农业绿色发展。启动国家农业可持续发展试验示范区创建工作，印发《北京市全市创建国家农业可持续发展试验示范区三年行动计划（2017—2019 年）》。扎实推进“三个十条”在农业领域的落实，组织开展土壤污染防治和改良工作，加强农业面源污染治理，实施化肥农药使用减量行动计划。组织开展 100 家规模化养殖场粪污治理与资源化利用。开展清理整治“大棚房”专项行动，强化设施农业监管，排查各类设施农业 16.9 万栋、20 万亩，清理整治“大棚房”150 宗、问题大棚 7 887 个。

推动乡村旅游转型升级。出台了《关于加快休闲农业和乡村旅游发展的意见》，以市民需求为导向，创新农旅结合、农科结合、农文结合等发展模式，打造了一批集农事体验、娱乐休闲、健康养老等为一体的乡村旅游目的地和精品线路，不断丰富乡村旅游业态和产品。全市现有休闲农业园区 1 216 个，民俗旅游接待户 8 363 户，休闲农业和民俗旅游全年接待游客 4 337 万人次，实现收入 44.1 亿元。延庆区四海镇南湾村等 5 个村被推介为 2017 年中国美丽休闲乡村，累计达到 19 个村，开展了第三批北京休闲农业园区（企业）星级创建工作。成功举办第五届北京农业嘉年华，累计接待入园游客 136.9 万人次。

大力促进农民就业增收。会同市人力社保局出台《关于进一步做好本市农村劳动力转移就业工作的通知》，支持引导用人单位招用农村劳动力就业，对招用本市农村就业困难人员的，给予最长5年的岗位补贴（5 000元/人·年）和社会保险补贴。加强农村劳动力就业培训，深化“城乡手拉手”就业协作机制，配合有关部门组织城市公共服务岗位成建制招用1 000个本市农村劳动力，由失业保险基金按照不高于每人每月2 500元的标准给予岗位补贴。年内帮助4万名农村劳动力转移就业，动态保持“零就业家庭”至少一人就业。围绕抓就业、抓产业、抓环境、抓救助的要求，出台了《促进本市农民增收及低收入农户增收工作的若干政策措施》，不断加大农民增收工作力度。落实提高山区生态林管护标准政策，将生态林管护员岗位补贴由532元/（人·月）提高20%左右，达到638元/（人·月）。2017年，农村居民人均可支配收入实现24 240元，同比增长8.7%，扣除物价实际增长6.7%，基本与经济增长同步。

精准抓好低收入帮扶。推动“六个一批”分类帮扶措施落地实施，印发了《关于进一步加强低收入村户产业发展帮扶项目和资金管理的通知》，督促落实4.8亿元产业帮扶专项资金项目，安排项目415个，92%产业项目开工建设，62%已完工。开展针对性就业服务，共对4.72万名低收入户劳动力进行了信息登记，办理2.29万名失业登记，按需开展就业技能培训；调整提高生态公益林补偿金（由原来每年每亩40元提高到每年每亩70元），山区6.1万低收入农户、13.1万人直接受益。落实提高低收入农户家庭救助水平的相关政策，对全市低收入农户开展全面筛查，对符合条件的低收入农户做到应保尽保。2017年，全市低收入农户人均可支配收入10 698元，同比增长19.4%。

继续做好一事一议财政奖补工作。印发了《关于进一步加强村级公益事业建设一事一议财政奖补项目和资金管理的意见》，稳步扩大奖补覆盖面，切实加强项目监管，重点支持低收入村项目建设，明确项目用工的60%以上要使用本村村民。各级财政投入奖补资金5.4亿元，建设项目537个，其中低收入村项目129个、奖补资金1.4亿元。

抓好农村“三块地”改革。加快推进农村承包土地确权登记颁证工作，全市共有125个乡镇2 609个村开展了确权工作，分别占拟确权乡镇、村数的100%和98.1%，涉及承包土地面积278.5万亩，占全市拟确权土地总面积的98.5%，土地承包经营权确权登记颁证工作主体任务基本完成。农村土地承包经营权确权登记颁证信息平台已经具备运行条件，114万本农村土地承包经营权证书已印制完成。加强集体土地管理，探索建立“村地乡管”机制，规范承包及流转程序，加强合同管理，严格用途管制。稳步推进农村集体经营性建设用地乡镇统筹利用试点，制定了试点工作方案和相关政策安排，13个试点乡镇正在抓紧编制具体实施方案。稳妥推进盘活利用农民闲置房屋试点，培育了房山区周口店镇黄山店村等一批新典型，目前全市7个区开展了相关试点，涉及24个乡镇、27个村，盘活闲置农宅789套，租期内农民可获得租金1.27亿元。

深化农村产权制度改革。出台本市深化农村集体产权制度改革意见，进一步加强农村集体经济组织规范运营，保障集体经济组织成员权益。进一步完善制度、加强“三资”监管，对财务公开、集体经济审计等具体工作进行了强化部署。继续加强对朝阳等重点区的监督指导力度，加快推进剩余未改村的改革，稳步推进一绿、二绿及重点城镇化地区的乡级改革，全市完成农村集体经济产权制度改革单位达到3 920个，其中村级3 899个，乡级21个，村级完成比例为98%。组织大兴区完成了农村集体资产股份权能改革试点的全面自查评估和总结。推动海淀区成为全国农村集体产权制度改革试点区。

加强合作社规范化建设。制定实施示范社监测考评程序及标准，组织各区开展市级示范社和国家级示范社数据监测和考核评定工作，淘汰不合格示范社14家，动态确定市级示范社192家，全市农民专业合作社联合社已经达到39家。全市在工商登记注册的合作社达到7 447个，成员19.6万人，出资总额109.8亿元，辐射带动农户46万户。

稳步推进农村金融改革。政策性农业保险保障水平进一步提升，险种达到44个，参保农户8.1万户次，全年保费收入5.7亿元，同比增长5.5%，出台农业领域贷款贴息办法，支持72家新型农业经营主体融资9.4亿元。

加强农村党建工作。常态化推进“两学一做”学习教育，加强农村党支部规范化建设，初步构建“B+T+X”工作体系。加强乡镇干部培训，完成了15期、共2 250余人参加的新一届乡镇领导班子轮训。扎实做好抓党建促低收入村发展工作，开展第三批第一书记选派，探索形成了责任在村衔接、组织在村建强、干部在村成长、政策在村集成、帮扶在村落实、成效在村检验的“六在村”帮扶工作机制。坚决落实中央巡视“回头看”涉农反馈意见整改工作，对 132 名有前科的村党组织书记和村委会主任进行了分类组织处理，对 212 个市级软弱涣散村开展集中整顿工作。

创新完善乡村治理机制。试点开展“一站一中心”建设（社会工作服务站、乡贤社会服务中心），探索建立了党建引领、乡贤参与、社会协同、共享善治的工作模式。健全村民代表会议（村民会议）制度和决策规程，推广“四议一审两公开”工作法，加强村务监督委员会建设。全面推进信息进村入户工程，开展了村级党务、村务和财务“三务”公开入户电视点播试点，推进了 32 个智慧乡村建设。进一步强化农村财务公开、合同清理、审计监督工作。扎实推进农村法治建设，加强农村社会治安综合治理，加大对“村霸”的整治力度，严惩各种违纪违法行为。深入开展涉农矛盾纠纷排查化解，切实做好平安农机创建，农村社会保持和谐稳定。

积极培育文明乡风。加强农村宣传思想工作，大力培育与社会主义核心价值观相契合、与新农村建设相适应的文明乡风、优良家风和新乡贤文化。启动了 2017—2018 年“北京最美的乡村”宣传评选活动，累计评选 113 个。继续开展“美丽乡村·筑梦有我”大型新闻公益行动，办好第 27 届“北京市农民艺术节”，继续推进文化试点村建设，农村精神文明建设不断取得进展。

（贾寒智）

大事记

2017年大事记

1月9日 林克庆同志召开北京市新农村建设领导小组会议部署全年重点任务。会议传达了中央农村工作会议精神，总结了2016年新农村建设各项工作，研究部署了2017年重点任务。林克庆同志要求，要做好南部7区平原地区农村"无煤化""一绿"地区第一批试点建设、农宅抗震节能改造、国有林场改革四项工作的阶段性收尾工作；要集中力量做好低收入帮扶、农村"三块地"的改革、农业节水、农业现代化、山区搬迁工程、重大生态环境工程建设六项工作，坚定不移推进城乡一体化发展。

1月9日 林克庆同志部署2017年农村地区冬季清洁取暖工作。会议强调，2016年各区、各部门在市委、市政府的坚强领导下，敢于担当，主动加压，超额完成了市政府下达的"煤改清洁能源"和"减煤换煤"任务，成绩值得充分肯定。会议要求：①深入学习贯彻习近平总书记重要指示精神，进一步增强四个意识，坚定信心，迎难而上，在落实上见真功。②在推进2017年700个村庄"煤改清洁能源"过程中，要做到数字精确，管理精细，指导精准，把握工作节奏，把责任压实，力争超额完成任务。③进一步完善政策，制定实施细则，及早部署到位，按照"改造资金上不封顶、多干多补、早干早补"的原则，鼓励各区加快推进。④加强宣传引导，创新宣传形式，做好宣传策划，解读好"煤改清洁能源"和"减煤换煤"相关政策，营造良好社会氛围。

1月16日、19日、20日 中央财办、中央农办副主任韩俊来我市调研指导农村集体产权制度改革。中央财办、中央农办副主任韩俊一行5人到本市大兴区、海淀区、昌平区、朝阳区调研指导农村集体经营性建设用地入市试点及农村产权制度改革工作。市委副秘书长赵玉金同志、市农委有关领导同志陪同参加。中央农办调研组现场参观了大兴区西红门镇鸿坤金融谷项目、海淀区塔院村楔形绿地项目和东升科技园、昌平区北店嘉园时代广场、朝阳区来广营乡朝来科技园和红星美凯龙产业项目，听取了工作情况汇报，与区、乡、村的干部同志进行了深入的座谈交流。韩俊同志对本市农村集体经营性建设用地入市试点及产权制度改革工作给予了充分肯定，并在调研中指出，目前《中共中央国务院关于稳步推进农村集体产权制度改革的意见》已经正式出台，北京市的产权制度改革起步较早，做法是符合中央意见精神的，为全国全面推进改革积累了很好的经验。接下来，要认真贯彻落实好中央意见，核心任务是巩固完善，要在治理上下功夫，在经营上下功夫，在转型上下功夫，认真探索研究集体建设用地利用方式，进一步发展壮大集体经济，提高农民的财产性收入，巩固改革成果。

3月1—2日 中央农村工作领导小组副组长、中央农村工作领导小组办公室主任、中央财经工作领导小组办公室副主任唐仁健到海淀区和通州区就新型工业化、信息化、城镇化、农业现代化"四化同步"及农村集体产权制度改革开展调研。先后赴海淀区四季青镇北坞创新园、通州国际种业科技园区进行实地考察，在听取乡镇、区和市有关情况汇报后，对本市加快推进都市型现代农业建设、大力推进城乡一体化发展、深入推进农村集体产权制度改革等相关工作予以充分肯定。唐仁健同志在调研中指出，北京市与国内其他大城市相比，有其自身的特点，北京的农业现代化和城乡一体化发展应当走在全国前面。在农业现代化方面，要加快发展都市型现代农业，把多功能农业文章做足，重点在观光休闲、生态保护和文化传承等农业三大新功能上下功夫，大力发展休闲农业、生态农业、智慧农业和园区农业。同时，要加快培训新型农业经营主体。在疏解首都功能、加快城乡一体化发展等方面，在现有工作基础上，要认真研究和谋划好下一步工作，在深度和广度上做文章，探索出新路子、新经验，为全国的农业现代化城乡一体化发展提供新的思路和方向。市委常委林克庆，市人大常委会副主任牛有成，市区有关部门负责人参与调研活动。

3月1日　林克庆同志视察梁各庄变电站施工进展并专题调度南部7区农村地区冬季清洁取暖工作。林克庆同志首先视察了位于通州区张家湾镇的梁各庄220千伏变电站的施工现场，了解变电站工程建设的基本情况及施工进度，并向现场施工的共产党员突击队、共青团员突击队和工艺工匠突击队分别授旗。随后到潞城镇崔家楼村观摩了市电力公司建立的“煤改电”技术应用及设备实景展示，参观了各种先进电采暖技术和装备。在视察过程中林克庆同志听取了市新农办、各区和相关部门的汇报，肯定了2016年度各区的“煤改清洁能源”工作，对下一步工作提出要求：①市有关部门和区政府要积极做好2016年度取暖季的后续工作，强化设备运行维护、取暖效果分析评估、群众满意度调查等工作，确保冬季清洁取暖圆满收官。②由市农委负责，于3月底前召开专题会，总结上一年度工作经验，查找问题和不足，为下一步冬季清洁取暖工作提供借鉴。③市电力公司、市燃气集团要主动与有关单位沟通对接，早谋划、早动手、早开工，按照时间节点倒排工期，4月底前完成相关外部管网、变电站、压缩天然气站等手续报批工作，9月底前完成“煤改电”工程的施工任务，10月底前完成“煤改气”工程的施工任务。④市有关部门和区政府要按照各自职责，进一步完善相关政策措施，统筹协调、密切配合，加大工作力度，争取超额完成2017年度农村地区村庄冬季清洁取暖工作任务。

3月11日　第五届北京农业嘉年华活动开幕。活动以“科技农业、绿色生活”为主题，设置“三馆、两园、一带、一谷、一线”五大板块，包括“一带一路”国际农产品馆、缤纷农业馆、创新农业馆、农事体验乐园、狂欢乐园、草莓休闲带、延寿生态观光谷及京北黄金旅游线。活动已吸引来自俄罗斯等20个国家和广东、台湾等18个省市和地区的1 000余种产品参加展销，总占地面积1 000亩，其中室内展示5.7万平方米。主题展区145个，参展企业365家。活动于5月7日闭幕。

3月16日　市政府“农村地区村庄冬季清洁取暖”专项督查组赴房山、大兴区开展现场督查。督查组听取了两个区2016年度取暖季设备运行情况、2017年度工作安排，对方案制定、操作细则、招标文件和改电、改气工程前期手续办理等情况开展现场督查，并现场协调解决遇到的问题。下一步，督查组将进一步发挥统筹协调作用，创新工作机制，积极推进农村地区村庄冬季清洁取暖工作任务的落实。

4月12日　市委组织部、市委农工委组织召开了全市农村基层党建工作例会。会议交流了一季度全市农村基层党建工作情况，安排部署了近期农村基层党建工作任务。会议强调，各涉农区委组织部、区委农工委要着力落实好近期农村党建工作重点任务：一是切实提高政治站位；二是抓好中央巡视“回头看”整改落实工作；三是落实好第一书记驻村帮扶工作；四是加大基层干部人才培养力度；五是健全基层党建保障机制。市委组织部、市委农工委相关负责同志以及各涉农区委组织部、区委农工委主管科室负责人参加会议。

4月12—14日　市农委举办了“2017年北京山区建设暨沟域经济致富带头人”培训班。此次培训旨在深入贯彻“五大发展理念”，推进农业供给侧结构性改革，推动10 400人的山区农民搬迁工作顺利完成，实现绿海红歌、乡宴柳沟、酒乡之路等重点沟域的提档升级，促进山区可持续发展。市有关部门和专家就沟域经济、山区搬迁、相关政策等进行了讲解，并对沟域和搬迁典型进行了剖析。通过培训，学员们开阔了视野，丰富了思路，提升了理论政策水平，进一步认清了当前山区工作形势的重要性和紧迫性，坚定了“绿水青山就是金山银山”的信心。来自门头沟、房山、延庆等七个山区及顺义区农委山区工作者，重点沟域和搬迁任务较重的主管乡镇长和村书记，参加了此次培训班。

4月27日　2017年全市农村工作电视电话会议召开。会议由市委副书记、市长蔡奇主持，市委书记郭金龙，市委常委、市委秘书长、常务副市长张工，市人大常委会副主任柳纪纲，副市长卢彦，市政协副主席闫仲秋出席。卢彦同志作了工作报告。市委农工委书记孙文锴宣读了表彰决定。郭金龙同志作了重要讲话，指出：一是要坚持以习近平总书记视察北京重要讲话精神引领农村发展。要切实提高政治站位，增强大局意识、首都意识，深刻认识“都”与“城”的关系，深刻把握首都农村发展的特点规律，更加自觉地把农村发展放到首都发展大局中去思考。紧紧围绕落实城市战略定位、优化提升首都核心功能，坚定不移地做好疏解非首都功能工作，把调整转型、疏非控人、整治提升贯穿于农村工作全过程和各方面。二是要着力推进供给侧结构性改革提升农村发展水平。更加注重体制改革，增强内生动力。深入推进农业结构调整，更加注重农业生态功能、农产品安全，主动适应城市居民消费需求变化趋势，在更高水平上推进高效节水和生态旅游农业发展，努力打造都市型现代农业“升级版”。要坚决打好生态环境建设攻坚战，千方百计促进农民增收，在更高水平上实现农业增效、农民增收、农村增绿。三是要加强组织领导着力提高农村社会治理水平。加强党对农村工作的领导，完善农村社会动员机制，认真落实全面从严治党责任，全力维护农村和谐稳定。蔡奇同志强调，要深刻领会此次会议精神，认真抓好贯彻落实，重点做好平原地区疏解与承接、农民就业与增收、一绿地区形成绿色项链、领导干部走好群众路线等几方面工作，确保完成全年的各项目标任务。此次会议同时还在市府大楼、中环办公楼和 13 个区设立分会场。

5 月 7 日 第五届北京农业嘉年华 5 月 7 日闭幕。本届农业嘉年华 58 天迎客 136.9 万人次。共打造创意景观 180 余个，汇集农业优新特品种 680 余个、先进农业技术 130 余项，开展娱乐游艺和互动体验活动 210 余项，共有 600 余家展商参展，设置科普展板 1 700 处，近 6 万人次参与“草莓票香”体验活动，周边各草莓采摘园接待游客达 267 万人次，销售草莓 265.6 万千克，实现收入 1.659 亿元；有效带动延寿、兴寿、小汤山、崔村、百善、南邵 6 个镇的民俗旅游，期间共计接待游客 62.91 万人次，实现收入 1.09 亿元。本届北京农业嘉年华累计实现总收入 3.41 亿元，较上届增长 7.23%。

5 月 17 日 市新农办调度全市 2017 年农村地区村庄冬季清洁取暖工作。为确保全市如期完成农村地区 700 个村庄、1 400 个村委会和村民公共活动场所、79 万平方米籽种农业设施的“煤改清洁能源”工作任务，市新农办召开调度会议，研究部署进一步推进农村地区冬季清洁取暖工作。会议要求各区加快工作进度，特别是加紧落实“煤改气”工程相关政策，按时间节点完成招投标工作，落实后期平台建设，推进山区试点。同时要求各区、各相关单位要强化责任担当，狠抓工作落实，细化各自分工，全力以赴完成年度工作任务，并提前部署 2018 年“煤改清洁能源”村庄规划工作。

5 月 27 日 北京沟域经济发展联合会成立大会圆满召开。大会选举产生北京沟域经济发展联合会第一届理事会、监事会成员，共同推选刘福志同志为联合会会长兼理事长，选举谭杰同志为联合会监事会监事长。与会会员单位代表全体审议并通过了《北京沟域经济发展联合会章程》。会上，门头沟区与张家口市怀来县、房山区与保定市涞水县、怀柔区与承德市丰宁县、密云区与承德市兴隆县、平谷区与天津蓟州区分别签订了 5 条跨区域沟域协同发展框架协议，协同开展规划、产业、人才、信息等方面交流与合作，尽快联合编制跨区沟域发展规划，依托北京、天津、河北三地山水林田湖优势资源，引领跨区域沟域经济带建设，把京津冀山区协同发展推向新的发展阶段。京津冀相关职能部门领导、联合会理事单位代表、有关沟域经济专家、有关区、镇、村以及企业和农民专业合作社代表、津冀地区代表约 220 人参会。

6 月 20 日 农业部部长韩长赋到北京调研。韩长赋一行首先考察了海淀区的绿色生态农业发展及京西稻种植情况。在京西稻保护方面，他要求要统筹规划政策，加大科技应用，增强保护意识，通过传统稻作模式与现代生产管理模式相结合的方式，打造精致农业，更好地保护和传承好具有区域历史符号意义的重要农业文化遗产——京西稻。随后到北京市农林科学院参观了种业科技创新成果展，观看了全国农机导航与深松检测物联网系统等农业信息化成果展，见证了中国农业科学院与北京市农林科学院签署战略合作协议。在座谈中，副市长卢彦指出：一是按照中央要求，把农业调转节这一方向性、战略性大事抓实、抓出成效，把农业生态环境建设作为基础性工作持续推进。二是希望农业部继续关注支持北京现代种业发展，力争尽快实现国家现代种业自主创新试验示范区建设，推动种业之都建设。三是要加强与中国农科院的交流合作，在联合申请项目、共建共享平台、合作培养人才、扩大国际交流合作方面，取得中国农科院更多的帮助支持，提升自我。韩长赋同志强调，我国的农业发展已经到了转型升级时期，要围绕农业供给侧结构性改革和现代农业的发展进行工作创新，通过结构调整解决质量、效益和竞争力问题，通过绿色发展解决资源环境可持续问题，通过改革推动科技创新驱动解决新动能问题。在农业科技方面，他要求，一是围绕农业供给侧结构性改革和发展现代农业的限制需求，合理调整科研的方向和任务。二是要更好地调动农业科技人员的积极性，解决农业科技工作中存在的“两层皮”问题。三是要解决人才问题，要适应现代农业的发展，特别是未来农业制高点的需求，要培养和聚集人才，特别是培养青年人才。中国农业科学院院长唐华俊、副市长卢彦等陪同调研。

6 月 28—29 日　中央农办在京召开部分省（自治区、直辖市）“乡村治理和农村社会发展”专题座谈会。中央农办主任韩俊主持会议并讲话，副市长卢彦参加。会上，北京、内蒙古、上海等 13 个省（自治区、直辖市）农工委（农办）、相关县（市）负责人就乡村治理和社会发展进行了交流，提出了意见建议。对于做好北京市乡村治理和农村社会发展工作，卢彦同志指出，必须坚持党的领导，按照中央的决策部署，不断完善村民自治制度，切实增加公共服务供给，有效激发和增强农民参与乡村治理的主体意识。在听取了地方代表发言后，韩俊同志指出，当前，农村处在大变革的阶段，乡村治理的基础和村庄形态都发生了很大的变化，乡村治理面临着巨大的挑战。他强调，乡村治理工作非常重要，要进一步强化对农村、农民问题的研究：一是要把习近平总书记关于农村建设的战略论述作为根本遵循。将习近平总书记提出的理念、思想和要求，贯穿到整个乡村建设中去。二是要总结各地的探索、创新性的经验。创新乡村治理的理念，政府要从管理向治理，从单向向双向，从独角戏向大合唱转变。三是要理清政策思路。明确要以新农村建设为统领，要让农村的产业留住人，让农村的环境留住人，让留在农村的人能安居乐业。要注重系统治理和源头治理有效衔接，注重依法治理和综合治理有机结合，注重城乡治理的一体化，运用现代化信息手段进行精细化管理。要做到三个坚持，即坚持党委领导、政府负责、农民主体、社会协同、重心下移、法治保障，坚持导入现代治理方式与发挥乡村优良传统相结合，坚持由人治走向法治、善治。四是要加强乡村治理发展规律的研究。把握住大势，沉下身子调研，加强与各方的联系，准确把握自然科学、产业发展、文化传承等相关发展规律。

7 月 6 日　市第十二次党代会精神宣讲团市委农工委系统宣讲会在北京农业职业学院举行。市委农工委书记、市农委主任孙文锴同志作宣讲报告。报告深入分析解读了市第十二次党代会精神，总结了过去五年农业农村工作对全市发展所做的贡献作用，围绕努力建设国际一流的和谐宜居之都，从牢固树立“四个意识”、明确“四个中心”战略定位，讲明了全市未来五年发展的“四大目标”，从五个方面部署了下一阶段全市“三农”重点工作。一是农业发展坚持以绿色生态为导向，打好都市型现代农业发展的“四张牌”；二是农村建设坚持以新型城镇化为导向，抓好城乡一体化“三个节点”；三是农村改革坚持以培育新动能为导向，抓好农村“三块地”改革和集体产权制度改革；四是农民增收坚持以精准施策为导向，抓好农民“三类主体”；五是农村党建坚持以全面从严为导向，抓好“两个全面加强”。整场报告会主题鲜明，内容丰富。在场干部反响强烈，一致表示要深入学习贯彻市第十二次党代会精神，紧密联系工作实际，汇聚起推动首都“三农”工作发展的强大力量。市委农工委副书记康森同志主持宣讲会，市委讲师团副团长刘梅出席，市委农工委系统 7 家单位的全体局级领导和处级干部代表 200 余名党员参加会议。

7 月 7 日　景俊海同志到房山区调研。先后到基金小镇国际会议中心了解基金小镇规划建设和发展情况；到长沟泉水湿地公园了解房山区落实绿色发展理念，提升生态宜居城市水平情况；到周口店镇黄山店村察看闲置农宅利用、乡村民俗旅游等情况，并到新村入户与村民交流。就乡村旅游资源开发等工作，景俊海同志强调：要在发展集体经济的同时，扩大村民就业，研究分红机制，让村民有更多获得感。要提升乡村旅游的文化内涵，以举办多形式的文化活动为抓手，依靠城市文明带动、辐射，提升旅游文化。要利用保护好绿水青山资源，以管理规范化、餐饮特色化、居民文明化为目标，推动乡村旅游转型升级。要加强水资源保护利用，做好汛期蓄水，统筹利用洪水和湖水循环联通，做到蓄防结合。

7月18日 农业部认定北京市房山区琉璃河镇周庄村等300个村镇为第七批全国一村一品示范村镇。本市推荐的8个村镇全部通过农业部认定，包括：北京市房山区琉璃河镇周庄村（慧田菊花），北京市顺义区木林镇贾山村（水云天西红柿），北京市顺义区大孙各庄镇前陆马村（绿奥番茄），北京市大兴区礼贤镇东黄垡村（立征春雨黄瓜），北京市大兴区青云店镇东辛屯村（民俗旅游），北京市大兴区魏善庄镇（月季），北京市密云区巨各庄镇后焦家坞村（密原味西红柿），北京市平谷区金海湖镇茅山后村（茅山后佛见喜梨）。下一步，本市将以七批共65个全国一村一品示范村镇为重要载体，以一二三产业融合发展为重点，加快推进一村一品特色产业提档升级。

7月26日 市委副书记景俊海主持召开市新农村建设领导小组现场会。景俊海一行先后到顺义区高丽营镇一村、马坡镇石家营村，怀柔区桥梓镇北宅村、雁西镇范各庄村察看了推进美丽乡村建设情况，下午在怀柔区召开市新农村建设领导小组半年工作会，并发表重要讲话。副市长卢彦一同参观、参加会议并讲话。市新农村建设领导小组成员单位主管领导，各区委、区政府主管领导及农委、新农办主要领导约170人参加会议。景俊海同志在讲话中指出，农业的基础地位、战略作用不容忽视、不可替代，其最大的价值是生态价值，是生态贡献。他强调，要深刻领会习近平总书记重要讲话精神，站在新的历史起点，以更大的政治担当和发展智慧，努力改善生态环境，建设美丽北京，并对“三农”工作提出“九个要”的目标，即“村要美、田要绿、林要密、河要畅、水要蓄、地要湿、湖要连、民要富、治要严”。要以美丽乡村建设为抓手，扎实实施美丽乡村建设三年行动计划，实现全面缩小城乡差距，全面提升城乡精细化管理水平，全面提高农村的文明程度，全面增加农民收入的目标。要系统分类、分步实施，也不能搞一个模式和标准，把精神文明建设的内容镶嵌其中，核心是文明化，关键是生态化，最低标准是通六网，建绿廊，村整洁。美丽乡村建设还要注意有形提升与无形提升相结合，村容村貌改善与农民收入相结合，农民自身居住与旅游服务相结合。美丽乡村建设更要注意环境生态化、居住文明化、活动民俗化、饮食本地化、服务规范化、管理网络化。他要求，各区，各部门要以务实的作风，抓好工作落实。一是坚持首善标准做工作；二是坚持问题导向促改革；三是围绕市民需求优服务；四是以改革协同出效果。卢彦同志在讲话中指出，下半年要围绕“五增”即“农民增收、农业增效、农村增绿、城乡增水、居民增乐”，重点抓好转移就业和低收入帮扶，促农民增收；围绕打好都市型现代农业发展“四张牌”，促农业增效；统筹美丽乡村建设、城乡接合部建设和小城镇建设，促农村增绿；推进“治污水、防洪水、促节水、保供水、多调水”，促城乡增水；提升生态环境产品、休闲农业和乡村旅游产品、优质安全农产品的供给，促居民增乐。

8月10日 “美丽乡村·筑梦有我”大型新闻公益行动2017年首场主题活动在中国传统村落——房山区南窖乡水峪村举行。活动以“传承乡村基因，书写文化自信”为主题，现场展示了“美丽乡村·筑梦有我”大型新闻公益行动创办4年来的成果，以及对牵手低收入村的帮扶情况。活动取得显著成效：一是输血变造血，激发乡村发展动能。聚力媒体人力量，引入先进的思想，为乡村发展开阔视野，触动发展神经。二是引领带动，社会力量参与美丽乡村建设。以牵手水峪村为例，免费为村摄制宣传片，市徒步运动协会授予“最美乡村徒步路线”，交通广播授予“1039发现·推荐路线”，外语广播赠送英文指示牌翻译稿，生活频道和文艺广播邀请大厨为民俗户设计新菜品等。三是宣传引路，文化转化为生产力。通过对乡村的全面宣传，并以《美丽乡村好计划》真人秀节目在北京电视台播出为载体，升温乡村旅游，促进农民增收。首场活动由市委宣传部、市委农工委、市农委、首都文明办、北京广播电视台、房山区委区政府共同主办，相关单位领导出席了活动。

9月19日 农业部办公厅印发《关于公布2017年中国美丽休闲乡村推介结果的通知》（农加发〔2017〕26号），本市顺义区河北村、大兴区魏庄村、平谷区黄草洼村、怀柔区红螺镇村、延庆区南湾村被推介为2017年中国美丽休闲乡村。

9月22日 2017年“北京农业好品牌”“京郊农业好把式”遴选结果公布。宣传推介活动由市农委、市农业局组织开展，包括各区推荐、专家评审、消费者参与、网络公开和媒体宣传等多个环节。“北京农业好品牌”坚持从品牌年限、品牌认证、带动引领等多个方面进行衡量，平谷大桃等44个品牌获选。“京郊农业好把式”坚持从技能水平、诚信经营、品牌影响等多方面进行考量，宋宝森等20名农业工作者获选。

9月27日　市政协“关于进一步加强我市少数民族低收入村、户帮扶提案”办结座谈会在怀柔区喇叭沟门乡召开。该提案由市政协民宗委提出，市政协副主席蔡国雄、李长友督办，市农委主办，市民委等单位协办。座谈会上，主办和协办单位分别就提案办理情况做了报告。市农委围绕少数民族低收入村（户）增收达标，从研究制定政策引导、统筹协调推进、创新工作法抓落实等方面进行了办理，制定了20多项政策措施及实施方案，从抓农民就业、培训和帮扶三个环节入手，下大力促进农民增收，得到了与会委员的充分肯定。市政协领导提出三点意见：一是各级不能满足现状，增收工作永远在路上；二是加强基层组织建设；三是政协委员要继续关注少数民族低收入村、户的增收问题，为市委市政府分忧，为党为国分忧。

10月27—29日　“美丽乡村·筑梦有我”大型新闻公益活动暨2017年京郊金秋特色农产品推介会成功举办。活动由市委农工委、市农委、市园林绿化局、市农业局在北京市农业技术推广站小汤山展示基地联合举办。会上发布了44个2017年北京农业“好品牌”，京郊金秋十大特色农产品和十大农业精品休闲采摘路线和京郊农产品供应信息，北京广播电视台七位主持人深入农产品生产基地和休闲采摘基地实地体验，详实地宣传报道了京郊优质农产品和观光采摘园区。活动展示了京郊70多家农业企业（合作社）的近百种秋季特色农产品，促成了近百家农产品经销企业的20多个采购意向，吸引了500多名市民进行参观采购。此次活动有效搭建了京郊农产品产销对接平台，让社会和更多北京市民了解和关注北京农业，推动了农产品优质优价和农民增收工作。

10月31日　卢彦同志在房山区琉璃河镇主持召开2017年农村地区冬季清洁取暖工作现场会。要求：①市有关单位和各有关政府要按照党的十九大报告提出的“打赢蓝天保卫战”的总要求和市委、市政府关于大气污染防治工作的决策部署，对标对表，以更高的标准完成全市农村地区冬季清洁取暖任务。②细化市、区工作台账，认真核实工作任务量，确保列入任务清单的村庄全部实现“无煤化”。③承担“煤改电”“煤改气”任务的单位要强化服务意识，加强设备设施使用指导和安全检查，各区要在正式供暖前完成集中压力测试，做好应急处置，确保设备设施运行良好。④积极探索山区冬季清洁取暖技术路径，加快制定冬奥会、世园会周边村庄的清洁能源改造方案。⑤密切关注舆情，畅通服务热线，及时处置群众反映的供暖问题。

11月24日　景俊海同志到市委农工委、市农委调研。在听取了两委关于“三农”工作情况汇报后，景俊海同志强调，11月21日北京市召开了“实施乡村振兴战略，推进美丽乡村建设”动员大会，当前，要结合中央关于乡村振兴战略规划和北京市总体规划，认真编制实施北京乡村振兴战略规划。把规划与美丽乡村建设融合起来，以美丽乡村建设为抓手，以生态良好为方向，以农民幸福为核心，以充分就业为追求，以农民增收为目标，以九个要（村要美、田要绿、林要密、河要畅、水要蓄、地要湿、湖要连、民要富、治要严）的要求，推进乡村振兴战略实施。要把美丽乡村的规划落在图上，把建设落在地上，把形象落在心上，真正改善农村面貌，实现农民就业和可持续增收。就做好下一步工作，他要求：一是推进煤改清洁能源、山区搬迁、传统村落保护、浅山区绿色发展、休闲农业和乡村旅游、小城镇建设等各项工作与美丽乡村建设的有机结合。二是沟域经济要坚持绿色发展，与休闲农业乡村旅游配套建设，先规划后建设，防止私搭乱建。三是深入推进农业“调转节”，结合新一轮百万亩造林，宜绿则绿，宜林则林，准确把握调转的目的是“节水”和“洁净”，与京津冀的协同整体布局相结合，确保中央与市民生活的安全供应。四是都市型现代农业要与农业技术创新示范相结合，与特色供应相结合，与休闲旅游相结合。要推进农业绿色发展，做到农业面源污染防控与治理相结合。要促进乡村民俗旅游向美丽乡村休闲旅游转变，全面提档升级。五是促进农民就业增收和低收入农户增收工作要加强监督检查，确保增收到户，就业到人。六是全面深化农村改革工作要按照十九届中央全面深化改革领导小组第一次会议精神，出台管用、有序、有效、可持续的“三农”政策，既要走在全国前列，又要结合北京实际，让京郊农民幸福着北京的幸福，快乐着北京的快乐。七是要高度重视市委农工委系统党建和全市农村基层党建工作，认真吸取批发市场管委会教训，机关及直属单位党建工作要以问题为导向，严管严抓，抓出成效。农村基层党建工作要接地气、制度化、常态化，追求实效，让党员有新行动、新形象，让群众有新感触、新感觉，凝聚人心，为实现中华民族伟大复兴而努力奋斗。

11月24日 本市举办首届村歌大赛。以“欢歌赞礼十九大、激情唱响新农村”为主题的北京市首届村歌大赛决赛在顺义区马坡镇石家营村举行，来自13个区的村民参加了比赛。参赛歌曲围绕“家乡变化和幸福生活”主题，展示了京郊农民走进新时代、迎接乡村振兴的喜悦之情，抒发了踏上全面建成小康社会、启动全面建设社会主义现代化国家新征程的豪迈之情。最终，《和谐石家营》《灵水韵》《风光如画九渡河》分获总分一二三名。本届北京市农民艺术节首次将村歌大赛作为系列活动之一，认真贯彻落实党的十九大精神，丰富群众性文化活动，不断满足农村居民日益增长的美好生活需要。

11月27—29日 市委农工委举办全市信访维稳培训班。此次培训重点围绕依法行政与信访工作、新媒体时代的应急管理与危机公关、如何做好新时期信访工作、规范农村集体土地承包流转管理，减少涉农信访矛盾纠纷等专题进行讲解，并开展了分组讨论。此次培训进一步提高了各级对信访维稳工作的认识，有力增强了做好当前信访维稳工作责任感和使命感，切实提升了基层在复杂情况下解决信访矛盾纠纷化解问题的能力和水平。全市各郊区农委、部分乡镇、农委系统各单位信访工作负责人，各区经管站主管农村土地承包经营纠纷调解仲裁工作负责人近90人参加了培训。

（陈思）

城乡发展一体化

综　述

2017年，北京市紧紧围绕“四个中心”城市战略定位和“国际一流的和谐宜居之都”建设大局，坚持疏解整治促提升，持续实施京郊农村煤改清洁能源工作，扎实推动城乡一体化发展，持续加大城乡统筹力度，推进乡村振兴战略的实施，以特色小镇建设、建设美丽乡村、提升农村人居环境等基础性工作为抓手，在率先全面实现小康、城乡融合发展、生态文明建设等方面作出了积极努力，城乡发展一体化工作持续向好发展。

重点镇建设

【特色小镇培育取得突破】坚持特色引领、试点带动，通过规划、土地、财政、金融等方面政策集成创新，引导功能性项目、特色文化资源、品牌企业落户小城镇。完成城乡接合部重点地区环境问题整改年度任务，疏解整治一批工业大院、“散乱污”企业。扎实推动小城镇区域内资源整合、项目组合和产业融合，提升教育、医疗等公共服务水平，打造与小城镇自身禀赋与地域特点相适应的优势产业，探索形成宜居、宜业、宜游的功能性特色小城镇发展路径。出台了《北京市关于进一步促进和规范功能性特色小城镇发展有关问题的通知》（京发改〔2017〕549号），从功能、规划、产业、用地等关键环节提出管控要求。为贯彻落实党中央、国务院关于推进特色小镇建设的部署，根据《住房城乡建设部关于保持和彰显特色小镇特色若干问题的通知》和《住房城乡建设部办公厅关于做好第二批全国特色小镇推荐工作的通知》的要求，市农委联合市发改委、市财政局，向有关区人民政府印发了《关于推荐2017年全国特色小镇的函》（京新农办函〔2017〕11号），全面细致部署推荐工作，在择优推荐的基础上，经过现场答辩、专家审查，及时报送了申报材料。最终本市怀柔区雁栖镇、大兴区魏善庄镇、顺义区龙湾屯镇和延庆区康庄镇被认定为第二批全国特色小镇，本市全国特色小镇累计达到7个。

【坚持抓提升农村人居环境的基础性工作】美丽乡村建设是统领

本市当前新农村建设的系统工程，紧抓“政策制定、启动实施、协调落实”三个节点，推进美丽乡村建设：一抓政策制定。贯彻落实党的十九大精神和第三次全国改善农村人居环境工作会议精神，争取20多个相关单位的支持，研究制定了《实施乡村振兴战略扎实推进美丽乡村建设专项行动计划（2018—2020年）》，并于9月8日、9月27日两次通过市政府专题会和市委常委会审议。二抓启动实施。11月21日，全市召开了“实施乡村振兴战略推进美丽乡村建设”专项行动动员部署会，蔡奇、陈吉宁、景俊海等市委、市政府主要领导参加动员，全面启动美丽乡村建设专项行动。三抓协调落实。推荐通州区仇庄村等7个村入选全国环境整治示范村和美丽乡村示范村；督促各区确定63个美丽乡村建设试点村和第一批1 069个村庄名单（含试点）；督促牵头单位制定《北京市美丽乡村建设导则（试行）》《村庄规划编制导则》《绿化美化工作指导意见》等美丽乡村建设工作文件。在美丽乡村示范村评比工作方面，顺义区高丽营镇一村、密云区溪翁庄镇东智北村列入环境整治示范村；通州区于家务镇仇庄村、大兴区青云店镇东辛屯村、怀柔区渤海镇北沟村列入美丽乡村示范村。

【规划引领传统村落保护】本市传统村落保护工作自2012年启动，市委、市政府高度重视，2017年重点在以下几方面加强推进。一是研究出台相关政策文件和技术规范。研究制定了《关于加强传统村落保护发展的指导意见》；出台了《北京市传统村落保护发展规划设计指南》《北京市传统村落保护发展规划审查工作的指导意见》《北京市传统村落保护修缮技术指导意见》《关于坚决制止异地迁建传统建筑和依法打击倒卖构件行为的紧急通知》等多个相关技术规范和管理文件。二是积极推进传统村落名录建立工作。全市共有四批21个村庄入选中国传统村落名录，并建立了北京第一批市级传统村落名录（44个），将作为《指导意见》附件一并以市政府办公厅名义印发。同时，按照住房城乡建设部文件要求和蔡奇书记等领导批示精神，市农委于9月启动了第五批中国传统村落调查推荐工作。三是编制传统村落保护发展规划。本市21个纳入中国传统村落名录的村庄保护发展规划全部编制完成。四是开展了传统村落的保护修缮。对纳入中国传统村落名录的村，积极争取中央财政资金支持，已拨付5 700万元资金，主要用于改善人居环境。在全国率先启动了传统村落整村保护修缮试点工作，确定门头沟区灵水村、房山区水峪村为本市第一批传统村落保护修缮试点村。

【农宅抗震节能改造取得新成效】制定出台《2017年北京市农民住宅抗震节能改造工作实施方案》（京新农办函〔2017〕8号），组织开展6万户农宅的改造工程，完成《北京市农民住宅抗震节能改造工程建设规划（2014—2017年）》任务，累计实施近70万户农宅的抗震节能改造，基本实现全市农宅应改尽改。

清洁能源改造工作

【京郊农村煤改清洁能源跟踪研究课题成果丰硕】市农村建设办公室在2017年度组织实业工作人员和有关专家马骏哲、鄢毅平、石进新、徐再城等，就京郊农村煤改清洁能源问题，继续进行跟踪研究。该课题就京郊农村煤改清洁能源取得的成效、京郊农村煤改清洁能源工作中存在的主要问题以及京郊农村进一步搞好煤改清洁能源工作的建议进行了深入探讨和研究。该课题研究特别就统一城乡清洁供（取）暖政策、规范设备安装方式、引导农户选择恰当的清洁供（取）暖方式和设备及品牌、明确鼓励使用高效节能技术、统一对清洁供暖运行费用内涵的认识等问题提出了具体明确的对策建议。

（徐再城）

【全力推进农村地区冬季清洁取暖成效明显】为贯彻落实党的十九大报告提出的“持续实施大气

污染防治行动，打赢蓝天保卫战”，按照《京津冀大气污染防治强化措施（2016—2017 年）》的有关要求，根据环保部和市政府的部署，2017 年全市农村地区要完成 700 个村庄住户的“煤改清洁能源”工作任务，其中朝阳、海淀、丰台、石景山、房山、大兴和通州七区要完成所有平原地区村庄的“煤改清洁能源”工作，确保村庄范围内实现基本“无煤化”。全市还要同步实施约 1 400 个村委会、村民公共活动场所和 79 万平方米籽种农业设施的“煤改清洁能源”工作。市委、市政府高度重视此项工作，多次召开全市的工作部署会、重点问题协调会和工作推进调度会，市新农办积极牵头协调推进，市发改、财政、规划国土和住建等相关部门密切配合，市电力公司和市燃气集团鼎力支持，各区认真落实属地责任，积极推进各项工作。全年完成 901 个村庄、36.9 万户的“煤改清洁能源”工作，超额完成市政府要求的 700 个村的目标任务。同步完成 1 514 个村委会、村民公共活动场所和 95 万平方米籽种农业设施的改造工作，在山区乡村探索开展冬季清洁取暖的有效方式。自 2013 年工程实施以来，全市已累计完成 2 237 个村庄、约 90 万户住户的“无煤化”改造任务，减少散煤燃烧约 270 万吨。

【严格落实“煤改清洁能源”供（取）暖各项补贴政策】 2017 年 3 月，发放农村地区 30 万户住户 2016 年度取暖季市区两级每度各 0.1 元的谷电补贴，资金 6 300万元，每户补贴约为 210 元。2017 年度共 70 万户按月实时享受市区两级每度各 0.1 元的谷电补贴，经国网北京市电力公司测算，整个取暖季（4 个月，2017 年 11 月至 2018 年 3 月）资金约需 3 亿元。经测算，整个取暖季（2017 年 11 月至 2018 年 3 月共 4 个月）测算户均享受电费补贴约为 428.6 元，仅电费补贴一项实现农民增收减负 400 多元。2017 年度，“煤改清洁能源”改造 901 个村，36.9 万户。其中改电 27.3 万户，改气 9.7 万户。改电农户中 90%多、25.5 万户使用空气源热泵，每户平均享受设备补贴资金约为 2 万元，涉及资金总计 51 亿元。改气农户平均享受设备补贴资金约为 0.8 万元，涉及资金 5.52 亿元。

【圆满完成 2017 年农业生产领域“减煤换煤”工作】 全市共完成农业籽种设施“煤改清洁能源”105 万平方米，保温改造 22.5 万平方米，清退小散低劣农业设施 158 万平方米，调转农业设施冬季生产方式和种养品种 459 万平方米，同时还对数十万平方米的一般生产设施实施了“煤改清洁能源”改造，圆满完成了全市农业生产领域“煤改清洁能源”工作。

（周景哲）

【推进畜牧养殖煤改清洁能源】 组织督导全市 160 家畜禽养殖企业完成“煤改清洁能源”工作。加大自动干清粪、节水饮水、节水消毒、雨水收集等节水技术推广，配备干湿饲喂器、节水型碗式饮水器、环境控制等现代化装备，实现生猪节水 50%、家禽饮水节水 28%、播种式消毒节水 40%、二流体消毒节水 60%，从源头减少了污水产生量；固体粪便以粪污肥料化利用为主，初步构建了养殖场就近就地消纳小循环、养殖密集区域集中处理消纳中循环、有机肥链条大循环的粪污还田利用“三循环”机制，畜牧规模养殖清洁能源使用比重达到 80%以上。

（张保延）

都市型现代农业

综　述

2017 年，北京市农业以新时代中国特色社会主义思想为指导，深入贯彻落实党的十九大精神，紧紧围绕“四个中心”城市战略定位和“国际一流的和谐宜居之都”建设大局，在京津冀协同发展战略布局下，以调优产业结构，转绿生产方式，节约自然资源为目标，全面深入推进农业供给侧结构性改革，不断提升农业高质量发展水平，“调转节”成效显著。

农业生产空间进一步优化。本着调优产业结构，转绿生产方式，节约自然资源的目标，北京市农业产业结构调整取得了显著成效。完成农业生产空间划定，划定粮田和菜田（“两田”）面积150.747 6 万亩，建立了“北京市农业生产空间管理系统”，“两田”数据全部上图入库。

农业产业结构逐步调整。2017 年粮田面积由 2016 年的110 万亩调减到 83 万亩，小麦等高耗水农作物种植面积由2016 年的 22 万亩调减到 17 万亩。调整退出的土地主要用于平原造林和生态绿化。2017 年蔬菜播种面积 62.9 万亩，比 2016年的 70.5 万亩减少了 7.6 万亩。蔬菜面积下降主要受经济效益不高、重点项目建设占地的影响。2017 年年底生猪出栏 242 万头，同比下降 11.6%；家禽出栏3 112 万只，同比下降 19.8%；禽蛋产量 15.7 万吨，同比下降12.5%；牛奶产量 37.4 万吨，同比下降 18.2%。调减的养殖场主要是以在禁养区之内、规模较小、环境污染矛盾比较突出、抗市场风险能力差的中小养殖场为主。全市共划定畜禽养殖禁养区面积5 190.25 平方公里，关闭、搬迁379 家规模养殖场，截至 2017 年年底全市规模养殖场 890 家。

农业节水效果显著。全市农田水利设施运行良好，按照国家标准，节水灌溉面积比例达88%，农业用水 5.06 亿立方米，农田灌溉水有效利用系数0.723。2017 年市政府办公厅印发了《北京市推进“两田一园”高效节水工作方案》，围绕高效节水工程建设、用水收费管理、农业水价综合改革、农艺节水措施推广等方面，推动全市农业高效节水工作。

农产品质量安全水平位于全国前列。完善市、区、乡镇三级监管机构建设和市、区、乡镇、生产基地（企业）“3＋1”检测体系建设。提升了 7 家市级农产品质量安全检验检测机构设备水平，完成了 13 个区农产品质量安全综合质检站建设，具备开展常规、现场、快速检验检测工作的能力和水平。全面启动全市整建制创建“国家农产品质量安全市”活动，已有 4 个区达到“国家农产品质量安全县”要求。农产品质量安全监测抽检合格率达到 97%以上。

农业生产发展生态水平明显提高。打造了 113 万亩优质产业田、优良生态田和优美景观田；农田节水灌溉率超过 90%，综合机械化水平 87.6%，农业科技贡献率达到 72%。全市主要农作物秸秆综合利用率达到97.7%，测土配方施肥技术连续

5 年全覆盖。积极推广绿色防控技术、推行精准科学施药和病虫害统防统治，亩均化肥用量降幅超过 25%，化学农药使用总量降幅超过 20%。强化养殖场粪污处理，实施增殖放流涵养水源工程，开展农业面源污染防治。

农产品供给控制能力不断增强。全面推进“菜篮子”工程，努力保持全市菜、肉自给率在 30%左右，禽、蛋、奶自给率在 60%左右的基础上，强化区域合作，不断完善农产品供应链条，强化控制力，发展外埠蔬菜基地超过 60 万亩，通过龙头企业建立起一批联系紧密、可控性强的畜禽产品外埠生产基地；畅通鲜活农产品绿色通道，大力发展区际农产品物流。在应急保障方面，圆满完成了 APEC 会议、中国人民抗日战争暨世界反法西斯战争胜利 70 周年阅兵、世界田径锦标赛等重大活动的农产品供应保障。有力保证了首都农产品市场的有效供应，日常供给和应急保障水平保持稳定。

涉农领域的品牌影响力持续提升。蔬菜、禽蛋和肉奶等市场上较为知名的北京农产品品牌有 30 多个。全市拥有国家重点龙头企业 39 个，上市龙头企业 10 个，发展了一批有影响力的品牌，三元食品、德青源鸡蛋、鹏程肉食等品牌知名度不断上升，品牌价值超过 1 000 亿元。扎实推进“种业之都”建设，京红、京粉和农大节粮型蛋鸡配套系世界销量第一，京科等系列玉米品种推广面积占全国玉米种植面积的 18%。同时，目前北京市已有通州大樱桃、张家湾葡萄、京西稻等 19 种特色农产品通过了中国地理标志认证，其产地范围、作物性状、果实特点等都在国家备了案，在全国具有唯一性，其地理标志也为北京涉农领域的品牌提供了有力支撑。

籽种产业发展优势明显。北京聚集了全国最具实力的种业科研机构和种业企业，全市共有种业从业人员 9 587 人，从事种业工作的院士有 10 人。每年育成各类粮、菜新品种 400 余个，每年选育主要农作物新品种数量约占全国年审定量的 10%。全市种业企业 428 家，北京种业销售额 120 亿元。北京已经成为我国最大的籽种交易中心，农作物种业销售额约占全国的 10%，农作物种子进出口额占全国的 37%。自 2014 年成功举办了世界种子大会，北京种子大会已成功举办 24 届，北京现代种业博览会已成功举办 7 届。重点打造了通州国际种业园区、南繁基地、种子大会品种展示园、马铃薯亚太中心等一批重点工程。

会展农业品牌效应显现。第五届北京农业嘉年华影响力扩大，接待游客 136.9 万人次，同比增长 2.5%，实现经济收入 6 613.1 万元，同比增长 8.9%。北京农事节庆活动品牌化效应逐步显现，全年共举办 24 项农事节庆活动，接待人数 312.4 万人，实现收入 1.8 亿元。平谷区已连续举办了十六届北寨红杏文化节、昌平区举办了十四届苹果文化节、怀柔区举办了五届长城板栗文化节，这些活动对培育当地主导产业，延长产业链条，促进产业融合发展发挥了重要作用。

北京市国家现代农业示范区建设稳步推进。印发《2017 年北京市国家现代农业示范区重点工作细化方案》（京新农办函〔2017〕9 号），重新修订《北京市级现代农业示范区创建管理办法（试行）》（京政农发〔2017〕8 号），组织门头沟等 6 个区开展北京市级现代农业示范区创建工作。2017 年北京市国家现代农业示范区建设水平综合得分为 76.11 分（2016 年数据），基本实现农业现代化水平。认定第一批 23 个北京都市型现代农业（高效农业）示范乡镇。

开展特色农产品优势区创建。按照农业部、国家发展改革委、国家林业局联合下发的《关于组织开展“中国特色农产品优势区”申报认定工作的通知》（农市发〔2017〕8 号）要求，推荐北京市平谷区（大桃）和昌平区（草莓）申报“中国特色农产品优势区”。起草北京市支持农产品特优区发展的意见。

推进“互联网+”农业快速发展。培育“互联网+”农业中坚力量，推进北京农业互联网联盟及北京农业电商标准联盟注册成立协会，拥有会员近 100 家。开展 2017 年北京市农业信息化龙头企业认定及监测工作，农业信息化龙头企业将达 70 家左右。开展智慧农园等农业物联网示范工程建设，不断提升农业生产及装备的智能化水平，农业园区信息技术应用比例超过 30%。开展北京市农业电子商务普查及监测工作，并形成《北京市农业电子商务发展报告》《北京市典型农业电商监测报告》。实施农业电商培养项目，培训农业产业化龙头企业、市级示范社、“三品一标”生产基地负责人 100 余人次。推进欣欣尚农电商综合服务平台建设，打造一站式农业综合服务平台。

（李媛）

种植业

【粮经作物播种面积138.2万亩】 年内，粮经作物播种面积106.8万亩，其中：粮食作物100.3万亩，经济作物6.5万亩。粮食作物中：夏粮17.2万亩（冬小麦16.8万亩），秋粮83.1万亩（玉米74.6万亩、豆类4.0万亩、薯类1.6万亩）。经济作物中：油料3.2万亩、中草药3.2万亩，其他0.1万亩。

（雷杰）

【调减小麦种植面积6.9万亩】 2017年，根据全市农业调转节的总体要求，北京继续调减小麦种植面积。年度目标为调减小麦生产面积2万亩。据市统计局数据显示，2017年小麦播种面积169 096亩，比2016年小麦播种面积238 575亩减少了69 479亩。

（张立新）

【蔬菜生产总体情况】 根据2017年遥感监测结果，全市菜田面积为49.99万亩，其中设施蔬菜面积为32.8万亩，与2016年相比保持基本稳定。据市统计局统计，2017年全市蔬菜播种面积为60.5万亩，同比减少15%，产量148.8万吨，同比减少19%，产值60.1亿元，同比增长13.6%。据市农业局农情统计，全年平均地头收购价格2.26元/千克，同比增长9.7%。蔬菜生产结构进一步优化，蔬菜产业的规模化程度逐步增加，产业集聚区的发展能力显著提升。

（赵娜）

【全面启动北京南繁科研育种基地建设】 为贯彻落实《国家南繁科研育种基地（海南）建设规划（2015—2025年）》和《推进南繁基地建设实施方案》，市农委、市农业局会同市财政局共同起草编制了《北京市南繁科研育种基地建设方案》，2017年2月7日得到蔡奇市长和林克庆副市长圈阅同意。方案包括新建北京市南繁科研基地5 000亩、建设北京市南繁指挥部实验培训楼、建设北京市南繁育种生产生活配套设施、提升水产南繁基地（文昌）基础设施四项建设任务，总投资2.515亿元，其中市财政拨款1.5亿元、社会融资1.015亿元。

（任辉霞）

【种业人才发展和权益改革工作取得突破】 为贯彻落实《农业部 科技部 财政部 教育部 人力资源和社会保障部关于扩大种业人才发展和科研成果权益改革试点的指导意见》（农种发〔2016〕2号），本市高度重视种业人才发展和权益改革工作，先后制定了《北京市关于种业人才发展和科研成果权益改革工作方案》，确定了北京市农林科学院、北京农学院和北京市农业技术推广站3个改革试点单位。6月，市农委、市教委、市科委、市财政局、市人才社保局、市农业局出台了《关于推进北京市种业人才发展和科研成果权益改革工作的若干意见》（京政农发〔2017〕25号），激发种业科技人员创新活力，促进科技成果转移转化。《意见》突破了科研单位、高等院校拥有育种成果的副职领导和其所属机构主要负责同志在相关公司兼职并试行股权激励这一权益分配形式，北京市拓宽了开展种业人才改革实施单位范围，将北京市农业技术推广站等经市主管部门批准的公益性农业科研推广机构纳入改革范围。

（任辉霞）

【组织第六届北京现代种业博览会】 2017年5月26日，第六届北京现代种业博览会在通州国际种业园区成功举办。一是大会概况。大会已经成功举办第六届，无论是办会模式、会展规模、服务水平、行业影响力和吸引力等都取得了显著的进步。通州国际种业科技园区自2011年建设以来，园区规划占地面积5万亩，有60余家科研单位和企业入驻。二是开展优良品种展示。展示名特新优果蔬品种4 000余个，有70余家企业参展，越来越成为现代种业创新品种转化、种子交易交流的重要基地，成为支持、保障北京和国家现代种业发展的重要基地。三是组织召开种业高峰论坛。邀请千人计划种业专家以及种业企业负责人讲解种业国际发展趋势和分享商业化发展经验，建立企业主体、科研院所参与的商业化运作模式，开展种业创新工作交流和趋势研讨，探讨种业产学研一体化发展的有效途径，推动全国种业协同创新。

（任辉霞）

【继续做好新《中华人民共和国种子法》实施后的品种审定工作】 根据新实施的《中华人民共和国种子法》和《主要农作物品种审定办法》有关规定，北京市农作物品种审定委员会按照程序要求，完成了本市 2017 年主要农作物品种初审、公示及终审工作，审定通过品种 20 个，其中小麦 2 个、玉米 15 个、大豆 3 个。同时，在京津冀农作物品种联合审定方面，依据北京市农业局、天津市农村工作委员会、河北省农业厅联合印发的《关于建立京津冀一体化农作物品种审定机制的意见》（京农发〔2015〕53 号），通过京津冀一体化品种联合试验审定夏玉米品种 1 个。

（任辉霞）

【与国土委全面完成基本农田划定工作】 根据《国土资源部 农业部关于进一步做好永久基本农田划定工作的通知》（国土资发〔2014〕128 号）、《国土资源部农业部关于全面划定永久基本农田实行特殊保护的通知》（国土资规〔2016〕10 号）有关规定，基本农田划定工作国土、农业部门主责，按照分工，一是共同研究制定划定通知与划定方案，联合印发各区政府。二是尽可能与永久基本农田做好对接，首先下发通知到各区农委，要求与各区国土部门紧密配合，做好基本农田划定工作，尽可能将两田划入基本农田。其次将两田图版全面提供给规划国土委与各区农口部门，以便做好衔接。三是召开农委、规划国土委主任协调会议，同时与国土局多次召开处室层面的对接会碰头会，研究基本农田划定与两田衔接相关事宜。经过努力，重合度接近 60%左右，究其原因，主要是各区的指标相差近 30 万亩，两田未在国土耕地范围内的近 30 万亩。截至 6 月 20 日，全市基本农田划定工作基本完成，各区成果已经通过市级验收，上报国土资源部与农业部。共计划定永久基本农田 151.6 万亩，耕地 166 万亩。

（贺建德）

【完成 2014 年市委市政府 16 号文件督导】 按照市生态文明办公室督查的有关要求，制定督查准备方案，市农业局组织相关业务处室两次召开工作会议，安排部署市农业局系统贯彻落实 2014 年市委市政府 16 号文件的督查工作。督察组一致认为，16 号文件的落实情况是其督查工作中完成得最好的一项市级重点任务，在制定相关文件政策、出台相关落实具体措施方面都是首屈一指，并且取得了很好的效果，圆满完成了各项工作任务。

（贺建德）

【开展京津风沙源治理与口粮田工程建设】 根据需要调整工程内容，将二期工程的暖棚 35 万平方米调整为以人工种草和草种基地建设为主要内容的生态景观建设项目，在原有人工种草和草种基地的基础上，增加建设内容，扩大建设面积，重点种植以保护北京生态环境、越冬覆盖、青贮饲料、休闲服务为主的生态景观作物。2017 年农业工程共实施人工种草 18 880 亩，其中房山 2 000 亩，延庆 5 000 亩，平谷 4 380 亩，密云 7 500 亩，密云草种基地 1 000 亩。

（贺建德）

【组织开展划定的永久基本农田现状调查】 2017 年，市规划国土委牵头，划定了 150 万亩永久基本农田。由于划定标准、各区指标等差异，农业生产空间与永久基本农田重合度只有 50%多。随着市委、市政府第二轮百万亩绿化造林任务的启动，永久基本农田外的两田除规模化设施园区、高标准万亩示范区外将基本被占用，因此，未来农业的生产空间将是永久基本农田中适宜农业生产的耕地。鉴于划定的基本农田中存在可调林地、可调园地以及其他地类，现状利用情况尚不清楚，为此制定了《关于进一步核实划定永久基本农田中实际农业生产空间的工作方案》，提出了分两步走的工作目标，一是室内数据分析，主要通过目前现有的两田数据与图版、划定的永久基本农田数据与图版、菜田现状数据与图版等现有资源进行室内数据图版的叠加分析，重点分析清楚永久基本农田利用现状、两田与基本农田整合度、设施农业分布情况、浅山区与密云水库上游分布情况。二是室外实地勘测，为摸清每一个地块的实际情况，并建立台账，在室内分析的基础上，下一步通过室外勘测核实地块，为未来北京现代农业发展和相关政策的制定与落实提供底数支撑。

（贺建德）

【景观农业稳步推进】 2017 年共计发展生态景观田 10 万亩，包括大田景观、沟域景观和园区景观三种类型。完成了 13 个景观农田综合示范点的建设，包括 5 个花卉景观田、4 个油料作物景观田、3个湿地（包括2个稻田和1个湿地）、1个种养结合示范田。举办第七届北京农田观光季开季活动暨油菜花季推介活动，向市民推荐近50个农田观光点。研究完成了《北京市共享农园建设与服务规范》和《北京市农田景观建设规范》，并报2018年北京市地方标准立项审查。

（赵朔）

【农业节水成效显著】据市水务局统计数据显示，2017年北京农业用新水5.07亿立方米，年农业节水近1亿立方米。6月，市政府办公厅印发《北京市推进“两田一园”高效节水工作方案》（京政办发〔2017〕32号），水务局印发了《北京市农艺节水工作方案》（京农发〔2017〕240号），按照职责分工全力做好农艺节水工作。建立45个小麦玉米水肥一体化示范区，82个高标准设施蔬菜生态节水示范区，6个果树环绕滴灌施肥示范区，以及露地蔬菜水肥一体化示范区118亩，草莓精量滴灌示范区280亩，共计试验、示范和推广农业节水技术16项，累计推广高效节水技术近140万亩次。

（赵朔）

【休耕轮作试验示范】按照市委市政府要求，积极稳妥推进耕地休耕轮作试验示范，在以顺义为代表的地下水严重超采区和以密云为代表的水源保护区为主地区，建立了休耕技术模式试验示范点13个，涉及面积近2 000亩，筛选出了毛苕子、冬油菜、菠菜、小黑麦等适合北京种植的养地作物品种，探索适合北京实际的休耕模式。并多次下乡调研、召开专家座谈会商讨适合本市的休耕轮作技术模式与组织方式。

（赵朔）

【继续深入有序推进农业结构调整工作】按照《关于调结构转方式发展高效节水农业的意见》要求，2017年上半年，继续深入有序推进农业结构调整工作，着力调减高耗水作物，为首都生态文明与经济建设留出足够空间，创造了良好的发展条件，农业结构调整取得了显著成效。一是高耗水作物稳步调减。2017年全市粮田面积约为100万亩，比2013年减少76万亩，其中高耗水作物小麦生产下降近30万亩。调减粮田的重点区域是地下水严重超采区，主要为增加生态林、果树、苗圃、生态景观作物等。在粮食面积调减的同时，各区的生态林、经济林面积增加迅速，景观农业也迅猛发展，为首都生态建设提供了有力的支撑与保障。同时针对农业结构调整中被动调减的现象比较普遍，部分区为了减少节水，被动简单地调减粮食面积，个别区上年的粮食保有面积已经低于市政府确定的两田面积指标以及产业升级仍然滞后等问题，要求各区一是既要积极又要有序科学地推进农业结构调整工作，一定要利用粮食腾退的空间来发展符合本区实际的特色高端、生态环保农业。积极推进首都农业融合发展。深度挖掘与拓展农业多功能，最终达到一、二、三产业深度融合，使首都的农业更好地为农民致富、市民生活、城市生态建设服务。

（贺建德）

【重点发展优势农作物】①发展五种鲜食作物。一是扩大鲜食玉米种植。筛选和示范了高品质的“水果型”超甜玉米品种6个，建立样板田1 050亩，亩产1 326千克，亩效益2 255元，分别较常规生产提高76千克、750元，总增收82万元。带动全市鲜食玉米播种3.0万亩次，亩效益1 505元，分别较上年提高8%、12%。二是推动鲜食甘薯生产。引进叶用型及鲜食甘薯品种26个，建立样板田1 936亩，亩产2 504千克，亩效益1 642元，分别较全市提高18%、37%。三是注重草莓安全优质。组织开展草莓生产风险调查，示范草莓种苗脱毒技术等，建有品种示范点10亩，示范品种8万株，示范点亩产2 453.4千克，亩效益8.8万元。四是南果品种向节能转变。引进矮晚柚、猕猴桃、长果桑等13个作物15个品种。节能型南果品种的种植面积近700亩，增加50亩。五是提升西甜瓜产业水平。建立试验示范点40个，共1 160亩，集成示范了西瓜甜瓜“一控两减”技术，推动绿色生态栽培。开展小型和中型西瓜的无土栽培试验，小型西瓜平均亩产3 840千克，中型西瓜亩产5 255千克。开展小型西瓜和厚皮甜瓜优质简约化栽培技术攻关和集成示范，面积5 804亩，平均亩产分别为4 268千克、3 275.6千克。技术辐射推广2万亩，累计增加经济效益3 362.6万元。②发展两类高端作物。一是抓稀有和小众食用菌品种筛选和技术研究。引进收集了8个菇种的85个品种，筛选出优良品种14个，形成了羊肚菌由菌种到采收的完整技术体系。二是成功引进并示范木本特种蔬菜辣木。建立试验示范点

4个，亩产1 012千克，较常规生产增产46.2%，鲜叶价格为每千克80元，效益可达8万元。围绕辣木特种蔬菜，开发了辣木火锅、辣木茶、辣木干粉等产品。③提升蔬菜作物品质。以市民对优质农产品的需求为导向，从口味和营养品质两方面提升蔬菜品质，乡愁作物老口味蔬菜恢复种植1 000亩，新增了六叶茄、七叶茄、柿饼冬瓜等老口味蔬菜，共复种11种老口味蔬菜；开展蔬菜作物高品质品种筛选及栽培配套技术研究，建立番茄、黄瓜、辣（甜）椒无土栽培技术示范点5个，面积27.2亩，辣椒、番茄和黄瓜示范点均产分别达到5 357千克/亩、8 498千克/亩和6 477千克/亩；平均亩灌溉290立方米，较常规生产亩节水20立方米；亩节省人工8人・天。推广面积2万亩，共节省人工16万个、节水40万立方米。④抓好特色作物种植。低海拔地区试种藜麦取得成功，引进4类特色藜麦资源17份，落实示范点260亩，首次进行大面积机械化播种90亩；围绕观赏期延长、茶用产品开发等，筛选出徽州黄菊等景观作物适宜品种11个。

（曹跃　聂青）

【全面推广农作物优良品种】①加大品种选育力度。年内筛选出优良品种158个。围绕小麦、玉米、西甜瓜、樱桃番茄、生菜开展品种选育，筛选出277份新材料，建立新品种繁种示范点4个、650亩。全市甘薯脱毒种苗应用率较上年提高25.2%。农研青贮3号玉米通过了北京市审定，农研青贮2号玉米通过了北京和河北两省审定。②提高优良品种覆盖率。围绕粮食、蔬菜、西甜瓜、草莓、南果、油料、花卉等作物，2017年推广主导品种70个，主导品种平均覆盖率达到87.9%。③加强种业科技成果转化。北京市农业技术推广站被列为北京市种业科技成果转化试点单位，以权益实现为导向，探索科技成果转化方式和权益实现方式。首批育种成果顺玉1号、传祺2号和北农翠玉转让协议开始履行。

（曹跃　聂青）

【开发推广农业优质技术】①推进农业节水技术。一是全面参与“两田一园”建设，助力实现农业节水新突破。制定了农艺节水技术方案，提出灌溉施肥装置的设计等技术建议十余项，助力全市新增改善高效节水灌溉面积8.08万亩。二是开展升降式灌溉设备、轻简式灌溉施肥机、大田一键式喷灌施肥机等新型灌溉施肥设备等系统的研发，开展沼液滴灌、滴灌施药等新型灌溉施肥技术研究15项，配套远传水表80套，指导全市粮食作物实现节水灌溉。三是与首都农资开展合作，依托已有的农资服务站点，建设“灌溉施肥技术服务点”3个，促进节水技术“最后一公里”应用落地。四是围绕粮食、蔬菜、草莓、果树四大产业，建立五大高效节水示范区，示范应用粮食喷灌施肥3.3万亩，设施蔬菜滴灌施肥1.9万亩，露地蔬菜滴灌施肥118亩，草莓精量滴灌施肥280亩，果树环绕滴灌施肥2 700亩。全年累计推广高效节水技术138.4万亩次，实现总节水4 531万立方米。②推进集约化育苗技术。一是开发蔬菜穴盘苗数据收集扫描系统和蔬菜壮苗评测系统，通过测定相关特征参数来判定壮苗指数。二是研究引进潮汐式育苗系统并改造潮汐式育苗温室一座，试生产了2万株番茄穴盘苗。三是推进嫁接技术的示范推广。建设了北京市首家专业化机械嫁接车间，带动市级集约化育苗场69个，建设试验示范点18个，示范面积25亩，示范了嫁接机等7项技术，全年共计生产各类秧苗220.16万株。③推进工厂化生产技术。一是推动连栋温室工厂化建设。全年共指导新建高标准玻璃连栋温室3栋，面积10公顷。二是统筹科研院所专家及专业化企业资源，组织成立了“蔬菜工厂化生产研发和示范中心”。三是开展蔬菜工厂化生产技术集成创新：中型果番茄单产21.82千克/平方米，产量达到国内领先水平。大果番茄产量41千克/平方米，日光温室樱桃番茄产量达到15千克/平方米，达到国内领先水平。3个叶类蔬菜工厂化生产示范点种植生菜等20个品种，平均产量达到40千克/平方米，较土壤栽培产量提高207.7%。四是培养新型职业农民18名，实现了田间操作技术分工职业化和工资计件制，完善了工厂化生产条件下不同操作环节的质量标准和数量标准。④推进贮藏加工技术。一是建立产品贮藏加工动态监测点35个，全年贮藏加工产量为25 300吨，增长7.2%。二是建立农产品贮藏加工技术示范基地49个，示范规模32 600吨。示范12项主推技术，示范基地技术应用率79%，损耗率减少8.7%，附加值增加11.2%，每吨增效980元。三是集成与示范推广成熟技术。示范推广了分级包装、高效蓄冷保鲜及高效脱水加工等技术和工艺。全自动包装流水线包装速度达到每分钟80～120包，是手工包装的20～30倍，处于本市领先水平。分级包装标准和高效蓄冷保鲜技术降低了蔬菜、西甜瓜等农产品的配送损耗率4.8个百分点，使鲜活农产品配送范围扩大到京津冀乃至全国主要城市，订单投诉率减少3.5%。开发微波脱水工艺，成功开发了10多种果蔬脱水产品。

（曹跃　聂青）

【着力打造农田优美景观】 一是开展综合防控、农业节水、农田护坡、生态田埂、周年覆盖等节水、节肥、节能及生态提升技术研究示范，提高了资源利用率，丰富了农田生态系统的生物多样性，粮食作物“三率”平均较上年提高4%。工厂化蔬菜生产实现了水肥精准化调控，水肥利用效率相比普通生产提高99.3%，农药使用量相比普通生产用药量降低40%，瓜类作物全年节药80千克。二是推进秸秆利用。与企业合作开展秸秆综合利用研究，极大缩短了秸秆肥料化发酵时间。三是开展休耕轮作试验示范。建立季节性和全年休耕轮作示范点10个，面积1 110亩，示范了生态型、景观型、养地型和经济型4类8种休耕轮作模式。四是打造景观精品样板。以油料、花卉和药材三类景观作物为主，建立13个大田生态景观示范点12 780亩，示范了花海景观等景观优化技术7项。五是设计创意景观图案，设计了稻田商业Logo、中国地图等5个农田创意图案。

（曹跃　聂青）

【大力培育农产品优秀品牌】 建设特色农产品展示展销平台，引入了优农佳品、密农人家等企业入驻，对300余种特色农产品进行了周年展示，承办了北京市都市农夫农耕文化节、京津冀西甜瓜产业发展论坛暨品牌推介、第三届北京鲜食玉米节、京郊金秋特色农产品推介会、北京优质甘薯推介会、美丽乡村筑梦有我、第三届草莓之星评选等丰富多彩的特色农产品展示推介活动，其中，仅京郊金秋农产品展销会就有67家合作社和70家销售企业参展，签订购销合同金额超过3 000万元。除此之外北京市农业技术推广站还在小汤山特菜基地设立了品牌发布厅、新农人创新创意空间等功能区域，对2017年度十大优质农产品品牌进行了展示宣传，有效加强了农业品牌的推广，推进了现代营销服务，促进了产业融合。

（曹跃　聂青）

【大力推广节肥、节药、节水技术促进蔬菜产业提质增效】 一是提高肥料利用率，开展设施蔬菜有机肥替代化肥示范区建设；确定顺义区为有机肥替代化肥示范区开展建设。制定《2017年北京市设施蔬菜有机肥替代化肥试点建设实施方案》，重点推行4种技术模式，“有机肥＋配方肥”模式、“菜—沼—畜”模式、“有机肥＋水肥一体化”模式、“秸秆生物反应堆”模式。通过创建，实现化肥用量明显减少、有机肥用量明显增加、蔬菜品质提高和土壤质量明显提升的目标。核心示范园区与知名品牌蔬菜生产基地蔬菜化肥使用总量减少24.3%，顺义区蔬菜土壤有机质含量达到约2.0%，增长率预期达到5%。二是提高农药利用率，开展蔬菜绿色高产高效示范区建设。在扶持建设17家植保专业化统防统治组织的基础上，大力推动社会化服务补贴，全年社会化服务面积达到14万亩次。在房山区开展蔬菜绿色高产高效示范区建设，实施六大工程——土壤改良工程、水肥一体化工程、绿色防控及高产高效技术应用工程、降本增效机械换人工程、“互联网＋”及品牌建设工程和产业融合工程，实现核心示范区优良品种、综合节水、测土施肥、病虫害综合防控技术应用率达到100%，辐射带动10 000亩菜田，打造了一批蔬菜优质特色品牌，培育了一批蔬菜新型经营主体，拓展了都市农业发展功能，实现绿色生产，改善生态环境。三是推进蔬菜生产高效节水，提高水资源利用率。2017年全市继续加大对蔬菜节水技术研究示范的应用力度，应用微喷、微灌、覆膜沟灌等节水技术46.8万亩，总节水2 295万立方米，亩均节水49.1立方米。配合水务局实施高效节水三年行动计划，开展水肥一体化、基质化栽培等节水技术研究与应用。指导农业技术推广站集成岩棉支架式栽培系统、自动化灌溉施肥系统等多种设施设备，初步建立黄瓜工厂化生产环境控制及水肥管理技术体系。建立了以椰糠槽式栽培为基础的标准化种植模式，提高了普通设施基质化生产标准化程度。四是探索建立蔬菜商品苗社会化服务模式。全市完成16个蔬菜集约化育苗场的建设，截至2017年年底，全市共有蔬菜集约化育苗场63个，实施蔬菜商品种苗补贴约8 300万株，采用集约化育苗方式（育苗量在

50万株以上的市级育苗场点）共计培育穴盘秧苗2.36亿株，同比增加0.13亿株；蔬菜集约化育苗占全市需求的16.9%，同比提高3.8%。

（赵娜）

【高质量推进2019世园会“百蔬园”建设工作】为确保2019世园会“百蔬园”建设及展示工作顺利开展和完成，2017年重点从品种搜集筛选、抗逆性驯化、盆栽配套技术筛选、爆发型病虫害监测、防控技术研究及水上景观打造等方面开展相关试验研究。引进、筛选、驯化蔬菜240余种，筛选出观赏性好，与景观需求、外部环境相符的盆栽蔬菜品种102个；在3个配套保障基地开展合理水肥调控、病虫害监测、绿色防控技术应用、配套保障现代化农机具引进筛选、虚拟现实体验系统开发等相关试验研究75项，取得初步试验成果。同时，为扩大世园会“百蔬园”的大众认知，利用报纸、微信、微博等多种途径进行了全媒体宣传推广工作，报道30余篇，转载500余次，宣传累计覆盖100多万人次。

（赵娜）

畜　牧　业

【畜牧业发展基本情况】2017年，全市肉类总产量26.39万吨，鸡蛋产量15.46万吨，生鲜乳产量37.42万吨。生猪、牛、羊、肉禽出栏量分别为242.06万头、8.43万头、64.51万头、3 115.21万只；全年生猪、牛、羊、肉禽存栏量分别为112.18万头、12.83万头、35.18万头、1 382.41万只。全年饲料总产量200万吨，其中配合料产量120万吨，浓缩料30万吨，添加剂预混料50万吨，总产值110亿元。

（张保延）

【畜牧业生产效率稳步提高】畜禽养殖设施化、集约化、智能化的持续发展，分子标记育种、奶牛全混合日粮等技术的大力推广，使生猪PSY（每头母猪每年所能提供的断奶仔猪头数）提升4个百分点，奶牛平均单产提升12.5%，蛋鸡生产效率提升7.1%。

（张保延）

【生产经营主体调整优化】出台《关于开展“疏解整治促提升 推进畜禽生态养殖”工作的实施方案》，按照“疏、治、建、管”的思路，引导禁养区规模以下经营性畜禽养殖有序退出，开展畜禽养殖综合整治规范，全年清退疏解畜禽221万头（只）。在政策和市场的双重作用下，一体化龙头企业、专业合作社、标准化规模牧场等现代经营主体保持稳定发展，小散产能退出提速，全年退出4 398个低端场户，涉及畜禽221万头（只），标准化规模养殖成为畜牧生产主流，全市畜牧业产业化龙头企业37家，其中国家级龙头企业10家，主要畜禽品种规模比重达到80%以上。

（张保延）

【畜产品质量安全稳定向好】畜牧业三品一标认证率达79.9%，同比提高7.8个百分点。饲料产品监测合格率达到98.9%，草种质量检测合格率、畜产品质量监测合格率和生鲜乳违禁添加物抽检合格率100%。

（张保延）

【开展畜禽养殖标准化示范创建】制定下发《北京市畜禽养殖标准化示范创建活动工作方案》，全年对40余家标准化示范场开展技术培训，2017年完成了9家（生猪5家、奶牛1家、肉鸡2家、蛋鸡1家）国家级畜禽养殖标准化示范场创建。

（张保延）

【实施规模化养殖场污染治理】市农业局会同市农委、市环保局联合印发《关于进一步做好畜禽养殖污染防治工作的函》，部署工作任务，建立2017年规模化养殖场污染治理工作台账。以市畜牧总站、市畜环站及产业技术创新体系为技术支撑，下发《关于征选北京市畜禽粪污资源化利用典型技术模式的通知》，征选、提炼北京市畜禽粪污资源化利用典型技术模式，引导养殖场建设、改造升级粪污收集、贮存、处理、利用等配套设施。开展督导检查30余次，完成104家规模化畜禽养殖场粪污治理工作。

（张保延）

【全市禁止新建、扩建规模化畜禽养殖场（育种、科研用途除外）**】**全面停止各区相关审核审批工作，并结合畜禽粪污治理等工作实行月报制，开展督导检查。每半年更新规模养殖场（小区）登记备案，统计规模养殖场数量，掌握全市规模养殖情况，确保无新增除育种、科研用途外的规模养殖场。

（张保延）

【优化畜牧业产业结构素质】开展畜禽标准化示范创建活动，以“五化”为引领，创建国家级示范场9家，全市达到83家，建立“产出高效、产品安全、资源节约、环境友好”的现代畜牧业发展模式，造就一支引领标准化规模养殖的生力军。开展美丽生态牧场创建，按照“规范、生态、美丽”原则，制定完成《北京市美丽生态牧场创建标准》，指导各区开展美丽生态牧场创建工作前期工作。开展《饲料质量安全管理规范》示范企业创建。已创建国家级示范企业10家，以示范为引领，组织开展市级创建活动，力争实现从原料采购到产品销售的全程质量安全管控，形成生产记录可存储、产品流向可追踪、储运信息可查询的机制。

（张保延）

【积极推动畜牧企业延伸产业链】推进养殖、屠宰、加工、营销一条龙产业化经营，协同推进“互联网+”与畜牧产业的融合，年内一家生猪养殖企业在新三板挂牌，成为华北地区养猪行业首例；大伟嘉等企业通过兼并重组、产业融合等方式，在外埠建设5家高水准生产基地，提升企业创新能力及市场核心竞争力；康华远景、英惠尔、昕地美等企业依托科研优势，在酶制剂、微生态制剂以及高密度发酵等领域有较大突破，以植物提取物替代抗生素的新型饲料走在行业前沿，产品远销欧美、东南亚等国。

（张保延）

【大力开展畜禽良种产业建设】重点推进国家大白猪育种项目，国家核心育种场六马大体型配套系研发，目前正处于中试阶段；以市奶牛中心为核心成立国家奶牛育种自主创新联盟，涵盖全国奶牛良种资源30万头；开展对华都峪口培育的京粉6号、小优鸡配套系的品种审定工作，使自主知识产权蛋种鸡进一步丰富；首农集团联合收购英国樱桃谷100%股权，完成国内动物育种行业首次跨国收购，对于北京鸭产业核心种源自给率、知识产权保护和良种繁育体系提升有深远意义。突出京味特色，加大“北京黑六”“北京鸭”“北京油鸡”等地方品种的推广开发力度，鼓励“湘村黑猪”“宁乡花猪”等外来地方种质资源品种在本市的发展，打造培育一批高端、优质、安全的特色畜产品品牌。

（张保延）

【完成畜禽养殖登记备案】截至2017年12月31日，全市满足条件并进行登记的畜禽养殖场（小区）共有890个，较上半年减少336个，减少了27%；暂停养殖的有46个；登记未备案的规模畜禽养殖场（小区）398个，较上半年减少235个，减少了37%。885个有地理GPS定位记录，占99.44%；标注备案的492个备案养殖场（小区）地理GPS定位记录100%；配备雨污分流、干湿分离设施有596个，占67%；资源化利用有813个，占91%。发放登记备案手册260余册。

（赵有）

【持续推进畜禽生产安全风险监测工作】设立监测点20个。积极应对“毒鸡蛋”事件，对4类28种生产风险因子进行跟踪调查。采集检测饲料和鸡蛋样品100份，形成安全风险检测分析报告4份。举办10期安全风险控制技术培训。首次在全市建立养殖企业自控力提升示范点20个。

（赵有）

【开展低碳健康养殖监测评估】一是养殖场碳排放评估。监测30家养殖场，覆盖8个区38.6万头（只）畜禽，获得监测数据3 560条，完成奶牛养殖污水碳排放规律监测，确立了北京地区排放因子；完成33家养殖场碳排放评估工作，形成温室气体排放评估报告30份，累计完成83家养殖场网上核算评估工作；养殖场温室气体排放活动水平数据库累计获得93家养殖场、17 706条监测数据。二是养殖效率监测。监测8个区30家养殖场：出栏1头生猪的耗电量为20.07千瓦时/头，总能源消耗量为32.61千克标准煤/头；饲料消耗量0.34吨/头；单位土地面积的生猪出栏量为61.01头/亩；生产1吨牛奶的耗电量为10.41千瓦时，总能源消耗量是44.08千克标准煤，总饲料消耗量为1.97吨；生产1吨鸡蛋的耗电量为113.48千瓦时，能源消耗总量为49.75千克标准煤，消耗的饲料为2.35吨。三是养殖场水监测。利用养殖场水资源利用监测系统完成示范点用水量监测。

（赵有）

【建设北京市畜禽种质资源库】实现安全运行监测常态化，畜禽遗传资源收集种类与范围不断扩大，首次开展特种经济动物遗传资源采集工作，畜种资源不断丰富。新增有效监测数据近5万条。全年共收集北京油鸡血液样本200份，北京鸭血液样本380份，种公牛精液300剂，乳房炎奶牛血样58份，年度优秀种猪血样和DNA样本80份，澳大利亚原种羊驼血液样本20份。匹配数据库信息28 000条。

（赵有）

【开展北京地方畜禽品种保护管理】2017年9月“北京鸭”正式实施国家农产品地理标志登记保护（农业部第2578号公告），这是北京市第12个农产品地理标志，也是畜禽产品中目前唯一一个。9月21—24日，北京鸭农产品地理标志首次在“农交会”上亮相。

（赵有）

【规范畜牧饲料产业管理】严把行业准入关，完成饲料和饲料添加剂生产许可24个，审批产品批准文号企业82家、2 203个产品，全市饲料企业共计192家；年底生鲜乳收购站17家，运输车辆100辆，实现了市、区、养殖场、生鲜乳收购站四级实时联动，生鲜乳生产、收购、运输无缝监管；审批种畜禽生产经营许可25个，种畜禽进口审核23批，进口种奶牛0.6万头、种禽20万只，奶牛精液10万剂；完成草种生产经营许可4个，使全市草种生产经营单位达到23家；完成草种进出口审批338批次、进口草种1.5吨。

（张保延）

【开展畜禽养殖行业专项整治】联合市监督所、市饲料所组织开展饲料、养殖环节“瘦肉精”、生鲜乳三个专项整治行动，加大监督抽检力度，开展饲料、生鲜乳、瘦肉精、草种四个专项监测，加强行政管理和监督执法联动。饲料检测合格率98.9%，奶畜养殖场、生鲜乳收购站、运输环节质量安全专项监测合格率100%，养殖环节“瘦肉精”抽检保持“零检出”。

（张保延）

【强化畜禽养殖行业安全生产管理】会同安监局完成畜禽养殖场、饲料生产加工企业安全生产管理两项地方标准制定工作，用于指导全市行业生产安全。按照“一岗双责”的要求，联合市监督所、市畜牧总站、市饲料所组织开展畜禽养殖和饲料生产经营安全生产大排查工作，出动170人次、检查各类企业450个次，全年畜牧饲料行业无重大安全事故发生。

（张保延）

【实施良种繁育及推广】首个公益性猪基因组选择育种服务平台优化升级，实现了从数据上传到基因组育种值的“一键式”操作。优化猪基因组选择，新增日增重、料肉比两个性状，参考群体新增728头，累计达4 020头。基因组选择技术示范推广规模增加到1 359头，生长性状基因组育种值准确性比常规育种提高了0.13～0.15，繁殖性状准确性提高0.3。种猪联合育种工作，有102家种猪场注册为北京种畜遗传评估中心会员单位。全市新增种猪个体登记头数16.57万头，累计达316.29万头；新增达100千克体重日龄有效记录数2.63万条，累计达41.93万条；新增达100千克体重背膘厚有效记录数2.63万条，累计达41.62万条；新增产仔窝数1.74万窝，累计达38.71万窝。全市种猪性能测定达8个品种。

（张保延）

【开展畜禽种质资源监测】种猪精液质量监测，抽检样品24个批次，累计抽检种公猪405头次，出具检测报告24份，种公猪常温精液抽检合格率为97.7%，精液质量状况总体良好。种猪活体质量监测，对全市15家种猪场118头种猪进行了活体质量监测，各项指标都好于上一年度。奶牛生产性能测定，对73家奶牛场推广奶牛DHI测定和品种登记技术，增加5家；测定和登记奶牛6.60万头，同比增加1.46万头。母猪繁殖生产性能监测，累计获取1 013头适繁母猪数据，母猪窝均产仔数达11.49头、平均产活仔数10.77头、平均断奶头数达到10.46头，均为最好水平，同比分别上升6.59%、0.17%、4.6%。年提供断奶仔猪增加了0.93%，母猪年非生产天数降低了0.65%。

（张保延）

【开展畜牧业科技创新与推广】生猪、奶牛、家禽等创新团队开展技术指导观摩培训700余期次，培训服务2.5万人次，试验示范和推广转化新技术、新产品240余项，覆盖规模达到全市的30%，实现经济效益近亿元。

（张保延）

【制定林下节水生态养猪配套技术规程】形成了适合北京地区节水高效、生态健康的林下生猪养殖模式，实现资源循环利用和种养联动良性循环，减少水、能源和外来饲料的消耗。与常规养殖方式相比，单位生猪生产能源消耗下降了93.48%，能源生产率提高了1 993.11元/千克标准煤，单位产品能源消耗碳排放下降了88.30%，能源消耗碳排放生产率提高了281.91元/千克二氧化碳当量，水资源生产率提高了24.13%。示范基地猪只成活率达到94.93%。

（张保延）

【集成应用生猪养殖粪污减量化技术】形成了适合北京地区节水、高效、低排的健康养殖模式，建立了3个生猪养殖粪污减量化示范基地。育肥猪日增重提高4.31%，减少粪便排放量3.73%，粪便中有机质降低了11.02%、氮排放量降低了10.13%，猪舍氨气浓度降低80%以上；母猪产仔死胎率降低16.67%，仔猪断奶前的死亡率降低6.12%、日增重提高18.14%、日采食量提高8.96%、料肉比降低7.77%；建立了猪场水资源利用智能监测系统，实现节约耗水量10.28%，减少养殖场污水生成量。示范基地碳排放减排率分别为8.52%和10.49%。

（张保延）

农 机 业

【概述】2017年，全市农机总动力133.5万千瓦。拥有各类拖拉机8 293台，其中大中型拖拉机6 933台，小型拖拉机1 360台。拖拉机配套农具11 851部，其中机引犁1 215台，机引耙610台，旋耕机3 102台，深松机255台，小麦播种机1 372台，玉米播种机2 685台，秸秆粉碎还田机1 376台。农用排灌动力机械33 367台，节水灌溉类机械14 891套。植保机械105 954台，其中机动植保机械20 504台。收获机械1 489台，其中小麦联合收获机581台，玉米联合收获机678台，青饲料收获机138台。大棚卷帘机43 683台。微耕机16 665台。农副产品加工作业机械3 600台，畜牧养殖机械12 505台，渔业机械12 253台，林果业机械4 767台。农业机械原值22.0亿元。主要粮经作物耕种收综合机械化水平90%。机电灌溉面积6.0万公顷，机械植保面积6.7万公顷。拥有各类农机服务组织和农机户20 765个，其中农机作业服务组织351个，农机专业合作社163家。拥有农机维修企业及维修点249个。2017年全市发生一般农机事故4起，无伤亡。

（杨帆）

【落实农机购置补贴资金1.419亿元】2017年，全年落实中央及市级补贴资金合计1.419亿元，其中中央补贴资金7 390万元，市级补贴资金6 800万元。全市新增农机设备1 399余台套，简易保鲜储藏设备2万平方米。

（杨帆）

【主要粮经作物综合机械化水平达到90%】2017年，主要粮经作物耕种收综合机械化水平达到90%，同比增长0.9个百分点，玉米耕种收综合机械化水平达到91.2%，同比增长0.3个百分点。

（杨帆）

【各行业农机化水平全面提升】2017年，围绕跟进农业调转节和重点产业发展，重点推进粮经作物和露地蔬菜主导品种生产全程机械化、设施农业生产关键环节机械化、畜禽标准化健康养殖机械化、渔业生态养殖机械化、果业标准化生产全程机械化和农产品初加工机械化。其中，粮经产业共补贴机械545台（套），主要对各区农机合作社、农户所需的大中型拖拉机、青贮收获机、玉米精量播种机等进行补贴；蔬菜产业共补贴所需机械754台（套），提高全市重点生态园区及各区规模设施园区生产机械化水平；畜牧业共补贴机械31套，升级改造畜牧养殖硬件条件；渔业共补贴机械9套，用于工厂化养鱼、水净化处理，提升渔业节水效果和休闲、观赏功能。能源生态共补贴秸秆综合利用、节水灌溉机械设备24台（套），促进农作物秸秆综合利用和农业节水；林果业补贴机械36台，推进标准化果园机械化生产。

（杨帆）

【全市主要农作物秸秆综合利用率达到98.5%】 2017年，继续按照“调结构、转方式、全利用、严监管”的原则因地制宜，综合施策，全面实现农作物秸秆综合利用，杜绝农作物秸秆露天焚烧。2017年制定印发《2017年农作物秸秆禁烧与综合利用重点工作及任务分工》《北京市2017—2018年秋冬季加强农作物秸秆综合利用促进禁烧工作方案》等指导性文件。在全市推广应用秸秆粉碎还田、加工青（黄）贮，以及制作有机肥、菌棒等利用方式，实现秸秆综合利用全覆盖。因地制宜推广“农作物秸秆＋蔬菜废弃物”综合利用模式和山区农作物秸秆综合利用模式，破解了全市设施农业废弃物和山区秸秆处理利用难题。2017年，全市主要农作物秸秆综合利用率达到98.5%，全市连续三年卫星监测“零火点”。

（杨帆）

【农机鉴定能力新增14项】 2017年，市农机实验鉴定推广站申报增项的病死畜禽无害化处理设备——发酵制肥机、电动卷膜机、方草捆捡拾码垛机、灌溉器材——滴灌管（带）、灌溉施肥一体化设备、果蔬烘干机、秸秆压块机、节水灌溉设备——喷头、青饲料收获机、燃烧式二氧化碳发生器、深松机、施肥机、秧苗嫁接机、秧苗移栽机14个农业机械产品，通过北京市质量技术监督局的认定。

（杨帆）

【农机专业合作社有序发展】 2017年，在全市范围内组织开展了农机合作社示范社创建活动。鑫利农机专业合作社被评为农业部农机合作社示范社，富彬兴旺农机服务专业合作社、东瑞盛农机服务专业合作社、财顺农机专业合作社、高岭镇石匣村农机服务专业合作社4家农机合作社被评为2017年度北京市农机合作社示范社。

（杨帆）

【全年发生一般农机事故4起】 2017年，发生一般农机事故4起，无人员伤亡。全面启动农机行业“双随机”网格化安全监管，将农业机械使用操作安全监督检查、拖拉机驾驶培训机构监督检查、农业机械维修企业监督检查及农业机械生产企业和产品监督检查4项行政检查事项作为随机抽查的检查事项；全年市区两级共出动执法人员8 168人次，完成执法检查5 875件，做出行政处罚195件。

（杨帆）

【京津冀合作继续深化】 2017年，京津冀三地农机推广部门召开了农机作业联合调度平台应用协商会议，签订了京津冀农机信息化技术合作备忘录。京津冀农机安全监管合作论坛在京召开，三省市农机监理部门在京签署了《京津冀农机安全监管协同发展合作协议书》。

（杨帆）

渔　业

【全年渔业面积产量同比下降】 2017年北京市水产养殖面积2 928公顷，同比下降15.28%，其中：池塘面积2 869公顷，同比下降15.54%。水产品总产量4.51万吨，其中：淡水产量3.61万吨，远洋捕捞产量0.9万吨。总产量同比下降16.93%。观赏鱼产量5.27亿尾，同比增加43.17%。渔业经济总产值27.79亿元，同比增长27.31 %。

（许中海）

【渔业调结构转方式扎实推进】 一是推进绿色生产效果明显。严控水源保护区、自然保护区及其他敏感区域新建水产养殖场，保持零建设。提倡降低养殖密度和精准投饵，促进养殖用水达标排放，实现控污染。建成北京市渔业空间布局信息化管理系统，建立养殖场基本信息管理台账。二是养殖基础设施设备升级更进一步。2016年，全市利用农业专项转移支付资金和农机购置补贴共计4 032万元，带动社会资金投入1.2亿多元，开展养殖场基础设施改造与环境美化、水处理循环应用和设备升级、清洁能源利用，实施了一批重点工程，改造养殖面积67公顷，建设节水养殖示范场、休闲渔业示范场、苗种场共计21个，推动水产养殖场向园林化设计、现代化设施、融合性发展加快转型。三是积极推进休闲渔业发展。开展市级休闲渔业示范基地创建活动，新评定6家基地，全市有两项比赛获评农业部有影响力的休闲渔业赛事奖。

（许中海）

【渔业生态涵养功能不断增强】 2017年累计投入资金1 920万元，在密云水库等26处水域、2万公顷水面，增殖放流净水鱼类和地方濒危鱼类1262万尾，增殖渔业发挥了削减水中氮磷、固碳释氧、调节水域生态平衡的重要作用。尤其是落实禁渔区、禁渔期、禁钓区制度更加严格，渔政执法力度不断加强，全国“亮剑2017”系列渔政专项执法行动——海河水系京津冀渔政联合执法取得丰硕成果，严厉打击了电鱼、炸鱼、销售以及使用禁用网具等破坏渔业资源的行为。水生生物资源养护宣传工作更加深入，与市宗教局联合制定了《关于进一步加强宗教界水生生物放生（增殖放流）管理的通知》，社会民众生态环境保护意识明显增强。开展水生野生动物自然保护区管理专项检查，水生野生动物保护执法进一步加强，水生野生动物经营利用秩序进一步规范。加强拒马河、密云水库水生生物资源调查与环境监测，为生物多样性保护工作打下坚实基础。

（许中海）

【渔业“两个安全”保持稳定】 水产品质量安全稳定在较高水平，农业部两次水产品药残产地监督抽查和一次水产品苗种检测，检测合格率均为100%；农业部四次水产品药残例行监测，全年平均合格率达到98.6%；“三品一标”认证率增加到62%，比2016年提高了33.6个百分点；高质量完成党的十九大等四项重大活动鲜活水产品供应保障任务，供应鲤、草、鳙、鲫、罗非总量为15吨；新创建全国水产健康养殖示范场18家，全市达到106家。渔业生产安全实现全年零事故，完成了《北京市水产养殖企业安全生产等级评定技术规范》制定工作，通过开展全市督导检查、组织业务培训、进行应急演练等方式强化渔业安全生产监管，实施安全隐患排查全覆盖，有效避免了事故发生，确保了渔业生产依法有序进行。

（许中海）

【行业管理水平明显提升】 认真落实“简政放权、放管结合、优化服务”的要求，完成行政职权梳理，及时公布权力清单，优化审批程序，提高办事效率，作出行政许可260项，开展现场核查100次，检验渔船350条、船用产品1万多台。将“风险分级、量化监督、档案管理”执法模式与双随机抽查制度有机结合，强化事中、事后监管，规范执法行为，全年开展渔政执法检查9 672次，立案219起，移送司法机关9起，罚款50余万元，做到管得严、管得了、管得好，有效规范了渔业生产、经营秩序。在渔政、水务联合执法常态化的基础上，与海关部门共同制定了罚没物品移交办法，与公安部门共建案件移送机制，行刑衔接工作取得重要进展。执行政策发挥引导作用，政策、项目、资金向节水、生态养殖整合，注重树立典型，培育产业龙头，发挥以点带面作用。组织考察、观摩、交流，让管理者和生产者一起走出去，掌握新信息，共同转理念，全力推进调转节。创新技术，强化产业支撑，紧紧围绕渔业节水、生态养殖，示范推广生物浮床治水、中草药防治鱼病和微生物制剂应用三项节水、生态型渔业技术，为调结构转方式提供科技支撑。

（许中海）

【开展生物浮床景观栽培等方面技术研究】 以生物浮床应用为手段，结合景观设计方法，对观赏性水培蔬菜品种的筛选、新型生物浮岛载体的设计以及浮岛造景与景观示范等技术开展了细化研究。筛选出了水芹和空心菜两种既具备较好景观效果又有净化水体能力的水培蔬菜品种，并在延庆、通州、平谷3个区建立4个景观示范点，示范面积55亩，应用新型生物浮岛1 400套，配套水生植物2.4万株。为2019年世园会百蔬园的建设提供了技术保障。在房山区石楼镇吉羊村开展了池塘循环流水养殖系统养殖俄罗斯鲟鱼的试验研究工作。单条养殖系统规格为25米（长）×5米（宽）×2.5米（高），养殖水体为200立方米。开展鲟鱼池塘循环流水养殖技术的试验研究，对拓宽鲟鱼的养殖途径，扩大鲟鱼养殖规模以及提升鲟鱼品质具有重要意义。

（吴同欣）

林　产　业

【概况】 全市果园面积达到 13.6 万公顷，全市果品产量达到 7.5 亿千克、年收入 43.5 亿元，全市从业果农达到 28 万户，户均收入突破 1.5 万元。新发展苗圃 666.67 公顷，全市累计建成规模化苗圃 140 余个，总面积达 840 公顷，吸引社会资金 60 亿元。全年新发展林下经济 0.29 万公顷，累计达到 3.83 万公顷，1.05 万农户增收 1.76 万元。

【推进 2019 世园会“百果园”建设】 2017 年，编制了“‘百果园’初步设计方案”。2017 年 5 月 12 日局（办）党组会听取汇报并进行了审议，并组织听取了行业专家意见，“百果园”工程设计已于 6 月完成招标。5 月 18 日，“百果园”项目前期果树适应性实验工作在项目区启动，针对栽植时间晚、连续高温天气等不利条件，采取了增施生物动力有机肥、生根粉、连续灌水、搭建遮阳网等技术措施，努力确保成活率。年内，完成 0.67 公顷（10 亩）实验园栽植工作，共栽植苹果、梨、桃、李子、杏、核桃等六种果树 400 余株。

【新建和更新改造果园 1 万亩】 2017 年，年利用春季植树时机，全市各区共完成新建和更新改造果园 20 000 余亩，其中完成新建更新果园 10 000 余亩。

【开展全市果园土壤环境质量调查】 2017 年，为了摸清北京市果园土壤健康状况，全面贯彻落实 2016 年国家颁布的《土壤污染防治行动计划》和北京市土壤污染防治方案。2017 年开始，对全市果园土壤健康情况进行监测与评价，并示范土壤修复模式，以摸清果园土壤环境污染状况和肥力水平，为保障食品安全管理和提高果实品质提供基础。在大兴、平谷、通州 3 个区共抽检 300 个土样，进行 8 项重金属、农药残留、除草剂残留检测，并对结果进行了初步评价。

【开展果园大数据调查】 2017 年，为了全面掌握北京市果树资源各方面情况，本市开展全市果园基础数据的全面摸底工作。本次调查涉及 777 个数据项（套），内容涉及果树资源、基础设施、果园机械、从业人员、营销、合作社等 13 个方面。同时对面积在 30 亩以上的果园（独立经营主体）的基本情况（包括生产经营情况、果园灌溉、农机具、农资物料投入等）进行入园调查。印发《关于开展果树产业基础数据调查的通知》并召开了全市动员大会。完成了 37 期调查培训，其中举办市级培训及部署工作 3 场，培训 100 人次，各区组织培训 34 场，培训人数达到 1 430 人次，发布工作动态简报 10 期。

【推动矮化密植果园建设和低效果园更新改造工作】 2017 年，本市积极推动矮化密植果园建设和低效果园更新改造工作。6 月 6 日和 10 月 10 日，分别在通州金果天地果园和房山区周口店镇娄子水举办了两场全市矮化密植果园现场会和低效果园改造现场会。实地观摩密植樱桃、苹果种植、果树结果情况，请相关技术人员进行培训，各区园林绿化局主管领导和工作人员、经营主体代表参加。北京电视台、新京报、绿色时报、法制晚报、北京晨报、北青报、千龙网等媒体进行了报道。

【举办了首届京津冀果园机械推介会】 2017 年，为了推动果园机械化水平，促进京津冀协同发展，8 月 27 日，京津冀果树产业协会、北京市农科院林业果树科学技术研究院、北京市果树学会等在平谷区大华山镇举办了首届京津冀果园机械推介会，来自三地的 25 家果园机械经销商参与了展示和推介活动，京津冀三地 300 余果农及主管部门领导到场参观。

【参加第二届果王争霸赛】 9 月 26 日，河北省在廊坊市举办了第二届果王争霸赛。为了展示北京市果品生产水平，有关部门积极组织各区果农参赛。最后北京市共选送了 41 个果品，有 5 个获得了果王，16 个获得了金奖，还有一批获得了银奖和铜奖。通过参赛，充分展示了北京市的果品生产水平，果品知名度也大大得到了提高。

【推广果树基金使用】 2017 年果树基金共召开 4 次投委会，审议并通过了 9 个项目，包含 5 家企业、2 个合作社和 2 个家庭农场，共支持高效节水果园面积

3 444 亩，投资额 2 797 万元。

【林下经济生产】 2017 年，北京市加快林下经济发展。全年新发展林下经济 0.29 万公顷，累计达到 6.19 万公顷，年产值达 3.92 亿元，1.05 万农户户均增收 1.86 万元，带动就业 1.54 万人。

【苗圃生产】 2017 年，北京市突出“圃林一体”，持续推进规模化苗圃建设。新发展苗圃 666.67 公顷（1 万亩），全市累计建成规模化苗圃 140 余个，总面积达到 0.84 万公顷，吸引社会资金 60 亿元；提出休闲游憩型、生态景观型、科普教育型“圃林一体化”发展模式，建立 106.67 余公顷“生态景观型”发展模式示范区。

【国有林场改革】 2017 年，北京市完成全市国有林场改革工作。全市 34 个国有林场全部理顺了管理体制，落实公益一类属性，发展重点从过去多种经营为主向保护生态资源、加强森林经营为主转变；全面完成京煤集团林场移交工作，正式成立全市面积最大的市属京西林场；国有林场事企分开工作顺利推进；编制完成全市国有林场发展规划和三年行动计划。

花卉产业

【概况】 2017 年，北京市加快花卉生产。实施全市花卉产业行动计划，拓展花卉休闲观光功能，圆满完成“两节一展”系列花事活动，打造顺义鲜花港郁金香、通州花仙子、密云玫瑰、延庆葡萄园百合等一批大尺度、有特色的北京花田，提升全市花卉综合效益，带动农民增收致富。

【打造创建北京花田】 2017 年，北京实施全市花卉产业行动计划，重点打造顺义鲜花港郁金香花田、密云玫瑰情缘玫瑰花田、通州花仙子草花花田和延庆葡萄园百合花田等一批大尺度、有特色的北京花田，提升全市花卉综合效益。结合郁金香文化节，4 月顺义鲜花港郁金香花田 400 万株郁金香竞相开放，扮靓北京最美春天；通州花仙子万花园草花花田，每月开展花海荷兰风车节和“舌尖上的万花园”首届花餐节等主题活动吸引游人；66.67 余公顷（1 000 余亩）密云玫瑰情缘玫瑰花田结合月季文化节举办相关主题活动；7 月延庆世界葡萄博览园打造 6.67 公顷（100 亩）百合花田。

【举办第九届月季文化节】 5 月 18 日至 6 月，第九届月季文化节由北京市园林绿化局、北京市公园管理中心、北京花卉协会、中国花卉协会月季分会、中国风景园林学会菊花分会、北京市大兴区人民政府 6 家单位主办，世界月季主题园、北京植物园、天坛公园、陶然亭公园、北京纳波湾园艺有限公司、繁花世金玫瑰谷、蔡家洼玫瑰情园、妙峰山森林公园、北京国际鲜花港、北京园博园、中国古老月季文化园、北京爱情海玫瑰文化博览园、南海子郊野公园 13 家单位承办。第九届月季文化节的主题花是“绿野”，有 8 个区 13 家单位参加，2 300 余个月季品种，近千万株月季争奇斗艳。第九届北京月季文化节活动包含各色月季花海景观、花坛、小品以及科普展示。纪念性和参与性是第九届月季文化节活动组织上的两大特色。组委会发行了市花 30 周年系列月季·菊花主题邮票、明信片、首日封等纪念品。

【参展第九届中国花博会】 9 月 1 日至 10 月 7 日，由国家林业局、中国花卉协会和宁夏回族自治区人民政府共同主办的第九届中国花卉博览会在银川市举行，北京室外展园占地 4 200 平方米。在景观布局上汲取皇家园林的空间创造手法创造植物展示空间，突出打造“花海游赏区”“滨水休憩观赏区”“菊花台特色成果区”及“多彩园艺花卉展示区”四处核心植物景观区。北京室内展区占地 500 平方米，以“京花香韵漫丝路”为主题，整体布局将皇家园林、花卉文化与“一带一路”融为一体，选用见证“丝绸之路”的青花瓷盘为主景观，搭配象征着富贵吉祥的牡丹花、缀以北京市花月季和菊花，预示着新的“丝绸之路”将带来更大的繁荣。北京展团奋战 37 天超长展期，克服银川的极端天气，通过 4 次换花保持效果、4 次组委会专家综合评审，共荣获 376 个奖项，取得全国排名第一的佳绩，圆满完成各项参展任务。

【举办第九届北京菊花文化节】9月22日至11月中下旬，第九届菊花文化节由北京市园林绿化局、北京市公园管理中心、中国风景园林学会菊花分会、北京花卉协会、中国花卉协会月季分会五家单位联合主办，北京菊花协会、北海公园、天坛公园、北京植物园、北京国际鲜花港、世界花卉大观园、世界葡萄博览园、北京市花木公司园艺中心承办。北海公园举办了“古都菊韵——北京·开封菊花文化节”，10月25日至11月20日在京津冀三地开办菊花联展。天坛公园举办了以“秋菊佳色竞重阳”为主题的第三十六届菊花展。2017年是月季和菊花被确定为北京市花30周年，全市举办了主题为“月季菊花三十载　春花秋韵动京城”的系列纪念市花30周年活动。

蜂　产　业

【概况】2017年，全市蜂产业工作进展迅速，成效显著。实施了养蜂精准扶贫工程和京津冀现代化蜂授粉服务区建设工程，打造了中华蜜蜂崖壁蜂场，开展了首届世界蜜蜂日庆祝活动，为促进北京市农业增产增值、农民增收、生态增效做出了积极贡献。全市蜜蜂饲养总量为25.66万群，蜂蜜产量685万千克，蜂王浆产量6.18万千克，蜂花粉产量2.63万千克，蜂蜡产量26.07万千克，蜂授粉收入1 253万元，养蜂总产值1.8亿元，与上年同期持平。蜂产品加工产值超过12亿元，出口创汇超过1 800万美元。带动1.2万户蜂农养蜂致富，精准扶贫2 000户。

【实施养蜂精准扶贫工程】2017年，重点帮扶2 000户低收入农民实现养蜂脱贫致富，低收入农户人均年收入增加4 500元，明显改善了生活条件，扶贫效果显著。

【蜂业气象指数保险】2017年，共有蜂农150户、蜂群16 700群参加了蜂业气象指数保险，共投保133.60万元，实现风险保障701.4万元。蜂业气象指数保险已试点实施四年，四年来，共有密云区、门头沟区、昌平区的1 271户蜂农、11.9万群蜂群参加了蜂业气象指数保险，投保540.70万元，实现风险保障4 975.91万元。北京市蜂农抗御自然灾害能力得到了显著提升。

【蜜蜂授粉】2017年，继续实施“京津冀现代化蜂授粉服务区建设工程”，打造了京津冀万亩蜜蜂授粉绿色田园。2017年共开展蜂授粉60万亩，总增产值达4亿元。

【蜂业标准化体系】2017年，制定国家标准2项，其中，国家标准《巢蜜》（GB/T 33045—2016）于2017年5月正式实施，并于4月15日在北京市圆山酒店举行了《巢蜜》国家标准新闻发布会。

【中华蜜蜂保护区建设】2017年，在密云区冯家峪镇中华蜜蜂保护区内打造了4个特色蜂场。包括：全国最大的中华蜜蜂崖壁蜂场、原始数桶蜂场、特色加厚保温格子蜂箱蜂场、土耳其蜂箱蜂场。

【蜜蜂医院建设工程】2017年，为解决北京市蜂产业的蜂病防治问题，降低蜂群发病率，最大限度防范疫情，防范疫情大面积扩散和聚集性暴发，保持北京市养蜂规模的稳定增长，提高蜂农收入，2017年，在太师屯镇蜜蜂大世界建设全市首家蜜蜂医院，建设内容包括：实验室、诊断室、检测室、蜂药展示与销售大厅等350平方米；病敌害防治检测和病菌培养等设备20余台（套）。目前蜜蜂医院已基本建成。

农产品质量安全

【成功筹办全国“双安双创”现场会】 11月28—29日，2017年全国食品安全城市和农产品质量安全县创建工作现场会（以下简称“双安双创”现场会）在北京召开。中央政治局常委、国务院副总理、国务院食品安全委员会副主任汪洋同志11月29日下午参观考察主会场展区后，出席大会并作重要讲话；北京市委副书记、代市长陈吉宁同志致辞。在前期筹备工作中，按照农业部、市农委领导要求，北京市农业局细化了农业部门筹备工作方案，与市农委联合印发了《2017年度国家“双安双创”现场会农业系统筹备工作实施方案》和农业部分现场考察方案，成立了农业部门筹备工作领导小组及五个工作执行小组，明确了各组任务分工和负责单位。通过周密筹备和全力打造，以创新农业、现代化奶业为主题的三元食品，以绿色农业、集体经济为主题的泰华芦村合作社，以生态循环农业、校企合作为主题的窦店恒升牛场，以科技农业、京津冀协同为主题的首诚农业，从源头农产品质量安全控制、质量安全风险防控和全过程监管、经营管理理念、科学技术应用等不同维度，展示了北京农业的质量安全品牌形象，给与会代表留下了深刻印象。29日下午，汪洋同志在经验交流会前，在北京农业展区停留10分钟，对北京农业和农产品质量安全给予了高度评价。

（甘朝亮）

【启动全市整建制创建“国家农产品质量安全市”】 按照市领导指示要求，北京市农业局研究推进全市整建制创建“国家农产品质量安全市”的各项措施。经过多方论证、专题研讨、征求意见，2017年10月20日，市农委、市农业局联合市食药局、市园林绿化局、市卫计委、市质监局、市发改委、市财政局、市经信委、市公安局等10个相关委办局联合印发了《关于印发〈北京市创建“国家农产品质量安全市”实施方案〉的通知》（京政农发〔2017〕38号）。方案确定按照“整体推进、分区考核”的工作思路，对照国家农产品质量安全县考核办法，重点落实属地责任落实、生产源头管控、标准化生产、生产经营主体管理等六个方面16项工作，全面持续推进农产品质量安全监管工作。同时，北京市大兴区、顺义区顺利通过农业部考核，成为全国第二批“国家农产品质量安全县”创建试点单位。

（甘朝亮）

【圆满完成重大活动服务保障任务】 2017年北京市农业局共参与了“一带一路”高峰论坛、十九大、全国“两会”、市“两会”、市党代会5次重大活动保障工作。为确保各项重大活动供应保障任务万无一失，北京市农业局按照“一丝不苟、滴水不漏、准确无误、万无一失”的保障方针和分级管理原则，重点实施了三项保障措施：一是从生产源头做好重点供应企业及其产品货源基地管控，将质量安全的关口前移、重心下移。先后组织市区监管部门赴京郊、河北、内蒙古等外埠货源生产基地多次进行现场检查，全年组织市级监督检查、巡查24次，累计出动工作人员102人次，督促相关区以对辖区供应企业派出驻点监管员和专人专管的方式进行监管，同时区级开展巡查72次，出动人员230余人次。二是注重强化供应服务保障的规定，严格执行生产、养殖环节的专场养殖、专线屠宰、专库贮存等“十二专”管理规定。三是组织实施供应产品批批检测，确保每一批产品检测合格后方可供应。市区两级完成定量检测样本392个（市级225个，区级167个），生产企业对准备供应的每一生产批次产品进行定性检测，共抽检样本13 717个，确保了供应产品的质量安全。通过市区两级严格落实，实现了“供应产品质量零事故、数量零中断、服务零投诉”三个零，受到了市委、市政府以及相关会议及重大活动保障单位及驻地的充分肯定。4家农业供应单位累计为15 000多名与会代表供应了活鱼、猪肉、牛羊肉4大类76个品项共199.8吨优质安全农产品。

（葛建军）

【创新实施区级农产品质量安全综合质检站和乡镇管理站等级评估和动态管理】创新工作方法，开展区级综合质检站等级评定与动态管理工作。通过机构自查整改、区级评定申报、市级专家现场抽查核验，从基础设施建设、人员配备、工作任务等 12 方面 54 项指标进行评定，完成了对 13 家区级农产品质量安全综合质检站的等级评定（从低到高分为 1 星、2 星、3 星、4 星四级），当前评为三星的达到 6 家。同时，对全市 13 个区县 178 个乡镇农产品质量安全管理站同步开展等级评估，组织专家从 9 个方面 25 项指标进行评定，完成乡镇的农产品质量安全管理站等级评定（共分为优秀、良好、达标、不合格四级），良好级以上的达到 83 个。通过实施等级划分与动态管理工作，进一步强化了乡镇管理站的建设，促进完善运行管理与工作机制，提升基层工作能力和水平。

（孙奂明）

【“三品一标”认证工作再上新台阶】以“保存量、促增量、提质量”为核心，落实“堵漏、扩容、开源、促新”四项措施，多措并举，促进认证产品大幅提升。同时，强化证后监管的现场巡查与督导，提升认证公信力和产品美誉度。截至 2017 年年底，全年共新增无公害认证主体 372 家、产品 1 365 个、年产量 34.94 万吨；完成复查换证的主体 206 家、产品 697 个、涉及年产量 22.78 万吨。全市共有“三品”有效用标企业 1 381 家，产品 5 148 个，产量 181.87 万吨，其中“菜篮子”产品认证产量为 179.14 万吨，占全市同类产品产量的 60.0%，超额完成 2017 年计划目标。

（阚睿斌）

【推进北京市人民政府与农业部共建北京农产品绿色优质安全示范区】按照在全国“双安双创”现场会后农业部领导与市领导要求，北京市农业局积极推动和参与北京市人民政府与农业部的进一步协商，牵头起草了《农业部与北京市人民政府共建北京农产品绿色优质安全示范区合作协议》（初稿），重点推进产地环境普查评估，加强标准化基地建设，实施区级综合质检站和乡镇站分级评估，充实乡镇和村级监管服务力量，健全农产品质量安全监管、追溯和主体信用等级管理体系，树立绿色优质安全品牌形象，强化京津冀协同联动等工作内容。经过多次协商讨论，于 2018 年 1 月 16 日，北京市政府与农业部开展现场对接洽谈，并正式签署合作协议。协议明确提出要通过部、市合作共建推动北京农业全面提高农业质量效益竞争力，加快推进农业转型升级，到 2020 年，推动北京全面实现绿色生产、全程监管、产品优质、品牌过硬，把“北京农产品绿色优质安全示范区”打造成全国学习的样板，共同开创全国绿色优质安全新篇章。

（甘朝亮）

【开展饲料质量安全监管】在抓好饲料生产监管的基础上，逐步向饲料经营环节监管倾斜，进一步明确城区和近郊以宠物饲料经营和进口饲料代理商为重点，远郊区以饲料经营门店为重点的饲料经营监管思路。同时，加强监督抽检对饲料、生鲜乳等产品在维生素、矿物质、蛋白质等质量标准达标情况的检测以及“喹乙醇”等限量添加剂、“黄曲霉毒素”等有毒有害物质添加情况的检测，应用监督抽检结果科学支撑案件查办，实现检打联动。全市共出动执法人员 7 348 人次，出动执法车辆 2 838 车次，监督检查监管对象 4 034 个次，查处案件 80 起，罚没款达 147 万余元，超 50 万元案件 1 起，超 10 万元案件 2 起，超万元案件达 11 起，没收不合格饲料 10 余吨。

（张保延）

【实施“瘦肉精”专项整治】年内全市持续强化畜禽屠宰环节“瘦肉精”监测，完善屠宰环节“瘦肉精”监测体系。一是组织验证科学指导，组织开展企业自检“瘦肉精”快速检测卡验证试验，为各区“瘦肉精”官方检测提供参考，同时建立企业自检工作记录，对动物来源、数量、检测数量、检测结果、检测人员等予以记录，全年猪牛羊定点屠宰企业自检“瘦肉精”样品 62.73 万份、253.88 万项次。二是加大“瘦肉精”官方抽检比例，各区动物卫生监督机构日常监测 38.59 万份、147.88 万项次，日常官方监测总量占屠宰总数的 5.33%，抽检数量进一步扩大、样品随机性进一步提高、风险控制水平进一步提高。三是认真组织部级监测，对全市 8 个区的 14 家生猪、牛羊定点屠宰企业实现检测和专项督导全覆盖，抽检样品 1.2 万份，实施检测 10.8 万项次，超额完成监测任务。

（张保延）

【生鲜乳质量安全监管】严格把好养殖环节自配料质量关，以生鲜乳生产、收购和运输监管为抓手，抓好大型乳企入场关，加强对奶站和生鲜乳运输车的巡查，提高企业生产水平。2017 年，全市抽检样品 821 份，检测覆盖奶畜养殖场（户）、收购站、运输车及乳制品生产企业 133 个，其中包括市本级针对 55 个奶样开展的关于三聚氰胺、β-内酰胺类抗生素、头孢氨苄、四环素、β-内酰胺酶、黄曲霉毒素 6 个检测项目的 333 项次现场快速监测，监测结果均合格。

（张保延）

【饲料和生鲜乳质量安全监测】 年内共组织饲料、生鲜乳等 4 次集中抽样，参与人员 100 余人次。完成监督抽检 1 968 批次，包括国家级检测任务 638 批次，市级检测任务 1 330 批次。其中抽检饲料样品 1 279 批次，共有 13 家企业的 15 个产品不合格，样品合格率为 98.83%，抽检生鲜乳样品 689 批次，样品合格率 100%。实现了本市饲料生产企业 100%全覆盖，生鲜乳收购站 100%全覆盖的工作目标。牵头组织京、津、冀、沪、渝 5 个省市开展宠物饲料风险预警分析性监测工作，全年共抽取样品 307 批次，对宠物饲料中铬、黄曲霉毒素 B_1、沙门氏菌、金霉素、土霉素、脱氧血腐镰刀菌烯醇、玉米赤霉烯酮等参数的检测进行分析，结果报农业部。开展全国和北京市“两会”“一带一路”高峰论坛和十九大等重大活动动物产品保障供应企业专项监测工作 5 次，为保障重大活动供应工作的顺利开展和动物产品质量安全做出了贡献。

（张保延）

动物疫情防治

【开展年度动物疫病强制免疫工作】 市农业局制定下发了《北京市农业局关于印发〈2017 年北京市动物疫病强制免疫实施方案〉的通知》。截至 12 月 31 日，全市强制免疫应免密度达到 100%。其中，免疫高致病性禽流感 8 551.1 万羽（次）、牲畜口蹄疫 1 048.88 万头（次）、羊布病 38.06 万只（次）、小反刍兽疫 57.60 万只（次）、狂犬病 66.28 万条（次）。

（李腾）

【开展动物疫病监测与流行病学调查】 市农业局制定下发了《北京市农业局关于印发〈2017 年北京市动物疫病监测与流行病学调查计划〉的通知》。全市共监测 19 453 个次场户，共采集样本 321 488 份，共开展 710 945 份次的实验室检测，其中免疫效果样本 452 293 份次，病原学样本 258 652 份。

（李腾）

【开展非洲猪瘟防范】 为切实加强非洲猪瘟防范工作，按照《农业部办公厅关于进一步加强非洲猪瘟风险防范工作的紧急通知》（农办医〔2017〕14 号），印发了《北京市农业局关于进一步加强非洲猪瘟防范工作的通知》，要求全市务必充分认识非洲猪瘟的危害性和传入风险，切实落实宣传培训、能力建设、监测、疑似病例报告以及监督管理等各项防范措施，同时加强联防联控。

（李腾）

【开展强制免疫“先打后补”试点】 根据《财政部 农业部关于印发〈动物防疫等补助经费管理办法〉的通知》（财农〔2017〕43 号）和《农业部办公厅 财政部办公厅关于印发〈动物疫病防控财政支持政策实施指导意见〉的通知》（农办财〔2017〕35 号）要求，为理顺动物疫病强制免疫工作秩序，进一步强化畜禽养殖经营者的强制免疫主体责任，本市于 2017 年下半年开展了强制免疫“先打后补”试点工作。制定下发了工作实施方案，从中央动物防疫补助经费中安排 188.145 3 万元用于试点工作。其他免疫活动仍按照原有工作模式执行。按照农业部统一要求，从 9 月开始，每月报送调度情况和工作总结，组织开展了专项督导，并完成了本市 2018 年“先打后补”需求情况调研。

（李腾）

【开展包虫病防治】 按照 12 部委联合印发的《全国包虫病等重点寄生虫病防治规划（2016—2020 年）》，为有效控制本市包虫病，保障群众健康，市农业局与市计委等部门联合印发了《北京市包虫病等重点寄生虫病防治工作实施方案（2016—2020年）》，加强屠宰环节相关家畜的检疫工作，做好病变脏器的无害化处理，与卫生等部门共同强化联防联控，落实国家部署的包虫病防治任务。

（李腾）

【做好洪涝灾区动物防疫】按照国家有关部署要求，为切实做好灾后动物防疫工作，有效防控畜禽因灾死亡造成的疫病流行，确保不发生区域性重大动物疫情，市农业局制定并印发了《北京市农业局关于切实做好洪涝灾区动物防疫工作的紧急通知》，要求各区要切实做好因灾死亡动物的无害化处理工作，切实做好受灾地区相关场所的消毒灭源工作，切实抓好动物疫病免疫预防工作，切实加强应急准备、疫情报告和处置工作，要切实做好灾情和处置应对信息报送工作。

（李腾）

【开展动物疫病区域化防控工作】①为进一步提高本市养殖企业的生物安全防护水平，提升本市禽蛋、禽肉以及种禽等家禽产业的市场竞争力，市农业局拟按照OIE有关规则和国家关于生物安全隔离区建设评估及管理体系要求，探索在本市重点龙头家禽企业建设无禽流感生物安全隔离区。组织召开了有关重点企业研讨会，征求了企业方面的意向，开展了有关企业生物安全现状调研，就与各企业相关的关键问题向农业部专家组进行了咨询，初步明确了本市工作思路和建设方案。②为贯彻落实《国家中长期动物疫病防治规划（2012—2020年）》《京津冀协同发展规划纲要》，按照《农业部等八部门关于印发〈京津冀现代农业协同发展规划（2016—2020年）〉的通知》（农计发〔2016〕57号）中提出的探索建立无规定动物疫病区要求，经三地共商后由河北省农业厅牵头，已初步拟定《京津冀无规定动物疫病区建设方案》，北京与河北、天津联合建立京津冀无规定动物疫病区，拟于2018年启动此项工作。

（李腾）

【开展动物检疫证明和畜禽标识专项整治行动】按照农业部要求，市农业局印发了《北京市农业局关于开展动物检疫证明和畜禽标识专项整治行动的通知》，以强化动物检疫证明、畜禽标识管理为重点，全面掌握动物检疫证明和畜禽标识的订购、发放、使用等基本情况，严厉打击伪造、变造、买卖动物检疫证明、畜禽标识等违法违规行为，切实规范动物检疫证明、畜禽标识管理，进一步规范动物检疫秩序，降低动物疫病传播风险。专项整治行动时间为2017年6月至10月，分宣传培训、清查核实、集中整治、总结巩固四个阶段。2017年6月至7月，组织市级动物检疫证明专项整治师资培训、畜禽标识专项师资培训各1期，各区组织各类相关专项培训总计56期。全市组织召开普法会议5场次；开展现场宣传26场次；发放宣传手册、法律法规白皮书、宣传海报、展板以及印制有简明宣传标语的环保购物袋、实物宣传品等六类宣传材料共计8万余张（份）；发送短信或微信宣传信息1 200余条。8月，各区及市动物卫生监督所、市动物疫病预防控制中心开展了全面的自查自纠行动，按照农业部六条禁令要求严格规范官方兽医工作。通过自查自纠，未发现检疫证明、畜禽标识丢失现象，未发现违规出证、不规范出证行为；未发现受贿、渎职、玩忽职守、滥用职权、以权谋私等职务犯罪行为。9月，各区兽医行政主管部门组织相关单位，严厉打击未持有检疫证明经营动物、出栏牲畜未佩戴畜禽标识等四类违法行为。期间，共出动执法人员2 235人次，检查各类场所5 462个次，查处变造检疫证明案件1起、未附有检疫证明案件7起、依法应当检疫而未经检疫的动物或动物产品案件80余起。专项整顿工作顺利完成，总结及有关问题已上报农业部。

（李腾）

【加强动物诊疗机构监督管理工作】按照农业部统一部署，市农业局制定下发了《北京市农业局关于开展兽医处方专项检查的通知》，组织2017年6月至10月对全市动物诊疗机构兽医处方使用情况进行专项检查。专项检查分动员部署、专项检查、整顿总结三个阶段，内容涉及处方笺格式、开具处方人员、处方行为、处方管理等方面。本次专项检查，共出动执法人员3 512人次，发放各类宣传材料8 290份，检查动物诊疗机构1 474个次，实现全市动物诊疗机构全覆盖。检查中，共发现执业兽医未在处方笺上签名、从事诊疗活动未开具处方、未保存兽医处方、使用不规范的处方、未经执业注册开具处方、变更诊疗机构未重新办理注册开具处方等21类不规范行为，办理案件164起。对发现问题的动物诊疗机构已全部监督整改完毕，专项检查总结及本次活动取得的典型经验（如组织区域联动执法、搭建政企间便捷化管理平台、政企对话促进行业自律等）已上报农业部。通过此次检查执法行动，规范了兽医处方，打击了违法违规用药等行为，促进了动物诊疗行业健康有序发展。

（李腾）

【全面落实责任制促本市重大动植物疫病防控工作依法推进】 2017 年，针对当前重点工作，修订 2017 年度北京市动物防疫责任书，以落实副市长和各区主管区长分别代表市、区两级政府签订的《动物防疫责任书》为抓手，切实完善各项防控措施，明确提出 9 项年度重点工作，并组织开展年度动物防疫责任制考核考评工作，提升应急管理水平。

（廉英隽）

【全面完成春秋季重大动物疫病防控工作】 2017 年，一是组织全市参加农业部春防视频工作会，同时对全市春防工作进行部署动员，并制发《关于进一步加强重大动物疫病防控工作的通知》进行全面部署。二是协调开展春秋季重大动物疫病防控专题宣传活动。三是做好充分准备，全面完成农业部检查组对北京市 2017 年春季、秋季重大动物疫病防控工作情况检查。

（廉英隽）

【积极应对农业自然灾害突发事件】 2017 年，一是筹备“5·12”专题宣传活动，在全市部署的基础上，联合朝阳区重大动植物疫情应急指挥部筹备主会场宣传活动，活动共设置宣传展台 19 个，摆放宣传展板 24 块，悬挂条幅 20 余条，发放宣传资料共计 8 大类、34 种、2 万余份。二是周密部署，严格落实防汛责任。研究制定了《北京市农业系统 2017 年防汛工作方案》，明确人员分工和职责，并落实值班备勤工作。三是强化农业防汛抗旱培训工作。明确责任，一级抓一级层层落实，真正做到责任落实到位。四是及时发布农业自然灾害预警及防范措施，严格应急值守，确保随时掌握汛情，汛期发送 2 500 余条次预警信息，做到提前防范，减少损失。

（廉英隽）

【积极参与农业部县级兽医体系效能评估标准的制定与实施】 2017 年，在农业部兽医局、中国动物疫病与流行病学中心组织下，市农业局研究 OIE 对国家省级兽医体系效能评估标准，结合国内实际情况，研讨制定县级兽医体系效能评估标准，并在全国选定的 5 个省市的 5 个县进行测评验证，参加北京市房山区、山东省沂水县、广西壮族自治区灵川县的评估试点，为全市在 2018 年度全面推广兽医体系效能评估工作打下坚实基础。

（廉英隽）

【丰富细化重大动物疫病应急管理】 2017 年，一是公布年度强制扑杀动物补偿基准指导价格，研讨制定 2017 年 5 月至 2018 年 4 月猪、牛、羊、禽等动物强制扑杀补偿基准指导价格，指导全市开展相关工作。对 8 个区布病监测阳性牛分别下发扑杀通知，开展净化工作，研究修订《北京市强制扑杀动物补偿专项资金管理暂行办法》，申请强制扑杀补助中央经费 30 万元，市级配套经费 187.3 万元。二是分行业对市农业局应急物资储备现状进行摸底调查，制作数据报送表格，对储备种类及品目、储备形式、储备资金、区级储备情况和存在的问题等方面，拟以此次摸底调查为基础，设立调研课题，探索研究应急物资储备现状分析及研究。三是强化值守应急，向市应急办报送工作信息共计 133 条，其中被采用 90 条。

（廉英隽）

【重点组织开展应急预案修订工作】 2017 年，精心筹备《北京市突发重大动物疫情应急预案》《北京市高致病性禽流感应急预案》两个专项预案的修订和市长指挥手册编制工作。结合北京种植业“十三五”规划目标，对《北京市突发重大植物疫情应急预案》内容进行修订，强化植物疫情防控专家组的协作。按照市应急委的相关工作要求，以及新法规出台、职能部门调整等情况，应急预案相关内容进一步修订完善，目前已报市政府审批发布。

（廉英隽）

【妥善处置多起人感染 H7N9 流感事件】 2017 年，全市共报告人感染 H7N9 流感 27 例，其中输入性 14 起，本市原发 13 起，死亡 6 人，本市发生的病例中多起与禽类有密切接触史。自 2 月 11 日北京市报告一例输入性人感染 H7N9 病例以来，农业部门启动应急机制，在重大动植物疫情应急指挥部办公室的督导下，开展了紧急调查和病原监测，严格落实家禽 H7N9 流感剔除计划，同时充分发挥综合协调职能，调动市卫生计生、食药监、工商、城管执法、交通、旅游、水务、园林以及各区人民政府，充分发挥属地责任和部门职责，较好地落实了各项综合防控措施，有力地保障了“一带一路”

高峰论坛的胜利召开。

（廉英隽）

【组织开展京津冀等重大动植物疫情联合应急演练】 2017年，市农业局结合全年动植物疫情形势和风险评估结果，采取项措施，有序开展了“京津冀重大动物疫情联合应急演练暨非洲猪瘟疫情防控应急演练”工作，实现三个“创新”：从展现形式上，视频播出和现场演练对接，整个演练工作更加连贯、直观，紧张有序，体现了疫情处置快速、果断、坚决的精神。从演练环节上，首次开展了京津冀联合应急演练的尝试，体现了动物防疫一盘棋和京津冀协同发展的思路。从参会人员上，有农业部、市应急办领导，有京津冀畜牧兽医主管部门，各区、各基层单位人员参与观摩交流，范围很广，从中央到基层，体现了各级政府和领导对动物疫情防控工作的高度重视。另外，结合本市具体情况和市应急委要求，市农业局还组织了怀柔区禽流感防控应急演练、房山区植物疫情黏虫病防控应急演练，全市相关部门观摩演练，大大推进了全市动植物疫情应急处置能力的提升。

（廉英隽）

【组织开展京津冀畜牧兽医协同发展工作会】 2017年，市农业局组织参与京津冀畜牧兽医协同发展工作会议，调整推进京津冀畜牧兽医事业协同发展领导小组成员，共同商讨年度京津冀畜牧兽医合作，提出了六个方面的工作思路，一是推动津冀畜禽产业对接；二是推动现代畜禽种业建设；三是推进畜牧业科技人才交流合作；四是继续开展检验检测合作、共享检测资源；五是深化区域联防联控与监督执法；六是加强屠宰监管协作。

（廉英隽）

【稳步推进生物反恐怖相关工作】 2017年，按照市反恐办有关要求，组织落实春节、“两会”“一带一路”高峰论坛等重要阶段期间生物反恐怖相关工作，制发《关于进一步加强生物安全监管工作的通知》（京防指办字〔2017〕3号）、《关于转发〈关于加强全国两会期间防范核生化恐怖袭击工作的通知〉的通知》等系列文件，全面部署落实。同时，积极参加市反恐办召开的相关会议，配合落实有关反恐工作调研和材料的研究提议。

（廉英隽）

【持续强化植物疫情应急管理】 2017年，一是强化植物疫情日常监测巡查。依托全市植物疫情监测网络，对种植业区域进行日常监测，制定监测方案，定期发布监测通报。二是开展植物疫情风险评估工作。通过建立风险评估指标体系和数学模型，分析影响风险可能性和后果严重程度的各项风险因子（风险指标），确定风险水平等级，为强化预防措施、完善应急预案、消除或最大限度地降低这些风险提供科学依据。

（廉英隽）

农产品成本效益分析

【农产品成本效益基本情况】 为客观反映本市生产经营者在农产品生产、销售及效果等方面情况，为上级领导制定政策和生产经营者加强科学管理提供信息服务，2017年市农经办（市农研中心）继续对房山、大兴、通州、顺义、昌平、平谷和延庆7个区、涉及24个品种的450个农产品成本核算点进行收入、成本、利润监测。据初步监测数据显示，2017年郊区429个农产品监测点综合生产效益同比提高（其中：种植品种16个、监测点351个，养殖品种8个、监测点78个，因房山区对畜牧业开展疏解整治21个养殖监测点数据记录不完整，故剔除）。

监测品种平均单位产品收入14 444.78元。其中，16个种植品种的平均亩均收入为17 703.37元，单位产品收入最高的品种是西瓜苗，亩均收入达到64 300元，单位产品收入最低的是玉米，亩均收入825.61元；8个养殖品种的平均单位产品收入为7 927.6元，单位产品收入最高的品种是淡水鱼，亩均收入达到30 903.32元，单位产品收入最低的是肉鸡，平均每只收入30.31元。

监测品种平均单位产品成本费用8 867.8元。其中，16个种植品种的亩均成本费用为10 309.98元，单位产品成本费用最高的品种是草莓，亩均费用35 285.21元，单位产品成本费用最低的是柿子，亩均费用491.6元；8个养殖品种的平均单位产品成本费用为5 983.28元，单位产品成本费用最高的品种是淡水鱼，亩均费用达到24 401.59元，单位产品成本费用最低的品种是肉鸡，平均每只饲养费用27.79元。

监测品种平均单位产品利润5 576.98元。其中，16个种植品种的亩均利润为7 393.31元，单位产品利润最高的品种是西瓜苗，亩均利润实现30 310.25元，单位产品利润最低的品种是玉米，亩均利润仅为274.99元；8个养殖品种的平均单位产品利润为1 944.32元，单位产品利润最高的品种是淡水鱼，亩均利润达到6 501.72元，单位产品利润最低的是肉鸡，平均每只实现利润2.52元（表1、表2）。

表1 2017年种植品种亩均产品效益排序

序号	品种	亩均生产（销售）量（千克）	亩均收入（元）	售价（元/千克）	亩均成本费用（元）	亩均生产（销售）利润（元）
1	西瓜苗	64 300.00	64 300.00	1.00	33 989.75	30 310.25
2	草莓	1 598.54	53 806.92	33.66	35 285.21	18 521.71
3	花卉	15 285.54	32 779.21	2.14	18 339.09	14 440.12
4	樱桃	314.01	15 175.75	48.33	4 449.38	10 726.37
5	食用菌	4 486.20	36 434.96	8.12	25 767.41	10 667.54
6	西瓜	4 103.73	14 862.68	3.62	5 027.19	9 835.49
7	蔬菜	5 991.62	13 706.82	2.29	8 405.42	5 301.4
8	桃	2 906.47	14 188.97	4.88	9 200.48	4 988.49
9	葡萄	1 109.20	13 209.88	11.91	9 582.14	3 626.45
10	白薯	2 180.19	5 484.31	2.52	2 143.17	3 341.15
11	苹果	1 940.66	11 174.61	5.76	7 867.15	3 307.45
12	梨	1 216.43	3 243.93	2.67	1 794.52	1 449.41
13	花生	225.40	2 103.20	9.33	1 426.6	676.6
14	柿子	506.00	996.00	1.97	491.6	504.4
15	小麦	422.73	961.00	2.27	639.93	321.07
16	玉米	499.44	825.61	1.65	550.62	274.99

表2 2017年养殖产品每单位已售产品成本效益情况排序

序号	品种	计量单位	单位产品销售量（千克）	单位已售产品收入（元）	单位产品售价（元/千克）	单位产品成本（元）	单位已售产品利润（元）
1	淡水鱼	亩	1 811.07	30 903.32	17.06	24 401.59	6 501.72
2	奶牛	头	3 507.35	14 827.94	4.23	10 249.59	4 578.35
3	肉牛	头	600.83	13 576.53	22.60	10 944.95	2 631.58
4	肉羊	头	42.67	1 229.33	28.81	378.26	851.08
5	蜂蜜	箱	35.05	916.53	26.15	379.61	536.93
6	生猪	头	104.57	1 800.15	17.21	1 368.92	431.23
7	蛋鸡	只	11.80	136.67	11.58	115.50	21.17
8	肉鸡	只	2.49	30.31	12.17	27.79	2.52

【**农产品生产效益特点**】农产品平均利润水平提高 15.1%。24 个品种平均单位产品利润 5 576.98 元，比上年提高 15.1%，其中单位产品利润增加的品种有 13 个，占总品种数量的 54.2%，利润减少的品种有 11 个，占 45.8%。单位产品利润增长幅度最大的是西瓜，同比增长 119.1%，单位产品利润减少幅度最大的是苹果，同比下降 35.9%。

种植品种亩均利润同比增长 15.8%。2017 年 16 个种植品种的亩均利润为 7 393.31 元，同比增加 1 011.03 元，提高 15.8%。其中亩均生产（销售）利润同比增加的品种有 9 个，占种植品种的 56.3%，亩均生产（销售）利润同比减少的品种有 7 个，占种植品种的 43.7%。

从亩均利润绝对数值来看，16 个种植品种中，西瓜苗的种植效益位居第一，亩均利润实现 30 310.25 元；其次是草莓，亩均利润 18 521.71 元；亩均利润在 10 000 元以上的还有花卉、樱桃和食用菌三个品种，分别为 14 440.12 元、10 726.37 元和 10 667.54 元。亩均利润最低的是玉米，为 274.99 元。

从亩均利润的增长速度来看，西瓜亩均利润增长 119.1%，增幅最大，其次是西瓜苗和柿子，同比分别增长 96.1% 和 70.7%，增幅较为明显。2015 年、2016 年西瓜价格一直在低位徘徊，部分瓜农种植积极性受挫，改种其他作物，导致种植面积有所减少，再加上 2017 年气候干旱影响了西瓜生长，以致形成了供不应求的局面，西瓜价格大幅上涨，带动瓜农增收。此外花卉、玉米、白薯、草莓、小麦和樱桃呈现不同幅度增长。亩均利润减少最多的是苹果，降幅为 35.9%，梨、桃、葡萄和蔬菜亩均利润降幅在 20% 以上，同比分别下降 35.2%、32%、24.8% 和 21.9%，花生和食用菌利润略有减少（图 1）。

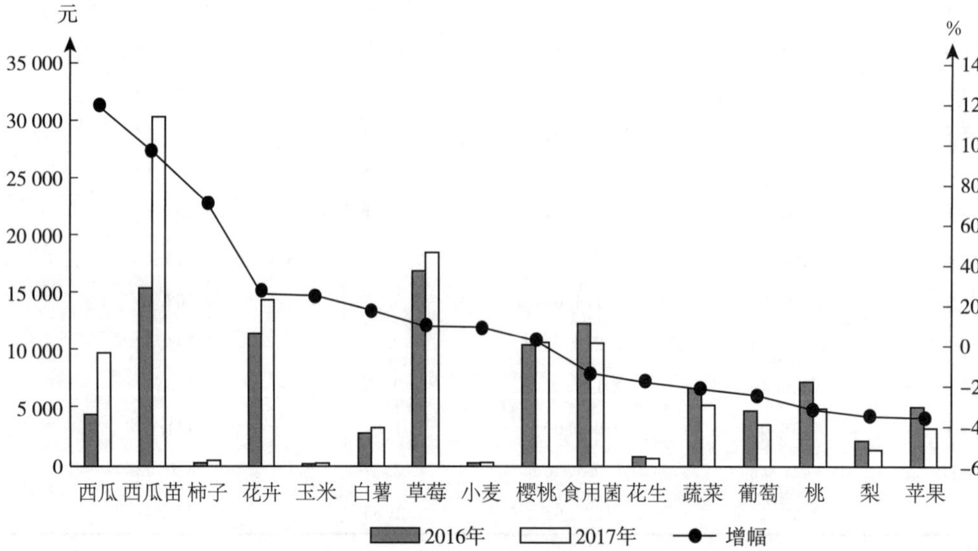

图 1 2016—2017 年主要种植品种单位销售利润对比情况

养殖品种单位产品利润同比增长 10%。2017 年 8 个养殖品种的平均单位产品利润为 1 944.32 元，同比增加 176.84 元，增长 10%，其中单位产品利润同比增加和减少的品种各有 4 个。从单位产品实现利润绝对值来看，8 个养殖品种中淡水鱼亩均销售利润 6 501.72 元，位居第一，其次是奶牛，每头奶牛销售牛奶利润为 4 578.35 元，每头肉牛销售利润为 2 631.58 元。肉羊、蜂蜜和生猪的单位产品销售利润分别为 851.08 元、536.93 元和 431.23 元。蛋鸡和肉鸡平均每只销售利润为 21.17 元和 2.52 元。从单位产品实现利润增长速度来看，单位产品销售利润同比增幅最高的是肉羊，同比增长 45.7%，主要得益于销售价格有所提高。其次是淡水鱼和奶牛，同比分别增长 32.9%和 30.7%，增幅较为明显，蜂蜜每箱销售利润同比增长 15%。单位产品销售利润降幅最大的品种是肉牛，同比下降 35.5%；其次是生猪和肉鸡，同比分别下降 26.7% 和 10.6%；每只蛋鸡产蛋销售利润小幅降低，同比下降 5.3%（图 2）。

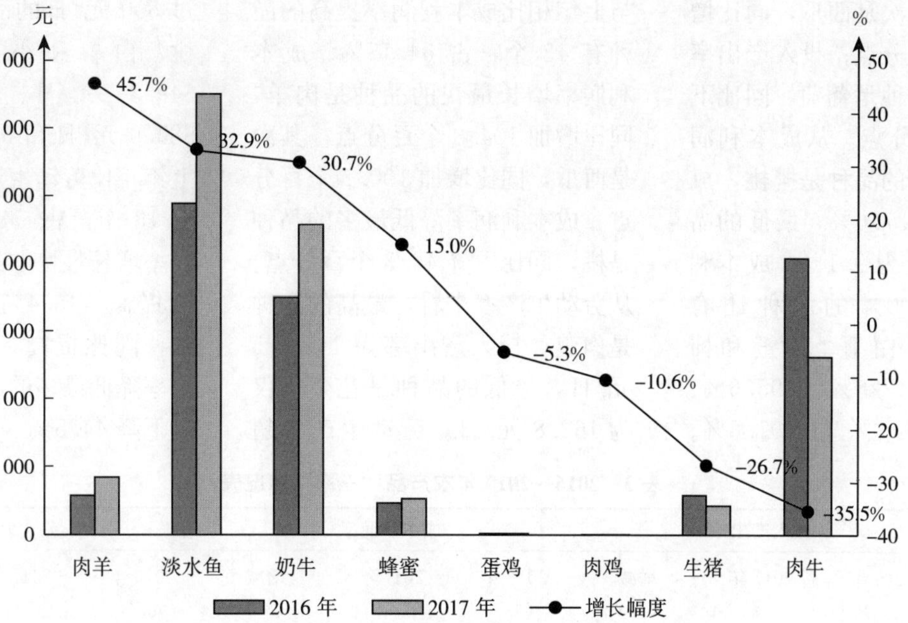

图 2　2016—2017 年主要养殖品种单位销售利润对比情况

【农产品销售价格小幅上涨】根据监测数据显示，2017 年京郊 24 个农产品销售价格同比上涨 2.7%，其中售价同比上涨和下降的品种各占一半。从主要行业看，种植业品种价格同比下降 3%，养殖业品种价格同比上涨 8.6%。

种植业品种平均售价同比下降 3%。据监测数据显示，2017 年 16 个种植品种平均销售价格同比下降 3%，其中下降的品种有 11 个，占 68.75%，上涨的品种仅有 5 个，占 31.25%，从具体品种来看，除白薯价格因上一年度市场行情影响售价低于正常年份水平，2017 年价格有所回升外，粮食类产品中的小麦和玉米价格呈下跌趋势，跌幅分别为 1.9% 和 5.8%。越来越多的农民为了省时省事，减少晾晒作业支出，在收割小麦之后直接卖掉，或者在地头就直接卖给粮食收购商，导致小麦价格走低。近几年玉米连年丰收，库存不断增加，阶段性供大于求的格局暂时不会改变，价格下行压力依然较大，从京郊发展实际看，各区清退“小散低劣”养殖，饲料需求减少，也在一定程度上拉低了本地玉米的价格。水果价格同比下降 3.5%。除西瓜、柿子和葡萄价格上涨外，苹果、梨、桃、樱桃和草莓多数水果类产品价格均有不同幅度下降，其中苹果降幅最高，达到 17.2%。蔬菜和食用菌价格也有所回落，降幅分别为 17.8%和 3.6%。

养殖业品种平均价格同比上涨 8.6%。2017 年 8 个养殖品种中除生猪价格小幅下降外，其余 7 个品种价格均出现不同幅度上涨。价格上涨幅度最大的品种是淡水鱼，涨幅为 18.1%，主要是监测品种变化引起价格上涨，与上年监测品种主要以鲤鱼、草鱼和鲢鱼为主相比，部分监测点养殖鲟鱼和虹鳟鱼，远高于鲤鱼等普通淡水鱼价格，带动价格上涨。肉鸡和肉羊价格涨幅超过两位数，同比分别上涨 12.4%和 12.2%。奶牛、蜂蜜、鸡蛋和肉牛价格小幅上涨，涨幅在 10%以内。当前生猪市场供应量较大，市场需求不足，导致了生猪价格的小幅走低，同比下降 1.1%。

【农产品综合效益分析】农产品综合效益水平提高。24 个品种平均投入产出率为 163.2%，与上年的 152.5% 相比，提高了 10.7 个百分点；平均成本利润率为 62.7%，与上年的 53.6% 相比，提高了 9.1 个百分点；平均劳动生产率为 374.8 元/日，与上年的 327.4 元/日相比，增加了 47.4 元，同比提高 14.5%。农产品“三率”优化，综合效益水平提高。其中，“三率”均有所提高的品种有 8 个，占 33.3%，“三率”均有所下降的品种有 7 个，占 29.2%。从投入产出率来看，最高的品种是樱桃，投入产出率为 335.4%，最低的品种是肉鸡，仅为 109.1%。与上年相比投入产出率提高的品种有 13 个，占 54.17%。投入产出率增长最快的品种是肉羊，同比增加 104.3

个百分点；其次是西瓜，同比增加 100.7 个百分点；投入产出率降低最多的品种是葡萄，同比下降 42.4 个百分点。从成本利润率来看，最高的品种是樱桃，成本利润率为 237.0%，最低的品种是肉鸡，仅为 9.1%。成本利润率超过 100% 的品种还有肉羊、西瓜、白薯、蜂蜜和柿子，分别为 225%、195.6%、155.9%、141.4% 和 101.6%。与上年相比成本利润率提高的品种有 13 个，占 54.17%。成本利润率增长最快的品种是肉羊，同比增加 104.3 个百分点；其次是西瓜，同比增加 100.7 个百分点；成本利润率降低最多的品种是桃，同比下降 46.3 个百分点。从劳动生产率来看，最高的品种是肉鸡，投入产出率为 1 515.5 元/日，最低的品种是花生，仅为 162.8 元/日。劳动生产率超过 500 元/日的品种有西瓜、樱桃、白薯和小麦，分别实现 649.3 元/日、606.8 元/日、585.9 元/日和 536.9 元/日。与上年相比劳动生产率提高的品种有 13 个，占 54.17%。劳动生产率增长最快的品种是生猪，同比提高 118.4%，其次是西瓜苗，同比提高 80.4%；劳动生产率降低最多的品种是肉牛，同比下降 44.5%（表 3）。

表 3　2016—2017 年农产品“三率”情况表

品种 \ 指标	投入产出率			成本利润率			劳动生产率		
	2016 年（%）	2017 年（%）	增减（%）	2016 年（%）	2017 年（%）	增减（%）	2016 年（元/日）	2017 年（元/日）	增减（%）
小麦	145.3	150.2	4.9	45.3	50.2	4.9	482.0	536.9	11.4
花卉	162.1	178.7	16.7	62.1	78.7	16.7	487.7	474.6	−2.7
西瓜苗	131.0	189.2	58.2	31.0	89.2	58.2	240.6	434.1	80.4
玉米	137.1	149.9	12.8	37.1	49.9	12.8	252.5	330.2	30.8
白薯	268.4	255.9	−12.5	168.4	155.9	−12.5	538.7	585.9	8.8
花生	162.0	147.4	−14.5	62.0	47.4	−14.5	207.6	162.8	−21.6
草莓	148.6	152.5	3.9	48.6	52.5	3.9	315.2	329.1	4.4
西瓜	194.9	295.6	100.7	94.9	195.6	100.7	401.0	649.3	61.9
食用菌	145.6	141.4	−4.2	45.6	41.4	−4.2	425.0	409.0	−3.8
蔬菜	170.7	163.1	−7.6	70.7	63.1	−7.6	290.0	282.2	−2.7
苹果	148.5	132.3	−16.2	69.3	39.2	−30.1	219.5	220.8	0.6
梨	203.5	174.9	−28.6	103.9	78.1	−25.8	258.1	230.6	−10.7
桃	197.4	161.4	−36.0	103.0	56.7	−46.3	290.9	269.2	−7.5
葡萄	176.7	134.2	−42.4	80.4	36.9	−43.5	254.7	202.1	−20.7
柿子	160.8	200.6	39.8	60.9	101.6	40.7	333.3	325.5	−2.4
樱桃	280.7	335.4	54.7	180.8	237.0	56.3	358.9	606.8	69.1
蜂蜜	203.7	241.4	37.7	103.7	141.4	37.7	316.2	321.6	1.7
生猪	148.3	131.5	−16.8	48.2	31.5	−16.7	224.0	489.2	118.4
肉牛	153.3	124.0	−29.3	53.3	24.0	−29.3	777.1	431.4	−44.5
肉羊	220.7	325.0	104.3	120.7	225.0	104.3	265.1	287.9	8.6
肉鸡	111.0	109.1	−1.9	11.0	9.1	−1.9	949.0	1 515.5	59.7
淡水鱼	124.4	126.6	2.2	24.4	26.6	2.2	487.7	449.7	−7.8
奶牛	140.2	142.3	2.0	40.2	43.9	3.7	409.6	422.9	3.3
蛋鸡	118.2	118.3	0.1	18.2	18.3	0.1	537.7	488.1	−9.2

【不同经营主体生产、营销效益比较】新型经营主体在生产、营销环节优势显现。监测表明，不同经营主体获利水平存在差异。监测点类别不同，获利水平也不尽相同，农民合作社凭借其规模优势、技术优势以及较高的机械化水平，获利能力最强。2017 年中央 1 号文件再次强调要大力

培育新型农业经营主体和服务主体，为适应新形势，农产品成本监测增加了对不同类别农产品的收入、成本和利润情况监测。数据显示，除草莓品种外，小麦、玉米、蔬菜、蜂蜜、苹果、樱桃等品种的农民合作社单位产品利润水平高于一般农户。从收入影响因素来看，合作社、集体农场更加注重农产品的品种、质量，在把握市场需求、选种、技术更新方面下功夫，生产更符合市场需求、质优价高的产品。如通州区黄厂铺村小麦合作社积极与农科院和推广站沟通咨询小麦栽培管理新技术，到房山窦店参观学习小麦高产栽培管理经验，亩均产量达到 483.8 千克，高于全市 422.73 千克/亩的平均水平。延庆金粟合作社种植的有机葡萄，市场价格每千克能达到上百元，远高于普通葡萄售价。从费用影响因素来看，合作社等由于在生产、管理和销售过程中产生了更多的日常管理和物质投入，费用支出往往高于农户。如延庆井庄镇王木营蔬菜种植合作社采用的肥料为自制有机肥料，无形中加大了费用支出。在水果类产品销售环节，部分合作社选择精品、礼盒包装，在提高产品销售价格的同时，也使得期间费用有所提高（表 4）。

表 4　2017 年不同类别农产品成本效益监测情况

品种	类别分类	产量（千克）	收入（元）	售价（元/千克）	总费用（元）	人工费（元）	物质费（元）	期间费（元）	生产利润（元）
小麦	农户	413.3	919.9	2.2	608.7	175.7	429.4	3.7	311.3
	集体	426.3	1 072.4	2.5	952.0	463.7	451.1	37.2	120.4
	合作社	450.4	1 026.4	2.3	559.9	111.4	413.7	34.7	466.6
玉米	农户	485.1	802.2	1.7	539.5	219.7	312.6	7.3	262.7
	集体	666.5	1 098.5	1.6	680.3	284.4	386.4	9.6	418.2
蔬菜	农户	4 861.5	9 815.1	2.0	5 055.4	3 546.9	1 362.0	146.5	4 759.8
	合作社	7 866.4	18 262.3	2.3	12 757.3	8 881.9	3 558.3	317.1	5 505.0
蜂蜜	农户	34.1	877.6	25.8	382.2	209.3	169.5	3.4	495.5
	合作社	50.0	1 500.0	30.0	341.5	206.7	116.8	18.0	1 158.5
草莓	农户	1 964.0	64 013.4	32.6	42 489.6	21 793.5	20 496.1	200.0	21 523.8
	合作社	1 220.9	44 739.9	36.6	28 238.0	10 987.2	16 461.5	789.3	16 501.9
苹果	农户	1 461.9	8 865.6	6.1	6 003.8	4 179.1	1 456.6	368.1	3 373.6
	合作社	3 250.0	17 807.1	5.5	15 061.4	11 824.3	2 590.0	647.1	3 467.1
樱桃	农户	391.2	15 477.5	39.6	5 067.1	3 059.3	1 825.5	182.3	10 586.9
	合作社	267.7	14 994.7	56.0	4 200.2	2 473.7	1 417.0	309.5	10 810.1

【农业结构调整与农产品成本效益影响】京郊农业结构调整稳步进行。京郊各区围绕首都城市功能定位，压减高耗水的作物生产，调减达不到健康养殖标准的畜禽养殖，促进生态文明建设和畜禽养殖业可持续发展，农业结构调整合理有序推进。在 2017 年数据审核和调研过程中发现，京郊农业结构调整出现两个特点：一是传统农业向绿色、有机、休闲农业转变。随着市民生活水平的提高，消费观念也发生了变化，更加注重农产品的品质与安全，也增加了回归田园的游玩体验需求。从监测点数据来看，有机农产品也取得了较好的利润回报，延庆区井庄镇王木营蔬菜种植合作社种植的有机蔬菜，售价达到 11.9 元/千克，在市场上具有较强的竞争力。顺义区李遂镇西瓜监测点把采摘引入销售环节，吸引游人来，满足其体验、休闲观光的需求，充分发挥都市休闲农业价值，采摘价格高达 6.81 元/千克，远高于普通西瓜售卖价格。二是传统小散规模养殖业逐渐退出。各区根据北京市水污染防治工作方案的有关任务要求，以保护水资源环境、生态环境为宗旨，加快低端养殖业、禁养区规模化畜禽养殖场退出工作，2017 年畜禽养殖全面下调，生猪出栏 242.1 万头，同比下降 12.1%，家禽出栏 3 115.2万只，同比下降 19.8%。小、散、低、污养殖陆续关停，生态环境得到改善。

（阎建苹）

农业投入

【集体经济组织资产投入】近几年，北京郊区深化农村改革、积极转变经济增长方式、盘活农村集体资产，郊区集体资产规模进一步扩大。截至 2017 年年底，乡村两级集体经济组织累计资产投资达 6 879.6 亿元，比 2016 年年底的 6 036.5 亿元净增加 843.1 亿元，同比增长 14%。

固定资产投资。截至 2017 年年底，北京郊区集体经济组织累计固定资产投资达 1 269.9 亿元，占累计资产投资总额的 18.5%。其中：乡镇级累计固定资产投资 378 亿元，占固定资产投资总额的 29.8%；村级累计固定资产投资 891.8 亿元，占 70.2%。

流动资产投资。截至 2017 年底，乡村两级集体经济组织各项流动资产总规模达到 4 892.3 亿元，占累计资产投资总额的 71.1%。其中：乡镇级 1 917.7 亿元，占流动资产总规模的 39.2%；村级 2 974.6 亿元，占流动资产总规模的 60.8%。

【公益事业及基础设施投入】北京郊区公益事业与基础设施规划与建设迈出新步伐。郊区农村统筹安排水、电、路、通信等基础设施建设项目，优化农村环境整治工作，重点建立完善农村信息网络体系，为农村经济发展和农民增收致富创造良好的环境条件。据北京市农村经济收益分配统计结果显示，北京郊区乡镇级集体经济组织当年用于公益事业方面的支出为 3.6 亿元。

（阎建革）

郊区二、三产业

综　述

2017年内，郊区二、三产业深入推进农业供给侧结构性改革，促进农业结构调整和发展方式转变，在各区、各部门大力支持下，实体经济呈现平稳发展态势。2017年，农业产业化组织总数为700个（其中，农业产业化龙头企业168个，经区级以上农业主管部门认定为示范社的农民合作社469个，专业市场1个；协会、联盟等62个）。全市1 216个休闲农业园区、8 363户民俗旅游接待户接待游客4 337万人次，同比减少4.6%；实现收入44.1亿元，同比增长4.2%。

农产品加工业

【农产品加工业发展基本情况】北京市农产品加工业主要分为农副食品加工业、食品制造业以及酒、饮料和精制茶制造业。在农业供给侧结构性改革和北京市疏解非首都核心功能的大背景下，农产品加工企业数量逐年减少，但农产品加工业价值稳中有升。截至2017年年底，全市规模以上的农产品加工企业300家，主营业务收入1 201.5亿元，从业人员9.6万人，税金总额88.2亿元。农产品加工业与农业总产值之比达到4.54∶1，接近发达国家水平。龙头企业是新型农业经营主体的骨干力量，2017年本市共有168家市级以上农业产业化龙头企业，其中国家级39家。企业固定资产总值达到1 120亿元，销售收入6 642亿元，净利润93.8亿元，涌现出了首农食品、顺鑫控股、大北农等一批销售收入过百亿元的企业。龙头企业通过各种方式带动本地农户30余万户，在保障首都农产品供应、带动农民增收等方面成效显著。

【农产品加工企业发展质量提升，服务保障能力增强】2017年，全市农产品加工企业2 000多家，规模以上农产品加工企业实现主营业务收入1 201.5亿元，同比增长4.36%，实现利润72.8亿元，同比增长15.29%，资产总额1 393.3万元，同比增长6.6%。农产品加工企业在创造经济价值的同时，也创造了社会价值，带动就业9.6万人，创造税收88.2亿元。农产品加工业与农业总产值之比达到4.54∶1，接近发达国家水平。

【全面推进“菜篮子”工程】努力保持全市菜、肉自给率在30%左右，禽、蛋、奶自给率在60%左右的基础上，强化区域合作，不断完善农产品供应链条，强化控制力，发展外埠蔬菜基地超过60万亩，通过龙头企业建立起一批联系紧密、可控性强的畜禽产品外埠生产基地；畅通鲜活农产品绿色通道，大力发展区际农产品物流。在应急保障方面，圆满完成了APEC会议、世界田径锦标赛等重大活动的农产品供应保障。农产品加工企业提供的农产品及加工制品共涉及粮油、果蔬及花卉、林产品、畜禽产品、水产品和其他农产品加工产品六大类农产品品种，占菜篮子产品供给的2/3以上，有力保证了首都农产品市场的有效供应，日常供给和应急保障水平保持稳定。

【产品质量安全进一步提升，争创国家农产品质量安全城市】按照国务院“双安双创”总体部署，印发了《北京市创建“国家农产品质量安全市”实施方案》(京政农发〔2017〕38号)，提出市区两级统筹推进全面落实属地管理责任、切实强化农业生产源头管控、全面推进农业标准化生产、依法加强农产品生产经营主体管理、扎实推进农产品质量安全监督监测和执法到位、创新工作方式方法完善农产品质量安全监管机制六个方面的16项工作，全面持续推进农产品质量安全监管工作。农产品加工龙头企业十分注重农产品质量和食品安全，农产品质检合格率居四直辖市首位。企业中通过ISO 9000、HACCP、GAP、GMP等质量体系认证的177家，获得省级以上名牌产品或著名（驰名）商标的有73家。

【农产品加工企业集聚发展，凸显积聚效益】北京市16个行政区均有农产品加工企业，其中怀柔、顺义、大兴共拥有121个农产品加工企业，占全市规模以上农产品加工企业总数的40%，企业实现工业产值465亿元，约占全市规模以上农产品加工企业总产值的54%，企业共有资产808亿元，约占全市规模以上农产品加工企业总资产的58%，企业实现主营业务收入577亿元，约占全市规模以上农产品加工企业主营业务收入的48%。顺义区农产品加工业除出口交货值外，其他指标均列全市第一位，总产值达到218.2亿元。怀柔区出口交货值最高，达到6.6亿元。全市农产品加工企业在区域上相对集中，集聚效益凸显，呈现区域集聚发展态势。

【涉农领域的品牌影响力迅速扩大，行业集中度提升】蔬菜、禽蛋和肉奶等市场上较为知名的北京农产品品牌有30多个。全市拥有国家重点龙头企业39个，上市龙头企业10个，发展了一批有影响力的品牌，三元食品、德青源鸡蛋、鹏程肉食等品牌知名度不断上升，品牌价值超过1 000亿元。扎实推进“种业之都”建设，京红、京粉和农大节粮型蛋鸡配套系世界销量第一，京科等系列玉米品种推广面积占全国玉米种植面积的18%。同时，目前北京市已有通州大樱桃、张家湾葡萄、京西稻等19种特产农产品通过了中国地理标志认证，其产地范围、作物性状、果实特点等都在国家备了案，在全国具有唯一性，其地理标志也为北京涉农领域的品牌提供了有力支撑。在全市规模以上农产品加工企业中，产值在5 000万元以下的有77家，5 000万～1亿元的有61家，1亿～5亿元的有108家，5亿～10亿元的有16家，10亿元以上的有17家。产值在1亿元以上的企业占比超过50%，行业集中度进一步提高。

【开展农业供给侧改革，促进农产品加工企业转型升级】开展龙头企业促进农业供给侧结构性改革调研，出台2017年北京市农业产业化项目指南，支持企业和合作社开展订单农业、提升农产品加工能力、拓展农产品销售渠道、推进“互联网+”建设等，促进农产品加工企业的转型升级。

（李媛）

镇村企业

【镇村企业基本情况】 2017年，北京市镇村企业在市委、市政府的正确领导下，在农业部乡镇企业局的正确指导下，按照首都城市功能定位的总要求，稳步推进京津冀一体化协同发展，全力疏解非首都功能，持续深化供给侧改革，主动适应增速趋缓、结构优化、效益提高、质量提升的经济发展“新常态”，努力克服国内外经济发展环境中诸多不利因素的影响，积极调整产业结构和空间布局，坚决淘汰落后产业，大力压缩过剩产能，着力转变经济增长方式，努力实现产业转型升级，在经济总量和总体规模大幅缩减的前提下，实现了企业提质增效，创新能力和市场竞争能力有所提升，可持续发展能力有所增强。2017年，北京市镇村企业95 555家，比上年减少23.2%，其中：规模以上企业1 464家，比上年减少11.4%，规模工业企业998家，比上年减少13.7%；从业人员688 472人，比上年减少20.2%；完成营业收入43 842 629万元，比上年下降10.3%；完成利润总额2 321 320万元，比上年下降20.8%；实现增加值7 915 138万元，比上年下降7.9%；实现工业增加值4 361 065万元，比上年下降11.1%；完成出口产品交货值695 241万元，比上年下降17.4%；上交税金2 011 311万元，比上年下降9.9%；提供劳动者报酬3 519 785万元，比上年下降1.5%；人均劳动者报酬51 125元，比上年增长23.4%；私营以上企业资产总额88 864 514万元，比上年增长3.6%；私营以上企业负债总额60 844 943万元，比上年增长8.8%；私营以上企业资产负债率68.5%，比上年提升3.3个百分点。

2017年，按照首都城市功能定位要求，大力疏解非首都功能，坚决淘汰落后产能，加速退出一般制造业企业。受此影响，京郊镇村企业经济总量呈现负增长，除增加值外，各项主要经济指标降幅均超过10%。全市镇村企业累计完成营业收入4 384.3亿元，比上年下降10.3%，其中工业营业收入2 351.2亿元，比上年下降10.2%；实现增加值791.5亿元，比上年下降7.9%，其中工业增加值436.1亿元，比上年下降11.1%。

2017年，受经济结构调整和市场环境变化影响，京郊镇村企业经济效益呈现明显下降趋势，镇村企业利润总额呈现负增长，且利润总额降幅高于营业收入降幅，企业利润率有所降低，经济效益有所下滑。全年镇村企业累计实现利润总额232.1亿元，比上年下降20.8%；镇村企业利润率为5.3%，比上年降低0.6个百分点。镇村工业企业实现利润总额98亿元，比上年下降31.2%；镇村工业利润率为4.2%，比上年降低1.2个百分点。

2017年，京郊镇村企业主动适应经济发展“新常态”，着力转变增长方式，积极调整产业结构，产业结构继续优化。2017年北京镇村企业（私营以上）完成增加值696亿元，其中：一产增加值7亿元，占1%，所占比重比上年提高0.6个百分点；二产增加值447.9亿元，占64.4%，所占比重比上年降低3.8个百分点；三产增加值241.1亿元，占34.6%，所占比重比上年提高3.2个百分点（表1）。与上年相比，一方面，二产比重下降，一产和三产比重上升，产业结构有所优化；另一方面，除企业个数外，二产各项主要经济指标所占比重均超过50%，仍然保持着较为显著的主体地位。

2017年，随着首都城市功能布局调整的不断深化，北京镇村企业空间布局和区域结构更加趋于合理。城市发展新区（通州、顺义、大兴、昌平、房山）作为全市镇村经济的主体，镇村企业营业收入、利润总额、增加值、工业增加值和出口产品交货值分别为3 420.7亿元、174.5亿元、600.1亿元、381.9亿元和61.0亿元，分别占全市镇村企业的78%、75.2%、75.8%、87.6%和87.8%（表2），所占比重分别比上年提高7.4、9.1、1.1、1.5和4.2个百分点，主导地位更加显著。

表 1　2017 年北京镇村企业（私营以上）主要经济指标产业分布情况

单位：个，人，亿元，%

	增加值	企业个数	职工人数	营业收入	利润总额
合计	696.0	14 018	471 031	3 961.8	187.2
一产	7.0	482	14 244	40.4	−1.1
比重	1.0	3.4	3.0	1.0	−0.6
二产	447.9	6 486	299 649	2 573.8	96.7
比重	64.4	46.3	63.6	65.0	51.7
三产	241.1	7 050	157 138	1 347.6	91.6
比重	34.6	50.3	33.4	34.0	48.9

表 2　2017 年京郊镇村企业主要经济指标区域分布情况

单位：亿元，%

	营业收入	利润总额	增加值	工业增加值	出口产品交货值
合　计	4 384.3	232.1	791.5	436.1	69.5
城市功能拓展区	456.5	30.2	100.1	9.4	0.3
所占比重	10.4	13.0	12.7	2.1	0.4
城市发展新区	3 420.7	174.5	600.1	381.9	61.0
所占比重	78.0	75.2	75.8	87.6	87.8
生态涵养区	507.1	27.4	91.3	44.8	8.2
所占比重	11.6	11.8	11.5	10.3	11.8

2017 年，本市稳步推进京津冀一体化协同发展，大力疏解非首都功能，加大工业小区、工业大院清理力度，镇村工业规模大幅缩减，在镇村企业中的主体地位有所削弱。

2017 年，京郊镇村工业企业 11 163 家，比上年减少 30.9%；职工人数 309 536 人，比上年减少 31.1%；完成营业收入 2 351.2 亿元，比上年下降 10.2%；实现增加值 436.1 亿元，比上年下降 11.2%；实现利润总额 98 亿元，比上年下降 31.2%。镇村工业企业数、职工人数、营业收入、增加值和利润总额分别占镇村企业总量的 11.7%、45%、53.6%、55.1%和 42.2%（表 3），所占比重分别比上年降低 0.8、0.6、0.4、0.1 和 7.2 个百分点，在镇村企业产业结构中的主体地位下降。

表 3　2017 年北京镇村工业企业主要经济指标完成情况

单位：个，人，亿元，%

	企业个数	职工人数	营业收入	增加值	利润总额
私营以上	5 846	263 604	2 219.4	406.8	88.4
个体户	5 317	45 932	131.8	29.3	9.6
合　计	11 163	309 536	2 351.2	436.1	98.0
所占比重	11.7	45.0	53.6	55.1	42.2

2017 年，虽然受本市大力疏解非首都功能影响，京郊镇村企业各项主要经济指标大幅下降，但规模企业，特别是规模工业企业发展势头良好，在镇村经济中所占比重大幅提高，在镇村经济中的主导地位进一步巩固，带动作用进一步加强。

2017 年镇村规模企业 1 464 家，比上年减少 12.5%，占镇村企业总数的 1.5%，所占比重比上年提高 0.3 个百分点；其中规模工业企业998家，比上年减少6%，占镇村工业企业总数的8.9%，所占比重比上年提高2.3个百分点。

镇村规模企业职工人数266 297人，比上年减少15.3%，占镇村企业职工总数的38.7%，所占比重比上年提高6.8个百分点；其中规模工业企业职工人数174 618人，比上年减少7.7%，占镇村工业企业职工总数的56.4%，所占比重比上年提高14.3个百分点。

镇村规模企业营业收入3 367.7亿元，比上年增长4.5%，占镇村企业营业收入的76.8%，所占比重比上年提高11.4个百分点；其中规模工业企业营业收入2 040.5亿元，比上年增长19.8%，占镇村工业企业营业收入的86.8%，所占比重比上年提高21.8个百分点。

镇村规模企业增加值585.9亿元，比上年增长12.4%，占镇村企业增加值的74%，所占比重比上年提高15.5个百分点；其中规模工业企业增加值380.5亿元，比上年增长25.9%，占镇村工业企业增加值的87.3%，所占比重比上年提高25.8个百分点。

镇村规模企业利润总额168.8亿元，比上年增长3.6%，占镇村企业利润总额的72.7%，所占比重比上年提高16.3个百分点；其中规模工业企业利润总额92亿元，比上年增长0.8%，占镇村工业企业利润总额的93.9%，所占比重比上年提高29.8个百分点。

2017年，镇村工业企业着力转变经济增长方式，积极调整产业结构，坚决淘汰落后产能，加快推进产业升级，大力发展资源节约型和环境友好型的绿色低碳产业，节能减排工作取得显著成效，能源结构趋于合理，资源消耗量明显下降。2017年全市998家镇村规模工业企业消耗水资源3 421.8万吨，比上年减少37.3%；消耗电能14.5亿千瓦时，比上年减少28.2%；消耗原煤16.7万吨，比上年减少54.7%；消耗焦炭3 180吨，比上年减少64.6%；消耗成品油70 861吨，比上年减少89.7%；消耗天然气13 876.2万立方米，比上年减少31.4%。

2017年，本市加快疏解非首都功能，大力清理郊区镇村工业小区和工业大院，取得显著成效。2017年镇村工业园区数由上年的76个减少到40个，比上年减少36个，降幅为47.4%；园区内年末实有企业2 373家，比上年减少232家，降幅为8.9%；园区内企业年末从业人员数104 498人，比上年减少73 018人，降幅为41.1%；园区内企业完成总产值781.9亿元，比上年下降50.8%。

2017年，本市各级镇村企业主管部门积极开展多层次、多渠道、多形式的镇村企业职工教育培训工作，全年镇村企业职工培训人数32 959人，比上年增加2 307人，增长7.5%；镇村企业职工取证人数8 181人，比上年增加2 112人，增长34.8%。镇村企业职工中具有大专及以上文化程度的人数127 824人，占职工总数的18.6%，所占比重比上年提高0.5个百分点；具有中级及以上技术职称的人数50 863人，占职工总数的7.4%，所占比重比上年提高0.2个百分点，镇村企业职工素质得到进一步提升。

2017年，本市镇村企业在全力疏解非首都功能，企业总数和职工人数大幅下降的背景下，全年支付劳动者报酬352亿元，比上年下降1.5%；人均劳动者报酬51 125元，比上年增长23.4%。镇村企业增加农民工资性收入，带动农民增收的作用更加凸显。

2017年，京郊镇村企业积极引进、培育“高精尖”产业，已建立技术创新中心和研发机构71家，比上年增加34家，增长91.9%，企业自主创新能力和可持续发展能力显著提高。

2017年，各级镇村企业主管部门与银行、担保公司等各类金融机构加强合作，积极搭建融资平台，多方拓宽融资渠道，千方百计解决镇村企业“融资难”问题。2017年度镇村企业金融机构贷款总额181.7亿元，比上年增长44%；2017年年末金融机构贷款余额350.9亿元，比上年增长214.7%。企业“融资难”得到有效缓解。

2017年，受国内外经济环境及各种不利因素影响，京郊镇村企业外贸出口面临较大困难，全年出口企业数和出口产品交货值均呈现负增长，外贸出口下滑明显，形势较为严峻。2017年北京镇村出口企业281家，比上年减少20家，同比减少6.7%；其中，年出口交货值500万元（含）以上的企业172家，比上年减少7家，同比减少3.9%。全年累计完成出口产品交货值69.5亿元，比上年下降17.4%；其中，年出口交货值500万元（含）以上企业出口交货值68.7

亿元，比上年下降 15.3%。出口产品交货值占营业收入的比重为 1.6%，比上年降低 0.1 个百分点。

2017 年，京郊镇村企业数 95 555 家，比上年减少 23.2%；镇村企业职工人数 688 472 人，比上年减少 20.2%；上交税金 201.1 亿元，比上年下降 9.9%。镇村企业吸纳农民就业，支持郊区新农村建设，推动京郊农村经济社会发展的作用有所弱化。

农产品流通业

【2017 年农产品市场总体行情】 2017 年内，本市菜篮子产品价格总体以低位运行为主，部分农产品价格同比波动幅度较大。受生产供应过剩的影响，蔬菜、猪肉、鸡蛋三个大宗鲜活农产品价格均出现了不同程度的下降，蔬菜和鸡蛋价格更是处于近五年来偏低的水平，个别月份价格处于近十年来的最低水平。猪肉行情受到价格周期和环保政策的双重影响，短期实现软着陆。农产品市场风险增加是今年农产品市场运行中的突出问题。

（王晓冬）

【“菜篮子”双核保障项目建设加快推进】 2017 年，新发地农产品批发市场蔬菜交易楼项目已开工建设，北京鲜活农产品流通中心项目主体工程完成封顶。

（丁颖）

【深入推进规范化、连锁化蔬菜零售网点建设】 2017 年，完成新建和规范提升规范化蔬菜零售网点 421 个，超额完成全年新建和规范提升 300 个以上蔬菜零售网点任务。

（林英杰）

【发挥农产品流通产业发展基金作用】 2017 年，利用农产品流通产业发展基金完成对新发地批发市场、新发地生鲜网两个项目投资及中央物流园有限公司第二次增资，共投资 1.2 亿元，促进了本市农产品批发市场升级改造及蔬菜零售终端的发展。

（林英杰）

【“放心肉菜示范超市”创建活动启动】 7 月 11 日，北京市食品药品安全委员会召开创建“放心肉菜示范超市”动员部署大会，市区两级食药监、商务、农业部门负责人及大型连锁超市负责人 220 余人参会。在市食安办的统一部署下，市商务委会同市食药监局、市农业局共同起草制定了《北京市创建放心肉菜示范超市工作方案（试行）》《北京市创建放心肉菜示范超市审评细则（试行）》和《北京市创建放心肉菜示范超市评价与管理办法（试行）》，进一步明确了北京市开展示范创建活动的原则、目标和主要内容。

（魏新宇）

【四川攀枝花芒果品牌发布推介会在京举办】 9 月 12 日，四川攀枝花芒果品牌发布推介会在京举办。本市京客隆、超市发、家乐福、华冠、首航国力超市以及京东商城、中粮我买网、沱沱工社等电商企业参加了对接活动。

（张爽）

【第 21 届中国（廊坊）农交会取得积极成果】 9 月 25 日，第 21 届中国（廊坊）农产品交易会召开，本市 30 余家超市、蔬菜零售、餐饮企业，与来自河北承德、张家口、保定、廊坊、沧州等蔬菜生产区的近 100 家农业合作社、生产企业进行了对接。在京津冀三地政府和蔬菜产业联盟组织下，各企业负责人及生鲜部门领导亲自与农业合作社、生产企业的负责人进行面对面洽谈，取得了积极成果。

（张爽）

【北京对口支援合作地区特色产品商超推介会成功举办】 12 月 14 日，由市商务委和市支援合作办共同主办的“2017 北京市对口支援地区特色产品商超推介会”在中国国际展览中心举行。50 余家超市、农产品流通企业和电商平台与支援合作地区企业参加推介会和现场对接。

（魏新宇）

【农村电商精准帮扶成效显著】 2017 年，市商务委会同市农村工作委员会印发了《加快推进本市农村电商精准帮扶实施方案》的通知，进一步发挥农村电商在引导规范性品牌化生产、拓宽农产品销售渠道、创新农产品流通方式、带动农民致富增收方面的作用。2017 年，京东商城、苏宁、中粮我买网、国安社区和顺丰速运等 19 家电商企业与平谷区21家合作社5 000余农户达成战略合作意向，带动全区大桃网上销量870万千克、销售额1.5亿元，农民增收3 700余万元。京东商城全国100多个省、市、县级地方馆正式开馆，帮助832个国家级贫困县销售商品153亿元，平均季度复合增长率26.5%；农特产品线上销售覆盖136个三级品类、283万种商品，累计帮助近10万个贫困地区家庭增收。

（刘扬阳）

【举办“2018北京跨年促销节”活动】2017年年底，启动“2018北京跨年促销节”活动。组织本市电商平台、商超、老字号、无人便利店、餐饮、社区电商、农村电商、跨境电商体验店、共享出行平台和滑雪场等多个行业近百家品牌企业参与活动，帮助在京品牌拓宽销售渠道，进一步激发本市居民消费需求，塑造了北京市场自有的促销品牌。

（刘扬阳）

【开展第八次春节蔬菜保供联合行动】2017年2月1日至3月20日，市商务委会同市农委、中国蔬菜流通协会，与天津、河北、山东、海南、广西等供京蔬菜主产区政府开展了第八次春节蔬菜保供联合行动，保障了首都蔬菜市场供应稳定。活动期间，在蔬菜日常供应量基础上累计增加蔬菜供应总量约10.3万吨，日均增加2 152.6吨，其中大白菜、白萝卜、土豆、洋葱等8个居民日常所需大路菜品种增加供应总量约5.23万吨，日均增加1 087吨。

（陈泽）

【蔬菜上市总量增加】2017年，监测的7家批发市场蔬菜上市量达126.5亿千克，日均上市3 464.6万千克，同比增长1.56%。

（刘璇）

【生猪屠宰量增长】2017年，监测的9家定点屠宰企业生猪屠宰总量712.4万头，日均屠宰1.95万头，同比增加13.6%。

（刘璇）

【牛羊肉交易量减少】2017年，监测的7家批发市场牛肉交易总量7 323.7万千克，日均交易量20.1万千克，同比减少3.1%。羊肉交易总量6 410.8万千克，日均交易量17.6万千克，同比减少1.1%。

（刘璇）

【鸡蛋交易量减少】2017年，监测的7家批发市场鸡蛋交易总量25 032.7万千克，日均交易68.6万千克，同比减少0.6%。

（刘璇）

【粮食市场运行平稳】2017年，党的十九大、重大节日、重要活动期间，首都粮油市场货源充足、品种丰富、价格平稳。推进产销合作，外埠粮源基地达240个，一手粮源年收购量超过300万吨，入京粮源100多万吨，接近全市年粮食消费量的20%。全市粮油供应网点达到1万多家，实现便民服务社区全覆盖，粮食应急供应保障体系稳步发展。军粮供应保障有力，军民融合发展取得新进展。

（惠春光　张瑞忠）

【储备粮轮换有序推进】2017年，利用市储备粮轮换机制调节市场粮食供求和价格，共举办13次交易会，市储备原粮累计轮出60.13万吨，轮入57.2万吨，粮食供应充足。

（刘钰）

【京津冀粮食产业合作取得实效】京粮集团、冀粮集团油脂合作取得实质性进展。京粮集团按照国家级粮食物流园区水准，推进黄骅港、天津港等物流节点建设，其中，新拟建的黄骅港粮食仓储物流基地占地628亩，仓容33.3万吨，建筑面积7.8万平方米，投资估算3.5亿元，预计2018年建成投入使用。

（张俊杰　惠春光）

【粮食宣传服务水平提高】2017年，本市积极开展世界粮食日、爱粮节粮宣传周、“放心粮油宣传日”、科技周等主题活动，评选北京市首届“爱粮节粮之星”。积极开展粮食行业专业技能人才培训和鉴定工作。退耕还林累计供应补助粮1.9万吨，惠及1 437个村，13.3万户退耕农户，郊区转储玉米5.85万吨，切实保障了首都农民根本利益。

（张瑞琪　惠春光）

【依法治粮工作全面推进】完善行政权力清单动态调整机制，权力清单和责任清单制度严格落实。推进粮食安全市区长责任制考核工作，市区两级粮食安全主体责任全面落实。合并军粮供应站资格和军粮代供点资格审批，优化粮食收购资格审批流程，简化市储备粮轮换手续，丰富粮食交易报名和结算方式，营造良好的营商环境。

（孔晶　高光亮）

【粮食市场监管严格规范】严格“一规定两守则”各项要求，安全储粮和安全生产责任落到实处。积极开展粮食库存检查，深化事中事后监管，增加中央储备粮、国家临时存储粮和国家一次性储备粮等中央事权粮的检查，2017年全市共开展粮食流通检查1 053次，出动检查人员3 053人次，检查企业1 250个。开展“双随机”检查216次，同比增长60%，社会化涉粮企业检查覆盖面持续扩大。全面开展“粮食安全隐患大排查快整治严执法”集中行动。

（石红兵）

【水产品上市量减少，价格总体偏高】2017年，北京市七大批发市场淡水鱼上市量12.61万吨，日均上市量34.56万千克，同比减少23.1%；平均价格为每千克12.21元，同比上涨0.8%。其中，仅草鱼价格上涨，涨幅为13.7%。海水鱼上市量3.20万吨，日均上市量8.77万千克，同比减少7.5%；平均价格为每千克39.39元，同比上涨0.2%。其中，进口带鱼和国产带鱼价格同比上涨6.4%、8.8%，国产黄鱼和国产平鱼价格同比下跌19.7%、0.7%。上半年淡水鱼价格总体偏高，全年价格高点提前出现在5月，11月、12月价格再次高于近几年同期价格水平。

（王晓冬）

【粮油价格市场稳定运行】2017年，北京市七大批发市场东北大米价格每千克4.82元，同比上升0.6%，上市量为24.16万吨，同比减幅11.6%；富强粉价格每千克3.36元，同比上升0.9%，上市量为38.76万吨，同比减幅10.9%；食用油价格每千克7.35元，同比上升3.7%，上市量12.7万吨，同比减幅15.1%。从全年来看，大米和面粉市场运行平稳，大米价格小幅走高，处于近几年相对较高水平，面粉价格小幅下行，但整体价格亦处于近几年相对较高水平。食用油仍然维持弱势运行的态势。

（王晓冬）

【信息进村入户工程深入推进】2017年，北京市农委和北京市农业局联合出台了《北京市农村工作委员会　北京市农业局关于全面推进信息进村入户工程的实施意见》，加强了顶层设计和协同作战，信息进村入户工程取得新进展。其中，标准型益农信息社提供公益咨询服务21 000多次；便民服务近4万次；帮助村民通过电子商务销售玉米、苹果、红薯等特色农产品2万多千克，帮助村民团购农产品、生活用品上千吨，拉动市民到农村采摘、垂钓、旅游、逛农村集市、农家乐上万人次；开展新型职业农民培训，制作了140余篇培训课件，培训村民2万多人次。专业型益农信息社达到602家。其中建立生产过程追溯体系的农场有486家；通过四季田景拍摄进行宣传，吸引客户周末参观旅游或发展宅配用户的园区有502家；服务顾问共深入园区服务1 000多人次；义田微课堂在2017年度上线26期，听课次数达到12 477次；举办了16期“互联网＋农产品营销”培训，累计培训农业从业人员5 000余人次；开展产销对接活动12次，成交额达500万元。

（王晓冬）

【生猪全产业链大数据试点全面实施】2017年，北京市农业局承担农业农村部“生猪全产业链数据监测试点”任务，生猪全产业链“一套标准、一套数据、一个平台”的效果已经有了雏形。一是探索和创新了生猪生产数据采集方式和工作方式。采用较为科学的抽样方式在全市完成了100家生猪养殖信息监测点的布局、部署工作，设计了26个衡量生猪生产的关键指标，完成了全年数据采集任务。二是依托“百分点大数据公司”搭建了北京市生猪大数据平台。全面梳理了生猪产业相关的数据及运行系统，就生猪生产、调入调出、屠宰出证等数据对接共享畅通了渠道，并采用大数据操作系统（BD－OS）实现了全新的数据仓库和接口建设。三是制定了生猪养殖、市场流通、消费方面的数据采集技术规范，保障了数据采集的准确、及时、规范。全年基于大数据分析，完成了《生猪及猪肉产品电子商务分析报告》《2000年以来猪肉价格周期性波动分析报告》等专题分析。

（王晓冬）

【农业部电子商务试点顺利完成】2017年，北京市农业局承担农业部电子商务试点工作。市农业局顺应互联网和电子商务发展趋势，结合北京市农业发展特点和首都市场消费优势，探索本市农业电商新模式。一是“批发市场＋宅配”模式：支持顺义石门市场建设“网上石门”批发市场电商平台，入驻商户141家，涉及肉类、蔬菜、水果、调料等类型商户，配送区商户已经达到100%的入住率，累计销售商品3 207种，平台交易额1 965万元，注册会员292家。二是休闲农业电商模式：开发完成“村会玩”休闲农业电子商务平台，目前入驻商家33家。三是“基地＋社区直配”模式：依托专业型益农信息社建设，利用农场智能管理系统开展“基地＋社区”支配，年销售额500万元。

（王晓冬）

郊区旅游业

【概况】 截至2017年年底，北京郊区开展观光休闲服务的农业园有1 216个，其中市级星级园292个。2017年，北京市观光休闲农业园区共接待游客2 105.3万人次，同比下降6.5%；总收入29.9亿元，同比增长6.9%。从单个园区收入看，2017年平均每个园区收入246.0万元，比上年的222.4万元增长10.6%；从人均消费额看，2017年观光休闲农业园区人均消费额为142.1元/人次，比上年的124.3元/人次，上升了14.3%。人均消费和单个园区收入增幅都在两位数以上，说明休闲农业园区的效益有了提高。

（范子文）

【乡村民俗旅游】 截至2017年年底，全市共有星级民俗旅游村240个，其中三星级民俗旅游村135个、四星级民俗旅游村74个、五星级村31个；民俗旅游户15 870户，其中正常经营的民俗旅游户8 363户；乡村旅游从业人员22 455人。2017年，乡村民俗旅游户共接待游客2 232.1万人次，实现乡村民俗旅游总收入14.2亿元，同比略有下降。从人均消费看，2017年乡村民俗旅游人均消费额为63.63元/人次，比上年的62.48元/人次增长1.84%，发展较为平稳。

（范子文）

【北京市平谷区黄草洼村等5个村庄被评为中国美丽休闲乡村】 为培育休闲农业和乡村旅游知名品牌，激发各地建设美丽休闲乡村的积极性和创造性，2017年农业部组织开展了中国美丽休闲乡村评选工作。评选标准为：以农耕文化为魂，以美丽田园为韵，以生态农业为基，以创新创造为径，以传统村落为形，实现人与自然的和谐发展，是新时期发展现代农业、带动农民增收、保护生态环境和建设社会主义新农村的典型代表，是农民幸福生活的美好家园和建设美丽中国的经典缩影。经过地方推荐、专家评审、网上公示、农业部认定等程序，全国150个村被评为2017年中国美丽休闲乡村。其中，北京市5个村榜上有名，分别是：平谷区黄草洼村（特色民居村）、延庆区南湾村（特色民俗村）、大兴区魏庄村（特色民俗村）、顺义区河北村（特色民俗村）、怀柔区红螺镇村（历史古村）。

（范子文）

【2017年度全国休闲农业与乡村旅游星级园区（企业）名单】 为充分发挥星级创建工作对休闲农业与乡村旅游行业发展的指导、引领和示范作用，中国旅游协会休闲农业与乡村旅游分会组织开展了全国休闲农业与乡村旅游星级园区（企业）创建工作。经过休闲农业与乡村旅游园区（企业）按标准自我创建、自主申报、内审员培训、专家评审、组织验收和公示公布等程序，北京市有13家园区获得"全国休闲农业与乡村旅游星级园区（企业）"称号，包括延庆区艾药园等三星级园区（企业）7家、大兴区中华耕织文化园等四星级园区（企业）4家、门头沟区山水居等五星级园区（企业）2家。

（范子文）

【第三批北京市休闲农业星级园区（企业）评定工作完成】 为搞好北京市休闲农业的品牌创建，北京观光休闲农业行业协会于2017年组织开展了第三批北京市休闲农业星级园区（企业）的评定工作。经过园区自主申报、区推荐、专家评审、网上公示等环节，评定出90家北京市星级休闲农业园区（企业），包括北京御林农耕观光采摘园等五星级休闲农业园区16家，北京吸引力多肉植物园等四星级休闲农业园区30家，三分地有机农场等三星级休闲农业园区41家，太和源生态农庄等二星级休闲农业园区3家。

（范子文）

【第六届北京农业嘉年华成功举办】 2018年3月17日至5月13日，第六届农业嘉年华在草莓博览园举办。紧扣十九大乡村振兴战略蓝图，以"乡村让生活更美好"为口号，以"创新、协调、绿色、开放、共享"为发展理念，共设置"三馆两园一带一谷一线"八大板块，主题构思亮点纷呈，内容丰富多彩。

本届北京农业嘉年华集趣味

性、知识性、科技性、互动性、参与性、创新性于一体，打造创意农业景观 180 余个，汇集农业优新特品种 660 余个，馆内包含先进农业技术 80 余项、场馆科普知识点 1 900 余个，设置互动体验活动 200 余项，现场销售各类农特产品、美食及工艺品 1 000 余种。

在 58 天的时间里，共举办了 60 余场阵容庞大、内容精彩、形式多样的主题活动，扩大了盛会的影响力和知名度。周边各草莓采摘园接待游客达 256 万人次，销售草莓 197.8 万千克，实现收入 1.23 亿元；有效带动延寿、兴寿等 6 个镇的民俗旅游，共计接待游客 73.26 万人次，实现收入 1.16 亿元。本届农业嘉年华累计实现总收入 2.84 亿元。

（范子文）

【春节假日旅游暨市场秩序整治工作会议召开】 1 月 5 日，2017 年北京市春节假日旅游暨市场秩序整治工作会议召开，市政府副秘书长出席会议并围绕加强旅游市场综合监管和做好节假日旅游服务管理工作提出具体要求；市假日办负责人代表市假日旅游工作领导小组部署春节假日旅游工作及旅游市场秩序整治工作；会议听取市安全监管局、市城管执法局、朝阳区政府、中青旅控股股份有限公司等假日旅游安全、旅游市场秩序整治工作以及本区和本单位假日旅游准备工作情况的汇报。会议印发《北京市假日旅游工作领导小组办公室关于做好 2017 年春节假日旅游工作的通知》《北京市假日旅游工作领导小组办公室关于“春节”假日期间集中值班的通知》等文件，市假日旅游工作领导小组成员单位主管领导、旅游市场秩序整治工作相关单位主管领导和部分企业负责人 100 余人参加会议。

【市旅游委就郊区旅游业情况接受市人大代表和政协委员现场询问】 1 月 13 日，市旅游委领导集体在北京会议中心接受市人大代表和市政协委员的现场询问。首都旅游业发展得到人大代表和政协委员的高度关注，围绕全市旅游发展规划、旅游资源开发和市民关切等问题向市旅游委领导询问。海淀、昌平、通州等区代表和委员先后就市旅游委统筹指导各区旅游发展事宜提出观点和想法，市旅游委领导就有关问题逐一进行汇报和解答，对部分代表和委员提出的旅游公交、挖掘民族文化资源等问题，介绍了市旅游委已经开展的工作和下一步工作计划。2 个小时共有 32 人次提问，所有问题均在当场得到解答。

【旅游市场秩序问题整改情况跟踪问效】 1 月 18 日，市旅游委落实副市长程红 2016 年 12 月 14 日在昌平区、延庆区进行暗访检查时对两区旅游市场秩序工作提出的具体要求，组成检查组对昌平区、延庆区旅游市场秩序问题的整改情况进行“回头看”，进一步巩固旅游市场秩序的整治成果。检查中看到两区旅游市场秩序整改效果明显，其中“八达岭水关长城”景点标识牌统一改为“水关长城”，防止混淆旅游景点误导游客，恢复水关长城门票价格，对景区内运营的电瓶车进行明码标价，取消景区所有收费照相摊位经营资格；八达岭长城单独销售登城门票，完善八达岭长城标识系统，同时加大景区巡视力度，防止捆绑式消费；加大购物店治理力度，延庆区由旅游、工商、城管部门组成工作组对华夏砚苑等 3 家购物场所进行盯点盯岗，掌握营运动态，方便执法监管，同时在店内设立旅游投诉台，在显著位置张贴投诉电话，方便游客及时维权；昌平区在十三陵天寿雅翠、勇胜等购物店门口悬挂“严禁非法一日游入店”等警示横幅；净化旅游购物环境，昌平区公安、工商联合执法关闭“双维 5D 影院”、北京博览鸿运商贸中心等 12 家商店，责令 9 家商店停业整改。在检查中发现昌平区、延庆区旅游市场秩序还存在一些问题需要改进，一是水关长城景区的景点标识牌已经更改，但宣传广播依然沿用“八达岭水关长城”的景点名字进行语音宣传；二是各购物店里面都张贴有举报电话，但没有公示退货渠道，特别对已经离京的游客如何退返邮寄商品、如何退款没有明确的提示；三是依法关闭商店有死灰复燃的苗头，昌平区“勇胜”商店重新开张营业。对此检查组现场指出存在的问题，并要求其限期整改。

【旅游秩序整治座谈会召开】 2 月 4 日，市旅游委、市交通执法总队、市环食药旅行政安保总队联合召开座谈会，针对元旦和春节假间，各部门在执法检查过程中发现的问题和旅游投诉的情况，研讨旅游秩序整治工作。市旅游委、市交通执法总队、市环食药旅行政安保总队旅游支队等有关负责人及其相关部门负责人参加会议。会议播放市旅游委近期组织对非法一日游重点地区重点问题的暗访巡查情况，包括前门、天安门、神武门地区周边非法一日游揽客情况，旅游公交专线运营情况，昌平区关闭旅游商店复开情况及对鸟巢周边旅游商店暗访检查情况。市旅游委质监所通报春节黄金周期间旅游投诉的整体情况，对相关投诉数据进行说明。市交通局执法总队以执法检查中遇到的具体案件为例，对加强部门间联合执法、应急资金的使用和执法部门间案件移转等方面工作进行分析，提出工作建议，强调各部门加强联合执法的必要性，建议在市级部门合作的基础上，加强与属地相关部门之间的合作，尤其是旅游问题多发的东城、西城、朝阳、昌平、延庆等地区要充分发挥属地各部门的职责和作用。市环食药旅行政安保总队旅游支队表示要积极参与旅游市场治理整顿工作的各项检查工作，重点打击非法一日游中的涉旅犯罪行为。市旅游委对制定的旅游突发事件的处理流程、以往各部门联合执法的经验、应急资金使用的相关规定、电子行程单系统的使用情况、新版《旅游条例》的相关规定等进行详细介绍和分析，与会人员交流意见和看法。2 月 8 日，围绕联动治理旅游市场再次进行磋商与研讨，双方围绕旅游投诉举报数据共享、打击涉旅行业违法行为合作备忘录初步形成机制，并围绕全国“两会”旅游市场秩序专项治理进行商计、形成方案。

【市人大专题调研乡村民宿旅游】2 月 17 日，市人大常委会领导率人大常委会财经办、法制办有关负责同志赴密云区开展乡村民宿旅游专题调研。市旅游委有关负责同志就本市民宿的发展、存在的问题及对民宿发展的主要认识作专题汇报。密云区旅游委主要负责人汇报密云区民宿的基本情况、开展乡村旅游的“五化”建设、促进民宿发展制定的相关政措施等。密云区区长就当前民宿发展中的实际困难，如民宿合法性问题、公共服务基础设施不足和资金支持等问题提出建议。调研组一行实地考察密云区古北口镇司马台村和古北口村民宿经营情况，对民宿发展规划、如何展现当地历史文化和结合“绿色、协调、可持续”发展理念等进行调研、交流。市旅游委、密云区人大常委会、区政府相关领导陪同调研。

【京郊旅游政策性保险首批农户投保签约仪式举办】3 月 7 日，市旅游委在平谷区大华山镇小峪子村丛海逸园休闲农庄举行京郊旅游政策性保险首批农户投保签约仪式。平谷区怡神田园观光采摘园、富山居民俗餐厅、挂甲峪老付民俗户、高怀霞民俗户等 12 户特色业态和星级民俗户与政策性保险主承保商——安华农业保险北京分公司正式投保签约。市旅游委相关领导出席签约仪式，安华保险公司北京分公司、平谷旅游委、中国保险业协会、保监会北京局和民俗户代表分别在签约仪式上发言。中央电视台、北京电视台、北京日报等媒体进行报道。

京郊旅游政策性保险，是市旅游委提出的全国首个涉及乡村旅游的政策性保险。以政府财政补贴保费为手段提升参保率和覆盖面，通过较小的保费支出获得大额的保险保障，能够发挥商业保险风险转移和社会管理的作用，提高政府基本公共服务能力，为京郊旅游发展保驾护航。

【市政府领导就门头沟区古村镇保护和全域旅游示范区创建工作调研】3 月 22 日，市政府副市长程红率市旅游委、市委农工委、市财政局等有关部门负责人赴门头沟区对古村古镇保护发展和全域旅游示范区创建工作进行专题调研。门头沟区委、区政府主要负责同志等陪同调研。程红一行先后赴水峪嘴村、灵水村实地考察京西古道和古村落保护发展工作，在斋堂镇政府召开座谈会，听取门头沟区传统村落“五个一”工程、旅游休闲步道建设及下一步本地区旅游产业发展的思路、目标、任务、存在的问题困难及对策建议。程红指出，要坚持政府引导、市场运作、村民参与，统筹好传统风貌与现代功能、统筹好硬件改造与软件提升、统筹好村民生活与游客游览的关系，努力做好古村古镇保护发展这篇文章，打造和传承好北京历史文化“金名片”。整合自然、生态、历史、文化等资源，大力实施“＋旅游”，通过改革创新、政策集成、凝聚合力，不断推动旅游业发展连点成线、串线成面、全域发展。

【北京一日游旗舰服务平台启动】3 月 23 日，北京市副市长程红、市旅游委主任、途牛旅游网 CEO 共同开启“北京一日游旗舰服务平台”（https：//m. tuniu. com/h5/1/bj/）。北京一日游网上服务平台旨在通过与优质供应商合作，为广大游客提供高品质、有保障的旅游服务。对客实行“先行赔付”原则，先行解决游客“急之所急”；对供应商准入和产品上线制订严格的遴选规则，从源头上做好质量管控；制订标准统一的对客服务规范，设置不能逾越的违规红线，全方位保障游客的合法权益；鼓励游客对出游服务点评打分，让优质供应商脱颖而出，通过市场公平竞争实现良币驱逐劣币。服务平台已聚集20家专长“北京一日游”服务的供应商，提供150余款“北京一日游”产品，涵盖天安门、故宫、八达岭长城、十三陵、慕田峪长城、古北水镇、颐和园、奥林匹克公园等著名景区。

【旅游休闲步道建设工作部署会召开】4月6日，市旅游委、市发展改革委联合召开全市旅游休闲步道建设工作部署会。会议旨在贯彻落实《关于加快北京市市级旅游休闲步道建设工作的意见》，推进全市旅游休闲步道建设工作。市旅游委主要负责人出席会议并提出工作要求，昌平区政府有关负责人介绍昌平旅游发展情况及工作思路；市旅游委对《关于加快北京市市级旅游休闲步道建设工作的意见》和《北京市市级旅游休闲步道规划》进行解读；市发展改革委就整体推进市级旅游休闲步道建设工作提出工作要求；北京市工程咨询公司介绍《北京旅游休闲步道标准体系》的有关内容；顺义区、门头沟区、昌平区旅游委作大会交流发言；市规划国土委、市园林绿化局，部分区旅游委和区发展改革委相关负责人，以及新闻媒体记者等近百人参加会议。

【旅游安全宣传咨询日活动举办】6月17日，由国家旅游局主办，市旅游委、市政府外办、大兴区政府、首旅集团承办，大兴区旅游委、北京野生动物园协办的“2017旅游安全宣传咨询日”活动在北京野生动物园举办。咨询日以“全面落实企业安全生产主体责任，深入开展旅游安全四大专项行动”为主题，通过活动载体，着力解决涉旅安全建设短板问题，进一步提高市民、游客旅游安全意识和从业人员安全素质，营造行业“关注安全，关爱生命”的良好氛围。市旅游委、市政府外办、大兴区旅游委、首旅集团制作安全生产展板60余块，内容涉及行业安全工作亮点、出境游安全、领事保护、涉旅突发事件处置等。现场开展笼网车救援应急演练、烟道逃生、旅游安全常识互动问答等活动，向游客和市民发放《旅游突发事件应急手册》《游客乘车安全须知》《旅游安全便民手册》《中国公民海外安全出行手册》《北京一日游提示手册》《消防安全常识二十条》，以及文明旅游、旅游保险、安全生产责任保险等资料万余份（册）。国家旅游局综合司、市旅游委、大兴区政府、首旅集团、市政府外办等主要负责同志，以及部分旅游企业参加咨询日活动。咨询日期间，市旅游委通过短信、政务微信、官网、宣传屏等多种形式向广大游客和企业开展旅游安全宣传活动。同时在活动现场、前门大街等重点旅游地区播放安全旅游、平安北京建设、领事保护等宣传片。

【北京组团参加“2017中国旅游产业博览会暨第二十二届北方旅游交易会”】9月1—4日，由国家旅游局和天津市人民政府主办的“2017中国旅游产业博览会暨第二十二届北方旅游交易会”在天津举办。市旅游委有关负责人带队，组织本市房山、顺义、怀柔等区旅游委，八达岭、海洋馆、古北水镇、雅达旅游等旅游企业共13家单位参展，展台以时尚都市为主题，组织雅达旅游、夕阳红旅行社等经营老年旅游产品的企业，面向京津冀地区及北方市场，推介老年旅游产品，洽谈业务。展会期间共发放各类宣传资料两万余册，荣获“最佳展位奖”和“最佳组织奖”。

【北京组团参加“2017广东国际旅游产业博览会”】9月8—10日，“2017广东国际旅游产业博览会”在广州举行，市旅游委有关负责人率领8个区旅游委和4家旅游企业参展。展台设计以皇城文化为主题，通过大屏幕循环播放北京旅游形象宣传片以及各参展单位宣传片，展会现场发放各类宣传资料1万余册。市旅游委荣获“最佳组织奖”。

【2017年旅游防汛工作总结会召开】9月15日，市旅游委组织召开防汛旅游分指挥部2017年防汛工作总结会。会议总结2017年防汛工作，对下一步防汛工作进行部署。市旅游委主要负责人出席会议并讲话，要求各单位要认真梳理、总结防汛工作中存在的主要问题和薄弱环节，制定针对性的整改措施和汛后工作计划，强化行业防汛管理力度，加强人防、技防、物防力量建设，在强化约束机制和建立便捷机制上下功夫，确实建立起行业防汛工作动态管理机制和长效管理机制。市旅游委相关领导主持会议，房山区、密云区、延庆区旅游委的相关领导作重点发言，16区旅游委主要领导及防汛工作相关负责人参加会议。

【北京旅游参展第十二届文博会】9月11日，第十二届中国北京国际文化创意产业博览会在京开幕，市旅游委以“助力文化中心建设、促进产业融合发展”为主题组织承办北京旅游展馆，集中宣传“北京礼物”“吃在北京”“北京演出”等旅游消费品牌，推广京郊传统村落、采摘篱园以及各式休闲旅游业态；集中展示“北京礼物”运营商全新研发的多款精品及历届“北京礼物”旅游商品大赛获奖产品，展品涵盖传统手工艺类、景区旅游纪念品类、都市生活类、创意设计类等多个门类；突出“旅游＋文化”融合发展的理念，深度挖掘老字号文化、非遗文化、运河文化、京味演艺文化和民俗文化等首都传统文化元素。北京市委书记蔡奇、市长陈吉宁、副市长程红等领导参观旅游馆。

【2017年国庆、中秋假日旅游秩序和安全工作会召开】9月14日，市假日旅游工作领导小组组织召开2017年国庆、中秋假日旅游秩序和安全工作会议，副市长程红出席会议并做工作要求，市政府副秘书长徐志军主持会议，市旅游委主要负责同志部署全市国庆、中秋假日旅游工作，就假期和十九大召开期间的“两检查一整治”专项行动、旅游安全防范和应急处置、旅游服务接待与投诉等相关工作提出要求。市旅游委还通报了2017年北京市旅游行政处罚情况；市公安局、市交通委、市质监局分别就假日和十九大期间旅游安全保障、旅游交通保障、大型游乐设施安全管理工作进行发言，房山、昌平、延庆区政府以及石景山游乐园、国都之旅旅行社分别针对旅游安全和秩序方面存在的问题和整改措施进行发言。市假日旅游工作领导小组成员单位相关负责人、16区政府主管旅游的副区长以及旅游景区、宾馆饭店、旅行社等旅游企业负责人、相关媒体约200人参加会议。

【智慧旅游推进工作研讨会召开】9月20日，市旅游委在怀柔水长城景区召开智慧旅游推进工作研讨会。市旅游委有关负责同志出席会议并提出工作要求。研讨会邀请大数据专家，就大数据概论及在旅游业务中的应用进行讲授。16区旅游委相关领导参加研讨会并分别总结介绍所在区智慧旅游工作情况，提出意见和建议。怀柔水长城景区详细介绍智慧景区建设情况，与会人员实地考察水长城景区的微信公众号和微网站、智能门禁和门票网上预定系统、安全监控系统、泊车导航系统。

【乡村旅游评定工作动员会暨评定专家培训会召开】9月21—22日，市旅游委组织召开2017年乡村旅游评定工作动员会暨评定专家培训会。市旅游委有关负责同志出席培训会并作动员讲话。市农委、首经贸大学、首都师范大学的专家讲授京郊旅游与休闲农业发展、特色业态、等级民俗村户标准及实操等方面内容。部分区旅游委对乡村旅游发展的现状及京郊旅游评定工作的经验做法作交流汇报。组织学员到怀柔区丽泽山庄、满乡庄园等特色业态，葫芦娃小院、曦元小院等星级民俗户、五星级村芦庄村进行实地教学，评讲专家对不同类型的评定标准及工作要求进行分类指导教学。来自科研院校、酒店、餐饮、景区、乡村旅游等领域的评定专家，以及12个区旅游委相关负责人100余人参加培训。

【赴怀柔区督导检查景区地质灾害隐患治理工作】9月28日，市旅游委赴怀柔区青龙峡、响水湖等旅游景区督导检查地质灾害隐患治理工程进展情况，要求怀柔区采取有效措施，进一步加大工作力度，确保景区地质灾害隐患治理工程快速推进、如期完工、取得实效。对正在治理中的景区地质灾害隐患点，项目施工单位要进一步强化安全意识，制定和落实安全避让措施，确保施工安全；在景区地质灾害隐患点治理期间，旅游景区等相关单位应制定完善地质灾害应急预案，落实应急避险措施，强化应急演练，提升应急处置能力。特别是十一黄金周期间，要切实加大监测巡查及安全警示工作力度，合理调整景区游览景点和游览线路，注意避开存在地质灾害隐患的地段、地点，加强对游客的安全提示及疏导工作，确保景区游客和当地群众的生命财产安全；要克服困难，加强监督检查，力争入冬前实现所有景区地质灾害隐患点全部完工。

【北京“导游驿站”启动】9月28日，北京“导游驿站”在奥林匹克公园启动，国家旅游局监管司司长刘克智、市旅游委有关负责同志共同为北京“导游驿站”揭牌，与首都文明办、朝阳区政府、市公园管理中心有关负责人等共同为故宫、天坛、颐和园、奥林匹克公园、八达岭、大运河公园和前门地区首批7个“导游驿站”设立地授牌。十一黄金周期间，“导游驿站”为一线导游工作者提供咨询、服务活动，全国各地的导游在北京带团过程中，可在“导游驿站”中进行短暂休息和补给。

【2017 北京国际青年旅游季“繁荣之桥”活动举办】 9 月 22 日，由市旅游委主办的 2017 北京国际青年旅游季“繁荣之桥”活动启动，通过整合京津冀旅游资源，设计大运河文化和长城文化两条主题线路，以高铁、动车为主要交通工具，组织部分在京工作外籍人士和留学生参与体验。大运河文化主题线路启动当天，青年团队一行乘坐高铁由北京南站前往天津，游览京杭大运河天津武清区北运河段，之后到北京通州大运河森林公园，跟随讲解员一起了解运河的历史文化，沿着河畔绿道骑行游览大运河景观。9 月 25—26 日，青年团队深度体验长城文化之旅。在古北水镇游赏金秋美景，品尝特色美食，观看京剧、杂技、皮影戏、京韵大鼓等民俗表演。夜幕降临，一行人在旅游达人的带领下夜游司马台长城。次日，团队一行前往古北口，漫步古御道，游览古长城，参观民俗村，品尝农家饭。

【第十九届北京国际旅游节举办】 10 月 1 日，由市旅游委主办的第十九届北京国际旅游节在奥林匹克公园庆典广场开幕，活动以“丝路连世界　欢乐游北京”为主题，分为“古道新韵”“和平颂歌”“盛世劲舞”“豪情绽放”“文明辉映”5 个篇章，来自亚洲、欧洲、美洲 18 个国家的 25 支表演团体在奥林匹克公园景观大道盛装行进表演。北京市副市长程红、中国残疾人联合会副主席吕世明、国家旅游局副局长王晓峰、北京市政府、国家旅游局国际司、市旅游委、朝阳区委、政府主要负责人及相关国家驻华使馆大使、代表出席开幕式。各大媒体、中外嘉宾等 5 000 人在现场观看开幕式。活动至 10 月 4 日结束，除开幕式盛装行进表演外，分别在顺义区北京国际鲜花港、大兴区世界月季主题园以及石景山游乐园设置分会场。活动现场共吸引 5 万多人次参与，提供 4 万多人次的旅游咨询服务，发放北京旅游宣传资料 8 万多份，通过国内各大媒体、海外 Facebook、Instagram 等社交媒体和北京旅游海外网站等宣传覆盖海内外近 20 个城市，受众达 1 200 万人次。

【国际公益旅游助残活动举办】 10 月 1 日，由市旅游委和顺义区政府联合主办的第十九届北京国际旅游节顺义分会场暨“我和你·感受北京”国际公益旅游助残活动在北京国际鲜花港举办。市旅游委、中国残疾人事业新闻宣传促进会、顺义区区委、区政府及相关单位负责人、残疾人代表、书画家代表、媒体代表和中外嘉宾等 300 余人参加活动。活动当天正值“老北京·新京韵”第九届北京秋季菊花展，园内摆放近 10 万平方米、40 多种不同品种的菊花。来自顺义区的 10 余位残疾人代表到场，体验无障碍通道等旅游设施，观看盛装行进表演和大地花海景观。市旅游咨询服务中心在现场举办“乐游北京·幸福由你”为主题的旅游咨询日活动，通过展板、发放宣传册等形式集中展示以顺义区为主的旅游产业发展成果，推介特色旅游资源，为市民提供旅游咨询服务。

【黄花城水长城通过全国服务业标准化试点终期验收】 10 月 11 日，黄花城水长城全国服务业标准化试点考核评估会召开，国家旅游局、北京市旅游委、北京市质监局、江苏省质监局、怀柔区质监局、怀柔区旅游委等部门的领导及旅游行业专家出席考核评估会，听取黄花城水长城景区试点建设情况汇报、查阅相关资料、查看服务现场，并与试点单位部分人员进行交流。专家考核评估组对黄花城水长城完善的标准化体系给予充分肯定，认为试点单位构建的旅游服务标准体系系统全面、特色鲜明，采取发布《岗位工作手册》、采用“岗位服务标准化视频”及开发的智慧旅游、智能监控等项目制作教学片等多种形式强化标准实施提高服务水平。通过试点建设、标准实施，“黄花城水长城”品牌得到游客认可，经济和社会效益得到提升。决定怀柔区黄花城水长城通过全国服务业标准化试点终期验收。

【“2017 北京旅游购物季”启动】 10 月 27 日，由市旅游委和市商务委联合主办的“2017 北京旅游购物季”在北京国际展览馆（老馆）举行启动仪式，购物季围绕“购”“游”两大主题，整合串联全市的景区、老字号、非遗等资源，优化产品供给，拉动北京旅游购物消费提升。现场发布 100 个旅游购物精品项目、10 条京郊旅游购物精品线路。10 条京郊旅游购物精品线路有门头沟双龙峡雁翅苹果采摘之旅、门头沟游十八潭 享京白梨文化之旅、通州游大运河码头赏万花园花海享特色小吃之旅、密云览黑龙潭品密云三烧特色美食文化之旅、密云登雾灵山采云岫苹果品粗粮之旅、怀柔红螺寺听钟红星博物馆品酒之旅、房山采张坊磨盘柿品野山珍游拒马河之旅、怀柔品红螺美食长城之旅、延庆观传统制陶工艺赏秀美玉渡山风光品柳沟豆腐宴采国光苹果休闲之旅、顺义访焦庄户地道战遗址观牛栏山酒厂凭杯缅古之旅。100个旅游购物精品项目中包括怀柔的板栗、房山的磨盘柿、门头沟的京白梨等农产品，稻香村的点心、六必居的酱菜等老字号产品，景泰蓝制作技艺等非物质文化遗产，以及颐和园中国风金属书签等精美的文化创意工艺品等。购物季持续到12月底，其间参与京郊旅游购物线路推荐的有10家旅行社、400余个门店和众多的京郊旅游购物店、景区、老字号等持续推广推荐的100个旅游购物精品项目和10条京郊旅游购物精品线路。

（范子文）

【元旦假日旅游接待】元旦假期（2016年12月31日至2017年1月2日），全市重点监测的旅游景区接待游客183.7万人次，同比下降23.55%；营业收入6 130.79万元，同比增长3.97%。民俗游和农业观光景区是市民元旦假期旅游休闲的主要选择，其中民俗旅游接待39.62万人次，同比增长15%；营业收入3 401.46万元，同比增长31.6%。农业观光型景区接待4.02万人次，同比增长7.1%；营业收入228.4万元，同比增长8.9%。受天气影响，城区的城市公园和历史文化观光型景区接待市民出游人次大幅下降。元旦期间，民航进出港人数71.63万人，同比减少7.47%；铁路上下车旅客总人数198.87万人次，同比增长4.5%。中心城区饭店平均出租率为33.63%；近郊区饭店平均出租率为35.47%；远郊区饭店平均出租率为37.98%。各级旅游执法部门协调公安、工商、城管、交通、旅游、卫生、发改物价等相关职能部门，对全市重点地区的旅游环境秩序开展巡视检查，出动执法人员2 436人次，车辆219台次，检查各类旅游、经营企业1 541家，检查旅游车271辆，检查导游71人次，清理无照经营行为42起，查处散发小广告3人，没收小广告203张。全市各部门、各区针对旅游市场秩序出动执法人员10 118人次，车辆2 102台次，检查各类旅游、经营企业3 468家，检查景区49家，检查旅游车126辆，检查导游125人次，清理无照经营行为407起，查处散发小广告40人，没收小广告6 553张。全市未接到旅游突发事件报告，无重大旅游投诉发生。接收国家旅游局12301系统、北京市非紧急救助服务中心12345热线各类旅游投诉14起。其中涉及旅行社投诉8起，转至市旅行社服务质量监督管理所办理；涉及非法“一日游”6起，转市旅游执法大队处理。

【春节假日旅游接待】春节假期，全市接待旅游总人数960.8万人次，同比上年增长4.6%，旅游总收入52.2亿元，同比增长6%。其中接待外省来京游客149.8万人次，同比增长3.6%，旅游收入35.7亿元，同比增长5.2%。接待市民在京游811万人次，同比增长4.8%，旅游收入16.5亿元，同比增长7.8%。历史文化观光型景区接待游客量最大，京郊游和现代娱乐休闲体验项目增幅较快，成为游客旅游休闲新热点。全市各级旅游部门会同公安、工商、交通、城管、公园管理中心等部门加强对重点旅游景区一线执法力度，出动旅游执法力量65 000余人次，执法车辆4 527台次，检查旅游企业11 054余家，检查景区66家。接收各类旅游投诉81件，其中涉及旅行社8件，景区2件，星级酒店及社会旅馆7件，非法一日游64件。未接到旅游重大类案件和旅游安全事故报告。

【清明假期旅游接待】清明假日，全市重点监测的161家主要景区接待游客563.7万人次，同比增长12.3%；营业收入累计1.57亿元，同比增长19.5%。其中，历史文化观光型景区接待游客242.8万人次，与上年基本持平，营业收入7 011.9万元，同比增长15.6%；城市公园型景区接待游客195.6万人次，同比增长23.7%，营业收入2 602.7万元，同比增长20.0%；自然山水型景区接待游客50.6万人次，同比增长30.9%，营业收入1 899.4万元，同比增长36.5%；现代娱乐型景区接待游客47.1万人次，同比增长34.9%，营业收入3 522.4万元，同比增长18.9%；博物馆型景区接待游客19.5万人次，同比增长5.9%，营业收入210.9万元，同比增长4.9%。115.2万人次市民参与京郊民俗游，民俗旅游收入1.13亿元。其中怀柔区接待21.2万人次，收入3 638.1万元；密云区接待15.6万人次，收入1 937.1万元；大兴区接待15.0万人次，收入1 100.4万元。中心城区饭店平均出租率为41.1%；近郊区饭店平均出租率为30.4%；远郊区饭店平均出租率为

42.2%。4月1—3日，民航进港人数33.8万人，同比减少1.6%；铁路进站人数110万人，同比增长4%。全市出动执法人员12 511人次，车辆2 723台次，检查旅游车157辆，检查导游157人次，检查各类旅游、经营企业3 474家，清理无照经营行为352起，查处散发小广告35人，没收小广告1 360张。收到各类旅游投诉30件，同比下降34.78%，其中涉及旅行社投诉13件，四五星酒店投诉1件，转至质监所处理；涉及景区投诉4件，社会旅店2件，转至区旅游委处理；涉及非法一日游投诉10件，转至旅游执法大队处理。

【五一假日旅游接待】五一假期，全市旅游景区接待游客540.8万人，同比增长2.8%。其中，城市公园型景区接待游客170.0万人，同比增长15.6%；自然山水型景区接待游客70.3万人，同比增长24.4%；现代娱乐型景区接待游客50.3万人，同比增长28.0%；历史文化观光型景区接待游客217.7万人，同比减少13.4%；博物馆型景区接待游客15.9万人，同比减少18.0%。中心城区饭店平均出租率为49.7%；近郊区饭店平均出租率为40.4%；远郊区饭店平均出租率为57.1%。接待入境旅游者9.9万人次，同比增长5.5%。假日期间，市政府和各区政府有关部门继续实施假日集中值班制度，未收到重大旅游安全事故报告。全市出动旅游执法车辆313台次，执法检查人员2 742人次，检查相关企业492家，检查旅游车辆27辆，检查导游人员31名，收缴假公交站牌8块，劝散游客20人次。其中海淀区旅游委在检查过程中查处黑大巴旅游车1辆，抓获黑导游16名，查处违规导游1名。约谈有问题的涉旅商店、旅行社各1家。收到各类旅游投诉25件，同比下降50%。其中涉及非法一日游投诉5件，同比下降80%；涉及旅行社投诉8件，同比下降20%；涉及旅游景点投诉9件，同比上升66%；涉及社会旅店投诉3件。未收到重大旅游投诉。

【端午假日旅游接待】端午假期，全市177家景区接待游客411.7万人次，与上年基本持平；营业收入1.36亿元，同比增长6.1%。其中，自然山水型景区接待游客42.1万人次，同比增长12.2%；现代娱乐型景区接待游客40.7万人次，同比增长23.3%；历史文化观光型景区接待游客191.6万人次，同比减少5.2%；城市公园型景区接待游客95.2万人次，同比减少4.6%；博物馆型景区累计接待游客12.5万人次，同比减少8.1%。中心城区饭店平均出租率为48.3%；近郊区饭店平均出租率为35.2%；远郊区饭店平均出租率为57.3%。郊区民俗旅游接待游客198.32万人次，同比增长12%，收入达2亿元，增幅22%。5月27—29日，民航进港人数37.2万人，同比增长5.4%；铁路进站人数102.8万人，与上年持平。8.2万人次出境旅游，同比增长14.7%。收到各类旅游投诉6件，同比上年16件，下降62.5%，其中，旅行社投诉1件、景区投诉1件、非法一日游4件。

【国庆中秋假日旅游接待】国庆中秋假日期间，全市接待旅游总人次1 237万人次，旅游综合收入95.36亿元。全市163家景区共接待游客1 360万人次，营业收入4.6亿元。其中历史文化类景区接待409万人次，城市公园型景区接待427万人次，现代娱乐型景区接待334万人次，自然山水型景区接待122万人次，其他景区接待68万人次。接到各类旅游投诉53件，同比下降13%。民俗旅游接待游客500万人次，同比增长8.7%。民俗旅游收入达到4.5亿元。怀柔、密云等郊区游客量都持续增长，雁栖湖、十渡、百里画廊等景点接待量明显提升。

郊区生态与基础设施建设

综　　述

本市乡村生态环境建设以城乡融合发展为主线，紧密结合疏解非首都功能以及建设魅力北京、美丽乡村工作协同开展，加大乡村环境监管检查力度，加强机制建设，加快乡村绿化、美化、净化和山区生态修复，继续扩展平原造林，加强水务建设与管理，深入推行“河长制”，水环境治理跃上新水平，郊区公路和运输能力又有提升，气象事业与大气治理同步推进，为首都经济社会发展、城市副中心建设以及人民生产生活提供了服务。

（徐再城）

乡村生态环境建设

【以“两节”“两会”特殊时期为重点加强环境检查】针对元旦、春节、“两会”和国庆节特殊敏感时期，以村庄生活垃圾分类、生活污水、乱堆乱放治理为重点，重点对本市郊区城乡接合部、旅游沿线等重点区域进行了检查，并将检查情况和发现的问题及时与市城管委相关处室负责同志进行了反馈，确保了重大节日和敏感时期农村环境的整洁有序。

【乡村生活垃圾分类治理工作所取得的成效】2017 年，本市通过住建部、中央农办、中央文明办等 10 部委组织的农村生活垃圾有效治理验收，认定本市农村生活垃圾治理已实现基本覆盖。启动了门头沟、怀柔、延庆、通州和密云等区农村生活垃圾收运一体化建设项目工作。门头沟、怀柔、延庆三区被住建部列为国家首批农村生活垃圾分类和资源化利用示范区创建试点。以实施乡村振兴战略，扎实推进美丽乡村建设为主题，大力推进农村生活垃圾分类工作。昌平兴寿镇、门头沟王平镇、怀柔桥梓镇、房山大石窝镇等一批农村生活垃圾分类示范典型逐渐在全市推广。

【成功举办了三期郊区农村环境整治工作培训班】5、6 月，围绕美丽乡村建设，以村庄环境整治、农村垃圾分类、厕所革命等工作为重点，在门头沟区、怀柔区、延庆区 3 个市级垃圾分类示范区，分别举办了 3 期“2018 年北京郊区农村环境整治工作培训班”。市城市管理委对此项工作给予了大力支持，区所属镇（乡）村农村环境主管人员近

600 人参加了培训。通过培训，使广大基层干部进一步提升了对本市美丽乡村建设内涵的深刻认识，掌握了开展工作的方法途径，明确了相关政策标准，增强了做好美丽乡村建设工作的信心和决心，为下一步的工作顺利开展奠定了基础。

（胡广升）

农业资源环境

【加强农业环境保护顶层设计】 本市紧密围绕《北京市生态农业综合建设暨农业面源污染防治规划（2016—2020 年）》以及《土壤污染防治行动计划》《大气污染防治行动计划》《水污染防治行动计划》的任务指标，全面梳理北京市农业生态环境保护工作，明确具体工作，细化各项任务指标，制定《进一步做好农业生态环境保护工作的意见》（京农发〔2017〕163 号），并下发至全市各区农委、农业局（动监局）以及种植中心，指导各区开展农业生态环境保护工作，并作为督促、考核各区工作的重要依据。

（周景哲）

【启动国家农业可持续发展示范区建设】 根据《国家农业可持续发展试验示范区建设方案的通知》（农计发〔2016〕88 号）以及市政府要求，市农业局配合市农委编制北京市创建国家农业可持续发展示范区实施方案，并提供涉及农业生态环保的多项基础数据，多次组织相关单位（部门）征求意见。9 月，市农委、市发改委、市财政局、市农业局等 9 部门联合印发了《北京市全市创建国家农业可持续发展试验示范区三年行动计划（2017—2019 年）》（京政农发〔2017〕37 号），涉及农业领域的五大工程十四项具体行动，明确了未来三年的创建方向和目标。

【统筹编制《2016 年农业生态环境报告》】 协调粮经处、蔬菜处以及市农业环监站、市推广站等 18 个单位部门提供农业生态环境素材，组织市农业环监站编写了《2016 年农业生态环境报告》，全面总结农业面源污染防治、农业生态建设、农业环境监测、农业废弃物回收等工作，为本市进一步开展农业生态环境建设提供参考依据。

（周景哲）

【开展生态园区市级评审工作】 落实转移支付资金，继续各区开展市级生态农业园区创建与评审，2017 年各区申报生态园区 15 家，经评审后，拟定 10 家作为 2017 年度市级生态农业园区，其中房山 8 家。

（周景哲）

【启动自然资源资产核查】 根据中办、国办《生态文明体制改革总体方案》《编制自然资源资产负债表试点方案》的要求，启动北京市农业领域自然资源资产核查，重点是耕地质量等级及变动情况。同时，指导土肥站开展耕地质量等级评价，下发《北京市耕地质量等级调查评价工作实施方案》，明确各区职责，要求各区在 2018 年摸清本区耕地质量等级，并形成年度报表制度。

（周景哲）

【提前完成畜禽养殖禁养区中央环保督查整改】 根据市委办公厅、市政府办公厅《北京市贯彻落实中央第一环境保护督察组督察反馈意见整改方案》（厅字〔2017〕4 号）和《关于做好中央环保督察反馈意见整改落实的通知》要求，市农业局立即抓紧落实。一是制定并下发整改工作方案。联合市农委印发《关于落实中央环保督察整改意见的通知》和《关于做好中央环保督察反馈意见指出问题整改落实工作的通知》（京政农发〔2017〕11 号），要求各区对畜禽养殖禁养区内规模养殖场关闭、搬迁情况进行逐一摸底，完善工作台账，确保在规定时间内完成整改工作。二是开展专项督导。联合市农委、市环保局部门组成督导组，对延庆、顺义、平谷、密云等区整改工作进展情况进行督导，传达市政府及市纪委、市监委等整改工作要求，听取各区的情况汇报，现场查看了待关闭养殖场，并帮助协调落实顺义区俸伯鸡场迁移种鸡的检疫手续。三是组织联合考核。会同市农委研究制定《开展畜禽养殖禁养区内规模养殖场关闭工作检查考核方案》（京政农函〔2017〕28 号），并于8月，联合市农委、市环保部门组成检查考核组对涉及禁养区内规模养殖场关闭或搬迁工作的10个区进行了检查考核，经随机实地抽查87家规模畜禽养殖场（占关停总数22%），均未发现复养情况。截止到9月底，提前完成了中央环保督查中关于禁养区内规模养殖场（小区）的督察整改任务。

（周景哲）

【持续推进化肥减量】市农业局制定《北京市到2020年化肥施用量负增长行动方案》（京农发〔2017〕150号），指导土肥站大力推广测土配方施肥、有机肥培肥地力、水肥一体化等耕地质量提升与化肥减量技术，实现减肥增效。2017年化肥用量总量比2014年下降40%以上（7万吨到4.1万吨），提前完成北京市水污染防治工作方案要求。化肥利用率由2014年的27.3%提高到2017年的35%，施用强度由35千克/亩下降到30.7千克/亩。

（周景哲）

【持续推进农药减量】市农业局指导植保站发布2017年农作物病虫害绿色防控农药与药械推荐产品名录，指导科学用药，大力集成、示范、推广蔬菜病虫全程绿色防控、设施蔬菜主要害虫生物天敌防控技术等绿色防控技术，推进蔬菜病虫害统防统治专业化服务，开展农作物病虫绿色防控技术培训及观摩，农药利用率显著提升。2017年农药总量比2014年下降18%（604吨到495吨），提前完成北京市水污染防治工作方案要求。农药利用率由2014年的38%提高到2017年的42%，全国领先。

（周景哲）

【启动全国农业污染源第二次普查工作】根据《国务院关于开展第二次全国污染源普查的通知》（国发〔2016〕59号）以及《国务院办公厅关于印发第二次全国污染源普查方案的通知》（国办发〔2017〕82号）的要求，开展第二次全国污染源普查工作。按照农业部的要求，北京市参加全国第二次污染源普查农业污染源普查座谈会，明确北京市种植业、畜禽、水产等普查的具体分工以及时间进度，并组织主责单位（部门）初步编写了《农业污染源普查方案（初稿）》，为开展农业污染源普查做好准备工作。

（周景哲）

【进一步细化农村能源台账】根据农业结构调整形势，市农业局加强了农村能源台账管理工作，印发了《关于完善农村能源工程管理台账的通知》，同时结合安全生产大检查，再次组织各区细化农村能源台账。其中，正常运行沼气工程54处、生物质气化工程6处、太阳能浴室932处、户用沼气池23处、节能吊炕20.94万铺。每年可节约标煤5.3万吨，年可减排CO_2 14万余吨。计划通过改造升级恢复运行沼气工程21处、生物质气化工程9处、太阳能浴室159处、户用沼气池1处、吊炕清洁能源改造3万余铺。目前已拆除沼气工程10处、生物质气化工程2处、太阳能浴室11处、户用沼气池557处、吊炕6.638 8万铺。对于已停用且无法再使用的农村能源工程设施，要求各区严格执行报废程序，并加快组织实施。

（周景哲）

【积极推进安全标准制定】根据市安监局和市质监局“百项地标”第47、第48部分关于秸秆气化站和沼气站的安全生产等级评定技术规范的编制工作，在上年完成送审稿的基础上，市农业局组织专家再次进行修订完善，经过在10家沼气站、5家秸秆气化站的标准试评工作，于11月和12月分别召开标准终审会。目前，2个标准均通过专家评审，近期将正式发布，相关标准将为本市“两气”工程安全生产管理提供依据。

（周景哲）

【开展农村能源安全培训和指导】为了加强农业园区清洁取暖设备安全使用，市农业局编制了《农业园区清洁能源安全利用技术指导手册》。同时指导各区加强安全宣传和培训工作，积极开展安全事故应急演练；指导市农优站开展沼气工、太阳能利用工等各类培训班8期，培训670人次，印发《沼气工程安全管理检查规范手册》等各类宣传材料5 000册，开展“农村能源赶集下乡安全宣传活动”等各类主题宣传活动20余次。

（周景哲）

绿化建设与管理

【概况】2017 年，本市园林绿化系统圆满完成了市委、市政府和首都绿化委员会部署的各项任务。全年新增造林绿化面积 1.19 万公顷、新增城市绿地 695 公顷，恢复建设湿地 2 400 公顷。全市森林覆盖率达到 43%，城市绿化覆盖率达到 48.2%，人均公共绿地面积达到 16.2 平方米。

【开展爱鸟周暨保护野生动物宣传月活动】4 月 8 日至 5 月 8 日，北京市在野鸭湖湿地公园开展“爱鸟周暨保护野生动物宣传月”科普宣教活动。举办了主题为“依法保护候鸟，守护绿色家园”的 2017 年第 35 届“爱鸟周”启动仪式。活动现场举行了北京野生动物保护协会标识的发布仪式，向野鸭湖、天坛公园、南海子麋鹿苑等“十佳生态旅游观鸟地”赠送了观鸟设备。本次活动还设置了 14 个咨询台，从生物多样性保护、野生动物保护和生态旅游等方面为大家提供咨询，向广大市民宣传生态旅游的理念。共计有 200 名志愿者，2 000 余名市民参加，发放宣传资料 2 万余份。活动现场放归了由北京市野生动物救护中心救护康复的国家二级保护动物苍鹰 2 只。活动期间，北京市共举办“爱鸟周”活动 16 次，举办科普知识讲座 16 次，科普展览 5 场，举办观鸟比赛 5 次，摆放展板 200 余块，20 余万人参与科普宣传教育。

【全国人大参加义务植树活动】4 月 10 日，在北京丰台区北宫国家森林公园全国人大机关绿化基地参加义务植树活动。北宫森林公园占地 913.33 公顷，自 2005 年以来成为全国人大机关的义务植树基地，新植红枫、元宝枫、油松、白皮松等品种 120 株。

【北京市市直机关干部义务植树】4 月 10 日，市直机关工委组织市委办公厅、市政府办公厅、市政协、市检察院、市委组织部、宣传部、统战部、市发改委、规划国土委等 21 家市直机关单位 500 余名机关党员干部，到通州区杨庄植树地块组织开展“建设副中心、描绘新蓝图”的主题植树活动。

【北京市四套班子义务植树】4 月 15 日，郭金龙、蔡奇、李伟、吉林等市四套班子领导、机关干部和行政办公区工程建设者、办公区搬迁村村民代表 200 余人在北京城市副中心“千年守望林”参加义务植树活动。

【国际友好林植树活动】4 月 15 日，来自澳大利亚、俄罗斯、哈萨克斯坦、巴基斯坦等 30 多个国家的驻华使节、外国专家、在京国际组织及机构代表、留学生等 400 多人，在昌平区 TBD 科技运动公园举行以“拥抱地球拥抱绿色，共建和谐宜居之都”为主题的国际友好林植树活动，在 2017 年的植树活动现场，不同国籍、不同肤色的国际友人一起挥镐铲土，挖坑、补种、刷白、浇水，通过“养树”为北京添绿，让绿树见证民间友好交流，共同为建设天蓝、地绿、水清的和谐宜居之都而共同努力。

【拓展北京绿色空间】2017 年，北京市委、市政府加大中心城疏解建绿和留白增绿力度，新增绿地 695 公顷、改造绿地 840 公顷，建成东城西革新里、西城莲花池东路等 10 个城市休闲公园，建设小微绿地 160 处，公园绿地 500 米服务半径覆盖率达到 77%。围绕提升城市绿化生态品质，对核心区 179 条胡同街巷实施了绿化美化提升，完成居住区绿化 17 处、老旧小区绿化改造 21 处；实施西城区新街口、菜市口等 6 处城市森林建设试点，完成广渠路、通燕高速路等 67 条道路绿化。实施屋顶绿化 5.5 万平方米，垂直绿化 49.5 千米。

【完善平原地区绿化工作】2017 年，北京市园林绿化工作围绕城乡接合部、新机场、世园会和冬奥会周边以及京津冀生态廊道和京津保等重点区域，共实施拆迁腾退 800 万平方米，完成平原绿化建设 0.4 万公顷，启动将府(四期)、孙村、东小口、常营五里桥 4 个郊野公园建设。

【森林健康经营情况】2017 年，全市计划实施山区森林健康经营项目任务面积 4.67 万公顷（森林健康经营林木抚育 3.87 万公顷，国家级公益林管护抚育 0.8 万公顷），建设多功能森林经营示范区 10 处。

【彩叶树种造林情况】 2017 年，全市计划营造彩叶景观林 1 420 公顷，涉及的怀柔、平谷、密云、昌平、门头沟、丰台、顺义、房山、海淀 9 个区已全面完成彩叶造林任务。

【公路河道两侧绿化情况】 2017 年，北京市公路河道绿化建设 180 千米，主要分布在丰台区 10 千米、房山区 60 千米、平谷区 30 千米、怀柔区 20 千米、密云区 30 千米和门头沟区 30 千米。

【湿地保护恢复情况】 2017 年，北京市在密云水库周边、永定河沿线等重点区域恢复和新增湿地 2 400 公顷，完成密云太师屯清水河、古北口汤河 2 处新建湿地保护小区示范建设。完成北京市湿地保护修复制度工作方案初稿，起草《〈北京市湿地保护条例〉解读》。

【危险性病虫害防控情况】 2017 年，北京市全面组织开展三次以美国白蛾为主的危险性林业有害生物普防和普查工作。全年累计出动防控人员 32.25 万人次、防控车辆 10.02 万车次，投入防治设备 1.18 万台（套）次、药剂 457.24 吨，人工地面防治 52.6 万公顷次；普查面积 135.99 万公顷次，普查树木 43 821.1 万株次。启动美国白蛾巡查工作，与 9 家中标市级监测测报点政务购买服务的公司签订《美国白蛾发生区域及发生状况调查项目服务合同》，明确巡查范围、内容和要求。

【京津冀林业有害生物联合防控】 2017 年，京津冀协同发展林业有害生物防控，召开联席会议和座谈会 6 次，组织开展京津冀 2017 年林业有害生物应急防控演练。完成《京冀林业有害生物防控区域合作项目》。北京市支援河北省环北京周边的廊坊市夏季飞防作业 67 架次，预防控制面积 0.67 万公顷，缓解周边县市美国白蛾等林业有害生物的防控压力。

【林业病虫害监测测报基础设施建设】 2017 年，全市累计购置并发放各种林果有害生物诱芯 65 635 个。其中购置美国白蛾诱芯 2 200 个，苹果蠹蛾诱芯 1 200 个；购置各种林果有害生物诱液 666.24 千克。其中红脂大小蠹诱液 63.04 千克；购置各种林果有害生物诱捕器 7 851 套。其中美国白蛾诱捕器 2 000 套，红脂大小蠹诱捕器 500 套；购置粘虫胶 500 千克。启动葡萄蛀果蛾专项监测工作，累计投入葡萄蛀果蛾诱芯 250 个、诱捕器 200 套。

【北京城市副中心绿化美化建设推进】 2017 年，北京市园林绿化系统完成副中心行政办公区园林绿化规划设计方案国际征集和先行启动区园林绿化景观方案编制工作。开展“两带一环”（两带：通州区和河北之间的沿潮白河延伸生态绿带，通州区和北京城区之间建设的湿地公园群、森林湿地带。一环：城市副中心将被一道周长 56 千米的“绿环”围绕）的规划研究，编制副中心园林绿化规划设计导则，配合相关部门完成 13 条河道园林绿化设计方案编制。2017 年实施的 25 个新建项目，22 个项目已完成设计招投标工作，23 个项目完成重点区域大树栽植工作，实施绿化面积 86.67 公顷。

【京津冀生态水源保护林建设合作推进】 2017 年，北京市园林绿化继续实施京冀生态水源保护林建设合作项目，在张承地区的密云、官厅水库上游重点集水区内实施造林 0.67 万公顷；全面完成京津保地区 0.27 万公顷造林绿化合作试点项目。

【北京新机场绿化规划建设】 2017 年，北京市园林绿化局会同大兴区园林绿化局，编制《新机场重要联络线绿化建设规划方案》，由区政府正式报请市政府审定该方案和相关政策意见。开展《北京新机场外围绿化建设规划》编制工作，结合平原绿化工程，在新机场外围和永定河流域安排造林绿化 0.17 万公顷。

【“2019 中国北京世界园艺博览会”周边绿化项目落实】 2017 年，北京市园林绿化局按照“2019 中国北京世界园艺博览会”筹办工作的总体安排，博览会周边绿化项目总面积 709.87 公顷，总投资 5.24 亿元，完成绿化面积 512.93 公顷，栽植树木 20.5 万余株。

【永定河生态修复情况】 2017 年，永定河综合治理与生态修复是推进京津冀协同发展生态领域的重大任务。北京市园林绿化局编制完成《北京市园林绿化局关于永定河综合治理与生态修复绿化建设实施方案》。全年在永定河流域新增造林绿化面积 0.26 万公顷，实施森林质量提升 0.22 万公顷，建设湿地公园 1 处。

【2017 年京津二期工程林业项目实施】 2017 年，北京市京津风沙源治理二期工程林业建设总任务 3.4 万公顷。其中，人工造林 0.37 万公顷、低效林改造 1.77 万公顷、封山育林 1.26 万公顷。全市共组织施工队 190 个，施工人员 6 828 人，修建作业道 16.89 万米，铺设浇水管线 51.91 万米。

【公园绿地建设有较大进展】 2017年，全市完成新建改建公园绿地50处，新增公园绿地250公顷、改造公园绿地300公顷。其中，利用朝阳官悦新村、海淀农大南路北侧绿地、房山燕房石化等21处代征绿地，建设公园绿地20公顷；通过疏解整治建设东城大通滨河公园、海淀双泉堡绿地、平谷大夏各庄滨水森林公园等6处公园绿地68公顷。实施西城区广阳谷等6处城市森林试点项目建设，总面积14.6公顷。全市完成西城京韵园、龙头井，朝阳枫竹园等微公园、小微绿地建设140处，新增绿化面积18公顷。

【道路绿化景观提升】 2017年，北京市重点实施广渠路、壁富路、通燕高速、京津公路等67条道路绿化建设，新增绿化面积130公顷，改造绿化面积530公顷。完成长安街、二环路、三环路、四环路、京承高速等多条道路绿化改造提升，改造面积532.8公顷。

【实施居住区绿化提升】 2017年，北京市完成海淀学清苑社区等17个新建居住区绿化建设，新增绿化面积33公顷，改造绿化面积10公顷。

【实施屋顶绿化】 2017年，北京市完成丰台区宛平福利院、长辛店街道办事处等屋顶绿化建设5.5万平方米。

【实施垂直绿化建设】 2017年，完成朝阳区三环路、四环路、怀柔区城区主街路等垂直绿化建设49.5千米。

【背街小巷老旧小区综合整治】 2017年，北京市印发《城六区背街小巷绿化美化工作指导意见》和相关技术导则。以东、西城为重点，共完成179条胡同、街巷绿化美化，其中东城57条，西城122条，其余各区正积极推进相关工作。完成东城和平里七区、海淀车南里小区、通州武夷花园等21处老旧小区绿化改造，改造面积10.3公顷。

【永定河下游河道播草治沙】 2017年，永定河下游河道播草治沙工程以治理明沙为主，项目区全长22千米，施工面积559.27公顷。2017年3—7月施工任务全部完成，撒播草木樨、沙打旺、花棒、踏郎、小冠花、抱茎苦荬菜、蒙古莸等多种抗旱沙生草木本植物种子3.3万千克，种植沙地柏1万株，马鞭草1万株，施肥2.2万千克，铺设灌溉主管道978米，支管道3 350米，整修作业道10 091米。通过播草压沙，使裸露沙地实现全面覆盖。

【全民义务植树活动情况】 2017年，全市共有387万人次以各种形式参加义务植树活动，共植树242万株、抚育树木1 100万株；社会力量认建认养绿地244块、面积534.7万平方米，认养树木6.4万株。全市526个中央、市属、区属单位与村镇结成对子，提供直接帮扶资金45.19万元，增加造林面积13.2公顷。在房山区张坊镇启动全国首个“互联网＋义务植树”（北京）基地建设。

【完成村庄绿化任务】 2017年，全市完成村庄“五边”（农村沟、路、河、渠、村边）绿化任务，对283个村进行“五边”绿化，建设美丽乡村，全年计划绿化美化面积280公顷。完成10个区346个村庄的“五边”绿化美化工作，绿化美化面积332公顷，占计划总任务的119%，共栽植乔木19.5万株，灌木33.9万株，地被植物20.4万平方米，

【创建首都森林城市】 2017年，北京市印发《推进国家森林城市创建工作实施方案》，平谷、延庆、通州全面启动国家森林城市创建工作。房山大石窝、顺义北小营等6个镇开展首都森林城镇创建活动。

【森林防火情况】 2017年，北京市森林防火全面加强森林火灾应急处置体系建设，严格落实森林防火行政首长责任制和坚持“三长”负责制和“两级包片”责任制，全市统一开展以“保护绿水青山，森林防火当先”为主题的森林防火宣传月，先后组织各类宣传500余次，在重点林区安装智能语音宣传杆620根，累计发放宣传品105余万份。全市森林防火经费投入1.82亿元，包括重大项目投资约9 229万元。全市116支专业森林消防队2 800人24小时备战备勤，防火期内共接报火警38起，形成一般森林火灾3起，同比分别下降29.6%和25.0%，实现“两个确保”的工作目标。

【森林公安执法情况】 2017年，全市共接报警情2 358起，同比增加27%；受立案826起，同比降低64%；其中，侦破刑事案件34起，包括重大案件6起，特别重大案件4起；共计抓获涉案人员59人，行政处罚1 334人次。

【林木病虫害飞机防控情况】 2017年，北京市森林灾害防控能力不断提升。林业有害生物绿色防控、应急防控、社会化防控水平不断提高，全年实施飞防作业1 267架次，预防控制面积

127万公顷次；推广绿色防控1.02万公顷次，减少使用化学农药4.64吨；建立4支市级应急防控队伍，实现"有虫不成灾"的目标。

【林木绿地资源管理全面加强情况】2017年，北京市完善平原地区林木资源养护管理体系，开展五环路两侧绿化带景观环境整治，共清理枯枝死树7 000余株，清理各类垃圾2 000余吨，补植补造6 500余株，整形修剪7.3万余株，明显改善林地环境。全面加强城市绿化和公园绿地精细化管理，广泛开展园林绿地"灭死角、除盲区"活动和公园景区"春季整治促提升专项行动"，累计清理死角和盲区1 600余处，排查各类安全隐患985处，清理垃圾28万立方米。基本完成第二次全国古树名木资源调查北京地区外业调查，全面开展全市私家园林普查工作。建立林政资源档案数字化管理系统，加强卫星遥感监测监管工作。

【古树名木保护管理情况】2017年，北京市完成第二次全国古树名木资源调查北京地区调查外业调查工作。编制完成《全国古树名木资源普查北京地区普查工作方案》《全国古树名木资源普查北京地区普查技术规范》，印发《北京市园林绿化局关于开展全国古树名木资源普查北京地区调查工作的通知》，对各区园林绿化局、中标调查单位等调查技术人员进行外业调查和内业数据处理的培训，完成了外业调查主体任务。古树名木隐患排查，应用超声波探测仪等先进仪器，对分布在十三陵特区、戒台寺、故宫博物院、中山公园、景山公园等区域的600株油松、国槐等易内部腐烂的古树进行安全隐患排查，确保古树名木和人身财产安全。开展古树名木认养工作。依据《首都古树名木认养管理暂行办法》，设立古树名木认养接待点30处，可认养侧柏、桧柏、国槐、银杏、楸树、白皮松、榆树、油松8种古树674株，动员社会力量参与古树名木保护管理。

水务建设与管理

【概述】2017年，北京市水务工作始终坚持以习近平总书记两次视察北京和关于保障水安全的重要讲话精神为根本遵循，全年完成基本建设投资255亿元，全市年用水总量39.5亿立方米，再生水利用量达到10.51亿立方米，万元GDP水耗下降至14.11立方米，农田灌溉水有效利用系数达到0.73，污水处理率达到92.4%。

（田雨）

【水资源量概况】2017年，全市平均降水量592毫米，略高于多年平均值585毫米。形成水资源总量为29.77亿立方米，其中地表水资源量为12.03亿立方米，地下水资源量为17.74亿立方米。全市大中型水库年末蓄水量为27.75亿立方米，其中密云水库蓄水20.29亿立方米，官厅水库蓄水4.43亿立方米。全市平原区年末地下水埋深为24.97米，同比回升0.26米。

（姜体胜）

【水资源开发利用情况】2017年，全市总供水量为39.5亿立方米，其中地表水为3.57亿立方米，地下水16.61亿立方米，再生水10.51亿立方米，南水北调水8.82亿立方米。2017年，全市总用水量为39.5亿立方米，其中生活用水14.74亿立方米，生态环境用水12.17亿立方米，工业用水3.41亿立方米，农业用水5.07亿立方米。

（姜体胜）

【水资源管理情况】深入实施最严格水资源管理制度，统筹规划地下水压采工作，逐步压减怀柔、平谷和潮白河应急水源地取水量。提升水资源监控能力建设，建成国家水资源监控平台（一期），实现监控许可水量占全市年终保有有效许可水量的71%。印发《关于加强饮用水水源地保护工作的通知》，强化水源地规范化达标建设。在2017年国务院最严格水资源管理制度考核中，北京市为优秀省市之一。

（姜体胜）

【水资源调度情况】强化对地表水、地下水、外调水、再生水的统一调度配置，严格执行年度用水计划及调配方案，南水北调中线工程全年入境水量10.77亿立方米；完成山西省册田水库、河北省响水堡水库向北京集中输水工作，官厅水库实际收水近3 000万立方米，为保障首都水资源安全发挥了重要作用。

（姜体胜）

【供水设施建设情况】加快推进供水设施建设，良乡水厂主体工程基本建成，石景山、亦庄、黄村等水厂已开工建设。组织市自来水集团完成300公里供水管线新建改造工作，两广路东沿供水干线正式通水。编制完成《加快推进自备井置换和老旧小区内部供水管网改造工作方案》，全年累计完成200个单位和小区的自备井置换工作，受益人口16.25万人。完成中心城区75个老旧小区内部供水管网改造。

（周政）

【水质督查情况】分两次对全市供水监测点进行检测分析，督查范围涵盖全市城镇公共供水企业、日供水能力较大的乡镇集中供水厂、部分自建设施单位，结果显示公共供水水质检测合格率为100%。聘请中科院生态研究中心，对10个水样按照国标106项全项以及国标附录A和美国EPA的部分指标进行了抽测，结果全部达标。

（周政）

【节水型社会建设情况】加强计划用水管理，对计划用水指标执行情况按月预警、双月考核，全年收取超计划累进加价费800余万元。制定并启动实施农业节水三年行动方案，完成中央下达的新增改善高效节水灌溉8万亩的建设任务。推进用水管理向基层延伸做实，将用水总量控制指标分解到各区并加强考核，实行乡镇（街道）用水量"月统计、季报告"，计划用水覆盖率达90%以上。加强节水器具推广，全年换装高效节水器具23万套，年节水138万立方米，城镇居民家庭节水器具普及率达到99.3%。编制《北京市节水型区创建考核工作指南》，完成了对东城区、西城区和平谷区的节水型区创建验收工作。在全市城镇地区建成集雨池、透水路面、下凹式绿地、集雨樽等雨水利用工程88处，雨水收集利用率不断提高。

（刘鹏）

【水土保持情况】制定印发水土保持规划，出台生态清洁小流域管护指导意见。2017年监督检查生产建设项目3 352个，对78个建设项目水土保持违法案件进行立案查处。实施31条生态清洁小流域建设工程，新增治理面积349平方公里，涉及延庆、怀柔、密云、平谷、房山、门头沟、昌平、丰台、海淀9个区的25个乡镇、48个村，服务人口3.9万人。在生态清洁小流域建设中，引入欧盟水框架指令和近自然河（沟）道修复理念，全年开展了31.52公里河（沟）道生态修复。

（宿敏）

【河湖生态环境整治情况】开展2017年河湖生态环境综合整治春季、秋季行动，治理河湖周边垃圾渣土、水面漂浮物、违法排污等河湖生态环境问题，顺利完成重大活动水环境保障任务，全市河湖生态环境质量逐步提高。

（刘国军　付朝臣　郝郸）

【污水处理情况】2017年完成8座新建再生水厂和1座污水处理厂升级改造工程建设，新建污水管线697公里，改造雨污合流管线184.5公里，新建再生水管线97.6公里。通过城带村、镇带村、联村、单村等方式解决了265个村的污水收集处理问题。通过建设截污管线、建设临时污水处理设施等方式，完成365个规模以上排污口治理。2017年全市投入运行的城镇大中型污水处理厂67座，总处理能力665万吨/天；全市污水处理总量达到17.3亿立方米，其中中心城区12.3亿立方米，郊区5.0亿立方米。

（刘国军　付朝臣　郝郸）

【黑臭水体治理情况】通过采取控源截污、清淤疏浚、水系循环、生态治理等综合措施，加快黑臭水体治理，黑臭水体治理取得阶段性成果，全市排查出的141条段黑臭水体治理工程全部开工，国家考核的建成区57条段黑臭水体治理任务全面完成。全市141条段黑臭水体与2015年年底黑臭水体普查结果相比，水质改善的河段119条段，占84.4%。

（刘国军　付朝臣　郝郸）

【防汛安全保障情况】2017年，全市汛期平均降水量为503.8毫米，比常年同期401.8毫米多近三成；全市平均大雨及以上量级日数达6.3天，出现降水过程48次，包括"6·22""7·6""7·20""8·2""8·12""8·22"6次全市大范围强降雨过程，其中，"7·20"和"8·2"强降雨过程中，房山站（军留庄）、长阳站（葫芦垡）和官厅水库站出现100毫米以上的小时雨强，超过2012年"7·21"特大暴雨的最大雨强。汛期强对流天气频发，出现冰雹17次，8月11日本市多地出现冰雹，最大直径约3厘米；出现6级以上短时大风20次，平谷玻璃台站出现最大风速11级短时大风。因强降雨天气造成全市主要道路短时积滞水126处次，倒树1.6万棵，人防工程塌陷4处，路面塌陷40起、道路塌方34起。面对降雨总量多、局地雨强大、致灾因素多的严峻防汛形势，全市各级防汛部门加强调度、协调各方、严防死守、顽强拼搏，成功应对汛期的每一场降雨，牢牢守住“不死人、少伤人”的防汛工作底线，实现了确保人民生命财产安全、确保城市运行安全的工作目标，全市防汛工作水平再上新台阶。

（刘澄澄）

【城市副中心水务建设情况】建成南水北调通州水厂并投入运行，城市副中心供水保障能力得到提升。聚焦攻坚治污水，通州区上游16条河流治理、北运河和潮白河2个生态带建设以及城市副中心6个片区水环境综合治理扎实推进。城市副中心行政办公区水系建设和萧太后河景观提升等工程取得阶段性成效。

（田雨）

【水利建设市场监管情况】完成水利工程招投标备案192项，投资金额约161亿元。随机抽取6个局属单位14个项目，组织开展招投标情况执法检查。印发《关于水务工程建设项目招投标进入公共资源交易平台有关事项的通知》《北京市水利工程建设项目招投标行政监督工作暂行规定》，界定工程招投标监管责任，规范招投标管理。加强信用体系建设，接收市国税局、市地税局重大税收违法案件信息26件，对案件当事人依法限制参与水利市场有关活动。

（郝邺）

【全市全面建立和推行河长制】创新河湖管理保护机制，2017年，市委办公厅、市政府办公厅联合印发出台《北京市进一步全面推进河长制工作方案》，明确提出要全面落实“三查”（严查污水直排入河、垃圾乱堆乱倒、涉河湖违法建设）、“三清”（清河岸、清河面、清河底）、“三治”（水污染治理、水环境治理、水生态治理）、“三管”（严格水资源管理、河湖岸线管理、执法监督管理）责任，并将防汛工作纳入河长制。全市16区、330乡镇（街道）全部出台了河长制工作方案。强化党政同责，建立河长制组织体系和工作机制，分级分段设置市、区、乡镇（街道）、村四级河长共5 900余名，全市共17位市级领导参与河长制工作。市编委批复在市水务局设置市河长制办公室，办公室主任由市水务局主要领导兼任，增设副局级专职副主任一名，并增设河长制工作处，核定行政编制8名。依托市属10个水管单位和平谷区、房山区水务局，成立12个流域市级河长联络办公室。16个区均明确了区级河长制办公室机构和职责。

（卓子波）

【水务改革情况】市政府印发《北京市水资源税改革试点实施办法》，水资源费改税扎实起步。精简水行政许可事项，取消5项、下放市级行政许可1项。落实调结构转方式发展高效节水农业的意见，各区出台农业综合水价改革实施方案并开展试点。完成区管中小河道管理范围和保护范围划定，逐步落实管护队伍和管护资金，巩固中小河道治理成果。制定出台推进海绵城市建设的实施意见，建立了市级联席会议制度。继续严格实施水环境区域补偿制度，积极探索建立乡镇间区域补偿机制。加强农村污水处理设施运行监管，基本完成污水处理平台建设，依据监测数据核算农村污水处理设施运营补贴经费。

（田雨）

公路建设与运输

【概况】年内，全市公路里程222 226公里。平谷区早鲍路等新建工程完工，通车里程34.22公里；房山区千榆路等改建工程完工，通车里程512.57公里。各郊区道路客运企业14户，从业人员8 422人，运营线路446条，长度16 357公里，客运量40 718万人次。

（李云忠）

【河东路大修工程竣工】1月9

日，千家店镇河东路大修工程竣工。工程起点滦赤路，终点至市界，全长 16 公里，为县级道路。主要工程包括铣刨旧路、病害处理、沥青混凝土面层加铺等。工程造价 1 648.17 万元，于 2016 年 10 月开工，由市交通委路政局延庆公路分局建设，国道通公路设计研究院股份有限公司设计，北京市市政一建设工程有限责任公司施工，市七环工程技术咨询有限责任公司监理。

（何鑫）

【滦赤路应急改造工程完工】 1 月 11 日，滦赤路应急改造工程完工，工程全长约 7 公里，二级路，设计速度 60 公里/时，路基宽 8.5 米，路面宽 7 米。路线 2 次跨越白河，1 次跨越现红旗甸河，新建预应力混凝土连续箱梁桥 3 座。2015 年 9 月工程开工建设。

（马欣）

【兴亦兴出租公司置换新能源车辆】 1 月 20 日至 22 日，北京兴亦兴区域电动小客车出租有限公司新置换车辆发车，大兴区纯电动出租车达到 500 辆。新置换车辆为北汽新能源 EU220 型电动出租车，续航里程 220 公里，主要采取换电模式，驾驶员可享受在 11 000 公里以内免费换电的优惠政策。

（曹会芹）

【怀柔区公交线路优化调整】 2 月 15 日，怀柔区交通局增发北部山区公交线路发车班次，增加宝山镇、汤河口镇、长哨营镇、喇叭沟门满族乡大站快车，方便北部山区百姓出行，共计增加 4 辆车、16 车次；优化中心城区至各大景区公交线路，开通东直门至慕田峪、途经雁栖湖至青龙峡景区旅游专线；增加怀柔区往返北京市区公交车次，周一早高峰由 42 车次增加至 54 车次，周五晚高峰由 41 车次增加至 63 车次，满足居民上班、就医、游玩等出行需求。

（解子仪）

【后沙峪首条微循环公交开通】 3 月 2 日，顺 57 路（铁匠营至杨二营）微循环公交开通运营。线路设铁匠营、地铁后沙峪站、江山赋、空港医院、三山小区、吉祥花园、地铁花梨坎站、杨二营等站点，加密后沙峪地区公交线网，方便地铁换乘接驳，解决市民“最后一公里”出行难题。

（赵瑞冬）

【平谷电动出租车升级置换】 3 月 22 日，平谷区首批升级置换 50 辆电动出租车投入运营，车辆为北汽 EU220“充换兼容”换电车型，除具备快速充电、慢速充电及家庭充电模式外，还支持快速换电，行驶里程约 220 公里。7 月 14 日，平谷区“换电站运行”正式启动，50 辆北汽换电出租车从驶入换电站，到“满格”驶出，用时 3 分钟，实现 24 小时服务，满足夜间百姓用车需求。

（唐小坤）

【通州区出租汽车三元催化器更换】 3 月 28 日，通州区交通局组织辖区出租汽车更换三元催化器，与北京现代、北汽集团等车辆售后单位对接，完成 10 家出租汽车企业、265 辆出租汽车三元催化器更换任务。

（陈颖）

【门头沟区整治大货车违法运输】 3 月 1—29 日，门头沟区交通局对军庄路口、108 国道沿线等路段运输车辆超限超载、非法改装及非法运输化学危险品等违法行为进行集中治理，开展检查 41 次，检查大货车 130 辆，暂扣非法改装车辆 3 辆。

（刘天通）

【郊区旅游公路路况信息联合发布】 4 月 11 日，市交通委路政局联合高德地图首次通过情报板推送郊区旅游公路实时路况信息，重点针对平谷桃花节周边道路，方便公众了解周边路况信息，缓解局部交通压力。

（毛海燕）

【汉石桥湿地旅游公交开通】 4 月 13 日，顺 56 路（地铁俸伯站至汉石桥湿地）旅游公交专线开通运营。专线设俸伯、河北村、南彩车站等站点，配车 2 辆，运营时间为 7—17 时，整点发车，方便市民前往汉石桥湿地观光游览及沿线居民日常出行。

（赵瑞冬）

【京承高速 14 出口环境整治工程竣工】 4 月 15 日，京承高速 14 出口周边环境整治提升工程竣工。工程位于怀柔区庙城镇，主要工程包括外墙粉刷、绿化补种，造价 1 099 万元。工程于 3 月 17 日开工，由庙城镇政府建设，多万建筑勘察设计有限公司设计，市政建设集团有限责任公司第三工程处施工，安顺通工程监理有限责任公司监理。

（何鑫）

【通州路域环境整治】 4 月 12—16 日，市交通委路政局通州公路分局开展路域环境整治，城市副中心道路基础设施服务保障能力进一步提高。主要涉及京塘路、九周路、通马路、张采路、通顺路、京榆旧线、通胡路、通胡南路 8 条道路，共计 21.5 公里，出动人员 900 人次，车辆

200 辆次，处理井周 75 个，修复步道砖 130 平方米，清运垃圾、渣土 1 800 余立方米，平整场地 500 余平方米，扶正护栏 1 500 余延米，清理小广告 428 处，清洗单柱标志 1 028 套，清洗单悬标志 1 860 平方米，查处遗撒车辆 2 辆。

（马欣）

【通州区召开乡村公路工作部署会】 4 月 24 日，通州区组织召开 2017 年乡村公路工作部署会，回顾总结 2016 年乡村公路管理工作，部署 2017 年重点工作。市交通委副主任孟桥，通州区副区长张德启等参加。

（刘长新）

【苹果园地铁至江水河村公交开通】 4 月 29 日，门头沟区开通 892 路公交线路（苹果园地铁至江水河村），全长 113.5 公里，运营 190 分钟，设站 71 个，票价 23 元，刷卡 11.5 元，同时增设洪水口北公交站点，全市最西部海拔最高村落村民公交出行问题得以解决。

（刘天通）

【平程路城区段综合治理工程完工】 4 月 30 日，平程路城区段综合治理工程完工。工程南起顺平路，向北延伸至平谷大街，全长约 1.4 公里，主要包括新增违章监控摄像头、公交站台、地面公交导行标线、非机动车护栏、自行车停车架和铺设人行步道砖等。

（李晨阳）

【第五届北京农业嘉年华服务保障完成】 3 月 11 日至 5 月 7 日，第五届北京农业嘉年华期间，昌平区交通局组织公交企业做好途经活动场馆的 537 路、昌 59 路增班运营服务，同时协调市公交集团开通由地铁天通苑北站至农业嘉年华的节假日专线；更换场馆周边候车亭、站牌架公益广告 5 860 平方米，做好公交设施保洁；按照组委会要求，联系相关客运企业做好摆渡服务。

（王悦）

【木孙路道路工程开工】 5 月 18 日，木孙路（山丁路至麻张路段）道路工程开工建设。项目起点位于大北坞村北山丁路，终点位于麻林山村东侧麻张路，全长 15.6 公里。其中山丁路至昌金路段为二级公路段，设计速度 60 公里/时，路基宽度 15 米，路面宽度 12 米；昌金路至麻张路段为一级公路段，设计速度 80 公里/时，路基宽度 25.5 米，路面宽度 21 米。

（薛萌）

【金海湖景区改造工程 1 标段竣工】 5 月 24 日，金海湖景区整体升级改造工程第 1 标段竣工。工程按照截弯取直的原则对现状呈几字形状的老平蓟路（桩号 K19＋229 至 K19＋615）进行改建，道路全长 241 米。工程造价 1 909 万元，于 2014 年 10 月 25 日开工，由金海湖风景名胜区管理委员会建设，绿都基础设施投资有限公司代建，泛华建设集团有限公司设计，宏远工程建设管理有限责任公司监理，路桥瑞通养护中心有限公司五处施工。

（何鑫）

【京榆旧线大修工程竣工】 5 月 25 日，京榆旧线（K11＋000 至 K15＋513）大修工程竣工。工程位于通州区宋庄镇京榆旧线，大修长度 4.51 公里，主路宽 17 米，辅路宽 6 米，路面全宽 29 米，路基全宽 40 米，路基横断面形式为三辅路形式。设计速度 50 公里/时。工程造价 1 375.14 万元，4 月 10 日开工。市交通委路政局通州公路分局建设，西安长安大学工程设计研究院有限公司设计，鑫畅路桥建设有限公司施工，正宏监理咨询有限公司监理。

（何鑫）

【58 辆新能源公交车上路运营】 5 月，58 辆新能源公交车陆续投入到昌 3 路、昌 19 路、昌 53 路、昌 66 路运营，覆盖昌平城区、沙河镇及高教园区。

（王悦）

【黄徐路大修工程完工】 6 月 4 日，黄徐路工程完工。大修涉及的路段为王立庄村南至魏石路匝道、新旧黄徐路交叉口至伙达营村北。工程全长 12.7 公里，路面宽 7 米，路基宽 8.5 米，道路等级为二级、三级，对边坡进行贴坡修复，对沿线检查井、雨水箅进行处理。

（郭连旭）

【沙河高教园临时微循环公交开通】 6 月 15 日，昌平区交通局协调万佳通客运公司，开通沙河高教园微循环公交线路，起止点为罗顿公司院内，运营里程 11 公里，配车 4 辆，设置南丰路、地铁高教园站、南丰路北等 14 个站点，基本覆盖进驻园区各高校、居住区，并与地铁站连接，早午晚高峰运营。

（王悦）

【斋幽路断路处置】 6 月 18 日 17 时 50 分，斋幽路 K14＋400 处有山洪流入路面，断路长度约 100 米。养护人员上报断路情况后，安排人员夜间值守。19 日 5 时，市交通委路政局门头沟公路分局出动抢险人员 22 人、3 台铲车、5 台工程车，清理淤泥约

35 立方米。11 时 30 分，塌方清理完毕，斋幽路全线通车。

（杜文龙　孙璐）

【土桥公交中心站建设工程开工】 6 月，公交集团土桥公交中心站工程启动。项目位于通州区临河里路与九棵树东路交叉口，占地面积 29 426 平方米，新建建筑面积 5 898 平方米，建设 147 个公交车位，64 个充电桩，日充电能力 210 辆车。总投资 5 399 万元，规划为副中心首个具备纯电动车充电功能的公交场站。

（张杰）

【有轨电车 T2 线工程开工】 7 月 14 日，现代有轨电车 T2 线暨安宁大街工程开工仪式举行。工程北起友谊医院（顺义院区），终点至首都机场 T3 航站楼，线路全长 19.8 公里，共设车站 22 座，平均站间距 893 米，在国展站、花梨坎站与地铁 M15 号线实现接驳换乘。

（赵瑞冬）

【109 国道地灾点段防护网内落石险情处置】 7 月 6 日，109 国道 K32＋170 段发生山体崩塌，约 10 立方米碎石被防护网兜住，其中含巨石一块，悬于路侧山体 20 米高空处。市交通委路政局门头沟公路分局组织专业抢险队伍，经过破碎巨石、拆除部分防护网、卸载碎石、恢复破损网面、原有防护网加设一层钢绞网等过程，于 7 月 7 日将险情处置完毕。

（杜文龙　孙璐）

【111 国道预养护工程完工】 7 月 13 日，111 国道（开放路环岛至河防口段）预防性养护工程全线完工。工程起点为开放路环岛，终点河防口，长 14.95 公里，主要施工内容为病害处理 38 000 平方米，主路拉毛 238 000 平方米，铺筑超薄磨耗层面层 267 000 平方米。施工时间为每天 21 时到次日 7 时，采用两台摊铺机一前一后相距 100～150 米的梯队方式进行作业，并利用梯队间的距离空隙进行社会车辆导行，保证不断交通。

（马欣）

【军红路大修工程完工】 7 月 20 日，军红路大修工程完工。大修范围为 K14＋000 至 K19＋800 路段，全长 5.8 公里，大修内容为处理路面病害、硬化路肩、完善排水系统、修复边沟、新建过路管涵、完善交通防护设施、补充完善路侧绿化、恢复交通标志。工程于 3 月 20 日开工，设计标准为三级公路，设计速度 30 公里/时。

（孔令全　张居达）

【后半路大修工程竣工】 7 月 30 日，后半路 K1＋000 至 K7＋786 大修工程竣工。工程全长 6.79 公里，设计标准为三级路，路基宽 8.5 米，路面宽 7 米，设计速度 30 公里/时。工程总投资 1 645 万元，于 4 月 1 日开工，由中国华西工程设计建设有限公司负责设计，北京路桥瑞通养护中心有限公司负责施工，北京逸群工程咨询有限公司负责工程监理。

（付冀嘉）

【延庆区启用纯电动公交车、出租车】 7 月 31 日，延庆区交通局举行纯电动公交车、电动出租车运营启动仪式，首批引入 55 辆纯电动公交车，其中 5 辆为双层公交，供 873 路、920 路使用。全年共引入 105 辆电动公交车。150 辆纯电动出租车同步投入运营。

（杨森　谢志鹏　张杰）

【通州区 5 条公交线路优化调整】 7 月，通州区交通局协调公交集团，优化调整 910 路、667 路、589 路、582 路、342 路 5 条公交线路。910 路双向增设兴各庄、贾武路口东、曹坨村、小甘棠村、武窑村北、大甘棠村、梁各庄村、土桥新村 8 个中途站位。667 路双向增设陈列馆路中途站位。589 路因龙旺庄小区公交场站不再具备公交线路运营条件而调整线路走向，由疃里三区发出，经东六环西侧路、京榆旧线至小潞邑后沿原线行驶至高楼金村，增设疃里三区、潞苑二街东口、六合桥路口北（单向）、新潮嘉园三区（单向）、新潮嘉园、小潞邑村、小潞邑站，撤销龙旺庄小区、龙旺庄小区北口站。582 路和 342 路结合北关大道通车调整线路走向，582 路首末站为怡乐南街公交场站和地铁通州北关站，方便通州城区乘客接驳地铁 6 号线通州北关站，342 路首末站为城西桥公交场站和翠福园小区，方便通州城区及通顺路沿线金地格林、安顺北里等小区乘客快速接驳地铁 6 号线通州北关站。

（陈颖）

【宋梁路丁各庄桥区客水高排】 8 月 2 日，通州区丁各庄地区降暴雨。22 时 44 分，丁各庄路面积水接近 20 厘米，市交通委路政局通州公路分局协调宋庄镇政府，建设丁各庄村客水临时泵站，并调配发电机提供电源，将丁各庄村客水独立排出。

（杜文龙　孙璐）

【十霞路地质灾害防治工程完工】 8 月 10 日，十霞路地质灾害防治工程完工。工程区间为 K3＋

900 至 K12＋000 段，全长 8.1 公里。工程于 5 月 20 日开工，防治采用柔性防护网 LF－100 覆盖式帘式网、GPS2 型 SNS 防护网、LZ－150 张口式帘式网砌筑挡墙，完善排水设施等措施。

（孔令全　张居达）

【大兴区联合夜查大货车】8 月 1 日至 10 日，大兴区交通局联合路政、交警、环保、城管、治安等部门，在区内主要道路及大货车违法集中区域，开展联合执法，针对大型货运车辆夜间超限、超载、扬撒、无证运输等情况，采取分点布控、流动巡查、突出重点、协同联动等方式，共计查处违规运输车辆 12 辆，其中现场处罚 9 辆、暂扣 3 辆。

（刘畅）

【门头沟区 5 条快速直达专线开通运营】8 月 11 日，门头沟区新开快速直达专线 5 条，采取大站快车方式，早晚高峰时间段运营，定点、定时发车。快速直达专线 31 路由杨坨到地铁苹果园站北门方向，共 7 站，票价 10 元，刷卡优惠 7 元，早 7 时、7 时 20 分发车，晚 17 时 30 分、17 时 50 分发车。快速直达专线 89 路由中门寺生态园到北京西站，共 11 站，票价 10 元，刷卡优惠 7 元，早 6 时 40 分、7 时发车，晚 16 时 30 分、17 时发车。快速直达专线 137 路由冯村西里到航天桥西，共 13 站，票价 10 元，刷卡优惠 7 元，早 6 时 25 分、6 时 55 分发车。快速直达专线 142 路由河滩到老山，共 16 站，票价 10 元，刷卡优惠 7 元，早 6 时 30 分、7 时发车。快速直达专线 144 路由城子大街南口到航天桥西，共 10 站，票价 10 元，刷卡优惠 7 元，早 6 时 30 分、7 时发车。

（刘天通）

【京沈路路面中修工程完工】8 月 14 日，京沈路 K85＋000 至 K89＋000 路面中修工程完工。工程全长 4 公里，设计标准为二级路，路基宽 15 米，路面宽 12 米，设计速度 80 公里/时。由北京市七环工程技术咨询有限公司设计，北京路桥瑞通养护中心有限公司施工，北京恒远志诚监理咨询有限公司监理。6 月 15 日开工，总投资 765 万元。

（刘珊珊）

【密兴旧路路面中修工程完工】8 月 14 日，密兴旧路 K5＋700 至 K9＋086 路面中修工程完工。工程全长 3.39 公里，设计标准为二级路，路基宽 11 米，路面宽 10 米，设计速度 60 公里/时。工程总投资 412 万元，于 6 月 15 日开工，由华杰工程咨询有限公司设计，北京路桥瑞通养护中心有限公司施工，北京恒远志诚监理咨询有限公司监理。

（刘珊珊）

【韩西路小水峪桥大修工程完工】8 月 18 日，韩西路小水峪桥大修工程完工。工程位于西田各庄镇，韩西路 K11＋690 处，桥梁长 16 米，宽 8.3 米，设计荷载为公路—Ⅰ级。工程总投资 130 万元，于 4 月 10 日开工，由长春市市政工程设计研究院设计，北京鑫畅路桥建设有限公司施工，北京育才交通工程咨询监理公司监理。

（付冀嘉）

【新泗路大修工程完工】8 月 20 日，新泗路大修工程完工。工程从房易路路口至娄子水村，全长 2.02 公里。大修内容为铣刨旧路面层及路基层、完善排水设施及附属工程，采用新设备、新工艺，就地完成铣刨、破碎、材料添加、拌和及摊铺，旧料回收加工再利用率 100%。工程于 5 月 20 日开工，设计标准为二级、三级公路，设计速度 40～60 公里/时。

（孔令全　张居达）

【密云沙太路塌方处置】8 月 24 日，密云区沙太路 K5＋420 处（大城子镇苍术会附近）发生塌方约 400 立方米，造成断路。市交通委路政局密云公路分局出动抢险力量处置，9 时 55 分清理出一条车道，恢复通车，16 时 55 分完成全部清理工作，恢复道路畅通。

（杜文龙　孙璐）

【黄下路大修工程竣工】8 月 27 日，黄下路 K0＋000 至 K14＋542 大修工程竣工。工程全长 14.54 公里，设计标准为三级路，路基宽 7 米，路面宽 6.5 米，设计速度 30 公里/时。大修内容包括铣刨旧路、处理病害、沥青混凝土面层、完善排水设施等。工程总投资 2 442 万元，于 4 月 1 日开工，由北京市七环工程技术咨询有限责任公司设计，北京路桥瑞通养护中心有限公司施工，北京正宏监理咨询有限公司监理。

（付冀嘉）

【417 路、533 路公交开通】8 月 28 日，英才南三街东口至生命科学园西站的 417 路和英才南三街东口至地铁天通苑北站的 533 路公交开通，横向连接未来科学城和生命科学园两大产业园区，丰富未来科学城南区地面公交线路，方便企业员工及鲁疃嘉园南区、柏林在线等小区居民出行。

（王悦）

【采林路大修工程竣工】8 月 30

日，采林路（K6＋490 至 K8＋543）大修工程竣工。主要工程量为排水管道 751.6 米，沥青混合料 33 106.8 平方米。工程造价 934.4 万元，于 3 月 20 日开工，由市交通委路政局通州公路分局建设，河南省交通规划设计研究院股份有限公司设计，市政二建设工程有限责任公司施工，四方工程建设监理有限责任公司监理。

（何鑫）

【108 国道大修工程竣工】8 月 31 日，108 国道大修工程竣工。工程起点为十霞路路口，终点为涞宝路路口西，全长 16.52 公里，主要包括道路病害处理、铣刨旧路面层及重新铺筑路面、完善现况排水设施及附属工程等。设计标准为二级公路，设计速度 40 公里/时。工程造价 2 418 万元，4 月 1 日开工。市交通委路政局房山公路分局建设，河南省交通规划设计研究院股份有限公司设计，京博通工程咨询有限公司监理，市政路桥管理养护集团有限公司七工程处施工。

（何鑫　孔令全　张居达）

【白河堡路大修工程完工】9 月 1 日，白河堡路大修工程完工。工程位于旧县镇，起点为八峪路，终点为昌赤路，全长 0.68 公里，是白河堡村连接外界的唯一通道。工程于 5 月开工，大修后路面加宽至 6 米，满足公交车通行条件。

（杜文龙　孙璐）

【危化品车辆侧翻事故处置】9 月 4 日，大兴区黄良路发生危化品车辆侧翻事故，易燃易爆化学物品芳烃液体泄漏。市交通委路政局大兴公路分局发布预警，在可变信息情报板上发布出行提示，封闭交通、封锁现场。配合消防、环保等部门，对泄漏的危化液体进行砂土掩埋，现场安全隐患消除，道路交通恢复畅通。

（杜文龙　孙璐）

【马北路工程朱庄隧道贯通】9 月 7 日，马北路道路工程朱庄隧道工程实现贯通。隧道位于马北路（101 国道至松曹路）道路工程 K1＋164 处，全长 168 米，双向两车道，净高 5 米，净宽 10 米，设计速度 60 公里/时，采用爆破作业方式施工。工程于 6 月 23 日开工。

（付冀嘉）

【顺义区联合夜查重型货车】9 月 11 日 20 时 30 分至 12 日 4 时 30 分，顺义区运政、公安交管、环保、路政、城管以及木林镇政府在辖区内龙塘路、木燕路、左堤路等路段，采取流动检查与定点检查相结合的方式，重点检查夜间行驶的重载货车，共出动执法人员 60 余人、执法车 14 辆，依法检查重载货车 53 辆，查扣涉嫌超载超限、非法改装等违法运输行为重型货车 9 辆。

（赵瑞冬）

【顺义区货车治理和限行实施方案发布】9 月 12 日，针对大型货车超载超限引发的影响交通安全、污染环境、破坏区域道路交通运输秩序等问题，《顺义区加强货运车辆综合治理专项行动实施方案》和《顺义区货运汽车限行实施方案》发布实施，形成交通运政、公安交管、环保、城管、路政等部门执法联动机制，强化 24 小时执法，打击高污染、高排放货物运输车辆。

（赵瑞冬）

【木邵路大修工程竣工】9 月 12 日，木邵路 K9＋762 至 K14＋836 大修工程竣工。工程全长 5.07 公里，设计标准为三级路，路基宽 7.5 米，路面宽 7 米，设计速度 30 公里/时。工程总投资 1 134 万元，于 4 月 5 日开工，由北京市七环工程技术咨询有限责任公司设计，山东泰和公路工程有限公司施工，北京逸群工程咨询有限公司负监理。

（付冀嘉）

【平程路地质灾害防治】9 月 14 日，平谷区平程路地质灾害防治工程完工。工程采取坡面危岩浮石清理、崩塌堆积物清理、主动柔性防护网、被动防护网等治理措施，对平程路 K11＋470 至 K28＋399 沿线 7 处崩塌隐患点防护治理，完成危岩体、局部喷混坡面和崩塌面浮石的清理 6 588 立方米，主动柔性防护挂网 21 703 平方米，被动防护挂网 280 平方米。工程 6 月 15 日开工，总投资 790 万元。

（孟海东）

【顾八路大修工程完工】9 月 15 日，顾八路大修工程完工。大修范围为起点至大件路，全长 8.647 公里。大修内容为道路病害处理、铣刨加铺路面结构、路口渠化、完善排水设施及附属工程。工程于 4 月 15 日开工，设计标准为二级、三级公路，设计速度 40～60 公里/时。

（孔令全　张居达）

【北杨桥桥改造工程完工】9 月 20 日，平谷区北杨桥桥改造工程完工。工程位于县级公路杨杏路上，桥梁中心桩号为 K1＋997，改造内容为拆除旧桥另建新桥。新建桥梁全长 18.04 米，全宽 12 米，其中行车道 9 米，两侧步道各宽 1.5 米。道路等级为三级路，桥梁设计荷载标准为公路一Ⅰ级。工程6月8日开工，总投资190万元。

（赵宏伟）

【大兴区农村候车亭修缮工程完工】 9月20日，大兴区2017年农村候车亭修缮工程完成施工并投入使用。工程于6月28日开工，施工范围涉及大兴区9个乡镇，共计140个候车亭，解决部分农村公交候车设施破损、缺失严重等问题。

（王馨叶）

【程庄桥大修工程完工】 9月20日，程庄路程庄桥大修工程完工。工程位于十里堡镇，程庄路K0＋060处，桥梁长13米，宽8米，上部结构为实心板，下部结构为薄壁墩，设计荷载为公路一Ⅰ级。工程于4月10日开工，总投资119万元，由长春市市政工程设计研究院设计，北京鑫畅路桥建设有限公司施工，北京育才交通工程咨询监理公司监理。

（付冀嘉）

【4条公交线路开通调整】 9月22日，公交371路调整至龙域北街东口，成为回龙观新村、融泽嘉园、金域华府等小区共同组成的1 818街区首条常规公交线路，缓解街区30余万居民“出行难”问题；新开微循环线路专52路（霍营公交场站至霍家营社区东站），满足371路调整后天鑫家园、新干线小区等居民乘车需求；延长558路至溪城家园，增设6个站点，方便溪城家园、佳运园、清水园等小区居民换乘地铁5号线；新开快速直达专148路（南口北站至德胜门西），每日早高峰由南口北站发车3班次至德胜门西，晚高峰时段由德胜门西返回，方便南口道北地区居民往返市区。

（王悦）

【卸甲山桥大修工程完工】 9月23日，韩西路卸甲山桥大修工程完工。工程位于西田各庄镇，韩西路K8＋485处，桥梁长32.8米，宽8.5米，上部结构为T梁，下部结构为柱式墩，设计荷载为公路一Ⅰ级。工程总投资229万元，于4月10日开工，由长春市市政工程设计研究院设计，北京鑫畅路桥建设有限公司施工，北京育才交通工程咨询监理公司监理。

（付冀嘉）

【云居寺路大修工程完工】 9月28日，云居寺路全线大修工程完工。道路全长12.132公里，大修内容为道路病害处理、铣刨加铺路面结构、完善排水设施及附属工程。工程于5月18日开工，设计标准为二级公路，设计速度40公里/时。

（孔令全　张居达）

【密云生态商务区开通公交车】 9月28日，为方便华润橡树湾、蓝河湾等新建住宅小区居民出行，服务万象汇购物中心商圈，密云区交通局优化调整密13路，配车32辆，日发149车次。该线路共设55个站点，全程35.2公里，起始点为宝城公司至宝城云西。

（肖强）

【公路综检站劝返车道改造】 8月15日至9月，通州区交通局实施7个公路综检站劝返车道改造，设置环保检测区和劝返专用车道，摆放硬隔离设施1 230延米，设置波形防撞护栏1 460延米，安装标志标识牌60块，施划交通标线2 167平方米，拓宽改造道路8 179平方米，为综检站实施环保检测提供条件。

（陈颖）

【千榆路工程第5标段竣工】 10月9日，张坊镇千榆路工程第5标段竣工。该路主路全长14.6公里，标段全长4.42公里，为山区公路。工程造价2 756.49万元，主要包括路基、路面、桥涵、排水工程等。工程于2015年10月20日开工，由市交通委路政局房山公路分局建设，大地建设科技有限公司设计，市政一建设工程有限责任公司施工，海策工程咨询有限公司监理。

（何鑫）

【开展乡村公路技术状况指数检测】 10月12日，北京市在全国率先使用农村公路专用自动化检测车（LEIS）对乡村公路PQI（路面行驶质量指数）进行系统检测的基础上，对乡村公路进行MQI（路面技术状况指数）系统检测，累计检测里程2 800余公里。

（印良智）

【云居寺路下庄桥大修工程完工】 10月22日，云居寺路下庄桥大修工程完工。桥梁全长37米、桥面宽13米。大修内容为更换原桥上部结构，重做墩台帽、背墙，加固桥台台身，增设搭板、伸缩缝，修复海漫、翼墙。工程于5月6日开工，桥梁设计标准公路一Ⅰ级。

（孔令全　张居达）

【京沈路路面中修工程完工】 10月24日，京沈路K89＋000至K93＋000路面中修工程完工。工程全长4公里，设计标准为二级路，路基宽15米，路面宽12米，设计速度80公里/时。由北京市七环工程技术咨询有限公司设计，北京路桥瑞通养护中心有限公司施工，北京恒远志诚监理咨询有限公司监理。工程8月25日开工，总投资900万元。

（刘珊珊）

【昌平区公交双语报站系统建设完成】10月25日，途经昌平城区和十三陵景区的28条区内公交线路的302辆公交车双语报站器安装完成。

（王悦）

【密沙路交通综合治理工程竣工】10月31日，密沙路（新中街）交通综合治理工程竣工。工程起点为101国道绕城线，终点为水源路，全长3.9公里，设计标准为城市次干路，路基宽34米，路面宽26米，设计速度40公里/时。工程改造公交港湾16处，优化慢行系统1 000平方米，总投资2 749万元，于4月1日开工，由华杰工程咨询有限公司设计，北京路桥瑞通养护中心有限公司施工，北京育才交通工程咨询监理公司监理。

（付冀嘉）

【108国道二期改建工程完工】11月1日，108国道二期（鲁家滩村至南村）改建工程正式通车。工程位于门头沟区潭柘寺镇，起点位于鲁家滩村西侧，终点为南村，与108国道一期潭柘寺隧道相接，设计全长3.619公里，行车速度为60公里/时，技术等级为一级公路，桥梁设计荷载为公路－Ⅰ级。该项目2016年1月开工。

（杜文龙　孙璐　曹惠）

【永定河特大桥钢塔首段完成吊装】11月1日，长安街西延道路工程（三石路至古城大街）永定河特大桥工程钢塔首节段完成吊装，进入桥梁上部钢结构安装阶段。该桥主桥位于永定河莲石湖景区内，全长639米，设计为全钢结构斜拉、刚构组合体系桥梁，主跨跨径280米，钢塔最高为124.93米，桥面最宽处54.9米，并设有观景平台。工程于2016年6月开工。

（彭诗遥）

【房柳路黑艾路提级改造工程主体完工】11月8日，延庆区房柳路（房老营至柳沟）道路工程、黑艾路（黑峪口至艾河滩）提级改造工程主体完工。建成的房柳路与北西路和永艾路连接，成为交通环线，打通井庄镇民俗旅游发展的交通瓶颈。黑艾路提级工程缩短北京城区、延庆城区与河北省赤城县的通行距离。

（张旭雪）

【怀柔区84个公交站亭建成】11月10日，怀柔区84个公交站亭的站台、站牌架、顶棚、休息坐椅等设施全部建设完成投入使用，其中开发区、怀柔镇、北房等平原乡镇新建站亭52座，琉璃庙、喇叭沟门等山区乡镇新建站亭32座。

（解子仪）

【快速直达专线150路开通】11月15日，门头沟区新开快速直达专线150路，采取早晚高峰时间段运营，节假日停驶。城子大街南口到地铁北安河站，共12站，早6时30分、7时发车；地铁北安河站到城子大街南口，共12站，晚6时30分、7时发车。票价10元，刷卡7元。

（刘天通）

【顺平路综合治理工程主体完工】11月15日，顺平路交通综合治理工程主体完工。工程起点位于顺平路枯柳树环岛，终点为顺平路潮白河大桥，全长10.75公里，工程内容是枯柳树站、空港物流开发区站、检测场站、南法信站、望渠桥东站5对公交车站改造成岛式公交站，改造4座桥梁，改造石马路、南焦路、南陈路、顺航路路口，完善交通标志标线、智能交通、慢行系统、行人过街设施等。

（杜勇）

【顺义区乡村公路建设工程完工】11月15日，顺义区乡村公路建设完工。工程共建设董各庄环路、天柱东路、太平路等68条道路，改造马坡镇危桥1座。施工内容包括道路路基、路面、桥梁、涵洞、相应附属工程以及设置交通标志、交通标线等。总里程约73.25公里，分布在后沙峪镇、天竺镇、李遂镇等17个乡镇。工程6月12日开工，由市交通路政局顺义公路分局建设。

（李雪峰　马欣）

【乡村公路安全生命防护工程评估】11月16日，市交通委对各远郊区2016年度乡村公路隐患治理情况进行评估，核查150公里、232处隐患点。

（印良智）

【京冀路政部门跨区域联合执法】11月17日，市交通委路政局大兴公路分局与河北省廊坊市广阳区路政大队开展跨区域联合执法行动，对104国道（北京市与河北省廊坊市交界区域）占道经营、摆摊设点等违法现象开展集中整治，共出动执法人员25人，车辆5台，清理占道经营、摆摊设点20余处，违法非公路标志10余块。

（郭连旭）

【千榆路改建工程完工】11月20日，千榆路改建工程完工。工程全长14.6公里。涞宝路至仙龙宫路为三级公路标准，路基宽

7.5 米，采用沥青混凝土路面。仙龙宫路至终点为四级公路标准，路基宽 4.5 米，采用水泥混凝土路面。沿线设置中小桥 13 座、涵洞 11 座。工程于 2015 年 11 月 5 日开工，设计速度 20～30 公里/时。

（孔令全　张居达）

【怀柔区流动检查站建成】 11 月 20 日，怀柔区交通局强化基层执法设备建设，新配置 4 辆移动执法方舱，交通、公安、交警、路政、环保等部门可 24 小时联合执法，保障道路运输秩序。

（解子仪）

【10 个郊区客运站和 300 个候车亭建设完成】 11 月 30 日，全市 10 个郊区客运站和 300 个候车亭建设完成。

（印良智）

【密云区乡村公路工程完工】 11 月 30 日，密云区年度乡村公路各项工程完工。工程包括路面大修工程 22 项 48 公里、桥梁改造 3 座，安全隐患治理 37 公里。工程惠及全区 16 个镇 25 个村，总投资 5 364 万元。

（彭玉柱）

【房山区 5 项疏堵工程完工】 11 月，房山区大窦桥下、阎村路口、地铁苏庄站桥下十字路口、碧桂园北亚骨科医院东侧十字路口、北京小学长阳分校西侧十字路口 5 项疏堵工程全部完成，对重点道路、路口开展道路拓宽、增设红绿灯等工程。

（隗功轩）

【密云区举行新能源电动公交车启动仪式】 12 月 19 日，密云区举行新能源纯电动公交车城区全覆盖运营启动仪式。北京市宝城客运有限公司和北汽福田汽车集团相关负责人发言，区委副书记、区长潘临珠宣布 2017 年密云区新能源纯电动公交车正式启动运营。截至 12 月，全区清洁能源公交车达 403 辆，占全部公交比例的 64.5%，推动密云区低碳、环保、高效的城市公共交通系统建设。

（肖强）

【早鲍路新建工程完工】 12 月 23 日，早鲍路新建工程完工。工程起点为平谷区与顺义区交界处（早立庄南路 K3＋021），终点至平三路与河北三河市交界处（K15＋903），道路全长 12.88 公里，串联京冀两地 3 个市区、6 个乡镇、近 20 个村。其中马坊工业区 3.85 公里为城市主干道，路面宽 21 米，两侧人行道各宽 2 米，两侧绿化带各宽 7.5 米；其他路段道路等级为二级公路，路基宽 12 米，路面宽 10.5 米，全线设计速度为 60 公里/时。全线新增桥梁 2 座，桥涵设计荷载为公路－Ⅰ级，下穿大秦铁路框架桥和雨水泵站各 1 座。

（孙璐　张金霞　姜波）

【平谷区 50 辆电动出租车投入运营】 12 月 25 日，平谷区新增 50 辆电动出租车投入运营，车型为北京现代新伊兰特，续航里程 270 公里，可满足车辆 24 小时运营。平谷区电动出租车数量达到 350 辆，其中 100 辆电动出租车提供 24 小时运营服务，有效缓解区内百姓夜间“打车难”问题。

（唐小坤）

【郊 99 路公交开通】 12 月 26 日，平谷区至顺义区的郊 99 路跨区公交线路开通。线路由平谷北街客运站至顺义地铁俸伯站，全程 43 公里，共设置 14 个站点，途径和平家园南、平谷汽车站、世纪广场、岳各庄、鲁各庄、大兴庄、官庄路口、云峰寺、双营、张镇车站、杨镇三街、南彩车站，发车间隔为 6～15 分钟，与地铁 M15 号线接驳，促进两区经济、文化、旅游、就业等领域交流合作。

（唐小坤　赵瑞冬）

【昌赤路新建工程开工】 12 月 28 日，昌赤路（王家山至市界）道路工程开工。工程起点为延庆区王家山，终点至京冀界，全长约 21.5 公里，设计等级为一级公路，设计速度为 80 公里/时，是 2022 年北京冬奥会交通保障的备选路线，也是京津冀交通一体化的重点项目，与河北省京北公路接顺，串联京冀两地四个区县十多个乡镇，与昌赤路现况相比，新建昌赤路行驶里程缩短约 12 公里。

（徐东）

【迎宾环岛地下通道工程完工】 12 月 29 日，平谷区迎宾环岛地下通道工程完工。迎宾环岛又称大桃环岛，位于顺平路与西外环（北二环）的交叉口。工程在环岛东、南、西、北 4 个路口各布置 1 座人行通道。主通道总计 1 423 平方米，出入口总计 1 997 平方米，采用钢筋混凝土闭合框架，净宽 6 米，净高 2.8 米。东通道长 36.12 米、南通道长 32.93 米、西通道长 36.8 米、北通道长 62.30 米。4 个通道的出入口净高均为 2.7 米，西、南、北通道净宽 3.6 米，东通道净宽 3 米。通道同步设置无障碍升降设施，在西通道及南通道设置垂直电梯，在东通道及北通道设置轮椅升降机。

（杜文龙　孙璐　王鑫）

【S1 线和燕房线开通试运营】 12

月30日，北京市首条磁悬浮地铁S1线（石厂至金安桥站）和国内首条全自动运行地铁燕房线（含房山线阎村东至苏庄一站一区间）开通，磁悬浮S1线贯穿门头沟、石景山区，全长10.2公里，设8座车站。由北京磁浮公司建设，地铁公司运营。燕房线位于房山区境内，全长14.4公里，设9座车站，在地铁阎村东站与房山线实现同台换乘。由市轨道公司建设，市轨道运管公司运营。

（仇玉华　郝琳　张华兵）

【有轨电车西郊线试运营】 12月30日，有轨电车西郊线试运营。该线路由公交集团有轨电车分公司运营，全长9公里，设6座车站，换乘车站1座，配备列车31辆，设计行车速度70公里/时，发车间隔10～12分钟，单车核定载客量300人，采取地铁票价，站台售票。主要服务于香山公园、北京植物园、玉泉郊野公园和颐和园等地区。全市轨道交通运营里程增加至608公里。

（仇玉华　马研　谢志鹏）

【京开高速魏永路至西黄垡桥通车】 12月30日，京开高速公路（魏永路至西黄垡桥）正式通车。起点为魏永路兆丰桥桥南约100米处，主线起点桩号K21＋100，终点位于京开高速西黄垡桥处，与2010年建成通车的京开高速公路相接，标准段路基由原双向四车道扩建为双向六车道，扩建后设计速度120公里/时，路线长度11.4公里，工程段落内含有主线桥3座，包括中堡桥、庞各庄桥及瓜乡桥，通道桥7座，包括K21＋260通道桥、K23＋068通道桥、K23＋650通道桥、K24＋338通道桥、K24＋930通道桥、K25＋710通道桥及K26＋385通道桥，天桥3座，包括薛营天桥、规划庞各庄三号路天桥及规划绿海路天桥。工程造价91 337万元，2016年9月1日开工。首发高速公路建设管理有限责任公司建设，国道通公路设计研究院股份有限公司设计，京博通工程项目管理有限公司监理，市政路桥股份有限公司施工。

（何鑫　李江）

【顺平路潮白河大桥治理工程完工】 12月31日，顺平路潮白河大桥西引桥主体工程完工。工程位于顺义区顺平路K14＋627，跨越潮白河，桥梁全长640.22米，其中主桥长180米，宽27米，引桥全长460.22米，全宽24米。采用160台200吨超薄大吨位千斤顶和160台50吨大行程千斤顶，对西引桥整体纵向顶推复位、横向纠偏，更换支座，加装限位装置，解决西引桥伸缩缝异常，梁体整体向西滑移，桥台处伸缩缝间距变小，梁端与背墙顶死等问题。

（杜文龙　孙璐　周秋立）

【京塘路综合治理工程完工】 12月，京塘路（北苑立交至翠屏西路）交通综合治理工程完工。工程位于北苑地区，设计起点为玉带河西街路口，终点为翠屏西路路口，道路全长1.02公里，设计速度为50公里/时，道路等级为城市主干路。工程内容包括拓宽改造局部路口，增加车道，设置直埋式机非隔离栅，养护全线路面，对承载力不足处、弯沉值较大处进行修复，加固处理全线检查井。

（杜文龙　孙璐）

【通州区客运柴油车辆全部更新】 12月，通州区恒基客运公司完成郊区客运车辆更新工作，淘汰213辆老旧柴油车，更新和新增新能源纯电动客车共350辆，车型为比亚迪K7（座位数23个，核载人数58人）、K8（座位数31个，核载人数76人）。郊区客运车辆实现100%使用新能源和清洁能源。

（陈颖）

【公交场站充电桩建设】 12月，公交集团完成通州区7座公交场站充电设施建设，新增42个充电桩，能够支持420辆电动公交车充电运营。

（陈颖）

【公交车实现京津冀一卡通互联互通】 12月，平谷区500辆公交车完成一卡通设备的升级改造并投入使用，实现京津冀一卡通互联互通。

（唐小坤）

【东小营公交中心站建设工程开工】 12月，公交集团启动东小营公交中心站工程。项目总用地面积约4万平方米，总建筑面积约9万平方米，可停放323标台公交车和610辆社会小汽车。作为广渠路快速公交系统首站支撑点，配合中心城与城市副中心公交走廊建设，形成快速联系通道，提高公交运行效率。

（谢志鹏　张杰）

【平谷区新能源公交车、出租车更新】 12月，平谷区更新和新增纯电动公交车300辆，新增纯电动出租车50辆。全区清洁能源和新能源公交车、出租车共729辆，其中电动公交车330辆、LNG公交车48辆、气电混合公交车1辆、电动出租车350辆，清洁能源和新能源公交车占比75.8%。

（唐小坤）

【平谷区公共交通设施建设完善】 12月，全区500辆公交车4G北斗监控系统安装完毕并投入使用，实现运营车辆实时视频监管；城区外公交候车亭升级改造完成，新建公交候车亭240个、站牌380块。

（唐小坤）

【郊区客运新能源清洁能源车达到2 500辆】 2017年，郊区客运企业新增及更新纯电动、天然气、混合动力等新能源、清洁能源车辆1 303辆。新能源、清洁能源车辆总数达到2 500辆，占郊区客运车辆总数的62%，完成清洁空气行动计划50%的任务目标。

（马研）

【房山区出租汽车更新】 2017年，房山区更新出租车280辆；新增200辆电动出租车全部投入运营；更换出租车三元催化器426个。

（隗功轩）

【房山区治超基础设施完善】 2017年，房山区交通局组织改造兴礼、琉璃河、长沟、辛庄4个综检站，新建房屋面积3 000平方米、安检大棚1 800平方米，全部投入使用。在张坊镇房易路距涞水县交界100米处和周张路中国石化太阳港加油站西100米处分别设立电动升降龙门架一座。

（隗功轩）

【通州区货运新能源车辆更新】 2017年，通州区交通局引导货运及物流企业更新车辆，新能源电动货车达70辆，进入物流园区和货物流转集散地车辆排放达标率100%。城市货运“绿色车队”企业达到125家、8 949辆车。

（陈颖）

【通州区公路超限超载运输治理】 2017年，通州区交通局加大治超力度，组织多部门联合流动治超24次，全年检查货运车108.9万辆次，查获超限车2 346辆次，卸载超限车1 512辆次，超限处罚91起，超载计分处罚985起，环保处罚970起，处理非法改装货运车36辆次。

（陈颖）

【通州区乡村公路建设养护工程完工】 2017年，通州区完成乡村公路大修工程94项，共计90.72公里，道路小修7.95万平方米，安装钢板护栏5 840米、各类标志牌1 628套，施划各类标线15 640平方米，检测乡村公路1 177.89公里，乡村公路路面技术状况指标（PQI）中等路以上比例为87.9%。

（杜文龙　孙璐）

【顺义区新清能源公交更新】 2017年，顺义区交通局组织境内公交客运企业累计投资3.1亿元，新增和更新新能源（纯电动、插电式混合动力）和清洁能源（天然气）公交车651辆，占境内公交车总数的92%。

（赵瑞冬）

【顺义区公共候车亭建设】 2017年，顺义区新建50座公共候车亭，改善市民候车环境，提升公交出行吸引力。

（赵瑞冬）

【顺义区智慧交通建设】 2017年，结合交通治堵工作实际和智慧城市建设要求，顺义区撤销顺14路、顺18路（单侧），顺28路、顺38路隆华站点（双向），减少隆华站停靠的公交线路数量；取消原有东大桥公交站，在右堤路北侧、顺平东路东侧分别新建停靠站点，改善东大桥通行状况；升级顺义公交APP，增加实时路况信息发布功能，提高市民出行效率。

（赵瑞冬）

【公路路基标准化实施】 2017年，市交通委路政局昌平公路分局实施路基标准化267万平方米，标准化里程达到养护总里程的87%，修补路面9万平方米，路面灌缝9万延米，维护各类附属设施、标志等2.8万套，完善人行步道及硬化路肩7 000平方米，疏通排水522公里。

（邓有情）

【平谷区公交线网优化调整】 2017年，结合客运流量及市民需求，平谷区调整优化公交路线3条（平13路、平46路、平15路）；12条（平5路、平13路、平14路、平15路、平20路、平22路、平25路、平29路、平3路、平4路、平11路、平37路）交通主干线及环城线路每日延长运营时间30～40分钟，日增86个班次。

（唐小坤）

【平谷区淘汰高排放运营货运车辆】 2017年，平谷区清退国Ⅲ排放标准以下的柴油车773辆，货运行业清洁能源货车达85辆。

（唐小坤）

【平谷区15条公路安全生命防护工程完工】 2017年，平谷区完成熊南路、平关路、平夏路、东南路等15条134公里的县级道路风险等级较高（B级、C级）路段治理工程。工程增设诱导、限速、警示、防护等各类交通标志318套，钢板护栏3 664米。施划交通标线4 046平方米，完成薄层铺装1 197平方米。

（杜文龙　孙璐）

【怀柔区入选城乡交通一体化示范县】 2017年，在交通运输部统一部署的首批城乡交通运输一体化全国示范县（市、区）创建工作中，怀柔区通过层层筛选、专家审查、实地考察等环节，入选首批一体化示范县。

（印良智）

【延庆区查处超限货车】2017年，延庆区属6个综检治超站（含5个综合检查站、1个治超站）有针对性地打击大货车绕行、闯卡、“百吨王”等违法违规行为，累计检测货车293.87万辆，查处超限货车6.84万辆，查获“百吨王”106辆，站内超载超限率2.33%。

（杨森）

【延庆区公交线路优化调整】2017年，延庆区交通局调整优化公交线路10条。Y16路（延庆—瓦庙）线路终点调整为大庄科；Y31路（延庆—解字石）调整线路走向；Y10路（延庆火车站—延庆火车站）调整线路走向，增加延庆七中和悦安居小区站；Y34路（延庆—仓米道）线路终点延伸至沙梁子；Y44路（延庆—中关村延庆园）终点由康庄小区延至中关村延庆园；Y01路（延庆—农场—下营）、Y45路（延庆—下营）增加下营村东站；Y03路（延庆—宗家营）每日增加4车次；Y07路（延庆—旧县建雄小区）、Y08路（延庆—艾官营）末班车发车时间由18：00调整为19：00。

（杨森）

气候概况与气候评价

【概况】2017年，北京地区降水量较常年（1981—2010年平均值，下同）偏多，平均气温与2014年并列历史最高值，日照时数正常，高温日数显著偏多，大风、沙尘和雾日数偏少。“6·22”暴雨和“7·6”暴雨部分测站日降水量超过了历史同期极值。汛期出现多次大风、冰雹等局地强对流天气。2017年气候条件总体对于冬小麦生长发育及产量形成较为有利；森林植被生态持续改善，2017年北京地区平均植被覆盖率为58.8%，创近11年（2007—2017年，下同）新高；重要水源地降水偏多，对水库蓄水非常有利。

（杨姝　曹冀鲁）

【气温】年平均气温偏高。全市年平均气温为12.6℃，与2014年同为历史最高值，比常年偏高1.1℃，比上年偏高0.5℃。西部和北部山区气温在6～11℃，其他大部地区气温在12～14℃。与常年相比，多数测站偏高1～2℃。从逐月情况来看，1—5月、7月和9月气温偏高，8月和12月气温略偏高，6月气温接近常年，10月和11月气温略偏低。高温日数显著偏多。北京地区代表站观象台高温日数（日最高气温≥35℃）为22天，为历史第三高值（仅次于2000年的26天和1965年的23天），比常年（8.3天）显著偏多。观象台年极端最高气温为38.5℃，出现在6月15日；年极端最低气温为－10.1℃，出现在1月23和24日。

（杨姝　曹冀鲁）

【降水】年降水量偏多。全市平均降水量为620.6毫米，比常年（541.7毫米）偏多15%，比上年偏少8.8%。大部分测站年降水量在550～700毫米，密云站降水量最多，为720.8毫米；怀柔汤河口站降水最少，为454.4毫米。与常年同期相比，多数测站偏多一至三成。从逐月情况来看，3月、6月、8月、10月降水量偏多，2月略偏多，7月接近常年，其余各月偏少。年降水日数偏少。观象台年降水日数为52天，少于常年（66.3天）和上年（61天）。其中暴雨日数3天，多于常年（1.7天）。观象台最大日降水量为66.1毫米，出现在8月3日。

（杨姝　曹冀鲁）

【日照】年内全市平均日照时数为2 568.7小时，接近常年（2 498小时）。其中，5月、6月、11月和12月日照时数偏多，1月和10月日照时数偏少，其他各月接近常年。

（杨姝　曹冀鲁）

【2017年影响天气事件】

1. 大风、沙尘和雾。年内观象台大风日数为4天，比常年（12.6天）明显偏少；沙尘日数为3天，比常年（8.1天）偏少；雾日数为9天，比常年（13.1天）偏少。

2. 汛期天气。汛期（6月

1日—8月31日）平均气温（25.1℃）比常年同期（24.5℃）偏高0.6℃，其中7月、8月比常年偏高1℃左右。高温日数（日最高气温≥35℃）多达19天，比常年同期（7.7天）多1.5倍，为2001年以来同期最多。

3. **持续高温**。6月14—19日，全市连续6天出现高温天气：14日大部分测站日最高气温36～38℃；15日达38～40℃；16日37～39℃；17—18日高温有所减弱，有不足半数测站超过35℃；19日大部分测站为35～36℃。7月9—13日和8月6—8日全市又分别出现持续性高温天气，大部分地区日最高气温均达35℃以上。受高温影响，7月12日北京电网最大负荷达到2 122.5万千瓦，相比上年电网最大负荷（2 082.8万千瓦）增长约1.9%。其中，空调使用负荷占比首次超过全网负荷的一半，达52%。7月13日电网最大负荷达2 254万千瓦，再创历史新高。

4. **汛期全市平均降水量**。汛期全市平均降水量为497.7毫米，比常年同期（373.1毫米）偏多3成，比上年同期（462.9毫米）偏多，为1999年以来同期最多；全市平均大雨日数达6.3天，为1997年以来同期最多；降水量大值中心（大于500毫米的区域）主要位于东北部地区（平谷东部，怀柔、密云、顺义交界地区，以及朝阳和通州北部）。汛期出现降水过程44次，其中全市大范围强降雨过程5次。分别为：“6·22”暴雨，“7·6”暴雨，“7·20”中到大雨、局地暴雨，“8·2”中到大雨、局地暴雨，“8·22”大到暴雨、局地大暴雨。

6月21日中午至24日凌晨，本市出现大到暴雨、局地大暴雨天气。20站平均降水量91.6毫米，最大150.1毫米（昌平）。降水主要出现在22日夜间至23日白天，23日有1个站达到大暴雨标准，11个测站为暴雨，7个测站为大雨。昌平和汤河口站刷新了6月下旬日最大降水量历史极值：昌平站23日降水量112.3毫米（历史极值79.5毫米，1996年6月27日）；汤河口站23日降水量70.5毫米（历史极值62.3毫米，1986年6月27日）。

7月5日夜间至7日凌晨，本市出现大到暴雨，局地大暴雨天气。怀柔、霞云岭、密云降水量超过100毫米，达到大暴雨级别，降水量分别为142.2毫米、114.8毫米和102.8毫米。其中，怀柔站日降水量超7月上旬历史同期极值（137.3毫米，1969年7月10日）。

7月20日下午至21日中午，本市出现中到大雨、局地暴雨天气，个别站点为大暴雨，并伴有雷电和短时大风。全市共有7个站降水量超过100毫米，44个站超过50毫米；全市平均降水量20.5毫米，城区平均20.9毫米。最大降雨出现在顺义龙湾屯，为130.2毫米；最大小时雨强出现在官厅水库站7月20日19—20时，为100.6毫米。

8月2日白天到夜间，本市出现中到大雨、部分地区暴雨天气，局地出现大暴雨。全市平均降水量36.7毫米，城区平均33.3毫米。全市有103个站降水量超过50毫米，19个站降水量超过100毫米；最大降雨出现在房山长阳，为182.8毫米。有2个站出现100毫米以上的小时雨强，超过2012年“7·21”特大暴雨的最大雨强（平谷挂甲峪站单小时100.3毫米）。

8月22日白天至23日早晨，本市出现大到暴雨，局地大暴雨天气。全市平均降水量56.0毫米，城区53.0毫米，22个站降水量超过100毫米，最大降雨出现在密云白河四合堂，为144.5毫米。

5. **冰雹、大风等局地强对流天气频发**。6—8月出现冰雹过程17次，其中8月11日18—20时本市多地出现冰雹，最大直径约3厘米；出现6级以上短时大风过程19次，最大风速出现在平谷玻璃台站，为11级短时大风（7月7日32.2米/秒）。

【气候影响评价】2017年，北京地区降水量较常年偏多，平均气温与2014年并列历史最高值，大风、沙尘和雾日数偏少。年内多次出现持续性高温天气，高温日数显著偏多，气候条件总体对于冬小麦生长发育及产量形成较为有利，也有利于北京生态环境的改善。

气候与冬小麦。北京地区2017—2018年冬小麦生长期间总体气候条件较为有利。10月上旬全市降水量为33.6～70.9毫米，是常年同期3倍以上，充足的降水为小麦的播种和出苗奠定了良好的墒情条件，对小麦种子发芽和幼苗生长较为有利。越冬期（2017年11月29日—2018年2月28日）麦区平均气温为－1.7℃，比常年偏高0.6℃，比上年偏低1.9℃，越冬期光照较常年偏多，温度偏低，持续无降水，但大部分地块都已灌溉越冬水。总体来说，越冬期气象条件对小麦越冬不利，但影响不明显，越冬情况接近常年。冬前到返青期持续干旱，未浇返青水地块达到轻-中度农业干旱。冬小麦灌浆期间出现高温干旱、干热风天气，对冬小麦有一定的催熟作用，但灌浆不够充分。

气候与生态环境。2017 年，北京森林地区（包括延庆、怀柔、密云、平谷、昌平、门头沟、房山等山区）平均降水量为 571 毫米，比常年偏多 8%；总日照时数为 2 623 小时，比常年略偏多；空气相对湿度为 55%，比常年偏高 1%，这对森林生态系统的改善较为有利。2017 年北京地区平均植被覆盖率为 58.8%，为近 11 年最大值。

近 11 年北京地区土壤侵蚀整体呈逐年下降趋势，2017 年土壤侵蚀指数高于 2013—2016 年，低于近 10 年（2007—2016 年）平均值。北京地区土壤侵蚀主要有水力侵蚀（简称水蚀）和风力侵蚀（简称风蚀）两种类型。年内“6·22”暴雨和“7·6”暴雨造成明显土壤水蚀现象，水蚀主要发生在延庆、房山、门头沟和怀柔等山区，部分地区出现重度侵蚀，其他山区以轻度侵蚀为主；2017 年北京大部分平原地区日最大风速≥8 米/秒（产生风蚀的最小风速），大风日数在 10 日以上，造成部分土壤风蚀现象，主要为轻度侵蚀，分布在东部及南部平原地区，部分地区发生中度侵蚀，无重度风蚀发生。

2017 年，北京重要水源地区密云和延庆降水量分别为 725.0 毫米和 546.5 毫米，较常年偏多 15%和 26%，充足的降水非常利于水库蓄水。

（注：气温、降水、日照等所用资料为北京市 20 个国家气象观测站数据。气候平均值以 1981—2010 年为基准。）

（杨姝　曹冀鲁）

山区建设

综述

2017年，山区建设工作坚持以习近平总书记视察北京重要讲话精神为根本遵循，牢固树立和贯彻落实新发展理念，牢牢把握山区在京津冀协同发展中的功能定位和首都生态保护、水源涵养、旅游休闲、绿色产品供给等功能定位，以山区农民增收为目标，以产业融合发展为重点，以沟域经济建设和山区农民搬迁为抓手，加大城乡统筹与山区农业供给侧改革力度，整合资源、聚焦聚力，创新思路、开拓工作，山区建设取得突出成效。

【2017年山区建设情况】

1. 沟域经济建设提档升级。沟域经济紧紧围绕满足山区农民增收和市民休闲旅游的双向需求，按照"绿水青山就是金山银山"的发展理念，进一步彰显山区生态、旅游休闲、养老养生、绿色产品供给保障等生态服务型功能，重点推进了怀柔水·长城、密云酒乡之路、云蒙风情大道、门头沟百花山、延庆乡宴柳沟、房山新十渡、昌平延寿、顺义舞彩浅山、平谷九里山桃花谷等沟域建设，投资1.5亿元，带动其他部门和社会投资26.8亿元，实施环境整治、生态建设、基础设施、新村民居、特色产业五项工程165个。从检查的情况看，房山区绿海红歌整体推进效果好，延庆乡宴柳沟引进资本打造冬季冰雪活动和房山幽岚山坡峰岭节点创意好，怀柔白桦谷、密云酒乡之路、门头沟妙峰山玫瑰香谷建设水平持续提升、带动效应好。

2. 山区农民搬迁全面收官。2017年是第三轮山区农民搬迁工程的攻坚之年、收官之年。山区农民搬迁工程围绕"搬得出、稳得住、能致富"的要求，按照"住新房、谋新业、换新颜"的路径，努力实现应搬尽搬。第三轮山区农民搬迁工程，完成2.26万户、4.80万人搬迁任务。其中，2017年涉及46个村、4 715户、10 400人。

3. 山区农民增收多措并举。按照分类帮扶、精准帮扶的指示精神，加大力度多方推进农村增收工作。沟域经济搭建农民就业创业平台，市级重点沟域涉及60个低收入村、9 814个低收入户；山区搬迁帮助农民住新房、谋新业，2017年12个低收入村实施搬迁工作中，占年度计划的26%；生态建设增加农民收入，年初会同市园林绿化局研究出台了生态林补偿增长机制，9月结合促增收，再次提高生态林管护员补助标准，将山区生态林管护岗位补贴在现有532元/（人·月）的基础上，提高20%左右，达到638元/（人·月），从2017年1月1日起补发；推动平原造林政策向山区延伸，有效促进山区农民增收；社会保障惠及农民，相关部门积极与市残联、市民政局等职能部门协调，将温馨家园、幸福晚年驿站建设等救助政策集成到山区搬迁工程，直接惠及老年人、残疾人、军烈属和困难群体。

4. 临时性任务圆满完成。圆满完成了北京沟域经济发展联合会成立大会的筹备和组织召开工作，中科院院士周成虎以及中科院等6个涉农科研单位、京津冀120余家涉农企业参会。会上京津冀相关部门签订了5条跨区域沟域协同发展框架协议，标志着京津冀山区打破了区域界限，打开了通道，三地优势互补、互利共赢，协同发展迈进新阶段。优质高效完成人大建议和政协提案，市政协召开《关于促进少数民族村增收的提案》议案办理专题交流会，得到了市政协领导和委员们的充分肯定，市政协民宗委专门发来感谢信。深入细致完成市领导关于“灾害防范”“北京湾研究”等的重要批示，通过认真落实批示的过程，推动相关工作落到实处，主办的各项具体事项均取得了实质性成果，得到市领导的高度评价。

5. **山区建设主要举措**。确定工作重点工程化。将年度工作分为山区搬迁、沟域经济、农民增收、少数民族四大模块研究谋划，形成了“12345”的推进方式，即：确定1个目标——山区农民增收；选择2个路径——坚持山区农民安居与乐业并重，坚持山区农民增收与城市居民休闲互动；搭建3个平台——搭建项目平台、资金平台和宣传平台；运用4个机制——政府主导、农民主体、部门联动、社会参与；坚持5个原则——坚持生态优先、可持续发展，坚持发挥优势、突出特色，坚持农民主体、富裕农民，坚持规划先行、依法推进，坚持统筹兼顾、聚力发展。成立了沟域经济发展联合会，建立并逐步完善了沟域经济专家智库，引资、引智，高标准确定各项工作目标，改变以往“撒芝麻盐”的做法，集中优势资源打造精品，建设亮点，培育典型，推动山区工作实现高标准提升和高水平建设。监督具体任务考量化。明确各项工作年度目标任务，再将具体任务分解到每月，建立台账和月报制度，对各区工作实施情况进行量化督导。沟域经济确定了10条重点沟域，量化到148个项目，带动社会各界投资26.8亿元。山区搬迁工程量化到46个村、4 715户、10 400人，纳入山区搬迁信息系统，有计划、按步骤、有组织地进行推进。全过指导服务项目化。按照工作可考评、可督导的要求，将每项工程进行项目化管理，详细梳理四大板块工作涉及的具体项目名称、投资总额、施工进度、可能遇到的困难，在年初组织全市山区建设培训的基础上，对特殊问题进行了专家会诊，逐一找对策，拿良方。比如，针对山区搬迁面临的资金难筹、新址难选、工作难做等困难，通过资金倒算、专业评审、专项帮扶弱势群体等措施解决资金难题；通过易地购地、集并小村、联合报审等措施解决新址难题；通过典型示范、宣传引领、干部带头等措施解决工作推动和组织动员等困难。注重环节管理精细化。将四大工程从空间布局、横向关联、纵向发展、工作流程等方面进行研究精细化管理。在规划上坚持生态优先，要求各区充分考虑绿化空间布局和后续生态友好型产业发展空间；在推动中坚持资金整合，要求各区集成优化政策，合力推动工程实施，将专项补助资金用在无力可借、无钱可筹的薄弱环节；在后期管理上坚持可持续发展，要求各区对整体环境、村庄风貌、产业培育、危房拆除等环节都要强化管理，持续关注；在服务指导上，紧扣调研、服务、协调、考核四个环节，确保工程项目落地，确保政策到村到户。比如，在办理人大议案和政协提案时，我们把办理过程当作谋划工作、推动落实、提升服务和锤炼作风的过程，从点上努力做好提案办理工作，从线上促进农民增收工作，从面上促进山区“三农”发展。

（田亦平）

沟 域 经 济

沟域经济是北京的首创。沟域经济于2010年规划建设，成为北京山区转型发展的成功模式，得到全市上下特别是山区群众的认可，引起各级政府和社会各界的广泛关注，全国人大常委会副委员长、民盟中央主席张宝文带队考察并对沟域经济发展模式给予高度评价，河北、天津、山西、贵州等10个省市组团参观学习北京沟域经济，并将沟域经济纳入政府工作强力推进。2017年初，市委市政府出台了《关于落实发展新理念全面提升新时期城乡一体化发展水平的意见》（京发〔2016〕13号），明确京津冀协同发展的五条沟域，三地联手打造沟域经济发展带。

【基本情况】北京山区面积1.04万平方公里，占全市总面积的62%。主要集中在门头沟、怀柔、密云、延庆、房山、昌平、平谷7个区和顺义龙湾屯、木林镇，涉及89个山区和半山区乡镇，61.8万户、161.8万人。依照北京城市总体规划确定的功能定位，山区是首都的生态屏障、水源保护地和北京可持续发展的战略拓展区，是城市居民休闲度假的胜地和特色农产品的生产供给基地。同时由于区位和发展限制等原因，山区也是北京经济社会发展最为薄弱的地区，是北京全面实现小康的难点和关键点。为筑牢生态屏障、服务首都北京，发展特色经济、促进农民增收，与全市人民共同奔小康，近十几年来山区人民在关闭矿山工作中，妥善处理好保护与发展的关系，探索出了沟域经济发展新模式。随着沟域经济的推进，山区发展走出了“山重水复疑无路”困境，呈现出“柳暗花明又一村”的新局面。

【2017年沟域工作成果】

1. **实现山区农民增收目标。**农民增收是沟域经济建设的出发点和落脚点。连续五年来，市级建设沟域内的农民人均纯收入每年保持两位数增长。据初步统计，2017年度沟域经济搭建农民就业创业平台，市级重点沟域涉及60个低收入村、9 814个低收入户，沟域内农民可支配收入同比实现增幅10%以上，实现“三高”：高出山区农民人均收入1 457元、高出全市农民人均收入431元、高出全市农民人均收入增幅（9%）2个百分点。其中密云酒乡之路沟域实现旅游综合收入3.67亿元，最多的一户年收入达到26万元。

2. **沟域经济满足农民就业创业和市民休闲旅游两个需求。**沟域经济是山区生态服务型经济的新业态，满足农民就业创业和市民休闲旅游的双向需求。引导沟域内农民实现了“三转变”：变传统的山水林田为现代景观，把农村资源转变为市民休闲旅游的看点；变传统种养为现代体验，把农业产品转变为市民休闲旅游的买点；变传统村落为现代要素，把农民宅院转变为市民休闲旅游的歇脚点。“三点”吸引市民到沟域亲近自然、参与互动、体验农事。据统计，2017年酒乡之路沟域接待游客91万人次。

3. **沟域经济投资项目推介建设三个平台。**沟域建设离不开投资、项目、推介三个平台支撑。投资平台发挥政策资金的引导带动和杠杆撬动作用，吸引工商联资金进入沟域。2017年，完成投资283 694万元，其中市级沟域支持资金15 000万元，带动社会投资268 694万元。项目平台坚持“生态红线”，实施沟域工程项目165个，先后打造和提升了百花沟域、绿海红歌、酒乡之路、水长城、乡宴柳沟等9条重点沟域。宣传平台聚力打造沟域经济品牌，组织了北京沟域经济建设论坛，录制了《畅游北京山沟沟》《至美山乡行》《一卷山水画沟域》等系列电视专题片、总结了幽岚山沟域节点黄山店等沟域建设典型，“沟域经济”网页链接超过500万条。

4. **抓好调研、服务、协调、考核四个环节。**“十二五”时期，推动沟域经济建设，注重抓了四个环节：抓调研，组织专家对全市89条成型沟域进行调研，总结了30个典型案例，形成了《北京沟域经济模式研究》等研究报告，成为推进北京沟域经济建设的决策参考。抓服务，通过举办培训班、阶段分析、拉练观摩、实地调研和专家会诊等形式，指导各区推进沟域建设。抓协调，坚持沟域经济联席会议制度，集成政策，联动部门，社会参与，聚力推进沟域经济建设。抓考核，通过平时专家调查暗访、年终部门综合验收等方式，促进沟域建设项目落地。

5. **推动理念、思路、模式、机制、布局五个创新。**推动沟域经济建设稳步发展，努力实现在继承中创新、在创新中发展、在发展中创意。第一，丰富了沟域经济建设的新理念。按照“绿水青山就是金山银山”的理念，丰富了沟域经济的生态友好型和生态服务型经济的新内涵，推动北京沟域朝着“景色宜人、产业诱人、环境留人、品牌待人、文化醉人”的山水公园方向发展。第二，丰富了沟域经济建设的新思路。坚持沟域经济特色生命、生态红线及房地产禁区，总结形成了沟域经济建设的“555”思路。即：坚持五个原则：一是生态优先、可持续发展；二是发挥优势、突出特色；三是农民主体、富裕农民；四是规划先行、依法推进；五是统筹兼顾、聚力发展。走实五条道路：一是把握沟域经济的地位，走高端发展之路；二是把握沟域经济的要义，走生态友好发展之路；三是把握沟域经济的生命，走特色发展之路；四是把握沟域经济的目标，走生态文明发展之路；五是把握沟域经济的推进方式，走聚力共建发展之路。实施五项工程：推进环境整治、生态建设、基础设施、新村民居和特色产业五项工程建设。第三，丰富了沟域经济建设的新模式。探索沟域经济持续发展的路径和方法，完善了沟域经济自然风光引导、特色产业发展、民俗文化展示、生态修复切入、龙头景区带动、文化创意先导六种发展模式。六种模式并非平行发展，而是交叉融合。第四，完善了沟域经济建设的新机制。完善了“政府主导、农民主体、部门联动、社会参与”的推进机制。贯彻落实中央和市财政支农资金改革精神，探索了沟域经济市级指导服务、区级调度指挥、乡镇具体落实的工作机制；打破部门分割和行政区划，建立以沟域为单元的联动机制，集中力量、集中资源聚焦生态、基础设施、村庄节点及产业培育。第五，描绘了沟域经济建设的新构想。贯彻落实首都城市战略定位，探索沟域经济的“四谷四道四带”空间布局。即：“四谷”：以特色产业优势，构建东部平谷桃花谷、西南部生态谷、北部延庆葡萄谷、北极白桦谷；“四道”：以自然生态和历史文化优势，构建东北密云云蒙风情大道、西部门头沟古风古韵大道、北部濒水大道（东起密云水库，经怀柔琉璃河、延庆妫水河、西至官厅水库、协同河北怀来、涿鹿县的洋河）、怀柔满韵汤河大道；“四带”：以访古、探幽、猎奇、赏景为主题，构建北部长城文化带、中部皇陵文化带、东部顺义舞彩浅山慢生活文化带、西部周口文化带。探索沟域经济适应“调转促”“高精尖”的产业布局，建设一、二、三产业相融合的沟域产业带，满足市民“吃住行游购乐”需求。

6. **发展沟域经济的经验。**沟域经济从无到有、由小到大，一批特色沟域逐渐声名鹊起，正在深刻地改变着这片土地，使北京山区发生了由表及里的跨越巨变。这是京郊人民群众贯彻落实科学发展观，推动山区转型发展的伟大创新，其过程有着艰苦的探寻、辛苦的劳作、困苦的创新，其经验弥足珍贵。坚持生态文明的战略方向。沟域经济是山区关停矿场后，北京修复生态、推动山区转型发展的新模式、新载体。沟域经济始终服从于首都大局、服务于农民增收，坚持走生态文明建设之路，成为建设“绿色北京”的“绿窗”，建设“美丽北京”的“绿标”，山区农民迈向“幸福北京”的“绿港”。2010 年，市政府出台了《关于促进沟域经济发展的意见》（京政发〔2010〕36 号），专门设立沟域经济发展专项资金，各区、乡镇根据实际情况安排配套资金，聚集推进沟域经济建设。经过短短的五年时间，沟域经济把北京过去人见人愁的穷山沟变成了人见人爱的生态谷。坚持农民增收的政策取向。确保沟域经济为山区农民带来实实在在的实惠。实施沟域经济五项基础工程，帮助农民实现了“住新房、谋新业、换新颜”的“三级”跳；培育特色产业，引导农民探索了“公司＋合作社＋农户”的经营模式，帮助农民实现了“租金＋佣金＋股金”的“三金”收入；培育新型农民，帮助农民实现了土地经营者、民俗旅游服务者和农家乐管理者的“三重”身份。坚持融合共进的发展走向。沟域发展的最大特点和优势就是融合。推进产业融合。沟域以其区域特色逐步向采摘、加工、服务到文化创意延伸发展，一、二、三产业融合，吸引休闲养生、竞技赛事、科普教育、农业会展、文化娱乐、影视拍摄等新业态落户沟域。这些产业，看似五花八门、千姿百态，实则互补互促、共同发展。推进模式融合。沟域经济六种发展模式交叉融合运行，并非平行发展。尤其是自然风光引导型与龙头景区带动、文化创意先导、民俗文化展示等模式的融合步伐在不断朝着快、深、好发展。推进项目融合。沟域经济五项工程涉及“吃住行、游购乐”，既是山区农民生产生活的基本条件，也是市民休闲旅游的必备条件。随着沟域建设的发展进程，尽管五项工程的标准和侧重随之变化，但五项工程互联互促，缺一不可。坚持创新驱动的工作导向。坚持一切从实际出发，尊重群众首创精神，鼓励试点实验、鼓励创新创意，成为沟域经济发展的强大动力。推进科学决策。探索形成了“政府主导、农民主体、部门联动、社会参与”的决策和工作推进机制，有效整合了政府资源，推动了沟域经济持续健康发展。强化规划引领。每条市级建设沟域都编制了建设与发展规划，确保了沟域经济建设有理、有利、有节地推进。创新工作机制。将沟域经济建设列为新农村建设折子工程，形成由市政府督查室和市新农办组成的联合督查机制，确保了年度建设项目落地。

（夏胜银　田亦平）

【沟域典型】

1. 延庆区井庄镇“乡宴柳沟”沟域建设。井庄镇位于延庆城区东南部，下辖31个行政村，镇域总面积126.1平方公里。全镇户籍人口12 410人，其中农业人口8 839人，占71%。2014年基于井庄镇发展基础、资源条件，为了推动沟域产业发展延伸，完善沟域经济产业体系，以“食”为主题的“乡宴柳沟”沟域规划获得市农委批准，乡宴柳沟被正式纳入北京市重点沟域建设。乡宴柳沟沟域规划区域共涵盖40个行政村，井庄镇31个行政村全部纳入规划范围，沟域规划面积174.85平方千米。乡宴柳沟沟域的目标是打造以乡村旅游为核心，以美食体验为特色，以都市型现代生态农业为支撑的延庆区绿色旅游集散地。乡宴柳沟沟域建设内容主要聚焦服务世园冬奥，着力在食宿服务方面加大投入力度、提升保障水平，着力在生态环境建设方面下大力气、打造“醉美井庄”，切实承担起世园冬奥分流集散地的功能作用。

坚持特色发展。紧紧围绕柳沟豆腐宴地方特色，坚持做大做强民俗旅游特色产业。紧抓服务保障世园会冬奥会契机，全面推进乡宴柳沟沟域建设，促进乡村旅游产业提档升级，构建起全域旅游发展业态。近年来，着力提档升级柳沟“火盆锅·豆腐宴”，推出“向阳鱼宴”“药膳宴”“饸饹宴”，进一步丰富柳沟美食文化内涵，扮靓以食为主题的“乡宴”品牌。住宿品质走向高端，主动对接冬奥会世园会精品酒店需求，通过盘活闲置资产，引入“原乡里·三司”项目，第一期实现投入运营，重新盘活柳沟新区、恰情园，建设“耕读生活小院”，精品住宿已逐渐成规模、出品牌。

坚持融合发展。融合是产业发展的走向，更是乡宴柳沟发展的不可或缺的环节。一是促进产业融合发展。“旱船之乡”文化品牌进一步打响，依托旱船文化，打造集参观学习、观摩体验于一体的旱船博物馆，项目正在推进。已完成旱船发展五年规划编制工作，积极融入长城文化带，编制完成柳沟传统古村落发展规划，上报待批，柳沟城隍庙、凤凰大戏楼建设设计方案通过审批。二是延长产业链条。大力发展休闲体育产业，第二届完全企业化自主运行的柳沟冰雪马戏嘉年华开门迎客，喜迎冬奥的冰雪氛围更为浓厚，推出打造越野挑战赛、半程马拉松等休闲体育品牌，进一步提升了柳沟知名度，努力打造乡宴柳沟沟域冰雪品牌，在为喜迎冬奥营造冰雪氛围的同时，进一步推进沟域经济建设带动产业发展、促进农民增收，为冬奥会的举办营造更好的氛围。三是衍生新业态。以园艺为核，推动发展特色农业。依托王仲营500亩“五味子”种植产业，推进打造世园会中药材园艺产业园，依托王木营有机蔬菜种植基地，推进打造“果蔬景观园艺”生态休闲园，依托艾官营有机农场，推进打造休闲农业体验园，以上三个特色农业园区建设稳步推进。引导实施“旅游+农业”发展模式，农业特色发展亮点纷呈，“都市型现代（高效）农业示范乡镇”创建稳步实施，世园会园外园之中药产业园和果蔬园艺园积极推进当中。

坚持生态发展。以国际化标准更新安装旅游标识，提升乡村旅游形象，沿北西路沿线，高标准推进“凤翔花田”“凤舞花溪”“燕羽清风”“百花朝凤”等重要景观节点打造，构建“五点一线”休闲观光精品线，推进打造北西路景观大道。结合北西路现有地形，通过栽植、补植乔灌花草等观赏性植物，绿化美化道路两侧景观。加快推进以柳沟为中心的镇域路网建设，房柳路建设完成通车，修建生态公交候车亭，扩建柳沟停车场，缓解节假日车位不足造成的交通拥堵问题，村民和游客出行体验更加舒心。

伴随乡宴柳沟建设的推进，一系列生态建设、环境治理、旅游服务项目落地，镇域生态环境焕然一新，旅游品质大幅攀升，沟域建设带来的经济效益、社会效益和生态效益逐步显现，成效明显。一是环境更加优美。通过环境综合治理，景观节点建设等工程，提升了生态环境建设水平，改善了人居环境质量，提升了环境美誉度。二是百姓更加幸福。环境美了，出行便捷了，生活富裕了，邻里更和谐了，百姓脸上的笑容更甜美了。三是游客黏度增强。优美的环境，淳朴的民风，丰厚的文化底蕴，更加完备的旅游服务链条，丰富了吃的选择、提升了住的档次、改善了游的品质，使游客更愿意留下来。四是百姓腰包更鼓。百姓的接待收入持续提高，预计今年能够实现旅游收入7 260万元，同比增长10%。五是产业结构更优。以乡村旅游为主导，其他产业相融合的产业结构逐步形成，产业发展更协调，经济增长更强劲。六是精准帮扶更有力。乡宴柳沟建设一方面通过用工解决了部分有劳动力低收入户就业，另一方面通过盘活闲置资源，促进低收入户增加资源收入，切实促进了低收入户增收。七是党委政府向心力增强。环境得到了持续的改善，百姓的生活质量得到了显著提升，各项政策得到了强有力的贯彻落实，党和政府更加有号召力，凝心聚力干大事的氛围更浓厚。

乡宴柳沟沟域将成为世园冬奥游客的分流聚集地，下一步井庄镇将围绕服务世园冬奥，按照乡宴柳沟三年“出品牌”的目标要求，凝心聚力、联合攻坚，以乡宴柳沟沟域建设为契机，深入推进“全域旅游示范镇”建设，着力把井庄镇乡村旅游做成园艺产业、冰雪旅游不可分割的一部分，着力提升服务世园冬奥的能力和水平。要集中力量着力提升井庄镇吃住服务水平，重点全面提档升级柳沟村旅游服务接待，确保达到服务世园冬奥的需求；围绕房柳路、110国道、南西路等主干道实施景观提升工程，打造多条景观大道；重点挖掘打造集古村落文化、兵城文化于一体的长城文化带，着力打造首都文化旅游“金名片”。

（田亦平）

2. 怀柔区宝山镇天河川沟域建设。自2010年被确定为首批市级重点经济沟域之后，宝山镇党委、政府结合实际，高度重视沟域建设各项工作，加大各方面建设力度并取得明显效果。为使沟域建设成果得以保持，天河川沟域结合本地实际和广大村民生产生活实际情况，紧紧围绕环境建设、生态治理、景观节点维护等各个方面，创新建设长效管护机制并取得了显著效果。为使沟域各项建设得到有效保持和维护，实现建管并重、同推进同落实，结合实际重锤响鼓，强生态，强环境，持之以恒抓管理，为沟域生态环境持续向好，更好满足人民日益增长的美好生活需要夯实了基础。

近年来，天河川沟域始终坚持“用环境留人”的理念。为给游客和村民提供优美的山水、整洁的环境，大力实施了村边、路边、河边“三边”治理和景观节点打造工程。先后在白河沿岸完成了“南天观澜”等宝山八景、“天河川公园”、天河沿途完成玄云寺、朝阳洞、宏德烈士陵园等景观节点建设；修建了停车场、木栈道、观景平台等；实施了村庄外立面粉饰、残墙断壁的修整和私搭乱建拆除工程；完成栾赤路、四宝路宝山段公路沿线山脚花墙砌砖、树木粉刷、绿化美化工程；完成镇域主要街巷广告牌匾改装，25个行政村村牌和全镇旅游标识牌匾制作及夜景照明安装等；大力实施了浅山区拆违、减煤换煤、禁养区腾退、河长制等生态环保工作。通过六年来的励精图治、持之以恒抓绿色生态环境建设，“绿水青山就是金山银山”的发展理念已植根于民心，沟域内生态环境水平实现了彻底改观。2017年，天河川沟域内3个民俗村累计发展星级民俗户106户，累计接待游客16.75万人次，旅游综合收入达1 193.63万元，切实带动周边村民走上了致富路。

坚持生态优先。一是摆上重要日程。定期召开环境工作部署会和专题分析汇报会，总结各村生态环境阶段工作、分析问题、提出工作要求。二是领导高度重视。镇领导深入实际指导工作，书记、镇长带头每周亲自到各村、各节点景观聆听民意、督导检查，耐心解答群众的疑惑和问题。三是加大宣传力度。在镇域内全面发动生态环境建设宣传工作，营造氛围。让百姓清楚生态环境建设是为了什么、怎么整治、能为百姓带来什么好处等，充分调动各个方面的积极因素，坚持把正面引导作为发动群众、转变观念的强大动力，使生态环境建设工作被全镇村民所接受，且深入人心。四是建立制度。为使生态环境建设工作有抓手，怀柔区出台了《天河川环境生态治理方案》和《环境管护实施办法》，使环境质量好坏与年终各村干部工资奖金形成杠杆；要求各村出台生态环境管护长效机制条约，作为村民公约挂在村里，设奖惩制度促进村民保护环境；各村成立以村书记为组长，村两委班子成员为组员的环境卫生整治小组，对环境卫生常抓不懈；成立一支30～50人的生态环境综合管护队伍，划分责任区，分配专门看护人员；镇督查小组监督检查，防止环境使问题故态复萌，使优化发展环境工作步入制度化的轨道。

坚持聚合力量。为打好环境建设这场硬仗，落实环境建设“反复抓、抓反复”的特殊常态，镇党委、政府成立以镇长为总指挥，党委副书记为总督察，负责环境的主管副职总协调，二级班子成员为分指挥的环境建设领导小组，下设环境建设办公室，全体机关干部以科室为单位包村认责，并按环境建设内容进村、督查指导。各村相应成立由书记任组长的工作班子，配以环境协管员。形成“党政齐抓共管，牵头部门合力推进，责任部门密切协作”的全力以赴、齐抓共管的工作机制，确保了生态环境建设工作无死角，没盲区。为使沟域生态环境得到进一步提升，天河川沟域大力推进疏解整治促提升、浅山区拆违、养殖业腾退、污水处理、饮水安全、减煤换煤、建立河长制等各项工作。依靠政策引导、资金扶持等诸多方面，组建新队伍、利用新政策、提升新环境，使各类不符合沟域生态绿色发展实际的产业得以退出，实现了一年四季垃圾污水有人管，河道河面有人清，树木花卉有人栽，景观节点有人护的良好工作机制。

坚持创新办法。为彻底解决垃圾集中清运、公共设施维护等问题，经过多方次论证和价格比对，最终聘用昊宇泽成建筑工程有限公司为宝山镇生态环境管护运营公司。通过公司化模式管理生态环境，使垃圾分类、村庄垃圾集中清运收集、二类公厕保洁维修、景观节点设施维护、私搭乱建拆除、村庄绿化美化等涉及生态环境建设的难点问题得以解决，确保了镇域整体生态环境干净、整洁、达标。

通过突出生态、整合力量、建管并用，沟域生态环境水平得到显著提升，生态建设得到持续发展。环境整洁、生态良好、空气新鲜的天河川沟域正以她生态自然的天然氧吧优势，吸引着城市居民休闲旅游、创作采风、投资置业。

（田亦平）

地质灾害易发区农户搬迁工程

【基本情况】2017 年是第三轮山区农民搬迁工程的攻坚之年、收官之年。山区农民搬迁工程围绕“搬得出、稳得住、能致富”的要求，按照“住新房、谋新业、换新颜”的路径，努力实现应搬尽搬。第三轮山区农民搬迁工程，共完成 2.26 万户、4.80 万人搬迁任务。其中 2017 年搬迁 46 个村、4 715 户、10 400 人。

【主要做法】①坚持量化监督，明确具体任务。明确各项工作年度目标任务，再将具体任务分解到每月，建立台账和月报制度，对各区工作实施情况进行量化考核。对工程实施进展和投资规模进行跟进督促、检查调度。②坚持项目化推进，全过程指导服务。按照工作可考评、可督导的要求，详细梳理每个搬迁村的投资总额、施工进度、可能遇到的困难，在年初组织全市山区建设培训班的基础上，对特殊问题进行了专家会诊，逐一找对策，拿良方。③坚持精细化管理，注重抓好环节。在规划上坚持生态优先，要求各区充分考虑绿化空间布局和后续生态友好型产业发展空间；在推动中坚持资金整合，要求各区集成优化政策，合力推动工程实施，将专项补助资金用在无力可借、无钱可筹的薄弱环节；在后期管理上坚持可持续发展，要求各区对整体环境、村庄风貌、产业培育、危房拆除等环节都要强化管理，持续关注；在服务指导上，紧扣调研、服务、协调、考核四个环节，确保工程项目落地，确保政策到村到户。

【搬迁成效】①搬出了新生活。在险户避险安居的基础上，完善了教育、卫生等公共服务配套，解决了长期困扰山区农民的饮水难、出行难、通信难、看病难、上学难、发展难、增收难等一系列难题。②搬出了新农村。搬迁新村基本按照通饮水、污水、电力、通信、网络、道路以及场地平整的“六通一平”标准和清洁取暖标准建设。搬迁新村过程中，门头沟区洪水口、密云区水树峪等 25 个村被评为北京最美的乡村。③搬出了新产业。坚持安居与乐业并重，山区搬迁与沟域经济建设紧密结合，注重培育民俗接待、休闲旅游、养老养生等特色产业，搬迁农户实现就近就地就业。目前，山区搬迁新村中新发展 70 余个旅游专业村，户均年收入 10 万元以上。④搬出了新生态。山区搬迁探索出生态涵养与产业发展双赢的新模式，践行了“两山论”。搬迁工程将新村推向集约化用地、无煤化建设、城镇化发展，将星罗棋布的村庄打造成了星光灿烂的美丽新村。⑤搬出了新农民。搬迁新村新建了益民书屋、文化体育广场、老年公寓等公益服务点，组建了乡村旅游接待服务、文娱表演、全科农技、看山护林、治安、保洁、管水、护路等村级服务队，培育了乡村酒店、电商等村级新型经营主体，山区农民的生产方式、生活习惯、思想观念正在发生着由表及里的变化。

（李源茂　田亦平）

【搬迁典型】

1. 怀柔区汤河口镇搬迁。汤河口镇是怀柔区北部山区中心镇，共有22个行政村，其中满族村5个。该镇多地属于地质灾害、泥石流、洪水易发区，生存条件较为恶劣，配套基础设施不完善。山区搬迁工作是汤河口镇改善百姓居住条件，提高人民生活水平的重要途径。自2009年开始，汤河口镇结合本镇实际情况，通过散户搬迁与整村搬迁相结合的搬迁形式积极稳妥实施山区搬迁工作。截至2017年年底，累计完成山区搬迁18个村，涉及1 549户、3 568人，共建设宅院1 200余处，搬迁村庄比例达到81%，总投资达2亿元，争取上级补助政策资金1.27亿元左右，从根本上改善了村民居住环境，为以后的增收致富搭建了平台。

紧抓“两个主体”，提高村民满意程度。山区搬迁工程的直接受益对象是村民及村委会，村委会作为山区搬迁工程的具体实施主体。充分发挥他们的主体作用，由其直接参与选择施工企业、居住户型、建筑材料等，增加其对搬迁工作的知晓度及参与度，保障村民群众在搬迁工程中真正享受实惠，得到了群众的理解和支持。

盯住“三个环节”，稳步动员凝聚共识。一是程序环节。为确保搬迁政策公开透明，拟实施搬迁的行政村通过多次召开两委会、村民代表会（有条件的村召开户主会）等多种方式学习宣传政策文件，镇派专人讲解搬迁政策与各类注意事项，对群众实行现场答疑，共同商议山区搬迁相关事宜，并根据市、区搬迁政策制定符合村级实际的实施方案，对符合搬迁政策的人员进行张榜公示。同时，由设计单位设计多种建筑户型和房屋格局，通过在村委会公开栏公示的方式，由村民自主选择适宜的户型和房屋格局，基本符合村民意愿，一切做到搬迁群众心中有数。二是建设环节。由镇招标办负责对农民搬迁及后期基础设施建设工程分别招标，公开遴选施工企业，控制建设费用的同时，从源头上保证施工质量，避免出现房屋建筑质量纠纷。三是资金使用环节。在实施前，由村委会与村民个人签订相关协议，在工程完工，且质量达标、满足群众需求后，根据工程进度拨付工程资金；各搬迁行政村均建立专项账户，搬迁专项资金划拨前由村质量安全监督小组、理财小组同时签字方可生效，在工作开展中严格按程序申请补助资金，做到事后结算评审，实现专款专用。

落实“四项措施”，全力建设满意工程。质量问题一直是村民在搬迁过程中关心的头等大事。为此，镇村两级非常重视，一是成立镇、村搬迁领导小组。镇领导小组统筹全镇各村工作，形成自上而下的管理体系，掌控全局，定期召开搬迁工作协调碰头会，将行政村、施工方、监理方以及相关科室召集到一起，汇报搬迁实际进度，系统总结以往搬迁村出现的问题，就近期工作中存在的问题和难点进行商讨，集中解决，避免再次出现类似问题，影响施工进度。二是成立村质量安全监督小组。与区农委派监理一起监督质量安全，主要由在村威信高、具有一定的项目建设经验的两委干部和群众组成，随时检查施工工地、询问工程进度、施工材料准备情况，直接参与工程质量监督，如发现任何质量问题均可向镇政府及监理方反映，减少矛盾积压。三是建房过程中关键节点由搬迁户分阶段签字验收。为减少房屋建筑质量纠纷，对于统一施工的村，除接受区派监理全程监督外，由村民亲自把关，在平整场地、打地基、垒墙体、上圈梁、瓦房、室外装修等关键施工步骤之后，搬迁户分步验收签字。四是聘请专业社会监理。对于进行自建房的村民个体，要求各户做出承诺，由区派监理单位多方督导，必须符合相关建房标准，保证农户最终能够享受到搬迁政策。监理单位定期向镇政府上交监理日志，如施工过程中出现问题将第一时间反馈至镇政府，避免出现任何质量问题。

集成政策，提升生产生活基础。为解决政策补助资金不足问题，全镇上下多方沟通，积极包装相关项目，集成发改委、农委、文委、水务局、园林局、民政局等相关职能部门政策资金，用于村庄硬化道路、建设护村坝、新建老年活动室、建设文化活动室、完善上下水设施、完善绿化美化等，整体打造特色少数民族新村和农村新型社区。

多年来，汤河口镇认真贯彻落实山区搬迁政策，紧抓“两个主体”、盯住“三个环节”、落实“四项措施”，取得了较为显著的成效。一是改善了村容村貌，改进了居住条件。通过陆续实施山区搬迁工程，全镇大部分村庄进行了重新规划，从根本上改善了村民居住环境，村容村貌得到了明显改善。同时，在新农村建设过程中统一布局、突出民族特色，按照民俗接待的标准设计房屋；以农村公路、水利、电网、村庄绿化和房屋“五大工程”建设为重点，以环境整治为切入点，使农村行路难、用电难、环境差等基础设施薄弱的问题有了很大改观，为提升村民生活质量创造了基础。二是促进了民俗产业发展，实现了农民增收。通过实施山区搬迁工程，依托汤河口镇优越的地理区位优势和丰富的自然资源，改变了农村单纯发展一产的经济模式，促进农民向优势产业转移，大力发展民俗旅游业，将原有的山区农村打造成集民族特色、休闲、养生、度假等为一体的新型农村，促进了农民增收。2017 年，全镇累计打造星级民俗村 3 个，星级民俗户 71 户，其中后安岭、大榆树、东帽湾、新地等搬迁新村星级民俗户 63 户。全镇实现综合旅游收入 1 382.3 万元，接待游人 37.1 万人次，分别同比增长 11.0%和 11.2%。

2. 密云区冯家峪镇搬迁。 密云区冯家峪镇位于密云水库上游深山区，环境优美、山清水秀。为保密云水库一盆净水，冯家峪人民做出了很大贡献，但居住环境恶劣，很多村庄遭受地质灾害泥石流、山体崩塌和洪水威胁。冯家峪镇高度重视和关心农民安居工程，坚持“政策集成、资金聚焦”的原则，大力实施山区搬迁工程，并与新农村建设、主导产业发展、农民就业增收紧密结合，改善山区生态环境和农民生产生活条件。同时，搬迁后通过发展乡村旅游、民俗接待、特色种植、生态养殖等后续产业，多渠道多途径增加农民收入，实现了搬得出、稳得住、能致富的发展目标。

冯家峪镇总户数 4 312 户、8 827 口人，总面积 214.2 平方公里，山场面积 275 642 亩、耕地面积 9 899.9 亩，2009 年至 2017 年，12 个行政村实施了整体和部分农民搬迁 1 020 户、1 804 口人、建 608 个院。在实施搬迁工程的过程中，镇政府特别注重政策宣传引导，积极推进镇、村学习和掌握好搬迁政策，管控和使用好政策资金，使搬迁户利益最大化。各村在实施搬迁过程中要成立领导小组、召开各级代表会，制定实施方案、预算，签署搬迁协议、设公开栏、建台账，所有搬迁资料归档，经镇政府批复同意后方可施工。同时，镇政府统一聘请有资质的公司进行建房图纸设计、地质勘探、测绘和监理，确保新建房屋在节能保温的同时，必须有圈梁、地梁组合柱，能达到抗八级地震的标准。

（1）石洞子村 2017 年 5 月 18 日开工，涉及 141 户、292 口人，建房 94 个院（二层楼 20 栋），10 月底完工，民房户全部搬迁入住，二层明年开春装修，9 月底回迁入住。石洞子村 80%都是石头房，危房占一定比例，最早的房屋建于 20 世纪 50 年代和 60 年代，全村整体房屋破旧，汛期非常危险，镇、村干部年年组织群众避险转移，确保人民群众的生命和财产安全，现在能够迁入新居，安居乐业，所有搬迁户都非常满意，村庄整体环境焕然一新。

（2）西白莲峪村是全镇唯一低收入村，是 2017 年实施泥石流险户搬迁的重点村。区、镇政府高度重视，结合低收入村的相关政策，为彻底解决居住问题和改善低收入村贫穷、落后面貌，镇政府决定整个行政村实施山区除险搬迁。西白莲峪村共 105 户、203 口人，建房 70 个院，10 月底全部搬迁入住，搬迁户既住上了安居房，又增加了收入，平均每户通过搬迁建房打工收入 1.2 万元，居住环境发生了翻天覆地的变化，搬迁户非常满意，都说党的政策好，政府领导关心他们，下大雨也不怕了。目前，西白莲峪村正通过山区搬迁结合本村旅游资源，发展民俗旅游、特种种植、果品采摘、长城文化开发等产业，力争在两年内摘掉低收入村贫困的帽子。

（3）司营子村山区搬迁使用新型材料建二层连体别墅，涉及 115 户、260 口人，建 82 栋别墅。因开工建设比较晚，已建成 19 栋，2018 年 9 月完工，10 月底 19 户全部搬迁入住。司营子村 95%都是石头房，建于 20 世纪六七十年代，房屋破旧，居住危险，地理位置是白马关河源头，接壤怀柔和河北省交界地，地势较平坦，镇、村结合实际情况，打造出高标准生态村，建成后是冯家峪镇标志性新型村庄，除政策资金以外，搬迁户出资较多，不足部分由镇政府补助一部分，为确保密云水库水源质量，保护好这盆净水，新村建成后生态环境得到彻底改观，老百姓的保水意识逐年提高，为确保北京市民喝上放心水做出了贡献。

3. 房山区周口店镇黄山店村。黄山店村位于周口店镇西部山区，地处太行山脉大房山南麓，地势北高南低，山峰重叠，沟谷交错。通过实施易地选址搬迁，并结合沟域经济建设，依托村庄现有资源优势发展乡村旅游，走出了一条产业融合发展的富民强村之路。黄山店村村域面积 20.2 平方公里，村民 565 户约 1 600 人，分散居住在地质灾害易发区，是一个靠天吃饭、靠地为生的穷山村。2012 年“7·21”特大洪灾后，黄山店村实施避险搬迁工程，建设住宅楼、养老公寓、村活动中心等安置楼 35 栋，总面积 76 000 平方米。截至 2016 年年底，该村居民 95%以上入住新居，人均住宅面积 40 平方米。通过搬迁新村建设，从根本上改善了村民生活水平，优化了生产环境，提高了生态质量。同时，作为幽岚山沟域经济建设的重要节点，发展乡村旅游业，安置村民就业达到 100%，实现“薪金＋股金”收入，带动黄山店村从年人均收入不足 2 000 元的“贫困村”，转变为年人均收入 18 500 元的“全国文明村”“中国最美休闲乡村”。

破解“三难”——“搬得出”。尽管有政策支持，但由于村集体和村民原始积累少、家底薄，村里老年人居多，黄山店村搬迁同样面临新址难选、资金难平、故土难离的“三难”境地。村“两委”班子果断执行市、区两级永久安置房搬迁政策，带领村民创造性地完成易地选址搬迁任务。一是化解“新址难选”。黄山店村原址不仅是地质灾害易发区、受洪水威胁地区，还是居住分散、交通不便等生存条件恶劣地区。新村选址面临土地紧缺、限制严格等困难，选址成为黄山店村搬迁的第一道难题。村“两委”班子带领群众围绕着“地”找出路。第一步，摸清底数，确地。黄山店村首先从敲定人数着手，确定搬迁占地规模。村集体锁定 2010 年 3 月 31 日为审定户籍日期，在此之后只接受新生儿和因婚落户，并将搬迁户张榜公布，实施精准搬迁，符合条件的一个不少，不符合条件的一个不搬，做到了无人挑剔、无从挑剔。第二步，安全评估，找地。由村集体出资聘请专业公司，村支部书记张进刚带着专业技术人员在村域内，反复进行地质勘察、地质灾害评估、环境评估，像探宝寻藏一样，选出了安全适宜的土地，作为安置新址。第三步，集中安置，节地。村集体广泛征求村民意见，采取多层住宅建设方式，集约节约利用土地，最大限度地减轻资源承载压力。第四步，腾退复绿，换地。对搬迁旧宅基地统一收归村集体，并按照市职能部门测查的隐患点，实施危旧宅院拆除 90 余个，进行生态恢复，平衡了占地指标。二是化解“资金难平”。黄山店村搬迁涉及建设新居、配套基础设施、防护工程建设、占地赔偿、拆旧复绿和转型发展产业等工程开支，总预算资金达到 10.6 亿元。短时间内要筹措这些资金，对于灾后的小山村来说，非常困难。黄山店村充分发挥民主，广泛征求村民意见，反复召开村两委班子会，最终选择了“补、引、筹、挣”的方式化解了资金难题。首先，集成政策，补贴一部分。黄山店村搬迁享受《房山区永久避险安置房建设实施方案》市级专项补贴 8 600万元，争取市固定资产投资 5 000 万元、京津风沙源治理工程 2 800 万元、区级财政补贴 1 400 万元等政策资金，总筹资达到近 1.8 亿元。其次，市场运作，引资一部分。村集体成立了黄山店农工商公司，村民及村集体以腾退土地入股，由黄山店农工商公司与天洋集团、北京立马水泥有限责任公司签订合作开发协议。公司通过前期投入 7.7 亿元，完成社区配套设施和经营性项目建设，通过后期经营管理，双方共享经营收益。村农工商公司的经营收益中，企业内部留存 30%，将 70%的收益按照持股比例分给村民。再次，村集体和村民自己筹措一部分。新民居价格采取分层计价，搬迁农户按人均 40 平方米购买，村民自筹资金 8 000 万元，村集体补贴3 000 万元，筹措资金 1.1 亿元。最后，投工投劳，节约一部分。新村环境美化、河道整治、旧房拆除均由本地村民投工投劳完成，让村民在建设自己家园过程中，付出了劳力，还获得劳动报酬。三是化解“故土难离”。思路决定出路，入题需先破题。针对村民存在“不想搬”“不愿搬”等想法，而产生“故土难离”的问题，村集体见招拆招，一一化解。黄山店村通过细致入微的工作方法使全村实现整体搬迁目标。首先是消除疑虑。村两委班子成员分头走家串户，与农民沟通、面对面做工作，了解每户真实想法和具体困难，共同商讨搬迁方向、思路、办法，打消他们疑虑，解决后顾之忧。然后是描绘蓝图。把新村民居做成效果图，把搬迁过程绘制流程图，把产业发展形成布局图，引导村民立足当前，看到愿景，村民由“要我搬”转变为“我要搬”。最后是强化保障。充分发挥基层党组织的先锋模范和战斗堡垒作用，妥善处理搬迁中各类矛盾纠纷，努力共建和谐文明新村。在新村选址时，需要将200多个坟墓迁走，得到全部村民的理解和支持，没有一户上访。

走实“三步”——“稳得住”。搬迁是手段，使农民远离地质灾害易发区、受洪水威胁地区、生存条件恶劣地区，实现安全居住，通过走实“建新居、换新颜、谋新业”三个步子，实现搬得进、住得下、稳得住。一是科学规划“建新居”，让农民居住安稳。黄山店村是永久避险安置房建设村，同时也是新型农村社区建设试点村。新村建设中，摒弃过去村庄建设的随意性，聘请专业团队对村庄布局、房屋设计进行“高起点、高层次”的规划，并组织党员代表、村民代表进行集中评审，民主决策，确保新村安全、民居舒适、特色突出、风格多样、村民认可、生活便利。同时，立足长远、留有余地，解决本村适龄青年婚房及无房户等问题。老百姓住进了依山傍水的新楼房，在绿水青山中享受着城市现代文明的幸福生活。二是生态优先“换新颜”，让村庄和谐稳定。黄山店村注重新村建设与生态环境相融合，坚持提升生态，践行绿水青山就是金山银山。综合实施红螺谷小流域综合治理、山村公园建设、街道绿化美化、拆房复绿等系统工程，打造了优美整洁、绿树成荫、花海环绕的特色村庄；综合实施供水、污水、有线电视、通信、照明等基础工程，在偏远的村庄实现“六通一平”。旧山村变成公园式生态山村，村民住进搬迁新村，推开窗门就能看到山、望见水。三是转型升级“谋新业”，让经济稳步增长。黄山店村坚持集体开发旅游资源，既不对内承包，也不对外租赁，而是坚持自主保护开发利用，保障全体村民从集体经济中受益。坚持有利、有序、有节开发利用，将发展空间预留给子孙。村集体在生态建设、景区营造、民宿培育等方面，利用原始积累，对旧村边远闲置资源进行重组整合，采取“无人不股”“无物不股”“无权不股”的形式，以资金、资产、资源或承包权作价入股，盘活闲置资产，放活经营权，确保全体村民按份共有、按股分红、按期兑现。

打造“三区”——“能致富”。培育支柱产业，让村民充分就业，才是村里可持续发展的稳压器。黄山店村依托生态资源优势，建设沟域经济节点，打造花海景观，通过“三区”发展休闲旅游新业态，避免了开发过程中预想不够、经验不足的局限，使集体经济稳步发展壮大。一是开发绿色休闲区。村集体聘请清华美院专家进行规划设计，从保护和发展生态出发，就地取材，向传统靠拢，打造匠心独韵、乡村特色浓郁、山景水景一体的“坡峰岭”景区。从2011年开始，连续成功举办五届周口店幽岚山坡峰岭红叶节，创出了享誉京郊的“坡峰岭红叶”品牌，辐射带动了快活林、奇石山、玉虚宫、红螺三险等一批旅游资源，直接安置劳动力就业200余人，年接待游客30余万人次，实现综合收入1 000万元。二是打造高端民宿区。村集体按照建设精品民宿休闲小镇的发展理念，高标准打造了具有浓郁地方特色的云上石屋、桃叶谷、姥姥家等30套民宿小院。高端民宿区引进远方网进行经营管理，实行管家制服务，仅此一项安置本村劳动力40人，在享受2 700～3 000元月工资的同时还享受五险待遇。高端民宿区将农村气息与现代生活相融合，定期开展米其林星级主厨进乡村、纯素食之旅等活动，打造高品质慢生活空间。各项经营收益由村集体和企业五五分成，农民按股按年分红。三是建设特色农业区。黄山店村抓住退耕还林的契机，将村民承包的土地全部流转回村集体，成立黄山店村农业公司统一经营管理，提高土地利用效率。建设精品采摘园，种植磨盘柿等特色果品；延伸产业链，种植适宜本地区生长的五谷杂粮和蔬菜，专门供给坡峰岭景区餐饮部；丰富本地农副产品种类，引进农林科学院优质新品种。黄山店村农业园区被评为北京市休闲农业星级园区。

通过黄山店村“搬得出、稳得住、能致富”的例子，总结了以下经验体会：一是领导重视是关键。搬迁工程是一场攻坚战，各级部门坚定信念、坚强领导、坚持担当是打赢这场攻坚战的关键。领导重视，真抓实干，才有感召力，才有带动效应。黄山店村的成功搬迁，正是有市和区的顶层设计、正确决策，各级领导干部的共同努力，层层抓落实，才实现了黄山店村今天的跨越式发展。二是农民主体是前提。村庄的发展建设，最终的目的就是让百姓过上好日子。只有真正做到让村民有知情权、参与权，有当家做主的感觉，他们才会认可，工作推动才有力度，产生事半功倍的效果。黄山店村无论是搬迁前期的方案设计，还是搬迁工程建设，以及产业转型发展，都经村民代表大会通过后，才具体实行。同时在施工过程中，组织村民参与施工建设，参与施工监理和工程验收监督。切实把搬迁群众搬到与个人愿望相结合、与自己谋生能力相适应的地方，不断实现农民对美好生活的向往，真正让农民发自内心地愿意搬、主动搬。三是惠民政策是支撑。对于一个贫困的山村来说，土地和资金难题都是搬迁过程中难以逾越的鸿沟。惠民政策正是搬迁村逾越鸿沟的桥和船。实践证明，黄山店的搬迁工程使生活在地质灾害易发区、受洪水威胁地区和生存条件恶劣地区的村民彻底消除了安全隐患，从根本上改善了生产生活条件，打破了以往“受灾—救灾—重建—再受灾”的恶性循环，使他们享受到农民搬迁、美丽乡村建设等一系列惠民政策的成果，过上了住楼房、上下班、有保障与城市相近的田园城市生活。四是主导产业是保障。产业扶持，重在“造血”。搬迁是方式，农民致富才是搬迁工程的最终目的。搬迁工程要深入研究村庄的持续发展和农民的生计出路。从根本上转变搬迁农民的生产方式，由过去单纯依赖“有土安置”逐步向以“有业安置”的方向转变，由过去农民群众在“一亩三分田”上过活，向以一二三产业融合为重点的方向发展。

4. 门头沟区斋堂镇柏峪村。柏峪村位于斋堂镇西北部，距离镇中心区 12 公里，东距爨底下村 4 公里，西距黄草梁 7.5 公里。村域面积 3.28 万亩。现有村民 321 户、616 人，农宅总面积约 2 万平方米。村内旅游文化资源非常丰富，集历史、古建、军事、红色、戏曲文化等于一体。2015 年以来，柏峪村开始提前谋划险村搬迁方案，并委托专业公司进行高标准规划设计，2017 年被列入全区险村搬迁计划，并于当年 4 月开工建设。目前工程进展顺利，已完成 75% 的民房翻建工作，部分房屋已完成内装修，达到入住条件。

结合资源禀赋，采用“两结合”谋划搬迁方案。柏峪村位于爨柏景区内，地理位置特殊，旅游资源丰富。一方面，柏峪村要借助险村险户搬迁契机发展民俗旅游，培育“吃、住、游”一体化的主导产业；另一方面，柏峪村又要保持传统村落风貌，与周边古村落相互匹配。在这种情况下，搬迁方案、规划风貌成了摆在柏峪村面前的首要问题。柏峪村多次召开村民代表大会，在尊重老百姓意愿的前提下，区、镇领导多次下村指导，在反复的讨论与磨合中形成了“两结合”的搬迁方案，一是结合爨柏景区旅游规划，提升柏峪村旅游文化整体形象；二是结合爨柏沟域基础设施项目建设，提升柏峪村基础设施整体水平，力争形成爨柏沟域带上的一个闪亮的节点，承托起爨柏沟域的居住功能。目前，爨柏景区旅游规划已形成初步成果，正在修改编制。同时爨柏古村古道文化旅游区基础设施建设项目已获得发改委批复，批复初设概算总投资 9 303 万元，其中市政府固定资产投资安排解决 8 373万元，建设内容主要包括道路工程、给水工程、古村风貌保护工程和绿化工程。通过“两结合”的搬迁思路，柏峪村的搬迁方案明确，产业定位清晰，为后续的发展打下了基础。

注重原始风貌，采用“高定位”做好规划设计。在规划设计之初，在多级政府部门的大力指导和支持下，采用“高定位”的设计思路，委托高等级的设计研究院进行初步设计。通过文化注入的手段在建筑规划中叙写乡村文脉，重塑乡村精神，建立乡村表情，讲述乡村故事，摒弃装潢式的立面设施改造，打破千篇一律的乡村建筑面貌。保留村落的特色风光、保存完好的村落形态、展示丰富多彩的历史文化内涵。设计经过多轮修改和完善，并多次征询了村民、区农委、镇政府等相关部门的意见建议，最终形成定稿。

坚持民主公开，采用“凝聚力”早动员早部署。在明确了搬迁方案和规划设计后，柏峪村不等不靠，提前启动前期工作。2015 年，柏峪村“两委”班子多次组织召开村民代表大会，讨论制定搬迁方案。2016 年完成了搬迁规划设计，得到了全体村民一致通过，并被列入全区2017年险村搬迁计划。柏峪村险村搬迁工程得以顺利推进，“两委”班子的“核心力”起到了决定性作用，该村以班子团结为核心，以全体村民支持为基础，以“四议两公开”为方式，做到早动员、早部署、早行动，下好先手棋，打好准备仗。该村结合“法城经验”“东马经验”，在此基础上进一步创新搬迁模式，在未列入险村搬迁计划之前，就提前部署前期工作，完成了搬迁方案制定、规划设计、“四议两公开”程序、村民搬迁申请等前期手续。

柏峪村险村搬迁的经验启示。一是坚定党支部班子的领导。柏峪村险村搬迁改造工程自筹划以来，柏峪村党支部就冲锋在前，提前谋划，形成核心力、战斗力，在工作推进过程中，确实为百姓谋发展、谋福祉，齐心协力，发挥党员领导干部的先进性、带头性，为改造的顺利实施打下了坚实的基础。二是柏峪村通过“先过会，后申请”“先筹备，后启动”的运作方式，在列入2017年险村搬迁计划之前，就已完成了绝大部分前期工作，确保了险村搬迁工程可以及时有效地顺利推进。险村搬迁资金到位后，立即开展了工程建设，为门头沟区的险村险户搬迁工程树立了新的典型模式。三是积极采用村内用工方式，在满足工程质量、程序合规合法的基础上，尽可能地使用村内劳动力，使其加入到改造工程中来，不仅能够解决自身就业和收入来源，还能实时进行改造质量的把关与进度的监控，让村民真正享受到政策的实惠。

5. 延庆区珍珠泉乡下花楼村。下花楼村位于延庆区珍珠泉乡西北，地处深山区，距乡政府6公里，距城区61公里。全村有137户，280人，其中农业户104户，236人。有残疾人户48户，56人，占全村农业人口的23.7%。受人口因素影响，村级建设和产业发展严重受限。为改善村域现状，两委班子因地制宜谋发展，几年间，实施了山区搬迁工程，大力发展独具特色的榛子产业，有效推动了村域经济发展，改善了区域村民生活条件，村党支部多次被评为优秀党支部，下花楼村获得了生态文明村等多个荣誉称号。

因势利导，村级建设走新路。下花楼村积极实施山区搬迁工程，效果显著。一是认真调研，广泛宣传，使搬迁从可能变成可行。成立搬迁领导小组，将群众信任、认可的“能人”选入领导小组，负责全村搬迁工作。同时，乡村两级多次带村民前往搬迁先进村进行实地走访，面对面交流，借鉴搬迁工作经验。通过调研，形成符合村级实际的搬迁方案，小组成员带着方案入户宣传，做到人尽皆知，达成共识。一个星期就完成了134户，272口人搬迁协议的签定。二是多方筹资，项目集成，把工程建成民心工程。为了让民生工程更好惠及于民，在争取市、区搬迁资金补助，村民前期缴纳搬迁自筹款的同时，乡村两级积极与有关部门进行对接，争取支持，将一个个小的项目集成到搬迁大事中来，如上下水工程，集中供暖、供电工程，一事一议工程，美丽乡村建设等，逐步解决水、电、路等后续保障问题，尽早圆百姓“新居梦”。三是强化监督，注重质量，让百姓住“安心房”。首先，从源头把控质量，如钢筋、水泥、砖等，指定进货商确保主材质量。其次，挑选有资质，建筑经验丰富的建雄集团、金宸公司作为合作企业，严格施工，确保工程质量达标。最后，引入三方监督，由区、村、个人共同对建筑工程质量进行监督，发现问题及时解决，不给搬迁工作留尾巴。目前，村内已建79栋新型民居，村民喜迁新居。

开拓创新，产业发展走实路。一是因地制宜种新品。下花楼村地形复杂多样，年平均降水量为524.1毫米，全年无霜期145天。村“两委”带村民多次外出到东北等地考察，发现该村气候恰好适于榛子种植。该村从2010年开始试种榛子，到目前种植规模达到624亩，占全村耕地面积的90%，种植农户78户，特色产业格局初步形成。二是种植管理出新招。种植初期，榛子种植管理采用的是个体种植经营模式，但因个户单打独斗，缺乏系统的管理，榛子产出效益不明显。为了推动产业健康发展，形成规模优势，2014年，经村“两委”会讨论决定，由散户经营转化成集体经营，每亩给予村民600元补贴，村民打工挣工资，从种植、修剪到施肥、采摘等技术全部由村集体统一管理，确保榛树长势良好，努力提高榛子产量。三是强化管理有成效。村级成立专门的技术队伍，每年定期对榛树进行剪枝、除草、除虫，保证榛树生长呈良好态势；同时，在水源、肥料上给予充足的保证，每年投入农家肥300余吨，复合肥20余吨，确保榛树地土质肥沃。在乡政府的支持和帮助下，村里积极寻求科技帮扶，多次邀请专家教授实地对农户进行技术指导，有效提高种植管理水平。2017 年榛子产量 3 000 千克，比 2016 年增产 20%，实现收入 18 万元。

真抓实干，村级发展见实效。一是民居环境明显改善，生活质量显著提升。通过实施山区搬迁工程，原有破烂不堪的民房被独树一帜、整齐划一、宽敞明亮的新型民居代替，街道也由当初窄小杂乱变得开阔整齐，村容村貌更加干净整洁，村民居住环境得到明显改善，生活质量有了显著提升。二是特色产业健康发展，农民收入稳步增高。因管理经营模式统一，技术服务系统配套，榛树长势较前几年有了很大提高，榛子结果率呈逐年增高之势。全村参与产业发展的人员达到 130 人，人均收入 6 040 元。三是以产促建、以建推产，村级事业融合发展。安居才能乐业，安居才能安心，山区搬迁的目标是“搬得出、稳得住、能致富”。榛子产业的健康发展是实施山区搬迁后，村民生活水平稳步提升的坚实保障。新民居的建成又是榛子产业保持十足发展后劲的有力支撑。

（田亦平）

农 业 科 技

综 述

2017年围绕“调转节”，结合京津冀协同发展和北京市农林水重点工作，不断创新农业科技服务模式，规范农业科技项目管理方式，强化农业科技推广体系建设，充分发挥农业科技支撑作用，有效促进了京郊农业科技水平提升。

（魏元元）

科技推广与科技成果

【规范农业科技项目管理】 修订《北京市农业科技示范推广项目管理办法》（京政农发〔2017〕2号），进一步推动科技项目管理的科学化、规范化、系统化。并按照《管理办法》要求，组织编制《2015—2016年度农业科技示范推广项目材料汇编》，启动开展2017年农业科技示范推广项目绩效跟踪评价，聘请第三方对项目的实施进度进行跟踪，对实施效果进行评价。

（魏元元）

【创新农业科技服务方式】 创新管理方式，充分发挥科技服务体系建设和管理的支撑作用，完善全科农技员绩效管理手段，试点“互联网＋农技服务”的新模式。组织实施“移动APP及咨询通产品在全科农技员管理服务中的应用示范”项目，为全科农技员服务的新模式提供支撑。

（魏元元）

【农业科技示范推广成效显著】 结合农业结构调整，组织实施一批农业科技示范推广项目，重点围绕农业综合节水技术、育种繁种技术、农业高端技术转化、农业生态技术和观光休闲技术五个重点扶持领域，支持农业科技项目67项，其中农业科技示范推广项目64项，新型生产经营主体科技能力提升项目3项，有力支撑首都“菜篮子”工程建设。

（魏元元）

【新型生产经营主体科技能力持续提升】 充分发挥北京市农业科技资源密集的优势，加大对新型农业生产经营主体的科技服务力度，组织北京市农林科学院、北京农学院、北京农业职业学院等院校专家队伍，持续开展以带动低收入村为重点的市级专家与新型农业生产经营主体的长期稳定对接，并制定“五个一”的工作标准，加强督促和检查，确保科技成果转化能力和服务质量。截至2016年年底，共有363名市级专家与农民专业合作社、家庭农场、生产大户、标准化基地和龙头企业建立了对接，形成了一套具有北京特色、适合京郊农业生产的科技推广服务新模式。年内，全市又有83名新的专家加入对接。通过对接，一方面引进示范了一大批新品种、新技术，提升了“菜篮子”重点产品的科技水平，解决了生产中关键技术问题；另一方面通过专家实操指导、现场培训等多种形式，培养了一批“有文化、懂技术、会经营、善管理”的一线生产能手。

（魏元元）

【强化全科农技员技能培训】 2017年全市在岗的村级全科农技员共有2 425名，分布在10个远郊区，实现了全市农业主导产业村“全覆盖”，成为郊区农业技术推广的一支重要力量，并与北京市科技特派员队伍实现了有机结合。为进一步提高村级全科农技员科技素质与推广服务能力，年内重点开展了以下两项工作，一是加强村级全科农技员的信息化服务能力建设。在10个远郊区开设农业科技网络书屋，便于村级全科农技员查阅实用技术信息、在线咨询辅导、农资农产品供求信息发布；利用221信息平台、12316热线咨询服务平台，建立了手机短信收发系统、双向视频诊断系统、语音三方通话系统和专业服务网站等信息技术服务支撑平台；探索了移动APP服务模式，提升村级全科农技员开展服务的快捷性和针对性，使得服务农业园区和农户的效率大大提高。二是加强村级全科农技员技能培训。组织开展应时应季培训，采取集中授课、现场观摩、专家答疑等形式，开展了农业节水技术、蔬菜果树栽培技术、畜禽养殖及疫病防治技术、农业标准化生产、农产品质量安全和农产品电子商务等培训。

（魏元元）

【创新新型职业农民培育方式】 落实中央农村工作会议精神及《国务院关于激发重点群体活力带动城乡居民增收的实施意见》等有关文件精神，全面提升新型职业农民职业技能，研究出台《关于实施北京市新型职业农民激励计划的若干意见》（京新农办函〔2017〕14号）；积极组织实施农业农村创业创新。按照农业部《关于加强农民创业创新带头人宣传工作的通知》（农办加〔2016〕11号）及关于支持返乡下乡创业创新工作视频会议精神，本市成立农业双创工作办公室，在摸清全市农村创业创新基本情况的基础上，对全市农村地区创业创新先进个人进行了遴选。共征集包括11个区在内的68名“双创”先进个人材料，涵盖了农村一二三产业融合方面创业创新有积极贡献的返乡下乡人员、有先进技术的种养能手、休闲农业和乡村旅游、“互联网＋”等农村能人、合作社创办人等。

（魏元元）

【推进新型职业农民培育和学历教育】 围绕农业部“基层农技推广体系改革与建设”和“新型职业农民培育”两个专项工作，依托北京市创新团队和各类科技项目，对现代青年农场主、新型农业经营主体带头人和新型职业农民开展培训，重点培训农业节水技术、蔬菜果树栽培技术、畜禽养殖及疫病防治技术、农产品安全生产知识和农产品电子商务等内容，全年共培训3万余人次，其中培育新型职业农民2 600余人，提高了新型生产经营主体的经营管理水平和新型职业农民的生产技术水平。组建以市农广校各区分校为主，其他农技推广机构参与的“一主多元”培训体系，将中专学历教育与培训整体融合；建立中高职教育衔接机制，以北京市农业职业学院为依托，创新形成了“半农半读，学农结合”的人才培养模式，提升了新型职业农民的学历水平，加快了传统农民向新型职业农民的转化。目前已有279名农广校毕业生进入市农职院的全日制高职班学习。

（魏元元）

【落实科研体制改革精神】 年内，围绕贯彻落实中央和北京市科研体制改革有关精神，将北京市创新团队建设专项纳入科研项目范畴，作为项目主管部门市农业局会同市财政局起草了《北京市创新团队专项资金资金管理办法（试行）》。起草并印发了《北京市农业局关于贯彻落实科研体制改革有关精神的意见》，确定了局属单位承担的科研项目范畴。组织局属单位制定《财政科研项目管理实施细则》《财政科研项目资金管理实施细则》《科研成果转化实施细则》《科研人员出国境管理实施细则》。

（初蔚琳）

【农业科技成果持续产出】 市植物保护站申报的《现代蔬菜病虫鉴别与防治手册（全彩版）》获得2016年度“北京市科学技术二等奖”。北京市土肥站申报的“京津冀环境友好生态生态施肥关键技术与应用”和农业局信息中心申报的“首都农业生态环境在线监测技术设备和评价方法平台研发应用”、北京市农业环境监测站申报的“蔬果废弃物集中高效好氧发酵关键技术研发及应用”3项成果获“2017年度北京市科学技术奖”三等奖。

（初蔚琳）

【创新团队建设成效显著】 继续建设果类蔬菜、叶类蔬菜等10个创新团队，共聘用了10名首席专家，岗位专家160人，综合试验站站长53人，农民田间学校工作站站长178人，调优调减农民田间学校工作站36个。完成10个创新团队“十三五”规划的制定；举办休闲景观工作交流与研讨会；启动撰写产业发展报告。加大技术研发与成果转化落地工作力度，取得直接经济效益7.24亿元，节水1 200万立方米。组织开展产业调研1 600余次，深入了解产业技术瓶颈问题和农民生产需求。依托项目技术人员共出版著作30部、发表论文517篇、授权专利141项、申请专利119项，获得各项科技奖励25项，提出政策建议30项，编制标准、操作规范21项。社会影响广泛，《农民日报》以现代农业产业技术体系北京市创新团队“为北京农业插上了科技的翅膀”为题进行了专题宣传报道。在电视、电台和网络等媒体上进行宣传报道938次。

（初蔚琳）

【培养新型职业农民】 全年完成842名新型职业农民培育工作任务。与市财政局、市农委联合编制并以市新农办的名义印发了《关于实施北京市新型职业农民激励计划的若干意见》，明确支持新型职业农民创业创新的八项激励政策。培育优秀示范典型，1人被评为全国新型职业农民“风鹏行动计划”支持对象，市级表扬52名示范骨干。实施全科农技员学历提升计划，为做好全科农技员素质提升工作，依托北京市农职院，遴选符合条件的全科农技员开展全日制大专学历教育。

（初蔚琳）

【加强基层农技推广服务体系建设】 出台《北京市基层农技推广改革与建设实施方案》，印发绩效考核管理办法（试行）。支持10个区健全基层农技推广体系；在8个项目区围绕优势产业建设20个长期稳定的农业科技试验示范基地，辐射带动本区优势产业培育壮大；培训提升1 002名基层农技人员业务能力；培育农业科技示范主体9 015个。农业主推技术到位率达95%，农技推广服务对象满意度93%。房山区徐凯获农业部“最美农技员”称号，昌平区齐长红获“最美农技员”提名；大兴区李孟洲、昌平区齐长红获“2017年度神内基金农技推广奖”；北京市土肥工作站张蕾、通州区郭海华分别获得“科技创新驱动发展”专题论文三等奖和优秀奖。

（初蔚琳）

【加强国际科技交流合作工作】 组织本市涉农企业、科研院所申报并获批农业部农业国际科技合作项目5项，其中含企业项目3项，市农林科学院、北京农学院项目各1项。组织局属单位开展出国培训或交流，申报出国（境）培训团，市植保站获批，2名技术骨干赴荷兰开展培训；申报中日青少年科学交流计划项目；市土肥站获批，17名技术骨干赴日本学习交流。

（初蔚琳）

【对口协作与交流力度加大】 一是南水北调对口协作。组织完成河南省和湖北省“一村一品”及一二三产业融合发展培训班、畜禽养殖与环境控制培训班3期，培训200人。组织完成赴河南“院士专家巡回培训”“南水北调河南优质农产品产销对接会”。二是与湖北省巴东对口合作。协调接待巴东相关部门赴京农业信息化考察与交流，以及支援巴东实施畜牧业信息化试点项目。三是与拉萨对口援助。确定了“十三五”期间北京援藏工作重点是对拉萨有机农业示范县建设方面提供技术支援。推荐局系统优秀青年干部赴拉萨开展为期3个月的农机技术培训与指导服务。四是与新疆对口协作。围绕草莓产业引进扶持安排新疆乌鲁木齐市乌鲁木齐县赴北京的技术交流与考察活动。郑渝副局长带队赴新疆考察当地产业发展与技术引进与落地情况。

（初蔚琳）

【京津冀科教协同有新成效】 组织创新团队加强与津冀主动对接与交流合作。果菜团队对接河北省产业技术体系、天津蔬菜产业技术体系并进行工作。西甜瓜团队开展京津冀三地产销主题论坛会，签约异地生产与产销对接意向书，达成3 500千克/亩协议。在北京市小汤山特菜大观园设有北京地区和河北地区企业、合作社共11家品牌展销，全力打造西瓜精品产业联盟。生猪团队与河北、天津生猪创新团队在河北张家口开展多层级的深入技术交流活动。家禽团队赴河北省唐山市滦县调研，北京与唐山在家禽产业方面达成了合作意向。鲟鱼鲑鳟鱼团队与河北省淡水鱼技术体系创新团队签订技术合作协议，赴河北省石家庄市、承德市等10个市县开展病害防治、休闲渔业和健康养殖技术培训，共培训800多人次。

（初蔚琳）

【组织专业技术人员继续教育】 围绕新时期农业科技重点热点和贯彻落实十九大农业有关精神，组织开展了强农惠农政策、功能性农产品研究进展与趋势、智慧农业与农业信息化等方面的全市农业科技管理培训班，共108人参加。组织实施市人力资源和社会保障局“北京市专业技术人才知识更新工程高级研修项目”，为京津冀培养水产、土肥技术人才190人。组织各局属相关单位技术人员参加农业部“农业科技人员远程培训班”20期，参加培训的局属事业单位科技人员共165名，共计1 095人次。

（初蔚琳）

【2017年度农业科技主要获奖成果简介】

1. 大白菜优异种质创新和多样化系列品种选育和推广。该成果是由市农林科学院蔬菜研究中心完成的，获得2016—2017年度中华农业科技奖科学研究一等奖及2017年度北京市科学技术奖一等奖。本项目以提高大白菜复合抗性、耐抽薹和耐贮运为育种目标，建立了抗病性精准鉴定和高通量分子标记辅助选择技术体系，选育出抗性强、类型多样、综合性状优良的大白菜新品种，实现了品种更新换代与良种产业化开发，大白菜品种占有率居全国首位。建立了大白菜抗病性精准鉴定与分子标记辅助选择相结合的高效育种技术体系，创制出聚合抗多种病害、优质、耐贮运的新种质，有效解决了大白菜优异种质资源缺乏的难题。首次建立了大白菜根肿病、黄萎病和干烧心病抗性精准评价技术；开发出抗根肿病等7个性状的实用SNP标记；通过多亲复合杂交，结合高通量分子标记前景和背景辅助定向选择，首次创制出兼抗4～5种病害的自交系4份，直筒球型、耐贮运、抗4种主要病害的骨干亲本“改良3号小”，为换代品种选育奠定了材料基础；培育出6个满足多样化需求的突破性新品种，实现了大白菜品种的更新换代。“京秋4号”复合抗性强、优质、耐贮运，为华北和东北地区秋播大白菜的主栽品种，连续2年被农业部列为唯一的大白菜主导品种；春播晚抽薹品种“京春黄”和高抗根肿病的品种“京春CR”，是我国高原和高山春夏播大白菜主产区成长最快的品种，逐步替代韩日进口品种，实现了高端品种的“本土化”；“京春娃2号”打破了国外品种的垄断，成为国产娃娃菜第一大品种；高品质、速生苗用品种“京研快菜2号、4号”，实现了周年栽培，改变了生产上长期缺乏冬春和夏季栽培专用品种的局面；研发出大白菜杂交种良种繁育全程机械化与种子精加工关键技术，促进了成果转化和品种推广。在国内率先实现大白菜杂交种制种从整地、起垅、定植、收获、脱粒全程机械化配套，建立了大白菜商品种真实性和纯度鉴定的SSR和SNP标记高通量检测技术体系和种子丸粒化加工技术，为良种产业化提供了技术保障。本项目审（鉴）定品种5个，获发明专利6项，发表论文55篇，其中SCI论文13篇，累计影响因子53.8，出版专著2部，制定国家标准1项。2010年以来，种业企业累计销售大白菜新品种良种163万千克，推广面积1 630万亩，企业累计创收1.45亿元，产业化规模居全国同行业首位；新品种平均约占京津冀同类型市场份额的50%以上，占全国约30%，为农民增收140亿元，经济与社会效益巨大。

2. 玉米单倍体工程化育种技术研究与利用。该成果是由市农林科学院玉米研究中心完成的，获得2017年度北京市科学技术奖二等奖。本项目针对我国玉米单倍体育种研究起步晚，缺乏优良单倍体诱导系，诱导和加倍效率低，难以规模化创制和产业化应用等问题，开展大量创新性研究工作，创制出高频诱导系，创新玉米单倍体诱导和加倍技术，并形成一套链条式流水线作业的工程化育种技术体系。创制出具有诱导率高、结实性好等优良特性的玉米单倍体诱导系6个，并率先利用和选育出3个单交种型诱导系，在高诱导率基础上，具有植株健壮、花粉量大、散粉期长、抗逆性强、适应性广等突出优势；探明不同基因型材料、种植地点、播种时期等因素对诱导率和加倍率的影响；确定了单倍体育种的适宜基因型材料、种植地点和播种时期等；并改进单倍体化学加倍技术，显著提高单倍体加倍率；集成创新一套链条式流水线作业的工程化玉米单倍体育种技术体系，实现规模化创制优良DH系5万余份，育种效率极大提高；创新育种模式，技术牵头成立北京玉米DH工程化育种联合体。建立以单倍体育种技术为核心，以DH系为载体，信息技术和DNA指纹分子技术紧密结合的单倍体育种平台，实现育种资源共享与利用；协议发放优良DH系18 000多份次，并向国家种质资源库和国家玉米重大良种攻关协作组提供3 000份DH系；协作单位利用所提供的DH系和技术已组配出大量组合，其中已有50多个品种通过审定；创新选育出系列优良玉米品种11个，并利用单倍体育种技术快速解决多个主推品种缺陷，实现和促进新品种、新技术的大规模产业化和大面积应用。选育的NK971、MC278、MC703、MC670等优良品种通过国家或省级审定；并纯化和优化浚单29、农华101等多个主推品种，克服其母本缺陷，显著提高制种产量和质量。项目所创制的高频诱导系、诱导及加倍技术、大量DH纯系等已经被全国40多家科研院所和企业利用，极大促进了我国玉米种质材料的交流和共享利用，提高育种效率及水平。选育审定和纯化优化的系列品种在生产上推广应用累计1.15亿亩；纯化和优化浚单29等主推品种，提高制种产量，增产种子3 500万千克，增创产值3.5亿元；申请植物新品种权110项，获得授权专利及植物新品种权20项，发表相关学术论文17篇，培训技术人员1 000多人次；经济、社会和生态效益巨大。

3. **特色农产品中花色苷高效制备及产业化应用。**该成果是由市农林科学院蔬菜研究中心完成的，获得2017年度北京市科学技术二等奖。花色苷属于黄酮类化合物，有多种生理功能，常作为食品、保健品和药品原料。2015年，全球花色苷产品销售达到230亿元。由于加工技术落后和产品单一，制约了我国花色苷产业发展。为破解花色苷构效不明确、产品稳定性差和提取率低等产业发展难题，项目组在国家自然科学基金和北京市自然科学基金重点项目支持下，取得重要突破：揭示花色苷构效关系，筛选优质花色苷资源，创建花色苷指纹图谱库。针对花色苷种类多而结构与功能不明确的问题，率先揭示花色苷分子结构对DNA分子构型、mRNA转录和NFκB中$p50$和$p65$转运的影响，发现矢车菊-3-葡萄糖苷及衍生物功能显著；并发现富含矢车菊-3-葡萄糖苷及衍生物的红豆越橘和黑豆皮等提取物具有祛斑、促进血液循环和抗关节炎等功能；创建覆盖越橘、黑豆皮、紫甘蓝、紫玉米等81种特色农产品的富含矢车菊-3-葡萄糖苷及衍生物的花色苷指纹图谱库，为花色苷产业奠定基础；揭示制备和贮藏过程中花色苷损失机制，建立花色苷高效提取技术和稳态化技术。针对花色苷提取率低和稳定性差的问题，明确在制备和贮藏过程中的花色苷损失率，揭示花色苷损失分子机制，建立花色苷高效提取技术，花色苷提取率提高至91%（行业水平80%～88%）；建立花色苷稳态化生产技术，使液态和固态产品在货架期内，花色苷保存率分别达到97%和99%；研发花色苷高效生产技术及装备，开发系列花色苷产品达到国际市场标准。建立花色苷高效提取剂—高氮流通技术—循环吸附技术—关键装备组成的花色苷高效提取技术，产品中游离苷元含量降低至1%（行业水平2.5%），提取剂损失率降低至1%（行业水平3%），提取时间缩短50%；制定我国花色苷提取物行业唯一的产品标准；开发系列花色苷提取物、保健食品和系列果汁产品。创建了构效解析—资源筛选—工艺创新—装备创制—产品开发的研发体系，研发新产品17项，其中，花色苷提取物9项、保健食品3项、饮料产品5项。产品近三年直接效益7.45亿元，带动下游产业57亿元，带动特色农产品种植23.2万亩，带动2.26万农户增收。花色苷提取物产品占日本市场40.8%，是Fancal、DHC、Roche和Novartis等国际公司供应商，提升了首都科技成果的国际影响力。获得国际发明专利7件、国家发明专利7件、实用新型专利4件；发表论文43篇，其中SCI收录8篇。中国轻工联合会组织孙宝国院士等著名专家对成果进行了科学评价，成果整体技术水平达到国际领先。

4. **杏、李良种创制与高产稳产及加工关键技术研发。**该成果是由市农林科学院林业果树研究院完成的，获得2017年度北京市科学技术三等奖。本项目从地方资源发掘利用、新品种选育、栽培关键技术、加工产品研发等方面进行研究，建立了世界上保存数量最多的杏、李种质资源库，挖掘出一批特异种质。收集整理保存杏、李种质资源1 520份，保存数量居世界第一位。经系统评价筛选出极耐寒、极早熟、自花结实、高含糖量、抗病等特异种质70余份；国内外首次确定了杏、李核心种质；首次建立了我国130个主栽杏品种DNA指纹图谱。为杏、李种质资源的充分利用以及资源、品种知识产权的有效保护提供了保障；选育出杏、李新品种5个。通过杂交等育种方法培育市场急需的新品种。基于建立“种质资源评价数据库”和“品种系谱分析数据库”并挖掘资源信息，筛选果实品质相关QTLs、甜/苦仁等分子标记，并在不同生态区进行品种联合区试，形成了“基于性状表达的亲本选配＋分子标记辅助早期选择＋多点多年联合区试”高效育种体系，育成具有自主知识产权的杏、李良种5个，在品质、抗性、耐贮性、加工特性和成熟期等方面得到改良和丰富，有效满足了市场多元化需求；研发建立了杏、李高产稳产栽培技术体系。针对杏晚霜危害，研发了风机防霜、外源水杨酸、防霜制剂处理等技术，解决了晚霜危害产量的关键难题。研究揭示了水杨酸等制剂在提高抗寒基因表达上的机理。在主要病虫害种类、发生规律及防治方法、“一树一库”节水抗旱措施、高光效树形等方面进行了有机集成和配套，促进了杏、李高产稳产。研制出太阳能制干设备及新工艺，开发出高质、清洁、膨化、适口的杏、李干制产品，改变了杏、李等果品干制加工的落后局面，提升了产品效益和市场竞争力。本项目共培育出具有自主知识产权的杏、李良种5个，取得实用新型专利1项、软件著作权登记1项，制定国家标准1项、地方标准2项，发表相关论文68篇、出版著作6本。项目成果在全国主要杏、李产区广泛应用，累计推广和辐射面积近100万亩，取得直接经济效益约30亿元，同时取得了良好的社会、生态效益，对首都农村经济发展和山区脱贫致富、促进生态环境改善、满足市民多元化的消费需求等均产生了重要的推动作用。

5. 北方乡土草资源驯化、选育及推广应用。该成果是由市农林科学院草业与环境研究发展中心完成的，获得2017年度北京市科学技术三等奖。本项目充分发掘乡土草资源丰富、生态适应性强的优势，培育一系列适用于景观园林的新品种，建立标准化种苗繁育与种植管理技术，解决自主品种不足、引进品种适应性差、高效栽培技术缺乏的问题，满足我国景观园林产业对优良草品种的需求。明确了3 519份北方乡土草资源的生物学特性、遗传特性和生态适应性，建立了500亩乡土草种质资源圃、品种鉴别图谱和信息系统，为种质鉴定与品种选育奠定了基础。建立了选择育种、杂交育种、诱变育种多种育种方法相结合的乡土草育种技术体系。系统研究了引种驯化、选择育种、杂交育种、诱变育种等多种育种手段在乡土草新品种培育中的可行性，创立了苔草属、狼尾草属、芒属植物的育种技术体系，直接从乡土草资源中或以乡土草资源作为亲本，培育出观赏草新品种（品系）58个，其中10个通过国家林业局或北京市品种审定委员会审定，为国内首次利用乡土草资源选育的具有自主知识产权的观赏草新品种，使我国在观赏草育种领域达到国内领先水平。建立的种子繁殖、扦插繁殖等高效繁育关键技术突破了同类植物的种苗生产技术局限。建立了育成新品种的种子繁殖、分株繁殖、扦插繁殖等高效繁育关键技术，针对不同立地条件和生境类型集成了种子生产、种苗繁育、节水灌溉等乡土草种产业化利用技术体系，提高了乡土草种繁殖和利用效率，不仅提高了种苗质量，而且显著降低了生产和种植应用成本。培育出一系列优良乡土草品种，挖掘和拓展了乡土草资源在景观园林产业中的应用，建立了乡土草种苗标准化繁育与高效种植管理技术，培养了一支优秀的乡土草资源创新团队，为促进乡土草资源的应用提供了有力的技术支持、人才储备，在京津冀景观园林中规模化应用，取得了良好的经济效益、社会效益和生态效益。

6. 优质甜玉米系列品种选育及产业化。该成果是由市农林科学院玉米研究中心完成的，获得2016—2017年度中华农业科技奖科学研究二等奖。本项目自主创新选育出具有独立知识产权的优良甜玉米新品种，打破“洋种子”高价垄断局面。创新选育出T2、T68、SH－251等16个优良甜玉米自交系。具有品质优、配合力高、抗病抗逆性强、适应性广等突出优点。拓宽和丰富了我国甜玉米种质基础，成为我国甜玉米育种重要自交系，并已组配出大量甜玉米新品种及组合。探索出“国内血缘种质×国外血缘种质”甜玉米育种杂优模式。育成京科甜126、京科甜183、瑞珍等12个甜玉米品种。具有品质优、产量高、抗性强、适应性广和易制种等综合优点，通过国家及广东、北京、湖北等地审定。经农业部及多省市多年多点区域试验、品质测评，品质与国外品种相当，产量、抗性及适应性等方面优于国外品种。建立了以“精准错期、适时收获、控温烘干、机械色选”为核心的甜玉米高质量制种技术规程，解决了甜玉米种子生产成本高、发芽率难以保证等技术难题。实现甜玉米大面积制种平均亩产150千克以上，最高253千克。种子发芽率≥93%，质量达国标一级及以上水平。提出了以“隔离种植、精细播种、合理密植、适时采收”为核心的甜玉米优质高产栽培技术规程并大面积推广应用，实现甜玉米生产良种良法配套。甜玉米系列品种在全国累计推广600多万亩。京科甜183、158等连续多年被北京市列为甜玉米主推品种、农作物补贴品种、鲜食玉米更新换代新品种。瑞珍被广东省列为玉米主导品种，满足了生产和市场对加工和鲜食甜玉米高品质和多样化需求，深受广大种植户、加工企业和消费者欢迎。打破了优质甜玉米长期依赖进口局面。社会经济效益显著，生态效益良好。审定甜玉米品种12个，获农业部植物新品种权4项，发表论文10篇，出版专著1部，制定地方标准1项。

7. **京津冀鲁豫辽农区地下水硝酸盐时空变化及污染防控。**该成果是由市农林科学院植物营养与资源研究所完成的，获得2016—2017年度中华农业科技奖。为缓解泛环渤海地区的地下水氮污染问题，农业部科技教育司2004年组织立项“华北地区大中城市郊区蔬菜、果树、花卉生产区域地下水硝酸盐监测与评价”，重点对京、津、冀、鲁、豫、辽主要大中城市集约化农业生产地区（蔬菜、果树、粮田等）地下水硝酸盐状况进行调查监测与评价。依据种植类型、地理位置、水文变化布点采样；基于统计、监测数据，运用GIS技术和空间分析方法，明确地下水硝酸盐影响因素、空间分布特征，建立时空预测模型，进行污染脆弱性评价。结论与创新有：首次在华北农区进行多省大区域尺度地下水硝酸盐长期定位监测。采集地下水样30 721个，涉及京、津、辽、冀、鲁、豫330余区县。按我国地下水水质标准，地下水硝酸盐总体超标率为14.49%；按世卫组织饮用水水质标准，超标率为29.91%；2005—2015年研究区地下水硝酸盐平均含量总体呈降低趋势；各省市均值高低依次为鲁、辽、豫、冀、津、京；雨季后地下水硝酸盐最大值、均值、超标率均下降；随井深加深地下水硝酸盐含量降低；相比大田和果树，蔬菜种植区地下水硝酸盐含量最高。探明研究区地下水硝酸盐主要因素为单位面积施肥量、粮食播种面积占耕地面积百分比、有效灌溉面积占耕地面积百分比等。据此建立地下水硝酸盐时空预测模型，经验证观测值与模拟值相关系数为0.60，适用于研究尺度。建立研究区地下水硝酸盐污染脆弱性评价体系，基于GIS技术运用迭置指数法成功应用。结果表明地下水硝酸盐污染脆弱性强、较强、中等、较弱及弱区域分别占总面积的2.13%、33.88%、33.41%、16.38%和14.20%。地下水特别容易受硝酸盐污染、脆弱性强的分区主要分布于鲁东北部渤海、黄海湾，鲁西南山区平原。雨季后地下水硝酸盐污染脆弱性总体上减弱。2010—2015年，在研究区地下水硝酸盐含量超标（或潜在超标）的农区累计示范推广配方施肥面积3 762千公顷，减少氮素投入40 162.5吨，节支16 500.8万元，地下水硝酸盐（N）减少4.8多万吨，超标地下水减少50.7亿立方米，可节约治理费用25.3亿元。提高了农业、环境决策水平和农户环保意识，为地下水硝酸盐污染研究开拓了新思路，为监测提供了新借鉴。形成年富力强的学术团队，其中高级职称32名，培养骨干12名，形成省部级科学技术奖励成果2项，出版专著1部，发表论文48篇，培养硕士研究生16名。

8. **北京市农林科学院西瓜遗传育种创新团队。**该成果获得2016—2017年度中华农业科技奖创新团队奖。西瓜遗传育种创新团队成立于1997年。针对我国西瓜育种血缘基础狭窄、技术滞后与突破性品种选育难等问题，西瓜遗传育种创新团队以备受关注的“全基因组测序与分子育种技术”为生长点和切入点，重点攻克品质、抗病分子育种理论与技术体系，对西瓜品质、抗病等复杂性状进行了深层次基因挖掘和种质创新，分析了重要农艺性状基因的功能与调控网络，取得一系列突破性进展。同时，选育出优势性状突出、综合性状优良的西瓜新品种，通过良种产业化带动我国保护地西瓜品种的更新换代。创新了西瓜分子标记辅助育种技术体系：率先开展了第一代西瓜分子标记技术研究，首次绘制了全球第一张西瓜全基因组序列图谱与变异图谱。在此基础上鉴定出西瓜抗枯萎病、病毒病与白粉病以及果实糖积累和转运、瓤色、苦味等重要农艺性状关键基因或连锁标记，建立了更为精准的西瓜抗病第二代分子标记辅助育种以及高通量的标记检测技术体系。建立了 1 373 个西瓜品种资源的核酸指纹库以及西瓜品种真实性与纯度检测技术体系。上述技术是对传统育种技术的有效辅助与补充，确立了我国在西瓜分子育种技术上的领先地位。解决了我国西瓜育种优异性状来源少与血缘基础狭窄的难题：首次系统引进和评价了 2 000 余份国外西瓜资源，全部进入北京农作物资源库共享平台，使我国成为全球第三大西瓜资源库。筛选获得 100 余份抗枯萎病、病毒病、白粉病及耐旱种质，部分结合分子标记辅助选择技术，定向回交转育创制出一批抗病早熟优质育种材料及骨干亲本，部分被同行共享与利用，有效地拓展了我国西瓜育种优异性状来源，解决了我国西瓜育种血缘基础狭窄的难题。选育出优势突出、综合性状领先的“京欣”系列西瓜品种：利用创制的抗病优质材料配制组合，选育出品质与早熟性突出的“京欣 2 号”，其枯萎病抗性与耐裂性比对照“京欣 1 号”全面提高，增产 9.75％，2012—2013 年被农业部确定为唯一西瓜主导品种。“京欣 3 号”嫁接后皮薄口感品质突出，连续 8 年获全国西甜瓜擂台赛中型西瓜综合组奖，是观光采摘主导品种。“京欣 4 号”抗病性与耐裂性大幅度提高，商品性突出，增产 13.5％，是西瓜规模化生产基地成长最快的品种。“京欣”系列西瓜带动了我国保护地西瓜品种的更新换代：通过与“京研”种业企业合作，累计销售“京欣”系列西瓜良种 22.5 万千克，创产值 1.12 亿元，名列全国蔬菜种苗企业前茅。累计推广 984.72 万亩，新增效益 69.4 亿元，2011—2013 年三年推广“京欣”系列西瓜品种 557 万亩，新增效益 39.4 亿元。“京欣”系列西瓜品种在华北、华东等保护地西瓜主产区占有率 60％以上。团队成立以来，获得国家与北京市科技成果 4 项(其中独立完成的“西瓜优异抗病种质创制与京欣系列新品种选育及推广”2014 年获得国家科技进步二等奖)。培育出国家或北京市审定品种 35 个，获植物新品种权 2 项，发明专利 8 项，发表论文 64 篇，其中 SCI 论文 20 篇，西瓜基因组论文在《自然・遗传学》(IF 35.5）上发表，被国内外同行公认为西瓜基础研究突破性成果。“京欣”类型成为全国保护地西瓜的主流与标杆品种，有力地阻击了跨国公司对我国瓜菜种业的冲击，经济与社会效益显著。团队成员先后获得北京学者、中央电视台 2013 年度科技创新人物、茅以升科学技术奖——北京青年科技奖、北京市优秀青年人才等荣誉。北京市农林科学院西瓜遗传育种创新团队获得的一系列原创研究成果，不仅提升了我国西瓜育种技术水平与材料创新能力，而且也支撑了我国西瓜产业的可持续发展，对保障我国农产品的有效供给和农民增收做出重要贡献。

9.《二十四节气》系列电子科普出版物。该成果是由市农林科学院农业信息与经济研究所完成的，获得 2016—2017 年度中华农业科技奖科普奖。2016 年中央 1 号文件明确提出，要开展农业文化遗产普查与保护。农历二十四节气是我国农业文化遗产的典型代表，是华夏祖先历经千百年的实践创造出来的宝贵科学遗产，是反映天气气候和物候变化、掌握农事季节的工具，早在 2006 年就被确定为我国首批非物质文化遗产。本项目制作出版了《二十四节气与生产生活》25 集系列电视科普片及《小神农话节气》系列科普动漫，形成了较完整的关于二十四节气的科普多媒体成果。在形式上，发挥了影视多媒体直观生动、表现力强、受益面广的优势；在内容上，融贯古今，既充分参照了二十四节气传统文化的背景意义，又深刻挖掘了二十四节气对于现代农业产业发展及市民生活的崭新价值。一方面，向公众提供了清晰的二十四节气产生与演进知识及应用领域与成效，体现出传统农事活动中二十四节气的遵循价值；另一方面，总结汇集了现代二十四节气农耕文化的创新应用成果及人们季节性养生经验。为农民、市民，尤其是青少年了解二十四节气提供了丰富详实的科普资源。项目应用电子出版物公开发行、电视媒体播放、网络媒体播放、科普活动发送等多种手段面向全国推广，累计收看人数已达到 6 000 万人次，取得了显著的科普效果。

表 1 2017 年通过审定、鉴定或认定的新品种名录

序号	单位	品种名称	完成人（按排名顺序）	通过审定级别	编号
1	小麦中心	京麦 21	赵昌平、张凤廷等	省（市）级审定	晋审麦 2017007
2	玉米中心	京科甜 191	赵久然、卢柏山、史亚兴、樊艳丽、徐丽、霍庆增、席胜利、张翠芬、高宁	省（市）级审定	京审玉 2017011
3	玉米中心	京科糯 2000K	赵久然、卢柏山、史亚兴、樊艳丽、徐丽、霍庆增、席胜利、张翠芬、高宁	省（市）级审定	京审玉 2017014
4	玉米中心	京科糯 609	赵久然、卢柏山、史亚兴、樊艳丽、徐丽、霍庆增、席胜利、张翠芬、高宁	省（市）级审定	京审玉 2017012
5	玉米中心	京农科 736	王元东、赵久然、张华生、陈传永、段民孝、张雪原、张春原、刘新香、毛振武、张亮、杨海涛	省（市）级审定	鲁审玉 20170021
6	玉米中心	优迪 339	刘亚、邢锦丰、赵久然、陈浩、张雪原、杨海涛、王乃顺、王文广	省（市）级审定	晋审玉 20170010
7	草业中心	“赛迪 7 号”紫花苜蓿	孟林、毛培春、周思龙、郜建辉、田小霞	国家级审定	514
8	草业中心	“粉黛”毛芒乱子草	武菊英、滕文军、杨学军、王玉玲、陈超、袁小环	省（市）级审定	京 S－SV－MC－047－2016
9	草业中心	“绿姬”奇巨芒	武菊英、范希峰、岳跃森、朱毅、侯新村、滕文军、杨学军	省（市）级审定	京 S－SV－MG－048－2016
10	草业中心	“雪绒”东方狼尾草	陈超、杨学军、滕文军、张金全、袁小环、武菊英	省（市）级审定	京 S－SV－PO－046－2016
11	林果院	桃“美瑞”	姜全、郭继英、赵剑波、任飞、王真、王尚德、张瑜、郑志琴、李新越	省（市）级审定	京 S－SV－PP－049－2016
12	林果院	樱桃砧木“京春 1 号”	张开春、张晓明、闫国华、周宇、王晶、段续伟	省（市）级审定	京 S－SV－PC－051－2016
13	林果院	葡萄“瑞都科美”	徐海英、闫爱玲、孙磊、张国军、王慧玲、王晓玥、李峰、任建成	省（市）级审定	京 S－SV－VV－050－2016
14	林果院	板栗“黑山寨 7 号”	黄武刚、程丽莉、胡广隆、周志军、杨东升、李文泉、王金宝、陈生凡、彭薇	省（市）级审定	京 S－SV－CA－052－2016

表 2 2017 年度获得植物新品种保护权名录

序号	品种名称	属或者种	品种权人	培育人	品种权号	证书号
1	京科甜 533	玉米	北京市农林科学院	赵久然、卢柏山、史亚兴、霍庆增、陈 哲、李生有、马杭江、王 辉、席胜利、杨海涛、张志刚、张翠芬、樊艳丽、张小继	CNA20130529.3	第 20178481 号
2	京 B110623	玉米	北京市农林科学院	赵久然、邢锦丰、段民孝、刘新香、王元东、杨海涛、张华生、张雪原、王文广、王乃顺	CNA20141445.1	第 20179434 号
3	MC121	玉米	北京市农林科学院	赵久然、王元东、段民孝、邢锦丰、张华生、张春原、张雪原、何瑞娟、刘新香、王文广、杨海涛	CNA20140657.6	第 20179362 号
4	京 H121275	玉米	北京市农林科学院	赵久然、邢锦丰、段民孝、刘新香、王元东、杨海涛、张华生、张雪原、王文广、王乃顺	CAN20141444.2	第 20179433 号

（续）

序号	品种名称	属或者种	品种权人	培育人	品种权号	证书号
5	京 H121268	玉米	北京市农林科学院	赵久然、邢锦丰、段民孝、刘新香、王元东、杨海涛、张华生、张雪原、王文广、王乃顺	CNA20141443.3	第 20179432 号
6	京 B121117	玉米	北京市农林科学院	赵久然、邢锦丰、段民孝、刘新香、王元东、杨海涛、张华生、张雪原、王文广、王乃顺	CNA20141442.4	第 20179431 号
7	京 H123620	玉米	北京市农林科学院	赵久然、邢锦丰、段民孝、刘新香、王元东、杨海涛、张华生、张雪原、王文广、王乃顺	CNA20141441.5	第 20179430 号
8	京 H091578	玉米	北京市农林科学院	赵久然、邢锦丰、段民孝、刘新香、王元东、杨海涛、张华生、张雪原、王文广、王乃顺	CNA20141440.6	第 20179429 号
9	京 B111060	玉米	北京市农林科学院	赵久然、邢锦丰、段民孝、刘新香、王元东、杨海涛、张华生、张雪原、王文广、王乃顺	CNA20141439.9	第 20179428 号
10	京 B120991	玉米	北京市农林科学院	赵久然、邢锦丰、段民孝、刘新香、王元东、杨海涛、张华生、张雪原、王文广、王乃顺	CNA20141438.0	第 20179427 号
11	京 B120985	玉米	北京市农林科学院	赵久然、邢锦丰、段民孝、刘新香、王元东、杨海涛、张华生、张雪原、王文广、王乃顺	CNA20141437.1	第 20179426 号
12	JKY1	玉米	北京市农林科学院	段民孝、赵久然、刘新香、王元东、邢锦丰、杨国航、张华生、张如养	CNA20130788.9	第 20179243 号
13	JKY2	玉米	北京市农林科学院、中国农业大学	段民孝、黎亮、赵久然、陈绍江、刘新香、王元东、邢锦丰、张如养、张华生、张雪原	CNA20130789.8	第 20179244 号
14	JKY3	玉米	北京市农林科学院、中国农业大学	段民孝、黎亮、赵久然、刘新香、陈绍江、邢锦丰、王元东、张华生、张如养、张雪原	CNA20130790.5	第 20179245 号
15	MC703	玉米	北京市农林科学院	赵久然、王元东、段民孝、邢锦丰、张华生、张春原、张雪原、何瑞娟、刘新香、王文广、杨海涛	CNA20140293.6	第 20179334 号
16	京仁 3 号	杏	北京市农林科学院林业果树研究所	王玉柱、孙浩元、杨丽、张俊环、姜凤超	20160140	第 1295 号
17	京葫 36	西葫芦	北京市农林科学院、京研益农（北京）种业科技有限公司、北京京研益农科技发展中心	李海真、张帆、贾长才、张国裕、姜立纲	CNA20120504.3	第 20178882 号
18	京研翠玉迷你 2 号	黄瓜	北京市农林科学院、北京京研益农科技发展中心	毛爱军、王永健、张丽蓉、张峰、丁海凤、温常龙	CNA20131065.1	第 20179565 号
19	京嘉	普通西瓜	北京市农林科学院	许勇、宫国义、张海英、郭绍贵	CNA20130990.3	第 20179569 号
20	京凤 6 号	普通西瓜	北京市农林科学院	许勇、宫国义、张海英、郭绍贵	CNA20131060.6	第 20179570 号

信息化建设

【市农委、市农研中心网站运行正常】2017 年，市农委、市农研中心网站分别发布信息 4 528 条和 4 198 条，同比上升 8.35% 和 41.8%，合计完成 11 次在线访谈和 7 次在线调查，按时完成 206 封网络信箱答复工作，达到了政府网站普查要求；向中国农业信息网政务网站报送信息 4 295 条，向首都之窗报送信息 784 条；对市农委和市农研中心网站进行了改版，确定网站内容框架和页面风格，实现相关功能和数据移植；组织召开了信息员工作培训会，提升队伍业务水平。

【北京现代农业信息网运行正常】 截至12月底，北京现代农业信息网发布信息1 042条，页面总访问量4 042 885次、日均访问量17 888次，注册用户2 447家。

【北京移动农网运行正常】 2017年，北京移动农网继续以手机短信的形式，为基层提供农业生产、防灾预警、气象信息等服务，全年发送实用信息3 308.5万条，同比增长16.2%，月均发布数量275.7万条。

【政府信息公开工作】 截至12月底，北京市农委政府信息公开窗口接待来访、来电咨询259人次，同比增加31.5%。市农委网站政府信息公开主动公开政策性文件36个，接待来访、来电咨询259人/次，受理依申请公开79件。

【完善应用系统】 开展市农委门户及办公OA系统升级改造工作，优化工作流程，支持移动办公，完善系统功能，增加公务员平时考核管理模块；继续开展农村土地确权颁证系统的建设和应用，在全国工作会议上进行汇报演示，制定全市数据汇交验收办法，培训、指导各区进行数据库建设和汇交；组织系统单位开展政务信息系统整合工作。

【加强日常运维】 规范管理各项运维工作，明确巡检和应急处置流程；组织技术力量对市农委和市农研中心机关开展计算机终端安全检查，涉及软件正版化检查、电子文档涉密排查、终端安全、终端运行状态等四个方面，对查出的问题进行整改，并更新计算机台账，按照保密工作要求，调整完成两委机关局域网网络结构，全年提供终端运维服务千余次；完成11个互联网网站系统渗透测试，发现并整改高、中、低危安全漏洞155个；对25台服务器开展脆弱性扫描，发现高、中、低脆弱风险点864个，并及时完成安全加固；完成12次安全巡检，对机房29台服务器、5台网络设备、12台安全设备安全运行、空调、电源进行检查，确保设备正常运转。

【保密和信息安全自查】 开展了互联网门户网站保密检查、电子政务网络安全检查、政务信息化设施安全隐患排查清理整治、党的十九大期间信息安全与通信保障领域风险评估与控制工作等多项专项自查整改工作，从制度制定落实、队伍人员设置、技术防范、管理措施等多方面进行自查，发现问题，进行整改，形成自查报告。

【强化重要时期应急保障】 按要求，制定专项工作方案、完善应急预案、开展应急演练、加强监控值守，落实7×24值班制度，较好地完成党的十九大、“一带一路”高峰论坛、全国“两会”等重要时期的网络信息安全保障工作。

【完善机制建设】 成立全市农业农村信息化领导小组，由市委农工委书记、市农委主任担任组长，进一步明确市农委系统各单位、郊区农委的工作职责；确定了《2017年北京市农业农村信息化重点工作》，提出了21项重点任务及责任部门，以市农委文件形式发布；组织召开北京市农业农村信息化工作会暨信息进村入户工程部署会，全面总结2016年度全市农业农村信息化发展情况，部署2017年度工作。

【推进智慧乡村建设】 市农委、市城乡经济信息中心在13个郊区135个村持续推进智慧乡村建设，截至2017年年底，全市已建设完成111个智慧乡村、187个标准型益农信息社、598家专业型益农信息社，重点围绕村庄产业、乡村治理、村庄公共服务、村民信息化能力培养、便捷化网络服务等，提升村庄的发展水平，提高服务的全面性和便捷性，探索长效机制建设。房山区黄山店村智慧乡村项目发展快速，村民微信仅上线三个月，发布党务、村务、财务公开信息22条，阅读量626人次，村书记先后收到5封村民的来信，村民通过平台申请服务信息51条；自智慧乡村项目建设以来，黄山店村经济效益显著，2017年黄山店村经济总收入较上年增长61.96%，其中餐饮收入增长20.00%，住宿收入增长337.50%，门票收入增长48.89%，农产品收入增长25.00%。昌平区八家村“美丽八家村”电视云平台设置了“美丽八家村”“智慧党务”“三务公开”“便民服务”“村民课堂”等板块，涵盖村委会的政务服务和辖区村民的生活服务等丰富内容，受到了村委会和村民的喜爱。

【丰富农村公共信息服务】 市城乡经济信息中心与北京歌华有线电视网络股份有限公司合作，依托有线电视网络，建设北京“美丽智慧乡村”信息服务平台。一是延庆张山营镇依托北京歌华有线电视网络股份有限公司有线电视网络，开展农村“三务公开”

信息入户点播试点工作，全镇32个村、8 000余户村民均能够在家中通过机顶盒看到村情村务、政策宣传、办事指南等内容。二是结合昌平区崔村镇八家村村委会管理服务工作和村民日常生产生活需求，借助“美丽智慧乡村”信息服务平台的技术架构和成果，构建昌平区崔村镇“美丽八家村”电视云平台，2017年6月23日正式上线运行。三是顺义区大孙各庄镇39个村“三务公开”信息入户网络改造已竣工，机顶盒发放完成30个村覆盖5 286户村民，所有数据已填报完成。截至2017年年底，北京“美丽智慧乡村”信息服务平台发布信息1 970条，累计访问量45.9万次。

【构建农业大数据分析体系】市城乡经济信息中心完成涉农信息资源平台一期项目建设。丰富平台数据来源，完成221信息平台、村庄规划系统、农村实用人才等14个应用系统，以及地理空间数据的接入和存储管理；修订完善资源目录，梳理数据分类，建立数据关联，形成了110个数据目录类、138万条数据；完善了平台设计和功能开发，完成专题地图和基础地图服务功能的开发，搭建了数据交换与处理基础平台。市城乡经济信息中心在房山区黄山店村京西幽岚山景区开展客流行为大数据加工与分析试点，方法指标进一步丰富成熟，创新引入网络关注度等第三方数据，探寻规律与效果，形成了年度、黄栌花节、红叶节客流行为专题分析报告。

【舆情信息服务】市城乡经济信息中心与市委农工委宣传处组建涉农舆情监测与分析工作小组，建立健全网络舆情监测机制，梳理涉农舆情关键词，共采集包括机构动态、农村发展与经济等近20大类、16 458条涉农舆情信息，完成了249期日报和12期月报的编辑发布工作；开展敏感信息监测预警工作，共抓取并筛选敏感信息1 161条；结合工作和社会热点，就煤改清洁能源、农村电商等4个方面开展专题舆情分析。

【农业物联网拓展与应用】2017年，一是完善了“北京现代农业物联网应用服务平台”（原北京221物联网应用服务平台），扩大用户规模，延伸服务。市城乡经济信息中心以平台为依托，选择45家重点农业园区针对不同经营主体深化服务，提升园区管理能力、宣传展示能力。平台接入农场633个，涉及农业设施数量19 398个，种植面积30.9万亩，农作物品种336个，安装物联网传感器1 463个，摄像头831个。二是拓展物联网应用设施。市城乡经济信息中心与北京农业信息技术研究中心、市气象局气候中心合作，以昌平苹果和平谷大桃为研究对象，开展了物联网技术在京郊果品生产园区示范应用实证研究工作，将农业物联网从设施农业向大田果园延伸，从环境监测向植物本体监测延伸，通过实证研究与示范应用相结合，初步建立了果品品质全生命周期多要素的指标体系，探索大田物联网集成示范应用模式路径。三是确保特色优质农产品生产。实施北京市特色农产品生产园区安全生产建设项目，在全市9个区10个种植园区重点区域安装视频监控设备，在12个园区进行农产品质量追溯二维码建设，开发特色农产品数据库软件系统。

【典型培养】2017年，北京市农科院信息所等6家单位被认定为全国农业农村信息化示范基地，5家单位案例入选农业部农村大数据案例；26家企业通过2017年北京市农业信息化龙头企业认定专家评审，40家企业通过2015年度北京市农业信息化龙头企业运行监测专家评审，22家单位通过2013年度北京市农业农村信息化示范基地评估。

【新媒体建设】截至2017年年底，“首都农经”和“北京智慧乡村”微博分别发布博文542条和409条，总阅读量分别为193万和93万人次，累计粉丝分别为3万和2 600余人；“乡慧”微信公众号发布48期150篇文章，累计阅读量8.4万人次，分享数量3 159人次，点赞数1 157人次，对41个智慧乡村进行了宣传推广。

【农村改革与发展观察员队伍建设】加强与各级村官办的沟通协调，较好地完成观察员交接工作；完成村庄基础信息及农户基本情况调查两项观察点基础信息采集工作，共汇集数据超过12万条，上报动态信息170篇，撰写调研心得体会18篇；参与调研课题7项，设计调查问卷10套，收有效问卷5 529份；围绕农业电商、“村官”创业及北京智慧乡村建设等主题，组织培训和专题交流。

【分析报告】完成“京冀农业农村信息化协调发展研究”“互联网＋对新型农业经营主体的带动作用”两项调研课题；完成《北京市农业农村信息化标准体系研究》《2016年农业农村信息化发

展报告》《2016年度北京市农民收入分析》《2016年度北京市农产品市场行情分析》《2017年上半年北京市农产品市场行情分析》等分析报告；开展北京“移动农网”数据加工与分析，在房山区黄山店村北京幽岚山风景区部署信息采集设备，开展客流行为大数据加工与分析，完成设备部署，形成年度与重点活动期间客流行为分析报告。

【信息产品开发】截至2017年年底，编发《城乡经济通讯》39期，采用各类稿件839篇，文字47.5万字，图片529张；编发《北京城乡经济信息》共56期，文字10万字。

【涉农信息宣传】2017年，制作完成《起飞——北京市农业信息化龙头企业》《给北京农业农村建设插上信息化的翅膀——“十二五”以来北京市农业农村信息化建设纪实》等宣传片及《北京市智慧乡村集萃》（2015—2016年）画册。

（党纯）

农村改革与发展

农村土地承包与管理工作

【基本完成确权登记颁证总体任务】2017 年，本市继续完善土地确权登记颁证各项政策制度，加大宣传培训力度，加强工作检查督导，坚持进度服从质量，基本完成确权登记办证总体任务。截至 11 月 30 日，全市共有 125 个乡镇 2605 个村开展了确权登记颁证工作，分别占全市拟确权乡镇、村数的 98.4% 和 96%，涉及承包土地面积 278 万亩，占全市拟确权土地总面积的 98.2%。其中，已完成权属调查的承包土地面积为 271.1 万亩，占拟确权土地总面积的 95.8%；已完成审核公示的承包土地面积为 262.5 万亩，占拟确权土地总面积的 92.7%。

（王轶群）

【农村土地确权与流转情况分析】2017 年，我市农村土地确权面积 424.4 万亩，其中，确权确地 251.5 万亩，占 59.5%；确权确利 125.4 万亩，占 29.3%；确权确股 47.5 万亩，占 11.2%。土地流转总面积 252.1 万亩，占全市确权面积的 59.4%，比 2016 年增加 5.4 万亩，土地流转率增长 1.2 个百分点。其中，确地后流转面积 79.2 万亩，占 31.4%；确利流转 125.4 万亩，占 49.8%；确股流转 47.5 万亩，占 18.8%。土地流转面积中，对外租赁 99.2 万亩，占流转面积的 39.3%，是最主要的接转主体，其中由企业租赁经营的 23.9 万亩，占对外租赁面积的 24.1%点；其他租赁主体多为个人或组织、事业单位等；此外，集体经营 55.5 万亩，占 22%；专业合作社直接经营 2.9 万亩，占 1.2%；大户承包 46.5 万亩，占 18.5%；其他主体经营 48 万亩，占 19%。

【开展农村土地流转价格监测】2017 年，全市 52 个监测乡镇共发生农地流转 74 972 亩，平均流转价格 1 504 元/（亩·年），比 2016 年降低 6.6%。从土地流转用途看，46 988 亩土地用于林业，占监测点流转土地面积的 62.7%；综合开发 15 531 亩，占 21%。其中，用于林木的流转均价 1 657 元/亩，种植业 1 598元/亩，畜牧业 2 562 元/亩，综合开发 981 元/亩，其他 1 494 元/亩。从土地接转主体看，租赁给外部工商企业或个人的土地面积 11 135 亩，占监测点流转面积的 14.9%；对内流转的土地为 61 712 亩，占监测点流转面积的 82.3%。对内流转中，村集体是主要接转方，接转土地面积 51 226 亩，占监测点流转面积的 68.3%，平均流转价格为 1 374 元/(亩·年)，主要用于发展林木；其次是村内企业和农户，接转土地面积 9 504亩，平均流转价格为 2 150 元/(亩·年)；再次是专业合作社，接转土地面积 982 亩，平均流转价格为 1 500 元/(亩·年)。

【开展农业适度规模经营监测工作】2017 年，市农经办继续对 12 个区、72 个新型农业经营主体的经营效益情况进行跟踪监测。其中农业企业 30 个，专业合作社 19 个，专业大户 16 个，家庭农场 6 个，其他经营主体 1 个。72 个经营主体的经营总面积 38 856 亩，平均经营规模 540 亩。其中种植业用地 36 613 亩，占经营面积的 94.2%；养殖用地 583 亩，占 1.5%；其他用地 1 660 亩，占 4.3%。种植业中，粮食 15 999 亩，占种植面积的 43.7%；蔬菜 7 313 亩，占 20%；水果 5 245 亩，占 14.3%；花卉 2 473 亩，占 6.8%；瓜类 824 亩，占 2.2%；食用菌 175 亩，占 0.5%；干果 292 亩，占 0.8%；油料 5 亩；其他种植类 4 287 亩，占 11.7%。2017 年，经营总收入 35 510 万元，平均 493 万元，同比下降 2%。净利润总额 2 008.6 万元，平均净利润 27.9 万元，亩均净利润 517 元，同比减少 227 元，下降 30.5%。盈利的经营主体 48 个，占 66.7%，净利润总额 3 742 万元，亩均盈利 1 360 元；盈亏平衡的 10 个，占 13.9%；亏损的 14 个，占 19.4%，亏损总额 1 660 万元，亩均亏损 3 097 元。其中，63 个种植业经营主体经营总收入 19 639万元，平均 312 万元，亩均经营收入 5 608 元，同比下降 2.4%；净利润总额 1 106 万元，平均净利润 17.6 万元，亩均净利润 316 元，同比下降 44.5%。9 个种养结合业经营主体经营总收入 15 871 万元，平均 1 763 万元，亩均经营收入 41 374 元，同比下降 1.4%；净利润总额 903 万元，平均 100.3 万元，亩均净利润 2 353 元，同比增长 0.6%。

【全市共发生农村土地承包经营纠纷 1 304 件】 2017 年，全市共发生农村土地承包纠纷 1 304 件，其中，土地承包纠纷 935 件，占 71.7%；土地流转纠纷 336 件，占 25.8%；其他纠纷 33 件，占 2.5%。目前，已调处解决 1 269 件，调处率达 97.3%。其中，调解解决 1 254 件，占调处纠纷的 98.8%；仲裁裁决 15 件，占 1.2%。从纠纷调处的方法看，调解占绝大比率，区、乡镇、村三级在纠纷调处中均发挥了较大作用。按照《农村土地承包法》，承担调解职能的应是村民委员会、乡（镇）人民政府，但实际上，区级经管部门也承担了较重的调解任务，有的农民认为，他们的问题只有反映到区级以上才能得到解决。2017 年完成的调解纠纷中，村级调解 227 件，占调解总数的 18.1%；乡级调解 848 件，占 67.6%；区级调解 179 件，占 14.3%。全市共受理农村土地承包经营纠纷仲裁案件 17 件，其中，房山 1 件、顺义 4 件、昌平 1 件、平谷 9 件、密云 1 件、延庆 1 件。从纠纷发生的原因看，因确认农村土地承包经营权发生的纠纷 3 件，因订立、履行、变更、解除和终止农村土地承包合同发生的纠纷 4 件；因农村土地承包经营权转包、出租、互换、转让、入股等流转发生的纠纷 6 件，因侵害农村土地承包经营权发生的纠纷 3 件，法律、法规规定的其他农村土地承包经营纠纷 1 件。到 2017 年年底，15 件已结案，其中裁决 8 件，仲裁调解解决 2 件，当事人和解决或撤回申请 5 件。

【举办农村土地确权颁证数据库建设培训班】 2017 年 5 月 26 日，市农委在胜利饭店举办了全市农村土地承包经营权确权登记颁证数据库建设培训班。各区农委、经管站主管科长，负责测绘、建库及合库的有关公司技术人员共 70 余人参加培训。市农委讲解了《关于进一步做好农村土地承包经营权确权登记颁证工作的通知》。市城乡经济信息中心对涉密计算机保管及注意事项进行了重点解读，涉密软件厂商技术人员对涉密计算机使用操作进行了培训。市级合库中标单位技术人员对数据成果的质检、数据库合库、成果汇交等进行详细的讲解。各区主管科长、技术人员围绕政策和技术问题进行了充分的交流和讨论。

【督导检查各区确权登记颁证进度】 2017 年 6 月 13—15 日，市农委、市妇联、市农经办组成联合督查组，对各区土地确权登记颁证工作的总体进度以及妇女权益的保护进行了督导检查。督导检查工作分两组进行。第一组由市妇联副主席常红岩、市农经办副巡视员熊文武带队，对通州、顺义、怀柔、平谷、密云 5 区进行了督查。第二组由市农委副主任苏卫东带队，对房山、大兴、门头沟、延庆、昌平 5 区进行了督查。各区农委、区妇联、区经管站的相关人员参加了检查。

【举办农村土地承包经营权信息应用平台培训班】 2017 年 7 月 4—5 日，市农委经管处、市农经办土地承包管理处、市城乡经济信息中心技术支持处在昌平共同举办了农村土地承包经营权信息应用平台培训班。大兴、怀柔、延庆等十个区经管站合同科全体人员，共计 40 多人参加了此次培训。苍穹公司工程师对信息应用平台中的家庭承包合同管理、承包经营权证办理、流转合同管理等 10 个模块的操作流程分别进行了讲解。学员们还进行了一对一的上机实操练习。对在具体操作过程中遇到的问题，苍穹公司技术人员进行了认真解答，保证了培训实效。

【参加农业部土地确权登记颁证培训班】 2017 年 8 月 15—17 日，农业部经管司在内蒙古呼和浩特市举办了农村土地承包经营权确权登记颁证工作培训班。本次培训人员包括全国 30 多个省市 160 多名农经、软件公司技术人员。市农委、农经办、信息中心和苍穹数码公司 4 人参加了此次培训。此次培训的主要内容包括：农村承包地确权登记颁证数据库成果汇交与质量评价、农村土地承包经营权信息平台建设、农村承包地确权登记颁证成果检查验收重点事项等。市城乡信息中心和苍穹数码公司按农业部要求，对“北京市农村土地承包经营权信息应用平台”进行了演示。

【赴藏开展培训交流活动】 2017 年 8 月 29 日至 9 月 5 日，应拉萨市农牧局邀请，市农经办副巡视员熊文武带队，赴拉萨市农牧局开展援藏培训专题交流活动。援藏专家首先在拉萨市农牧局机关对各区县集体经济负责人员进行集中培训。随后专家组赴“两县两区”进行了实地指导，对大家关心的热点、难点、焦点问题进行了深入的探讨和交流，提出了若干具体的对策建议。在培训交流总结会上，熊文武代表北京市农经办（市农研中心）向拉萨市农牧局捐赠了培训资料汇编、农民专业合作社、集体经济发展规划、低收入村增收等 9 类农经系列丛书和光盘。北京援藏总指挥部书记、指挥肖志刚，北京援藏干部、拉萨市农牧局副局长左春伟代表拉萨市农牧局接受捐赠。在 8 天的时间里，援藏专家组完成了集中培训、座谈交流、走村入户等行程，实地调研拉萨农村土地流转、专业合作社运转、壮大集体经济与精准扶贫的经验与困惑，为把脉拉萨“三农”发展中遇到的实际问题做出“初诊”尝试，受到当地干部、合作社领办人、企业经营者和农牧民的欢迎，促进了北京和拉萨在“三农”观念、发展壮大集体经济和实现精准扶贫等方面的交流与合作。

【举办农村土地承包经营纠纷仲裁培训班】 2017 年 11 月 15—17 日，市农经办在昌平举办了农村土地承包经营纠纷仲裁培训班，各区经管站主管站长、科长、业务人员、仲裁员共 100 余人参加培训。农业部经管司孙邦群副巡视员、农业部仲裁指导处呼倩、市一中院民四厅邵普审判员、房山区经管站刘海亮科长分别就十九大以后新阶段承包地确权登记颁证工作的新任务新要求、调解仲裁法律政策、土地承包经营权属性及常见纠纷审理思路、调解仲裁的程序、方法及技巧进行了讲解。市农经办陈娟副处长介绍了调解仲裁考核评价工作有关材料的规范要求。通过此次培训，进一步提高了仲裁员在农村土地承包经营纠纷调解仲裁方面的理论政策水平和法律素养，增强了调解仲裁过程中处理实际问题的能力，将对全市农村土地承包经营纠纷调解仲裁工作的依法规范开展起到积极推动作用。

（陈娟）

农民专业合作组织

【农民专业合作社稳步发展】 据农经部门统计显示，截至 2017 年 12 月底，全市农民专业合作社 6 409 家，其中被农业主管部门认定为示范社的 621 家。在 10 个远郊区中，密云、平谷两区最多，分别达到了 1 393 家和 1 236 家。合作社实有成员 21.8 万名，辐射带动农户 14.5 万户。合作社资产总额 77.8 亿元，其中成员出资额 29.9 亿元。2017 年合作社总收入 42.9 亿元，实现盈余 6.04 亿元，其中提取公积金 0.5 亿元，盈余返还总额 2.7 亿元，分红 1.1 亿元。①数量稳中有降，产业结构进一步调整。随着行政副中心和新机场建设等城镇化进程进一步推进，部分地区农业用地被征收征用，农业转移人口逐步市民化，直接造成部分农民专业合作社停止运营，2017 年全市农民专业合作社总量较上年同期减少 232 家，下降3.5%。特别是随着“调转节”的农业结构调整进一步深入，不符合“高精尖”要求的种养业逐步退出京郊农村，部分传统种养合作社也受到了冲击，2017年全市种植业合作社3 570家，比上年同期减少457家，下降11.3 %；占合作社总数的比重为55.7%，较上年同期下降4.9个百分点；养殖业合作社1 383家，比上年同期减少101家，下降6.8 %；占合作社总数的比重为21.6%，较上年同期下降0.8个百分点。同时，林业、服务业合作社大幅增加，其中林业合作社416家，占合作社总数的比重达6.5%，较上年同期提高了3.6分百分点；服务业合作社526家，占合作社总数的比重达8.2%，较上年同期提高了1.6个百分点。②合作领域拓展，三次产业进一步融合。紧紧围绕北京都市型现代农业生产、生活、生态、示范四大功能，京郊合作社经营服务内容不断扩展，部分从事传统农业的合作社积极转型，新产业新业态的合作社不断涌现，进一步推动了一二三产业的有机融合。其中，创办加工实体的合作社达到了326家；休闲农业及乡村旅游合作社215家，比上年增加33家，增加18.1%；农宅休闲养老类合作社30家，比上年增加22家，增加275%。一二三产业的融合发展，极大地挖掘了农业内部的增收潜力，拓宽了农民增收的新渠道。③发展实力增强，服务功能进一步提升。随着农民专业合作社的不断发展壮大，运行质量也在稳步提升，合作社自我服务能力得到显著增强。2017年，全市拥有注册商标的合作社384家，开展农村电子商务的合作社265家，实施标准化生产的合作社589家，比上年同期的477家增加了112家，增长了23.5%；全市合作社拥有各类农产品质量认证达1 039个，比上年同期增加207个，增长了24.9%。超过80%的合作社为成员提供产加销一体化服务，开展统一的生产资料供应、农机作业、统防统治、技术信息、加工储藏、产品销售等服务，2017年，合作社为成员统一购买农业生产投入品总值8.54亿元，统一销售农产品总值36.3亿元，占总销售收入的84.6%。④示范带动明显，扶持力度进一步加大。截至2017年年底，全市共培育创建示范社621家，占全市合作社总数的9.7%，其中国家级示范社118家，市级示范社192家，区级示范社429家。示范社成员总数74 260个，社均120个；带动社外农户106 617个，社均172个；资产总额35.6亿元，社均572.9万元；经营收入27.4亿元，社均440.6万元。比非示范社分别高2.5倍、6.4倍、3.7倍和5.5倍。示范社在建立健全“三会”制度，规范财务管理、生产基地建设、标准化生产、统一各项服务等方面规范程度高，引领作用显著。当年获得财政扶持资金的农民专业合作社256家，占合作社总体的比重为4%。其中，获得农业部门扶持的合作社198家，占获得财政扶持资金的合作社总体比重的77.3%。各级财政专项扶持资金总额1.2亿元，比上年同期增加55.2%。当年承担国家涉农项目的合作社12家。

（任玉玲）

【认真开展农民专业合作社市级示范社和国家级示范社动态监测】按照《市农委关于完善本市农民专业合作社市级示范社动态监测和考评相关程序及标准的通知》（京政农发〔2017〕6号）要求，认真完善全市216家市级示范社动态监测和考评程序标准，严格落实考评制度，强化行业自律，研究市级示范社优胜劣汰机制，取消24家考评不合格合作社的市级示范社称号。市农经办会同市农委联合下发《关于开展国家农民合作社示范社监测工作的通知》（京政农发〔2017〕14号），加强动态监测，规范提升国家级示范社整体水平，取消12家考评不合格合作社的国家示范社称号。

（任玉玲）

【配合做好《农民专业合作社法》修订工作】根据北京市人大常委会来函部署，市农经办组织研究《农民专业合作社法》修订工作，积极参加市人大组织召开的修订工作座谈会，引导各区经管部门和全市合作社踊跃参与，提出修改建议，增强法治意识，推进依法治社。

（任玉玲）

【积极做好农民专业合作社市级示范社理事长培训】10月25—27日，成功举办北京市农民专业合作社市级示范社理事长培训班，来自全市240余家市级示范社的理事长参加培训，培训覆盖合作社最新发展实践与法律制度、合作社金融服务内容与途径、农产品电子商务、合作社三产融合等内容，市级示范社规范化水平进一步提高，市级示范社理事长经营管理能力有所提升。

（任玉玲）

【切实推进农民专业合作社信用评价体系建设】信用是合作社发展的基石，是破解合作社融资难的关键。2016 年 12 月正式启动合作社信用评价体系建设项目，经过一年的探索实践，取得了突破性进展。①深入调查研究，全面了解合作社发展现状。市农经办会同市农商银行、云华农汇网，先后赴怀柔、门头沟等 7 个区 23 家示范社现场调研，了解合作社问题现状和融资需求。同时，采用问卷调查、电话访问、网络调查、资料收集等形式，全面客观掌握合作社发展现状和融资需求。②科学分析梳理，总体掌握合作社融资需求。根据种植业、养殖业、农机服务业等不同产业类型，将参加试点项目的合作社划分为不同的种类，梳理汇总 47 家合作社的统计数据，从中科学分析出不同种类合作社的不同融资需求。据统计：47 家合作社，36 家有融资需求，占比高达 76%，融资需求总额 2.43 亿元。由此可以推断，全市 6 000 余家合作社，融资需求十分庞大和迫切。③完善模型开发，注重信贷需求实践应用。科学修正 47 家合作社信用评价模型，力求最大限度反映合作社的真实信用等级。经过反复论证和试验，合作社信用评价体系评估模型已初步建立，能够满足对首批 47 家试点合作社的信用评价要求。2017 年 11 月，北京市首批参评的合作社信用评价结果已向各区经管站（农合中心）予以公布。47 家首批参评合作社中，四星级 7 家，三星级 16 家，二星级 17 家，一星级 7 家。

（任玉玲）

【首次开展北京农联星级会员评定工作】为了进一步发挥示范带动作用，健全长效管理机制，推动合作社标准化、品牌化、规范化建设，实现合作社抱团发展、做优做强，2017 年，市农经办组织开展了北京农联星级会员评定工作。制定了《关于组织开展北京市农民专业合作社联合会星级会员评定的实施方案》，按照星级会员评定标准和程序，经各区农经部门推荐、专家委员会评审、北京农联审核、北京市农经办复核，授予奥金达合作社等 5 家合作社五星级，兴农天力合作社等 5 家合作社四星级，灵之秀合作社等 10 家合作社三星级。10 月 25 日圆满召开北京农联星级会员表彰大会，受到《农民日报》、中国农业信息网、中国有机农业网、《中国农民合作社》等刊物媒体的关注和报道，星级会员带动示范效应逐步显现。

（任玉玲）

【大力开展农民专业合作社公益服务】充分发挥北京农联社会服务优势，多途径多角度搭建平台开展公益服务。举办“发展公平贸易助力农民增收——京合公平贸易联盟”活动，开展“北京市发展公平贸易促进低收入农户增收”试点工作，探索市场化扶贫机制，为怀柔区渤海镇四渡河村牵线搭桥销售板栗 92.5 吨，人均增加收入 700 余元；聚源德合作社等 3 家合作社通过公平贸易国际认证。打造“北京农联 24 集市”爱心集市，全年组织活动 12 场，参与合作社场均 40 余家，产品种类 300 余类，总销售额 80 余万元；30 余家合作社和农业企业产品陆续入驻微信商城。组织开展平谷大桃义卖活动，帮助遭受冰雹灾害的果农销售大桃 2 500 余千克。持续开展农联进社区活动，获得奥运村街道北沙滩社区“2017 年共驻共建优秀单位”。

（任玉玲）

【深入开展农民专业合作社宣传活动】积极发挥北京农联官网作用，开辟微信公众号“农场故事”栏目，为 200 多家合作社会员建立了宣传界面。在北京农联运营服务中心制作品牌 Logo 墙，初期完成 40 余家合作社品牌 Logo。挖掘农产品文化内涵，打造“一区一品一游”活动，加强城乡社区交流，为北京农联会员提供智能化农场帮手服务。带领北京农联会员合作社参加第十五届中国国际农产品交易会，销售优质农产品，推介优秀农业组织和企业。扩展京台农业论坛合作内容，建立两地新农人交流合作、资源共享平台——京台新农人沙龙，成功举办 5 期。创办《北京农联会刊》，多方位宣传郊区典型示范社、优秀合作社领办人和优质农产品，已发行 4 期。积极在北京农经网、北京农村经济等刊物媒体宣传全市合作社动态，报送信息 800 多条，其中原创 40 余条。

（任玉玲）

【全面总结农民专业合作社发展典型经验】发挥典型引路作用，积极总结宣传《农民专业合作社法》颁布实施十周年合作社建设发展成就、做法经验、创新性政策举措、面临的困难与问题，全面展示合作社风采，为农业部编印的《国家农民合作社示范社巡礼》《农民合作社典型案例评析》《农民合作社发展报告》等刊物供稿 10 余篇，为《北京农村经济》《中国农民合作社》等刊物供稿6篇。同时总结撰写多篇研究报告：包括：《2016年北京市农民专业合作社发展情况报告》《加快推进北京市农民合作社供给侧结构性改革》《北京市引导合作社发展十年经验谈》《北京市农民专业合作社发展问题研究报告》《依托小蜜蜂 发展大产业 实现腾飞梦》《关于北京市农民专业合作社规范管理研究报告》等。

（任玉玲）

【农民专业合作社指导服务更精准】 一是有序推进合作社规范化建设。完善全市216家市级示范社动态监测和考评程序标准，取消24家考评不合格合作社的市级示范社称号，取消12家考评不合格合作社的国家示范社称号。积极推进信用评价体系建设，发布北京市首批参评的合作社信用评价结果。加强对全市6 600余家合作社的统计监管，实现合作社统计信息系统与“三资”监管平台融合共享。二是指导合作社转型发展。推进合作社“禁养”、产业转移，立征春雨合作社和金冠种植合作社由单一种植向都市休闲农业转型。三是不断提升合作社发展动力，实施“2017年合作社产业融合创新试点项目”，重点支持市级示范社，以点带面，提升全市合作社一二三产融合发展水平。推进合作社品牌化发展，全市合作社实施标准化生产的477家，拥有注册商标品牌的386家，通过农产品质量认证的832家。四是推进北京农联发挥市级枢纽型社会组织作用。组织北京农联32家合作社参加“首都科技条件平台百家重点实验室进千家企业”专题对接会，开展北京农联会员星级评定工作。组织北京农联会员合作社参加第十五届中国国际农产品交易会，创办《北京农联会刊》。打造“北京农联24集市”，组织活动12场，30余家合作社和农业企业产品陆续入驻微信商城。

（任玉玲）

农村集体经济

【集体经济事项权力清单试点范围扩大】 年内，集体经济事项权力清单试点扩大到房山区10个乡镇（街道）的17个村级集体经济组织，精细化管理迈出新步伐。开展朝阳、海淀、丰台、通州、大兴、怀柔等区农村集体财务公开情况检查，与市纪委机关、市委组织部、市委农工委、市民政局联合印发《关于进一步规范全市村级组织党务公开、村务公开、财务公开工作的通知》和《北京市村干部管理监督办法（试行）》，农村财务管理规范化程度明显提高。推进北京智慧乡村“三务公开”入户电视点播试点，延庆区张山营镇32个村已全部入户，覆盖8 000余户。顺义区大孙各庄镇试点村增至30个。进一步规范农民专业合作社财务管理，与市农委共同研究确定《北京市农民专业合作社市级示范社考核评定标准（试行）》，制定财务管理和成员账户评分标准。逐步完善北京市农民专业合作社综合管理系统财务管理功能，在全市所有市级以上示范社以及昌平、延庆的区级示范社范围内推广运用，用户满意度近90%。进一步完善农村集体经济合同管理系统，完成海淀区经济合同管理系统升级。在怀柔、通州、平谷等区开展了农村财务管理人员培训班，合计培训1 050余人。

【开展2016年村级组织正常运转专项补助资金和新型集体经济组织经营效益全市性的审计工作】 落实卢彦副市长批示，组织开展逐条逐项整改落实。组织开展2016年村级组织负责人经济责任审计工作和其他专项审计。编制《农村集体经济审计工作指南》、农经审计工作示范文书和参考文本，补充完善5 340份农经审计员原始档案。截至2017年上半年，全市各区共审计5 629个单位，审计金额达1 439.8亿元。

【农村土地制度改革取得新进展】 农村土地承包经营权确权登记颁证工作完成90%以上。会同市农委、市妇联对10个区确权和妇女权益保护情况进行了联合督导检查。北京市农村土地承包经营权信息应用平台建设基本完成，进入全面试运行阶段。组织参加了3期全国确权登记颁证培训班。截至12月31日，全市共有125个乡镇2 609个村开展了确权登记颁证工作，分别占全市拟确权乡镇、村数的 100% 和 98.1%，涉及承包土地面积 278.5 万亩，占全市拟确权土地总面积的 98.5%，全面完成了“2017 年底前完成总体任务 90% 以上”的工作目标。开展农地流转价格和规模经营效益动态监测。完成了 2016 年、2017 年上半年农地流转价格监测报告，2016 年农地适度规模经营效益监测报告。2016 年全市农村土地承包经营情况分析报告。农村土地经营创新试点工作进一步深化。平谷区管家庄村土地托管试点工作健康发展。怀柔区二台子村土地股份合作制试点获得财政资金支持。平谷区周村“土地股份合作社＋职业经理人＋农业社会化服务组织”的农业共营制试点取得实效。依法开展农村土地承包经营纠纷调解仲裁工作。处理来信来访 16 件。指导郊区依法开展纠纷调解仲裁工作，2017 年上半年全市共发生农村土地承包经营纠纷 478 件，调处解决 467 件，调处率 98.1%。

【农民负担监督管理工作更扎实】 一是扎实开展农民负担监督检查和涉农乱收费专项治理工作。在区级自查基础上，开展了 10 个区 13 次市级抽查。开展涉农乱收费乱摊派情况专项治理工作，对新型农业经营主体农民负担及涉农乱收费等问题进行了重点检查。二是有效推进一事一议财政奖补工作规范管理，在 10 个远郊区开展一事一议财政奖补工作。出台《关于进一步加强村级公益事业建设一事一议财政奖补项目和资金管理的意见》，进一步对民主决策、项目实施程序、监督检查及绩效评价机制等内容进行了规范。举办了北京市农民负担监管与一事一议政策培训班，培训学员 200 余人。三是完成农民负担监测工作。做好对全国监测点密云区 2 个乡镇 6 个村 30 户监测户的检查和指导。综合分析显示，全市农民负担监管总体趋势良好，农民负担进一步减轻，惠农政策得到积极落实。2017 年，全市未收到农民负担信访案件。

【进一步强化农村集体经济审计监督工作】 2017 年，围绕市委巡视整改反馈意见，市农经办加大农村集体经济审计监督力度，统一组织开展了 2016 年村级组织正常运转专项补助资金和新型集体经济组织经营效益两项全市性的审计工作，并进行了 2016 年村级组织负责人经济责任审计工作开展情况调查。针对审计和调查发现问题，指导各区积极开展整改落实工作，确保审计工作取得实效。各区在全市统一组织的审计工作基础上，还结合各自实际开展了其他专项审计工作，全年各级农经审计部门审计单位总数为 8 471 个，审计金额达 4 101.8 亿元。为进一步规范农村集体经济审计行为，提升审计工作质量，市农经办组织专家编写完成《农村集体经济审计工作指南》及 8 种审计参示范书和 13 种审计参考文本，下发至各区、乡镇农经审计部门，从市级层面加强了对农经审计工作各个环节的规范性指导。

（吴汝明）

农村集体经济产权制度改革

【认真贯彻落实中共中央、国务院《关于稳步推进农村集体产权制度改革的意见》】 海淀区被列为全国 100 个农村集体产权制度改革试点单位之一。受农业部经管司委托，审核 10 个省的 30 个试点单位改革方案。

【印发经营性资产股份量化实施办法】 本市印发《关于财政资金扶持农村集体经济组织形成的经营性资产股份量化实施办法（试行）》。

【规范新型集体经济组织收益分配工作】 本市研究制订《关于规范新型农村集体经济组织收益分配工作的意见》。

【组织开发北京市农村股权管理系统】 北京市农村股权管理系统在大兴区试点，运行情况良好。

【难点村乡（镇）级集体产权制度改革取得进展】 全市已有 58 个难点村、12 个难点乡镇级集体经济组织启动改革。截至 2017 年年底，全市累计完成产权制度改革的单位达到 3 920 个，其中村级 3 899 个，乡镇级 21 个。村级完成产权制度改革的比例达到 98%。

（徐再城）

农村金融创新

【优化农村金融网点布局】银行业金融机构下沉服务网点，将金融服务深入村镇“最后一公里”。北京远郊区分布各类银行网点总数达2 598个，村镇银行网点总数达到39个，保持逐年增长的趋势，进一步增强了服务当地的能力。北京农商银行在“一乡一镇一网点”的基础上，通过设立乡村便利店、乡村自助店、便民取款点等模式继续扩大“三农”金融服务的辐射半径。截至2017年三季度末，该行两店一点总数超过1 000个，使金融网点布局进一步完善，金融资源更多向郊区流动。保险业金融机构建立“三农”保险基层服务站180多个、服务点1 600多个，基本覆盖所有乡镇和40%的行政村，切实提升了保险业服务水平。

【发展新型农村金融组织】积极开展新型农村合作金融试点，支持符合条件的农民专业合作社开展内部信用合作。继续推进大兴赤鲁、平谷西柏店和东四道岭三个村农民专业合作社内部资金互助试点工作。赤鲁村流转入社的8套闲置农宅得到合理利用、农产品和手工艺品实现网上网下销售、真人CS基地实现初期运行，合作社年初实现了首次为老年成员分红。支持小额贷款公司发展，全市共批设小额贷款公司124家，实现16个区全覆盖，注册资本金161.67亿元，积极引导小额贷款公司立足“三农”，筑牢服务农村市场理念。

【发挥农业投资、担保和要素市场的支农作用】市农业投资公司充分发挥本市农村金融服务改革试点作用，已累计为40 000多家涉农经济组织提供了约450亿元的融资服务。市农业担保公司累计承保项目约4 500个，累计担保金额超过55亿元，担保余额50亿元以上，为9 500余家农业经济组织提供了200多亿元的融资担保服务。市农村产权交易所前10个月成交项目114个，成交总金额29.43亿元；农副产品交易业务在创新特色农产品交易模式、促进农民增收上做了有益探索，尤其是在燕山板栗行业做出了特色，形成了较大的市场影响力。农业投资、担保和要素市场为聚集更多资金持续投向“三农”领域发挥了积极作用。

【加快发展农村直接融资】一是支持涉农上市公司发展。鼓励涉农上市公司并购重组、再融资，搭建新三板公司与上市公司、拟上市公司培训交流平台。截至2017年年底，北京地区A股上市涉农企业9家。全国中小企业股份转让系统挂牌涉农企业23家，拟上市企业1家。鼓励辖区涉农企业利用资本市场整合优质资源、扩大直接融资，实现做优做强。2017年度，大北农实施股权激励计划，融资规模5.6亿左右。推动结对帮扶贫困县行动倡议，截至2017年9月底，辖区共有11家证券公司与19个国家级贫困县签署了结对帮扶合作协议，捐助金额超过1 836万元。

【发展壮大农业产业基金】新增管理了果树基金、外经贸基金以及定州基金等3支政府引导基金，管理规模约32亿元，进一步丰富了金融支农手段。果树产业基金共召开投委会9次，审议并通过了34个项目（含低收入村项目5个），累计支持高效节水果园17 549亩，投资总额15 086万元（低收入村投资金额747万元）。33家被投资主体享受免息政策，累计让利455万元。朝阳区城乡接合部产业引导基金投放9.8亿元，农村城市化基金投放12亿元。紧密对接政策性银行，为孙河湿地公园、崔各庄奶西等棚改项目争取贷款近300亿元。

【开发信托产品支持农业发展】金谷信托在银行间市场成功发行2017年第一期绿色资产支持票据，其中6亿资金用于污水处理等绿色项目建设运营，可有效促进绿色农业发展；外贸信托以信托资金向农民农资提供信贷服务，累计发放2 716万元支农贷款；19家农民专业合作社发行集合信托补贴73万元，实现融资3 810万元，有效拓宽了农业企业融资渠道，降低了融资成本。

【加大涉农资金投放力度，扩大涉农信贷投放规模】针对疏解非首都功能、京津冀现代农业协同发展规划的新形势，本市农业发展面临调结构转方式的压力，第一产业增加值以及占地区生产总值比重呈现下降趋势，辖内金融机构积极加快信贷业务转型，重点抓好涉农信贷投放，支持北京农业“调转节”，满足“三农”融资需求。截至 2017 年三季度末，北京辖内中资银行涉农贷款余额为 2 072.03 亿元，较年初增长 252.78 亿元，增幅 13.89%。

【发挥政策工具引导作用】 通过优先对涉农票据、小微企业签发和收受的票据办理再贴现，优先为涉农信贷投放、中小企业尤其是小微企业信贷投放占比高的金融机构办理再贴现，引导资金流向“三农”领域。2017 年前三季度，累计为辖内金融机构办理再贴现金额 125.8 亿元。其中，用于支持涉农、小微企业等的再贴现资金占 64.4%；累计向北京农商银行和大兴九银村镇银行发放支小再贷款 5.5 亿元；累计向大兴华夏村镇银行、房山沪农商村镇银行发放支农再贷款 1.3 亿元，努力为扩大涉农信贷投放提供低成本资金支持。

【强化对涉农重点领域的金融支持】 聚焦京津冀协同发展、雄安新区、通州城市副中心建设、非首都核心功能疏解、冬奥会等国家和地区发展战略，切实加强金融对涉农领域支持力度。中国农业发展银行北京分行认真分析雄安新区建设资金需求状况，在土地收储整治、农民搬迁安置、新型城镇化、水电路气等基础设施建设方面和白洋淀生态环境治理和保护等方面予以积极支持。北京银行与北京市农担签署合作协议，将担保业务范围扩充至京津冀三地，目前已在天津、石家庄累计实现涉农放款 100 余笔，金额 2 000 余万元。北京农投小额贷款有限公司联合北京市农业融资担保有限公司合作开发出面向京津冀区域内涉农企业的惠农贷款产品“优农贷”，自 2017 年 7 月推向市场以来，放款金额已达 1 361 万元。

【加强农村金融改革试点建设】 一是开展农村集体经营性建设用地入市试点。认真贯彻国务院关于开展农村集体经营性建设用地入市改革试点精神，积极推动大兴区农村集体经营性建设用地入市试点工作。针对集体建设用地整治开发成本较高、拆除腾退资金筹措困难等问题，积极引导金融机构参与城乡接合部改造项目，通过创新授信主体和授信模式，将集体联营公司作为授信主体，将集体土地未来租金收益作为还款来源，提供资金支持。大兴区集体土地目前已累计腾退 4.85 万亩（其中 2017 年腾退 2.9 万亩），试点工作总体进展顺利。入市制度机制不断健全，土地增值收益征收和分配办法更加完善。其中，农商银行通过“债权融资计划”、北京银行通过“产业基金”方式解决自有资本金需求。截至目前，大兴区集体经营性建设用地项目总授信额度 630.2 亿元，放款 225.29 亿元。二是大力推进农村承包土地的经营权抵押贷款试点。自大兴区、平谷区批准开展农村承包土地的经营权抵押贷款试点以来，2017 年，本市积极推动确权登记颁证和抵押登记工作。出台流转处置管理办法，明确处置流转的操作流程，与抵押人、抵押权人签订处置流转协议。2 月，北京银行发放了全市首单农村承包土地的经营权抵押登记贷款 120 万元。全市累计发放农村承包土地的经营权抵押贷款 10 笔，金额 1 787 万元。截至 9 月末，全市农村承包土地的经营权抵押贷款余额 1 239 万元，无不良贷款发生。试点工作参与银行数量不断增多，由 2016 年年初的 1 家增加至 3 家。

【优化农村金融发展环境】 一是推动农民专业合作社加强信用评级体系建设。北京农商银行与市农经办、云华农汇网联合开展农民专业合作社实地调研评审，经过多轮讨论初步确定了合作社信用评价模型指标体系。该系统建成后，不仅可以为政府管理提供信息参考，还可以有效解决银行与农民专业合作社之间信息不对称的问题，有助于推动后续合作社融资。二是不断推进普惠金融和“村村通”工程发展。为贯彻落实《国务院关于印发推进普惠金融发展规划（2016—2020 年）的通知》（国发〔2015〕74 号），促进金融业可持续均衡发展，本市通过创新普惠金融产品和服务、加强普惠金融基础设施建设等措施，增强市场主体和人民群众对金融服务的获得感。在具备条件的行政村布设便民服务网点和自助服务终端，并采取定时定点服务等多种形式开展“村村通”工程。截至目前，北京农商银行建成乡村便利店 396 家，较上年末新增 117 家，有效满足了远郊客户的日常金融需求。实现养老助残卡发卡 248 万张，受理养老助残券补贴发放 4.75 亿元，继续助推民政金融服务体系建设。北京银行在每个自然村设

1名普惠金融联络员，实现农村普惠金融服务的全覆盖。三是加强金融宣传教育培训，切实防控涉农金融风险。大兴区组织召开拆迁村、回迁社区金融理财专场培训会6场，指导各属地开展防范非法集资宣传活动44场，协调大兴电视台在8月日常时段集中播放金融安全宣传片。同时，在《大兴报》每月刊登“防范非法集资专版”以案说法。北京银监局组织开展2017年北京银行业“金融知识进万家”和“送金融知识下乡”等宣传服务活动。在北京市各远郊区县、乡镇集市设立宣教点或宣传栏、组织宣教团队分发宣传材料，为农村居民讲解金融知识和防范风险的技能，提升农民的金融知识和风险责任意识，防范金融风险，维护金融稳定。辖内中资银行涉农贷款不良贷款呈现“双降”，不良贷款余额8.38亿元，较年初下降0.36亿元，不良率0.41%，较年初下降0.07个百分点。

【北京农商银行强化顶层设计提高服务“三农”能力】北京农商银行印发《三农金融发展策略》《三农金融服务工作指引》，部署年度“三农”重点工作，与国开金融、农交所签订共同推动特色小镇建设的战略合作协议，推进特色小镇配套金融创新，与市农经办、云华农汇网共同开展对部分农民专业合作社的实地调研评审工作，推进农民专业合作社信用评价体系建设，积极修订完善集体产业贷款、旧村改造贷款等产品，提高涉农贷款产品的适用性和竞争力，进一步支持新农村建设、现代农业发展和农民增收致富。

【北京农商银行持续做好涉农领域信贷支持】北京农商银行认真贯彻国家宏观调控政策和金融监管要求，在全市涉农领域事业发展中发挥着金融支农主力军的作用，全行累计投放广义涉农贷款327.79亿元，其中监管涉农贷款219.66亿元。截至年末，全行广义涉农贷款余额为673.71亿元，较年初增加49.2亿元，完成年度计划的123%，增速为8.68%；其中，监管涉农贷款余额为284.27亿元，较年初增加77.29亿元，完成年度计划的386.45%，增速为37.34%，完成了涉农贷款“一个不低于”的监管要求。

【北京农商银行推行金融创新丰富支农手段】北京农商银行通过总支联动，合力推进新农村建设类项目，全年新增11个新农村建设类项目，提供189.6亿元的融资支持。涉农业务商投联动取得一定成效，通过结构化融资、债权融资计划、产业基金等投行业务产品为8个涉农项目提供69.5亿元的融资支持，累计投放59.3亿元，全力推动首都城乡一体化发展迈向更高层次，助力首都“三农”转型升级。

【北京农商银行助推农村“三块地”改革以及承包地“三权”分置制度改革】北京农商银行继续积极支持大兴区集体经营性建设用地入市试点项目，全年累计为大兴区7个集体土地入市试点项目提供140亿元的融资支持，累计投放资金约77.06亿元，该产品在全国金融系统第四届“双提升”活动青年“金点子”方案大赛中荣获优秀奖。实现全行首笔集体资产经营权质押业务落地，完成某涉农重点客户的集体资产经营权质押业务登记工作，实现全行首笔农村承包土地经营权抵押贷款业务落地，为平谷区一涉农项目发放200万元农村承包土地经营权抵押贷款。

【北京农商银行大力践行普惠金融服务改善农村支付环境】北京农商银行组织开展第11届“凤凰乡村游”活动，有效带动城市资金向京郊乡村流动，关注京郊农村偏远地区金融服务薄弱环节，在金融服务覆盖全市所有乡镇的基础上，持续推进乡村便利店、乡村自助店、助农取款服务点建设，扩大京郊地区金融服务可得性，截至年末，已建成“两店一点”900余个，布放ATM机2 000多台，同时还通过网点的智能化改造、智能银行的建设，进一步提高服务效率、提升客户体验，让更多的客户享受到高效、便捷的金融服务。

【北京农商银行强化内部管理防控金融风险】北京农商银行坚决打好防范化解金融风险攻坚战，坚决防止发生系统性金融风险，制定并严格落实贷后管理“三项机制”，继续开展新农村建设贷款检查、特色农贷检查，严格收费、审查审批等相关检查工作，强化风险管控，通过开展内部业务培训，外部邀请专家解读涉农政策，组织同业交流等活动，着力提高业务人员专业素质，确保涉农业务稳健开展。

（吴愔）

私营个体经济发展与改革

【概况】2017年，北京市私营企业和个体工商户登记注册的户数累计191.8万户，其中私营企业137.56万户，个体工商户54.24万户。私营企业和个体工商户从业人员累计1 141.38万人，其中私营企业1 054.72万人，个体工商户86.66万人。私营企业和个体工商户注册资本金累计147 819.53亿元，其中私营企业147 609.16亿元，个体工商户210.37亿元。

（李萌垚）

【私营企业户增长13.71%】截至年底，全市私营企业户累计137.56万户，比上年增加16.59万户，增长13.71%；私营企业从事第一产业的有5 178户，占总户数的0.38%；从事第二产业的有81 779户，占总户数的5.94%；从事第三产业的有1 288 654户，占总户数的93.68%。户数在前三位的分别是朝阳区（32.74万户）、海淀区（24.23万户）、丰台区（16.47万户）。

（李萌垚）

【私营企业从业人员增加10.87%】截至年底，全市私营企业从业人员累计1 054.72万人，比上年增加103.4万人，增加10.87%。

（李萌垚）

【私营企业注册资本金增长18.1%】截至年底，全市私营企业注册资本金累计147 609.16亿元，比上年增加22 619.5亿元，增长18.1%。

（李萌垚）

【个体工商户减少10.8%】截至年底，全市个体工商户累计54.24万户，比上年减少6.57万户，减少10.8%；个体工商户从事第一产业的有30 237户，占总户数的5.57%；从事第二产业的有18 007户，占总户数的3.32%；从事第三产业的有494 201户，占总户数的91.11%。户数在前三位的分别是朝阳区（7.24万户）、丰台区（6.28万户）、昌平区（5.95万户）。

（李萌垚）

【个体工商户从业人员减少9.18%】截至年底，全市个体工商户从业人员累计86.66万人，比上年减少8.76万人，减少9.18%。

（李萌垚）

【个体工商户注册资金减少4.49%】截至年底，全市个体工商户注册资金累计210.37亿元，比上年减少9.88亿元，减少4.49%。

（李萌垚）

【给予中小企业发展基金引导，推进担保奖励】2017年，市政府投资引导基金向中小企业发展基金注资3亿元，通过北京市中小企业发展基金加大对初创期、早中期中小企业的直接融资扶持；同时对再担保、中关村科技担保、首创担保等10家担保、再担保机构投入中小企业给予奖励金额2 169万元，以奖励方式鼓励金融服务机构、融资担保和再担保机构积极开展中小企业融资服务，支持中小企业创新融资，拓宽中小企业融资渠道。全年共引导担保机构支持了1 996家小微企业，涉及融资总额38.8亿元。

（李萌垚）

【研究设立北京市融资担保基金】为贯彻落实国务院《关于促进融资担保行业加快发展的意见》，有效缓解本市中小微企业和“三农”及战略性新兴产业融资难融资贵问题，市财政局牵头研究起草了《北京市融资担保基金设立方案》，并报经市政府批示同意。

（李萌垚）

【优化小微企业担保代偿补偿资金使用方式】全市2015年设立了小微企业信用担保代偿补偿资金后，2017年进一步优化了小微企业担保代偿补偿资金使用。一方面，将代偿补偿政策与再担保机制有效结合，对于500万元以下的小微业务进一步提高风险容忍度，促进合作担保公司及银行有效提高小微担保业务的信贷供给，截至12月底，共有10家担保公司3 734笔计45.3亿元项目备案通过，实现资金使用放大8倍；同时扩大政策实施范围和力度，参与合作的银行和担保公司分别增至12家和15家。

（李萌垚）

【持续加强中小企业服务体系建设】2017年，市财政局、市经信委等部门共同支持中小企业服务体系建设项目54项，支持金额 7 461 万元，带动社会投资 6.5 亿元，新增和改造服务场地 14.5 万平方米，新增设备、软件 1.75 万套，受服务中小企业同比增加 7 万余家；同时投入相关试点资金 2.89 亿元，用于全年 13 个园区创业孵化试点工作。

（李萌垚）

【开展中小企业技术创新资金支持】 2017 年，市财政局和市科委积极对中小企业技术创新实施扶持政策，投入科技型中小企业技术创新资金 1.19 亿元，鼓励和引导科技型中小企业进一步加强自主创新能力建设；同时完善科技金融支持体系，投入创业投资及天使投资风险补贴资金预算 3 000 万元、中关村高成长企业融资促进及信用保险支持资金 17 640 万元、中关村企业改制上市及并购支持资金 23 600 万元、融资租赁支持资金预算 4 000 万元，帮助科技型中小企业解决融资需求。

（李萌垚）

【对中小企业实施税收优惠政策】 根据《财政部 税务总局关于扩大小型微利企业所得税优惠政策范围的通知》（财税〔2017〕43 号）文件，2017 年 1 月 1 日起至 2019 年 12 月 31 日，将小型微利企业的年应纳税所得额的上限由 30 万元提高至 50 万元，对年应纳税所得额低于 50 万元（含 50 万元）的小型微利企业，其所得减按 50%计入应纳税所得额，按 20%的税率缴纳企业所得税。此项政策惠及全市 5 500 户小微企业，全年共减税 3.1 亿元。另根据《财政部、国家税务总局关于支持小微企业融资有关税收政策的通知》（财税〔2017〕77 号），自 2017 年 12 月 1 日至 2019 年 12 月 31 日，对金融机构向农户、小型企业、微型企业及个体工商户发放小额贷款取得的利息收入，免征增值税、自 2018 年 1 月 1 日至 2020 年 12 月 31 日，对金融机构与小型企业、微型企业签订的借款合同免征印花税。

（李萌垚）

【优化本市中小企业发展资金支持管理】 2017 年，市财政局、市经信委结合中小企业发展的新形势和新需求，对原有中小专项资金办法进行了修订，联合印发了《北京市支持中小企业发展资金管理暂行办法》；制订了《2018 年度北京市支持中小企业发展资金项目申报指南》等系列文件，促使中小企业发展资金的支持更加精准、科学、规范。

（李萌垚）

【举办中小创投引导基金 10 年回顾与展望大会】 5 月 27 日，市经信委以“凝聚资源、助力双创”为主题，举办了北京市中小企业创业投资引导基金 10 年回顾与展望大会。北京市中小企业创业投资引导基金作为国内首支省级中小企业创业投资引导基金，自 2008 年设立以来，始终坚持“政府引导、市场运作”，带动创投机构共同支持本市中小企业发展，截至活动前，中小引导基金已经完成九批 45 家创投机构的签约合作，引导基金出资规模达到 16.2 亿元，协议出资总规模近 90 亿元。

（李萌垚）

【提升中小企业公共服务平台的规范管理】 2017 年，市经信委修订并出台了《北京市小型微型企业创业创新示范基地管理办法》和《北京市中小企业公共服务示范平台管理办法》，并开展了第一批北京市中小企业公共服务示范平台、北京市小型微型企业创业创新示范基地的认定工作，为中小企业创新创业提供更有力的支撑。

（李萌垚）

【推行市场代征“两税两费”】 为全面推行市场“两税两费”的委托代征工作，市国税局和市地税局成立了联合工作组，对全市开展“两税两费”委托代征的市场数量进一步相互核对予以确认，确定“两税两费”入库时分别使用各自缴款书进行缴纳，并对工作中的“系统问题、管理模式、具体措施和方案”等内容进行了实践探讨。

（李萌垚）

【个体工商户城市维护建设税、教育费附加、地方教育附加及个人所得税委托代征】 2017 年，市国税局和地税局全面贯彻执行《北京市地方税务局 北京市国家税务局关于个体工商户城市维护建设税、教育费附加、地方教育附加及个人所得税委托代征事项的公告》（2016 年第 18 号），自 1 月 1 日起，由国税机关代征全市个体工商户的城市维护建设税、教育费附加、地方教育附加及个人所得税。此项条例的执行有效降低了税款征收成本，简化办税流程，解决纳税人多头办税的问题。

（李萌垚）

【大力做好减税减负宣传工作】 2017 年，市地税局精细梳理小微企业、创业平台、重点群体等普惠型税收优惠政策，印制《“大众创业 万众创新”税收优惠政策指引》宣传册向纳税人发放，并在首都之窗“政策服务”

栏目、高校创业园服务信息平台上线该政策指引及政策汇编。另外还通过映客直播平台开展 3 场创业相关政策解读的网络直播，共吸引 17.6 万人次观看，大大提升了企业和公众对双创企业减税轻负政策的知晓度。

（李萌垚）

【组织食品相关产品国家安全标准宣传贯彻会议】为进一步强化本市生产领域食品安全监管工作，市质监局于 4 月组织食品相关产品国家食品安全标准宣传贯彻会议。市质监局产品处、各区局食品相关产品质量监督工作人员、国家食品质量安全监督检验中心和北京市产品质量监督检验院专家以及本市 124 家食品接触用塑料制品、食品接触用纸制品生产企业的 190 余位负责人参加了会议。会议从法律角度就企业自觉履行法定责任义务、提高产品质量管理水平和诚实守信经营等方面进行了讲解，并请专家解读了 GB 4806.1—2016《食品接触材料及制品通用安全要求》等新发布的食品接触用塑料制品和食品接触用纸制品食品安全国家标准，要求，各生产企业要严格履行产品质量主体责任，依法依标组织生产，有效保障食品相关产品质量安全。

（李萌垚）

【推进简化审批政策执行】2017 年，市质监局积极推进审批程序简化，一方面推行网上审批，印发了《北京市质量技术监督局网上审批服务系统建设总体方案》和《北京市质量技术监督局推进公共服务事项网上办理精简优化流程标准工作规范》，于 8 月 1 日起，将工业产品生产许可证核发等 7 项公共服务事项纳入网上办理试点。另一方面根据《国务院关于调整工业产品生产许可证管理目录和试行简化审批程序的决定》和质检总局《关于贯彻落实〈国务院关于调整工业产品生产许可证管理目录和试行简化审批程序的决定〉的实施意见》，将本市纳入生产许可改革试点，制定了《北京市工业产品生产许可简化审批程序改革试行工作方案》，自 8 月 1 日起试行工业产品生产许可简化审批程序，实施工许产品“先证后核”工作试点。

（李萌垚）

【引导“双创”服务机构精准对焦科技企业服务】2017 年，市科委积极支持双创服务机构搭建产业孵化技术服务平台，到年底全市双创服务机构搭建专业技术研发服务平台达 77 个，服务科技型企业 75.7 万家次，同比增长 70%。另外采取多种措施引导双创服务机构聚焦“高精尖”产业，为 58 家智能装备企业、56 家新一代信息技术企业、46 家新材料企业和 34 家生物医药企业提供投资、融资、技术研发以及市场端上下游衍生相关多项服务，全年为“硬科技”项目提供孵化服务 4 500 余项。

（李萌垚）

【“双创”领域资本市场积极活跃】本市“双创”领域资本市场发展迅速，投资热情高涨，全年众创空间及在孵企业共获得融资 221.39 亿元。其中 1 622 家在孵企业获得融资，金额近 192.39 亿元，平均每家在孵企业获得融资 1 186.13 万元。获得种子、天使轮融资项目最多，占比达七成；获得 A 轮融资总额最高，398 个项目获得 A 轮融资 73.3 亿元。

（李萌垚）

【积极促进科技服务业发展】2017 年，市科委实施科技服务业促进专项，共支持 100 家新型服务业态企业、20 家技术转移机构和 20 个专业开放平台。共组织开展 50 余家“互联网＋”、大数据科技创新创业专业开放平台座谈与调研，并最终形成《北京科技创新创业专业开放平台发展情况报告》。全年本市科技服务业税收达 675.7 亿元，同比增长 25.6%。

（李萌垚）

【优化就业创业环境，定向精准施策】2017 年，市人保局积极定向精准施策，对自主创新型企业、生活服务型企业及调整转型企业等给予一揽子补贴政策，支持 1.6 万家企业稳定岗位 347 万个。健全“百姓就业”全媒体平台，组织了“就业援助月”“民营企业招聘月”等各类招聘活动。

（李萌垚）

【维护劳动保障权益，规范企业用工行为】2017 年，市人保局紧抓劳动合同制度全覆盖工作，企业职工劳动合同签订率、城镇职工劳动合同续订率分别达到 97.9%和 94.7%，并重点关注辖区内企业群体性解除劳动合同和裁员情况，及时指导企业合理处理用工方面的问题。围绕提升产业业态、优化就业环境，全市各区人保局联合对 11.9 万家单位开展劳动用工执法检查和社保缴费专项审计。同时在劳动争议调解仲裁中实施案件繁简分流暂行办法和调解组织工作办法，全年受理争议仲裁案件 8.1 万件，其中个体私营企业占 51.1%。电话咨询服务中心“12333”发挥政策解释和引导预期作用，全年提供服务402.6万件。

（李萌垚）

【助力京津冀经济协同发展】 2017年，市工商联组织多项区域经济对接活动，引导民营企业参与京津冀经济协同发展。一是开展“北京民营企业保定行”产业对接活动，组织50余家商会、企业赴易县、蠡县、曲阳县等地产业园区开展对接洽谈，初步达成30余项合作意向；二是举办京津冀非公经济产业对接研讨会暨首届物流文化节活动，搭建三地物流上下游产业链对接互动平台；三是举办京津冀非公经济产业对接研讨会暨京津冀青年企业家合作发展交流洽谈会，现场对接金融、文化、科技、医疗等领域项目，推动发起成立京津冀青年企业家联盟。

（李萌垚）

【指导民营企业参与“一带一路”建设】 2017年，市工商联举办服务民营企业“走出去”形势分析报告会，引导企业及时把握形势、了解政策信息、抢抓发展机遇、防范化解风险，增强企业国际化经营能力。组织民营企业参加全国工商联、商务部举办的“一带一路”系列座谈、交流会。进一步完善非公经济发展服务基地建设工作标准和程序，新授牌25家发展服务基地，服务范围覆盖了国内10个省、直辖市，20个境外国家和地区；服务内容从咨询、法律、安保、媒体宣传拓展到产业园区、商事调解、专业机构、服务平台等，实现了“基地主体、工作网络、服务类型”的三拓展。

（李萌垚）

【营造法治经营环境】 2017年，市工商联与市法宣办等19个部门联合印发了《关于在全市开展“疏解整治促提升法律十进‘七五’行”主题法治宣传活动的通知》，全面开展主题法治宣传活动。结合中央25号文件精神，推动建立“北京民营企业法律维权服务平台”，努力营造依法保护企业家合法权益的法治环境与促进企业家公平竞争诚信经营的市场环境。推动建立预防排查化解矛盾纠纷机制，推动建立劳动争议调解委员会、人民调解委员会和商事调解委员会，充分发挥行业自律和专业服务功能，创新完善社会化多元化解机制。

（李萌垚）

【扎实推进“多证合一”改革】 2017年，市工商局在“三证合一”“五证合一”基础上，根据市委市政府和国家工商总局的部署，牵头组织开展“多证合一，一照一码”登记制度改革，紧紧围绕北京市服务业扩大开发综合试点改革，于9月12日正式印发《关于加快推进“多证合一”登记制度改革的实施意见》（京政办发〔2017〕38号）文件后，从12月28日起，在全市已实现工商营业执照、组织机构代码证、税务登记证、社会保险登记证、统计登记证、“法人一证通”数字证书、外商投资企业商务备案“多证合一”基础上，再整合市商务委、市公安局、北京海关、北京国检局、北京住房公积金管理中心等5个部门共计8个证表作为市级“多证合一”改革事项，实现外贸领域“十五证合一”。截至2017年12月底，全市发放“一照一码”营业执照138.67万户，占存量企业总户数的89.44%。其中新设47.26万户，变更换发91.41万户。

（李萌垚）

【稳步推进企业登记全程电子化进程】 2017年，市工商局整合网上登记服务平台和全程电子化申请平台，实现了全程电子化申请平台与网上登记服务平台的融合，同时更新优化手机移动客户端，实现申请人在线签名功能；扩大了内资有限公司设立登记全程电子化区域范围和行业范围，实现内资有限公司设立登记全市、全行业全程电子化登记；完善推进第三方身份确认方式，实现北京工商网上登记辅助模块在支付宝城市服务界面上线。截至12月底，已有1.11万户企业通过全程电子化系统申报，8 480户企业获颁电子营业执照。

（李萌垚）

【落实多项企业登记注销改革政策】 2017年，市工商局制定了《北京市工商行政管理局关于贯彻落实工商总局全面推进企业简易注销登记改革指导意见的通知》（京工商发〔2017〕9号），就简易注销登记的改革意义、适用范围、登记程序、系统建设等方面做出了明确规定；积极按照国家工商总局《关于提高登记效率积极推进企业名称登记管理改革的意见》（工商企注字〔2017〕54号）文件精神，推行企业名称登记改革，全面开放名称数据库，实现申请人无需注册可直接访问市工商局名称库开放查询端口进行企业名称查询，并修订了《北京市工商行政管理局名称争议处理办法（试行）》，同时制定了《不适宜名称处理办法》，确保不适宜名称和名称争议处理工作落实到位；制定《北京市工商行政管理局关于印发企业登记容缺受理操作规程（试行）的通知》（京工商发〔2017〕61号），对申请人提交的申请材料基本符合登记条件，但部分申请材料需要完善和补充的，登记机关先行受理并在申请人补交材料后做出登记决定；自2017年12月1日起，在中关村国家自主创新示范区及中关村科学城、怀柔科学城、未来科学城和北京亦庄经济技术开发区范围内试点科技类内资有限公司"全城通办"，北京成为全国首家可以提供市域内通办工商登记的城市。

（李萌垚）

【开展"开墙打洞""大城市病"等专项治理活动】 2017年，市工商局在牵头开展"开墙打洞"专项整治中，建立协同联动治理体系，以"防反弹"为重点，加强对"开墙打洞"住宅内后续经营处置力度，实现了外观封堵与环境提升同步实施、环境治理与后续经营处置同步推进、市民居住环境与便民服务水平同步提升；严控高污染企业市场准入，强化流通领域车用燃油质量监管，完善环境违法"黑名单"交换与公示机制。依法办理散煤销售点注销登记，查处关停固定场所无照经营燃煤14户，参与清理整治"散乱污"企业616户。

（李萌垚）

【整治无证无照经营问题】 2017年，市工商局进一步加强事中事后监管，全面推行"双随机、一公开"，将信用监管、风险监测引入"双随机"抽查，针对监管中的难点和热点问题，会同相关业务处室开展定向抽查。探索搭建市场监管风险洞察系统，对重要点位开展在线监测，为日常监管提供了一体化大数据服务。

（李萌垚）

【打击刑事犯罪和经济犯罪，维护私营个体经营者权益】 2017年，市公安局刑侦部门和经侦部门充分发挥打击刑事犯罪和经济犯罪的职能作用，对侵害私营企业利益的违法犯罪行为予以严厉打击。针对发生在歌厅、洗浴、酒吧等娱乐场所的故意杀人、故意伤害致死等案件，实现了快侦快破；严厉打击电信网络等新型违法犯罪活动；重点打击合同诈骗、职务侵占、挪用资金等涉及侵犯私营企业和个体工商户权益以及串通投标、商业贿赂等破坏市场竞争秩序的经济案件。通过多项专项行动充分维护了私营个体经济的合法权益，以实际行动促进了私营个体经济的健康发展。

（李萌垚）

【加强旅馆业、娱乐服务业管理】 2017年，市公安局严厉打击黑开旅馆违法问题，治安管理部门先后开展了打击黑开旅馆"铁拳"专项行动和日租房、中小旅馆清理整治专项行动，严厉打击、取缔黑开旅馆；严厉打击娱乐服务场所黄赌毒违法犯罪活动，进一步严格娱乐服务场所治安管理，以歌舞娱乐、电子游艺、洗浴等场所为重点，对娱乐服务场所开展打击整治专项行动，并开展暑期电子游艺专项整治工作。

（李萌垚）

【完善中小微企业统计监测】 2017年，国家统计局北京调查总队立足统计部门职能，不断完善以私营个体经济为主的中小微企业统计监测制度，按时完成中小企业核查和各专业样本调查的相关工作。为提高小微企业数据质量，积极开展业务培训，召开了2017年度统计系统规模以下行业调查培训会。为了解政府重要政策实施对小微企业的影响，分别开展了"放管服"改革对新设立小微企业影响的相关调研、小微工业疏解转型升级调研、北京市非首都功能疏解以及城市定位战略调整和产业结构升级的背景下小微企业用工情况调研等一系列调查研究，并撰写多篇与小微企业经济相关的调研报告，以便政府进一步完善政策。开展了重点新能源汽车企业调研、北京"四众"平台的发展现状及存在的问题调研、小微服务业传统行业转型升级情况调研、北京快递业发展情况专项调研、新设立小微企业"互联网+"应用情况调研，为政府了解北京市新产业、新业态、新经营模式的发展情况提供数据支撑。

（李萌垚）

【搭建京郊旅游政策性保险服务体系】 市旅游委于年初搭建完成全国首个服务于乡村民俗旅游的政策性保险服务体系，采取政府财政补贴保费方式，引导京郊旅游接待单位（户）参保投保，防范化解经营风险。截至年底，京郊旅游政策性保险服务体系累计承保3 628户，覆盖率66%，保险费收入161.14万元，提供风险保障金额为24.63亿元，其中：1～5星级民俗户承保3 151户，风险保障金额为18.906亿元；乡村旅游特色业态经营户承保415户，风险保障金额为4.98亿元；3A级（含）以下景区承保62户，风险保障金额为7 440万元。

（李萌垚）

【推动私营个体经济产业结构调整】 2017年，市环保局会同市经信委修订了《北京市工业污染行业、生产工艺调整退出及设备淘汰目录（2017年版）》，进一步扩大强制退出的污染行业和生产工艺范围，积极推进各种耗能高、耗水高、污染高私营个体企业加快产业结构调整，淘汰的私营个体企业主要分布于铸锻造、沥青防水卷材、玻璃、陶瓷、砖瓦、电镀、石材、家具、印染、化工等高污染行业。根据淘汰退出目录，全年全市共淘汰退出一般制造企业651家。

（李萌垚）

【开展"散乱污"企业及集群综合整治】 2017年，市环保局制定印发《关于开展"散乱污"企业环境污染执法专项检查的通知》（京环办〔2017〕39号），组织全市环保部门开展"散乱污"企业环境污染专项执法检查。7月印发《关于开展"打散治污"专项执法行动的通知》（京环办〔2017〕109号）。2017年共清理整治"散乱污"企业6 194家，超额完成清理整治2 570家的任务。

（李萌垚）

【推进"互联网＋"农业快速发展】 2017年，市农委积极培育"互联网＋"农业中坚力量，推进北京农业互联网联盟及北京农业电商标准联盟注册成立协会，并继续开展2017年北京市农业信息化龙头企业认定及监测工作；年内开展了智慧农园等农业物联网示范工程建设，提升农业生产及装备的智能化水平，农业园区信息技术应用比例超过30%；开展北京市农业电子商务普查及监测工作，并形成《北京市农业电子商务发展报告》《北京市典型农业电商监测报告》。

（李萌垚）

【推动非公经济党的组织工作两覆盖】 2017年，北京市私营个体经济协会继续把扩大党组织覆盖和工作覆盖作为年度党建重点工作，充分发挥协会系统党委、党总支的作用，在具备条件的企业建立党支部，发展党员。全年共批准成立隶属协会系统党支部23个，发展党员59名。同时积极主动对接区委组织部、区社工委、街道乡镇组织部门，采取有效形式，帮助指导会员企业建立党支部28个。此外，积极推进非公企业党组织规范化建设，落实"三会一课""民主评议"等制度，提升基层组织的规范化水平。

（李萌垚）

【着力开展"两送一推进""三亮一提升""四有一规范"系列活动】 2017年，市私个协开展"两送一推进"活动，借助开展年报宣传、"3·15"消保维权知识宣传、知识产权保护宣传等活动以及实地走访、集中培训、现场咨询等形式，宣传非公党建政策和知识，提高广大企业党建意识，推进党建工作开展。开展"三亮一提升"活动，树立党员良好形象，实现模范作用与提升技能相结合，进一步扩大了活动的参与面和覆盖面，扩大了活动的成果和影响力，将"亮身份、亮职责、亮承诺"理念继续引向深入。开展"四有一规范"，实现示范点建设与带动力发挥相结合。以创建"双强六好"党组织为标准，按照"四有"的要求，结合工商登记数据系统和企业监管系统的数据支撑，着力打造有影响、有特色、有代表性的非公党建示范点。

（李萌垚）

【举办韶山党性教育培训班】 6月19—23日，北京市私营个体经济协会组织各区协会会长、秘书长、党建工作者、私营企业党支部书记等共49名党员，赴湖南韶山干部培训学院，举办"北京市私个协系统韶山党性教育培训班"。培训班通过专题教学、原景再现等方式，让参与培训的党员深刻领悟老一辈革命家胸怀祖国、匹夫有责的精神；同时通过丰富的课程培训，进一步提高了协会系统党建工作者以及非公经济组织党组织书记和广大党员的党性修养和实际工作能力。

（李萌垚）

【举办党务工作者培训班】 9月27—28日，市私个协系统2017年党务工作者培训班在昌平区阳坊大都饭店正式开班，来自各区私个协秘书长、党务工作者等共计50余人参加了此次培训。培训班围绕非公有制企业和社会组织党建工作的新形势和新任务、私个协推进非公党建工作理论与实践及贯彻市局党组精神、抓好非公党建工作等热点问题，设置有针对性的课程讲座，旨在通过此次培训，进一步坚定基层党务工作者的理想信念，深化对非公党建工作的理解，进一步增强"四个意识"，为更好地服务企业发展和党员群众奠定坚实的基础，提升各区党务工作者的学习水平，促进多方党建心得交流互通。

（李萌垚）

【积极推动区域协同发展】 2017年，市私个协贯彻落实《京津冀协同发展规划纲要》精神，积极推进跨区域合作。全系统组织了多场京津冀企业参加的项目洽谈会，为三地企业优势互补、协同发展搭建平台。另外，为有效落实东北振兴战略，市私个协承办了“2017 年全国民营企业合作大会”北京推介活动，全系统组织多家私营企业代表参会。会后，组织沈阳市政府招商推介组到百度公司、小米公司参观，并进行现场交流和座谈。

（李萌垚）

【《北京私营个体经济报》继续加强舆论宣传引导】 2017 年，《北京私营个体经济报》继续围绕市局的中心工作和协会年初制定的工作要点和考核内容，全面深入展现市、区私营个体协会的工作情况，介绍私营个体经济相关政策。截至 12 月底共出版 23 期，共计近 40 万字。报纸刊登了大量与时俱进的法令法规、市场动态、供求信息、企业管理、经营思路等方面的相关信息，为私营个体经济从业者提供了获取信息和交流平台。

（李萌垚）

农民生活和农村社会保障

综　述

2017 年，郊区农村农民生活和农村社会保障明显提高。就业政策实现新突破，进一步扩大政策帮扶范围，强化创业和技能培训扶持力度，守住了就业基本盘。农村参加分配的劳动力为 181.8 万人，已就业劳动力达 169.5 万人，就业率达到 93.2%。农民人均所得实现 22 727 元，同比增加 1 572 元，增长 7.4%。农村居民人均可支配收入 24 240 元，同比增长 8.7%。农村消费呈现了消费能力提高、消费支出同比增加的特点。农村社会保障大幅提升。调整城乡居民养老保障相关待遇标准，完善养老保险补贴政策，政策照顾农村困难人员，全面放开养老市场，多维促进养老事业发展。社会救助事业稳步推进。

（徐再城）

农村劳动力就业创业

【就业创业概况】 全年城镇新增就业 42.2 万人；促进城乡劳动者就业 21.3 万人；扶持创业 1.1 万人，带动就业 3 万人；年末城镇登记失业率为 1.43%，全市就业局势保持基本稳定。全年累计完成 5.3 万名农村劳动力转移就业，超额完成全年 4 万人的任务。核实低收入农户成员 4.72 万余人，帮助 2 万多人实现就业。大力开展就业技能培训和岗位技能提升培训促进就业增收。全年市级财政资金完成 2 600 多名新型职业农民示范培训任务。

（程玉明）

【就业政策实现新突破】 为贯彻国务院 28 号文件，本市出台《关于贯彻落实国务院做好当前和今后一段时期就业创业工作意见的通知》，进一步扩大了政策帮扶范围，强化了创业和技能培训扶持力度，牢牢守住了就业基本盘；市农委会同市人力社保局下发了《关于进一步做好本市农村劳动力转移就业工作的通知》（京政农发〔2017〕20 号）支持引导用人单位招用农村劳动力就业，对招用本市农村就业困难人员的，给予最长 5 年的岗位补贴 5 000 元/（人·年）和社会保险补贴。2017 年上半年，全市农村居民人均收入较城镇居民收入低了 0.8 个百分点。为进一步落实市委、市政府关于农村居民收入“两个快于”的要求，以及疏解整治促提升、促进农民增收和农村劳动力转移就业的工作任务，最大限度地发挥本市农村劳动力作用，在前期重点对本市公交集团公司、地铁公司、环卫集团等城市公共服务类岗位进行了摸底，并在对本市农村劳动力较多的密云、延庆两区进行调研基础上，在城市公共服务类项目征集岗位，与密云、延庆区农村劳动力就业安置对接，开展促进农民就业增收试点工作。前期，市农委会同市人力社保局、市财政局向市政府上报了《关于开展城市公共服务类岗位安置本市农村地区劳动力就业促进农民增收试点工作的请示》（京人社就文〔2017〕86 号）。随后又会同市人力社保局下发了《关于城市公共服务类岗位安置本市农村地区劳动力就业促进农民增收试点政策有关工作的通知》，要求坚持“转得出、用得上、留得住、成建制”。经过多次协调，多方努力协作，用近半年时间，密云、延庆两区转移就业到城市服务岗位合计安置 1 200 多人，超额完成城市服务类岗位安置本市农村劳动力 1 000 人的试点任务。这项工作广受好评，2018 年将继续结合产业发展方向，实施“一地一策”精准培训。借力重大项目和重大活动，充分发挥市属职业院校、国有企业、民办学校优质培训资源，支持延庆、通州、大兴等区根据冬奥会世园会、城市副中心和新机场等重大项目用工需求开展整建制培训，打造“培训、实习、就业”全链条服务机制，及时组织农村劳动力培训，培训合格后送到实训基地实习和单位上岗就业。继续对 1 万名城市公共服务类岗位就业的农民开展培训，按每人 1 500 元的标准给予培训补贴，确保农民转得出、留得住、干得好、可持续，此项工作正在各相关部门协作下，按计划有条不紊地进行中。市政府督查室已将其列入督查项目。

（程玉明）

【创业带动就业迈上新台阶】进一步完善了大学生创业服务平台和大学生创业板，组织了全国双创周、国际创业竞赛等活动，营造了浓厚的创业氛围，促进本市双创蓬勃发展。为此坚持四条原则：①新农民新技术创业创新（以下简称“双新双创”）是解决乡村振兴人才来源问题的有效渠道；②“双新双创”是强化乡村振兴科技支撑的有力举措；③“双新双创”是解决乡村振兴资金问题，扩展农业农村发展空间的重要途径；④“双新双创”是解决农村居民转移就业的重要途径。2017 年，市农委推荐了 3 家涉农企业参加了全国双创周北京会场的展出，国务院副总理的汪洋同志对北京的这 3 家企业特别关注，特别是与密农人家的孔博进行了长达十多分钟的交流，给予高度评价，提出殷切希望。另处，推荐 5 家农村双创典型参加了 9 月 14—16 日在遵义举办的 2017 年全国农村创业创新成果展示活动暨全国农村创业创新经验交流活动，也取得了良好的展示效果；又于 11 月 9—12 日参加了在江苏省苏州市举办的首届全国新农民新技术创业创新博览会。11 月 10 日召开首届全国“双新双创”大会，由农业部部长韩长赋主持，中共中央政治局常委、国务院副总理汪洋出席并讲话。按“双新双创”博览会要求，市农委共组织 13 家农业信息化龙头企业、2 家农业农村信息化示范基地和一批农村创业创新优秀代表参加相关展示和会议，参与了信息进村入户工程交流会、新农民新技术创业创新大会、农村创业创新项目创意大赛总决赛、农民手机达人大赛、中国农村创业创新论坛共 5 项活动。农业部副部长屈冬玉对北京市的成果展示表示非常满意。

（程玉明）

【重点群体精准帮扶取得新成效】积极引导高校毕业生基层就业创业，大力促进农村劳动力转移就业实现增收，稳妥推进企业分流职工安置工作，深入开展城乡困难群体精细化就业服务，将“精准”落到实处；市社会主义新农村领导小组出台了《关于促进本市农民增收及低收入农户增收工作的若干政策措施》，将农村劳动力转移就业作为增收的重要途径，在低收入农户精准识别、建档立卡基础上，精准帮扶、精准施策。

（程玉明）

【职业技能培训促就业得到新提升】加强培训是农村居民转移就业的重要举措，2017 年全年北京市共培训 67.2 万人。其中，在职业农民培育方面，全市市区两级农业大专院校、科研院所和推广机构每年开展的农民培训达到 2 万余人次。培训对象包括青年农场主、新型农业经营主体带头人、农机、粮经蔬菜、畜禽水产等专业技能型农民，以及专业服务型农民等。通过培育工作的开展，涌现出一批新型职业农民先进分子，发挥了典型示范引路作用，支撑了现代农业发展和技术进步。初步统计，2016 年本市 1 人被评为全国“十佳农民”，2015 年、2017 年分别有 3 人被评为全国新型职业农民“风鹏行动计划”支持对象。2016 年、2017 年分别有 6 人获得全国农村创业创新优秀带头人荣誉称号。另外，还有 3 名新型职业农民当选本市第十五届人民代表大会代表，有 1 人当选 2017 年全国农业劳动模范。一是逐步建立终身职业技能培训制度。构建了“一主多元”的教育培训工作体系。为保障新型职业农民培训工作的顺利开展，市新农办 2017 年出台了《关于实施北京市新型职业农民激励计划的若干意见》（京新农办函〔2017〕14 号），明确了支持北京市新型职业农民创业创新的八项激励政策，进一步完善了新型职业农民培育工作的组织保障和政策保障，职业技能培训针对性有效增强。二是形成了职业农民教育培训的制度体系框架。经过近几年试点探索推进，本市基本建立起教育培训、规范管理、政策扶持“三位一体”的培育制度，坚持生产经营型、专业技能型、专业服务型“三类协同”培养，组织初级、中级、高级“三级贯通”资格认定。三是构建市、区、乡镇“三层共管”组织体系。四是形成了一套针对性较强的培育工作方法。通过多年的探索实践，形成了一套培育目标具体、内容丰富、方式有效的新型职业农民培育方法。在培育对象上，重点围绕农业产业园、农业科技园、农民合作社遴选培育对象；在培育内容上，重点围绕绿色发展、安全营养、提质增效、智慧农业作为主题；在培育方式上，重点围绕“集中培训＋实训实习＋生产实践＋自修研讨”相结合的方式进行参与式培训，规范集中培训占总学时的 30%，实训实习和生产实践不低于 50%，参观考察不低于 20%，强化“一村一品一规划”“一村一品一档案”的精细化定制培训。五是加强了农民培育的能力和条件建设。组织高水平师资队伍入库，坚持“一把手”抓“第一资源”，邀请有关单位一把手领导带头上讲台，讲第一课。加强培训教材规范管理，组织市、区两级培训机构加强对适用的通用教材、综合类、专题类教材进行遴选或开发，部分区县根据培训需要新购置了一批移动媒体资源，丰富教学培训资源。打造实训基地，依托农业部基层农技推广改革和建设补助项目，2017 年市农业局组织 10 个远郊区建设了 20 个农业技术试验示范基地，以上基地已初步建设成为新型职业农民培育的实训基地。加强需求调研，采取入户调查、发放调查问卷、园区重点走访、召集会议等方式开展需求调查，根据实际需求制订分村、分产业培训内容和计划时间。对偏远村镇，上课地点全部定在村里或园区教室和大棚，让农民不再为上课来回奔波，最大限度满足培训对象的需求。六是发挥了信息化技术在培育工作中的应用。在培育工作管理方面，市农业局组织了信息管理员培训班，邀请农业部相关专家为 10 个郊区的科技科科长、信息管理员进行培训，并组织了“云平台”“云上智农 APP”的安装使用和在线评价。截至上年底，开通“农业科技网络书屋”账号 4 042 个，全年使用书屋总次数 8.49 万次；通过“12316 服务热线”和信息进村入户工程开展科技下乡 658 次，为新型职业农民进行政策解读、补贴解释、农业技术推广、致富技术讲座、健康生活常识宣讲等培训服务 369 次，信息化、互联网、智能农业等科技推广 135 次，产业村规划和塑造 15 次，直接服务人群 16 100 多人，直接解决各类涉农问题 21 700 多条；组建市、区新型职业农民培育微信交流群。平谷区为当地大桃职业农民创建了果农乐视频网作为果农培训平台。

（程玉明）

【出台政策促就业】全市围绕抓就业、抓产业、抓环境、抓救助的要求，出台了《促进本市农民增收及低收入农户增收工作的若干政策措施》。2017 年，农村居民人均可支配收入实现 24 240 元，同比增长 8.7%，扣除物价实际增长 6.7%；低收入农户人均可支配收入 10 698 元，同比增长 19.4%。

（贾寒智）

【突出重点促进就业增收】出台了《关于进一步做好本市农村劳动力转移就业工作的通知》，支持引导用人单位招用农村劳动力就业，对招用本市农村就业困难人员的，给予最长 5 年的岗位补贴 5 000 元/（人·年）和社会保险补贴。加强农村劳动力就业培训，深化“城乡手拉手”就业协作机制，组织城市公共服务岗位成建制招用 1 000 个本市农村劳动力，由失业保险基金按照不高于每人每月 2 500 元的标准给予岗位补贴。年内帮助 4 万名农村劳动力转移就业，动态保持“零就业家庭”至少一人就业。

将生态林管护员岗位补贴由 532 元/（人·月）提高到 638 元/（人·月）。

（贾寒智）

【精准施策加大低收入农户帮扶】 深入推进“六个一批”（扶持产业帮扶一批、促进就业帮扶一批、山区搬迁帮扶一批、生态建设帮扶一批、社会保障兜底一批、社会力量帮扶一批）分类帮扶措施。印发了《关于进一步加强低收入村户产业发展帮扶项目和资金管理的通知》，督促落实 4.8 亿元产业帮扶专项资金项目，安排项目 415 个，92%的产业项目开工建设，68%的项目已完工。开展针对性就业服务，共对 4.72 万名低收入户劳动力进行了信息登记，办理 2.29 万名失业登记，按需开展就业技能培训；调整提高生态公益林补偿金（由原来的每年每亩 40 元，提高到每年每亩 70 元），山区 6.1 万低收入农户、13.1 万人直接受益。

（贾寒智）

【强化兜底继续提高社保水平】 年内两次提高城乡居民基础养老金和福利养老金标准，每次提高 50 元/（人·月），分别达到了 610 元/（人·月）和 525 元/（人·月），全市 85.2 万人受益，其中农民 70.6 万人。落实提高低收入农户家庭救助水平的相关政策，对符合条件的低收入农户做到应保尽保，将 2017 年城乡低保标准和低收入家庭认定标准，分别由 800 元和 1 050 元提高到家庭月人均 900 元和 1 410 元。

（贾寒智）

【继续做好一事一议财政奖补工作】 印发了《关于进一步加强村级公益事业建设一事一议财政奖补项目和资金管理的意见》，重点支持低收入村项目建设，明确项目用工的 60%以上要使用本村村民。各级财政投入奖补资金 5.4 亿元，建设项目 537 个，其中低收入村项目 129 个、奖补资金 1.4 亿元。

（贾寒智）

【农村参加分配的劳动力为 181.8 万人，同比减少 2%】 其中，已就业劳动力 169.5 万人，就业率达到 93.2%，与上年持平。就业劳动力中从事一产的劳动力为 36.4 万人，占已就业劳动力的 21.5%，同比降低 1.7 个百分点；从事二产的劳动力为 40.7 万人，占 24%，同比下降 0.2 个百分点；从事三产的劳动力为 92.4 万人，占 54.5%，同比提高 1.9 个百分点。就业劳动力中从事一二三产的劳动力所占比重由上年同期的 23.2 ∶ 24.2 ∶ 52.6 变化为 21.5 ∶ 24 ∶ 54.5，就业岗位继续第三产业转移。常年外出劳动力为 34.2 万人，占已就业劳动力的 20.2%。常年外出劳动力中，在乡外区内就业的有 20.8 万人，占外出务工劳动力的 60.8%；在区外市内就业得有 12.7 万人，占 37.1%；在市外就业的有 0.7 万人，占 2.1%。

（阎建苹）

农民人均劳动所得

2017 年，郊区 3 945 个村级集体经济组织，人均劳动所得实现 22 727 元，同比增加 1 572 元，增长 7.4%。

人均劳动所得中，人均报酬性净收入实现 7 942 元，同比增加 1 537 元，增长 24%，对人均所得增长的贡献率达 97.8%。报酬性收入实现快速增长的主要原因包括：一是转移就业政策。市级出台《关于进一步做好本市农村劳动力转移就业工作的通知》，加强农村劳动力就业培训，深化“城乡手拉手”就业协作机制，强化“岗补”“社补”政策落实，帮助 4 万名农村劳动力转移就业，动态保持“零就业家庭”至少一人就业。二是增加公益就业岗位。如昌平区提出积极推进公共设施维护、保安、保洁等公益性岗位招用本区劳动力，由区人力社保局按岗位需求做好就业技能培训；延庆区社会公益性岗位吸纳低收入劳动力达到 200 余人。三是提高农村公益岗位待遇水平。2017 年生态林管护员岗位补贴标准由过去的 532 元/（人·月）提高到 638 元/（人·月），增长 19.9%。四是最低工资标准由2016年的每人每月不低于1 890元提高到2017年的每人每月不低于2 000元。

人均财产性收入实现4 110元，同比增加891元，增长27.7%，对人均所得增长的贡献率达56.7%。财产性收入实现较快增长的主要原因包括：一是集体经济组织产权制度改革分红逐年增加。2017年改制村中有131万农民股东获得红利，人均分红3 712.3元，比上年增加257.7元，增长7.5%。二是调整提高生态公益林补偿金。2017年起，山区集体所有的生态公益林补贴标准由2016年的每年每亩40元提高到70元，增长75%。其中，补贴的60%直接发放到各村集体生态林股东手中，成为农户的财产性收入，按此比例计算，补贴标准提高后，全市山区集体生态林股东直接获得的补贴收益将达4.5亿元。三是个人房屋租金收入快速增长。2017年，郊区农户个人房屋租赁收入实现42.8亿元，同比增长25%。四是土地流转增加了农户的财产性收入。如昌平区延寿镇共有12个村土地流转，每年人均收入5 000元左右。

人均转移性净收入实现1 987元，同比增加525元，增长35.9%，对人均所得增长的贡献率达33.4%。转移性净收入实现快速增长的主要原因包括：一是基础养老金和福利养老金的两次提高。自2017年1月1日起，全市城乡居民基础养老金和老年保障福利养老金每人每月增加50元，即基础养老金由每人每月510元提高到每人每月560元，老年保障福利养老金由每人每月425元提高到475元。10月，市人力社保局提出，再次调整城乡居民养老保险基础养老金和老年保障福利养老金待遇标准，每人每月增加50元。调整从2017年1月1日起执行，补发待遇将于10月底前集中发放到位。经过两次调整后，基础养老金由510元增加到610元，增长19.6%，福利养老金由425元增加到525元，增长23.5%。二是城乡低保标准逐年上调。2017年，北京城乡低保标准由2016年的家庭月人均800元调整为900元，增长12.5%。三是农业支持保护补贴增加。如通州区对种植小麦或玉米农作物的粮田一次性发放农业支持保护补贴每亩240元，延庆区农业支持保护补贴标准提高到150元/亩（2016年标准为小麦每亩140元，玉米每亩97元）。四是针对低收入农户的减免新农合保险金等政策也促进了转移性净收入的增加。

人均家庭经营净收入为8 689元，同比减少1 379元，下降13.7%。家庭经营净收入同比下降的主要原因包括：一是疏解整治促提升使得农户经营的小规模二三产业停产或关闭，直接影响了家庭经营净收入中的二产收入和三产收入。二是小散养殖的清退以及土地流转导致了家庭经营净收入中一产收入的大幅减少。三是从事家庭经营的劳动力显著减少。2017年，从事家庭经营的农户劳动力为47.8万人，同比减少10.1%。

（阎建芊）

农村居民收入

2017年农村居民增收形势严峻。一季度，农村居民人均可支配收入实际增长仅为5.4 %，低于GDP增速1.5个百分点。市委、市政府坚决果断采取措施，研究出台《关于促进本市农民增收及低收入农户增收工作的若干政策措施》，市新农办联合市委督查室、市政府督查室开展专项督查，各部门密切配合，各区积极行动，狠抓政策落地，做到了政策制定及时、执行有力、成效显著，扭转了农村居民增收走势，实现了既定目标，农村居民收入与经济增长同步，低收入农户收入两位数增长。

【农村居民收入与经济增长同步】 全年农村居民人均可支配收入24 240元，同比增长8.7%，扣除价格因素，实际增长6.7%，比一季度提高了1.3个百分点，实现了与经济增长保持同步的目标（表1）。

表 1　2017 年本市城乡居民收入情况

	城镇居民			农村居民		
	金额（元）	同比（±%）	构成（%）	金额（元）	同比（±%）	构成（%）
可支配收入	62 406	9.0	100.0	24 240	8.7	100.0
工资性收入	37 883	6.1	60.7	18 223	9.5	75.2
经营净收入	1 293	0.1	2.1	2 140	3.8	8.8
财产净收入	10 520	13.0	16.8	1 570	16.3	6.5
转移净收入	12 710	15.8	20.4	2 307	2.1	9.5

数据来源：北京市统计局、国家统计局北京调查总队。

工资性收入成为有力支撑。2017 年，农村居民工资性收入 18 223 元，同比增长 9.5%，增幅比上年提高 2.1 个百分点；占全部收入比重 75.2%，比上年提高 0.6 个百分点；工资性收入增速高于可支配收入增速 0.8 个百分点，增收贡献率达到 82.2%。市农委与市人力社保局等印发《关于进一步做好本市农村劳动力转移就业工作的通知》《关于城市公共服务类岗位安置本市农村地区劳动力就业促进农民增收试点政策有关工作的通知》，全年累计实现 5.3 万名农村劳动力转移就业，密云、延庆两区试点城市公共服务类岗位安置农村劳动力就业 1 272 人，均超额完成全年任务。市园林绿化局印发《关于进一步落实园林绿化管护政策确保农民就业增收工作的通知》，全年山区生态林健康经营本地农民用工近 1 万人、比例超过 80%；平原地区生态林养护本地农民用工 3.5 万人、比例达到 65%。

财产净收入保持大幅增长。2017 年，农村居民财产净收入 1 570 元，同比增长 16.3%，增幅比上年提高 4.2 个百分点；占全部收入比重 6.5%，比上年高 0.5 个百分点；财产净收入增速高于可支配收入增速 7.6 个百分点，增收贡献率达到 11.4%。随着改革深入推进，农村资源配资效率不断提高，农户分享市场红利的途径增多。门头沟区组织实施七批“富民系列”资金信托项目，年收益 2.08 亿元，惠及农户 26 689 人。

经营净收入小幅增长。2017 年，农村居民经营净收入 2 140 元，同比增长 3.8%，增幅比上年下降 1.5 个百分点；占全部收入比重为 8.8%，比上年降低 0.4 个百分点；经营净收入增速低于可支配收入增速 4.9 个百分点，增收贡献率为 4%。其中，来自一产收入增加 19.6%，主要为养殖清退前出栏所得；来自三产收入占经营净收入的 70% 以上，同比下降 1.6%，主要是受规范经营、拆除违建和疏解等影响。顺义区农产品加工业带动农户近 10 万人增收。

转移净收入保持增长。2017 年，农村居民转移净收入 2 307 元，同比增长 2.1%，增幅比上年降低 15.9 个百分点；占全部收入比重为 9.5%，比上年降低 0.6 个百分点；转移净收入增速低于可支配收入增速 6.6 个百分点，增收贡献率为 2.4%。虽然 2017 年两次提高基础养老金和福利养老金水平，并提高了低保和低收入家庭标准，但由于受众面比例较小，转移性支出增长较快等原因，导致净收入增长幅度较低。

需要注意的是，2017 年农村居民可支配收入增速比城镇居民低 0.3 个百分点，结束了自 2009 年以来连续 8 年“快于”的走势。其实，自 2011 年起，农村居民可支配收入增速已经连续 7 年放缓，对城镇居民收入增速的领先幅度逐年收窄，到 2016 年仅高 0.1 个百分点。2017 年，城乡居民收入差距有所扩大，收入比由 2016 年的 2.567∶1 扩大至 2.575∶1。

【低收入农户收入实现两位数增长】2017 年是低收入农户帮扶工作全面推开、帮扶措施全面落实的一年。全市上下坚持精准帮扶基本方略，突出“六个一批”帮扶重点，有力有序推进各项工作，取得了明显成效。特别是市纪委市监委开展的专项督查，有力促进了各级帮扶责任的落实。2017 年低收入农户人均可支配收入突破万元，达到 10 698 元，同比增长 19.4%，明显快于全市农村居民收入增速（表 2）。

从低收入农户收入构成看，四项收入呈现三升一降：工资性收入、财产净收入和转移净收入增速均达到两位数，分别为 13.2%、43.2%、31.1%，经营净收入下降 20.4%。2017 年，因两次提高福利养老金水平、减免低收入农户新农合保险金和提高低保标准等政策红利集中释放，带动转移净收入快速增长，对可支配收入增长的贡献率高达67.8%。山区生态林管护员岗位补贴提高以及各区将公益性岗位向低收入农户倾斜，有力促进了工资性收入较快增长，对可支配收入增长的贡献率为30.1%。财产净收入主要受山区生态公益林补偿金标准提高的影响，对可支配收入增长的贡献率为11.2%（表3）。

表2　2016—2017年本市低收入农户收入结构情况

	2017年		2016年		
	绝对值（元）	构成（%）	绝对值（元）	构成（%）	增速（%）
可支配收入	10 698	100.0	8 961	100.0	19.4
工资性收入	4 477	41.8	3 954	44.1	13.2
经营净收入	617	5.8	775	8.6	−20.4
财产净收入	646	6.1	451	5.1	43.2
转移净收入	4 958	46.3	3 781	42.2	31.1

数据来源：北京市统计局、国家统计局北京调查总队。

表3　2017年远郊区农村居民和低收入农户人均可支配收入情况表

	农村居民（元）	同比增长（%）	低收入农户（元）	同比增长（%）
全　市	24 240	8.7	10 698	19.4
门头沟	23 746	8.6	10 578	16.7
房　山	22 727	9.0	10 616	21.6
通　州	25 632	8.9	11 016	22.1
顺　义	26 833	8.9	12 071	18.4
昌　平	23 839	9.0	11 585	17.8
大　兴	21 338	9.1	11 006	20.2
怀　柔	23 506	8.7	11 754	22.7
平　谷	23 760	8.7	10 122	16.5
密　云	22 604	8.7	10 185	19.7
延　庆	21 248	8.5	10 014	16.3

（崔国胜）

农村消费

【农村消费特点】近年来，随着郊区农民收入水平的增加，农村消费水平也日趋提高。通过对近年来本市农村消费相关数据进行分析，呈现消费能力提高、消费支出同比增加的特点。

【农村居民收入水平和消费能力提高】据市农调队农民家计调查资料显示，2017年农村居民人均可支配收入为24 240元，比上年增长8.7%。其中，农村居民人均工资性收入18 223元，同比增长9.5%；人均经营净收入2 140元，同比增长3.8%；人均财产净收入1 570元，同比增长16.3%；人均转移净收入2 307元，同比增长2.1%。收入水平的高低和前期收入积累的多少是决定消费能力高低的最直接因素。因此，收入水平的提高无疑会使农村居民的消费能力得到相应提高。从消费支出看，2017 年农村居民人均消费支出 18 810 元，比上年增长 8.5%，比农村居民人均可支配收入增速低 0.2 个百分点。

【农民人均生活消费支出同比增加】2017 年，农村居民人均消费支出为 18 810 元，增长 8.5%。其中，人均食品烟酒支出 4 653 元，同比下降 0.3%；人均衣着支出 1 025 元，同比下降 6.4%；人均居住支出 5 588 元，同比增长 7.5%；人均生活用品及服务支出 1 595 元，同比增长 37.9%；人均交通和通信支出 2 730 元，同比增长 18.4%；人均教育、文化和娱乐支出 1 314 元，同比下降 2.1%；人均医疗保健支出 1 699 元，同比增长 26.1%；人均其他用品及服务支出 206 元，同比下降 5.1%。

（阎建苹）

农村社会保障

【调整城乡居民养老保障相关待遇标准】2017 年，两次调整城乡居民养老保险基础养老金和福利养老金标准，累计提高 100 元。从 1 月 1 日起实施。城乡居民基本养老保险基础养老金从每人每月 510 元提高到每人每月 610 元；城乡居民老年保障福利养老金从每人每月的 425 元提高到 525 元。

【完善城乡居民基本养老保险缴费补贴政策】2017 年，完善城乡居民基本养老保险制度，进一步健全城乡居民基本养老保险缴费激励机制，调整缴费补贴标准并增加缴费补贴档次。对选择最低缴费至 2 000 元以下（不含 2 000 元，以下类同）标准的，每人每年补贴 60 元；选择 2 000 元至 4 000 元的，每人每年补贴 90 元；选择 4 000 元至 6 000 元的，每人每年补贴 120 元；选择 6 000 元至最高缴费标准的，每人每年补贴 150 元。

【完善并发布 2017 年缴费标准】年内，结合全市城乡居民收入实际情况，城乡居民基本养老保险仍维持最低缴费标准为年缴费 1 000 元，最高缴费标准从年缴 7 420 元调整为年缴费 9 000 元，参保人可以本着自愿原则，在最低缴费标准和最高缴费标准之间任意选择缴费标准。

【城乡居民养老保险工作运行正常】截至年底，城乡居民养老保险参保总人数 213.1 万人。在参保人员中，其中，领取城乡居民养老保险金人数 46.1 万人，领取老年保障福利养老金人员 40.6 万人，当年参加城乡居民养老保险的续保率为 97%以上。

【新农合基金收支】年内，全市新农合参合 186.9 万人。当年基金收入 25.8 亿元，比上年下降 7.2%；基金支出 28.8 亿元，比上年增长 5.1%。补偿 1 258.8 万人次。

【提高新农合大病保险待遇】1月9 日，市人力社保局和市财政局联合印发《关于城乡居民医疗保险有关问题的通知》，明确 1 月 1 日起新农合大病保险起付标准以上部分累加 5 万元（含）以内的基金支付比例由 50%调整为 60%，超过 5 万元（不含）以上的由 60%调整为 70%。

【清理重复参保】2 月 24 日，北京市人力社保局出台《关于做好 2017 年新型农村合作医疗和城镇居民基本医疗保险有关问题的通知》，明确规定城镇居民和农村居民不得重复参加城镇居民医保和新农合，不得重复享受待遇。将城镇居民医保全市参保数据和新农合各区参合数据进行信息比对，检测重复参保信息，完成 5.05 万人重复参保清除工作。

【建立统一的城乡居民基本医疗保险制度】10 月 27 日，北京市人民政府印发《北京市城乡居民基本医疗保险办法》，明确 2018 年 1 月 1 日起实施统一的城乡居民基本医疗保险制度，新型农村合作医疗制度正式废止。

【为农村居民发放社会保障卡】年内，完成全体农村居民信息采集和社会保障卡制发工作，保障农村居民持卡就医、实时结算。

【启动农村居民参保工作】年内，启动农村居民参加统一的城乡居民基本医疗保险制度，通过银行集中扣款和个人网上自助缴费完成参保缴费手续。

【农村困难人员参保手续简化】 年内，实现与民政、残联、农委、卫计委及老干部等部门的信息共享，所有困难人员通过部门数据共享的方式完成参保手续，无需个人到社保所申请办理。

【全面放开养老服务市场】 出台《北京市人民政府办公厅关于全面放开养老服务市场进一步促进养老服务业发展的实施意见》。

【全面加强农村养老服务工作】 市民政局等11个部门联合发布本市首个农村养老服务文件《关于加强农村养老服务工作的意见》，从构建养老区域联合体、完善农村养老扶持政策、推进农村医养结合等方面，对加强农村养老工作做出全面部署，大力发展农村互助养老、志愿服务，积极构建具有北京特色的农村养老服务体系。市民政局、市老龄办印发了《关于做好农村幸福晚年驿站建设工作的通知》，明确了农村幸福晚年驿站的功能定位、建设标准、设施来源、运营模式及扶持政策等。

【统筹推进社区养老服务驿站建设】 印发《北京市社区养老服务驿站建设规划（2016—2020年）》，明确社区养老服务驿站的设置原则、设置标准和建设计划，明确"十三五"时期本市将规划建设社区养老服务驿站1 000家，其中农村驿站458家。按照市政府部署，在2016年试点建设150家驿站基础上，加快推进社区养老服务驿站建设。截至2017年年底，本市建成并运营社区养老服务驿站380家，其中农村驿站113家。

【加大社区养老服务驿站运营扶持】 印发《关于2017年加强社区养老服务驿站运营支持工作的通知》，规定对已经备案公告运营的226家城乡社区养老服务驿站，2017年下半年，由市财政局按照平均每个驿站20万元的标准，通过专项转移支付给予一次性运营补助支持，主要用于支持符合驿站功能的老年人助餐、助洁、助医、助行、健康管理、代购、巡视探访、精神慰藉、文化娱乐等方面的服务项目开支，重点用于支持驿站辐射开展的各类居家社区养老服务，以及为托底保障对象、困境保障对象、重点保障对象提供低偿服务项目。起草《北京市社区养老服务驿站运营扶持办法》，委托第三方社会机构开展社区养老服务驿站运营成本调查，为制定政策提供依据。

【开展农村养老服务改革试点】 印发《关于开展农村养老服务改革试点工作的实施方案》，在怀柔、平谷、密云等6个区启动农村养老服务改革试点，重点在探索农村养老服务模式、壮大农村养老服务人才队伍、推进农村医养结合等方面进行改革探索。

【加强街乡镇养老照料中心建设】 出台《北京市街道（乡镇）养老照料中心建设资助和运营管理办法》，根据建设类别、建设床位对社会力量兴建养老照料中心给予一次性建设资助和设备购置资助，最高资助资金可达450万元。

【深化公办养老机构改革】 印发《关于加强基层公办养老机构建设资助工作的通知》，调整基层公办养老机构建设资助政策，进一步提高基层公办养老机构利用效能、更好承担特殊困难老年人集中养老服务，充分发挥示范引领作用、提升养老服务行业整体质量。印发《关于进一步规范公办养老机构入住管理的通知》，就提高公办养老机构床位利用效率，更好地发挥政府保障服务职能；加强公办养老机构收费监管，防范资金风险等方面做出明确规定。

【开展养老机构服务质量建设专项行动】 印发《开展养老机构服务质量建设专项行动 全面提升养老行业服务质量水平的实施意见》《关于加强养老服务设施规范化管理工作的通知》《关于加强养老机构服务质量整治工作的指导意见》等政策，召开全市养老服务质量建设工作会议，扎实开展养老机构服务质量大检查、大整治活动。2017年，全市共有497家养老机构参与整治活动，有49家养老机构自愿注销停业，有448家养老机构正常运营。其中，339家养老机构整治合格，占75.7%；累计整改不合格项目6 014项，整改率达到97.3%；累计提升项目16 930项，提升率达到68%。

【推进养老服务标准化建设及星级评定】 印发地方标准《养老机构服务质量规范》，开业运营1年以上养老院100%制定了标准化服务体系文本，70%养老院通过服务质量星级评定。发挥品牌养老院优势，通过现场观摩、经验交流、项目实训等形式，积极培树标杆，评定了双井恭和苑老年公寓等一批星级养老院，带动了养老服务质量新跃升。

【提高养老服务综合福利水平】 研究制定《北京市老年人养老服务综合津贴补贴实施方案》，建立困难老年人养老服务补贴、重度失能老年人护理补贴、高龄老年人津贴制度。

【加强养老人才队伍建设】推进养老护理职业发展体系改革试点，指导行业协会在海淀区开展改革试点。起草养老服务从业人员薪酬待遇政策，探索建立职业技能等级与薪酬待遇挂钩机制、毕业生入职补贴、岗位补助制度。起草《北京市养老服务从业人员培训办法》，构建分级培训体系。筹建北京市养老服务人才协会，推进从业人员诚信体系建设。加强养老服务从业人员教育培训，分期举办全市养老机构院长、城乡社区养老服务驿站负责人、专业技术人才培训班，不断提高从业人员综合素质和职业技能。

【加强养老行业安全和监管】印发《关于做好元旦春节期间社会福利机构安全大检查工作的通知》《关于开展2017年“社会福利机构安全管理月”活动的通知》《关于贯彻落实市防火委通知要求确保十九大期间全市福利机构防火安全的通知》《关于确保国庆中秋两节和十九大期间社会福利机构安全稳定的通知》《关于转发市防火委办公室通知精神做好社会福利机构安全的紧急通知》《关于做好社会福利机构火灾防范工作的通知》，组织开展高层建筑消防检查，全力做好养老机构消防安全管理工作。委托市安全生产科促会对50家福利机构开展安全生产专家服务企业活动，委托市安全生产联合会对石景山、昌平、房山民政局三区所属社会福利机构开展全覆盖式安全隐患排查。结合养老机构服务质量建设专项行动，大力加强安全隐患排查整治，建立常态化安全管理机制。起草《北京市养老服务机构监管办法》，明确了养老服务机构的监管主体、监管方式、监管内容和监管制度。

【深入推进医养结合】印发《关于推进医养结合试点工作的实施方案》，指导东城、朝阳、海淀等区开展医养结合改革试点。研究制定《养老机构与医疗机构医疗服务协议（范本）》，明确了各方权责，丰富医疗服务内容，规范医疗服务行为。起草《北京市居家养老上门医疗服务出诊补贴办法（试行）》，探索研究居家养老上门服务团队激励机制。

【推进国家级居家养老服务改革试点】印发《关于做好2017年部分区开展居家养老服务改革试点工作的通知》，指导丰台区、石景山区开展国家级居家社区养老服务改革试点工作。指导西城区积极组织申报并获评为国家级居家养老服务试点区。

【推动京津冀养老服务协同发展】召开京津冀区域养老服务协同发展2017年第三次联席会议，京津冀内蒙古共同发布了《京津冀区域养老工作协同发展实施方案》和养老服务信息网络平台，开展京津冀养老机构指南（2017年版）制图设计和养老政策及需求汇编。

【推行养老服务机构综合责任保险】适应“放管服”需要，将政府财政补贴范围拓展到了本市所有社区居家养老服务组织和雇主责任保险。

【组织开展“精准帮扶”需求调查】印发《关于开展“精准帮扶”需求调查工作的通知》，全面调查老年人、残疾人和困境儿童的健康和自理状况、受教育程度、就业状况、职业、单位类型、就业身份、收入情况、参加社会保险情况、主要生活来源、婚姻状况、现有子女数、困境老人识别、残疾人识别、困境儿童识别等内容，为实施分类保障、精准帮扶提供依据。

【残疾人福利事业快速发展】出台《北京市人民政府办公厅关于加快发展康复辅助器具产业的实施意见》《北京市社会福利机构（设施）配置康复辅助器具指导目录》，建立北京市加快发展康复辅助器具产业联席会议制度。配合中国康复辅助器具协会举办2017年中国国际康复辅助器具博览会，举办了北京市康复辅助器具产业发展研讨会。督促指导各区落实困难残疾人生活补贴和重度残疾人护理补贴制度，跟进政策贯彻实施情况评估。

【试点推进残疾人福利机构建设】印发《关于开展残疾人社会福利机构建设试点工作的通知》，决定由相关区选择1～2家试点机构开展收住非急症治疗期的精神、智力类残疾人为主的社会福利机构建设试点工作，妥善解决精神类残疾人托养设施建设等问题。

（周洪敬）

【政策体系进一步完善】一是推动社会救助地方立法。根据国务院《社会救助暂行办法》，结合北京实际，起草完成了《北京市社会救助实施办法》，规定了“9+1”的制度框架，并对配套的《北京市城乡居民最低生活保障及低收入家庭救助制度实施细则》《北京市社会救助家庭经济状况认定办法》2个文件进行了修订完善。二是出台特困人员救助供养政策。按照《国务院关于进一步健全特困人员救助供养制度的意见》和民政部有关要求，下发了《关于印发北京市特困人员救助供养实施办法的通知》，实现了制度统一和标准统筹。同时，委托第三方机构对全市特困人员进行了生活自理能力评估工作，确定了照料护理等级和护理费发放标准。三是调整完善医疗救助政策。提高医疗救助标准，积极配合北京全面推进医药分开综合改革，出台了《关于调整社会救助对象医疗救助相关标准的通知》，有力保障了救助对象的切身利益。调整社会救助对象医疗救助报销范围，制定了《关于进一步规范本市医疗救助报销范围的通知》，将医疗保险自付二部分纳入医疗救助报销范围，进一步提高对困难群众的医疗救助水平。四是调整农村住房救助政策。会同市住建委等相关部门联合印发《关于印发〈北京市农村危房改造实施办法〉（试行）的通知》，对农村危房改造工作的组织机构和职责、补助对象和标准、申请程序、建设标准、监督管理和验收、资金管理等方面做出了具体规定，进一步健全了农村住房改造制度。各区在认真落实上级相关政策的基础上，也紧密结合辖区实际，积极开展政策创制。东城、西城、丰台、门头沟、大兴、怀柔、密云区分别出台了特困人员救助供养实施细则。

【工作机制进一步健全】一是健全了社会救助议事协调机制。按照国务院第162次常务会议精神和相关要求，完善了市级社会救助联席会议制度，成员单位调整为31个部门；16个区普遍建立了由主管副区长牵头、民政部门负责，相关部门参加的困难群众基本生活保障协调机制，保障对象涵盖了社救对象、困境老人、困境儿童、困难优抚对象以及流浪乞讨人员等困难群众，为兜牢民生底线提供了组织和制度保障。2017年，各区共召开相关协调会议40次，共同研究政策衔接、保障水平等重大问题，并协调解决各类突发性、紧迫性、灾难性急难问题。二是完善了“救急难”工作机制。一方面，各区通过统筹部门和慈善等各类救助资源，对困难群众急难个案给予解决，避免了冲击社会道德和心理底线的事件发生。怀柔、房山区分别建立了区级应急救助资金，加大应急救助力度，延庆区建立“救急难”快速响应机制，确保有急必救。另一方面，设立全市统一的“96156社会救助求助热线”，及时受理、转办、督办救助申请事项。热线开通以来，共接听求助电话2 192个，其中政策咨询类1 998个，转至街道（乡镇）办理的194个，25户困难家庭通过热线帮助已经享受社会救助，确保了困难群众求助有门、受助及时。同时，建立低收入农户定期排查制度。先后两次下发通知，统一部署对低收入农户进行专项排查。一年来，通过主动排查将900余户符合条件的低收入农户纳入救助范围，较好的履行了“应保尽保”“应救尽救”的承诺。三是强化了信息核对机制。积极协调公积金、工商、住建等部门，大幅压缩核对时限，数据反馈周期与2016年同期相比缩短近50%。在全市范围成功与中国银行、工商银行、建设银行、农业银行、北京银行等16家银行实现信息核查，银行对接数量较2016年增长4倍；与中国证券登记结算有限责任公司签订证券财产信息委托查询协议，实现核对平台与证券数据在线查核；会同市保监局起草《关于做好本市社会救助家庭保险信息核对工作的通知》，为进一步提升金融核查能力奠定基础。启动残疾人两项补贴核对，为准确认定救助对象提供依据。建立京津冀跨地域核对信息共享机制，初步实现跨省市信访举报查询核对功能。2017年，共发起核对约37万人次，生成报告22万份。

【社会救助水平进一步提高】一是稳步调整提高社会救助标准。与财政局联合印发《关于调整本市社会救助相关标准的通知》，2017年度城乡低保标准从家庭月人均800元调整为900元，城乡低收入家庭认定标准从家庭月人均1 050元调整为1 410元。城乡特困人员救助供养标准按照不低于全市上年度居民人均消费支出执行，基本生活标准不低于本市最低生活标准的1.5倍；照料护理标准按照具有生活自理能力、部分丧失生活自理能力、完全丧失生活自理能力分档制定，分别不低于本市当年最低工资标准的20%、40%、60%。将医疗救助门诊救助、住院救助比例提高到80%，全年救助封顶线分别调整到6 000元和6万元；重大疾病救助比例上调为85%，全年救助封顶线调整到12万元。“两节”慰问补助标准调整到单人户500元、2人及以上户1 000元，上调了25%，惠及7.9万多困难家庭，困难群众获得感明显提高。二是积极为救助对象减负。在医药分开综合改革推进过程中，市区两级民政部门主动作为，超前谋划，在深入调研的基础上，及时调整医疗救助标准，实时跟踪社会救助对象就医情况，定期进行综合评估，并适时调整了医疗救助报销范围。西城、朝阳、海淀、丰台、通州、顺义区还通过增设住院押金减免定点医疗机构、提高押金减免比例、制定特殊人群或病种医疗救助政策等措施，进一步加大救助力度，救助对象个人负担明显减轻，实现了政策调整的预期目标，充分发挥了医疗救助的兜底保障作用，为医药分开综合改革有序进行提供有力保障。

【建立精准救助工作体系】印发《北京市民政局关于成立困难群众救助服务指导中心开展精准救助试点的意见》，明确建立市、区困难群众救助服务指导中心及街道（乡镇）困难群众救助服务所，推动形成责任划分清晰明确、救助资源统筹顺畅、综合施策成效显著、三级协调联动的工作格局。目前，全市已有海淀、丰台、房山、昌平、平谷、怀柔、密云、石景山、门头沟、大兴、西城、顺义 12 个区成立了困难群众救助服务指导中心。统筹全局政府购买服务资金 2 000 余万元，引入 67 家社工机构，在西城、丰台、通州、怀柔、密云 5 个区试点开展精准救助服务，针对各类特殊困难群众，按照一户一策一档的原则，委托社会工作机构开展困难家庭需求评估、制定帮扶方案、开展资源连接和实施个案服务。截至 2017 年 12 月，共入户采集信息 2.14 万户，制定帮扶方案 1.46 万个，提供资源链接 1 342 次，开展个案服务 1 379 户，生成困难群众救助帮扶台账 12 265 份。东城、海淀、顺义、房山、大兴、门头沟、昌平、平谷等区，积极争取区财政支持，自主申请资金购买服务开展精准调查、精准分析、精准救助，有效提升了社会救助的效率和水平。

【规范化管理进一步加强】一是强化便民服务意识。下发《街道（乡镇）社会救助窗口首问负责制和转办工作规定》《关于开通“北京市社会救助服务热线”受理转办事项的通知》等文件，规范街道（乡镇）社会救助窗口接待服务用语和分办转办流程，打造优质服务软环境。东城、西城、丰台等区通过召开热线转办专题工作会、开通绿色救助通道、启动应急救助程序等方式对困难群众及时给予救助。二是规范审核服务环节。各区能够严格执行申请受理、家庭经济状况调查、民主评议、审核审批、资金发放、动态管理和监督管理等程序，严格履行书面告知程序，区民政局对新申请低保家庭的入户审核抽查比例均达到 30%以上。东城、西城、丰台、石景山、门头沟、房山、通州、怀柔、平谷、密云、延庆的低保对象覆盖率高于全市平均水平。三是严格制度措施。落实日常管理制度。建立工作情况定期通报制度，对各区热线办理、低保覆盖率、救助资金支出情况等情况按季度进行通报。全年共印发《社会救助工作经验做法通报》9 期，开展情况通报 12 次，有效督促各区在完善制度、落实政策、工作改进等方面落实。加强日常考核，聘请第三方机构对各区的政策落实情况进行明察暗访，考核结果作为年终绩效考评的重要依据；强化跟踪督办，对来电来访办理情况和“96156 社会救助服务热线”转办情况及时跟踪，做好督办回访，加大监督力度。同时，各区对低保、低收入人员都按要求定期开展复审和经济状况核对，并严格执行社会救助工作人员及近亲属享受社会救助备案制度，通过网站或其他方式向社会公布联系方式和投诉举报电话。各区定期公开社会救助相关数据，截至 2017 年 12 月，累计公开城乡低保救助相关信息共 176 条。

【加大工作督导力度】一是组织开展社会救助工作专项调研。各区重点围绕本区社会救助工作的现状、存在的突出问题、主要原因进行深入分析，对调研反映出的涉及救助政策、队伍建设、规范管理和信息化建设等问题进行专题研究和例会研讨，提出具体的指导意见。二是开展“转作风、结对子、送服务”主题活动。市民政局机关分组与各区建立“一对一”定点联系制度，加强机关与基层互动和联系，全面了解基层实际情况，并结合重点工作、重点时段和重要节点，深入区、街道（乡镇）跟踪督导任务落实，有针对性地指导基层开展工作。三是建立例会制度。每季度召开科长、主任例会，及时掌握重点工作推进情况，学习交流工作经验，研究解决工作中的难点问题，有效推动了各项工作的顺利开展。

【开展社会救助专项整治】下发《北京市民政局关于开展社会救助专项整治活动的通知》，重点针对“人情保”“错保”以及社会救助经办机构、工作人员存在违规违纪问题进行专项整治。同时，会同市纪委市监察委驻市民政局纪检监察组，集中开展了社会救助领域专项整治回头看暨监督执纪问责工作，通过明察暗访的方式，加大监督检查力度，防范社会救助违规违纪行为。在本次专项整治活动中，共检查发现错保问题3件，发现管理不规范、审核把关不严、程序不严谨等方面问题的9件。根据区、镇民政部门及相关纪检部门反馈的处理意见，有3名干部被通报批评、1名干部进行组织调整，12名干部进行批评教育，2人做书面检查，并有1家单位、2名涉嫌骗保人员进行了行政处罚。另有3条涉及镇政府工作人员的问题线索，已转交镇政府及其纪检部门查处。

【加强社会救助资金管理】各区按照社会救助保障人数和补助标准足额编制社会救助资金预算，严格落实《北京市“两节”送温暖资金管理办法》《关于修订〈北京市城乡社会救助资金管理办法〉的通知》等文件。并配合市审计局、市财政局对社会救助领域政策落实、资金使用进行了专项审计。全市城乡低保资金全部实现社会化发放。门头沟区对低保家庭瞒报子女情况、冒领死亡人员民政资金等加强监管和执法力度，依法追回社会救助资金2.6万余元。

【开展“两节”走访慰问送温暖活动】走访慰问继续采取普遍走访与重点慰问相结合的方式。各级民政部门对辖区所有享受城乡低保待遇的困难家庭进行了普遍走访慰问；市民政局、市残联组成联合慰问组重点走访了城乡低保家庭中的200户特困家庭。城乡低保对象慰问金按户发放，单人户每户500元，2人以上户每户1 000元。所需资金由市、区财政各负担50%。同时，各区根据不同情况，还购发了形式多样的慰问品。截至春节前，全市各级走访慰问城乡低保对象及困难家庭10.48万户，16.3万人，共计9 018.37万元，确保了城乡低保对象及困难群众过上祥和快乐的节日。

【保障措施进一步强化】一是政策宣传力度加大。创新政策宣传方式，建立市区街三级宣传渠道，指导各区利用不同时间和节点广泛开展多种形式的宣传活动，及时向困难群众宣讲政策，答疑解惑。利用新媒体广泛宣传。依托《大民说事儿》微信公众号，建立社会救助业务微信公众号专栏，完成社会救助政策解读11期、各区亮点采编16期、政策研究3篇。二是信息化支撑能力提升。优化低保系统、核对系统、医疗救助系统功能，完成“北京市城乡特困救助供养管理系统”开发，为救助政策落地提供信息化保障。推进落实“三账合一”基础数据台账。规划建设智慧社会救助业务管理平台，完成社会救助业务运行管理平台规划设计。社会救助相关业务系统网上操作规范有序，数据录入及时，朝阳、丰台、密云每季度系统报表数据与实际发放数据准确率95%以上。

（张贵国）

【灾情概况】全市年度发生自然灾害21起，灾害共造成8个区受灾，受灾人口45 440人，7人因灾死亡，紧急转移安置人员11 769人，农作物受灾面积6 695公顷，绝收面积65公顷，倒塌房屋6间，严重损坏房屋39间，一般损坏房屋571间，直接经济损失8 418万元。与2000—2016年均值相比，受灾人口、农作物受灾面积和绝收面积、倒塌房屋、直接经济损失均下降90%以上。

【综合减灾】统筹推进综合减灾示范创建，提升基层综合防灾减灾救灾能力。一是探索推进综合减灾示范区创建工作。委托高等院校开展综合减灾示范区创建调研工作，完成《北京市综合减灾示范区创建标准（试行）》，为综合减灾示范区创建工作提供政策依据。通州区民政局制定《北京市通州区综合减灾示范区建设规划方案》，全面开展综合减灾示范区创建试点。二是完成10个综合减灾示范街道（乡镇）创建工作。经第三方机构评估，西城、朝阳、丰台等区创建了10个综合减灾示范街道，提升了基层街道（乡镇）综合减灾能力。其中，门头沟区高度重视示范街道（乡镇）创建工作，将其列为区政府为民办实事项目，取得了显著成绩。三是完成88个国家级综合减灾示范社区的评估工作。委托第三方对“十一五”期间命名的全国综合减灾示范社区进行了评估整改，参与评估的88个减灾示范社区经过自查整改，全部符合全国综合减灾示范社区的标准，其中，东城、西城、朝阳、海淀等区培育出一批管理规范、具有特色的典型示范社区，受到了民政部救灾司的领导的好评。四是新创建106个综合减灾示范社区。各区全面推进社区综合减灾组织体系、工作机制、队伍建设、预案制度、宣传教育等领域的建设，如西城区、海淀区投入专款为每个社区配备应急救援物资储备箱，门头沟区以奖代补的方式对国家级、市级综合减灾示范社区给予鼓励支持。通过创建综合减灾示范社区，提升了基层社区综合防灾减灾能力。

【备灾工作】加强救灾物资储备管理，构建市—区—街道（乡镇）三级救灾物资储备体系。各区积极开展救灾物资储备，提升本区救灾物资储备保障能力。海淀区统筹储备管理多部门的救灾物资，提高救灾物资管理水平。顺义区采用救灾物资管理软件系统，提升了救灾物资管理信息化水平。一是推进街道（乡镇）救灾物资储备工作。街道（乡镇）通过协议储备或实物储备等多种形式储备救灾物资，已覆盖全市40%的街道（乡镇），提升街道（乡镇）救灾物资保障能力，市—区—街（乡）三级救灾物资储备体系不断完善。昌平区在3个灾害多发易发且交通不便的山区乡镇储备救灾物资，提升了应急物资保障能力。二是顺利完成4批次中央救灾物资入库工作。捐赠中心完成总计7万余件的中央救灾物资入库工作，做到数量准确、作业安全、及时迅速。三是开展全市救灾库房排查整治专项行动。各区按要求对救灾物资储备库进行了安全检查，逐级压实主体责任，排查风险隐患，确保全市救灾物资储备安全。四是组织开展全市民政救灾技能大赛。各区积极组织民政救灾技能训练，参加市民政局组织的技协杯救灾职工技能大赛，通过搭帐篷比赛，提升市区两级救灾部门的应急救助能力。

【救灾工作】全力做好自然灾害等各类突发事件应急救助，确保人民群众生命财产安全。一是加强汛期应急值守。针对2017年汛期降雨偏多、风雹灾害多发、灾害时空集中的特点，各区提前修订防汛预案，签订防汛保障工作责任书，层层压实防汛主体责任。当有暴雨等灾害预警时，全市民政系统的救灾部门全体人员坚守岗位，严格落实24小时值班制度，严守值班纪律，严格落实每天两次零报告制度，做好值班记录，做好应急救助准备。二是妥善应对各类突发灾害。全年民政部门协助属地政府转移安置群众11 769人，有力地保障了受灾群众的基本生活。在门头沟区“6・18”山洪灾害中，针对多人死亡的严重灾情，门头沟区及时向灾区运送矿泉水、方便面等生活必需品，对受灾农户进行慰问救助，为每名遇难者亲属发放2.268万元抚慰金，大兴区为本区4名遇难者理赔公共责任险每人10万元。三是援助受灾兄弟省市及墨西哥地震灾区。针对四川省阿坝州九寨沟县7.0级地震及四川阿坝州茂县叠溪镇新磨村的山体高位垮塌，及时启动应急救助响应，分别向受灾地区各捐赠300万元救灾资金，帮助灾区恢复重建。为帮助墨西哥地震灾区受灾群众，紧急向墨西哥地震灾区调运民政部中央救灾物资折叠床500张，北京市市级救灾储备物资12平方米单帐篷3 000顶，圆满完成民政部交办的重要任务。

【灾害信息员队伍建设】加强人才队伍建设，为开展防灾减灾救灾工作提供人力支撑。一是灾害信息员队伍能力显著提升。全年市、区两级培训灾害信息员2 146人，海淀、东城、西城灾害信息员三年轮训三遍。依托民政部灾害信息员数据库，对全市1.06万名灾害信息员实行动态管理。顺义区出台《灾害信息员管理暂行办法》，为灾害信息员每人每月发放100元通信补贴，提高灾害信息员报灾的积极性。门头沟区组织辖区灾害信息员参加国家减灾委灾害摄影大赛，投稿534张，荣获集体奖。平谷、丰台、海淀、怀柔、延庆、石景山区通过手机短信将预警预报信息覆盖所有灾害信息员。二是提升报灾科技化水平。大力推广乡镇手机移动报灾APP，使灾情报送更加便捷。为全市灾情管理人员和易灾区基层灾害信息员配备北斗移动报灾终端4 000套，并进行设备使用培训，汛期前全市共试发北斗报灾信息37 834条，确保在电网断电、网络瘫痪、基站损毁等极端恶劣条件下能及时报送灾情，其中，房山、门头沟、延庆区北斗报灾设备启用率超过60%。

【防灾减灾宣传】积极开展防灾减灾宣传演练活动，提升全民防灾减灾意识。一是组织开展“5・12”防灾减灾宣传演练活动。各区认真贯彻落实国家减灾委、市民政局关于做好防灾减灾宣传演练工作的决策部署，组织基层做好“5・12”防灾减灾宣传演练工作，下发防灾减灾宣传材料，丰台、门头沟、通州、大兴、怀柔、密云等区注重统筹地震、气象等部门的资源开展宣传演练活动，顺义区投资100万元建成3 000平方米的中小学生防灾减灾教育基地，在全市范围内营造了“防灾减灾、人人参与”的浓厚氛围，取得良好的社会效果。二是会同市应急办组织全市防灾减灾宣传主会场活动。围绕“减轻社区灾害风险，提升基层减灾能力”和“防灾减灾 保障民生”两大主题，通过防灾减灾知识展板、近百种防灾减灾装备和模拟突发应急抢险实战演练等多种形式，向广大市民进行了灾害风险提示和应急避险知识的普及。三是组织开展国际减灾日防灾减灾宣传演练活动。各区制定国际减灾日工作方案，组织各区开展好宣传活动，市级下发防灾减灾宣传材料 2 万余册，及时搜集掌握各区开展活动情况。四是完成防灾减灾大课堂 1 000 堂课的宣传任务。其中丰台区、朝阳区、房山区宣讲超过 200 堂课，海淀区、石景山区、顺义区完成 100 堂课以上的宣讲任务，有力地提升了社区居民的防灾减灾意识和自救互救能力。

【社会力量参与减灾救灾】委托社会力量参与防灾减灾救灾工作，形成防灾减灾救灾工作整体合力。一是借助外脑开展防灾减灾救灾课题研究。委托高校科研院所开展灾害保险、防灾减灾救灾体制机制改革、社会力量参与减灾救灾、综合减灾示范区创建等系列课题研究，及时将研究报告转化为系列政策文件，提高了政策文件的科学性及可操作性。二是鼓励引导社会力量参与防灾减灾工作。全市民政救灾部门通过政府购买服务的形式，鼓励引导社会力量参与 96156 社区防灾减灾大课堂宣讲、社区风险隐患排查、综合减灾示范社区创建、综合减灾示范街道（乡镇）创建，既发挥了社会力量专业优势，又提升了基层综合防灾减灾救灾能力。三是引导社会力量开展灾情报送。与市志愿者联合会签署《关于应急志愿者参与灾情报送工作的协议》，首次将 120 名应急志愿者纳入灾害信息员队伍，灾情报送志愿者及时通过手机 APP 报灾软件，向民政局报告灾害情况，拓宽灾情信息来源渠道。

【京津冀减灾救灾协同】推进京津冀防灾减灾救灾协同发展，提升京津冀区域综合防灾减灾救灾能力。落实京津冀防灾减灾救灾协同发展第二次联席会议的部署，实现三地救灾物资信息共享，房山、门头沟、通州等区分别与毗邻天津及河北区县的减灾救灾协同机制建设，提升区域防灾减灾救灾能力。

（许林）

农村社会事业

综 述

为积极适应首都城市战略定位的新变化、新态势，本市农村社会事业工作从战略高度出发，在大局中找准定位、在调整中发挥优势、在发展中提升水平、在改革中增强动力，加快构建城乡互促共进的体制机制，全面推进城乡发展一体化，农村社会事业发展水平得到了较大提高。农村文化宣传及精神文明建设工作以十九大精神和习近平总书记系列重要讲话精神为指导，重点加强思想建设、强化政策教育、注重舆论引导、加大文化宣传。组织召开了“2017 年全市农村工作会议新闻发布会”，介绍 2016 年全市“三农”各项工作任务完成情况和 2017 年北京农村工作会议的筹备情况。与农民日报社策划推出了深度报道《为了首都蓝天常在——北京市农村地区“煤改清洁能源”工作纪实》，并在《农民日报》头版头条刊发。同时积极配合市外宣办以“煤改清洁能源”和“农业供给侧改革”为主题，组织两次对外宣传，向国际社会展示了本市近年来在空气治理方面采取的重要举措以及本市以都市型现代农业发展为重点的农业供给侧结构性改革成果。大力培育与社会主义核心价值观相契合、与新农村建设相适应的文明乡风、优良家风和新乡贤文化。启动了 2017—2018“北京最美的乡村”宣传评选活动，累计评选 113 个最美乡村。继续开展“美丽乡村・筑梦有我”大型新闻公益行动，举办了第 27 届“北京市农民艺术节”，继续推进文化试点村建设，农村精神文明建设不断取得进展。

强化乡村振兴人才培养。大力开展新型职业农民培育。2017 年，培育新型职业农民 3 442 名，培训对象包括青年农场主，新型农业经营主体带头人，农机、粮经蔬菜、畜禽水产等专业技能型农民，以及专业服务型农民等。通过培育工作的开展，涌现出一批新型职业农民先进分子，发挥了典型示范引路作用。据统计，2017 年，有 3 人获得全国农村创业创新优秀带头人荣誉称号，有 3 名新型职业农民当选本市第十五届人民代表大会代表，1 人当选 2017 年全国农业劳动模范。农村基层干部人才培养工程扎实推进。会同市委组织部开展新一届乡镇领导班子轮训工作，帮助参训学员开阔了眼界思路，学到了有效方法，推动了工作开展。会同市委组织部、市民政局研究制定了《关于进一步加强村级后备干部队伍建设的通知》，着力建强村级后备干部队伍，切实解决后继乏人问题。加强农村基层党务工作者队伍建设，会同市委组织部指导怀柔区开展了农村党建助理员试点工作，采取区招、镇管、村用的方式，公开选拔农村党建工作助理员。会同市委组织部、市教委，在门头沟、房山、延庆 3 个区试点开展了村干部学历教育提升工作，着力培养和储备一批扎根乡土的农村公共管理服务人才。加大农村实用人才开发培养力度，全市农村实用人才总数达到 5.3 万人。

持续加强农村医疗卫生工

作。完善农村基本医疗卫生服务项目，基层公共卫生服务均等化进程加快推进。农村基层卫生服务体系进一步夯实。全市各涉农区统筹实施社区卫生服务机构与村卫生室的设置规划，大力推进包括村卫生室在内的社区卫生服务机构标准化建设。参照国家“一村一室”和本市基层卫生服务要求，2019年年底前，本市村村都有卫生室，实现村级医疗卫生服务全覆盖。颁布了《北京市城乡居民基本医疗保险办法》，完成了城乡居民医疗保险的整合，新办法并于2018年开始实施。实现了国家提出的“覆盖范围、筹资政策、保障待遇、医保目录、定点管理、基金管理”的六统一要求，为农村居民发放社保卡，农村居民就医时持卡就医实时结算，扩大了就医范围，提高了报销比例，农村居民的就医经济负担进一步降低。农村卫生人才队伍建设进一步加强，为加强农村卫生人才队伍建设，北京市为农村地区定向培养医学毕业生，并增加了专业和学历层次的设置，同时，完善了乡村医生社会保障的相关政策。加强文化体育建设。根据《关于推进县级文化馆图书馆总分馆制建设的指导意见》的要求，制定本市实施方案，推动农村地区总分馆制建设。创建首都公共文化服务示范区，推动基层农村公共文化设施建设。修改完善城市总体规划公共文化指标，把农村文化设施指标纳入其中。在2016年颁布《北京市全民健身实施计划(2016—2020年)》，提出了构建覆盖城乡的全民健身公共服务体系的发展目标和保障措施。积极普及群众冰雪运动，为筹办北京冬奥会和冬残奥会提供群众基础，13个区创建了“一区一品”群众冰雪活动。利用腾退空间，大力加强群众身边的健身设施建设。目前，全市100%的街道(乡镇)、100%的行政村和有条件的社区建有体育设施。

(崔社龙)

宣传工作及精神文明建设工作

【围绕乡村重点工作，抓好宣传】组织召开2017年全市农村工作会议新闻发布会，介绍2016年全市“三农”各项工作任务完成情况和2017年北京农村工作会议的筹备情况，向媒体提供了反映“十二五”时期“三农”发展成就的系列新闻素材11篇，内容涉及煤改清洁能源、低收入农户增收、“互联网＋现代农业”、都市型现代农业发展、沟域经济建设、山区搬迁等。人民日报、新华社、北京日报、北京人民广播电台、北京电视台等中央及市属主要媒体30多家媒体参加发布会，并在农村工作会前后进行了集中宣传报道，共形成正面报道200余篇，营造了良好的舆论氛围。

【突出重点宣传】围绕煤改清洁能源、沟域经济等亮点工作，组织集体采访32次，直接形成宣传报道600余篇，其中《人民日报》《农民日报》等在头版头条进行了重点报道。围绕“煤改清洁能源”和“农业供给侧改革”主题，组织了两次对外宣传，向国际社会更好地展示了本市近年来在空气治理方面采取的重要举措以及本市以都市型现代农业发展为重点的农业供给侧结构性改革成果。英国路透社、西班牙埃菲社、德国电视二台、日本广播协会(NHK)、《今日印度》媒体集团以及美国《西雅图时报》《波士顿环球报》等7个国家约20家境外媒体参加了集中采访活动，并通过视频、网络、移动客户端等多种渠道进行了充分正面、积极客观的宣传报道。

【把握新媒体宣传】“北京美丽乡村”政务微博共发布916条，原创占比90.6%，总阅读数量超过百万。经过精心策划，长期开设了“惠农新政策”“强农新动态”“基层新创意”“乡村趣休闲”“‘三农’有文化”“它山有宝石”等话题，同时结合工作重点，阶段性的开设了“2017农村工作会”“治霾·京津冀在行动”等话题，话题微博发布数量约占40%。“北京美丽乡村”微信公众号每周一至周五更新，年内推送726篇文章，内容涵盖新农村建设、都市型现代农业、美丽乡村建设、煤改清洁能源、乡村休闲旅游等，并经常举办投票、竞猜、打折、抢票等活动与粉丝互动，粉丝超过57 000人。

【强化舆情监控和应对】重点加强了舆情监测，每天上下午及时报送《北京“三农”要闻》、全年近 500 期，针对“煤改电”、禽流感等舆情及时进行了有效应对。

【组织开展北京市第二十八届农民艺术节】本届农民艺术节继续由市委农工委、市委宣传部、市农委、市文化局、首都文明办、市文联共同主办。围绕“欢歌赞礼十九大，激情唱响新农村”主题，坚持“重在基层、统分结合、群众主体”的活动原则、“主题化、艺术化、本土化”的活动定位、“以文化人、以文育人”的活动宗旨，开展了一系列全市性活动。

【开展“乡村大舞台——原创文艺节目展演”活动】本届“乡村大舞台”是在党的十九大胜利闭幕后举办的全市农村文艺节目的一次集中汇演。13 个涉农区推荐的 40 多个节目参加了全市复赛，演职人员多达 1 200 余名。经过激烈角逐，有 12 个节目进入决赛。说“三农”、接地气儿、推原创，是本次演出的一大亮点。多部原创作品充分展现了新时代北京美丽乡村建设的新面貌、新气象、新成就，生动展现了群众对美好生活的希望与憧憬。例如，密云区的原创作品《第一书记》，展现了基层挂职干部为 2020 年全面建成小康社会，心系乡亲、发展产业、呕心沥血的生动事迹，作品真实、感人、充满正能量；顺义区原创作品《门内门外》根据环境整治过程中的真实故事改编，老顽童张老歪闹的“煤改电”风波，从令人啼笑皆非到最后皆大欢喜，既宣传了煤改清洁能源政策，又使京郊农民纯朴、正直、诚信的形象跃然台上。本届“乡村大舞台”活动，还格外注重对散落在民间的文艺形式进行挖掘和整理。例如，根据传统非遗曲目改编的延庆永宁高跷《跷跷情代代传》、昌平区民间鼓舞《钹鼓欢腾》、门头沟区军庄大鼓《战歌行》等节目，表现形式丰富、内容精彩纷呈，在传承民间非物质文化遗产的同时，给观众提供了惊艳的视听盛宴。晚会于 2018 年春节期间在北京电视台和中国教育电视台进行播出。

【开展“乡村大舞台——歌从田野来”首届村歌大赛】为迎接党的十九大召开，激发农民唱家乡、爱家乡的情怀，艺术节推出了以“唱响美丽乡村，传递和谐之声”为主题的全市首届村歌大赛。本次村歌大赛共有 45 首原创村歌参赛。优雅的独唱、震撼的合唱，更有青春洋溢的说唱 RAP，婉转的曲调，朴实的歌词，嘹亮的嗓音，唱出了村庄的昨天今天和明天，诉说着绵柔的乡愁和欢乐的乡趣。13 首歌曲入围决赛并获得奖项，其中三首歌曲《时光里的院子》《怀念大牛坊》《亲亲我的蔡家洼》选送全国村歌大赛，《怀念大牛坊》入选全国十佳村歌，并获得“村歌好声音”三等奖。

【开展“书画走进（北京）美丽乡村”主题创作活动】面向 13 个涉农区，开展了以“美丽乡村”为主题的书法、绘画、诗词作品的征稿活动。经过镇村、街道和区文委、文联的层层推荐和选拔，共收到书法、绘画作品 280 幅，原创诗词 140 首。经专家评委评审，评出了书法、绘画、诗词类的一、二、三等奖和优秀奖。

【开展送书画下乡活动】特邀市书协、美协的书画名家，先后 6 次走进顺义区石家营村、昌平区上口村等美丽乡村进行采风，以“现场笔会”的形式，与当地书画家们进行交流，并将现场创作的春联、经典诗词、书画作品赠与村民（累计作品 300 余幅）。另外又以约稿的形式，组织北京诗词学会的老师们到郊区采风，创作了以美丽乡村为主题的诗词 40 首，其中，选出 20 首请书法家进行二次创作。

【举办第八届“聚焦美丽乡村”摄影大赛】大赛以“绿色低碳田园美、生态宜居村庄美、健康舒适生活美、和谐淳朴人文美”为创作主题，按照风光、纪实、人物的分类，共征集作品近 4 000 幅，其中 60 幅作品分别获得了大赛设置的特等奖、一、二、三等奖和优秀奖。

【举办“诗画（北京）美丽乡村”诗、书、画、影艺术联展】2018 年元旦期间，在中华世纪坛集中展出了 170 幅诗、书、画、影优秀获奖作品。

【打造文化活动品牌，全面推动文化试点村建设】本年度确定的试点村分别为延庆区旧县镇盆窑村、顺义区马坡镇石家营村、朝阳区高碑店乡高碑店村。以“约会独山，畅游古今”为主题，为延庆旧县镇在国庆黄金周期间量身组织、策划和实施了“旧县镇全国运动休闲特色小镇试点项目启动仪式暨首届‘独山夜月’旅游文化体验季”；为顺义马坡镇石家营村引入了楹联这种流传千年、雅俗共赏的形式，打造特色楹联文化村，邀请北京市楹联学会十余位会员创作了第一批 40

副楹联作品，拟请篆刻艺术家进行木质篆刻后，赠送给石家营村民俗接待户；结合传统文化教育，继续打造高碑店农民书画村，采用课堂授课的形式，请专业老师为村民上课，已经动员组织了 100 多名农民学习书法绘画。

【开展“北京最美乡村故事”主题征文展播活动】本届活动主题为“共建美丽乡村，共享美好生活”，以讲好乡村故事的形式，集中宣传党的十八大以来乡村发生的巨大变化，让广大听众从不同的角度了解乡村、走进乡村。本次活动征集到有效作品：最美乡村线索 65 条、最美乡村征文 425 篇、最美乡村音频 104 个。其中有 20 条线索入选，根据优秀线索北京故事广播记者走进乡村，采访最美乡村故事，并将采访内容制作成“北京最美乡村故事系列播讲节目”，得到了听众的喜爱和支持。

【“美丽乡村　筑梦有我”大型“走转改”新闻公益行动】2016 年 11 月 17 日，由市委宣传部、市委农工委、市农委、首都文明办、北京广播电视台共同主办的“美丽乡村　筑梦有我”大型新闻公益行动（以下简称“筑梦”活动）第二季正式启动。在坚持第一季主持人个人牵手乡村的基础上，将原有活动升级为由北京广播电视台下属各单位牵手 6 个远郊区 50 个低收入村，参与精准扶贫、助力乡村振兴。日常活动扎实开展。2017 年 1 月所有牵手单位走进 6 个远郊区，召开对接座谈会；从 2017 年 2 月到 2018 年 1 月，牵手单位共进村 159 次，了解村庄实情、组织公益活动，推介优质资源、挖掘村庄特色、参与村庄建设；在为期一年的时间里，各单位根据牵手村庄的不同需求和特点，切实落实活动承诺的“四个一”行动，即开展一次村情调查、制定一份牵手计划、落实一个帮扶项目、开展一系列宣传推广活动；截至 2018 年 1 月，29 个牵手单位及主持人为牵手村庄分别带去了 10 个方面的利好实事，涉及经济、文化、体育、旅游、养老、村情宣传、儿童教育、生活服务、法制帮扶、基础设施建设等方面。主题活动各具特色。2017 年 8 月、10 月、12 月、2018 年 2 月，先后以文化自信、助力智慧乡村、京郊优质农产品推介、提升乡风文明、促进乡村全面振兴为主题，分别在房山、通州、昌平 3 个区共举办了 5 场现场主题活动，共有 21 家单位及主持人参与到主题活动中。同时，北京广播电视台下属各单位利用自身的公信力、影响力助力乡村建设，各单位主持人担当志愿者和不同领域的代言推广大使参与乡村宣传。5 场主题活动内容丰富、形式多样，近千名当地村民参与到不同的主题活动之中，感受“筑梦”活动的精髓和分享美丽乡村建设成果。广泛宣传推广。截至 2018 年 1 月，“筑梦”活动第二季牵手单位宣传片拍摄素材量达 48 小时，近 3 000 分钟；制作完成宣传片 73 部，在北京电视台全频道、移动电视、城市电视、地铁电视等平台播出；“筑梦”活动官方微博、微信以及北京网络广播电视台专题页面、北京广播电视台官网、北京美丽乡村官网、北京时间等，全年不间断地推送牵手单位和主持人进乡村系列报道。

（王　楠　马一为）

农村文化工作

2017 年，全市文化系统牢牢把握首都城市战略定位，聚焦全国文化中心建设，紧紧围绕加快北京市新农村建设，着眼于提升农民的整体素质和农村文明程度，积极出政策、建机制、搭平台、推精品、育人才，努力提高全市农村公共文化服务水平，不断丰富农民群众精神文化生活，推动社会主义新农村文化建设取得新进展。

【突出政策保障，完善公共文化政策体系】贯彻落实《北京市人民政府关于进一步基层公共文化建设的意见》等“1+3”公共文化政策，制发了《2017 年北京市公共文化服务体系建设工作要点和任务分工》等一系列政策性文件，基本形成了较为健全的政策保障体系和运行机制。一是全面落实全市公共文化服务体系示范区建设现场会精神，起草印发《北京市公共文化服务示范区建设运行机制》和《北京市加快推进公共文化服务体系示范区建设行动计划（2017—2020）》，并抓好推进落实。二是深入落实文化部等五部委《关于推进县级文化馆图书馆总分馆建设的指导意见》，联合市新闻出版广电局、市体育局、市发改委、市财政局印发《推进文化馆图书馆总分馆制实施方案》，促进公共文化服务标准化、均等化、社会化、数字化发展。三是完善地方立法，健全公共文化法规制度，开展了《北京市公共文化服务保障条例》的立法调研工作。对标《中华人民共和国公共文化服务保障法》，完善了该法的立法调研报告和论证报告。四是启动《“十三五”期间鼓励社会力量投入公共文化建设规划》编制工作，激发社会活力，调动社会力量积极性，推动全市公共文化服务供给主体、供给方式多元化。五是根据《北京市基层图书服务资源整合实施管理办法》，制定《北京市基层图书馆（室）选配书目（市级）》《北京市基层图书馆（室）书目（市级）选配办法》，促进了全市基层图书服务资源整合利用。

【突出示范引领，提升公共文化服务水平】一是推动公共文化服务体系示范区创建。根据文化部、财政部要求，全面完成国家示范区（项目）后续巩固、中期督查和第四批申报工作。指导朝阳区、东城区完成国家公共文化服务示范区的巩固，指导海淀区完成第三批国家示范区中期检查验收，指导石景山区申报创建第四批示范区工作。指导西城区的《公共文化服务设施社会化运营——特色阅读空间运营的西城模式》，门头沟区的《公共文化服务配送体系现代性研究与应用》，通州区的《通州区文化馆图书馆总分馆制》，申报第四批国家公共文化服务示范项目。同时，制定了《创建首都公共文化服务示范区过程管理规定（试行）》，指导石景山区、丰台区、房山区、大兴区、通州区创建首都公共文化服务示范区建设。二是健全基层文化基础设施建设。完善全市四级公共文化服务网络，完善 15 分钟服务圈，基层文化设施达到 6 815 个，覆盖率超过 98%。其中，2017 年新增乡镇（街道）和行政村（社区）文化设施 163 个，新增面积 10 万平方米。完成基层公共文化设施建设情况调研摸底，对城市总体规划的有关公共文化指标进行修订完善。三是组织参加第六次全国公共图书馆评估定级。发挥以评促建、以评促管、以评促用的作用，制定实施方案，举办专项业务培训，召开部署会议，组织各区图书馆参加 2017 年公共图书馆评估定级工作。四是提高基层单位服务效能。委托第三方机构对全市基层街乡综合文化中心服务情况进行效能评估，配合文化部完成对乡镇综合文化站服务效能抽查工作，督导相关区开展整改工作。

【突出供需对接，打通文化服务“最后一公里”】一是着力完善公共图书服务配送体系。推进公共图书资源社会共享，全年配送图书 253 万册。加强图书“一卡通”通借通还服务，“一卡通”成员馆达到 206 家。开展“阅读北京·十佳优读空间——百姓身边的基层图书室评选”“首图讲坛”“换书大集”“市民读书计划”等品牌文化活动，“以互联网＋志愿服务”模式开展青少年经典导读活动，在全社会特别是基层农村营造了好读书、读好书的良好氛围。二是着力完善文化活动配送体系。开展首都市民系列文化活动，以“我的中国梦·欢乐新北京”和迎接党的十九大胜利召开为主题，围绕“歌唱北京”“舞动北京”“戏聚北京”“艺韵北京”“影像北京”和“阅读北京”六大板块，建立四级联动机制，带动乡镇（街道）和行政村（社区）共同开展。全年举办各类文化活动 2.4 万场次，参与群众 3 100 万人次，“群众演、演群众、群众看”已成为全市城乡一道亮丽的风景线。三是着力完善公益演出配送体系。组织开展“文艺演出星火工程”“周末场演出计划”“百姓周末大舞台”等城乡公益惠民演出活动超万场。采取政府购买服务和“文化＋互联网”的方式，开展“2017 文化惠民逛庙会　欢欢喜喜过大年——北京市人民政府向首都市民发放 30 万张春节庙会门票”活动，通过微信平台向群众免费发放 30 万张庙会门票，抢票率 100%，吸引参与人数达 372 万人次，满意度为 99%。四是开展公益专业艺术演出活动。注重与农村群众的需求相衔接，广泛深入开展“农村文艺演出星火工程”等演出活动，丰富基层群众精神文化生活。2017 年，全市 150 余家国有和民营文艺表演团体完成基层公益性演出 1.2 万场，受益人数近 300 万，圆满完成“万场演出下基层”的目标。采用“政府＋专业院团＋公共文化机构”的合作模式，创办首都市民音乐厅，为包括农民在内的广大市民欣赏高雅艺术提供新的平台，全年演出 65 场，剧场观众 5 万人，网络观众达 400 万人次。五是开展优秀群众文化项目扶持工作。在广泛征求各区、各相关部门意见的基础上，修订完善《北京市优秀群众文化项目扶持办法》，并启动了 2015—2016 年度的项目扶持工作。经过各区初审推荐、市局复核，进入终审环节的项目共计 209 个，经过评审，最终 30 个原创作品、85 个文化团队、45 个品牌文化活动（其中，一类活动 5 个，二类活动 10 个，三类活动 30 个）入围，共计扶持项目 160 个，金额 1 575 万元。六是开展“深入生活、扎根人民”主题实践活动。在通州区西集镇设立北京市文艺院团创作采风基地，支持文艺工作者深入生活、扎根人民开展文艺创作。北京文化艺术基金扶持引导了一批优秀艺术作品和品牌文化活动，2017 年立项资助项目 100 个，资助资金 1.09 亿元。

【突出统筹推进，促进非遗项目传承发展】坚持“巩固抢救保护成果，提高保护传承水平”，深化非遗保护机制和规律研究，推动非遗保护传承“见人见物见生活”。一是开展历史文化名城保护工作。参与制定大运河文化带、西山永定河文化带、长城文化带保护建设规划、五年行动计划及年度工作计划，明确工作目标任务。梳理大运河文化带沿线各区非遗资源，拟定《北京段大运河非物质文化遗产名单》（征求意见稿），包括民间文学、民俗等类别的直接项目和辐射项目共计 43 项。二是整合各类非遗资源。用好国家级和市级非物质文化遗产保护专项资金，支持 21 个国家级非遗代表性项目、75 位国家级代表性传承人和 262 位市级代表性传承人开展非遗保护传承，其中大部分是农村项目和传承人。三是开展宣传展示活动。支持各区举办市级非遗专题活动，如西城区举办非遗时尚创意设计大赛，延庆区举办第四届“非遗大观园”端午游园会等，增强非物质文化遗产现代传承活力。组织非遗项目参加第六届中国成都国际非物质文化遗产节、第三届中国非物质文化遗产传统技艺大展、第九届浙江·中国非物质文化遗产博览会、海上丝绸之路非物质文化遗产展。四是做好基础理论研究工作。完成了涵盖北京地区全部市级非遗名录的专著《北京非物质文化遗产图典》的实地访录和图文编辑；启动了国家级非遗代表性传承人抢救性记录工作；完成了《北京志·非物质文化遗产志》初审稿，系统梳理、记录北京非遗代表性项目以及从发端至 2010 年的非遗保护工作；完成《北京非物质文化遗产传承人口述史》（5 册）的编辑出版；完成全市抢救性征集非遗代表性传承人实物作品 319 件入藏首都图书馆。

【突出专业培训，抓好农村文化队伍建设】近年来全市四级公共文化服务设施网络基本实现全覆盖。设施建成后，要更好地发挥设施的作用，就要有一支政治素质过硬、文艺技能精湛、组织能力很强的文化组织员队伍。为了加强基层公共文化人才队伍建设，提升基层群众文化组织员服务能力，2017 年分别由北京文化艺术活动中心和北京戏曲艺术职业学院各承担 500 名，共培训 1 000 名基层群众文化组织员。7 月 2—22 日，北京市文化局分两期在北京戏曲艺术职业学院举办 2017 年基层群众文化组织员培训班。北京市文化局、北京戏曲艺术职业学院、北京文化艺术活动中心和 16 个区文化委相关领导和负责同志分别于 7 月 11 日和 22 日参加汇报演出及结业仪式。培训以“六会”（即会做群众工作、会组织活动、会指挥合唱、会舞蹈编排、会乐器演奏、会计算机技能）为标准，以“学得会、用得上、有实效”为原则，突出实效性，合理安排课程。课程内容以容易普及和大众喜闻乐见的戏曲、音乐、舞蹈为主，包括公共文化管理常识、文化志愿者服务管理工作讲解、图书管理、计算机基础、书法鉴赏、绘画鉴赏等理论课程及戏曲剧目课、戏曲身段课、合唱与指挥、葫芦丝演奏及舞蹈等专业实践课程，邀请了全市优秀师资为学员授课。通过两期共 20 天的学习，学员们反映收获很大，达到了培训的预期目的。

【突出效能提升，推进公共文化单位改革任务】确定首都图书馆、北京群众艺术馆、东城区第一图书馆、朝阳区图书馆、石景山区图书馆、延庆区文化馆为法人治理结构改革试点单位，积极开展试点工作。推进文化馆图书馆总分馆制建设，印发实施《推进文化馆图书馆总分馆制实施方案》。支持各区级、乡镇级文化机构采用政府购买服务的方式，引入优秀团队资源，促进公共文化单位的社会化、多元化、专业化管理。如海淀区将新建成的北部文化中心委托给社会机构运营管理，提升专业化运营水平；朝阳区亚运村街道文化中心探索抵偿服务反哺免费服务的运营模式，既保障基本服务又满足多元需求；丰台区卢沟桥街道将文化中心委托给北京演出公司，提升管理水平和服务质量；石景山区购买华录集团服务，实施公共文化服务目录制，提供菜单式、订单式服务，提高服务对接精准程度。

【突出机制建设，广泛开展文化志愿服务】大力弘扬志愿精神，促进全市基层农村文化志愿服务制度化、规范化、常态化。一是强化文化志愿服务的管理。印发《文化志愿服务管理办法》，鼓励和引导各级文化部门开展文化志愿服务工作。完善了《北京文化志愿招募管理办法》《加快推动北京市文化志愿服务工作的指导意见》等一系列规范性文件，保障了文化志愿服务科学规范开展。二是健全文化志愿服务网络。建立健全各门类文化志愿者工作部和各区文化志愿者分中心。充分利用志愿北京平台、文化志愿者网站、QQ 群微信群、微信公众账号等信息平台，有效组织、管理、使用、宣传志愿者。三是开展注册招募培训。在招募工作中，将招募条件分为专家型、爱好型、服务型、公益型四类，本着“会服务、服务好”的原则，根据文化志愿者不同需求，开设政治理论、专业技能等方面的培训，努力培养一支政治强、作风正、技艺精的文化志愿者队伍。四是开展“送福到家”主题文化志愿服务活动。作为全市“红红火火过大年”主题志愿服务活动的重要组成部分，2017 年开展的“送福到家”主题志愿服务活动覆盖全市 16 个区，21 个文化志愿者分中心，各分中心通过开展送春联和“福”字、送摄影、送文艺演出、送艺术培训等百余项丰富多彩的文化志愿服务。“送福到家”主题志愿服务活动已连续开展 9 届，近百万百姓享受到了“送福到家”志愿服务成果，为传统节日增添文化气息。五是支持各区组织开展文化志愿服务活动。如延庆区文化志愿服务融入红色文化，先后开展了“喜迎十九大，纪念中国人民解放军建军 90 周年”“喜迎党的十九大，砥砺奋进的五年”等活动，把文化与党建相结合，彰显了不一样的志愿情怀。延庆区还结合长城文化带建设，开展“推门长城就在屋檐下”系列文化活动，包括“寻找长城传说——阅读与聆听”为主题的夏令营活动、“长城飞劲舞喜迎十九大”群众广场舞大赛，利用不同形式让长城文化走进校园、走进乡镇、走进公园，让人们切实感受到长城传说的魅力所在，深刻认识到保护文化遗产的重要意义，让更多的参与者自觉树立传承民间文化的信心与责任。又如密云区继续把穆家峪镇新农村小学作为切入点，在外来务工子女的艺术团队——“七色花”艺术团中开办快板、山东快书、情景剧等 7 个辅导班，每周三下午上课辅导，满足了外来务工子女对艺术的渴求。为了关注山区留守儿童的健康成长，密云区在冯家峪镇中心小学开展以“共筑文艺梦想·关爱留守儿童”为主题的校外教育活动，组织志愿者走进密云区冯家峪镇中心小学开展舞蹈、器乐、情景剧表演等艺术门类文化志愿服务活动，把关爱送进留守儿童校园，让留守儿童同享艺术带来的快乐。其他各区充分利用各自资源优势，也组织开展了丰富多彩的文化志愿活动。

农村人才培养

2017 年，农村人才培养工作以党的十九大精神和习近平新时代中国特色社会主义思想为指导，深入学习贯彻习近平总书记系列重要讲话精神和关于人才工作的重要指示，全面贯彻落实市十二次党代会和全市组织部长会议精神，围绕市委《关于深化首都人才体制机制改革的实施意见》的部署和要求，主动作为，突出重点，勇于创新，着力建设一支适应首都新时期发展要求的农业农村人才队伍，为郊区在疏解与整治中谋发展、承接与提升中增动能目标的实现提供强有力的人才支撑。2017 年新增农村实用人才 2 000 名，全市农村实用人才总量达到5.3万人，其中高级1 500人，中级9 500人，初级42 000人。

（李晟龙）

【提升人才素质，扎实开展高级农村实用人才示范培训】为大力推进农业调转节，全面提高农村实用人才队伍整体素质，切实发挥优秀农村实用人才的引领带头作用，根据郊区农村实用人才的实际需求，2017年4月16日至5月11日，举办了3期北京市高级农村实用人才示范培训班，主题分别为农村电商、休闲农业与乡村旅游、乡村工匠式人才（新农人），来自全市13个区的350名优秀高级农村实用人才参加了培训。培训班邀请相关领域专家和领导授课，市委组织部刘敏华处长给广大学员讲解工匠精神与农村人才培养，中国农业大学教授朱俊峰从休闲农业用地角度为学员发展休闲农业出谋划策，创新参与互动教学的形式，收到了良好的效果。

【拓宽人才视野，做好中组部、农业部全国大学生“村官”和农村实用人才带头人示范培训工作】按照中组部、农业部安排部署，在韩村河培训基地承办了8期全国大学生“村官”和农村实用人才带头人示范培训班，共培训来自北京、山东、河北、天津、内蒙古、湖北、山西、河南、辽宁等12个省（自治区、直辖市）的农村实用人才和大学生“村官”800名。为办好培训班，积极与农业部、韩村河基地加强联系，从课程设计、学员管理、教学组织等方面发挥好沟通、协调、组织、服务保障作用，保证了教学质量和学员的安全，保证了每期培训班顺利进行。同时选派了100名大学生“村官”和100名农村实用人才赴江苏华西村、山东西霞口、天津毛家峪等地参加中组部、农业部举办的培训班，每期班指定专人负责，保证学习培训任务完成，也有力促进了京津冀农村实用人才和大学生“村官”互相交流、协同发展。

【对口支援合作，推荐农口专家参加“首都专家行”活动】为进一步推进京津冀人才合作交流，推进京津冀人才一体化发展，在市人才工作领导小组的领导下，2017年7月，根据京津冀三地对农业领域专家人才的实际需求，推荐市农林科学院和市人工影响天气办公室刘全等6名专家赴河北廊坊、三河、北京平谷等地开展“首都专家行”活动，发挥北京农业领域人才高地的辐射作用。选派市农林科学院水产、草业和农业信心方面3位专家赴青海参加“京青专家服务团”；9月25—26日，选调市农林科学院、北京农学院、市农业局等部门4位专家组织专家赴延庆、张家口开展“首都专家延庆张家口行”活动，为延庆世园会、北京“冬奥会”以及张家口农业资源环境改善提供智力支持。

【助推人才成长，推荐农口专家入选“北京学者”和中国工程院院士】经过近几年来的努力，市委农工委共成功推荐了赵春江、许勇、赵久然3名同志入选“北京学者”，并从推荐赵春江同志进入中国工程院2017年院士增选第一、第二和第三轮评审。为做好候选人审核把关工作，按照中国工程院和市委组织部的要求，及时对候选人相关信息进行公示，并对赵春江个人的思想政治表现、经济和品行等方面进行了审核，出具了报告，为农口领域高层次人才成长做好服务保障工作。最终，赵春江同志成功当选中国工程院院士，也成为北京市农口系统第一位院士，必将对北京市农业科技领域产生深远和积极影响，更加激励和鼓舞广大农业农村人才在工作岗位上爱岗敬业、奋发有为。

【聚焦创新创业，积极参加全国农村创业创新项目大赛】2015年和2016年，市委农工委连续两年成功举办了北京市农村实用人才优秀创业项目评选资助活动，受到农业部领导的肯定，并在全国其他省份推广农业双创活动。在此基础上，2017年农业部举办了首届全国农村创业创新项目创意大赛。市委农工委根据前两届北京市农村人才创业项目评选的情况，推荐延庆华海田园、怀柔桃山月亮湖农庄、昌平亲农耕、丰台绿山谷等15个优秀农村实用人才创业项目参加农业部的全国大赛，并聘请辅导老师对参赛项目PPT进行辅导和修改，对参赛选手进行培训。2017年9月，组织参赛选手赴山东东营参加半决赛，经过激烈角逐，北京市有丰台绿山谷芽苗菜、怀柔桃山月亮湖农庄和顺义尺木无山田园综合体3个项目晋级11月7—11日在苏州举办的全国总决赛，中共中央政治局常委、国务院副总理汪洋同志莅临农业双创大赛活动现场并讲话。活动的组织和参与，展示了北京农村实用人才创业风采，推动了北京地区农村实用人才创新创业。

【围绕结构调整，组织农村实用人才赴台交流休闲农业发展】市十二次党代会提出“要更好发挥农村作为生态屏障、宜居空间、战略腹地的作用”，新功能新定位也对农村实用人才培养提出了新的方向。随着北京农业“调转节”的深入推进，迫切需要大力培养更多乡村旅游和休闲农业类农村实用人才，提高北京市休闲农业领域农村实用人才能力素质，市委农工委和市台办、市旅游委组织 19 名休闲农业类农村实用人才和人才工作者赴台参加休闲农业和民宿产业论坛，并在论坛上代表北京市休闲农业行业发言，在台湾实践大学与休闲农业从业者举办研讨会，达到了互通交流、优势互补的作用和目的。京台农村人才互通交流，对于拓宽北京农村人才视野、提升休闲农业经营水平、促进北京市乡村旅游和休闲农业产业提档升级起到了极大的推动作用。

【学深参透务实，深入开展习近平关于人才工作重要指示学习贯彻活动】 2017 年 5 月，按照市人才工作领导小组的部署，为深入学习贯彻习近平总书记关于人才工作的重要指示以及视察北京的重要讲话精神，根据《中共中央组织部关于认真组织学习〈习近平关于人才工作论述摘编〉的通知》要求和市人才工作领导小组重点工作安排，市委农工委采取多种形式，开展习近平人才工作重要指示学习宣传贯彻活动。同时积极参与征文活动，在充分调研的基础上，起草了文章《加强农村实用人才队伍建设　推进农业供给侧结构性改革》，撰写了新闻稿件《搭台唱戏、引领农村实用人才创新创业新舞台》，并在《首都人才》专栏刊登。

【促进协同发展，成功举办京津冀农业科技人才协同发展研讨会】 京津冀协同发展是党中央做出的一项重大战略决策，为贯彻落实中央《关于深化人才发展体制机制改革的意见》和《京津冀人才一体化发展规划》，发挥高层次人才引领作用，推动京津冀农业科研领域人才协同发展，市委农工委与市委组织部、北京专家联谊会、北京农学院和北京市农林科学院联合举办了“京津冀农业科技人才协同发展研讨会”。60 余名来自京津冀三地农业高校院所、龙头企业、行业协会的专家代表，以及北京市委组织部、市专家联谊会等部门人才工作负责同志参加了活动。与会专家畅所欲言、各抒已见，为京津冀农业科研人才一体化发展建言献策，京津冀农业科技专家还参观了小汤山国家精准农业示范基地和北京市农林科学院草业资源圃基地，部分专家还与北京平谷夏各庄镇、天津蓟县、河北兴隆县蘑菇峪乡和三河段甲岭镇的镇长、书记进行对接，研究长效合作机制。2017 年 6 月，由北京市农林科学院牵头，联合京津冀地区农业科研院所、高等院校、涉农企业等 23 家单位在京成立的京津冀农业科技创新联盟举办了高层论坛，该联盟也成为区域农业科技人才开展交流合作、创新发展的一个十分重要的平台。

【搭建创业平台，开展第三届农村实用人才创新创业项目评审资助活动】 为积极贯彻落实中央关于“大众创业、万众创新”方针和《关于深化首都人才体制机制改革的实施意见》，市委农工委于 2017 年 10 月开展了第三届农村实用人才创新创业项目评审资助活动。在前两届成功举办的基础上，2017 年的活动由市委组织部和市委农工委联合发文，为此项活动的顺利开展奠定了基础。经各区积极推荐，活动总计收到申报项目 47 份，涉及农村电商、休闲农业与乡村旅游、农村手工艺、农业科技、农业产业链五大领域，通过评委对 47 个项目的初评，优选出入围路演环节的 20 强项目。12 月 15 日，在中关村智造大街举行了项目路演，邀请相关专家、领导以及创投机构负责人评选出 14 个符合北京农业“调转节”发展方向、创新性强、模式新颖、发展前景良好的优秀农村实用人才创业项目，并进行了表彰和资助，为实用人才创新创业提供了良好的环境和氛围，鼓励更多优秀人才投身农村、发展农业，为乡村振兴提供更有力的人才支撑。

【做好服务保障，为农业农村人才发挥作用提供高层次平台】 按照中组部、团中央《关于开展第十八批“博士服务团”服务锻炼工作的通知》，选派农林科学院植保所副研究员廖上强、市农业局农业环境监测站副科长黄宝勇两名具有博士学历人才，挂职任海南省副县长和湖北恩施土家族苗族自治州科技局副局长，为系统内人才发挥作用提供了高层次平台。推荐市植保站董杰博士参加“人才京郊行”，赴密云科委挂职任副主任，在主管密云农业科技城规划建设工作中，董杰博士专业的知识、踏实的作风、谦逊的性格以及一心扑在工作上的表现受到了密云科委领导班子和广大干部职工的一致好评，树立了农口专家人才的良好形象和风貌。还推荐了两名“北京市有突出贡献的农村实用人才”张兴顺和赵广华加入北京专家联谊会，这也是农村实用人才首次被列入全市高层次专家的行列，具有重要意义。

（李晟龙）

【2017年全市乡镇长专题培训班举办】2月24日，由北京市委组织部、市委农工委联合主办，北京农业职业学院承办的2017年全市乡镇长专题培训班圆满结束。本次培训是全市首个专题培训班，来自全市13个区的173名乡镇长参加了此次培训。培训安排了改善城乡接合部重点地区环境面貌、城乡接合部地区建设的形势与任务，完善政策性农业保险体系、推动低收入农户增收致富等方面的16类、23期专题培训。

（马雪雁）

【市农职院承办四项北京市职业院校技术技能比赛】3月31日，市农业职业学院承办鸡新城疫抗体水平测定、园林景观设计、植物组织培养与农产品质量安全检测四项市级技术技能比赛。比赛由北京市教委主办，来自北京电子科技职业学院、北京农学院、北京培黎职业学院、河北旅游职业学院、廊坊职业技术学院和北京农业职业学院的共计87名选手参加四个赛项角逐。竞赛操作规程严格按照国赛标准设置，裁判员全部来自于行业、企业及高校，确保竞赛结果的公平、公正。市农业职业学院获得园林景观设计1个一等奖、1个三等奖；鸡新城疫抗体水平测定1个一等奖、2个二等奖、2个三等奖；农产品质量安全检测3个一等奖、2个二等奖、4个三等奖；植物组织培养1个一等奖、1个三等奖。市农业职业学院邀请中国都市农业职教集团内的两所河北省高职院校共同搭建技能大赛平台，也促进了职教集团成员单位之间的合作。

（张满清　王晶）

【推广藏猪养殖模式项目】4月，市农业职业学院肖西山教授承担的市农委项目“藏猪养殖模式的示范推广”在京郊实现与企业点对点对接。项目在北京中科友创生态种植园开展藏猪养殖模式示范推广服务，解决藏猪养殖过程中遇到的管理技术、疫病防治及饲养等问题。该园养殖藏猪8年，最初有基础母猪60多头，年存栏200头。通过市农业职业学院专家的指导服务，目前存栏已达600余头，猪群结构合理，养殖效益喜人。

（于凤芝　蔡泽川）

【举办中荷都市农业与现代农业职业教育论坛】4月11日，市农业职业学院举办中荷都市农业与现代农业职业教育论坛。论坛分享了职业教育是欧洲知识性经济以及中国的“中国制造2025”及“一带一路”倡议中的重要一环；荷兰之所以成为全球第二大农产品出口国，是基于科研、推广和教育以及农企、农业院校机构与政府之间的黄金三角关系；都市农业对未来城市发展的重要性，以及农业职业教育在其中所起到的作用。此次论坛对深化职业教育综合改革，特别是课程教学改革和职业教育创新发展意义重大，在加强学校内涵建设、加强校企合作，强化学生职业素养和职业精神等方面提供了一个很好的交流学习平台。此次论坛是一次国内外高职院校之间、企业之间互相借鉴、学习、交流的盛会，中荷双方进行了交流展示与合作洽谈。此次论坛有效搭建了国际性、多层次、多元化、高效率的资源共享服务平台，推进了中荷院校、企业的多方交流与合作。

（韩鸥）

【承办2017年京冀职业院校（高职组）中华茶艺技能大赛】6月3日，市农业职业学院承办2017年京冀职业院校（高职组）中华茶艺技能大赛。北京财贸职业学院、北京青年政治学院、北京劳动保障职业学院、河北旅游职业学院及北京农业职业学院共5所院校选派7支代表队，28名选手参加比赛。赛项内容包括指定茶艺、创新茶艺、茶席展示及理论试题问答四个部分。市农业职业学院获得3个一等奖、2个二等奖、3个三等奖。

（李翠）

【参加全国职业技能大赛获二等奖】6月2—5日，市农业职业学院派队参加2017年全国职业院校技能大赛（高职组）鸡新城疫抗体水平测定赛项，获二等奖。比赛在福建林业职业技术学院举行，73个代表队来自全国29个省份。在3个小时的比赛中，选手完成试验器材准备、配制1%鸡红细胞悬液、血凝试验、配制四单位病毒、血凝抑制试验、抗体滴度报告等内容，准确规范地完成了整个操作过程。

（向双云）

【成立“动物科学院士工作站”】6月26日，市农业职业学院成立“动物科学院士工作站”。市农业职业学院与李德发院士及其团队签订了《动物科学院士工作站合作协议》，并向中国工程院院士李德发颁发北京农业职业学院客座教授聘书。学院将充分利用“动物科学院士工作站”平台，组织专家为企业提供发展战略咨询和技术指导，围绕养殖行业急需解决的重大及高端技术难题组织联合攻关；组织专业教师参加农业部饲料工业中心实践锻炼，开展动物营养科学前沿科研课题研究，提升专业教师科研能力；共同开展“美丽乡村建设”，做好“在京一周，影响一生”中学生励志教育。

（于凤芝）

【与北京中航天使教育科技集团有限公司签署校企合作办学协议】 9月5日，市农业职业学院与北京中航天使教育科技集团有限公司签署合作举办旅游管理专业（空中乘务）签署合作办学协议。根据协议，双方将通过联合办学，采取2＋1的办学模式，开展空中乘务专业人才的培养。此次校企合作对服务和支持首都城市功能定位，服务区域经济和高校转型发展具有重大意义，是坚持产教融合、校企合作、工学结合、知行合一办学理念的重要举措，为探索空中乘务人才培养做出良好的开端。协议有效期7年，即合同签订之日起至2023年8月31日。协议到期前12个月，如双方一致达成继续合作意向，可续签协议。若协议终止，双方对已经招收学员继续履行本协议直至毕业。

（韩鸥）

【举办第二届承德市隆化县、丰宁县中学生赴京夏令营】 6月26—30日，市农业职业学院承办第二届河北省承德市隆化县、丰宁县中学生“在京一周，影响一生”励志教育夏令营活动。来自承德市隆化县中学、郭家屯中学、丰宁县二中154名领队教师和中学生，先后参观北京农业职业学院、清华大学、北京大学校园，观看天安门升国旗仪式，聆听人大附中特级教师于树泉《人大附中中考作文取胜之道》、中国农业大学刘庆昌教授《我从农村走来》、中国工程院院士李德发《我的农大梦》励志报告，体验万里长城的雄伟，感受祖国盛世豪迈。

（曹授俊）

【获批成为教育部第二批现代学徒制试点单位】 8月，市农业职业学院获批成为教育部第二批现代学徒制试点单位。第二批现代学徒制试点工作按照自愿申报、省级推荐、部级评议、组织实施、验收推广等程序进行，最终全国154所高职院校成为第二批试点单位，市农业职业学院是获批通过的4所北京高职院校之一。试点工作将依托中国都市农业职业教育集团、北京都市农业职业教育集团力量，发挥政府、行业企业、农职院各自优势，进一步推进产教融合、校企合作和工学结合，建立校企合作、协同育人、共同发展的长效机制，形成基于现代服务专业群，具有特色的企业和职业院校双主体育人的现代学徒制。

（胡军珠）

【开展“助力房山学子成长农业游学深度之旅”项目】 10—11月，市农业职业学院开展“助力房山学子成长　农业游学深度之旅”项目，20余名来自首都师范大学附属房山中学学生来院完成一个月的农业游学之旅。项目以立德树人为指导，通过农业游学体验、职业教育讲座、学生农业游学深度体验三种类型，实现项目课程化、课程活动化、活动组织化，让学生养成学习习惯，优化职业品质，习得专业技能，强化素养观念，了解现代农业，实现知农、喜农、爱农、乐农，培养实践精神和创新能力。项目是市农业职业学院与首都师范大学附属房山中学首次密切合作，将促进师生交流，提升教师教学实践能力和水平，实现两校两促进、两提高。通过项目合作，两校建立手拉手关系，首都师范大学附属房山中学将学院确立为“学生职业体验基地”，市农业职业学院将首都师范大学附属房山中学确立为“职普融合教育基地”，逐步探索形成职普融合的可持续发展新模式和长效机制。

（关世卿）

【参加全国高校商业精英挑战赛会展创新实践竞赛】 11月7—9日，市农业职业学院学生参加在福建厦门举办的“2017年全国高校商业精英挑战赛会展创新实践竞赛”全国总决赛，获一、二等奖。学院共7人组成2支参赛队，参赛作品《中国通用航空展策划方案》及《2018国际葡萄酒及烈酒博览会策划方案》均荣获展洽环节竞赛一等奖，会展项目策划竞赛二等奖。同时，学院还获得“最佳院校组织奖”，并作为《会展职业经理人资质条件》（T/CCPITCSC005—2017）标准制定突出贡献单位，获得表彰。全国高校商业精英挑战赛会展创新实践竞赛迄今已举办12届，大赛初赛阶段共吸引了全国103所高校236支队伍近5 000名师生报名参加；经院校推荐选拔、组委会评审，最终来自全国26个省（自治区、直辖市）78所高校的155支参赛队伍入围全国总决赛。

（周艳秋）

【举办创意农业学术交流研讨会】 1月10日，市农业职业学院组织举办以专业教师为主体的创意农业学术交流研讨会。通过报名征集的教师分别结合自身专业优势，以“压花艺术”“园艺植物创意组合盆栽”“园艺疗法设计实践与应用”“创意农业园的景观规划与设计”“休闲农业供给侧改革”“菌业技术星创工作室”“农业创意＋”“兰花科技与文化”“园林彩色树木艺术造型”为题，汇报交流了其专业探索方面的创意思路、创意设计和创意成果。

（邓志峰　刘春平）

农村卫生、新型农村合作医疗

【规划建设村级医疗卫生机构】 年初，10个远郊区对辖区村卫生机构进行规划建设的梳理工作，699个无卫生机构的行政村中需新建村级卫生机构525个（其中，村卫生室511个、社区卫生服务站14个），其余230个无卫生机构的行政村通过相邻村卫生机构覆盖或采取巡诊的方式提供服务。截至年底，10个远郊区已启动村卫生室建设项目247个，完成103个。

【补充乡村医生】 年初，北京市首次开展乡村医生岗位人员订单定向免费培养，通过首都医科大学高职自主招生考试（笔试和面试），98名符合条件的考生被首都医科大学临床医学专业（乡村医生方向）录取，自9月开启为期3年的全日制学习，毕业后将回到本区从事乡村医生岗位工作。

【加强村卫生室绩效管理】 年初，出台《北京市卫生计生委关于加强村卫生室绩效考核的指导意见》，明确绩效考核的目标、原则、内容、要求及考核结果的应用，拟定了考核指标（参考），包括6个一级指标、29个二级指标。同时还出台《北京市村卫生室管理与服务规范（试行）》，一是提出村卫生室的规划设置、基本建设、设备配置标准（如诊疗科目、房屋建设规模、基本仪器设备等）；二是提出人员配备与管理要求（如乡村医生岗位人员配备及准入、补充渠道、奖惩培训方式等）；三是提出村卫生室功能任务与业务流程；四是明确提出业务管理要求（如依法执业、药品管理、医疗废物处理等）；五是财务及医保管理（包括财务管理及资产登记、药品账册、医保定点服务），对于规范村级医疗卫生服务行为、提高服务能力、指导绩效考核起到重要作用。

【开展村卫生室满意度调查】 6月，市卫生计生委、北京市社区卫生服务管理中心委托第三方研究单位（永润禾北京信息咨询有限公司）开展2017年度北京市村卫生室调查研究。此次调查涉及12个涉农区（房山、怀柔、密云、通州、昌平、大兴、门头沟、平谷、延庆、丰台、海淀、顺义），按照每个区所拥有的村卫生室数量，分别抽取1～3个村卫生室，共计25个村卫生室，每个村卫生室完成50份村民问卷调查和1份村医问卷调查。综合来看，本市村民对村卫生室满意度91.29分。从各区来看，海淀区、大兴区、昌平区等得分较高，丰台区得分相对较低。从各维度来看，村民对服务态度、就诊方便性、及时性等方面评价较高，而对于常规检查设备、药品种类、硬件设施等方面的评价相对较低。

【开展群众满意的乡镇卫生院评选活动】 年内，市卫生计生委按照国家卫生健康委员会要求，在全市开展人民满意的乡镇卫生院建设评选活动。经过机构自查、区级审核、市级复核和国家评定，本市有10家乡镇卫生院被国家卫生计生委遴选为2016—2017年度群众满意的乡镇卫生院：大兴区采育镇中心卫生院，房山区阎村镇中心卫生院、大石窝镇卫生院，通州区西集卫生院、张家湾卫生院，顺义区赵全营镇卫生院、杨镇沙岭卫生院、李桥镇卫生院，怀柔区琉璃庙镇卫生院、北房镇卫生院。

【开展乡村医生岗位培训】 按照2017年度乡村医生岗位培训计划和培训大纲，来自涉农区的4 183名乡村医生参加全市统一组织的以提高乡村医生岗位胜任力为核心的岗位培训，总计134学时，其中讲授22学时，技能操作32学时，进修80学时。培训内容重点为农村居民常见病、多发病诊疗和中医适宜技术推广，受到乡村医生欢迎。

【开展农村订单定向医学生免费培养】2017 年，全市涉农地区共招收订单定向免费培养医学及相关专业学生 271 人，并首次开展乡村医生岗位人员订单定向培养和在岗乡村医生学历提高工作，旨在充实本市乡村医生岗位、提高乡村医生岗位胜任能力。全年共招收订单定向医学生（乡村医生方向）98 人；在职乡村医生 41 人参加学历提高班入学考试，成绩合格者进入到首都医科大学 2017 年成人高等学历教育高起专临床医学专业学习。

农 村 教 育

【扩大农村地区专项招生工作】6 月，市教委扩大城市发展新区和生态涵养发展区农村专项计划。市教委在地方农村专项招生中，计划人数从上年的 300 人扩大至 340 人，招生院校范围是所有市属本科一批招生院校。专项计划调整提高市农村考生升入本科一批比例。

（张桓）

【推进城乡义务教育一体化改革发展】7 月 22 日，市政府办公厅印发《关于进一步做好城乡义务教育一体化改革发展相关工作的通知》。文件作为推进全市城乡义务教育一体化改革发展的统领性文件，就优化本市城乡义务教育资源配置，加快缩小城乡义务教育发展差距，提出“有效增加城镇地区学位供给；进一步改善城乡办学条件；不断完善农村地区师资保障机制；着力提升农村地区教育教学质量；稳步推进未审批自办校治理工作”等重点任务。

（冯雪）

【远郊区公办农村寄宿制中小学寄宿学生生活补助标准调整】10 月 17 日，市教委、市财政局调整基础教育学校生活补助标准。在 10 个远郊区公办农村寄宿制中小学就读的寄宿学生生活补助标准由原来每人每月 240 元，提高至小学每人每月 300 元、初中及以上每人每月 360 元，每年按 10 个月计发，同时免收住宿费。进一步扩大助学补助范围，具有北京市学籍及户籍在山区的学生，按照每人每年 300 元的标准给予助学补助。政策自 2017 年秋季学期起执行。

（李高远）

【寻找美丽活动】11 月 9 日，北京教育音像报刊总社联合北京市教育学会举办寻找北京“美丽乡村学校、美丽乡村校长、美丽乡村教师”活动（以下简称“寻找美丽活动”）。活动旨在展示北京市在“优质、均衡、公平”教育理念下基础教育“深综改”的成果；展示北京公办乡村学校、幼儿园、特殊教育学校在政府高度重视并给予政策支持的基础上取得的成就；展示乡村学校校长、教师扎根农村，默默坚守，不断进取和奋斗的精神。活动启动后，陆续走访北京市大兴区金海学校、顺义区木林中心小学和顺义区赵全营中学 3 所学校。活动由市属 10 余家主流媒体和北京教育音像报刊总社各媒体，深入北京乡村学校，感受首都美丽教育，以报纸、网站、微信公众号、视频等全媒体方式进行宣传报道。

（康悦）

【北京市教育学会农村中小学教育研究会成立】12 月 4 日，北京市教育学会农村中小学教育研究会召开第一届会员代表大会。会议选举产生第一届理事会成员，聘请中国人民大学、北京师范大学等 6 所高校或部门的 45 名专家成为专家指导团成员。农村中小学教育研究会有在册单位会员 58 个，个人会员 73 人。秘书处设在北京教育音像报刊总社。

（王蕤）

【教师实践培训基地研修工作总结】12 月 28 日，北京教育学院总结交流教师实践培训基地研修工作。学院于 2016 年发力教师培训供给侧改革，创新教师培训模式，启动实施教师实践培训基地研修项目。学院联合一批优质学校，形成“14＋2＋1”基地格局，通过“伙伴式研修”“跟岗挂职”“短期参访”等形式，促进远郊区教师实践能力和专业素养提升。项目开展以来，共有来自丰台、通州、大兴、房山、密云、延庆 6 个区 500 余名学员参与研修，近百名学员参与跟岗挂职，基地校接待短期参访近 200 团组，三种方式累计达 6 000

余人次。

（石燕）

【远郊区学生到城区游学】截至年底，市教委安排9所城区优质校承接远郊区21所学校32批次学生游学。城区优质校分别为北京市广渠门中学、中国人民大学附属中学朝阳学校、中国科学院附属实验学校、北京市第二十中学、北京市海淀区实验中学、北京市第十二中学科丰校区、北京市第十八中学、北京京源学校及北京市第九中学初中部，承接来自门头沟、密云、怀柔、平谷、延庆5个区21所学校32批次，共计1 355名学生游学，并要求各校形成工作简报和总结，凝练经验，关注学生学习体验成果。

（冯雪）

【继续实施北京市乡村教师支持计划】年内，市教委继续落实《北京市乡村教师支持计划（2015—2020）实施办法》年度任务。一是继续实施“乡村教师特岗计划”，让乡村教师“下得去”，面向北京地区全日制普通高等学校应届本科及以上学历毕业生和京外“211工程”师范院校及全国24所省属师范院校师范专业应届本科及以上学历毕业生，每年招聘中小学音体美、史地政生等紧缺学科教师300人。2017年实际招聘331名乡村教师，一定程度上缓解了乡村教师补充不足的压力。二是全面落实“乡村教师岗位生活补助”发放工作，建立乡村教师荣誉制度，让乡村教师“留得住”。提高乡村教师待遇，根据《北京市乡村教师岗位生活补助发放办法》《北京市乡村教师岗位生活补助发放办法的补充办法》要求，全面落实乡村教师岗位生活补助。将实施乡村教师岗位生活补助政策列入2017年市政府重要民生实事项目，建立按月督查机制，不断研究落实过程中的问题。截至11月6日，12个区全部落实市级财政保障的383所学校17 489名乡村教师的岗位生活补助发放工作，提前完成政府重要民生实事项目任务。同时，各相关区政府还积极研究制定区级财政支持的平原地区的镇区中小学校和乡村及镇区的幼儿园教师岗位生活补助政策，加大经费投入力度，共参照解决388所乡村学校16 169名乡村教师的岗位生活补助。完善北京市特级教师、北京市学科教学带头人和骨干教师评选办法，设立特级教师农村专项指标、远郊区在所下达的市级骨干教师推荐指标数中不低于10%的比例用于推荐农村中小学和幼儿园教师，以鼓励优秀教师从事乡村教育工作，提高乡村基础教育水平。共评选出新一批特级教师222人，其中，农村特级教师20人；市级骨干教师2 194人，其中农村地区的骨干教师195人。建立乡村教师荣誉制度。联合市人力社保局印发《关于做好乡村学校从教30年教师荣誉证书颁发工作的通知》和《关于做好乡村学校从教20年教师荣誉证书颁发工作的通知》，组织完成乡村教师从教30年人员证书发放工作，共发放证书5 103本；向乡村教师从教20年人员发放证书10 643本。在“北京市人民教师奖”“北京市人民教师提名奖”“北京市优秀教师”和“优秀教育工作者”评选中向乡村教师倾斜。评选“北京市人民教师奖”获得者9名，其中乡村教师1名；“北京市人民教师提名奖”获得者10人，其中乡村教师4人。“北京市优秀教师”625人，其中乡村教师21人；“北京市优秀教育工作者”75人，其中乡村教师1人。三是继续实施“乡村教师素质提升计划”，让乡村教师“教得好”。继续实施《北京市乡村教师素质提升计划》。支持义务教育乡村教师参加跟岗脱产培训，2017年组织59名乡村教师参加4～5个月跟岗脱产培训。实施协同创新乡村学校计划，由市级牵头，市、区、校联合组建培训项目指导专家团队，通过送培训到乡村学校的方式，深入乡村学校开展整校或整学科推进的研修活动，2017年分别有25所乡村学校实施了协同创新学校计划。开展针对乡村教师的市级高端培训，包括农村校长教学引导力专题研修、小学英语骨干教师（含教研员）国际研修项目等。实施远郊区新教师培训。2017年，北京教育学院联合顺义、昌平、大兴和怀柔四区培训新任教师1 233人，培养周期一年。

（房卫青）

【北京学生暑期英语夏令营】年内，市教委举办2017北京学生暑期英语夏令营。活动邀请102名外籍教师赴房山、通州、昌平、延庆、平谷5个区担任英语教师，受惠师生1 600人次。活动旨在适应中、高考改革趋势，服务远郊区中小学校开展英语教学改革，提高郊区中小学生英语听说能力、团队协作能力、生活自理能力和跨文化理解能力，同时在课堂教育风格和教学方法方面为北京英语教师带来启发。活动共活动由北京国际教育交流中心承办。

（冀津）

【职业院校精准扶贫】年内，市教委发挥职业院校优势，开展智力支持和精准扶贫。充分发挥市属高校和职业院校作用，实施引智帮扶工程，精准帮扶北京远郊区 22 个低收入村，确定符合当地发展的项目，实现增收致富。

（武晔）

少数民族乡村工作

【市民委调研怀柔区民族乡村经济发展情况】1 月 12 日，市民委有关负责人前往怀柔区长哨营满族乡三岔口村调研低收入民族村工作，看望了市民委派驻的村第一书记，并与乡政府和村"两委"有关同志就加快促进三岔口村发展进行了座谈。市民委负责人强调，市委、市政府高度重视低收入村、户帮扶工作，作为"三农"整体工作的一部分，加快促进低收入民族村发展也是"十三五"时期民族乡村发展的重要内容，市民委认真贯彻落实全市整体工作部署，不仅进一步加大专项资金对低收入民族村的扶持力度，还精心选派了年轻有为的干部。并希望怀柔区、长哨营乡政府要切实发挥主体作用，特别是三岔口村"两委"要团结带领全体村民，紧抓机遇，奋发进取，市、区、乡、村共同努力，尽快摘掉低收入村的帽子，实现三岔口村的跨越式发展。

（杨琳）

【市民委、市财政局联合举办北京市少数民族乡村经济发展专项资金使用管理工作培训会】4 月 17 日，市民委、市财政局联合举办少数民族乡村经济发展资金使用管理专题培训会，旨在进一步提升专项资金使用管理工作水平，加强对各区政策指导。12 个有民族乡村的区民族工作部门主管领导和具体负责同志，区财政局的有关负责同志约 40 人参加培训。此次培训会议认真回顾梳理了近年来财政改革的有关要求，共同研究分析了资金管理办法调整完善的目的和意义，进一步明确了市、区两级有关部门的职责任务，加大了对各区工作的指导力度，为确保今后资金使用管理安全、高效，更好地促进少数民族乡村经济社会发展夯实了基础。

（李灵犀）

【2016 年度北京市少数民族乡村经济发展专项资金以奖代补考评工作顺利完成】4 月 18 日，市民委会同市农委、市财政局组织召开 2016 年度少数民族乡村经济发展专项资金以奖代补集中考评会。市民委、市农委、市财政局的有关负责同志，12 个区民族工作部门和有关乡镇的主管负责同志约 70 人参与此次考评工作。2016 年度以奖代补考评在奖项和指标设计、会务安排等方面进行了调整，着力突出精准帮扶、特色发展等重点，着力体现主导发展、互学互促等思路，重点考核区、乡镇政府促进民族乡村经济发展的工作体制、监督机制、保障措施，重点考核基础设施提升、产业发展、特色村镇建设、农民特别是低收入农户增收等工作成效，更好地发挥专项资金引领作用；各参评单位高度重视、精心准备，集中考评会内容丰富、亮点纷呈，展示了一年来，各区、乡镇、民族村认真贯彻落实市委、市政府决策部署，主动作为、开拓创新，卓有成效的探索实践和经验做法，具有较强的参考价值和借鉴意义，达到了以会代训、教学相长的良好效果。今后，市民委将继续会同有关部门不断完善以奖代补工作机制，指导各区做好少数民族乡村经济发展项目组织实施和资金使用管理工作，努力推动首都少数民族乡村经济发展再上新台阶。

（李灵犀）

【市民委调研延庆区民族乡村经济工作】5 月 4 日，市民委有关负责人赴延庆区。获得第二批中国少数民族特色村寨称号的井庄镇王仲营村调研民族乡村经济工作，实地考察了五味子种植基地、满族文化展室、环境整治和民居改造等特色村寨建设情况，听取了延庆区民宗办、井庄镇和王仲营村有关同志的汇报，并与主管副区长座谈交流。市民委充分肯定了近年来延庆区委、区政府认真贯彻落实市委、市政府决策部署，高度重视民族乡村经济工作，围绕农民增收、产业提升和特色发展，通过政策倾斜、资金扶持和人才培养等措施，精准施策所取得的明显成效，并强调，“十三五”时期全市民族乡村经济工作仍处于难得的历史相遇期，特别是延庆区要紧紧抓住2019年世界园艺博览会和2022年冬奥会两大盛会机遇，在京津冀协同发展战略背景下，科学谋划、积极推进，努力促进民族乡村经济发展再上新台阶。

（杨琳）

【北京市召开少数民族乡村经济发展工作会议】 5月31日，市委、市政府召开北京市民族乡村经济工作电视电话会议。副市长王宁，市委副秘书长赵玉金，市政府副秘书长尹培彦；市民委、市人大民宗侨办、市政协民族宗教专委会，市委、市政府相关委办局、民主党派北京市委和市工商联、北京市农林科学院、北京农学院的有关负责同志；有民族乡村的12个区主管区长，区统战部、农委、财政局和民宗办的负责同志；全市5个民族乡、49个有民族村的乡镇、123个民族村主要负责人约280人参加了会议。会上，市民委主任作全市民族乡村经济发展工作报告，全面总结2016年少数民族乡村经济发展工作，明确2017年的目标任务和重点工作。会议表彰了2016年度全市少数民族乡村经济发展工作先进单位，延庆区政府、长哨营满族乡政府做了典型发言，市发展改革委代表市级部门交流了促进少数民族乡村经济社会发展的经验。副市长王宁同志充分肯定了2016年全市上下齐心合力，加快促进少数民族乡村科学发展所取得的可喜成效，并对如何做好2017年民族乡村发展工作提出了三点意见：一是要以习近平总书记系列重要讲话精神为根本遵循，深刻认识做好民族乡村发展工作的重要意义。二是要结合当前形势，认清找准促进民族乡村又好又快发展的工作思路。三是要不折不扣落实市委、市政府决策部署，全力做好今年民族乡村重点工作任务。会议要求，市政府相关部门和区、乡镇政府有关负责同志要认真贯彻落实会议精神，把加快发展、优先发展少数民族乡村经济摆到更加突出的位置，抢抓机遇，砥砺奋进，全力开创少数民族乡村经济发展的新局面，为建设国际一流的和谐宜居之都做出更大贡献！

（李灵犀）

【北京市民委、市科委组织召开少数民族乡村特色产业融合发展培训会】 6月13—14日，北京市民委、北京市科委组织召开北京市少数民族乡村特色产业融合发展培训会。全市有民族乡村的12个区民宗办、5个民族乡和49个有民族村的乡镇、123个民族村，以及天津市、河北省部分民族乡村的有关负责同志约200人参加培训会议。培训会针对当前全市民族乡村发展需求，重点围绕特色小镇建设、科技特派员与星创天地、村庄发展、促进特色产业融合发展的人才开发、民族乡村特色产业如何实现互联网转型、供给侧改革视角下的休闲农业政策与实践、农村一二三产业融合发展与品牌建设等主题进行了专题讲座，内容丰富，理论与实践结合紧密，达到了启迪智慧、学用相长的目的。此次集中培训顺利拉开了全年民族乡村特色产业融合发展系列培训工作的序幕，为民族乡村产业结构调整、品质提升和融合发展提供强有力的人才智力支持。

（李灵犀）

【市民委顺利完成市人大常委会检查组跟踪检查少数民族乡村经济社会发展情况视察活动】 2017年7月14日，按照审议工作程序和市人大常委会工作安排，市人大常委会副主任杨艺文带队跟踪检查一年来市政府贯彻落实审议意见情况。市人大常委会和市人大常委会民宗侨办、市民委、怀柔区有关领导及部分民宗侨委委员、人大代表约30人参加跟踪检查活动。市民委会同怀柔区政府认真组织、周密安排，圆满完成了视察活动的相关服务保障工作。检查组先后到怀柔区喇叭沟门满族乡对角沟门村、乡敬老院、乡博物馆和长哨营满族乡中心小学、密植果园、八旗古街等地，实地察看了少数民族特色村寨、养老服务设施、文化服务设施、特色产业、特色风情小镇等建设情况，随行听取了相关民族乡、村和单位负责同志的工作汇报。随后，检查组在长哨营乡政府召开座谈会，先后听取了喇叭沟门满族乡、长哨营满族乡、怀柔区政府关于民族乡村经济社会发展情况的汇报。市民委简要通报了市人大审议意见的落实情况，并从坚持规划先行和高位推动，落实优先优惠的差别化政策，落实首都城市定位和促进农民持续增收致富四个方面，重点介绍了过去一年本市少数民族乡村经济社会发展取得的阶段性成果。

（李灵犀）

【市人大民宗侨委听取和讨论本市少数民族乡村经济社会发展情况审议意见书研究处理情况的报告】 2017年8月25日，按照审议工作程序和市人大常委会工作安排，市十四届人大民族宗教侨务委员会召开第十三次（扩大）会议听取和讨论了市民委《关于本市少数民族乡村经济社会发展情况审议意见书研究处理情况的报告（讨论稿）》（以下简称《研究处理情况报告》）。市人大常委会副主任杨艺文、庞丽娟出席会议，市人大常委会民宗侨委、市民委有关领导及民宗侨委委员、人大代表约30人参加会议。会上，市民委通报了市政府关于《市十四届人大常委会第二十七次会议对市人民政府关于本市少数民族乡村经济社会发展情况的报告的审议意见》的研究处理方案和改进措施落实情况。与会的市人大民宗侨委委员和人大代表们对《研究处理情况报告》给予了肯定，一致认为《研究处理情况报告》紧扣市人大常委会审议意见，客观、全面、准确地反映了当前民族乡村发展情况。市人大常委会副主任庞丽娟指出，《研究处理情况报告》工作实、成效大、站位高，以审议工作为契机，为进一步促进民族乡村经济社会发展工作打基础、谋长远。市人大常委会副主任杨艺文指出，《研究处理情况报告》全面反映了市政府对民族乡村经济发展的高度重视，投入力度大，在基础设施建设、制定规划、完善公共服务等方面下了功夫，民族乡村的生态环境、产业、基础设施等有了很大变化，群众的获得感明显提升。市民委主任池维生感谢市人大常委会长期以来对全市民族宗教工作的高度重视和一贯支持。会上，各位领导、代表和委员们对促进民族乡村发展工作给予了高度评价和充分肯定，提出了很好的意见建议，针对性强、分析研判到位，特别是杨主任、庞主任的讲话，根据习近平总书记系列重要讲话精神，对本市民族乡村发展提出了前瞻性、指导性很强的意见建议。下一步，市民委将对照会上提出的意见建议，认真修改完善报告，继续加强与市有关部门的沟通协调，采取行之有效的措施，扎实推进民族乡村又好又快的发展。

（李灵犀）

【市民委组织召开怀柔区三岔口村策划设计方案论证会】11月2日，为贯彻落实北京市少数民族乡村经济工作会议精神，加快促进低收入民族村经济发展和农民增收致富，市民委有关负责同志带队到怀柔区长哨营满族乡三岔口村开展策划设计方案论证工作。市交通委、市农委、市水务局、市旅游委、市园林绿化局、市农业局等有关部门和相关领域专家，怀柔区、长哨营满族乡和三岔口村有关负责同志约20人参加会议。专家组实地察看了三岔口村村容村貌、基础设施建设、产业发展、村民生活等情况，随后在长哨营乡政府召开了论证会。会上，北京清美同创旅游规划设计院详细介绍了《怀柔区长哨营满族乡三岔口村村域环境及旅游策划设计方案》前期编制情况，怀柔区、长哨营满族乡、三岔口村有关负责同志结合本地区实际，对策划设计方案提出了修改意见。与会专家和有关部门从各自工作领域出发，对策划设计方案进行了研讨，并一致同意通过论证。

（李灵犀）

【北京市少数民族乡村经济发展继续保持良好态势】2017年，全市少数民族乡村经济发展继续保持良好态势。一是主要经济指标运行良好。全市民族村集体资产总额约74.7亿元，同比增长17.6%，净资产额约36.8亿元，同比增长2.8%；农民人均收入约2.5万元，超过全市平均水平2 100多元，同比增长7.9%，数额和增幅均高于全市平均水平；低收入农户人均可支配收入超过1.5万元，同比增长45.8%，3个低收入民族村97%以上的低收入农户人均可支配收入超过11 160元的标准线，提前完成了《“十三五”时期北京市少数民族事业发展规划》确定的低收入农户达标任务。二是民族乡村劳动力就业稳中有增。劳动力继续保持在5.9万人，就业率为92.9%，较2016年增长0.2%。67.7%的劳动力选择在本地从事家庭经营和务工，民族乡村“空心化”情况有所改善。三是民族乡村发展的均衡性持续提高。117个民族村人均收入达到所在区或全市平均水平，占民族村总数的95.1%。农民人均收入最高的民族村与最低的民族村收入差距约为4倍，较“十二五”时期末的4.7倍进一步缩小。约80%的民族村农民人均收入集中在2万～3万元。

（李灵犀）

农村社会管理

综　　述

2017年，按照市委、市政府工作要求，市委农工委、市农委深入学习宣传贯彻党的十九大精神，推动习近平新时代中国特色社会主义思想在北京“三农”工作落地生根、生动实践，紧紧围绕中心服务大局，创新农村地区社会管理，切实加强人民内部矛盾化解，扎实开展涉农重大决策社会稳定风险评估，深入开展城乡接合部地区调研，认真开展城乡接合部地区综合整治、安全生产隐患排查，保障系统公共安全和农机安全生产，农委系统安全稳定形势平稳可控。

（赵琨）

维护稳定

【逐级签订综治责任书，确实落实维稳责任】年初，按照市委、市政府统一部署，市委农工委书记、市农委主任孙文锴同志代表两委与系统各单位党政主要领导签订了《2017年社会治安综合治理责任书》，把安全稳定的任务、措施和责任认真细化分解到各级领导、各个部门。按照市委、市政府关于做好元旦、春节、“一带一路”国际合作高峰论坛、第十二次党代会等重点时期安全稳定工作的统一部署，多次组织召开系统安全稳定工作会议，部署会商、研究各单位在综治、维稳、公共安全方面的突出问题和隐患，从政治稳定、反恐防爆、社会稳定、公共安全、网络舆情等方面，部署了重点人员管控、矛盾问题化解、安全隐患排查等重点工作。积极维护全国“两会”期间安全稳定，启动农委系统“两会”期间维稳情报信息战时会商机制，及时发现、主动防控各类风险隐患。系统各单位严格执行领导带班和值班制度，及时提高安全防控等级，增强应急保障能力。

【扎实开展涉农重大决策社会稳定风险评估】根据《北京市重大决策社会稳定风险评估实施细则（试行）》《北京市重大决策社会稳定风险评估简易评估程序适用办法（试行）》等文件要求，按照应评尽评目标，完成了《关于坚持以疏解整治促提升　扎实推动城乡一体化发展的意见》《关于开展畜禽养殖整治规范工作的指导意见》两项涉农社会稳定风险评估工作，为促进涉农重大决策更加科学、合理，预防和减少矛盾纠纷提供了有力保障。

（赵琨）

信访工作

2017年，农业农村系统信访工作按照市委、市政府关于信访工作的决策部署，紧紧围绕中心服务大局，切实按照全市农村工作会议的要求，结合市委农工委、市农委工作实际，积极开展工作，坚持用群众工作统揽信访工作，切实加强网络信箱等来信来访办理，不断拓宽群众诉求表达渠道，切实加强人民内部矛盾化解，深入开展领导干部接访，加大信访积案化解力度，建立完善重大决策信访和社会稳定风险评估机制，从源头上预防和减少矛盾纠纷发生。工作中，采取领导接访、包案化解、带案下访、协调转办等形式，积极开展矛盾纠纷排查化解，有力维护了农委系统和郊区广大农民群众的根本利益，确保了北京市“两会”、全国“两会”、元旦、春节、“一带一路”国际合作高峰论坛、十九大等重点时期和重大政治活动会议期间社会和谐稳定。

【到市上访情况】 2017年1—12月，郊区到市以上部门集体访共487批4 525人次，与2016年同期455批6 361人次相比，批次上升7%，人次下降28.9%。反映的主要问题有：①占地拆迁安置及补偿分配问题200批3 566人次，占41.1%；②住房（回迁房、违法建设）问题55批692人次，占11.3%；③违法违纪（基层换届选举）问题50批456人次，占10.3%；④农村管理（产业调整）问题40批640人次，占8.2%；⑤转非转工安置23批279人次，占4.7%；⑥农村集体资产分配问题16批214人次，占3.3%；⑦土地承包及流转纠纷17批221人次，占3.5%；⑧土地征占引发的问题15批88人次，占3.1%；⑨农村基层干部管理问题17批222人次，占3.5%；⑩新农村建设问题19批163人次，占3.9%；⑪产权制度改革问题8批244人次，占1.6%；⑫山区搬迁问题8批115人次，占1.6%；⑬劳资纠纷（劳动社保）问题7批44人次，占1.4%；⑭其他（纠纷）等社会管理问题12批168人次，占2.5%。

从2017年以来到市的集体访来看，围绕反映占地拆迁安置补偿、住房回迁房建设、违法违纪、农村管理等问题较为突出，需要引起高度关注。

【市农委受访情况】 2017年1—12月，直接到市农委上访共计89批275人次，与2016年同期50批73人次相比，批次和人次分别上升78%和276.8%。反映的主要问题：①土地承包流转矛盾纠纷问题21批37人次，占23.6%；②新农村建设问题17批28人次，占19.1%；③山区搬迁问题11批15人次，占12.4%；④设施农业问题7批12人次，占7.9%；⑤土地征占补偿问题5批11人次，占5.6%；⑥基层干部问题3批5人次，占3.4%；⑦资产处置问题3批134人次，占3.4%；⑧社员身份认定问题3批5人次，占3.4%；⑨其他各类纠纷问题19批28人次，占21.8%。

从2017年以来到市农委直接来访的情况来看，土地承包流转、新农村建设、山区搬迁、设施农业问题较为突出，这与当前全市深入推进土地确权登记办证以及产业疏解的大背景相吻合。

【网络信箱来信情况】 2017年1月1日至12月31日，市农委网络信箱共接收群众来信199封，同比下降6.6%，其中：领导信箱共接收群众来信56封，同比下降33%；咨询信箱共接收群众来信103封，同比下降6%；投诉信箱共接收群众来信27封，同比增长440%；农村法律咨询信箱共接收来信13封，同比下降13%。

群众来信中，涉及农村民生类来信88封，占来信总量的44%；其他类来信42封，占来信总量的21%；土地承包类来信26封，占来信总量的13%；农村产业发展类来信14封，占来信总量的7%；土地征占类来信8封，占来信总量的4%；农村经济管理类来信6封，占来信总量的3%；农村基础设施建设类来信6封，占来信总量的3%；涉农行政审批类来信6封，占来信总量的3%；农村精神文明类来信2封，占来信总量的1%；农村民主管理类来信1封，占来信总量的1%。

从群众来信涉及的问题来看，农村民生、农村土地承包、农村产业发展、农村土地征占问题和其他类等来信居多。特别是农村煤改电、新能源、节能改造、搬迁、农地、户口、职称评审等问题比较突出。

【农村土地承包矛盾纠纷调解及仲裁情况】 2017年1—12月，本市共发生农村土地承包纠纷1 304件，其中，土地承包纠纷935件，占71.7%，土地流转纠纷336件，占25.8%，其他纠纷33件，占2.5%。目前，已调处解决1 269件，调处率达97.3%。其中，调解解决1 254件，占调处纠纷的98.8%，仲裁裁决15件，占1.2%。

从纠纷调处的方法看，调解占绝大比率，区、乡镇、村三级在纠纷调处中均发挥了较大作用。按照《中华人民共和国农村土地承包法》，承担调解职能的应是村民委员会、乡（镇）人民政府，但实际上，区级经管部门也承担了较重的调解任务。2017年完成的调解纠纷中，村级调解227件，占调解总数的18.1%，乡级调解848件，占67.6%，区级调解179件，占14.3%。

2017年本市共受理农村土地承包经营纠纷仲裁案件17件，从纠纷发生的原因看，因确认农村土地承包经营权发生的纠纷3件，因订立、履行、变更、解除和终止农村土地承包合同发生的纠纷4件；因农村土地承包经营权转包、出租、互换、转让、入股等流转发生的纠纷6件，因侵害农村土地承包经营权发生的纠纷3件，法律、法规规定的其他农村土地承包经营纠纷1件。目前，15件已结案，其中裁决8件，仲裁调解解决2件，当事人和解决或撤回申请5件；另有2件正在办理中。

【认真落实领导干部接待群众来访制度】 市委农工委、市农委坚持把信访和维稳作为和系统各单位签订的综治责任书的一项重要内容，不断强化对系统单位矛盾纠纷化解工作的督导检查。工作中深入贯彻落实《关于领导干部定期接待群众来访的意见》和《信访工作责任制实施办法》，坚决按照全市开展领导干部接访的要求和部署，继续完善落实好领导接待群众来访工作，结合市委农工委、市农委自身工作特点，变群众上访为主动下访，并结合工作实际将下访贯穿于基层调研的全过程。进一步规范接待人民群众来访的有关程序，畅通机关党员干部倾听基层群众呼声和民意的渠道，从制度上为机关党员干部了解社情民意、解决群众诉求、化解矛盾纠纷奠定了坚实基础。2017年以来，市农委结合年度信访维稳工作任务，共开展赴系统基层单位领导下访6次，有力推动了事要解决的工作力度，促进了系统和郊区农村和谐稳定。主管领导制定完善市委农工委在全国“两会”和“一带一路”高峰合作论坛期间安保维稳工作方案，并先后6次率队深入系统单位研究化解矛盾纠纷等工作。

【扎实开展涉农重大决策社会稳定风险评估】 根据《市委农工委市农委关于实施重大事项社会稳定风险评估机制的实施意见》（京农发〔2010〕20号）、《中共北京市委农村工作委员会北京市农村工作委员会贯彻落实北京市重大决策社会稳定风险评估实施办法》（京农发〔2012〕18号）有关要求，对涉及“三农”工作政策和重大改革措施的制定和重大调整、对直接关系人民群众切身利益且涉及面广、容易引发社会稳定问题的重大政策制定，重大涉农项目实施建设等，要进行信访和社会稳定风险评估。目前各业务处室已有两个即将出台政策进入社会稳定风险评估程序，为促进涉农重大决策更加科学、合理，预防和减少矛盾纠纷提供了有力保障。

【深入开展矛盾纠纷排查化解工作】 为进一步做好全市郊区农村矛盾纠纷排查化解维护稳定工作，按照全市联席会议办公室的统一部署，特别是《关于维护中央和国家机关门前信访秩序的工作意见》和《关于做好第十二次党代会期间信访工作的通知》，结合2017年全市“三农”重点工作和当前面临形势，开展了3次矛盾纠纷大排查，围绕重点时期结合自身工作实际开展了4此专项排查。工作中坚持按照诉求合理的解决问题到位、诉求无理的思想教育到位、生活困难的帮扶救助到位、行为违法的依法处理的总要求，及时就地解决群众合法合理诉求，维护正常信访秩序。在定期排查和专项排查的基础上，结合市农委自身实际和工作特点，在农村和系统内部认真开展矛盾纠纷排查化解等工作。深入组织开展矛盾纠纷排查化解工作，做到情况清、底数明、数字准，把矛盾纠纷化解在基层、人员吸附在当地，避免小问题拖成大问题，避免一般性问题演变成信访突出问题。确保实现“不发生因信访问题引发的群体性事件、不发生因信访问题引发的重大个人极端事件、不发生大规模集体越级上访、敏感时期不发生非正常集体访”的工作目标。工作中，更加注重借鉴以往矛盾纠纷排查化解的成功经验和做法，将矛盾纠纷排查化解工作经常化、动态化。注重从建立工作台账，实施动态跟踪管理、定期通报、销账报备等制度入手，从体制机制上将矛盾纠纷纳入经常性工作，始终做到底数清、情况明。在全面排查的基础上，特别是对直接涉农的矛盾和问题积极会同有关部门从源头研究化解矛盾的治本之策。

【贯彻落实法定途径分类处理信访投诉请求清单有关要求】北京市委农工委、市农委《贯彻落实〈农业部办公厅关于积极推进通过法定途径分类处理信访投诉请求工作的通知〉的实施意见》（京农发〔2016〕18号文），这是本市涉农领域受理信访、开展各类投诉请求分流的工作依据。2017年以来，按照全市信访工作要点坚持“抓系统、系统抓”，全面推进并落实法定途径分类处理信访投诉请求清单的要求，依据市农委信访责任清单，进一步加强对信访诉求的甄别，把好“入口”，对应当通过法定途径解决的信访诉求，直接转送或引导群众到相关责任部门通过其他途径反映诉求，切实减轻信访部门工作压力，有效维护信访人的合法权益。

【加强涉农信访件复查复核工作】信访复查复核是《信访条例》修订实施以来赋予信访人的一项基本权利，在实施的过程中切实保障信访人对政府机关作出的信访答复进行申诉、切实维护信访人合法权益。对2016年《信访责任制实施办法》实施以来，拟开展信访听证等议题提出了市农委的修改意见。2017年以来，收到信访人复查件1件，市信访办转来涉农信访复核函3件，均维持了区里的复查意见。

【开展全市农村涉农信访维稳培训】为进一步提升郊区农村基层干部信访维稳工作水平和涉农矛盾纠纷排查化解能力，2017年11月27—29日在香山首农会议中心进行全市信访维稳工作培训。全市各郊区农委主管信访领导和科室负责人、各区经管站主管农村土地承包经营纠纷调解仲裁工作主管领导和科室负责人、部分乡镇从事信访工作主管领导、农委系统各单位从事信访维稳工作的处室负责人近90人参加了会议。会上重点围绕依法行政与信访工作、新媒体时代的应急管理与危机公关、如何做好新时期信访工作、规范农村集体土地承包流转管理减少涉农信访矛盾纠纷等专题进行讲解，会上还安排了分组讨论。通过学习培训和研讨，进一步提高各级对信访维稳工作的认识，有力增强了做好当前信访维稳工作责任感和使命感，切实提升了基层在复杂情况下解决信访矛盾纠纷化解问题的能力和水平。

（赵琨）

综合治理

【配合开展城乡接合部地区综合整治】按照市政府《关于组织开展“疏解整治促提升”专项行动（2017—2020年）实施意见》，2017年，市农委继续配合首都综治办，借鉴吸收上年度重点地区综合整治典型经验、做法，以100个市级挂账整治重点地区为重点突破，全面开展包括违法建设整治、治安秩序整治、消防隐患整治、安全生产违法行为整治、违法经营整治、环境建设问题整治、违法出租房屋整治、食品药品安全问题整治八个方面整治工作。

【广泛推进首都综治先进评选表彰及宣传工作】四年一度的综治先进评选表彰工作是综治系统的一件大事。2017年的综治先进评选表彰工作列入中央政治局常委会工作要点，首都综治先进评选表彰工作及宣传工作纳入2017年北京市委常委会工作要点。按照中央综治委、首都综治办要求，市农委围绕综治先进表彰部署的宣传任务，印发了《市农委系统 2013—2016 年度首都社会治安综合治理（平安建设）先进集体先进工作者评选表彰及宣传工作方案》，精心计划、周密部署、积极配合首都综治办组织综治宣传工作。一是报送北京农业职业学院“平安校园”建设工作综治新闻线索。北京农业职业学院明确“平安校园”建设以健全完善 6 大工作体系为主要任务，具体涉及 21 项工作 38 项内容。通过“平安校园”建设，学院安全稳定工作队伍建设、视频监控系统建设、网格化管理等方面均得到加强，安全稳定工作管理体制和运行机制不断创新，师生员工全员安全稳定意识得到强化，有效推动了学院持续健康发展，也为平安北京建设做出了积极贡献。二是报送北京市种子管理站（北京市农业局基层站所）在种业行业综治管理工作中创新监管手段，保障首都种业健康发展新闻线索，烘托出系统综治战线广大干部群众携手“共建平安北京、共享北京平安”的浓厚氛围。

【深入开展农村社会治理工作调研】 围绕城乡接合部地区村庄社会治理现状，开展城乡接合部地区集体经济管理组织的地位和作用调研。此次调研通过摸查，了解本市当前城乡接合部集体经济组织存在的主要形式，发展过程中存在主要问题及其对城市化发展的作用，结合首都当前的功能定位及各区城乡发展的相关政策，为本市城乡接合部集体经济的健康发展提出可行的意见建议。

（赵琨）

安全生产

【不断强化落实安全生产责任制】 切实将安全生产工作列入重要议事日程，坚持“党政同责、一岗双责、齐抓共管、失职追责”。一是领导高度重视。市农委主要领导与系统各单位主要领导签订年度安全生产工作责任书，并层层签订责任书，进一步明确细化农委系统领导干部和各业务部门的安全生产监管职责，进一步分解落实安全生产工作的任务与责任，进一步强化安全生产齐抓共管、人人负责抓落实的工作格局。二是层层传导压力。多次组织召开了由系统各单位党政主要领导、主管领导和安保部门负责人参加的安全工作会议，听取工作汇报、会商重要问题、总结经验教训、部署年度和重点时期安全生产工作，切实做到安全生产有计划、有部署、有督导、有落实。三是完善各项措施。通过签订责任书、督导检查、隐患排查、专业培训、值班备勤等方式，有效落实各项安全防范措施，进一步强化安全监管责任，切实做到措施到位、责任到人。

【持续提升系统安全保障水平】 进一步加强农委系统安全生产隐患排查治理组织机构建设，不断完善问题隐患台账和监控防范机制。一是积极开展宣传教育活动。认真做好安全生产的教育培训。对负责安全生产的人员，市农委主要采取集中培训和以会代训的形式，用案例分析，讲法规、话程序、谈感受，使安全宣传教育更具针对性与实操性。借助全市开展安全生产月的时机，制定下发了《2017 年市农委系统“安全生产月”活动方案》，各单位认真制作安全宣传材料，通过广播、展板、横幅和演练等形式，进行安全生产知识的宣传教育。2017 年以来，全系统共组织各类演练 28 场，悬挂宣传横幅 90 余条，制作宣传展板 80 余块，发放各种宣传材料 8 000 余份。通过各种配合活动，达到了全员增强安全意识、掌握安全知识的目的。二是扎实开展各项综合检查。为及时发现并有效整改各类安全隐患，全面预防和减少安全事故发生，农委系统在定期安全检查的基础上，由主管委领导带队，协调安监、消防等兄弟单位人员，采取“四不两直”的方式，不定期开展安全隐患排查治理活动。重点对学生宿舍、食堂、出租房屋、地下空间等重点场所的消防设施、设备器材、化学实验室等易燃易爆危险品储存场所和建筑施工工地等其他事故易发场所加强安全检查力度，及时发现并集中清剿安全隐患。做到每次检查有记录、有点评、有反馈，并对检查的问题开展回头看活动，认真抓好问题的整改落实，不挂空挡，有效地避免了各类事故的发生。农研中心邀请地区消防中队、北京巨龙公司对办公楼的消防设施、室控设备、水路及电路进行了更新改造后的再复查。气象局组织全局职工扎实开展了“隐患排查我最行”活动。市农业职业学院继续推进学院技术防范系统数字化建设工程项目申报工作，推动学院“平安校园”建设迈上新台阶。三是突出重要节点严抓治理。特别是在春节、“两会”“一带一路”峰会、市十二次党代会、党的十九大等重点时段、敏感时期进行严而又严、细而又细的重点检查。深入、细致排查各种安全隐患和不稳定因素，及时启动战时零报告制度，定时上报安全生产工作信息，各单位对发现的安全隐患和问题，及时进行整改；对一时无法整改的，制定并落实安全防范措施，有效避免各类事故发生。

【始终抓住农机安全生产工作】一是搞好“两个提升”，安全生产执法检查有质有量。2017 年，在农机行业明确提出了“行业执法能力提升年”和“执法人员素质提升年”两项活动。农业局根据不同的组织类型对执法检查对象进行风险分级，按照级别不同划定检查频次。市农机监理总站着重开展对农业机械、农机服务组织、维修经营单位等对象进行安全检查和隐患排查，全年市区两级共出动执法人员 8 168 人次，完成执法检查 5 875 件，做出行政处罚 195 件，行政处罚件数较 2016 年增长 33%；完成农机监理行政许可业务 12 499 件，行政审批实现零投诉；发生农机事故 4 起，死伤 0 人，直接经济损失 25.5 万元，分别较 2016 年下降 73.3%、100% 和 12.8%，连续五年实现农机事故零死亡，农业机械安全生产形势稳定。二是做好宣传工作，安全生产活动精彩纷呈。认真开展农机安全生产宣传活动，以微信公众号等新媒体形式，拓宽宣传渠道。通过京郊日报、农民日报、中国农机监理、人民网等报纸、杂志和网站首发及转发共计 918 篇（次），刊登工作信息 339 篇。制作发放各类宣传用品 9 万余件，完成微信推送 48 期共计 123 条。全市培训业务骨干、区镇农机监理人员共 60 期，共计 11 360 人次。极大地提高了农机监理的知名度和社会认可度，为农机安全生产工作又好又快发展提供了精神动力和舆论支持。三是抓好“三个建设”，安全生产有新招。认真开展“平安农机”示范单位建设。2017 年，北京市评选出市级“平安农机”示范单位 3 家，农机安全监理岗位标兵 4 人。极大地提高了基层农机监理工作的硬软件水平，完善了农机监理相关监管制度。认真开展“安全生产标准化”建设。按照《中华人民共和国安全生产法》中对生产经营单位的相关要求，在全市选取 5 家农机专业合作社开展规范化建设，制定安全生产相关制度及档案规范，确保制度上墙，现已建设完成 2 家合作社。委托第三方开展农机安全生产监管体系及农机行业安全标准化建设的调研，进一步推进农机“安全生产标准化”建设。市农委领导根据农机安全监管发展的需要，认真组织了《农机安全监管体系的现状调研和政策研究》的调研，找准了农机监管的薄弱环节，为下一步加强农机监管找准了方向。认真开展联合执法检查。多次协调交管、工商、安监、质监等部门赴田间作业一线、乡村主要路口、农机专业合作社等地开展联合执法，重点对农机道路安全违法行为、设施农业园区安全隐患、农机专业合作社安全隐患进行排查整治，有效加强了农机安全生产的全程监管，进一步排查了农机安全隐患，营造了农机联合执法的强大震慑力。

【稳步推进消防安全工作】市农委系统按照“万无一失、一失万无”的工作标准，科学研判形势，把握防控重点，找准薄弱环节，严查严治火灾隐患，严管严控火灾风险，严密人防物防技防措施，强化重点时段特殊管控。一是在抓好平时火灾防控的基础上，为确保“一带一路”国际合作高峰论坛期间火灾防控形势稳定可控，研究制定了《市农委系统集中开展消防安全专项行动暨“一带一路”国际合作高峰论坛社会面火灾防控工作方案》，进一步明晰职责、分解任务、细化措施。二是扎实开展了消防安全“大排查、大整治、大宣传、大培训”活动，特别是 5 月 12 日组织召开全市消防工作视频调度会后，主管领导第一时间与系统各单位分管领导进行电话沟通，传达主要会议精神，并再嘱咐再提醒，并拟制下发通知，要求各单位进行再发动、再部署，一切工作要向安保聚焦，为峰会做出应有的贡献。三是认真抓好十九大期间火灾防控工作。根据市防火委的要求，在印制下发工作方案的同时，主管领导连续两次专门召集系统单位的分管领导，就消防安全工作进行专题部署，传达上级精神，明确农委系统防范重点，要求各级必须尽心尽力确保系统内部不发生大小火情。四是农委领导多次亲自带队，多次下市场、入宿舍对系统各单位重点部位和事故隐患点进行了拉网式检查，现场查看各单位事故隐患和薄弱环节，并提出整改工作意见和建议。市农委切实把农村地区消防安全宣传教育作为一项基础工作常抓不懈，借助政府向社会力量购买服务的方式，安排专项资金购买农村消防安全宣传教育服务。

（张晓晓）

农业农村法制建设

综　述

农业农村法制建设是推进“三农”工作的有效保障，也是振兴乡村计划的重要组成部分。2017年，继续深入贯彻依法治国基本方略，努力推动农村各项工作纳入法制化轨道。积极参与涉农立法修法工作，依法行政理念增强、力度加大。农村法律服务体系及农村普法教育长效机制逐步建立。农民法律素质得到提升，为首都法治新农村建设提供了有力的保障。

依法行政工作

【推进农业农村依法行政工作】 建立了领导干部学法制度。2017年市委农工委、市农委领导理论中心组学习共计28次，其中5次为学法内容，每次2～3小时，参加人员扩大到全体机关干部。全年共举办了4次专题法律法规培训，邀请专家就农村土地问题进行专题讲座或者采取观看录像方式，学习内容包括《中华人民共和国土地承包法》《国家公务员暂行条例》和行政调解办法解读、《中华人民共和国行政诉讼法》以及《信访条例》等内容。对提高干部队伍法律素质，增强依法决策、依法办事能力起到了很好的促进作用。

【积极参与间接立法】 全年共完成市人大、市政府法制办及其他部门立法征求意见15件。主要包括《北京市社会救助实施办法（草案送审稿）》《北京市农业机械安全监督管理办法（草案送审稿）》和《中华人民共和国土壤污染防治法（草案送审稿）》等的征求意见工作。

【开展编制权力清单责任清单工作】 根据《北京市编制权力清单责任清单工作方案》的安排部署，开展编制权力清单、责任清单工作。按照职权法定、权责一致和公开透明的原则，将市农委外部行政职权即对公民、法人和其他组织权利义务产生直接影响的具体行政行为进行认真梳理，共梳理两委外部职权事项13项，其中，行政确认1项、行政奖励4项、其他权力8项。编制了权力运行流程图和责任清单，已在农委门户网站和首都之窗网站上对社会公示，主动接受社会监督。

【开展行政规范性文件和重大决策事项合法性审核及备案工作】 按照《市农委重大行政决策和行政规范性文件合法性审查工作实施意见》和市委农工委、市农委《关于两委专项资金使用的管理规定》的要求，共对《2017 年北京市农村地区村庄冬季清洁取暖工作方案》及《关于进一步加强全市农村集体土地承包及流转管理工作的通知》2 份文件以及提交市委市政府常务会讨论的 5 份文件进行了合法性审核。共对 163 件两委专项资金项目合同进行了合法性审核，提出 40 余项修改完善意见。

【开展政府规章和行政规范性文件清理工作】根据国务院办公厅和市政府办公厅关于进一步做好“放管服”改革涉及的规章、规范性文件清理工作的文件要求，对市农委执行的一部政府规章《北京市农业承包合同纠纷仲裁办法》提出了保留建议。共清理 1980—2012 年市农委起草、以市政府和市政府办公厅名义印发的文件 91 份，保留 18 份，废止 73 份。对截至 2016 年我委制发的 45 份文件进行了清理，其中保留 22 份、废止 23 份。

【进行权力清单清理工作】进一步梳理两委外部职权事项，建议将原有的 13 项（其中，行政确认 1 项，行政奖励 4 项，其他权力 8 项）变更为 11 项，取消其他权力项中的两项，一是负责农业机械事故责任的认定（因该项工作已移交市农业局），二是受理有关农民负担的检举（因该事项依据的地方性法规《北京市农民负担监督管理条例》已废止）。

【进行公共服务事项编制梳理工作】按照市审改办关于全面推进公共服务事项梳理工作的通知要求，确认市农委共计 11 项公共服务事项（其中，行政确认 1 项，行政奖励 4 项，其他权力 6 项）。并将其中 2 项行政奖励事项和 3 项其他权力事项确认为市区两级共有事项，填报了事项办理流程图，分别在市农委和首都之窗网站上予以公布，接受社会监督。

【开展公平竞争审查工作】贯彻落实市政府《关于在市场体系建设中建立公平竞争审查制度的实施意见》（京政发〔2016〕48 号）精神，规范政府行为，营造公平竞争的市场环境，对现行有效的市农委规范性文件进行了清理，不存在违反公平竞争的文件。同时进一步起草具体实施方案，规定今后凡市农委起草以市政府或者市政府办公厅名义印发的以及市农委印发或者牵头印发的涉及市场准入、产业发展、招商引资、招标投标、政府采购、经营行为规范、资质标准等涉及市场主体经济活动的行政规范性文件和其他政策措施都要通过公平竞争审查程序。

【推进行政案件复议工作】受理了北京龙吉特生态科技发展有限公司因征地拆迁问题，对朝阳区农委提出的政府信息公开事项复议申请。经过调查了解，市农委积极协调复议申请当事人和区农委，通过耐心细致做工作，争取到了当事人的理解和支持，做出了撤销行政复议申请的决定，有效避免了一起行政复议案件的发生。

【开展农村立法调研工作】全年共完成调研课题 30 余项。其中《集体经营性建设用地入市法律制度研究》以及《新型城镇化建设中户籍管理制度法理研究》两项课题从法理层面为各项工作的开展提供依据，对今后的涉农立法工作具有一定的指导意义。

（胡皓）

【提高立法调研政策调研水平】组织完成了《北京市农业机械安全监督管理办法》（后更名为《北京市农业机械安全监督管理规定》）的立项申请、草案起草及意见征求与完善、上报等工作；《规定》草案已于 2018 年 1 月 23 日市政府常务会议通过，4 月 1 日起实施。完成了《北京市实施〈中华人民共和国种子法〉办法》修订立项调研，立项论证报告已报送市政府法制办。按照市人大常委会的要求，组织完成了涉及生态文明及环境保护地方性法规的清理，提出了北京市实施《中华人民共和国种子法》办法、北京市实施《中华人民共和国野生动物保护法》办法的简易修订意见；配合市人大常委会完成新《中华人民共和国种子法》贯彻实施情况检查 3 次，并就相关相关进行了汇报；向市人大常委会农村办汇报了《办法》修订立项调研情况并提出了将《办法》修订纳入市人大五年立法规划的建议。积极推进 2017 年政策调研工作，完成了重点课题（11 个）、一般课题（41 个）的遴选；按照“调研有成果、成果转政策、政策变项目、项目促发展”的调研工作指导思想，组织完成了 2016 年调研报告（42 个）、2015 年度调研成果转化情况（12 个）评比，评出调研报告一等奖 1 项、二等奖 2 项、三等奖 3 项，评出调研成果转化二等奖 3 项、三等奖 3 项。评审会上，专家组对市农业局政策调研工作做法给予了高度肯定，一致认为抓得紧、抓得实，不少成果已在改进部门工作，推进全市现代农业发展工作中起到了发挥了积极作用；局系统的调研工作，培育了科学严谨的调查研究工作氛围，培养了全局职工开拓进取的工作能力，培植了踏实肯干的工作新人。

（魏鹏）

【提高规范性文件管理水平】起草、制定了《北京市农业局行政规范性文件制定备案管理办法》；按照市有关要求，组织完成了相关地方性法规规章和规范性文件的清理工作，保留以市政府和市政府办公厅名义印发的规范性文件5个，保留本部门规范性文件31个，清理7个；组织完成了市编办、市审改办、市法制办等部门起草或转来的28个征求意见文稿的意见征求、意见汇总审核及意见反馈；完成了《动物病原微生物实验室备案管理办法》等20个文件的合法性、规范性审查，并提出了修改建议。

（魏鹏）

【提升行政执法效能】①执法效率维度指标：人均检查量达到106.68件（2016年为50.74件，增长110%；全市农林和专项管理领域平均值44.36件，超出140%）；人均处罚量达到1.1起（2016年为0.75起，增长46.7%）。②履职能力维度指标：对北京市有监管对象的行政处罚事项，全面履职。③响应能力维度指标：对12345转来的农业部门负责的投诉举报案件全部进行调查处理，对群众关心的热点问题加大查处力度。④监督指导维度指标：积极开展全市行政处罚案卷评查，执法人员在岗关联率达到76.34%，涉刑案件移送规范、要件齐备。2017年，全市农业部门共出动执法人员8.59万人次，组织执法活动4.68万次，检查监管对象13.2万个次，查办案件1 522起（是2016年的1 108起的1.37倍），罚没款金额725.43万元；罚款额度5万元以上的大要案7起。在行政执法监督专项考评中获得满分的好成绩（全市共4个执法部门被评为满分）。

（魏鹏）

【加强行政行为的监督】①依法做好行政复议工作。依法受理和审理行政复议案件3起。②依法做好行政应诉工作。对某养殖场提起的两起行政诉讼，西城法院分别作出了撤诉处理、驳回原告起诉的《行政裁决书》；在两次行政诉讼过程中，都按时向法院提交答辩状及证据和依据；出庭人员都符合法律规定，并按时出庭。③落实农业行政执法责任制。完善农业系统行政执法责任制考评体系，科学调转考核指标，发挥考评的导向和推动作用。年初，市农业局与区农业部门和市级执法单位签订《北京市农业行政执法责任书》，将执法责任层层分解，确保系统内依法行政落到实处。

（魏鹏）

【规范农业局公共服务事项】组织梳理公共服务事项79项，对每一事项规范了40余个办事要素，统一纳入北京市行政审批和公共服务事项目录管理系统，并已于9月底通过首都之窗网上政务大厅对外公示，接受社会查询与监督。

（魏鹏）

【推进行政审批提速】开展网上办事系统建设，完成与全市统一行政审批管理平台的对接。优化审批流程，研究推进了20项“一站式”审批事项，大大缩减审批时限，提高办事效率。

（魏鹏）

【行政审批受理室建设加强】充实了局驻市政务服务中心受理室人员，数量由5名增加到6名，人员专业结构更加合理。完善各项管理制度，落实了北京市政务服务事项授权书与首席代表任命书，进一步明确了受理室、首席代表的各项职责要求。重新刻制了行政审批服务专用章，修订出台了专用章管理办法，完善了管理要求，以制度促审批规范。“一站式”办理和局行政审批受理室优质的服务工作，受到了政务中心和行政相对人的高度肯定，1名同志获得市政务服务中心授予的“服务之星”称号，获得当事人赠送的锦旗3面和表扬信5封，良好的服务得到政务服务办与当事人的一致好评。另据统计，全市共办理行政许可967.8万件。其中，市级6.96万件（市政务服务中心办理2 410件），区级960.84万件。在市级6.96万件行政许可中，种植业1 047件、畜牧兽医业4.64万件、渔业234件、农机行业2.19万件，综合类11件。

（魏鹏）

【提高执法人员素质水平】针对农业执法人员资格考试题库陈旧的问题，组织完成了新题库的建设。针对传统的年度执法人员培训方式，只能培训骨干、个性需求不强的问题，开发并启用了“北京市农业行政执法人员培训平台”，并将“在线学习40学时成绩合格”纳入执法证件审验制度，在线学习的学时数纳入执法人员年培训总学时。针对行政处罚案卷制作水平亟待提高、严格执法意识亟待加强的问题，组织了《农业系统法治培训暨第二批行政处罚案卷评查员选拔会》，普及行政复议、行政诉讼、行政处罚案卷制作知识，提升机关工作人员与农业执法人员规避行政复议和行政诉讼风险的能力。

（魏鹏）

【提高执法信息公开化水平】按照“公开是常态，不公开是例外”的原则，推进执法类“静态信息”与“动态信息”的双公开。在局政务信息网公开了行政许可、行政处罚、行政强制、行政检查、行政确认、行政奖励、其他等“6＋X”权力清单、通用责任清单、2017年保留的中介服务事项清单；在市农业执法网公开了“双随机”抽查事项清单和抽查结果，接受社会监督；全年公开执法类“动态信息”农业行政处罚结果与行政审批办理过程信息近2 800条。

（魏鹏）

【部署全市农业法治工作】4月28日召开全市农业法治工作会，明确了2017年农业法治工作思路与要点：依托一个抓手（执法责任书）；用好两个平台（市行政执法信息服务平台、市农业行政执法人员培训平台）；夯实三个基础（立法、职权、队伍）；落实四个机制（京津冀协同执法、行刑衔接、双随机一公开量化监管、自由裁量基准制度）；突出五个重点（行政审批制度改革、执法效率效能、绿剑行动执法品牌、农业综合监管、普法宣传效果）；积极推进“综合执法、清单执法、信用农法、智慧农法”建设，深入推进具有首都特点的“农业标规体系、农业执法体系、农法监督体系、农法文化体系”建设。会议强调指出，全市农业部门要认清形势，认识不足，要以创新完善体制机制为突破口，以提高立法质量、提升履职能力为着力点，争取立法工作取得新突破、执法工作取得新进展，普法工作取得新成效。

（魏鹏）

【瘦身全市农业系统权力清单】按照“市级统筹，市区联动”的原则，全市一盘棋，完成了权力清单梳理及动态调整，确保了同一事项在市区之间、区级之间类别、名称、依据等要素的统一。2017版权力清单已在市农业局门户网站进行了公开，共有599项，同2016版比精简事项近200项。

（魏鹏）

【落实中央取消下放事项承接】根据《国务院关于第三批取消中央指定地方实施行政许可事项的决定》（国发〔2017〕7号）要求，及时取消公布了“重大动物疫病病料采集审批”等四个农业许可事项，并制定落实了后续监管措施。

（魏鹏）

【中介服务等四方面清理规范】完成了非行政许可审批事项清理（共2项）、奇葩证明清理（取消1项）、中介服务事项清理规范（涉及10项许可事项26个中介服务事项）、行政执法主体清理（7个市级农业行政执法主体，其中行政执法部门1个，法律法规授权组织6个）。

（魏鹏）

【加强事中事后行政执法监管】完成了本部门“双随机、一公开”事项清单梳理（18项），并及时将梳理情况进行了汇总上报及对外公布。完成了“双随机”摇号系统的升级改造，完善了“一单两库”，每月月初按照设定的检查任务量，抽取检查人员和检查对象，开展检查，对外公开。开发启用了智慧农法执法APP，实现了手机端任务数据与农业执法网“双随机”执法检查数据共享，执法人员可根据需要选择任一系统查看、调用、填报、上传相关数据，极大地提高了执法人员工作效率。截至目前，2017年适用“双随机”模式抽查6 027次（比2016年1 672次增加近3倍），抽查结果为“不符合要求”的293次（比2016年125次增加1倍多），对检查结果不符合要求的企业，分别作出责令整改、行政处罚等处理。

（魏鹏）

【组织行政处罚案卷评查】分两批对全市农业部门148份一般程序行政处罚案卷进行了评查，评查质量被市法制办评定为合格率100%，并针对案卷中发现的问题开展了专题培训，规范了行政处罚行为。在农业部2017年案卷评查中，北京市报送的3个案卷（朝阳、平谷、门头沟）都被评为优秀案卷。

（魏鹏）

【严格执法人员资格管理】落实市政府法制办行政执法资格联机考试及换发新版行政执法证件要求，组织完成市级285名农业执法人员信息收集、系统录入等工作，并对区级部门相关工作进行了指导。

（魏鹏）

【启动行刑衔接机制】首次与公检机构就个案移送进行对接，在初步梳理出农业部门涉刑职权后，针对市渔政站办理的野生动物保护案，与渔政站多次沟通，就移交事宜进行把关，并与市检察院三分院、森林公安局共同研究该案的移送，启动了农业局涉刑案件的移送。

（魏鹏）

【水政行政审批简化流程】持续深化“放管服”改革，出台水影响评价备案管理规定，简化审批流程；制定 2017 版水务行政权力清单，积极推进网上审批服务、“一站式”办理，实施水务窗口首席代表制度，启用行政审批服务专用章，完成区级水行政审批电子政务平台开发并投入试运行。2017 年，全市收到建设项目水影响评价申请文件 928 件，出具行政审批文件 782 件，其中市级审批 251 件。

【加大水政行政执法力度】围绕水环境水生态水资源保护工作，开展水环境、排水、节水、水土保持等专项执法，严厉打击水事违法行为，2017 年全市查处违法水事案件 2 141 件，罚款 1 949.38 万元。全面推进行政执法与刑事司法衔接机制，建立“河长＋警长＋检长”联动工作机制，提高水行政执法效能，2017 年办理污染河湖环境犯罪案件 4 起，刑事拘留 21 人，治安拘留 12 人。建立“双随机一公开”监管工作机制，实施“双随机”监管，落实“双公示”制度，公布水行政许可和行政处罚信息，并将其纳入北京市企业信用信息公示系统。

【水政强化法制建设】制定水行政处罚程序规定，规范重大执法案件法制审核制度；出台节水办法适用指南，全面实施行政执法岗位及分类管理，推行执法人员证件年度审验复核制度；构建以水务部门法制机构人员为主体、吸收专家和律师参加的法律顾问队伍，聘请 3 家律师事务所作为法律顾问单位，为市水务局重大行政决策和行政行为提供法律支撑和保障。对涉水规范性文件进行全面清理，清理出水务部门单独制发的或者联合其他部门共同制发的行政规范性文件 125 件，保留 84 件，废止或者失效 41 件。

（朱伟）

农业农村法治宣传

【综述】2017 年，本市有专职法治宣传干部 59 人，兼职法治宣传干部 18 117 人；“七五”普法讲师团成员 1 364 人；法治宣传志愿者 70 389 人，大学生“村官”担任普法宣传员 4 896 人。全年开展群众性法治文艺活动 6 012 场，新创作法治文化产品 648 种；举办法律“六进”活动 70 743 次，开展以案释法 6 712 场，制作、编印、发放宣传品 2 927.56 万份。全市建立法治宣传教育培训基地 510 个，建设法治广场公园长廊活动中心 769 个、法治宣传橱窗 8 593。全市设立共有媒体法治专栏 215 个，媒体法治专版 135 个；全市普法网站发布各类信息 4 703 篇，点击量 60.2 万次，普法微博粉丝 97.1 万人，博文阅读量 134 万次，普法微信粉丝 48.7 万人，阅读量 407 万余次。

【开展“送法下乡”活动】1—2 月，市法宣办指导各区开展“送法下乡”活动。海淀区委宣传部、区司法局等 13 家单位共同组织文化、科技、卫生“三下乡”活动；丰台区抽调全区法治文艺骨干组成法治文艺演出队开展普法文艺汇演，并为村民发放各类法治宣传品 15 000 余份，发放法律援助手册和便民联系卡 5 000 份；房山区印制年历、福字和年画法治大礼包 25 000 份、普法教材 20 000 册；门头沟区开展“赶法治大集，送法治年货”为主题的“送法下乡”系列宣传活动，发放各类宣传资料 5 000 余份，普法年历等宣传品 3 000 余份，法治春联 100 余幅，解答法律咨询 20 余人次；密云区组织“送法治春联下乡”、排演法治文艺节目、发放各类法治宣传资料；平谷区举行“三下乡”启动仪式，发放《举案说法 100 例》《法律知识一点通》等普法书籍、播放普法微电影、提供现场法律咨询。

【开展“三八”妇女节主题法治宣传活动】在“三八”妇女节来临之际，市法宣办组织各区开展妇女权益保障宣传活动。昌平区联合区妇联、区法院、区检察院等相关部门开展庆“三八”法治宣传活动；怀柔区举办“同创平安家庭　共建法治怀柔”三八维权月启动仪式，区巾帼说事讲法宣传队结合平安家庭、和谐家庭、妇女维权等重点内容，自编自演节目；通州区开展“关爱女性巾帼建功妇女维权”主题法治宣传活动，发放法治宣传品

1 000余份、宣传材料700册，解答法律咨询18人次；平谷区以《中华人民共和国反家庭暴力法》颁布实施一周年为契机，举办巾帼维权知识讲座、发放宣传材料、现场解答咨询；密云区推动“谁普法，谁执法”工作责任制的落实，调动各部门力量开展妇女维权法律法规宣传。

【举办“3·15”国际消费者权益日系列活动】“3·15”国际消费者权益日期间，市法宣办组织各区开展系列活动。昌平区组织区商务委、住建委、卫计委、工商联、工商局等13个部门，开展“3·15”国际消费者权益日法治宣传活动，向群众发放消费者权益保护宣传资料；延庆区工商分局、司法局、质监局、烟草局、残联、妇联等部门联合举办“网络诚信 消费无忧——‘3·15’国际消费者权益日宣传活动”，发放宣传材料千余份，解答咨询200余人次；密云区开展消费者权益专项法治宣传活动，提供维权服务，成立密云区消费纠纷人民调解委员会；房山区“京冀携手共创安全放心消费环境”主题法治宣传活动，与河北省涿州市接壤的琉璃河镇、韩村河镇及东仙坡镇三镇主要领导以及食药所、司法所、工商所等部门干部和群众500多人参加活动，发放宣传材料3 000册。

【开展“4·15”全民国家安全日法治宣传活动】4月15日，“全民国家安全教育日”主题宣传活动在通州区运河文化广场举办。市委常委、政法委书记、市国家安全工作领导小组办公室主任张延昆，市委政法委、市国家安全局等领导出席活动。张延昆同志为通州区18家“国家安全宣传站”授牌；市法宣办发放国家安全观普法挂图，覆盖16个区近9 000个社区（村）。期间，昌平区以悬挂横幅标语、发放宣传资料、解答法律咨询、法治讲座、集中学法等形式开展国家安全法治宣传；怀柔区在区普法公园开展“4·15”全民国家安全教育日主题活动，国家安全局怀柔分局、区公安局、区司法局等13家区属单位参与宣传；门头沟区组织官兵参加百题国家安全法治灯谜有奖竞猜活动，组织中小学生参与普法嘉年华游戏；密云区把《中华人民共和国国家安全法》《中华人民共和国反间谍法》《中华人民共和国反恐怖主义法》等法律作为国家工作人员学法用法重要内容，纳入党委（党组）理论学习中心组学习内容；平谷区在公交枢纽、长途客运站、建筑工地等流动人口聚集地，通过悬挂条幅、发放国家安全法宣传资料；房山区集中宣传国家安全知识，对广大群众日常生活中易接触到的网络政治谣言、恐怖活动信息等进行介绍；延庆区委政法委、区国安办、延庆公安分局、区司法局等多部门在区妫川广场开展“增强国家安全意识 深化平安延庆建设”法治宣传教育活动。

【启动“疏解整治促提升 法律十进‘七五’行”主题法治宣传活动】5月25日，市法宣办举办“疏解整治促提升 法律十进‘七五’行”主题法治宣传活动启动大会。市委常委、政法委书记、市法宣领导小组组长张延昆，市高级人民法院、市人民检察院、市司法局及市疏解整治相关单位负责同志，各区司法局分管领导、全市6支兼职普法队伍代表等350余人参加会议。会议播放首都“以案释法”工作专题片和北京市“七五”普法讲师团专题片，与会领导先后为“法律十进”牵头主责单位代表授旗，为法官、检察官“以案释法”团队授牌，为“七五”普法讲师团成员代表颁发证书。

【朝阳、延庆、崇礼三地司法行政系统“冬奥服务保障 司法协同先行”协作项目启动仪式举行】5月26日，北京市朝阳区司法局、北京市延庆区司法局及河北省张家口市崇礼区司法局建立三地司法行政系统协作机制（简称“cyc机制”），签署《服务冬奥会筹备工作协作框架协议》，并建立联席会议制度。仪式上，三地领导共同启动“冬奥服务保障 司法协同先行”活动标志，并向三地司法行政系统代表授旗。朝阳区律师代表、延庆区法治宣传教育志愿者代表和崇礼区人民调解员代表分别作表态发言。

【召开专题会议推动法治宣传教育工作】5月，全市各区召开工作会议，推进各区普法工作。5月4日，石景山区召开2017年法治宣传教育和依法治区领导小组工作会，将“法制宣传教育和依法治区领导小组”更名为“法治宣传教育和依法治区领导小组”，对区2016年法治宣传教育和依法治区工作进行总结，并部署2017年工作任务；5月11日，延庆区组织召开法治宣传教育领导小组会议，就“谁执法谁普法”工作方案、贯彻落实“党政主要负责人履行推进法治建设第一责任人考核工作方案”进行说明，并对做好2017年“法治延庆”建设工作提出要求；5月17日，怀柔区政府召开专题会研究“七五”普法工作；5月24日，丰台区召开法治宣传教育领导小组办公室会议，对“七五”普法规划任务分解进行解读，部署2017年法治宣传工作要点。

【开展“6·26”国际禁毒日宣传教育活动】“6·26”国际禁毒日期间，市法宣办组织全市开展禁毒戒毒宣传教育活动。联合北京市各区禁毒办、综治办、街道、居民委员会等，选派民警到通州四中、北京市二十二中、石景山区实验小学、石景山黄庄学校、大兴区兴华中学、西红门镇实验二小、大兴团河小学等开展“禁毒宣传进校园”宣传教育活动。开设毒品预防课堂、播放禁毒动画片、展示仿真毒品，帮助师生了解毒品知识，学习识毒、拒毒、防毒技巧；联合大兴区委教育工委、千龙网、大兴区禁毒办、东城区禁毒办等单位，举办“无毒青春　健康生活——‘6·26’国际禁毒日主题宣传暨首届青少年暑期戒毒宣传教育活动季启动仪式”，至9月1日，每周一至周三开放戒毒康复场所，接待家长和学生来所参观，并提供禁毒戒毒宣传讲解服务。

【召开法治宣传工作半年总结暨阵地建设工作推进会】7月6—7日，市法宣办召开全市法宣工作半年总结暨阵地建设工作推进会。全市各区司法局分管法宣工作的局领导、法宣科长参加会议。会议通报各区近期法宣阵地建设、使用和管理等情况，对深入推进阵地建设工作，进一步扩大宣传效果提出要求；会议播放“法律进交通枢纽”—西站地区法治宣传阵地建设宣传片和最新制作的两部“疏解整治促提升”法治宣传公益广告；东城、海淀、顺义、延庆4个区分别围绕各自阵地建设的经验做法进行交流发言；市法宣办总结2017年上半年的法宣工作，各区围绕下半年重点工作任务、普法品牌打造、“谁执法谁普法”普法责任制督导检查、法治文化建设、法治创建等重点难点工作的统筹推进等情况进行座谈。

【开展2017年北京市“12·4”国家宪法日系列主题宣传活动】12月4日，全市开展“12·4”国家宪法日系列主题宣传活动，实现首都图书馆主会场与多个分会场同步直播。各区、市委市政府各部委办局法治宣传教育机构负责人、市律协宪法专业委员会代表、首都各界普法志愿者等逾500人参加主会场活动。活动现场，由市司法局局长苗林领誓，法官、检察官、律师、公证员、监狱民警等行业代表60人宣誓。在市一中院、中国人民大学和顺义区分别举行法官、青年学生、乡镇街道基层干部宪法宣誓仪式；在市委党校，举行第60期处级干部培训班学员宪法宣誓暨《“七五”普法北京市国家工作人员学法教材》首发仪式；东城区在区第一文化馆举办大型法治文艺演出，朝阳区在孙河乡法治文化广场举行法治基地启动仪式，房山区组织全区各学校开展宪法晨读活动，顺义区在减河公园宪法广场举行大型宪法宣誓仪式等。全市举办28场普法活动，43家重点行业委办局举办137场普法活动。

【开展疏解整治法治宣传“引航”行动】年内，市法宣办指导各区开展疏解整治法治宣传“引航”行动。拍摄“疏解整治促提升　做讲法治守秩序的好市民”主题公益广告，在北京电视台卫视频道、新闻频道等多个频道播出，累计播出96次；在京港地铁移动电视8 699个终端连续播出42天。制作主题宣传录音节目，在北京人民广播电台交通广播和北京帮事广播两个频道累计播送16天。设计制作主题宣传海报60 000份，在全市重点整治地区和7 000余个社区（村）法治宣传教育橱窗张贴。在全市74家政务新媒体投送主题公益宣传广告，同时在首都法宣网、北京普法微博、北京普法微信等新媒体宣传相关内容，在首都法宣网开展为期3个月的主题法律知识竞答活动。昌平区组织区住建委、工商分局、食药监局、城管执法局、环保局等10个执法部门，在亢山法治文化公园开展“疏解整治促提升　法治护航助发展”法治宣传活动；密云区组建疏解整治“以案释法”普法讲师团，组织20个司法所结合地区实际开展“建设和谐宜居密云　做讲法治、守秩序的好市民”主题宣传活动，搞好“我参与　我学习　我受益”为主题的四项宣传活动。

【开展北京市全国民主法治示范村和法治县（市、区）**创建先进单位和全国民主法治示范村**（社区）**推荐工作】**年内，市法宣办在全市开展北京市全国法治县（市、区）创建先进单位和民主法治示范村（社区）推荐工作。推荐延庆区、昌平区参与全国法治区创建先进单位评选，推荐顺义区高丽营镇一村、西城区广外街道红居街社区等10个村（社区）参与全国民主法治示范村（社区）评选。

【强化领导干部法治意识和能力】①落实了行政机关负责人依法出

庭制度。2017 年度，某养殖场不服市农业局作出的 2 次行政复议决定，法院进行了公开开庭审理，主管局领导 2 次出庭应诉。②落实《北京市行政机关领导干部学法办法》要求，安排 4 次局务会（办公会）会前学法。③建立政府法律顾问参与部门重大行政决策、行政争议、行政执法及其他重要法律事务等相关机制。聘请北京市建诚律师事务所律师具体承担市农业局经济合同的合法性审查工作，对行政争议、执法等工作提供咨询服务。出台《北京市农业局经济合同合法性审查办法（试行）》，共审查经济合同 264 个。

（魏鹏）

【组织春季“放心农资下乡进村”宣传活动】全市农业部门出动执法和科技人员 2 490 人次，组织普法宣传活动近千次，印发宣传材料 60 万份，接待咨询群众 4 万余人次，受理群众举报 240 人次，案件回访率 100%。

（魏鹏）

【深入开展“农法知识问答”系列活动】会同宣教中心与北京晨报社组织农法知识问答系列活动，推出新种子法、《农药管理条例》、新野保法等 4 期农业法规知识有奖问答活动，共计 140 余万人次通过报纸、微信了解到农业法规知识。

（魏鹏）

人大议案、人大代表建议、政协委员提案办理

【承办建议提案 70 件】市委农工委、市农委共承办市十四届人大五次会议代表建议、政协十二届五次会议委员提案 70 件。其中，人大代表建议 36 件（主办单办 17 件、会办 19 件）；政协委员提案 34 件（主办单办 19 件、会办 15 件）。建议提案重点集中在农村环境、农村低收入农户增收及低收入村发展、城乡一体化三个方面。

【精心组织建议提案办理工作】市委农工委、市农委重视人大建议、政协提案的办理工作，始终把建议提案办理当作了解和体察社情民意的重要途径、当作加强和改进机关工作的重要方式重点推进，圆满地完成了 2017 年建议提案的办理工作，部分代表委员所提的问题得到有效解决。一是认真进行分析。市委农工委、市农委对 2017 年承办的建议提案进行了综合分析，梳理出了建议提案集中的农村环境、农村低收入农户增收及低收入村发展、城乡一体化三方面的重点工作。同时，按照要求对建议提案进行分类，为建议提案办理工作打下良好基础。二是规范办理程序。为确保建议提案办理效果，我始终把“办理及时不及时、答复认真不认真、落实到位不到位、代表满意不满意”作为衡量办理工作的标准。加强对承办人员的培训，采取专题会议部署、集中学习等方式，围绕办理程序、答复方法、撰写报告等内容对具体承办人进行了培训，提高承办人员的素质，明确了办理工作的要求，做到建议办理工作定人、定责、定标准、定时限。三是严格时限。建议提案办理的过程，既是与代表委员沟通取得工作理解的过程，也是与代表委员主动征询意见取得工作支持的过程。市委农工委、市农委一方面加强办理人员的培训，规范办理程序和要求；另一方面保持与代表沟通，要求承办人做到办理前联系、办理中征求意见、办理后跟踪回访，通过集中答复、座谈会汇报、邀请代表视察等方式，加强与代表沟通交流，使代表及时了解工作进展和最新情况，提高建议办理效率，确保按时办结。按照建议提案办理时间节点的要求，保质保量完成了所有主办件的答复工作。

在规定时限内，市农委所有的主办件承办处室的处级负责人均与代表进行了沟通，争取代表对“三农”工作的理解和支持。同时，及时完成了建议提案信息平台相关信息的报送工作，确保了各项工作按照市政府办公厅的安排有序开展。

【建议提案办理工作成效显著】按照市政府、市人大的要求，市农委提高认识，严密组织，力争高质量完成建议提案的办理工作。一是借“势”。充分利用社会关注、群众关心、代表呼吁的重点工作，把代表关心的问题和“三农”工作的重点有机结合起

来，把建议纳入日常工作中去，更好地推动工作的开展。二是借“智”。力争充分发挥人大代表的资源优势、智力优势，认真吸收代表提出的建议中的优秀成果，不断丰富“三农”工作的政策体系、工作机制，努力解决新农村建设中遇到的新情况新问题。三是借“力”。充分利用代表对“三农”工作重点、难点、创新点关注的“东风”，借力争取相关部门的支持和配合，推动工作的开展，使建议真正办出成效。

（陈杨）

组 织 建 设

综 述

2017年，北京市农口系统学习贯彻党的十九大精神，并把它作为首要政治任务，在领导班子建设和农口系统各单位及全体党员中强调牢固树立“四个意识”，坚定执行党的政治路线，严格遵守政治纪律和政治规矩，狠抓思想政治教育、干部本领教育，落实干部培训任务。加强干部队伍建设的统筹谋划，认真做好干部选任，强化对干部的日常监督管理。加大力度统筹推动基层组织建设，完善基层党组织和市农委系统单位党建工作机制，全面规范党支部规范化建设，落实中央巡视回头客反馈意见整改。大力推进软弱涣散村党组织整顿，乡村治理机制不断完善。推进农村基层干部人才培养，继续深化第一书记驻村帮扶工作，基层组织得到有力加强，成立了市纪委监委驻市农工委市农委纪检监察组，毫不放松地加强廉政建设，压实全面从严治党主体责任，继续纠“四风”，综合运用监督执纪“四种形态”，抓早抓小，防微杜渐。在廉政自律总要求下，强化责任担当，从而使廉政建设取得新进展。

（徐再城）

领导班子建设

【全面加强队伍教育管理】一是狠抓思想政治教育。坚持把学习宣传贯彻党的十九大精神作为两委领导班子的首要政治任务，作为做好北京“三农”工作的根本保证，组织开展了系列学习宣传贯彻工作，举办2期脱产5天的专题培训班，机关全体党员干部和系统单位处级干部420人受训。要求系统单位各级党员干部牢固树立“四个意识”，坚定执行党的政治路线，严格遵守政治纪律和政治规矩，党的十九大以来，先后3次印发文件部署相关工作，指导系统单位组织宣讲57场，做到系统各级党组织和全体党员全覆盖，累计培训超过7 500人次。二是强化干部本领教育。强化能力培训和实践锻炼，增强干部适应新时代发展要求的本领能力。引导系统单位党员干部认真学习中央关于实施乡村振兴战略的部署决策，特别是习近平总书记关于实施乡村振兴战略的重要论述；搭建交流平台，鼓励干部互助学习“三农”领域相关的专业知识；引导干部到基层学习，理论联系实际，在田间地头找方法、找答案，培养造就一支“懂农业、爱农村、爱农民”的“三农”工作队伍。三是扎实落实干教培训任务。抓好两委班子成员轮训。协助市委组织部做好局级领导干部“学习贯彻党的十八届六中全会精神”专题研讨班 12 人次，全市领导干部学习贯彻党的十九大精神专题研讨班 13 人次，2017 年第 93 期局级领导干部进修班 1 人次，市委组织部专题培训班 10 人次，两委领导均按要求按时参加了轮训，做到了全覆盖。

【加强干部队伍建设的统筹谋划】 一是统筹谋划干部成长路径。加强两委机关内部统筹，按照人岗相适的原则，选拔配备机关各处室干部；加强农口系统干部的统筹，为干部的成长创造更多的空间和机遇；加强与市委组织部的沟通，加大工作协调的力度，努力解决两委机关干部的出口问题，2017 年输出 2 名任职时间较长的处长担任局级领导干部。二是加大对年轻干部的培养力度。通过压担子、给位子，让年轻干部承担重要工作和专项任务，使干部的工作业绩取得较大突破。结合两委干部的年龄结构、梯次配备，注重选拔实用优秀年轻干部，新提拔使用 5 名科级干部担任副处长，平均年龄 36.4 岁，年龄最小的 31 岁。积极搭建平台，向外输送年轻干部，有 2 名同志分别交流到中国保险协会和中国证监会工作。三是加大交流挂职力度，多岗位锻炼干部。畅通干部交流渠道，扩大干部交流范围，根据工作需要和干部多岗位锻炼的需求，有计划地开展机关干部交流工作。按照市委组织部的统一安排，选派 2 名机关干部分别到内蒙古、新疆挂职锻炼，对 4 名第八批援藏农口干部进行了集中考核和任职考察。有 1 名同志到中农办挂职、2 名主任科员到乡镇挂职锻炼。通过挂职锻炼，进一步丰富了机关干部的任职经历和基层工作经历，增强了年轻干部联系群众、处理复杂问题的能力。

【认真做好干部选任工作】 严格落实《党政领导干部选拔任用工作条例》等各项规定，紧密结合自身实际，严格落实程序、强化选任监督，真正把政治立场坚定、能力突出、作风过硬、群众信任的优秀干部选拔到处级领导岗位，营造了风清气正的选人用人环境。一是严格工作程序，严把制度关。始终把完善和规范干部选拔任用程序作为开展好选任工作的重要措施紧紧抓在手上，修订完善了《市委农工委市农委处级领导干部选拔任用工作流程(试行)》，立足解决实际问题，对动议、民主推荐、确定考察对象、组织考察、任前公示、讨论决定、备案审批和干部任职等各个环节，均结合实际进行了明确和规范，细化了运行规则，防止了程序变通或简化，有效解决程序“空转”的问题。二是坚持充分发扬民主，把好推荐关。注意听取群众意见，严格执行有关民主程序。对人数较少的事业单位干部的选任，明确谈话范围可扩大至两委相关领导和相关处室同志，进一步扩大了投票推荐和谈话推荐范围，加大干部的参与程度。民主推荐过程中，突出品德、注重实绩，营造唯才是举的用人环境，树立了重实绩、重公论的用人导向。三是加大公开力度，严守公示关。对考察人选，既在机关张贴公告，又同时进行上网公示，对直属事业单位干部，既在事业单位内进行公示，也在两委机关进行公示，进一步扩大监督范围。公示期间，设立值班人员和电话，随时接待干部群众反映情况，有效提高干部工作的透明度，努力把好选拔任用干部工作中的最后一道关口。

【强化对干部的日常监督管理】 一是做好个人有关事项报告工作。严格落实《关于从严从实做好领导干部报告个人有关事项工作的若干规定》，认真做好领导干部报告个人有关事项工作。组织两委机关所有局级干部按时报告个人有关事项，完成了两委机关和直属单位处级干部的个人有关事项报告工作，报告比例 100%。采取随机抽查和重点抽查相结合的方式，按照 10% 的比例共随机抽查 8 名干部，同时，根据干部工作需要重点抽查核实了 16 人。对存在问题的按有关规定及时进行了处理，全年发放函询通知书 11 份，对严重漏报的干部给予诫勉处理，对漏报情节轻微的干部进行了批评教育。二是规范干部兼职任职。按照市委组织部的统一部署和相关文件要求，完成两委机关、直属事业单位、市城乡办全体干部（含离退）的社团兼职、企业兼职、高校兼职规范清理工作，对两委干部在企业、社会组织兼职问题进行了摸底排查清理，对发现的违规问题坚决进行清理规范。建立完善兼职（任职）台账，为今后严格管理干部兼职工作筑牢基础。三是落实领导干部谈话制度。把谈心谈话作为强化日常教育和监督管理、畅通两委机关干部思想动态反映渠道抓紧抓实。干部任免调整后，由委领导与调整的干部进行任前谈话，结合有关事项查核，对涉及的干部进行提醒谈话，对工作中出现的苗头性、倾向性问题注重开展日常谈话，早发现早提醒早制止。通过谈心谈话，及时准确了解两委机关干部的思想、工作、学习、生活等情况，切实增强干部工作的针对性、实效性。四是好干部出国（境）管理工作。严格干部因私出国（境）审批管理。修订了《关于两委机关干部因私出国（境）管理的有关规定》，严格执行因私出国（境）登记备案制度，按照干部管理权限，对两委机关及直属事业单位在职处级以上干部、离退休局级干部、涉密人员进行了全面梳理，做到应备尽备。根据工作需要，共对涉及的领导干部和涉密人员及时做了备案变更及备案手续。加强因私出国（境）证件的集中管理，全年对两委在职和离退休局级领导干部办理和持有因私出国（境）证件情况进行了登记造册，对持有因私出国（境）证件所有人员，进行了证件的集中保管，杜绝领导干部违规私自持有出国（境）证件的现象。五是做好其他管理工作。按要求做好机关事业单位防治“吃空饷”加强长效管理工作，对干部工资表、在岗人员名册等进行严格把关，全面排查“吃空饷”问题情况，完成自查自纠任务，坚决避免了“吃空饷”问题的发生。

【廉政建设不断加强】一是组织召开好民主生活会。年初召开两委年度民主生活会，两委党员领导干部以学习贯彻党的十八届六中全会精神为主题，围绕“两学一做”学习教育要求，重点对照《关于新形势下党内政治生活的若干准则》和《中国共产党党内监督条例》，结合思想和工作实际，进行党性分析，开展批评和自我批评，取得了良好效果。3月27日，召开落实中央巡视组巡视“回头看”整改意见专题民主生活会，两委党员领导干部聚焦巡视反馈的党的领导弱化、党建工作薄弱、全面从严治党不力等突出问题，对照“小官巨腐问题依然严重，大额专项资金监管使用隐患没有消除”“村组织软弱涣散”这两个两委牵头的巡视整改任务，举一反三，联系班子和个人实际，认真对照检查，深入剖析整改，达到了预期目的。北京农产品中央批发市场管委会党委改组后，两委班子痛定思痛，汲取教训，举一反三，严肃整改，组织召开了专题民主生活会，深挖思想根源，深刻查摆问题，主动担起责任，认真开展了批评和自我批评。二是做好系统单位民主生活会督导工作。认真贯彻中央和市委的要求，在市委的统一部署下，实现对5个局级单位进行全程督导，保证民主生活会的进度和质量。①坚持主要领导带头。各单位主要领导同志高度重视，认真履行好“第一责任人”职责，带头征求意见，带头开展谈心交心活动，带头撰写对照检查材料，带头开展批评和自我批评，带头抓好整改，严格审阅把关其他班子成员的对照检查材料，为这次民主生活会的召开起到了良好的示范引领作用。②充分做好准备工作。按要求，会前各单位班子成员均采取多种形式深入学习十八届六中全会精神，学习习近平总书记系列重要讲话精神，学习《党章》《准则》《条例》等规章制度。在边学边查的基础上，大家采取多种方式，广泛征求对领导班子和每位班子成员的意见，逐一开展谈心谈话，自己动手形成发言提纲，为开好民主生活会奠定了扎实的基础。③抓好批评与自我批评这个关键环节。紧盯各单位民主生活会批评与自我批评环节，要求查摆问题，开门见山、直奔主题，不绕弯子、不兜圈子，查找的问题都要列举具体事例，体现出敢于揭短亮丑的勇气。互相批评要直截了当，针对性强，有红脸、出汗的感觉。同时，要坦诚相见，帮助分析原因，提出改正建议，达到“团结—批评—团结”的目的。④重视抓好整改。开好民主生活会只是一个开端，查摆问题的目的在于解决问题。民主生活会后，要求各单位把主要精力放在抓好整改方案的落实上，针对党员干部群众反映和民主生活会上查找出来的问题，逐个进行研究，明确整改重点，有针对性地提出整改措施，并逐条兑现承诺，确保改出效果、改出变化。三是开展系统单位党风廉政建设责任制检查考核。按照市委统一部署，市委农工委牵头，联合市纪委市监委第一纪检监察室和驻两委纪检监察组组成6个检查组，对系统单位党风廉政建设责任制落实情况开展现场考核检查。检查前，市委农工委多次召开专题会议，就检查方式、检查具体内容等进行分析研究，部署检查整体工作，并及时下发通知，要求系统各单位提前一周张贴检查公告，设置意见箱、投诉电话等。现场检查期间，各检查组主要通过查阅资料、访谈问询等方式，按照考核指标体系逐一对账。检查组在各单位自评的基础上，根据检查实际情况，比照党风廉政建设责任制检查考核指标体系对被查单位进行了打分。对于检查中发现的问题，检查组当场予以反馈指出，并提出改进工作要求，被检查单位均表示将高度重视，积极整改，确保党风廉政建设责任制落到实处。现场检查后，市委农工委会同驻两委纪检监察组和系统各单位共同调整完成、汇总审定各单位检查考核最终扣分情况，并及时向市反腐倡廉建设领导小组办公室反馈情况。四是进一步健全完善制度。制定了《关于贯彻落实全市领导干部警示教育大会精神意见》《关于落实全面从严治党主体责任实施办法》等一系列制度文件，强化正风肃纪，积极堵塞漏洞，做到亡羊补牢，切实解决存在的问题，不断增强自我净化、自我完善、自我革新、自我提高的能力。制定了《中共北京市委农工委问责工作实施办法（试行）》，共四章二十一条，对问责情形、方式、程序、实施与监督等进行了明确规定，以问责倒逼各项责任落实。

（谢军杰）

基层组织和民主政治建设

【加大力度统筹推动基层组织建设工作】坚持把学习贯彻党的十九大精神和市第十二次党代会精神作为重要政治任务，引导农村各级党组织和系统单位坚持原原本本学、全面系统学、联系实际学，在学懂弄通做实上下功夫，采取集训班、研讨班、报告会、座谈会等多种形式，掀起了学习贯彻热潮。认真贯彻落实全国和全市基层党建工作重点任务推进会精神，研究制定了《贯彻落实全市基层党建工作重点任务推进会精神责任清单》，列出了 43 项具体任务，明确了牵头部门、执行部门（单位）和完成时限，切实推动各项基层党建工作任务有效落实。加强政策创制，会同市委组织部、市民政局等部门，研究起草了关于加强乡镇政府服务能力建设的实施意见、软弱涣散村整顿、“村霸”整治、加强村务监督委员会建设的工作方案、村干部管理监督办法（试行）、村级后备干部队伍建设、规范“三务”公开办法、健全干部驻村帮扶机制等文件，进一步提升了农村基层党建工作的规范化、制度化、科学化水平。围绕强化农村基层党建基础性建设，提出了加强村级组织带头人队伍、党员创业致富带头人队伍、乡贤服务带头人队伍三支队伍建设的思路。围绕推进农村基层干部人才培养工作，提出了建设农村干部培训学院的思路，进一步强化农村基层干部人才培养阵地建设。

【强化市委农工委、市农委机关和系统单位党建工作】认真汲取北京农产品中央批发市场管委会党委（以下简称“管委会党委”）违纪案例的深刻教训。召开了五次工委委员（扩大）会议，并以“提高政治站位、坚持首善标准、深刻汲取教训、落实全面从严”为主题，召开了两委领导班子专题民主生活会，通过举一反三，深入反思检讨，认真对照检查，强化主体责任，抓好整改落实。研究制定了《两委关于落实全面从严治党主体责任实施办法（试行）》《关于加强农委系统基层党建工作的指导意见》，推动市委农工委和系统各单位党委（党组）切实履行全面从严治党主体责任。全面落实全市领导干部警示教育大会精神，制订了《市委农工委市农委关于贯彻落实全市领导干部警示教育大会精神的意见》，围绕管委会党委严重违纪和蔡奇书记列举的十二类突出问题，开展了“以案为镜、正风肃纪”专题警示教育活动，组织两委机关和系统单位召开班子民主生活会和党支部组织生活会，教育引导广大党员干部以反面典型为镜子，认真查找问题，时刻对照反思，严守纪律规矩，避免再犯错误。深入推进巡视反馈意见整改工作。对系统各单位巡视整改工作开展了专项检查，推动了巡视整改工作取得实效。组织开展了 2017 年度农委系统单位党风廉政建设责任制检查考核。坚持好干部标准，完善选人用人程序，从严抓好干部管理监督，进一步增强了干部队伍活力。完善了“三会一课”、主题党日、党性定期分析、评星定级等制度，提高了党建工作科学化、规范化、制度化水平。坚持标准，发扬民主，严格程序，严肃纪律，顺利完成了系统单位十九大党代表推荐提名工作和系统单位市党代表选举工作，市十三届全国人大代表、市十五届人大代表和市十三届政协委员推荐提名工作。进一步密切机关干部与基层群众的联系，开展了“双结双促”帮扶活动，组织农委系统单位基层党组织与低收入村党组织结对子、在职党员干部与低收入农户结亲戚，促进强基固本、促进增收致富。截至2017年12月，共有103个党总支（党支部）与90个村党组织结对子，与102户农户结亲戚。认真开展两节、七一、十一走访慰问活动，共慰问困难党员、优秀党员、老党员36人，慰问款物合计11万余元。研究起草了《市委农工委系统单位补交党费使用工作方案》，明确提出将系统单位补交的党费重点用于帮扶生活困难党员干部群众、开展党员干部教育培训、补贴党支部活动经费三个方面，确保补交党费用好管好。

【完善基层党组织和市农委系统单位党建工作机制】 组织成立了市委农工委党建工作领导小组及其办事机构，制定了《〈中共北京市委党的建设工作领导小组2017年工作要点〉任务分工方案》，进一步细化分工、明确责任，统筹推进农村基层和农委系统党建工作任务落实。会同市委组织部指导各涉农区普遍开展了2016年度各级党组织书记抓党建工作述职评议考核，压紧压实基层党建责任。配合市委组织部开展了基层党建九方面重点任务集中督查暨城乡基层党建“三级联创”调研检查，推动各区在强功能、抓基本、补短板、重创新上下功夫，不断提升全市基层党建工作水平。督促指导各涉农区落实村干部待遇保障办法，已经有10个区专门研究制定了实施办法，进一步提高了村干部待遇保障水平。会同市委组织部推动各区委农工委协助组织部门抓农村基层党建责任落实，截至目前，13个涉农区区委农工委均基本实现了“有党建科室、有专职力量、有职责任务”，进一步增强了抓农村基层党建工作合力。不断加强党建研究工作，会同市委组织部等单位开展了农村发展党员、软弱涣散村整顿、农村基层干部人才培养等课题研究，其中北京市软弱涣散村整顿建设问题研究入选市党建研究会重点立项课题，目前各项课题研究正稳步推进。会同市委组织部开展了基层党建“三年行动计划”调研，通过调研总结经验、发现问题，研究对策、推进工作。加强基层党建智库建设，启动了成立北京市农村党建研究会的筹备工作。加强典型经验信息宣传推广工作，在各类媒体刊发文章100多篇，完成了郊区党建有奖征文评选活动，评选出60篇获奖文章，编印了优秀征文集。

【全面推进党支部规范化建设】 按照市委关于构建“B＋T＋X”体系的部署和要求，研究制定了推进党支部规范化建设的工作方案和责任清单，全面推进“一规一表一册一网”建设，坚持树立“党的一切工作到支部”的鲜明导向，注重把思想政治工作落到支部，把从严教育管理党员落到支部，把群众工作落到支部，进一步强化支部功能，使支部真正成为教育党员的学校、团结群众的核心、攻坚克难的堡垒。完成了农村党支部工作规范和工作手册编写工作，在全市农村启动了党支部规范化建设试点工作，加强联系指导，督促工作落实；会同市委组织部举办了全市农村党支部组织委员示范培训班，帮助学员提高了思想认识，学到了工作方法；会同市委组织部、市委社会工委研究制定了在村和社区开展基层党组织评星定级的工作意见，充分调动基层党组织和广大党员参与评星定级的内生动力，营造“比、学、赶、超”的良好氛围。着力推进“两学一做”学习教育常态化制度化，坚持知行合一、学做结合，融入日常、抓在经常，把“两学一做”学习教育作为推进非首都功能疏解、城市副中心建设、京津冀协同发展等重大任务的有力支撑，涌现出朝阳区“三带五心”工作机制、平谷区“支部吹哨党员报到”等经验做法。光明日报、农民日报等媒体对本市农村基层党组织在推进疏解整治促提升专项行动中发挥作用进行了报道。

【落实中央巡视回头看反馈意见整改】 坚持举一反三，积极配合市纪委、市委组织部等部门，着力整治“小官巨腐”问题，扎实推进软弱涣散村整顿工作，认真开展村“两委”主职干部中有前科人员分类处理工作，切实抓好整改工作落实。针对“小官巨腐”问题，加强对村干部的廉政教育，将党风廉政建设相关课程列入各类农村干部培训班“必讲”内容，切实强化村干部的纪律意识和法制观念；加强对村干部的管理监督，会同市委组织部、市民政局研究制定了《北京市村干部管理监督办法（试行）》，明确了28项监督管理措施，总结推广集体资产第三方审计、村级组织主要负责人个人重大事项报告、村干部任期和离任经济责任审计等经验做法，建立健全重大经济事项决策程序、规范村干部财务管理权限等制度，严格规范村干部履职行为和权力运行；会同市委组织部、市民政局研究制定了《关于加强村务监督委员会建设的工作方案》，召开了加强村务监督委员会建设工作部署会，全面推行"村党组织纪检委员兼任村务监督委员会主任"工作机制，充分发挥村务监督委员会作用，健全完善责权明晰、衔接配套、运转有效的村级民主监督机制。

【推动软弱涣散村党组织整顿工作】针对软弱涣散村整顿建设问题，会同市委组织部、市民政局指导各涉农区对全市村级党组织进行了全面摸底，新确定了212个市级软弱涣散村作为2017年重点整顿对象，下发了《关于做好市级软弱涣散村整顿工作的通知》，进一步明确了整顿目标、整顿内容、整顿责任等；普遍建立了"五个一"机制（1名党员区领导直接联系、1家区内处级单位结对帮扶、1名乡镇党政领导包村、1名选派的第一书记驻村、1名大学生"村官"在村工作），进一步整合资源，形成整顿工作合力；会同市委组织部建立了"月了解、季督查、年总结"工作督查机制和"村申报、乡自查、区审核、市核实"的三级核销机制，确保整顿工作取得实效；研究制定了规范和加强村级组织"三务"公开的通知，进一步规范村级党务、村务、财务公开的内容、程序、时限和方式，切实强化村级民主监督功能；举办了2期软弱涣散村"两委"主要负责人培训班，培训学员310余人，全面提升了他们引领发展、化解矛盾、维护稳定等方面的能力和水平；启动实施了北京市软弱涣散村整顿建设问题课题研究，着力破解软弱涣散村整顿建设工作中存在的突出问题。针对村"两委"主职干部中有前科人员问题，会同市委组织部、市民政局指导各涉农区对132名有前科的村委会主任和村党组织书记进行了分类处理，其中对56人进行了岗位调整，对76名工作表现较好、罪行比较轻微的人员，进一步加强教育，严格管理，留岗继续工作；建立了全市村"两委"干部信息管理系统，定期同公安、纪检监察等单位进行数据比对，动态掌握村干部违法情况，及时进行处理。

【完善乡村治理机制】落实中办、国办印发的《关于加强乡镇政府服务能力建设的意见》，会同市委组织部、市民政局开展了加强乡镇政府服务能力建设专题调研，研究起草了《关于加强乡镇政府服务能力建设的实施意见》。会同市委组织部等部门研究制定了《关于加强农村基层组织建设着力整治"村霸"问题的实施方案》，加大对"村霸"的整治力度，严惩各种违纪违法行为，维护好农村改革发展的社会环境。选派市级机关青年干部参与城乡接合部地区公共安全隐患综合整治工作取得明显成效，100名选派干部圆满完成一年挂职工作任务。会同市委组织部、市民政局完成了村居同步换届专题调研。全市村居同步换届方案已经获得市委、市政府、市人大审议通过，将于2019年在全市统一实施村居换届工作。会同市委组织部、市民政局在密云区穆家峪镇辛安庄村和延庆区千家店镇千家店村启动实施了以村民小组或自然村为基本单元的村民自治试点工作，积极探索村民自治的多种有效实现方式。探索推广了公约化协同共治模式，充分发挥村规民约在乡村治理中的积极作用。积极探索乡贤公益协同共治模式，凝聚乡贤力量，共享家园红利，涌现出朝阳区东坝乡乡贤公益促进会、通州区于家务乡"两抓两促"等典型经验做法。大力推广城乡接合部"1+3"社会治理模式，构建在村党组织统一领导下，村民组织、社区组织、经济组织共商共建共治机制，提升城乡接合部地区社会治理水平。会同市农经办开展了"三务"公开有线电视入户点播试点，丰富了村务公开载体。

【推进农村基层干部人才培养工程】会同市委组织部开展新一届乡镇领导班子轮训工作，举办了15期培训班，培训学员2 250余人，帮助参训学员开阔了眼界思路，学到了有效方法，推动了工作开展。积极争取市委组织部、市编办、市委党校支持，加强市委农工委党校建设，进一步明确了机构设置，增加了人员编制，提高了教育培训供给服务能力。会同市委组织部、市民政局研究制定了《关于进一步加强村级后备干部队伍建设的通知》，采取"五个一批"方式（考录一批、选派一批、培育一批、购买一批、回请一批），着力建强村级后备干部队伍，切实解决后继乏人问题。加强农村基层党务工作者队伍建设，会同市委组织部指导怀柔区开展了农村党建助理员试点工作，采取区招、镇管、村用的方式，公开选拔了50名农村党建工作助理员。会同市委组织部、市教委，在门头沟、房山、延庆3个区试点开展了村干部学历教育提升工作，着力培养和储备一批扎根乡土的农村公共管理服务人才。加大农村实用人才开发培养力度，全市农村实用人才总数达到5.3万人。扎实推进农村各级党群活动服务中心建设，全市农村党群活动服务中心达到3 018个，建筑面积共计24.4万平方米。

【持续深化第一书记驻村帮扶工作】严格落实抓党建促脱贫攻坚工作座谈会精神，强化责任落实，健全工作机制，搭建工作载体，加强宣传引导，充分发挥第一书记在推进低收入村发展增收中的积极作用。一是落实帮扶责任。完成了第一批第一书记驻村帮扶工作，启动了第三批第一书记选派工作，在第一批第一书记任期结束后，由各市级选派单位（含东城区、西城区、石景山区）继续开展第一书记选派工作，对结对共建村进行接力帮扶。会同市委组织部研究制定了《关于落实第一书记派出单位帮扶责任健全干部驻村帮扶工作机制的通知》，进一步压实帮扶责任，整合各方力量，探索形成了责任在村衔接、组织在村建强、干部在村成长、政策在村集成、帮扶在村落实、成效在村检验的“六在村”帮扶工作机制。二是强化精准对接。会同市委组织部、市委统战部开展了“新阶层・新农村”同心共建活动，在中关村创业大街设立了第一书记创客之家，发动非公企业和社会组织参与精准帮扶。截至2017年12月，共有31个项目达成了对接意向，其中20个项目完成了实地考察，9个项目已经在门头沟、怀柔、密云等区落地。会同智慧乡村志愿服务中心，开展了阳光使者——专业设计师志愿服务行动，帮助低收入村开展品牌设计。指导延庆区张山营镇胡家营村成立了全市首家扶贫社会工作服务站，启动了乡贤社会服务中心，充分发挥第一书记桥梁纽带作用，全面发动社会力量参与低收入村增收，积极探索社会工作促进低收入村发展的新途径。三是加大投入保障。强化资金扶持，支持保障第一书记更好地开展工作，积极协调市委组织部从市级留存的补交党费中划拨8 000余万元，用于支持234个低收入村和117个发展落后村，其中，向每个低收入村和发展落后村拨付20万元补助金，用于村党组织活动场所修缮提升和党员教育设施更新；按照每村3万元的标准，向低收入村和发展落后村拨付基层干部培训补助金，用于村党组织班子和致富带头人教育培训。加强教育培训，会同市委组织部举办了两期第一书记培训班、一期低收入村党员致富带头人培训班，培训学员700余人，达到了提高能力、推动工作、促进发展的目的。四是加强宣传引导。会同市农经办等部门编写了《北京市低收入村基本情况与帮扶需求手册》，广泛宣传推介乡村优质资源和特色产品。完成了第一书记优秀调研报告评选工作，共征集调研报告100余篇，筛选出优秀调研报告83篇。指导办好“基层党建与扶贫开发”微信平台，加大对第一书记工作的宣传推介力度。人民日报、农民日报、北京日报、美丽乡村等媒体均在头版或者显要位置对本市选派第一书记工作予以报道。

【第一批第一书记驻村帮扶工作取得积极成效】2017年年底，第一批驻村帮扶第一书记服务期满，两年来，第一书记们牢记组织重托、顺应群众期盼，抓党建聚民心、办实事破难题、促发展惠民生，赢得了各级党组织和党员干部群众的普遍好评，成为本市加强基层党建、推进精准帮扶、培养锻炼干部的重要品牌，收获五大果实。一是抓班子、带队伍，派驻村党组织战斗力明显增强。第一书记坚持把加强基层组织建设作为“第一责任”，强班子、带队伍、育骨干、建制度，扎实推进党支部规范化建设，着力打造过硬支部、培育合格党员，巩固了党在农村执政的组织基础。协助抓好村“两委”换届，落实民主集中制、“两委”班子联席会议、班子成员谈心谈话等制度，促进了班子团结。推进“两学一做”学习教育常态化制度化，规范党内组织生活，严格落实“三会一课”、党员积分制管理、主题党日等制度，做好党员发展和教育管理工作，进一步增强了党员队伍生机活力。着力加强软弱涣散村党组织整顿，健全完善村务管理制度，有76个软弱涣散村党组织得到了转化提升。两年来，第一书记协助村党组织制定新制度470项，修订完善各项制度697项，实施党建项目334个，指导发展党员340名，培养入党积极分子和后备干部712名，讲党课886次，组织开展主题党日活动2 930次，帮助新建改建活动场所 856 处。不少乡镇党委书记说，第一书记突出的贡献，就是把村班子建好了，把党员干部带强了，把制度规范立起来了。二是趟路子、育产业，派驻村农民致富能力明显提高。第一书记坚持把促进农村经济发展作为“第一要务”，帮助派驻村研究发展思路、规划发展蓝图，发展产业富民项目，促进了派驻村由“输血”向“造血”转变，打通了精准帮扶的“最后一公里”。争取派出单位帮扶支持，对接相关部门惠农政策，整合社会各方资源力量，打造了“多个渠道引水、一个龙头放水”的帮扶格局。两年来，共协调资金 9.8 亿元，引进开发项目 245 个，依托乡镇党委、政府推动项目 501 个。依托“新阶层·新农村”同心共建活动，达成了 31 个项目合作意向，完成了 20 个项目实地考察，签约 9 个项目。坚持低收入户增收与村集体经济发展一同谋划、一体推进，开发了高端民宿、光伏发电等 179 个富民项目，打造了“北庄百合”“孟良仙桃”“红门盛宴”等特色品牌。据市统计局有关数据显示，预计 2017 年全市低收入农户收入超万元。三是办实事、惠民生，派驻村生产生活条件明显改善。第一书记坚持把赢得群众满意作为“第一追求”，以改善民生为己任，从群众最期盼的事情做起，从群众最不满意的事情改起，加强农村基础设施建设，解决群众就业、就医、上学等生活难题，帮助贫困户、五保户、残疾人、空巢老人和留守儿童解决生产生活中的实际困难，让农民群众得到了实惠。据统计，第一书记帮助实施险村搬迁 14 个村、3 352 户，新建改建民居 3 922 户，维修道路、硬化路面 2 529.5 公里，完成村庄绿化面积 225.3 万平方米，疏通河道 238.2 公里，实施煤改清洁能源 126 个村、5.7 万户，完成改水项目 184 个，新建和改造公厕 151 个，打井 185 眼，安装路灯 2.3 万盏，安装视频监控 2 732 个，新增公交站点 49 个，组建公益服务队伍 199 个，解决就业 2 040 人，办成了一大批群众过去想办办不了、办不好的实事好事，提升了群众的获得感、幸福感、安全感。四是强治理、促文明，派驻村群众精气神和村庄活力明显提升。第一书记坚持把提高乡村治理能力作为“第一保障”，推动完善村民自治运行机制，加强乡风文明建设，排查各类矛盾纠纷，促进了农村和谐稳定。规范执行“四议一审两公开”制度，协助抓好党务、村务、财务公开工作，完善村干部坐班值班、“三资”管理等制度，提高了“三务”公开民主管理水平。扎实推进疏解整治促提升工作，落实安全隐患治理三大行动，做好矛盾纠纷排查化解工作，圆满完成了各类重大时点安保维稳任务。坚持把弘扬良风美俗、打造乡风文明作为重要抓手，开展美丽乡村、移风易俗、幸福家庭等文明创建活动，村村建起了活动广场、文化大院、益民书屋，开展了“百姓影院”、戏曲下乡、广场舞培训等活动。两年来，第一书记实施疏解整治项目 407 项，解决历史遗留问题 483 个，化解矛盾纠纷 2 411件。群众普遍反映：村民的广场舞跳起来了，秧歌扭起来了，唢呐吹起来了，锣鼓队敲起来了。许多基层干部说：“第一书记像一缕春风，给派驻村带来了一股新风尚，对派驻村的改变像清风细雨，润物无声，松了贫穷的土，拔了落后的根。”五是讲奉献、转作风，派驻村党群干群关系明显改善。第一书记跑遍派驻村的家家户户，真诚帮助群众排忧解难，与群众想在一起、苦在一起、干在一起，密切了血肉联系，在严格自律、干事创业中树立了良好形象，接了地气，聚了民气，长了才气，壮了底气，用自己的“辛苦指数”换来群众的“幸福指数”，赢得了广大群众的广泛赞誉。通过两年的工作，第一书记与群众结下了深厚的友谊，村民们有的写了感谢信，有的递交了挽留书，有的创作了通俗的“打油诗”，有的还为派出单位送去了锦旗，表达对第一书记的感激和留恋之情。在得知第一书记即将离任的消息时，不少村村民热泪挽留，场面非常感人。

（巩苗苗）

【全市村民委员会底数】据统计，截至 2017 年 12 月底，全市共有村民委员会 3 920 个。其中朝阳区 144 个、海淀区 84 个、丰台区 64 个、门头沟区 178 个、房山区 459 个、通州区 470 个、顺义区 426 个、昌平区 301 个、大兴区 527 个、平谷区 273 个、怀柔区 284 个、密云区 334 个、延庆区 376 个。

【开展关于加强乡镇政府服务能力建设的调研，出台北京市《关于加强乡镇政府服务能力建设的实施意见》】2017 年 2 月，中共中央办公厅、国务院办公厅印发了《关于加强乡镇政府服务能力建设的意见》，并要求各地区各部门结合实际贯彻落实。“关于加强乡镇政府服务能力建设的研究”成为2017年北京市民政局承担的重要研究工作之一。市民政局会同市委组织部、市委农工委、北京农学院等单位组成联合调研组，采取查阅历史材料、实地调研、问卷法、访谈法等多种形式对北京市13个涉农区开展实地调研工作，召开区级层面座谈会，并选取代表性乡镇开展调研。对乡镇干部、乡镇工作人员及农户和村干部层面开展问卷调查。访谈北京区级和乡镇各相关部门负责人，村级干部和村民，了解不同群体对乡镇政府服务能力情况现状、存在的问题及典型做法，探讨加强乡镇政府服务能力建设的对策和建议。

目前北京共有38个乡、144个镇，乡镇政府普遍存在编制少、职能不完备、财力有限、群众表达机制不畅通、乡镇干部考核机制僵化等问题。近年来，在北京市委、市政府的坚强领导下，乡镇政府在保障基本民生、增进人民福祉、维护人民权益、促进社会和谐稳定等方面发挥了重要的骨干作用。2016年，北京市人均GDP达到1.7万美元，已经达到发达国家和地区标准。同时，人口老龄化、城镇化持续发展，政府治理体系日益现代化，人民群众对政府服务能力的需求不断升级。在此背景下，如何从维护人民群众根本利益、巩固党的执政基础、促进社会和谐稳定的高度，研究提高乡镇政府服务能力建设，成为北京市各级党委政府的重要议题。

【乡镇政府服务能力建设取得成效】乡镇政府履职情况体现在：公共服务内容不断深化、服务民生的重点日益突出、积极探索创新服务方式、公共服务效率不断提升、基层党建工作卓有成效。干部队伍情况主要表现在：非在编人员数量超出了在编人员数量、干部性别男性多于女性但干部老龄化态势明显、干部学历多数在本科以上；干部流动性逐年增加。乡镇财政收支状况研究发现：乡镇的财政收入来源以财政拨款和上级补助收入为主，前者比例逐年下降，后者比例逐年递增；乡镇财政支出总额逐年递增，主要用于人员、公用和项目支出，其中项目支出最多，但占比逐年递减，而公用支出占比逐年递增，人员支出占比相对稳定。

【乡镇政府服务能力建设中存在的问题】在政府服务内容方面存在的问题主要有：各乡镇对应承担的公共服务职能存在认知分歧；乡镇政府职能越位，干涉村民自治；各乡镇对权力下沉认识不统一；乡镇政府服务条件难以满足服务需求；服务百姓意识不够突出。在财政支持方面存在的问题主要表现在：财政收支缺口逐年扩大；民生相关支出比重偏低；乡镇政府的财权和事权不匹配；财政资金使用灵活度不足；营改增对以营业税为主收的乡镇财政收入影响较大；非首都功能疏解增加了乡镇公共服务压力。干部队伍建设方面存在的问题主要有：编制数量不足；人才流失严重；基层干部晋升空间小；人员构成老化；基层干部交流渠道不畅；薪酬机制不合理；混岗混编现象突出；村官政策取消后导致链接人才缺乏；乡镇政府在基层政策创新实践中缺乏容错机制。公共服务供给方面存在的问题主要有：政府购买服务长效机制尚未建立；信息化服务水平有待进一步提升。干部考核方面存在的问题主要是：对乡镇干部考核评价维度单一；乡镇干部考核评价体系差异化不足。在市及区相关部门权责方面存在的问题主要表现在：部分属地责任缺乏法律依据；市、区级政府在非首都功能疏解中未做好有效风险应对；京津冀公共物品管理权责未理顺。

【解决乡镇政府服务能力建设方面存在问题的思路】第一，创新乡镇公共服务供给方式。包括厘清乡镇政府的基本公共服务职能；加大政府购买服务力度；规范政府购买服务的流程管理；提高公共服务信息化水平；健全公共服务需求表达和反馈机制。第二，加强干部队伍建设。具体包括建立健全有利于各类人才向乡镇流动的政策支持体系；建立乡镇干部激励机制；加强党建引领作用；加大对干部和工作人员培训工作；建立编制动态管理机制；鼓励乡镇政府建立自评机制。第三，强化服务意识。进一步加强乡镇干部的作风建设；建立乡镇干部成就感实现机制。第四，理顺服务体制。促进乡镇基层治理的条块协调；合理界定并落实属地责任；扩大乡镇政府服务管理权限；开展综合执法改革；建立与非首都功能疏解任务相适应的协调运行机制；理顺市、区直属机构和乡镇的权责关系。第五，改善服务保障条件。进一步改善乡镇政府办公条件；根据乡镇实际情况适当增加公车保有数量；制定并落实偏远山区乡镇干部补贴；提高乡镇基层干部车补；改进乡镇政府服务绩效评价奖惩机制。第六，优化乡镇基本公共服务资源配置。包括补足因各项改革带来的乡镇财政收入减少；增加乡镇政府应急资金；推动民间资本参与公共服务；完善乡镇财政管理体制；鼓励在乡镇建立公益基金。

【全市村务公开工作进一步规范】为进一步推进全面从严治党向基层延伸，加强农村基层政权和基层民主政治建设，密切党群干群关系，维护农村社会和谐稳定，按照中央、市委有关要求，根据首都农村改革发展的新形势和新任务，中共北京市委组织部、中共北京市委农村工作委员会、北京市民政局、北京市农村合作经济经营管理办公室联合制定下发了《关于进一步规范全市村级组织党务公开、村务公开、财务公开工作的通知》（京农发〔2017〕30 号）。对全市村级组织党务公开、村务公开、财务公开工作进一步规范，提出了具体要求。“三务公开”工作的基本原则是：一是坚持党的领导。村党组织是村级各类组织和各项工作的领导核心，领导和团结带领村民委员会、村务监督委员会、村集体经济组织等各类村级组织，依照国家法律法规及各项自治章程充分行使职权，开展公开工作，健全村党组织领导下的充满活力的村民自治机制。二是依法依规开展。除涉及党和国家秘密等依照规定不宜公开或不能公开的事项，应按照党章党规和法律法规要求，对党务、村务、财务进行全过程公开，不断提高公开的民主化、法治化水平。三是发扬基层民主。“三务公开”工作必须充分发扬民主，以保障党员和村民群众依法行使民主权利为核心，重在调动广大党员和村民群众参与的积极性、主动性，落实好知情权、参与权和监督权，切实增强村级组织工作的透明度。四是突出工作实效。加强对“三务公开”的规范化管理，以强化基层民主监督为出发点，进一步健全制度、规范程序、完善机制，实现公开内容精细化、公开程序规范化、公开时间具体化和公开形式多样化，提升党员和村民群众的满意度水平。村务公开是指在村民委员会管理的辖区内，村民委员会把处理本村涉及国家、集体和村民群众利益的公共事务和公益事业的基本情况，通过一定的形式和程序，以公开的方式方法告知全体村民，并由村民参与管理、实施监督的一种民主行为。村务公开主要包括村政务公开、村事务公开、村财务公开（单列）。村政务公开的主要内容包括：各级党委政府强农惠农政策和落实情况；农村税费改革等涉农改革政策和种粮直接补贴等配套补助政策及落实情况；农村计划生育政策及落实情况；农村征兵政策落实情况；农村土地政策及落实办法，征收征用土地情况、村集体使用土地情况、土地租赁情况、土地承包经营方案、宅基地使用方案等；农村社会保障、医疗、优抚、救济、低收入户确定等政策落实情况；救灾救济款物发放情况；社会治安综合治理政策和工作落实情况；推进“五个好”村党组织、和谐村、文明村、民主法治示范村、村务公开民主管理示范村、最美乡村、民俗文化旅游村、传统村落发展情况等工作措施及落实情况；其他法律法规和政策文件要求公开的内容。村事务公开的主要内容包括：村民委员会工作职责、成员分工情况以及村干部民主评议、报酬、考核、任期和离任审计及奖惩情况等；村经济社会发展工作规划、年度工作计划及措施；村民自治章程、村规民约的制定、修改和实施情况；村民会议、村民代表会议的决策决议及落实情况；村级企业经营管理和发展建设等情况；村各项公共事务和公益事业项目的经费筹资方案和使用方案；村资产资源保护开发、生活环境改善和各种节能改造政策落实情况（如煤改气、煤改电等）；村一事一议工作基本情况；村级组织协作政府开展工作情况、村民承担相关费用收缴情况、村民建房情况（如新房建设、老旧房屋改造等）、村民转居民工作情况；村民点题公开的事项和内容。村务公开的基本程序：一是在村党组织的领导下，村民委员会根据相关法律法规和政策的有关要求，结合本村实际情况，统一整理公开事项和公开材料，研究提出公开的方案。二是村务监督委员会对方案进行审查、补充、完善后，提交村“两委”联席会议讨论确定，报乡镇（涉农街道）民政部门审核。三是乡镇（涉农街道）民政部门对各村村务公开的内容进行审核，提出修改意见建议，指导各村做好村务公开工作。四是村务公开方案确定后，经村民委员会主任签字后，按照规定时间，通过村内公开栏等形式及时进行公开。五是村民对公布的内容有疑问的，可以口头或书面形式向村务监督委员会投诉，村务监督委员会对群众反映的问题，应当及时进行调查，确有内容遗漏或不真实的，应督促村民委员会重新公布；也可以直接向村党组织、村民委员会、村集体经济组织询问，村民委员会应在10个工作日内作出解释和答复。六是村民委员会要指定专人，按照规定要求，对村务公开资料进行整理归档。

【继续推进以村民小组或自然村为基本单元的村民自治试点工作的开展】根据《中共中央办公厅、国务院办公厅印发〈关于以村民小组或自然村为基本单元的村民自治试点方案〉的通知》（厅字〔2016〕31号）精神，按照国家民政部、中央组织部、国家发展改革委、财政部、农业部五部委《关于报送以村民小组或自然村为基本单元的村民自治试点单位的通知》和市领导批示要求，结合首都农村实际，坚持党的领导、坚持依法自治、坚持突出主体、坚持分类指导，以健全和完善村党组织领导的充满活力的村民自治制度为根本，本市选择了密云区穆家峪镇辛安庄村和延庆区千家店镇千家店行政村以村民小组为基本单元的村民自治试点，积极探索村民自治的有效实现形式，始终朝着有利于巩固党在农村的执政基础来谋划和推进，推动实现村民自治的地域范围与农村实际情况和农民群众意愿相一致，形成规范有序、充满活力的乡村治理机制，为首都农村经济社会发展，维护农村和谐稳定提供有力支撑。试点工作开展以来，市、区民政局认真贯彻落实党的十九大精神，加强对试点地区的检查指导和统筹协调，试点地区紧紧围绕试点任务，积极探索村党组织领导下村民自治的有效形式，在体制建设、自治实践、民主监督等多方面取得显著成效。密云区穆家峪镇辛安庄村建立和规范村民小组理事会，提倡党小组长和村民小组理事会主任“一身兼”，充分发挥村民小组理事会在小组事务决策、协商、监督和自我服务当中的积极作用，把自治的主体精细化为村民小组，激发了村民的主人公意识，提升了村级民主管理水平和村民小组自我服务能力，村级内部矛盾明显减少，最大限度地推动农村社会服务管理向末端延伸，畅通基层服务治理“最后一公里”，有效提升农村社会管理服务精细、高效水平。延庆区千家店镇千家店行政村在千家店镇党委政府支持下，通过建立自然村党小组、自然村村民理事会的形式开展了村民自治试点。自然村村民理事会向行政村村民委员会报告工作，自然村村民理事会理事长同时兼任村民小组组长。通过建章立制、规范程序，试点地区在开展议事协商、公益事业、村内公共事业建设等方面开展了探索，起到了激发村党员干部干事创业劲头、提升村民自治意识、提高村务透明度的作用。上述两家单位的村民自治试点工作举措扎实、各具特点，共同点在于避免村级管理，按照实际需求，以村民小组或自然村为单位因地制宜开展工作，在保持现有村民委员会设置前提下，设立村民理事会，缩小村民自治的范围半径，更好地发挥自治组织的效能，起到了切实为村民群众解决实际问题的作用，有效促进了农村建设和发展，具有较好试点示范作用。

【农村社区建设试点工作有序推进】为深入落实中办、国办《关于深入推进农村社区建设试点工作的指导意见》精神，创新本市农村基层社会治理，提升农村公共服务水平，主动适应城镇化发展进程，促进城乡一体化建设，建设国际一流和谐宜居之都，本市扎实开展农村社区建设试点工作。一是高度重视，做好顶层设计。农村社区是农村社会服务管理的基本单元，也是基层社会治理创新的着力重点，是构建和谐社会的基础载体。市委、市政府一直高度重视农村社区建设工作，以农村社区建设试点为契机，相继出台了一系列政策措施。由市民政局起草，以市委、市政府办公厅名义印发了《关于深入推进农村社区建设试点工作的实施意见》（京办发〔2016〕32号），作为当前和今后一个时期推进首都农村社区建设创新发展的纲领性文件，按照统筹城乡社区建设的基本思路，从健全农村社区治理体制机制、加强协商民主建设、法治建设、德治建设、基础设施建设、工作队伍建设、完善社区服务体系7方面对农村社区建设试点工作进行了总体部署。二是精心组织，扩大试点覆盖。从2016年开始，本市在不同层面不断推进农村社区建设试点工作。第一，通州区、顺义区马坡镇石家营村、朝阳区高碑店乡高碑店村、密云区东邵渠镇西邵渠村、大兴区安定镇徐柏村5家单位选为全国农村社区建设示范单位。房山区、怀柔区成为全国农村社区治理实验区。密云区穆家峪镇辛安庄村、延庆区千家店镇千家店村经民政部等相关部门批复确认为村民自治试点单位。第二，由民政部门和新农村建设领导小组办公室牵头，市委组织部、市委农工委、市农委、市农经办、首都精神文明办、首都综治办、市卫计委、市信访办、市妇联等单位组成联合工作组，统筹协调农村社区建设试点工作，2017 年在全市范围内经自愿申报、公开公示，择优选取了 60 个行政村为全市首批农村社区建设试点单位，并建立监督评估机制。第三，把农村社区建设试点工作纳入全市绩效考核体系，对各区完成农村社区建设试点的情况加以考评。第四，各区结合自身实际制定出台农村社区建设试点工作的实施方案，立足现有条件和优势特色，选择本地区基础条件好、具有代表性的镇村开展先行先试，积累创新经验，有计划、有步骤地推进农村社区建设。三是扎实推进，成效显著。第一，健全完善农村社区治理体制机制。通过抓党建促农村社区建设、抓党建促乡村振兴，建立选派第一书记工作长效机制等措施不断强化农村基层党组织领导核心地位。通过规范村务监督委员会建设，发挥民主监督的作用。在农村社区建设试点工作中不断完善和健全党委领导、政府负责、社会协同、公众参与、法治保障的现代乡村社会治理体系。比如通州特色的“法”“德”共建农村社区新格局、财政投入撬动社会投资的模式，顺义区马坡镇石家营村整合村集体资源的机制，密云区穆家峪镇辛安庄村、延庆区千家店镇千家店行政村以村民小组为单元，建立和规范村民小组的党小组、理事会和监事会的试点模式等，均通过建章立制、规范程序的方式，在试点地区开展了议事协商、公益事业、村内公共事业建设等各方面的探索，起到了激发村党员干部干事创业劲头、提升村民自治意识、提高村务透明度的作用。第二，深入开展农村社区协商民主建设。2017 年，本市出台《北京市社区议事厅指导规程（试行）》（京民基发〔2017〕37 号），作为全国第一个社区协商的操作程序，得到民政部的充分认可。全市 3 084 个城市社区全部建立议事厅，农村超过 70%村建立了议事厅，农村建设试点单位也高度重视和开展协商民主，真正实现了“有事好商量，众人的事情由众人商量”。此外，本市加大政策宣传力度，向农村社区建设试点单位制作印发社区协商宣传挂图和社区议事厅宣传折页及《北京市城乡社区协商案例集》；组织开展了两期“北京市社区议事厅指导规程培训班”，在农村社区中有效推进了“参与型”社区协商模式，农村社区建设成效显著。第三，全面提高农村社区乡村治理水平。积极推动基本公共服务向农村社区延伸，提升农村基层公共服务信息化水平，以市级非紧急救助热线为载体建立农村服务热线，试点开展包括社会工作服务站和乡贤社会服务中心的“一站一中心”建设。进一步强化试点建设单位的农村财务公开、合同清理和审计监督，开展党务、村务、财务“三务”公开入户电视点播试点。强化农村基层干部人才培养，按照农村基层干部人才培养五年行动计划，完成了 15 期、2 250 余人次参加的农村基层干部人才轮训。加强农村社区文化认同，做好农村宣传思想工作，鼓励和指导农村社区积极参加第 27 届农民艺术节、“美丽乡村·筑梦有我”大兴新闻公益行动等活动，加强家庭美德、睦邻和德、社会公德的培育和创建，提升农村社区试点乡风文明水平。

【积极开展村级组织软弱涣散问题整改落实工作】根据市委关于《中共北京市委关于落实中央第十一巡视组对北京市开展巡视“回头看”反馈意见的整改方案》要求，民政局党委对村级组织软弱涣散问题整改落实工作高度重视：一是梳理确定软弱涣散村，明确整改目标。由主管局长带队深入各涉农区调研督导，深挖问题根源；对 644 个村二次选举原因进行了认真排查分析，建立信息台账，对确因村级组织建设薄弱造成二次选举的 188 个村，以及二次选举村之外但组织建设同样薄弱的 24 个村，一并确定为市级软弱涣散村，总计 212 个村。明确了整顿目标，坚持从严从实，利用两年时间对市级软弱涣散村进行集中整顿，明确整顿标准，确保所有市级软弱涣散村全部实现转化提升，其中转化率达到 90%以上。二是建立“五个一”工作机制。制定市级软弱涣散村整顿工作方案，明确区委、乡镇党委抓软弱涣散村党组织整顿责任，要求市级软弱涣散村均按照 1 名党员区领导直接联系、1 家区内处级单位结对帮扶、1 名乡镇党政领导具体包村、1 名区派第一书记驻村、1 名大学生“村官”在村工作的方案进行集中整顿，整合力量，确保成效。三是开展专项轮训。市级层面举办软弱涣散村党组织书记专题培训班，区级层面抓好日常轮训，切实提高履职能力。2017 年 7 月，组织了市级村主任示范培训班，完成了对 500 名新当选村主任和未能参加市委组织部培训的市软弱涣散村主任的培训，培训以加强村级民主管理、加强村党组织建设、加强基层党风建设为主要内容，采取案例教学法，受到村主任的一致好评，收到了良好效果。四是进一步规范村级党务、村委、财务公开。制定规范“三务公开”指导办法，推广村级组织定期开展经济责任审计工作，进一步强化村务公开、民主管理工作，健全完善乡村治理机制。五是强化全程督导落实。建立“月了解、季督察、年总结”工作机制，明确工作要求，指导推动工作落实。建立审核验收机制，通过民意调查、实地检查、综合评定等方式，严格落实村申报、乡审核、区验收、市核实的整顿销号制度，完成一个、验收一个、销号一个。六是发挥示范引领作用，开展农村社区建设试点。总结推广一批优秀村规民约，向民政部进行了推荐。作为特色小城镇建设内容之一，北京农村社区建设试点工作已经展开，将通州区、顺义区马坡镇石家营村、朝阳区高碑店乡高碑店村、密云区东邵渠镇西邵渠村、大兴区安定镇徐柏村5家单位作为北京市全国农村社区建设示范单位向民政部予以申报；房山区、怀柔区作为全国农村社区治理实验区申报单位向民政部推荐。

【认真贯彻落实中央关于打黑除恶工作的要求】按照中共中央办公厅《关于印发〈打黑除恶工作机制规定〉的通知》（厅字〔2017〕38号）提出的“严密防范黑恶势力侵蚀基层组织和基层政权”的具体要求，北京市民政局联合市委组织部、市委农工委印发了《关于做好市级软弱涣散村整顿工作的通知》，从村、居“两委”班子入手，自2017年4月开始开展为期两年的专项整改工作。进一步与公安机关形成联防联控机制，完善基层群众自治组织成员候选人资格条件，加强选举程序监督，严防不符合条件的人员当选村（社区）干部。实现巩固党的执政根基，形成扶正祛邪、惩恶扬善社会风气，健全基层社会治理机制，促进和维护社会和谐稳定的工作目标。扫黑除恶工作注重密切结合全市软弱涣散村清理整顿专项治理，落实防止涉黑人员干涉扰乱基层治理、着力整治“村霸”、宗族恶势力等工作。一是完善基层民主制度。健全和完善社区议事协商、民主选举、民主决策、民主管理和民主监督的程序和规则，创新社区协商民主机制，推动社区民主自治。制定并完善村民会议和村民代表会议制度，全面推行票决制村级民主决策模式，健全完善以法治为统领、以德治为补充的村民自治规范。深入开展村务公开民主管理，重点解决村级组织不健全、村级班子软弱涣散、村务不公开或假公开、村务管理不民主等问题。广泛开展主题丰富的民主实践活动，提高民主自治的意识和能力。二是扩大民主法治宣传。全市基层组织应充分运用各种方式，广泛开展正面引导，宣传党委和政府打黑除恶的决心、工作成效及基层自治相关的法律法规，使广大群众知法、懂法、守法，有效行使民主权利，切实维护自身利益，扩大打黑除恶的群众基础，提高基层民主化管理水平。三是加强民主监督机制建设。在全面推行村级重大事务票决制基础上，充分结合本地实际，紧紧围绕村民普遍关注的热点、难点问题和涉及村民切实利益的重大事项开展民主监督，严格监督程序，拓展监督内容。同时，加强村务监督委员会规范化建设，按照三年三步走的方式，逐步推进达到村监督委员会主任由村党组织纪检委员兼任的目标，计划2017年年底前将有39%村务监督委员会主任由纪检委员担任，在2019年换届选举中，通过法定程序，全面落实这一目标。加强对农村基层干部的监督，科学规范村务公开内容、时限和格式，强化村务公开、民主管理工作，健全完善乡村治理机制。今后，拟将通过“互联网+”等信息平台，通过信息技术手段，实现对现有基层群众自治组织成员的动态管理，按照公、检、法、司等部门数据库进行筛查比对，全面掌握有前科劣迹人员的资料和情况，分类别分情况建立台账，逐一做好工作，保证全市基层政权建设工作纯洁干净和谐稳定。

【完善村民自治章程和村规民约，强化自治组织功能】健全和完善村民自治章程、村规民约是着力提高村民自治组织功能、构建新型乡村治理结构的关键。北京市第十届村民委员会选举工作结束后，在全市深入开展了以进一步健全完善村民自治章程和村规民约为抓手，积极创新农村基层协同共治机制的活动，采取切实可行的措施，指导各区修订村民自治章程和村规民约，确定村民自治章程和村规民约必须坚持“三下三上”的制定和修订工作流程，加强对村民自治章程和村规民约制定和修改的全过程指导，确保村民自治章程和村规民约合法合规。开展形式多样的宣传活动，加强村民道德建设，引导村民自觉履行社会责任、家庭责任，培育知荣辱、讲正气、作奉献、促和谐的良好村风民风。通过公示栏、村广播、印制宣传手册、修建文化墙等方式，加强对新修订村民自治章程和村规民约的宣传，让村民熟知村民自治章程和村规民约，真正让村民自治章程和村规民约内化于心，成为协同共治各参与主体的行为准则。2017 年调查显示，81.5%的受访者表示村里建立了村规民约，77.4%的受访者表示村里建立了村民自治章程。60.3%的受访者表示村民自治章程、村规民约等执行较好。顺义区充分发挥村规民约的规范引导作用，真正通过先“约”后“规”把村民的意见收集上来，把党的意志传导下去，实现对村庄事务的规范化管理。门头沟区清水镇齐家庄村多角度、多方面制定村规民约，从环境整治到文化建设，从资源节约到生态建设，从文明礼貌到移风易俗，规定明确，并制定了有关社会主义核心价值观的宣传教育内容，落实效果显著。2017 年全市共征集优秀村民自治章程和村规民约 52 篇，并选定了 10 篇上报国家民政部。

【举办全市新任村民委员会主任示范培训班】2017 年 7 月，市民政局对在全市第十届村民委员会选举中依法当选的村新任村民委员会主任（500 名）进行了示范培训。近几年来，全市农村民主自治工作也取得了明显成效，村党组织领导的村民自治机制不断健全，村务公开民主管理制度体系更加完善，工作领域不断拓展，工作载体日益丰富，有力促进了首都农村经济社会协调健康发展。但是要看到，除了成绩，更需要我们关注的是首都发展的新形势、新情况和新要求。随着首都农村经济社会的快速发展，村民群众的物质文化需求也在增长和变化，需要我们不断适应和调整，迎接新的挑战。越是发展迅速，越要抓牢基础。本次培训，注重在强化宗旨意识，提高服务群众的能力；强化责任意识，提高维护农村社会和谐稳定能力；强化发展意识，提高谋发展带领群众奔小康的能力；强化廉洁自律意识，提高拒腐防变能力，努力成为群众信任的农村工作领导者等方面进行，目的在于进一步提高本届当选村主任的理论素养、业务素质，切实增强村主任为民服务的本领。

【表彰 2017 年度北京市先进村民委员会、先进村民委员会主任】2017 年，全市村民委员会和广大村民委员会干部在各级党委和政府的领导下，以党的十九大精神为指导，认真贯彻落实习近平新时代中国特色社会主义思想，贯彻实施《中华人民共和国村民委员会组织法》《中共中央　国务院关于加强和完善城乡社区治理的意见》（中发〔2017〕13 号），以全面深化农村改革为重点，深入推进农村管理体制改革，加强农村社区协商，大力开展农村治理和服务创新，全市农村基层自治组织的制度建设、队伍建设、设施建设得到全面加强，农村基层社会治理体制得到进一步完善和创新，有效发挥了村民委员会在村民自治中的主体组织作用，为促进首都全面深化改革、推动首都科学发展做出了积极贡献。为了表彰先进，树立典型，发挥先进村民委员会集体和先进村民委员会主任示范作用，进一步调动城乡基层群众性自治组织和广大基层干部工作积极性，决定授予授予朝阳区崔各庄乡东辛店村村民委员会等 110 个单位“北京市先进村民委员会”称号；授予朝阳区崔各庄乡奶东村村民委员会主任陈明等 60 名同志“北京市先进村民委员会主任”称号。

（甘国再）

党风廉政建设

【市纪委市监委驻市委农工委市农委纪检监察组成立】3 月 29 日，根据全市纪检监察体制改革工作部署，市纪委召开派驻机构干部大会，会议宣读各派驻纪检监察机构组成及人员名单，市纪委、市监委驻市委农工委、市农委纪检监察组正式成立，同时撤销市农村纪工委、市监察局驻市农委监察处、市纪委驻市农业局纪检组、市监察局驻市农业局监察处。根据市纪委关于派驻机构改革的工作方案，纪检监察组作为市纪委、市监委派出机构，综合监督市委农工委市农委、北京市农业局、北京市农林科学院、北京农业职业学院、北京农产品中央批发市场管委会、北京市农村经济研究中心（市农经办）六家单位。市纪委、市监委派驻机构干部大会召开后，纪检监察组及时向各监督单位党委（党组）传达市纪委市监委派驻机构改革工作会议及有关文件精神，就如何做好工作衔接、理顺工作关系、完善工作机制提出工作要求。

【压实全面从严治党主体责任】 一是进一步厘清主体责任。为深入贯彻落实党的十九大精神和习近平新时代中国特色社会主义思想，切实落实党中央关于全面从严治党的重大部署，按照中央和市委要求，结合实际，市委农工委制定了《关于落实全面从严治党主体责任实施办法（试行）》（京农发〔2017〕25 号），从加强党的政治建设、不断强化思想政治工作、从严加强干部管理、严肃党内政治生活、持续推进作风建设、加强基层组织建设、深化党风廉政建设和反腐败工作七个方面重点推进主体责任落实，并在《2017 年党风廉政建设和反腐败工作意见》中，明确主体责任 16 项、监督责任 5 项，各项责任均明确了责任领导和责任处室。二是抓好巡视反馈问题整改。市委农工委、市农委系统各单位党委（党组）对标巡视整改清单，制定整改目标措施，落实责任领导和责任部门，明确整改时限，并下发《关于对照市委巡视中发现的十二类突出问题开展自查自纠工作的通知》，成立工作组进行检查调研，确保巡视反馈问题得到全面整改。市委决定对北京农产品中央批发市场管委会党委进行改组后，市委农工委坚决贯彻落实市委有关精神，按照市委要求和部署，会同市委派驻管委会工作组，全力做好各项工作。三是抓好责任制检查考核工作。市委农工委依据市党风廉政建设责任制检查考核工作方案，明确两委机关处室与系统单位考核指标体系和工作要求，抓好系统单位落实党风廉政建设责任制季度自查、年中抽查、年终检查考核工作。四是强化监督责任督促主体责任落实。驻市委农工委、市农委纪检监察组加强对严格落实履行主体责任记实制度、领导班子成员履行“一岗双责”、把主体责任向基层传导压实、践行监督执纪“四种形态”等情况的日常监督检查，突出检查的再检查、监督的再监督，建立履行专责监督工作台账，强化各级党组织负责人抓全面从严治党的主体意识、主责意识、主角意识，把抓好党建就是最大政绩的思想逐步树立起来。

【持而不息纠“四风”，综合运用监督执纪“四种形态”，在全面从严治党新形势下抓早抓小，防微杜渐】 市委农工委、市农委系统各单位坚持不懈抓好中央八项规定精神的落实，每逢清明、五一、中秋、国庆、春节等重要节点，严明纪律要求，加强对公车私用问题治理，对 341 辆公车的号牌、ETC 信息、停放位置进行了统计和规范，抓好警示教育，严防“四风”问题反弹。驻市委农工委、市农委纪检监察组加大监督执纪工作力度，通过多种渠道全面了解监督对象的廉洁及履职情况，全年开展谈话函询 31 人次，下发纪律检查建议书 9 份，建议给予党纪处分 4 人、政务处分 1 人、警示谈话 1 人、提醒谈话 2 人、批评教育 3 人、诫勉谈话 5 人，出具党风廉政意见函 20 人次，对 229 人次各单位领导班子成员出差、出国境等情况进行了登记备案，另协助市纪委、市监委对监督单位共计 17 份局级领导干部函询回复报告进行审核把关、签字背书。

【深化“两个专项”治理工作，积极主动履行好监督职责】 一是结合部门职能抓好工作部署。在深化“为官不为”“为官乱为”问题专项治理和开展“严肃查处群众身边的不正之风和腐败问题”两个专项治理工作中，纪检监察组紧密结合农口单位的职能和工作实际，重点盯紧：落实京津冀协同发展、环境治理、疏非控人、新农村建设“折子工程”、促进低收入农户增收等重大任务不作为、乱作为；履行生态文明、安全生产、强农惠农资金监管等管理服务职能不到位；在强农惠农补助资金、产业项目扶持资金使用分配中，违规操作、挪用、侵占，或假公济私、优亲厚友；利用涉农项目申报、审核、推进过程中违规操作，搞利益输送等重点领域。二是在防汛抗灾抢险工作中强化责任担当。进入汛期后，按照市纪委、市监委《关于进一步严明纪律加强监督检查确保防汛抗灾抢险各项工作顺利推进的通知》精神，纪检监察组迅速行动，及时将市纪委、市监委《通知》精神传达到各单位党委（党组）和机关处室，严明纪律要求，采取“六查六看”，加强监督检查：一查制度落实情况，看防汛值守制度是否建立、方案预案是否完善；二查信息排查情况，看安全隐患排查是否到位、预警信息发布是否及时、防汛物资是否准备齐全、农业受灾统计是否准确；三查责任落实情况，看防汛责任制是否明确、抗灾抢险工作是否有力、党员干部是否在职在位；四查抗灾抢险资金、物质等落实情况，看是否存在侵占、挪用等问题；五查灾后恢复生产生活情况，看基层群众切实利益是否得到有效维护；六查党员先锋模范作用发挥情况，看在关键时刻是否站得出来、冲得上去。纪检监察组指定专人跟踪负责防汛抗灾抢险工作的监督检查工作，及时掌握党员干部履职情况，坚决维护纪律的严肃性，确保农村地区安全度汛。三是对标中央纪委市纪委扶贫领域监督执纪问责部署要求，督促主体责任落实。中央纪委和市纪委市监委关于扶贫领域监督执纪问责工作会议召开后，纪检监察组迅速主持召开专题会议，与市农委相关领导、处室共同研究落实扶贫领域监督执纪问责工作。将推进低收入农户增收和低收入村发展、对口支援等工作作为推进“两个专项治理”工作的重中之重，纳入驻在部门及监督单位党风廉政建设责任制检查考核内容，将监督检查工作纳入纪检监察组述责述廉重要内容。

（张迪飞）

老干部工作

【综述】截至2017年年底，市委农工委及直属单位共有离退休干部1 530人：离休干部48人，平均年龄88.4岁，其中局级干部12人、处级及以下干部36人。退休干部总数为1 482人，其中局级干部75人，处级及以下干部1 407人。

在市委、市政府正确领导下，市农工委系统各级党委组织部门、离退休干部工作部门，认真贯彻全国老干部局长会议、市第三十次老干部座谈会精神，围绕中心，服务大局，全面落实离退休干部政治、生活待遇，扎实有序地推进各项老干部工作。

【在老干部中学习宣传贯彻党的十九大精神】市委农工委系统老干部部门把组织离退休干部学习宣传贯彻党的十九大精神作为首要政治任务，提前准备、制定方案、统一部署，通过观看开幕式、座谈交流、专题辅导、学习培训、理论宣传、发放学习资料、送学上门、发送短信微信等多种形式，组织老同志集中学、深入学、持续学，切实把思想和行动统一到党的十九大精神上来。市委农工委给老同志配发了学习书籍、材料1 000多份，学习光盘700多张。市农业局还在离退休干部中开展了《寄语十九大》《党的十九大　我想对你说》等作品征集活动。累计投稿20余份，有4份被市相关栏目采用，1份刊登在《北京老干部》（8月杂志），3份刊登在微信版《北京老干部》。

【离退休干部“两项建设”全面加强】认真贯彻落实全面从严治党要求，结合老同志实际，深入推进“两学一做”学习教育常态化制度化，不断加强离退休干部党支部规范化建设，强化思想政治引领，严格落实“三会一课”制度，引导广大离退休干部党员树牢“四个意识”、增强“四个自信”，自觉同以习近平同志为核心的党中央保持高度一致。市农林科学院进一步健全支部建设的相关制度并新修订了《北京市农林科学院退休人员管理办法》《中共北京市农林科学院委员会老干部工作制度》等规章制度。将离休支部、机关退休一支部、二支部、原作物所留守处支部、行政处和综合所的退休党员和群众共计300余人纳入离休退休处统一管理。2017年，市委农工委组织了两期系统离退休干部党支部书记培训班、每期120人，对240名离退休干部党支部书记、支委进行培训。9月，举办了一期农工委系统市管退休干部读书班。市农业职业学院建立了党员培训制度，每年举办两期支部书记培训班、每期30人左右，结合市老干部局、市委农工委、学院年度工作计划，布置和总结全年工作，有效地推进了离退休干部组织建设。

【为党和人民的事业增添正能量活动成效显著】农工委系统离退休干部工作部门紧紧围绕迎接党

的十九大胜利召开这一主线，突出“不忘初心 继续前行”这一主题，不断创新载体、搭建平台，组织引导广大离退休干部充分发挥自身优势，力所能及地为党和人民的事业增添正能量，通过主题征文、诗歌创作、书画摄影、文艺汇演、健身展示、参观体验等多种形式，抒发爱党情怀、展示幸福生活，为党的十九大胜利召开营造了良好氛围。

7月11日，在北京戏曲职业学院举办了“不忘初心 继续前行”市委农工委系统老干部喜迎党的十九大文艺汇演，离退休干部600多人参加。4月和9月，分别组织了农口老干部“迎春杯”门球赛和“金秋杯”台球赛。

8月，邀请北京市老干部宣讲团在市农业局，开展了“不忘初心 继续前行”主题宣讲，100多名系统离退休干部聆听了报告，写下27份听众感言，激发了老同志增添正能量的热情。

市农业局离休干部高玉杰参加全市北京市离退休干部“喜迎十九大 诗歌抒情怀”原创诗歌作品征集活动，获得特别奖；退休干部杨建平书法作品参加了京津冀离退休干部优秀作品展。组织老党员先锋队员参加全市性活动达80多人次。北京农业职业学院关工委的老同志协助学院圆满完成全国职业院校关工委工作交流研讨会的承办任务，进一步提升了全市教育下一代工作在全国的影响力。

【为离退休干部服务用心用情】认真落实离退休干部各项待遇，满腔热情为老同志办实事办好事解难事，让他们共享改革发展成果，享受更多更便利的养老服务。每年农工委领导听取两次离退休干部工作情况汇报并提出具体要求；加大走访慰问力度，全年开展了春节、七一和重阳节三次走访慰问活动。积极为离退休干部办理报刊订阅；完成了去世离休干部无工作配偶免费办理医疗保险工作，为离休干部办实事得到落实。办公室、干部处等部门通力合作，帮助协调解决实际问题，如争取困难补助、办理抚恤解金领取等。

【离退休干部工作队伍建设取得新成效】深入学习贯彻全国老干部工作“双先”表彰大会精神，以“学先进、学业务、树形象、树品牌”主题活动为载体，组织系统离退休干部工作人员广泛开展网上答题、业务培训、交流研讨等系列活动，进一步振奋精神、提振士气，增强了做好离退休干部工作的责任感、使命感。农工委结合“两学一做”学习教育常态化制度化，狠抓学政策、强思想、转作风、树典型、督落实5个环节，着力打造过硬队伍。市农林科学院进一步充实配强工作力量，增加了3名专职老干部工作人员。市农业局组织开展了体现服务老干部为主题的“真情奉献·精彩瞬间”摄影作品展活动，向市老干部局推选了6幅作品，其中一幅获得全市三等奖。

（王岚）

郊 区 农 情

朝 阳 区

概　　述

朝阳区总面积470.8平方公里，农村地区面积350.5平方公里，占全区总面积74.4%，辖19个乡（地区办事处），154个行政村，202个社区。农村地区户籍人口14万人。2017年，在区委、区政府的坚强领导下，农村地区广大干部群众始终坚持以习近平新时代中国特色社会主义思想为指引，深入贯彻落实首都城市战略定位，抢抓机遇、攻坚克难、砥砺前行、奋发有为，全面完成各项目标任务。党建责任制有效落实，党的建设全面加强；非首都功能疏解创造历史性记录，整治提升成效明显；"一绿"试点建设压茬推进，形成的可借鉴、可复制的典型经验在全市推广；农村经济稳中有进，发展层级持续提升；生态品质大幅提高，环境面貌焕然一新，全域"无煤化"目标全部实现。农村经济社会各项事业全面发展。全年农村地区农民人均所得33 997元，形成区级财政收入76.6亿元，较上年同期分别增长6.7%和1%。

城乡发展一体化

【概况】坚持聚焦重点、把握关键、精准发力，全力以赴推动"一绿"试点建设和"疏解整治促提升"两项重点任务有效落实，农村城市化进程持续加快。

【"一绿"试点建设】第一批6个试点乡，拆迁、绿化、转居分别完成97%、83%和100%。第二批5个试点乡，拆迁腾退326.2万平方米，绿化600亩，规划调整方案、项目实施方案、工作台账及捆绑方案编制全部完成。东坝、三间房2个乡规划调整方案获批通过，住宅腾退全面实现。小红门乡被列入第三批城市化建设试点，实施方案获市政府常务会审议通过。王四营、十八里店2个乡城市化实施方案编制全部完成。

【非首都功能疏解】实现拆除清退低级次市场63家、出租大院579个、仓储物流企业93个、废品回收场站24处，疏解各类建筑1 210万平方米，承担全区疏解总量的99%，完成全年任务的136%，超过前三年疏解体量总和，创造了"孙河乡腾退面积最大、十八里店乡非宅疏解体量最大、东坝乡棚改户数和人数最多、全年任务完成速度最快"四项历史新纪录。区域性市场、区域性物流基地两项疏解任务在全市专项行动排名中位居首位。

【农村经济】全年完成区级财政收入76.6亿元，实现农民人均所得33 997元，分别增长1%和6.7%。常营东方华瑞等6个项目实现开工建设，平房乡九合文创园等9个项目获联审会审议通过，农村产业引导基金持续增效，太阳宫、将台2个乡撬动银行融资13.5亿元。出台《关于加强农村集体产业用地管理的意见》。

【村级产权制度改革】将台、王四营、三间房3个乡20个村级产权制度改革任务基本完成，平房、管庄、小红门、太阳宫4个乡23个村取得阶段性成果。制定实施集体经济组织财务公开、合同清理规范调整和村级组织负责人经济责任审计3项政策文件，集体"三资"制度化建设不断加强。调整规范集体经济合同1 434份，收回集体土地9 905亩，增加收益1 190万元，集体资源管理成效进一步显现。

【城市建设管理】率先实现孙河全乡腾退。东坝北西区、崔各庄奶西等13个项目13 082户、384.4万平方米拆迁腾退全面完成。金盏乡农村集体经营性建设用地统筹利用试点规划调整和实施方案、黑庄户乡“两规合一”规划方案编制完成。拓宽筹融资渠道，设立农村城市化发展基金，城市化建设得到新助力。加强基础设施建设，北苑路北延等3条主干路和双桥路等11条次支路建成通车，金海湾花苑一路等9项疏堵工程全部完工，16处“三起来”工程、8个新农村基础设施建设和223户住宅抗震节能改造全部完成。创新环境治理“六包”责任制，13项综合治理专项行动扎实开展。市级新增挂账违法建设实现动态清零。

【安全保障】开展“护航”“深耕”“金秋”专项行动，通过6个“立体化”全方位部署安全防控网，完成党的十九大、“一带一路”国际合作高峰论坛等重大活动服务保障任务。落实安全生产责任制，开展安全隐患大排查大清理大整治专项行动，彻查整改安全隐患，有效遏制重特大安全事故发生。完善社会治安防控体系建设，20个城乡接合部重点村综合整治全面完成，村庄社区化管理进一步加强。强化矛盾排查调处和应急处置，舆情监控和突发事件应急能力有效提高，农村维稳形势平稳可控。动物疫病防控和农产品安全工作扎实有效。

农村经济发展

【概况】筑牢动物防疫安全屏障，植物病虫草鼠害得到有效防治，农产品安全管理示范引领能力有效提高，都市农业科技服务水平逐步提升，农业生态建设加强，推进“互联网+”现代农业行动，强化惠农政策宣传与培训，加强“三资”管理。

【阳台菜园推广】年内，全区阳台菜园示范单位覆盖8个乡、4个街道、4所学校、2个公园、3个园区，22个社区、5个机关、6 000户居民家庭。出版22万字的《阳台创意种菜一本通》科普书籍。

【推广老北京特色蔬果】年内，全区推广种植老北京苹果等4个水果品种1.45公顷。推广种植老北京心里美萝卜、大小核桃纹白菜、鞭杆红胡萝卜等蔬菜13.6公顷。为2.7公顷老北京蔬菜安装滴灌、微喷节水设备。

【农情上报】年内，区种养中心报送市农业局信息12条，农情报表150套；农业局蔬菜处平台报表28套；粮食种植档案3套；其他报表135套。数据上报50 000余个。获北京市统计报表考核二等奖。

【菜田划定和基本农田测量】年内，区种养中心完成全区基本菜田实地测量工作，实测4个乡、39个地块，面积234.49公顷。全区基本农田实测8个乡、119个地块，面积912.03公顷。

【召开农产品质量安全检测工作会】年内，区种养中心召开农产品质量安全检测工作会。区疫控中心、区植保站以及8个乡公共事务服务中心、23家企业及农贸批发市场负责人及检测员53人参会。会议总结2016年农产品安全检测工作，部署2017年全区农产品质量安全检测管理工作。

【农产品质量安全培训】年内，区种养中心对20个园区生产基地、加工配送企业、大型农贸市场负责人及基层农产品检测员55人进行农产品质量安全培训。重点讲解“三品一标”以及标准化工作相关知识。

【农产品质量安全监管追溯体系培训】年内，区种养中心举办“朝阳区农产品质量安全监管追溯项目培训班”。区种养中心相关领导及科室，各乡农服中心，基地、市场及企业负责人及农产品质量安全检测员、信息员、内检员，共55人参会。重点讲授朝阳区农产品质量安全监管追溯项目建设及运行等相关内容。

【标准化基地建设】年内，对全区符合条件的1家“菜篮子”工程标准化生产基地进行备案。对满5年的农业标准化基地开展复评审工作。确定北京蓝美莓农业有限公司作为区级农产品质量安全全程控制标准化生产示范基地。

【“三品一标”认证管理】年内，区种养中心完成京朝花园、中农春雨和荣硕三家企业的21个品种网上申报、文书申报以及现场认定检查。完成1家企业的无公害复查换证工作。对永辉超市、京客隆等辖区内大型经营单位，开展无公害农产品和地理标志农产品标志使用专项检查。对14家园区基地的50个无公害、40个有机食品认证品种进行备案。

【农产品质量安全检测】年内，区种养中心完成全区9家生产、加工配送、销售单位的农产品样品检测153 459个，合格率99.7%。其中蔬菜样品117 849个，合格率99.6%；水果样品15 530个，合格率100%；畜禽样品20 080个，合格率100%。

【“互联网+农业”工作推进会】年内，区种养中心组织召开朝阳区“互联网+农业”工作推进会，安排部署朝阳区智慧乡村建设和信息进村入户工程，围绕农业物联网应用和信息进村入户工程进行培训与宣讲。种养中心主管领导、各乡农服中心、农业园区负责人30余人参会。

【智慧乡村建设】年内，区种养中心在5个示范基地开展智慧乡村建设，完成5套机房设备、22套显示系统、40套视频监控系统、48套温室环境气象监测系统、27套温室智能通风控制系统、1套无线WiFi系统的硬件安装调试。数据全部接入北京221物联网应用服务平台。北京市城乡经济信息中心验收检查组对朝阳区智慧乡村建设项目进行检查验收，对该项目以需求为导向，注重区域特色与实际应用的做法以及应用成效等给予肯定。

【规范水产品养殖生产行为】年内，区种养中心对辖区水产养殖单位进行检查，现场宣传讲解水产品质量安全的重要性，指出养殖生产中不规范行为和养殖生产记录中存在的问题，发放宣传材料30份，养殖生产记录本、用药记录本100册。

【开展增殖放流活动】年内，区种养中心分别在东坝郊野公园、京城槐园、镇海寺公园和奥林匹克森林公园4个景观水域开展增殖放流活动。其中放流鲢鱼苗15万尾、鳙鱼苗4.5万尾、草鱼苗0.5万尾、草金鱼8 400尾，起到净化水质、美化环境的作用。朝阳有线电视台、北京日报、朝阳报进行宣传报道。

【观赏鱼创新团队项目】年内，区种养中心开展工厂化循环水养殖观赏龟试验、金鱼小池精养和中草药防治鱼病等技术试验，投入增色饲料13吨，为养殖户无偿提供金鱼苗种50万尾、锦鲤苗种5万尾。

【宣传观赏鱼文化】年内，区种养中心与启明珠江帝景幼儿园、黑庄户教辅中心、红领巾公园等单位合作，通过实物及展板展示、现场咨询、发放宣传材料和指导学生体验捕鱼等活动，开展观赏鱼进校园宣传。协助北京润泽鱼悦信息技术有限公司和郁金香温泉花园度假村组织“2017中国鱼乐嘉年华活动”。

【召开狂犬病防控工作会】年内，区种养中心与区农委、区重大办、区养犬管理办及区农业执法大队联合召开朝阳区2017年度狂犬病防控工作会。朝阳区各街乡、地区办事处主管领导及16家动物狂犬病免疫注射定点单位120余人参会。

【重大动物疫病风险评估会】年内，区种养中心召开全区动物疫病风险评估会。区农委、市疾控中心、公安朝阳分局、区农业综合执法大队、区动物疫控中心、区园林绿化、区气象局、区卫计委、区水务局等10余家单位负责人参会。

【犬防疫信息平台管理讲座】年内，区疫控中心举办犬防疫信息平台管理知识讲座，区各免疫定点单位、自免乡等100余人参加。邀请北京市农业局平台技术人员讲解平台信息管理知识。

【市农业局领导督导指挥H7N9防控工作】年内，北京市重大动植物疫情应急指挥部副部长、北京市农业局副局长马丽英一行到区种养中督导指挥H7N9禽流感疫情防控工作。

【召开村（社区）级动物防疫员培训会】年内，区疫控中心召开2017年村（社区）级动物防疫员培训会2次。邀请区疾病预防控制中心专家讲解布鲁氏杆菌病和狂犬病的防控知识。全区动物防疫人员450多人参加。

【动物检疫净化】年内，区疫控中心检疫马属动物马鼻疽、马传染性贫血1 712匹次，无阳性反应。检疫牛结核病117头次，无阳性反应。

【春秋两季动物疫病防控】年内，区疫控中心免疫口蹄疫6 338次，高致病性禽流感免疫1 188次；发放消毒药品25.43吨；喷雾器550个；防护服、口罩、帽子手套合计12.76万个，防疫工作包760个。

【狂犬病集中免疫】年内，区疫控中心组织动物诊疗定点医院对本区宠物犬完成两次集中免疫，注射免疫犬6.7万余只，并佩戴免疫标识。

【病死动物无害化处理】年内，区疫控中心接收各类死禽890只，死犬1只，废弃猪产品160千克，均无害化处理。未发生抛仍、销售、转运、屠宰加工病死动物事件。

【行政审批】年内，区疫控中心办理行政许可34项，其中动物诊疗许可证24项，特许运输证4项，兽药经营许可证5项，种子审核报告1项。

【动物疫病监测】年内，区疫控中心进行口蹄疫病毒、禽流感病毒、布鲁氏杆菌病病原检测765项次，检测结果发现通用型禽流感病毒3例阳性，H5型禽流感病毒2例阳性，H7型禽流感病毒1例阳性，其余均为阴性。监测狂犬病、钩端螺旋体、弓形虫病、布鲁氏杆菌病、马传染性贫血病、新城疫病、动物高致病性禽流感、鸡伤寒和鸡白痢、衣原体病血清学抗体 8 311 项次，监测结果全部合格。开展 10 076 项次实验室检测，监测动物样品 8 450 份。检测结果畜禽产品除 1 份β-受体激动剂、3 份四环素类阳性、2 份磺胺类可疑，其余均合格；水产品除 21 份孔雀石绿、4 份氯霉素阳性、3 份呋喃唑酮阳性，其余均合格。

【马场、赛事防疫检疫管理】年内，区疫控中心建立全区 22 家马术俱乐部 864 匹马属动物养殖档案并发放北京市动物健康免疫证；申报马术赛事 29 场，参赛马匹 2 152 匹（次）；完成比赛马匹调运检疫程序告知书等申报材料 204 份；联合街乡对马场、赛事防疫条件指导 29 次；官方兽医指导临床健康检查 11 次。

【农产品质量安全检测技术技能竞赛】年内，区疫控中心实验室 5 名技术人员参加北京市第三届农产品质量安全检测技能竞赛，分别获得一、二、三等奖；2 名技术人员参加第二届京津冀渔业协同发展联席会议水产品质量检测技术技能竞赛，获得第三名。郭睿被北京市农业局农产品质量安全处授予“北京市农产品质量安全检测技术标兵”称号。

【植物疫病普查】年内，区植保站普查黄瓜绿斑驳病毒病、瓜类果斑病面积 1 063.7 公顷，未发现疫情。

【引进生物防虫技术】年内，区植保站引进烟盲蝽防治烟粉虱示范项目，在本区永顺华、自然乐章农庄等农业基地，现场指导释放害虫天敌烟盲蝽 40 000 只、东亚小花蝽 30 000 只、异色瓢虫 5 000 只，放飞面积 12.7 公顷。

【植物调运检疫】年内，区植保站进行蔬菜种子调运检疫 48 批次 1 863 千克，未发现危险性有害生物。

【农田灭鼠】年内，区植保站完成 6 666.7 公顷春季农区灭鼠工作；完成 1 333.3 公顷秋季农区灭鼠工作；毒饵站使用面积 2 666.7 公顷。

【完善植物疫情监测点视频监控系统】年内，区植保站完善有线网络视频通信系统，使用 30 倍变焦摄像头，安装拾音器，使用 8M 专线，将监测点有线视频接入互联网。

【推广科技项目】年内，区植保站推广“朝阳区阳台蔬菜花卉植保技术研究与示范推广”项目，举办两期朝阳区阳台蔬菜、花卉植保技术培训班，购置阳台种植蔬菜、花卉用的草炭土、肥料、生物农药、花盆等用品，发放给街乡社区市民。

【蔬菜农药使用减量补贴】年内，区植保站落实北京市蔬菜农药使用减量技术示范项目，补贴对象 20 家，补贴面积 4 569.9 亩。补贴比例为：生物天敌产品补贴 90%，生物农药、授粉昆虫补贴 50%，高效低毒低残留化学农药补贴 30%。

【植物农残检测】年内，区植保站检测农贸市场、基地及配送企业、超市等 20 710 个蔬菜水果样品，合格率 99.9%。其中，蔬菜样品 527 批次、5 700 个，合格率 99.9%；快速检测水果样品 235 批次、5 010 个，合格率 100%。完成市农业局“菜篮子”区县互检工作，分别在 3 月、5 月、7 月、10 月，分 4 次对昌平、通州两个区抽检样品 266 个，其中蔬菜样品 258 个、食用菌样品 8 个。

【农药质量检测及重金属检测】年内，区植保站检测阿维菌素乳油、百菌清可湿性粉剂、吡虫啉可湿性粉剂、毒死蜱乳油等农药 30 个样品。检测蔬菜、水果 50 个样品中的铅、镉、砷等重金属参数。合格率 100%。

【落实农机购置补贴政策】年内，区种养中心落实市级农机补贴工作资金 9.24 万元，购置大中型拖拉机 3 台。

【三夏三秋及秸秆禁烧】年内，三夏、三秋全区农机作业投入机具 21 台次，培训农机操作人员 35 人次。机播玉米 56 公顷、机播小麦 8 公顷，作物秸秆全部综合利用，实现秸秆全面禁烧。

【政策性农业保险】年内，全区共有 3 家农业企业（农户）投保政策性农业保险，保费总计 217 822 元，其中市财政补贴 108 911 元，区级财政补贴 65 346.6 元、企业（农户）自缴 43 564.4 元。

村 镇 建 设

【概况】统筹利用腾退空间，推进“增绿、建绿、还绿”，推进煤改清洁能源，有效提升水环境质量，营造文明、整洁、和谐农村氛围。

【区域环境品质】801.7 亩平原造林全面实现，马家湾湿地公园和将府公园三期建设完成，萧太后河滨水绿色文化休闲廊道呈现出“水清、岸绿、景美、蕴深”的城市水岸景观，东风等 5 个环境标杆乡建设稳步推进，常营半马赛道首段投入使用，三间房绿洲家园文化休闲广场等 25 处小微绿地服务周边群众，4.3 万户“煤改清洁能源”和 3 个难点村集中供热改造工程全面完成，5 处国家、市级考核断面及 13 处出境补偿断面水质实现达标，农村地区黑臭水体治理全面完成。

【基本公共服务】新建 9 个社区，农村社区总数达到 206 个。创新基层治理方式，21 个绿色智慧平安社区、118 个社区三社一体化、38 个农民市民化工程全部完成，社区规范化建设切实加强。南磨房社区卫生服务中心新址投入运行，北京中学东坝校区等 2 所学校建成使用，10 家养老服务驿站落户农村，东风等 4 家社区卫生服务中心被评为“全国百强社区卫生服务中心”。

【社区文化服务】加强文化文明引领，2 个文化广场和 2 个乡情村史陈列室全部建成，“乡村大舞台”首届乡（村）原创歌曲活动等一批文体活动开展。平房等 10 个乡获评市级文明乡，黑庄户乡郎各庄村、王四营乡孛罗营村获“全国文明村”称号。

农村改革与管理

【概况】集体资金监管规范化有效提高，集体资产监管水平持续提升，集体资源监管成效显著，扎实推进产权制度改革，农村经管服务水平进一步提升。

【农村地区经济收入情况】2017 年农村集体经济总收入 124.3 亿元、利润 4.7 亿元，税金 1.1 亿元，同比增长分别为－0.2 ％、－49.7％、11.8％；人均所得 33 997 元，同比增长 6.7％。

【产权制度改革推进】年内，朝阳区加快推进剩余 11 个乡 60 个村产权制度改革。将台、三间房、王四营、平房、管庄、小红门、太阳宫、东风 8 个乡 44 个村改革方案获批，全面启动村级改革。将台、王四营、三间房 3 个乡 20 个村，完成劳动年限统计和清产核资等重点工作。平房、管庄、小红门、太阳宫 4 个乡 23 个村基本完成劳动年限统计，同步开展清产核资工作。高碑店、南磨房 2 个乡正在完善改革方案，村级改革进程明显加快。原太阳宫乡左家庄村完成撤制村队集体资产处置工作。

【集体经济组织年检】年内，朝阳区组织开展 2017 年农村合作经济组织登记证书（统一代码证书）年检工作。实检农村合作经济组织登记证书 197 个，年检合格率 100％。

【集体经济资产年检】年内，朝阳区组织开展 2017 年农村集体资产产权登记证年检工作。实检乡村集体经济组织 173 个，其中乡级集体经济组织 19 个，村级集体经济组织 154 个。结果显示，截至年底，区乡、村两级集体资产总额 1 308.1 亿元，其中乡级资产总额 903.0 亿元，村级资产总额 405.1 亿元。

【集体经济资金预算管理】年内，朝阳区 17 个乡 150 个村村级预算总收入 61.45 亿元，其中，主要资金来源 35.30 亿元、财政拨款金额 17.35 亿元、其他资金来源 8.80 亿元；预算总支出金额 57.23 亿元，其中基本支持 40.57 亿元、专项工程支出 13.47 亿元、资产（固定资产）支出 3.19 亿元；预算结余 4.21 亿元。

【集体经济组织财务公开】年内，区农委、区农经办研究出台《关于印发朝阳区农村集体经济组织财务公开实施细则的通知》（朝政农发〔2017〕24 号），重点规范财务收支、资产负债、土地租赁等财务公开的形式、时间和指标，进一步完善农村集体经济组织财务公开活动的管理和民主监督，切实加强农村集体经济管理。

【集体经济审计】年内，实施农村集体经济审计定期通报制度，推进审计全覆盖，2017 年度累计开展审计项目 701 项，涉及集体单位 330 个，审计金额 1 207.7 亿元。

【集体经济合同管理】年内，朝阳区农村新签、续签 475 份经济合同，履行联预审占比超过 90％，约定土地面积 3 635 亩、建筑面积 41 万平方米，年标的额 2.5 亿元，新续签合同土地亩均收益 6.9 万元，是实施合同联预审前亩均收益的 3 倍，集体收益水平明显提高。

【农民负担检查】年内，开展朝阳区农民负担秋季检查工作。结果显示，一是村级公益事业专项补助资金正常发放。2017 年全区 154 个村获得补助资金 1 848 万元。二是各村严格按照村级公益事业专项补助资金使用要求，坚持专款专用。三是坚持依法依规收费，无农民负担问题发生。

基层组织与民主政治建设

【概况】农村地区各级党组织把学习贯彻党的十九大精神作为首要政治任务，抓好“两贯彻一落实”，贯彻区委区政府决策部署，做到“态度鲜明、行动有力”，广大党员干部“四个意识”增强。

【基层干部队伍建设】严格选拔任用处级干部，打造区委“五有”型干部，严把选人用人关，配合组织部抓好二级班子换届后的动态调整，年内共调整提拔处级干部 38 人，其中提拔 9 人、调整干部 29 人；创新基层干部成长培养机制，择优选调 6 名基层优秀年轻干部到农委机关挂职锻炼；开展“千名干部下基层”活动，建立“1＋3”组织领导机制（即1个工作督导组、3个工作片区指导组），制定工作方案，做好两批、323名挂职干部的分配、培训和管理；分层分批开展干部教育培训。开创“一把手大讲堂”活动，开展讲座4次，分批分期组织基层村、社区党组织书记全员培训，增强新形势下“互联网＋”、基层治理等理念的掌握和运用。

【思想政治建设】把抓好十九大精神学习贯彻作为首要政治任务，提前制定并下发《农村系统学习领会十九大精神“个十百千万”学习活动方案》；扎实开展“两贯彻一落实”工作，通过书记主任办公会、农村工作联席会、农村城市化半年工作会等形式，传达学习、分级分类全面部署，邀请北京市社会科学院相关专家专题解读；明确农村“主战场”，坚持“四个讲清楚”，即讲清楚功能疏解新形势、讲清楚拆迁腾退硬杠杠、讲清楚群众得失两本账、讲清楚转型发展新愿景，把服务大局落实到支部具体行动上；落实意识形态工作责任制，建立区、乡、村（社区）三级责任体系，签订意识形态工作责任书300余份。加强“疏解整治促提升”正面舆论引导，组织策划新闻发布会16次，媒体集中采访350余人次，主流媒体发稿800余篇，其中央视报道1次、北京电视台报道23次、《北京日报》头版10篇、朝阳报专版9版。启动第五届十佳人物、优秀人物宣传评选和“不忘初心跟党走，继续前行奔小康”主题宣讲活动，讲好农村故事。

【党委统筹谋划】加强农村党建工作研究部署，累计召开书记主任办公会34次，其中26次研究党建工作，涉及干部调整、作风建设、风险防控等72个议题，；建立农村系统党建工作联席会机制，落实区委“一轴四网”区域化党建精神，每季度召开1次联席会，形成党委管党建、书记抓党建长效机制；打造农村地区党建交流平台，首创农村地区党群工作交流中心建设，目前一期党建成果展示任务已经完成；抓好党建重点任务落实，形成农村基层党建8类50项重点任务“进度图”。

【基层党组织建设】研究制定村干部基本待遇和基本保障实施办法，研究制定《关于规范农村基层党组织设置与职责的实施意见（试行）》；创新推进“书记项目”党建示范工程，19个乡党委书记每人认领1个区域化党建项目，纳入农村处级领导班子考核，从乡党委书记延伸到村、社区党组织书记，打造平房乡“同舟共益”、东坝乡“3＋1”党建模式、三间房乡“区域e家”等党建品牌；对154个行政村实施目标管理，涉及人员1 026人、补贴经费1 988.77万元；完成基层党组织书记述职评议考核，针对7个村软弱涣散基层组织，制定“五个一”提升机制，即1名区级领导直接联系、1家区内处级单位结对帮扶、1名乡级党政领导包村、1名区派第一书记驻村、1名大学生“村官”在村工作，建立工作台账，形成长效整改机制；抓好“两新”党组织“两个覆盖”工作，开展“党员聚拢行动”，做到“把党员找出来、把阵地建起来、把品牌树起来”，各乡坚持每两个月调度一次；开展“三级联创”，实施“护航”“深耕”行动。

【党员管理】创新推进农村系统“忠诚”主题教育实践活动，开展“忠诚、担当、先锋”大讨论、“党委书记上讲台”、干部忠诚履职承诺、党员认领“微心愿”等活动；做好农村系统45 313名党员信息采集核查工作，完成农村地区流动党员的排查工作，完善农村系统党组织和党员台账；规范党费收缴，做好农村系统留存的补交党费使用管理工作，督导各单位召开工作培训会；做好失联党员的查找和处置工作，农村系统失联党员共有591人，其中取得联系498人，纳入管理476人，正在进行停止党籍处置85人；发挥党员先锋模范作用，涌现出小武基村书记吴立华、沙子营村书记尹德胜等一批新时期党员先锋模范。

【党风廉政建设】抓好《准则》《条例》学习贯彻，深化“两个责任”落实，履行“一岗双责”，共签订党风廉政建设责任书1 165份；完善廉情小组工作机制，吸纳基层财务、经管站负责人、村（社区）纪检委员，将基层干部“两公开一承诺”情况建立廉情档案，实现“一村一档”；建设“一绿”试点网络监督平台，推进11个试点乡工作对接和培训，强化动态监控和督查督办，确保了“六位一体”任务的落实；加强集体“三资”监管，开展“1＋7”政策落实情况自查，出台集体经济组织财务公开、合同清理规范调整及村级组织负责人经济责任审计3个管理文件；开展“两为”专项治理，累计梳理群众反映的突出问题89个，加强信访矛盾排查，促进北湖渠住房困难、金盏转居转工、“小红门银湖房车”等各类问题取得实质性进展；综合运用执纪监督“四种形态”，各乡均已完成“信访举报室”和“廉政谈话室”建设，抓好“四风”整治，查处作风建设违规问题，对公车使用、公款吃喝、发放福利等进行抽查检查；加大案件查处力度，全年农村系统自查立案数 30 件，已（拟）处理 30 人，免予处分 1 人，严肃执纪问责的要求得到进一步落实；加强廉政文化建设，打造小红门廉政主题公园等廉政文化品牌，制作下发“六大纪律”动漫宣传片，开展朝阳区第二届“勤廉榜样”推选活动。

朝阳区领导名录

区委书记	王　灏
副书记	文　献　甘靖中
常委	何　明　马继业　刘军胜　史连雪　张维刚　席成坡　黄晓伟
区人大常委会主任	陈宏志
副主任	朱春霞　常树奇　胡良森　牟燕东　叶　青
副区长、代区长	文　献
常务副区长	马继业
副区长	王志勉　牛国泉　李俊杰　杨建海　李国红　刘海涛
区政协主席	陈　涛
副主席	杨树旗　张永新　王文远　连玉明　张兴凯　战春燕
区委农工委书记	张克斌
区农委主任	连文胜

朝阳区各地区办事处（乡）党政正职领导

	工委（党委）书记	办事处主任（乡长）
来广营地区（乡）	左景全	王　刚
太阳宫地区（乡）	李　华	郝宝刚
崔各庄地区（乡）	吴选辉	齐宝良
孙河地区（乡）	李　欣	李兴泉
金盏地区（乡）	陈　杰	张晓宁（女）
将台地区（乡）	宋少伟	刘　涛
东风地区（乡）	郭　君	张军茹（女）
东坝地区（乡）	黄宏春	于淑杰（女）
平房地区（乡）	寇　晔（女）	张志勇
常营地区（乡）	刘大庆	方　泽
高碑店地区（乡）	李云飞	关得志
三间房地区（乡）	张小锋	王立新
管庄地区（乡）	高永荣	万小兵
王四营地区（乡）	张　奎	邢志新（女）
豆各庄地区（乡）	贾恩松	于建国
黑庄户地区（乡）	秦　涛	顾洪涛
南磨房地区（乡）	张启顺	易湘林
十八里店地区（乡）	张宏明	姜金平
小红门地区（乡）	王小红（女）	闫　博

（朝阳区农委　管梓竣）

海　淀　区

概　述

海淀区总面积 430.77 平方公里，农村地区面积 261.11 平方公里，占全区总面积的 60.6%，辖 7 个镇、7 个地区办事处、84 个行政村，农业人口 3.8 万人。2017 年，海淀区农村在区委、区政府的正确领导下，全区农村地区积极推进农业现代化、农民市民化、村庄社区化，努力探索建设“高水平新型城镇化发展路径的实践区”。2017 年，全区农村集体经济总收入 118.5 亿元，比上年同期增长 10.7%。

农业与农村经济

【概况】2017 年全区农村集体总资产达 1 509 亿元，净资产为 597 亿元，农村集体经济总收入 118.5 亿元，净利润 15.7 亿元，农民人均所得 32 643 元。2017 年，全区农田面积 5.1 万亩（其中，菜粮果面积 4.1 万亩），主要集中在北部四镇。蔬菜播种面积 9 419 亩、总产量 1 764 万千克、总收入 3 877 万元，分别同比增长 －13.2%、－26.9%、－49.6%（主要原因：近年来，本区部分镇村蔬菜生产主要由外地劳动力负责种植，由于疏解整治，外地种菜人员都已离京，本地种菜劳力缺少，个别镇村的部分日光温室下半年基本处于恢复生产状态）。果品产量 461.99 万千克、产值 6 073.69 万元，分别同比增长－12.9%、－14.23%。其中：

主栽树种樱桃产量 74.6 万千克、产值 3 439.7 万元，分别同比增长－26.88%、－7.13%（主要受气候条件及前两年涝灾影响）。粮食播种面积 0.6 万亩，产量 208.2 万千克，分别同比增长－16%、－22%（因河道整治，水稻生产缺水，减少生产面积近千亩）。

【农事节庆活动】5 月 20 日，在上庄镇首农庄园，举办以“春风醉十里，樱桃妆海淀”为主题的海淀区第十七届樱桃文化节，期间举办画扇面、品鉴会及樱桃评比等活动；9 月 23 日至 10 月 8 日，在紫云台香草园等四个农园区，举办“尝果品鲜‘稻’海淀，采摘赏景‘绘’生活”为主题的海淀区第十六届金秋采摘节暨第三届美丽田园体验季，期间开展绘画曹氏风筝、钓螃蟹、割水稻、采摘农产品等体验活动，有北京电视台、北京广播电台、海淀台、海淀报、农委公众号等十余家媒体进行报道，较好地提升了海淀农业知名度，提高经济效益，促进农业持续、健康发展。

【农业好品牌好把式】年内，申报淀玉京西稻、四季青大樱桃等 4 个北京农业好品牌；申报上庄镇魏万和等 6 位北京农业好把式。淀玉牌京西稻、上庄镇魏万和分别被评为北京市农业好品牌和好把式。申报樱桃、草莓等 6 个品种入选《2017 年全国名特优新农产品名录》，四季青樱桃、凤凰岭樱桃被选入《2017 年全国名特优新农产品名录》。

【农业标准化基地】年内，规范农业标准化生产管理，备案复核农业标准化生产示范基地 58 个。其中，新增标准化基地 14 个，复核通过基地 44 个。

【休闲农业星级园区建设】年内，申报北京周家巷农业发展有限公司等 3 个北京市三星级休闲农业园区，目前全区共有 20 个北京市级以上休闲农业与乡村旅游星级园区，其中全国五星 3 个、四星 4 个。

【政策性农业保险】年内，全区政策性农业保险总保费 169.53 万元，参保农户 219 户次，参保面积 4 393 亩。理赔亩数 1 838 亩次，赔付农户 104 户次，赔款 130.45 万元。拨付区级保费补贴 67.812 1 万元。

【农村集体产权制度改革】推进农村集体产权制度改革。经北京市推荐、农业部与中央农办批准，本区成为全市唯一的全国农村集体产权制度改革试点单位。1 月和 3 月，中央农办领导韩俊、唐仁健先后到本区专题调研。开展村级组织账务分离试点，在温泉镇完成村民委员会与村股份社账套分设。前瞻性应对城市化进程中土地承包关系变化问题，完成土地承包经营情况调查报告，提出了整建制农转非后集体农用地经营管理办法、农田流转奖励补贴办法等配套政策。加快推进四季青镇镇级产权制度改革。

【加强集体经济监管】加强农村集体经济审计，对村级集体经济组织审计工作开展质量抽查；对审计发现问题全面梳理，促进整改措施落实到位；对征地补偿款开展专项审计。加大业务培训力度，针对镇村两级经管人员开展信息化、财务会计、股份社管理等专题培训共 6 期，培训人员 1 167 人次。

【开展农村系统落实党风廉政建设责任制情况专项检查】8 月 3—4 日，开展 2017 年度海淀区农村系统落实党风廉政建设责任制情况年中专项监督检查工作，成立专项检查工作组，赴苏家坨镇、温泉镇、四季青镇、玉渊潭农工商总公司进行监督检查。

【培训村级干部】8 月 14—15 日，举办 2017 年海淀区农村基层党组织书记轮训班，由区委农工委书记、区农委主任王桐慧主持开班仪式，区政府党组成员、副区长吴计亮作动员讲话。海淀区农村系统基层党组织书记 280 人进行了为期 2 天的培训学习。9 月 6—7 日，区委组织部、区委农工委举办了 2017 年海淀区农村基层干部培训班。海淀区农村系统 84 个行政村的村党组织副书记和村级组织后备干部共 240 余人参加了为期 2 天的培训。11 月 15—17 日，区委农工委与区委社工委联合举办海淀区社区（村）“两新”组织专职党建指导员培训班，海淀区农村系统 130 余人参加培训。

【开展学习宣传贯彻落实党的十九大精神活动】10 月 26 日，区委农工委（区农委）组织班子成员和机关全体人员及下属单位党支部书记和主要负责人，召开学习贯彻党的十九大精神动员部署会，认真学习、领会市委、区委关于学习党的十九大精神的要求和部署，对区委农工委（区农委）的学习宣传工作做初步安排。11 月 13 日，制定《农（工）委党总支关于认真学习宣传贯彻党的十九大精神的工作方案》，组织下属各单位开展党的十九大精神活动。

【完成农工委党总支及下属党支部换届选举工作】12 月 11—31 日，指导农工委党总支及下属 8 个党支部进行换届选举工作。经过前期筹备、宣传动员、人员酝酿，各党支部分别于12月26—29日完成支部换届选举工作，农工委党总支于12月29日完成换届选举工作，选出新一届总支委员会委员。

【培养新型农业实用人才】年内，在发挥已有实用人才实训示范基地功能的基础上，新增四季青镇北坞创新园、温泉镇杨家庄村采摘园、上庄镇京西稻产业园等5个实用人才示范实训基地，新增实用人才139人。本区上庄镇“曹氏风筝工艺项目”获得“2017年北京市农村实用人才优秀创业项目”荣誉称号。

【农业行业安全生产】为深入贯彻国务院和市、区政府生产和消防安全工作的重要指示精神，依法履行辖区内农业行业安全监管职责，落实农委安全责任制，2017年区农委设立安全管理委员会，制发了《海淀区农村工作委员会安全管理规定（试行）》，明确了各科室各部门的安全生产职责，落实了责任分工。

【农村地区早期防空洞治理】年内，会同区民防局、北部办、区建委（房屋鉴定）和温泉镇、西北旺、苏家坨镇政府，召开防空洞治理工作会，部署2017年防空洞隐患治理及应急处置工作。承办国务院安委会第一巡查组转来的内容为海淀区西北旺镇冷泉村南羊坊77号危房申请解决的安全生产举报案件（编号：国安巡2017-038），提出解决方案报请区政府批示后，及时落实，雨季安排危房户临时搬离，并在年内对全部8户进行了先期周转。完成白家疃村和韩家川村新增危房的勘测鉴定工作。根据目前防空洞治理现状与财政局共同对防空洞治理资金管理暂行办法进行了修订。

【疏解调控】年内，对79家不符合首都功能定位、违法建设多、劳动密集效率低的农村集体土地上的企业进行整治，涉及建筑面积152 647平方米，影响外来人口共计12 204人，完成比率占全年任务量的170.85%，超额完成全年工作任务。

【农产品安全监管】全年抽取生产基地和农产品批发市场样本1 094个送检，检测合格率99.83%。农产品生产基地和批发市场共进行了10 000个样本的快速检测，合格率98%。全年25家企业16 154.7吨农产品进行了无公害认证，实现了全区农产品无公害覆盖率达到60%以上。海淀区农产品质量安全综合质检站取得了农产品质量安全检测机构考核合格证和检验检测资质认定计量认证证书，正式承揽海淀区农产品质量安全检测任务。

【养殖业】年内，畜禽总存栏49 311头（只）。具体为：猪散养户54户，存栏10 614头；牛散养户26户，存栏1 448头；羊散养户140户，存栏3 808只；其他畜39户，存栏2 298只；养禽户535户，存栏31 143只。

【动物免疫】年内，全区畜禽重大动物疫病累计免疫351 569头（只）次。其中，禽类高致病性禽流感累计免疫141 144只次，偶蹄动物口蹄疫疫苗累计免疫99 270头（只）次，猪高致病性蓝耳病累计免疫10 925头次，猪瘟累计免疫56 621头次，小反刍兽疫累计免疫4 075只次，羊布病累计免疫4 825只次，犬狂犬病累计免疫34 709条。重大动物疫病强制免疫率达100%，确保本区不发生重大动物疫情。

【动物卫生监督】全年共检疫各类动物37 163头（只），驻场官方兽医室监督换证动物产品13 799吨；检查被监管单位761个次；执行行政处罚53起（其中，一般程序21起、简易程序32起），上缴罚没款共计318 858.44元；处理群众举报25起；查扣不合格饲料59千克，没收不合格兽药9种共计195瓶/支；监督扑杀布病阳性牛9头，监督扑杀H7N9抗体检测阳性禽9 186只；收集暂存处理病死动物45.76吨；办理兽医师执业证81个。

【疫情防控】为了确保本区不发生区域性重大动物疫病，能够对各种动物疫病作出正确研判，提高本区动物疫病防控能力；确保本区不发生动物病原微生物实验室生物安全事件，提升应急队伍人员素质，提高应急处置能力，海淀区农委于2017年10月27日开展了2017年动物疫病风险评估和动物病原微生物实验室生物安全突发事件应急演练。全年共发放宣传材料8 000份。

【绿色农业政务开放日】2017年11月7日，海淀区农村工作委员会在四季青镇一品香山农业观光园开展了以“绿色农业”为主题的政务开放日活动，邀请市民、人大代表、政协委员等30余人走进农业园区，参观了解海淀绿色农业的发展情况。海淀区委农工委书记、区农委主任王桐慧表示，食品安全无小事，海淀农委将全力以赴，发展绿色农业，保障全区农产品的安全，让市民吃得放心、安心。

【渔业】全区水产养殖水面为466亩，养殖户数23户，养殖模式以垂钓为主，养殖品种有花白鲢、草鱼、青鱼、鲤鱼、鲫鱼、罗非鱼、甲鱼等10余个品种。组织执法检查61次、联合执法4次，出动人员202人次；发放水产养殖质量安全告知书23份；发放《水产养殖质量安全告知书》《依法健康养殖承诺书》各23份；处理群众举报20起。销毁地笼140米（13个），黏网6个（约110米）。加强水产品质量安全监管，全年送检养殖水产品30个鱼样，快速检测40个鱼样，检测结果符合国家规定标准。制定了渔业环境监测实施计划，设置监测点5个，检测面积110亩，占总养殖水面的25%，共监测35次。监测水温、溶氧、酸碱度、总磷、总氮、亚硝酸盐、非离子氨、COD 8项指标，通过对以上监测数据对照分析，检测数据在国家规定的各项指标范围内。

【"5·12"防震减灾宣传】2017年5月12日，区农委组织区动物卫生监督所和区动物疫病预防控制中心在超市发上地店开展了防震减灾宣传活动。重点宣传了重大动物疫情应急管理有关法律法规和重大动物疫病防控科普知识。

【新农村建设重点工作】年内，印发了《2017年海淀区新农村建设重点工作任务分解方案》（海新城办发〔2017〕9号），通过各主责单位和协办单位的共同努力，2017年市新农村建设重点工作涉及本区的23项任务按时完成，在优化区域功能布局、着力提升农村经济社会发展水平，推行绿色生产方式、增强农业可持续发展能力，加大农村改革力度、激活农业农村内生发展动力，持续推进农民增收、保持农村和谐稳定四个方面取得了一批新成果。

【美丽乡村建设工作】年内，通过召开工作会议、电话沟通等形式，研读市级政策，通报行业计划，分析解决问题。采取调查问卷方式，详细了解村庄基本情况、困难问题，建立村庄数据库、问题库。深入镇村实地查看、入户座谈，征求镇村领导班子与村民意见，掌握村庄发展现状、村民实际需求和建设意愿。赴区内外学习借鉴美丽乡村建设好的经验和做法，明晰本区美丽乡村建设工作思路。依据市级文件相关规定，结合村庄实际情况，起草了《海淀区贯彻落实乡村振兴战略推进美丽乡村建设专项行动计划（2018—2020年）》及《海淀区2018年美丽乡村建设工作方案》《海淀区村庄准物业化管理试点工作方案》。选定温泉镇白家疃村、温泉村，苏家坨镇西小营村、柳林村和上庄镇罗家坟村、东马坊村、梅所屯村7个村作为本区美丽乡村建设试点村庄，各镇初步编制了村庄环境整治和美丽乡村建设实施方案。

【农转非工作】年内，全区农转非共计3 044人，其中整建制农转非2 682人、征地农转非327人、大中专学生农转非20人、投靠亲属农转非7人、其他农转非8人。东升镇马坊、西北旺镇东北旺和东玉河、温泉镇白家疃和高里掌以及上庄镇西马坊6个村实现了整建制农转非。西北旺镇六里屯、海淀镇树村和青龙桥等村抓紧办理整建制农转非相关手续。

【农村基础设施管理工作】年内，区相关部门组成农村基础设施工作联合检查组，每季度检查镇、村农村基础设施运行和维护管理情况，累计检查村庄192村次，印发村民调查表762份，区、镇、村投入农村基础设施养护资金共计5 848.1万元，农村基础设施管理村民满意率达到99.01%，农村基础设施运行基本正常。

【城乡一体化工作】年内，汇总上报本区城乡接合部建设三年行动计划完成情况，核实补充本区一道绿隔地区暂保企业、市属国有企业的相关数据，全面梳理一道绿隔地区在建拟建集体产业项目情况、城乡接合部改造专项任务相关数据，请示确定西苑操场地区环境整治及综合改造项目和门头、振兴2个重点村安置房项目（新增建设指标）的实施主体，会同区相关部门帮助四季青镇、东升镇、海淀镇制定统筹规划方案。

【新农村建设创新项目推荐工作】年内，共推荐本区2017年北京市社会主义新农村建设创新及重点项目共计14个，其中试点示范项目1个，村镇环境建设项目9个，都市农业发展项目3个及深化改革创新项目1个。

【"无煤化"工作】年内，通过"煤改电""煤改气"、连接周边热源、液化石油气下乡、节能门窗改造等多种方式，开展了住户和各类单位"无煤化"工作，基本实现了辖区"无煤化"的工作目标。其中：①住户"无煤化"工作：户外共建设了65个热力场站，铺设热力和燃气外管线375公里，安装变压器320余台，铺设电缆70余万米；户内为26 000余户住户安装了清洁能源设备，并实现正常供暖，包括非高压自管户22 000余户，高压自管户3 000余户，其他类住宅1 000余户。②各类单位"无煤化"工作：涉及700余个点位，其中驻区部队、市区属事业单位和企业单位等共578个点位，村集体公共服务场所近140个点位，农业设施5处，通过煤改清洁能源等方式实现了“无煤化”。另外，饮食、洗浴、住宿等服务单位以及出租大院、公寓以及“六小门店”或无证无照单位通过拆除燃煤设施等方式实现了“无煤化”。③液化石油气下乡工作：全年新增液化气使用住户1 004户；为全区30 124户籍住户（含农村地区住户和部分城镇居民住户）提供了市区补贴的优惠液化石油气121 465瓶，实现了全区炊事气化全覆盖。④住宅节能门窗改造工作：根据村民自愿的原则，对北部四镇2017年“煤改清洁能源”范围内的住宅进行节能门窗改造，完成改造7 462户。

【海淀区第二十八届农民艺术节开幕式】 12月1日，在航天城礼堂，举办海淀区第二十八届农民艺术节开幕式及文艺演出。本届农民艺术节的主题为：欢歌赞礼十九大，激情唱响新农村。整场演出汇集了舞蹈、快板、合唱、配乐诗朗诵等多种节目形式，由农民自编自演，展现了京郊农村百姓的时代风貌。节目选排突出“坚持贴近实际，重在基层，鼓励创新，节俭实效”的原则，将活动重心下移，促进乡村特色文化活动的开展，提高活动的覆盖面和群众的参与率，打造真正的“乡村大舞台”。本届农民艺术节陆续推出了一系列文化活动，切实加强本区农村地区文化建设。举办了海淀区“乡村大舞台”擂台赛，整场演出精彩纷呈，大舞台的全部节目视频报送市委农工委，参加北京市第二十八届农民艺术节优秀节目评选，其中，西北旺镇的嘻哈说唱《怀念大牛坊》荣获北京市村歌大赛三等奖并入围全国村歌大赛，参加全国村晚演出。

【水环境治理】 水环境治理效果明显。完成7条黑臭水体治理任务，新建污水管线30公里，稻香湖再生水厂投入正式运行，上庄再生水厂开工建设，完成18处规模以上排污口治理任务，南沙河水质明显改善。强化污水收集和处理，北部地区污水处理率由2016年的92%提高到2017年的94%。

【河长制】 按照全市统一部署，对河长制进行全面升级，修订出台了《海淀区全面推进河长制工作方案》，制定了河长制会议、巡查、督导等7项工作制度。在区级设立总河长、副总河长、执行河长共14位。目前，全区区、镇（街）、村三级河长202人，设立河长制公示牌265块。

【水资源管理】 全区用水指标计划下达率达到95%，完成150个节水型单位创建，推广高效节水器具54 750套。完成29个单位的自备井置换工作，置换水量321万立方米/年。启动“两田一园”高效节水灌溉工程。

【村庄腾退】 村庄腾退稳步推进，按照新政策启动了辛庄、高里掌、苏一二3个村的腾退工作，同步推进安置房建设工作。

海淀区领导名录

区委书记	于　军
副书记	戴彬彬　刘　勇
常委	肖韵竹（女）　周志军（女） 陈名杰　孟景伟 张欣欣（女）　王际祥　高念东
区人大常委会主任	刘长利
副主任	王鲁豫　臧桂武　杨　莉（女） 刘佩金　邓佑玲（女）
区长	戴彬彬
副区长	孟景伟　郑海洋　陈　双（女） 王卫明　李长萍（女） 吴计亮　刘圣国　梁　爽
区政协主席	傅首清
副主席	刘　恪（女）　丁志明 胡淑彦（女）　张维佳 王玉梅（女）　徐凤芹（女）
区委农工委书记、区农委主任	王桐慧

海淀区各镇党政正职领导

	党委书记	镇　长
四季青镇	苏国斌	陈爱清
东升镇	武　凯	张文涛
海淀镇	苏建华（女）	朱海斌
西北旺镇	赵小云（女）	马光耀
温泉镇	方海强	张洪雨
苏家坨镇	张春明	刘培宝
上庄镇	刘　涵（女）	杜陈生

（海淀区农委　侯进）

丰 台 区

综 述

丰台农村地区辖三乡两镇一地区、64个行政村、70个集体经济组织。其中，卢沟桥、花乡、南苑三乡和宛平城地区及下属47个行政村位于永定河以东，长辛店、王佐两镇及下属17个行政村位于永定河以西。全区集体土地面积150.48平方公里，占总面积（305.53平方公里）的49.25%，其中农用地74.92平方公里。农用地中，耕地3.12万亩，基本农田6 003亩，基本菜田800亩。

城乡发展一体化

【概况】丰台区通过新型城镇化改革、重点功能区和重点项目带动、重点村城市化推进、棚户区改造、整建制农转居及征地转非等途径，稳步推进城乡发展一体化进程。

【统筹推进城乡一体化】加快推进河东三乡城市化统筹试点工作，南苑乡、卢沟桥乡试点实施方案经市政府常务会审议通过，目前正在编制具体规划实施方案；花乡已纳入全市第四批城市化试点，目前已初步形成研究成果，正在加快完善中部组团规划实施方案。继续推进长辛店镇统筹利用集体产业用地试点，建立了区级联席会议制度，完成镇级联营公司组建，加快试点方案编制，已形成初步实施方案。

【稳步推进农村棚改工作】完成看丹、榆树庄、张家坟、张郭庄等村棚户区改造和环境整治搬迁6 381户，李家峪、辛庄、南苑村等村正在进行拆迁腾退。加快重点村土地上市，截至年底前已完成115.78万平方米土地入市准备，超额完成工作任务，其中槐新组团九期、八期、周庄子一期、西局三期4个项目已实现入市供地交易45.38万平方米，另外大红门一期项目15.58万平方米已由政府收储。

【积极推进农转非工作】全区累计农转非总人数1 991人。其中，长辛店村征地转非366人；河东新宫村整建制转非53人，菜户营村整建制转非1 051人；全区大中专学生转非107人；投靠亲属197人；本市农民城镇购房转非22人；其他195人。

农村经济发展

【概况】全年实现农林牧渔业总产值2.1亿元，比2016年增长22.2%。其中，农业产值8 840万元，增长10.3%；林业产值9 797万元，增长45.5%。其中，花卉产值1 101.3万元，同比下降32.4%；蔬菜产量2 926吨，同比下降39.8%。全年共实现集体经济总收入146.9亿元，同比增长21.6%。其中，实现主营业务收入120.1亿元，同比增长18.6%。实现利润3.8亿元，同比下降54.4%。应交税费9.6亿元，同比增加0.9亿元，增长10.3%。农民人均所得为29 673元，比2016年同期增加3 056元，增长11.5%。

【推进集体产业疏解和转型升级】印发了《丰台区农村集体产权市场及仓储物流设施疏解资金补助办法（暂行）》和《丰台区区属长途客运场站疏解资金补助办法（暂行）》。年内，农村集体市场完成疏解15处，涉及总面积59.93万平方米，其中拆除关停7处，总面积28.12万平方米。仓储物流疏解6处，涉及面积8.22万平方米，其中拆除关停3处，面积共计5.78万平方米。

【观光休闲农业】全区13个农业观光园全年共接待265.1万人次，比2016年增长54.2%；实现总收入1.6亿元，增长73.4%。

【种植业】年内，本区玉米种植面积898亩，蔬菜种植面积1 729亩，2011年已退出小麦种植。全区有8家无公害认证企业，认证面积1 245亩，认证产品76个；有6家市优级标准化蔬菜生产基地。

【养殖业】全区属限养地区，辖区内无规模化养殖场，仅河西地区有少数个体养殖户，养殖少量生猪、蛋鸡、奶牛和羊。

【落实政策性农业保险】年内，长辛店镇、花乡、王佐镇的8家单位对其设施及产品进行了投保，分别由中华联合财产保险股份有限公司和中国人民财产保险股份有限公司承保。保费合计443 509.3元。区财政承担保费的20%，88 701.86元（人保17 894.44元，中华联合财产保险70 807.42元）。

【无公害认证与标准化建设】年内，本区无公害种植业申报企业3家，产品19个，其中首次认证1家、产品5个，扩项认证2家、产品14个。

【加强动物防疫】落实动物防疫责任制，开展春、秋季重大动物疫病防控工作，重点加强 H7N9 流感、狂犬病等疫病防控，加强基础免疫、监测流调、预警分析、消毒灭源等综合防控措施，强制免疫密度达到 100%，实现了不发生区域性重大动物疫情的目标。

【加强依法行政和农业执法】落实农业行政执法责任制要求，强化监督执法力度，深入推进“双随机一公开”量化监管模式，开展农资打假、打击侵犯知识产权和制售假冒伪劣商品专项行动和法制宣传活动，全年共出动执法人员 1 756 人次，检查各类被监管单位 878 个次；处理群众举报 18 起，举报回复率 100%；查办各类案件 94 起，案件查办数量较 2016 年同期增长 213%，罚没款近 5.76 万元。

村镇建设

【概况】按照城乡一体化的发展要求，加强新型农村社区建设和基础设施建设，积极推进“减煤换煤、清洁空气”行动，加强美丽乡村建设。

【积极推进美丽乡村建设】年内，完成长辛店村、辛庄村、魏各庄村、佃起村 4 个村庄美丽乡村创建和市级验收工作。积极开展新一轮美丽乡村建设筹备工作，初步编订《丰台区“疏解整治促提升推进美丽乡村建设”专项行动（2017—2020 年）实施意见》和《2017—2018 年工作实施方案》。

【积极推进“减煤换煤、清洁空气”行动】年内，完成 26 个村民委员会和村民公共活动场所、552 平方米籽种农业设施以及 826 户散户的“煤改清洁能源”任务。解决农村地区“煤改电”试点工作历史遗留问题，完成“煤改电”试点村蓄能式电采暖用户增购空气源热泵和户内线统一标准升级改造工作。

【加强农村环境综合治理】年内，开展中央环保督查反馈的第 48 条农村地区城乡接合部环境污染问题整改，按要求完成年度整改任务。完成清空行动计划、秋冬季大气攻坚、农业秸秆禁烧、低速货运汽车淘汰、土污染、水污染防治等环保工作。

【完成平原造林任务】年内，完成平原造林 1 000 亩，彩叶树种造林 500 亩，林木抚育 2 200 亩的任务。完成公路河道绿化 10 公里、万丰郊野公园围栏安装。完成林下经济 160 亩，林地排涝改造 97.6 亩。持续加强集体林地的养护管理，完成森林健康经营抚育和国家重点公益林抚育项目。

农村改革和管理

【概况】积极推进农村集体经济产权制度改革，加强农村集体“三资”管理，规范农村集体产权交易，规范合同管理，提高农村管理信息化水平。

【积极推进产权制度改革深化】积极推进花乡、长辛店镇、宛平地区乡镇级集体经济产权制度改革，各乡镇建立健全了组织机构，明确了工作计划和完成时点，花乡成立了专门班子研究解决乡企流失人员诉求问题。王佐镇村级深化改革全面推进，制定了村级深化改革指导意见，8 个村都启动了深化改革，除南宫村，其他 7 个村已完成资产清查。

【积极推进农村集体产权交易】进一步规范农村产权交易管理，全年产权交易项目成交 13 宗，合同金额 22.54 亿元。

【积极推进智慧乡村建设】丰台区第二批 5 个智慧乡村建设项目完成建设并通过市级验收，分别是：卢沟桥乡视频会议系统建设和视频监控系统、王佐镇政务视频会议系统、南苑槐房村“智慧槐房”、南苑村小镇农场电商、花乡草桥村“智慧社区”。

农村民生

【概况】把改善民生放在更加突出的位置，注重弥补短板，增加公共产品和公共服务供给，促进农民增收，加强新型农民培养，完善农村就业、养老和医疗保障体系，农村民生持续改善。

【加强新型农民培养】年内，全区共培养新型农民 4 072 人，其中引导性培训 1 627 人，职业技能培训 1 136 人，特种作业和特种设备培训 651 人，中层管理人员培训 658 人，超额完成年度培训任务。

【多措并举促进农民就业】制定《北京市丰台区人民政府关于做好新形势下就业创业工作的实施意见》等惠农政策并落到实处，增加外出就业补助、劳务服务机构补贴、转移就业班车运营补贴、河西农村地区就业补贴等具有针对性的激励政策。将灵活就业社会保险补贴政策延伸至农村，进一步激发积极性，提高农村劳动力工资收入和社会保障待遇。

【提升农村医疗服务水平】5 个乡镇社区卫生服务中心均设立了全科、中医科、预防保健科，花乡社区卫生服务中心设立病床 40 张。截至年底，农村社区卫生服务机构已建立健康档案 32 万份，完成家庭医生式服务签约 14.8 万余人。

【扩展文化设施基础建设网络建设】逐步推进区、地区、街乡镇、社区村四级公共文化设施网络及“一刻钟”文化服务圈建设。推进和实施王佐镇、南苑乡等综合文化中心改造提升项目。全区农村数字影厅 67 个，农家书屋 67 家，农村共享工程点73个。

【积极推进经济薄弱村帮扶工作】认真总结前五年经济薄弱村帮扶工作，对纳入新一轮帮扶计划的 6 个村进行逐村调研，制定《关于开展经济薄弱村精准帮扶工作的实施方案》，加大经济薄弱村发展支持力度，在西庄店村的重点产业项目园区建设了光伏电站及照明装置，对沙锅村进行了整体环境整治提升，对部分经济薄弱村街坊道路实施了 LED 路灯改造项目。

基层组织与民主政治建设

【概况】农村地区党员 1.2 万人，其中农村党员 7 945 人。党（工）委 26 个，党总支 90 个，党支部 726 个。区委农工委以农村党的建设“三级联创”活动为抓手，坚持强功能、抓基础、补短板、重创新，认真落实好农村党建各项重点任务，切实履行好在农村党建领域综合协调指导的工作职责。

【加强基层组织建设】继续深化“三级联创”，在农村地区推行使用“一规两册”，实行基层组织生活全程纪实。以党支部为主体，开展“合格党支部建设规范、合格党员行为规范”大讨论。制定党支部学习活动年度安排表，形成“B＋T＋X”内容体系（即党支部基本工作、本领域系统党支部特色工作、本领域系统党支部典型做法），规范并细化基层组织生活。

【推进“两学一做”常态化制度化】扎实推进“两学一做”学习教育常态化制度化，认真贯彻落实区委印发的实施方案，以落实“三会一课”为重点，以“一规两册”为抓手，加强农村党员日常教育管理，开展内容丰富多彩的学习和党日主题活动。在七一前后，评选“两学一做”先锋，激励党员干部担当作为。在“两学一做”学习教育中，农村领域受到市级表彰的有 3 人，受到区级表彰的 32 人，先进基层党组织 7 个。

【抓好干部队伍建设】抓好村三套班子一把手、村党务专职副书记、农村后备干部、大学生村官培训，指导乡镇开展对基层党支部书记的普遍轮训。做好“第一书记”的管理工作。梳理了城乡一体化、非首都功能疏解、农村“三资”管理和党风廉政建设等农村建设相关的政策制度 85 项，汇编成册下发到每名村干部手中。严格落实基层党组织班子成员办公用房、办公用车、出国请销假、村干部个人事项申报等管理制度。

【开展专项党建调研】区委组织部、区委农工委、区民政局成立由 24 人组成的联合调研组，对 6 个乡镇（地区）和 64 个行政村开展为期 2 个月的农村基层党建集中调研，确保每村走访不少于 1 天，每个村访谈不少于 20 人，民主评测人数不少于 50 人。以调研督导的方式，有效推动党建重点任务的落实。

【建设基层党员活动阵地】依托大瓦窑村“北京市第一个农村党支部”的红色资源，打造党员红色教育“大瓦窑”基地，6 月开馆至年底接待 55 批次、2 629 人参观学习。

丰台区领导名录

区委书记	汪先永
副书记	冀　岩　钟百利
常委	张巨明　肖辉利　狄　涛 高　峰　吴继东　李正斌 李　岚（女）
区人大常委会主任	李昌安（侗族）
副主任	王建斌　王振华　李　屹 王百玲（女） 刘　颖（女，不驻会）
区长	冀　岩
副区长	肖辉利　吴继东　王新元 张　婕（女）　周新春 李春滨　张　鑫
区政协主席	刘　宇
副主席	李秀瑛（女）　连　宇 冯晓光　张兆旗(回族,不驻会) 张振军（不驻会） 徐朝辉（不驻会）
区委农工委书记、区农委主任	肖文燕（女）

丰台区乡镇党政正职领导

	党委书记	乡（镇）长
卢沟桥乡	李春生	郭新占
花乡	王　华	彭松涛

南苑乡　刘永宗　杨　云（女，回族）
长辛店镇　蔡志强　张晓东
王佐镇　陈　阳　魏　楠（女）

宛平城地区　杨　杰（工委书记）
　　　　　　薄　澜（办事处主任）

（丰台区农委　刘艳艳）

门头沟区

综　述

门头沟区辖区总面积 1 447.8 平方公里，其中山区面积占 98.5%，平原面积占 1.5%。辖区共有 9 个镇 178 个行政村。2017 年年末，全区常住人口 32.2 万人，比 2016 年增加 1.1 万人。户籍人口总户数 120 146 户，总人数 249 131 人，其中非农业人口 205 276 人，农业人口 43 855 人。户籍人口中，全年出生人口 2 710 人，死亡人口 5 768 人，人口出生率 10.83‰，死亡率 23.06‰，自然增长率－12.23‰。全年完成人工造林面积 1 866.7 公顷，全区林木绿化率 69.2%，比 2016 年提高 2 个百分点。森林覆盖率 45.7%，比 2016 年提高 2.4 个百分点。绿化覆盖率达到 44.8%，比 2016 年提高 1.9 个百分点。人均公园绿地面积提升到 29.99 平方米。

2017 年，门头沟区深入学习贯彻党的十九大精神和习近平总书记对北京重要讲话精神，认真落实北京市第十二次党代会工作要求和市委十二届三次、四次全会决策部署，按照高质量发展的要求，稳中求进、聚焦重点，结合首都西部重点生态保育及区域生态治理协作区、首都西部综合服务区、京西特色历史文化旅游休闲区的区域功能定位，突出生态涵养、旅游文化、科技创新“三大融合”，统筹推进疏功能、促改革、调结构等各项工作，经济社会保持了持续健康发展的良好局面。初步核算，2017 年全区实现地区生产总值（GDP）174.5 亿元，按不变价计算，比 2016 年增长 7%。全区实现农林牧渔业总产值 2.7 亿元，比 2016 年增长 8.2%。2017 年，全区城乡居民人均可支配收入为 45 881 元，比 2016 年增长 8.5%；农村居民人均可支配收入 23 746 元，比 2016 年增长 8.6%。农业农村经济继续保持稳中有进的发展态势。

城乡发展一体化

【概况】初步核算，2017 年全区实现地区生产总值（GDP）174.5 亿元，按不变价计算，比 2016 年增长 7%。其中，第一产业实现增加值 1.1 亿元，比 2016 年增长 18.1%；第二产业实现增加值 81.4 亿元，比 2016 年增长 7.9%；第三产业实现增加值 92 亿元，比 2016 年增长 6%。三次产业结构为 0.6∶46.6∶52.8。2017 年，全区城乡居民人均可支配收入为 45 881 元，比 2016 年增长 8.5%；人均消费支出 31 820 元，比 2016 年增长 2.4%。按常住地分，城镇居民人均可支配收入 49 682 元，比 2016 年增长 8.3%；人均消费支出 33 910 元，比 2016 年增长 2.8%，恩格尔系数为 22.5%。农村居民人均可支配收入 23 746 元，比 2016 年增长 8.6%；人均消费支出 19 649 元，比 2016 年下降 3.1%，恩格尔系数为 22.5%。

【财政收支】全区实现公共财政预算收入 29.6 亿元，比 2016 年增长 6.6%。税收收入完成 21.5 亿元，比 2016 年下降 4.4%，其中，实现增值税 9 亿元、企业所得税 4.8 亿元，增速分别为 39.6%、34.8%。非税收入完成 8.1 亿元，比 2016 年增长 53%。全区区级政府性基金预算收入完成 79.9 亿元，比 2016 年下降 14.9%。全区完成公共财政预算支出 90.2 亿元，比 2016 年增长 3%。其中，一般公共服务支出 9.8 亿元，比 2016 年增长 27.5%；社会保障和就业支出 12.6 亿元，比 2016 年增长 11.6%；教育支出 16.6 亿元，比 2016 年增长 14.4%；城乡社区支出 13.7 亿元，比 2016 年增长 6.3%；文化体育与传媒支出 3.2 亿元，比 2016 年增长 34.4%。

【投资】全区完成项目建设地全社会固定资产投资 380.2 亿元，比 2016 年增长 12.4%。完成基础设施投资 72.2 亿元，比 2016 年增长 37.3%，其中城镇基础设施投资 57.2 亿元，比 2016 年增长 32.4%；农村基础设施投资 15.1 亿元，比 2016 年增长 59.4%。完成城镇投资 361.6 亿元，比 2016 年增长 10.7%，其中房地产开发投资 246.2 亿元，比 2016 年增长 8.3%。完成政府投资 99.3 亿元，比2016年增长22.7%；完成社会投资280.9亿元，比2016年增长9.2%。完成生态建设投资12.9亿元，比2016年增长2.7%。

【工业】 2017年，全区规模以上工业企业实现产值83.9亿元，比2016年增长9.4%。都市型工业实现产值3亿元，比2016年下降33.8%。现代制造业实现产值50.5亿元，比2016年增长5.8%。资源型工业实现产值22.1亿元，比2016年增长32.4%。高新技术产业实现产值74.2亿元，比2016年增长13.3%。规模以上工业企业实现现价销售产值75.2亿元，比2016年增长8.7%。

【建筑业】 2017年，全区有资质的建筑业企业实现建筑业总产值103.4亿元，比2016年增长10.6%。其中，建筑工程产值101.3亿元，比2016年增长11.7%，安装工程产值2.1亿元，比2016年下降22.9%。房屋建筑施工面积119.4万平方米，比2016年下降43.8%，房屋建筑竣工面积23.1万平方米，比2016年下降83.2%。

【房地产开发业】 全区完成项目建设地房地产开发投资额246.2亿元，比2016年增长8.3%。房屋施工面积419.4万平方米，比2016年下降10.8%，其中新开工面积79.6万平方米，比2016年下降15.4%。房屋竣工面积61.3万平方米，比2016年下降27.5%。商品房销售面积33.1万平方米，比2016年下降63.7%，其中住宅销售面积23.7万平方米，比2016年下降57.6%。

【商业】 全区实现社会消费品零售额（产业在地口径）65.9亿元，比2016年增长6.8%。按限额标准分，限额以上企业及个体实现零售额41.7亿元，比2016年增长5.5%；限额以下企业及个体实现零售额24.2亿元，比2016年增长9.1%。按行业分，批发业实现零售额3.1亿元，比2016年增长8.4%；零售业实现零售额56.6亿元，比2016年增长6.7%；住宿业实现零售额1.4亿元，比2016年增长5.4%；餐饮业实现零售额4.8亿元，比2016年增长7.0%。

【交通运输业】 2017年，全区运输企业拥有货运车辆1 983辆，全年货运量231.9万吨，货运周转量18 041.4万公里；客运车辆985辆。

【邮电业】 截至2017年年末，全区共有邮政局所17处，其中局1处，支局3处，所13处。全年邮政业务总量7 045万元，通信业务总量8 963万元，出口函件154万件，包件3万件，汇票1万张，订销报纸累计份数963万份，杂志26万份，特快专递3万件，快递包裹17万件。

农村经济发展

【概况】 年内，全区农村居民人均可支配收入23 746元，比2016年增长8.6%。年内实现农林牧渔业总产值2.7亿元，比2016年增长8.2%。其中，农业实现产值8 900.4万元，比2016年下降5.6%；林业实现产值13 146.7万元，比2016年增长61.3%；牧业实现产值4 057.5万元，比2016年下降37.3%。乡村旅游实现总收入8 650.7万元，比2016年下降14.4%，其中，观光园实现收入3 821.3万元，比2016年下降13.8%，民俗旅游实现收入4 827.6万元，比2016年下降14.9%。

【农村经济收入】 全区农村集体经济总收入13.1亿元，同比减少2.9%。从区域分布看，门城地区主导农村集体经济转型发展，门城地区两镇实现收入7.5亿元，占全区农村集体经济总收入的57.3%。从经营层次上看，村级收入主导农村集体经济转型发展，实现收入10.4亿元，占总收入的79.4%。从产业结构上看，农村集体经济呈现三二一发展格局。三个产业的主营业务收入实现8.5亿元，其中一、二、三产业分别实现0.2亿元、2亿元、6.3亿元，分别占比2.4%、23.5%、74.1%，同比增长112%、−42.3%、2.8%。

【农村集体资产】 年内，全区积极促进生态涵养、旅游文化、科技创新三大功能的有机融合，各项改革成果、惠农政策、民生项目促进农村集体经济总资产实现120亿元，同比增长8.4%，其中镇级资产6亿元，占比5%，村级114亿元，占比95%。所有者权益68亿元，同比增长11.2%，其中镇级3亿元，村级65亿元。

【农村农业保险】 年内，农村农业保险投保工作顺利完成。其中，政策性农业保险投保规模9 971.5（亩、群），总保费259.95万元，区级补贴104.59万元；房屋保险投保7 354户，总保费44.04万元，区级补贴32.32万元；乡村干部险投保1 009人，保费20.18万元；新增的露地花卉保险共投保3 232.92亩，总保费96.99万元，区级补贴38.8万元。

【观光休闲农业】 年内，全区共有观光园66个，同比增长8.2%；高峰期从业人员902人，同比增长12%；年接待游客39.8万人次，同比增长0.7%，实现总收入 3 823 万元，同比下降 13.8%。

【民俗旅游】 年内，全区共有民俗旅游户 1 079 户，同比下降 3.8%；实际经营民俗旅游户 436 户，同比下降 5.8%；高峰期从业人员 1 097 人，同比减少 4.1%；年接待游客 65.8 万人次，同比下降 23.2%，实现总收入 4 827.6 万元，同比下降 14.9%。

【假日旅游接待】 元旦期间（2016 年 12 月 31 日至 2017 年 1 月 2 日），全区共接待游客 2.3 万人次，同比下降 4.55%，旅游综合收入 193.32 万元，同比下降 9.5%。春节期间（1 月 27 日至 2 月 2 日），全区共接待游客 10.41 万人次，同比增长 13.77%；旅游综合收入 1 087.6 万元，同比增长 4%。清明期间（4 月 2—4 日），全区共接待游客 8.62 万人次，同比增长 26.39%；旅游综合收入 607.14 万元，同比增长 42.19%。五一期间（4 月 29 日至 5 月 1 日），全区共接待旅游游客 10.81 万人次，同比增长 42.24%，旅游综合收入 759.28 万元，同比增长 75.92%。端午节期间（5 月 28—30 日），全区共接待游客 8.24 万人次，同比增长 22.44%，旅游综合收入 514.18 万元，同比增长 10.39%。国庆、中秋双节期间（10 月 1—8 日），全区共接待游客 20.18 万人次，旅游综合收入 1 496.54 万元。10 月 1—7 日，游客人数和综合收入与 2016 年同期相比分别增长 10.73% 和 13.83%。

【入选京津冀 10 条红色旅游线路】 年内，爨柏景区、冀热察挺进军司令部入围由北京市旅游委、天津市旅游局、河北省旅游委共同举办的“纪念建军 90 周年京津冀红色旅游宣传推广活动”所推出的 10 条红色旅游线路。

【被评为国家 AAA 级旅游景区】 年内，百花山自然风景区和灵水景区被评定为国家 AAA 级旅游景区，全区 A 级景区数量达到 16 家。

【农业安全执法检查】 年内，对全区农业生产经营单位进行全面安全隐患大排查，共开展安全生产领域执法检查 78 次，出动执法人员 267 人次，检查涉农企业 106 家次，农户 41 个次，发放《动物卫生监督意见书》60 件，做出行政处罚 1 件，罚款 1 000 元，发放《农业安全生产告知书》52 份，发放农业安全生产宣传手册等宣传材料 2 180 份，教育提醒农业安全生产责任主体职工 170 人次。

【农机送检下乡】 年内，深入全区 9 个镇开展“一站式”送检下乡活动，共检验农业机械车辆 103 台，发放荧光条 830 条，代上保险 92 份。

【国补机具发放】 年内，发放田园管理机 9 台，总价值 4.5 万元，按照国家补助 50%、个人自筹 50%的方式进行补贴。惠及全区 2 个镇 5 个村 7 个用户（其中，集体 4 户、个人 3 户）。

【开展农业安全宣传教育】 6 月 29 日，在龙泉镇龙泉务村开展以“加大执法监管力度，保障农业生产安全”为主题的农业生产安全宣传活动。9 月 28 日，在永定镇冯村开展了“9·28”犬狂犬病宣传日主题活动，共发放犬链、开瓶器、《人畜共患传染病风险防范》读本等宣传品 600 余份，现场解答群众关心问题 10 个。

【培训工作】 9 月 1 日，组织全区 85 名村级防疫员开展动物疫病防控知识培训活动。9 月 22 日，举办 2017 年门头沟区农产品质量安全培训会。

【开展农资打假宣传活动】 12 月 1 日，在永定镇冯村开展农资打假宣传活动。执法人员向群众广泛宣传了新《中华人民共和国种子法》《农药管理条例》等农业法律法规及如何选购优质种子、辨别真假农药、挑选优质肥料等知识，共发放宣传资料 100 余份，解答群众咨询 100 余人次。

【农业科技帮扶】 年内，研究制定《农业科技帮扶低收入村农户增收及低收入村发展工作方案》，组建种植、养殖技术服务队和 15 个科技帮扶小组并明确工作任务与要求，与 45 个低收入村逐一对接。

【重大动植物疫病防控体系建设】 年内，针对禽流感、口蹄疫和新城疫等五种重大动物疫病共实施 15 次集中强制免疫，累计免疫各种畜禽 54.38 万头，发放各类疫苗共计 314.6 万羽/只/头份，严格做到应免畜禽免疫率 100%；共采集血样 4 142 份，拭子 1 260 份，实验室监测疫病样本 17 890 份；对全区养殖场户开展流调 1 300 余次，并做好风险评估工作；加强重点疫病检疫净化，检测奶牛布病 42 头、羊布病 1 400 只，均未检出阳性。完成注册犬免疫 8 500 条。累计向全区 9 镇、大台办事处及农业综合执法队发放消毒喷雾器 35 个、消毒粉 271 箱、防疫手套 7 300 双、一次性防疫口罩 5 760 个、胶靴 394 双、注射器 18 200 个等，保证防疫物资充足。

【农产品质量安全体系建设】 年内，研究制定《2017 年门头沟区农产品质量安全工作意见》和《2017 年农产品质量安全监测计划》等，以新成立的执法队伍和检测队伍为重点，做好行政管理、执法监督、技术推广、属地监管四类责任部门责任书签订，明确监管部门和检测部门量化指标及工作要求。严格按制度程序完成农产品质量安全快速检测样本 10 000 个，区级定量检测样本 320 个，合格率均达到 100%。

【农业综合执法】年内，农业综合执法重点监管对象包括畜禽规模养殖场、动物诊疗机构、兽药经营企业、农资生产经营门店、设施农业、农机维修企业、水产养殖户等 8 类 86 家，其中，包含设施农机 47 台，渔业水域 100 余公里 7 000 余亩。全年累计出动执法人员 4 200 人次，检查监管对象 1 800 个次。其中，立案查处违法案件 38 起，已结案案件罚没款 18 306.8 元。

【金融业】截至 2017 年年末，全区金融机构存款余额达到 662.3 亿元，比 2016 年末下降 1.1%，其中单位存款 356.9 亿元，比 2016 年末下降 6.2%，个人存款 305.4 亿元，比 2016 年末增长 5.6%。全区金融机构贷款余额 164.2 亿元，比 2016 年末增长 22%。其中，短期贷款 22.5 亿元，比 2016 年末增长 14.3%，中长期贷款 141.7 亿元，比 2016 年末增长 26.1%；对公贷款 96.7 亿元，比 2016 年末增长 28.7%，个人贷款 67.4 亿元，增长 18.6%。

村镇建设

【概况】农村基础设施建设迈上新台阶，全面启动 38 个险村搬迁改造，其中 10 个村主体完工。加快推进煤改清洁能源工程，完成 11 个村煤改电工作，未实施煤改电、煤改气的村全部实现优质燃煤全覆盖。实施一事一议财政奖补项目 35 个。高标准推进清水镇百花沟域建设。集中开展农村环境整治专项行动。持续加大生态造林力度，全区森林覆盖率、林木绿化率分别达到 45.7%和 69.2%。加强河湖管理，全面落实“河长制”，启动农村污水治理三年行动计划，新建污水收集管网 40 公里，改造雨污水合流管线 5.5 公里，完成 22 个村污水处理设施建设并投入使用。改造完成 59 个村饮水设施，疏通中小河道 69.45 公里。

【险村险户搬迁】2013—2017 年，全区共计划实施险村险户搬迁涉及 5 个镇 38 个村。截至 2017 年末，共有 10 个村主体竣工，25 个村实现开工建设，3 个村全面启动前期工作。

【沟域经济】年内，重点打造清水镇百花沟域。该沟域总面积约 68 平方公里，涵盖清水镇 11 个村庄，其中低收入村 6 个、低收入户 468 户，低收入人口 841 人。

【一事一议项目】年内，全区一事一议财政奖补项目共 35 个，总投资 5 470 万元，涉及 6 个镇 35 个村，其中包括 11 个低收入村及 10 个险村搬迁村。

【传统村落保护】组织召开传统村落保护规划区级联审会，编制东石古岩村和西胡林村传统村落保护规划，对琉璃渠村、三家店村、苇子水村、碣石村、黄岭西村、爨底下村、马栏村、灵水村、沿河城村、千军台社区 10 个村庄参照公益事业建设一事一议项目程序开展传统村落保护农村综合改革项目。

【打造精品旅游村】年内，选择有条件的村落打造精品旅游村，提升乡村旅游品质及综合接待能力。其中，斋堂镇法城精品旅游村提升项目实现完工；洪水口、椴木沟（新村）、水峪嘴、炭厂 4 个村的景观提升改造项目完成招标工作。年内，王平镇东马各庄村、西马各庄村，清水镇西达摩村，妙峰山镇禅房村 4 个村落被纳入精品旅游村项目建设。

【煤改清洁能源工作】年内，全区共有 11 个村完成煤改电任务。2016—2017 年采暖季，全区累计完成减煤换煤任务 4.43 万吨，其中，减煤完成 3.14 万吨，优质型煤替代完成 1.29 万吨。

【园林绿化】年内，完成 2016 年 3 708 亩平原造林工程养护任务，全区共有林地面积 13.48 万公顷，全区森林覆盖率、林木绿化率分别达到 45.73%和 69.22%。绿化覆盖面积 1 669.64 公顷，园林绿地面积 1 589.55 公顷；绿地率为 42.78%，绿化覆盖率（含水面）为 44.82%，人均绿地面积为 62.39 平方米，人均公园绿地面积为 29.99 平方米。

【森林消防考核工作】年内，对全区 5 支中队共 140 名专业森林消防队员进行考核。

【有害生物防治】举行区林业有害生物监测测报培训班，累计发放诱捕器 436 套。

【植树工作】3 月 31 日，启动 2017 年“门头沟区绿色银行启动仪式暨首批植树活动”。4 月 1 日，区四大部门领导及各界代表 200 余人参加以“弘扬生态文明，建设宜居宜业宜游门头沟”为主题的全民义务植树活动，共栽植树木 620 余株。各界人士 2 630 余人到门头沟区义务植树点参加植树劳动，栽植树木 4 620 余株。

【京津风沙源治理工程】年内，完成 2016 年京津风沙源工程共3.5万亩，其中困难地造林8 000亩，低效林改造20 000亩，封山育林7 000亩。实施2017年京津风沙源工程10万亩，其中困难地造林2万亩，低效林改造3万亩，封山育林5万亩。

【绿化创建工作】年内，共创建首都绿色村庄4个（清水镇田寺村，斋堂镇龙门口村、东胡林村，妙峰山镇下苇甸村），首都绿化美化花园式单位3个（北京八中京西校区、门头沟公路分局—京门路基专养段、门头沟区第三幼儿园），首都绿化美化花园式社区2个（东辛房街道办事处石门营新七区、大峪街道办事处龙山一区社区）。

【果蜂产业】年内，区果蜂协会举办各类培训班12次，培训果农、蜂农、技术人员2 200余人次；组织科技下乡8次，受益总人数600余人，发放图书宣传资料9 000份。全年送检果蜂产品11个品种共100份，食品合格率100%。

【退耕还林】年内，全区保存合格面积3.347万亩，合计供应原粮167.39万千克，发放生活补助66.96万元。

【古树保护】年内，门头沟区在册古树名木1 678株，含一级312株，二级1 366株，根据上一年度对古树名木生长情况调查，列入2017年度抢救性复壮和病虫害防治项目古树名木共142株。

【林木抚育】年内，完成88 000亩林木抚育工作，包括补植、松土扩堰、割灌除草、修枝、生态疏伐、定株等抚育措施。

【水资源】全年供水（用水）总量5 009.2万立方米，比2016年下降0.2%。其中，农业用水485.1万立方米，下降5.6%；工业用水284.9万立方米，下降10.6%；生活用水2 504.8万立方米，与2016年持平；生态环境用水1 734.5万立方米，增长3%。

【水库提闸演练】5月24日，区防汛办联合雁翅镇、防汛应急抢险大队、京西发电有限责任公司，在珠窝水库举行了人工提闸演习。

【管水员培训班】11月6—7日，门头沟区管水员培训会在晨光饭店五层会议室顺利召开，全区9镇199名管水员以及各镇水务站、用水协会工作人员参加。

【河长制专项督查】11月2日，市委深改组河长制专项督查第二组到门头沟区督查河长制工作。督查组听取了门头沟区河长制工作开展情况的报告，查阅了相关资料，并实地到妙峰山镇、军庄镇和城子办事处检查了工作落实情况。

农村改革与管理

【概况】扎实开展“新三起来”工程，稳步推进农村产权交易和农村集体资产信托化经营管理工作，5个土地类项目实现签约，“富民5号”和“富民12号”信托存续金额8.51亿元，惠及农户15 446人，信托期限分别为5年和2年。对20家农民专业合作社进行专项审计，并根据审计结果对合作社评分排名。发挥农村集体“三资”监管平台实时监控和预警作用，共查看711个村次、29 278笔账目，发出预警29次，预警金额1 532.2万元。

【农村产权交易】年内，组织实施第11批产权交易项目，5个土地类项目实现签约，成交土地面积2 073.83亩，涉及租金5 497.7万元。

【合作社审计】年内，聘请会计师事务所对农民专业合作社联合会2016年度财务情况进行审计，完成联合会无纸化年检工作，并对20家农民专业合作社进行专项审计。

【“三资”监管】年内，通过农村集体“三资”监管平台查看711个村次、29 278笔账目，发出预警29次，预警金额1 532.2万元，针对预警账目进一步加强业务指导，规范农村集体“三资”财务会计管理。

【“三资”监管定期检查】年内，完成90个村的“三资”监管定期检查工作，对检查发现的问题进行梳理反馈，督促相关镇、村进行整改。

【村干部任期和离任经济责任审计】年内，对91个村91名村干部进行了离任和任期经济责任审计，其中离任审计0人，任期审计91人。审计年限为2013年1月至2015年12月，审计总金额79.21亿元。

【村级财务公开抽查情况】年内，对9个镇81个村的村级财务公开情况进行抽查。

【农村集体经济合同租金催缴】年内，开展农村集体经济合同租金催缴工作，收缴租金610.9万元，涉及合同37份。

【农民负担监督管理执法检查】年内，按照全市统一部署，开展农民负担执法检查，未发现增加农民负担等违法违规现象。

【农村管理信息化】年内，完成2016年度社会综合管理库186个村8万余人、4万余个劳动力、2.7万份家庭资料的更新工作。

【经管培训工作】年内，举办农村“三资”管理、农经统计、农村管理信息化等各类培训班14期，培训750人次。

【乡镇集体建设用地试点】年内，按照乡镇统筹、集体所有、农民持股、长期受益的发展思路，选取王平镇开展乡镇统筹利用集体建设用地及规划编制试点工作。

【国有林场改革】年内，全区5个国有林场取得区编委编制批复，编制从179人调为145人。按照“人随事走，编随人走”原则，将区园林绿化局所属小龙门、清水、马栏3个国有林场编制60人划归百花山国家级自然保护区管理处管理。

农村民生

【概况】年内，全区城乡居民人均可支配收入为45 881元，比2016年增长8.5%。其中，城镇居民人均可支配收入49 682元，比2016年增长8.3%；农村居民人均可支配收入23 746元，比2016年增长8.6%；2017年，农村居民人均工资性收入16 186元，比2016年增长7.8%，占可支配收入的68.2%，对可支配收入增长的贡献率为62.0%。2017年，全区农村居民人均红利收入672元，比2016年同期增加406元，增长153%。农村闲置的集体土地被盘活后，转让承包土地经营权租金净收入对农村居民人均财产净收入的增长也起到了积极作用。2017年农村居民人均转让承包土地经营权租金净收入234元，比2016年同期增加86元，增长58.1%。2017年全区农村居民人均转移净收入4 266元，比2016年增长14.8%，占可支配收入的18.0%，拉动可支配收入增长2.5个百分点。2017年，全区农村居民人均养老金或离退休金收入增长6.8%。2017年农村居民人均经营净收入2 124元，比2016年同期下降1.2%。其中，园林水果产量3 023.8吨，比2016年同期下降2.3%；苹果产量2 052.5吨，比2016年同期下降3.0%；京白梨产量317.4吨，比2016年同期下降3.3%。受个别景区停业、环境整治、违建拆除等因素影响，部分民俗户暂停营业，2017年民俗旅游总收入4 827.6万元，比2016年同期下降14.9%。

【农民人均所得】年内，农民人均所得实现20 167元，比2016年同期的18 203元增加1 964元，同比增长10.8%。从区域分布看，深山区、浅山区、门城地区农民人均所得分别实现15 166元、17 559元和28 056元，同比分别增长11.1%、6.4%、15.6%。从收入构成上看，农民以报酬性、经营性收入为主。农民人均报酬性收入实现7 305元，同比增长2.5%，占比36.2%。深山区、浅山区、门城地区人均报酬性收入分别实现3 413元、8 447元和10 271元，同比依次增长83.4%、10.8%、−12.8%；农民报酬性收入以从非公经济获取为主，人均实现5 934元，同比增长29.2%，占人均报酬总收入的81.2%。受益于合作社与产权交易平台的规范化发展，产权、林权、民生项目等改革红利的进一步释放，带动农民人均财产性收入实现4 419元，同比增长74.6%，占比21.9%，其中深山区、浅山区、门城地区分别为1 848元、2 363元、9 189元，同比依次增长3.8%、80%、116.8%。农民人均转移性净收入实现3 451元，同比增长38%，占比17.1%。农民家庭人均经营净收入4 992元，同比减少17.5%，占比24.8%。

【农村劳动力就业】年内，全区农村劳动力总数51 213人，同比增加3.5%，全区从业劳动力44 337人，同比增加2.3%，就业率86.6%，待业劳动力6 876人。农村从业劳动力外出择业居多，以第三产业就业为主。农村从业劳动力从就业渠道上看，从事家庭经营的6 687人，同比减少14%，占从业总人口的15.1%，以第一、第三产业为主，两个产业从业人数占家庭经营从业人数的86.6%，其中，深山区从事第一产业1 299人，占第一产从业人数的58.2%，门城地区从事第三产业1 373人，占第三产从业人数的38.6%。务工人数37 397人，其中本地务工15 087人，占从业总人口的34%，以第三产从业为主，各地区第三产从业人数较为平均，永定镇第三产从业人数最多，达2 227人；外地务工22 563人，占从业总人口的50.9%，以第三产从业为主，占外地务工人数的91.2%。从产业结构上看，农民从业以第三产业为主，第三产业就业人数达到34 984人，占从业劳动力的78.9%。

【低收入帮扶】全区共有低收入村45个，其中清水镇20个、斋堂镇10个、雁翅镇13个、潭柘寺镇2个；共有低收入农户5 725户、10 790人，涉及8个镇（永定镇无低收入农户）、124个村。年内，创新建立“六个一”帮扶机制，实现每一个镇都有1～2名区级领导干部挂帅，每一个低收入村都有1

名正处级领导具体联系，每一个低收入村都有 1 个区级帮扶单位和 1 个团支部对口帮扶，每一个低收入村都有 1 名“第一书记”和 1 名大学生“村官”参与帮扶，每一个低收入村都有 1 名全科农林技术员参与帮扶，每一个低收入村都有 1 个企业结对帮扶。研究确定了 78 个机关单位与 91 个村（45 个低收入村，46 个有低收入户的非低收入村）的结对帮扶任务。筹建“北京门头沟精准帮扶信息网”专题网站，将网站作为门头沟区低收入帮扶工作信息发布、政策宣传、成果展示及深度宣传区内优质资源的重要窗口和平台。

【低收入农户收支】年内，全区低收入农户人均可支配收入 10 578 元，比 2016 年区域内低收入农户人均可支配收入增长 16.7%。从收入构成来看，低收入农户人均工资性收入 4 744 元，增速 11.3%，占可支配收入的 44.8%；经营净收入 511 元，占可支配收入的 4.8%，增速－14.7%；财产净收入 894 元，增速 44.9%，占可支配收入的 8.5%；转移净收入 4 429 元，增速 23.6%，占可支配收入的 41.9%。低收入农户人均消费支出 8 525 元，比 2016 年同期增长 16.3%，仅为 2017 年门头沟区农村居民人均消费支出的 43.4%。

【科学技术】年内，全区组织各级科技项目 15 个，其中区级科技计划项目 9 项，市级科技计划项目 6 项。培训农村实用人才 340 人次，技术合同成交金额 1.5 亿元，认定高新技术企业 104 家，申请专利 755 项，授予专利 378 项。全区科技经费筹集总额 2 069.5 万元，科技经费支出总额 1 982 万元。

【教育】年末，全区共有幼儿园 31 所，班数 259 个，全年入园（班）人数 2 767 人，在园（班）幼儿 7 101 人，离园（班）1 563 人，教职工 1 094 人，其中专任教师 689 人。小学学校 22 所，班数 389 个，毕业生数 1 776 人，招生数 2 187 人，在校学生数 11 962 人，教职工 1 119 人，其中专任教师 891 人；初中阶段学校 11 所，毕业生数 1 513 人，招生数 1 571 人，在校学生数 4 263 人，教职工 664 人，其中专任教师 462 人；高中阶段学校 6 所，其中普通高中 5 所，毕业生数 589 人，招生数 813 人，在校学生数 2 433 人，教职工 607 人，其中专任教师 472 人；职业高中 1 所，毕业生数 41 人，招生数 13 人，在校学生数 296 人；全区高中升学率 94.3%，初中升学率 85.6%，初中毕业及格率 95.2%，初中毕业优秀率达到 50.4%。全年专科毕业 208 人，本科毕业 126 人。全年参加岗位培训 1 312 人次、参加技术培训 8 724 人次。

【文化】全区共有 247 个村居文化室，组织文艺活动次数 396 次。全年共开展不同形式演出 577 场，受众 18.2 万人次。下乡下基层辅导演出 60 余场，全年送书进村居、进学校、进军营、进企业 31 628 册，送电影下乡 11 406 场。图书馆馆藏总量达到 89.9 万册，当年新购入图书 77 428 册，办理借阅证件 877 个，流通读者 1.8 万人次。全区共有重点文物保护单位 84 个，其中，国家级 5 个、市级 8 个、区级 71 个。

【卫生】年末，全区共有医疗卫生机构 247 个，其中医院 13 个。医疗卫生机构实有床位 2 953 张，其中医院 2 446 张。全区卫生技术人员达到 3 545 人，其中，执业（助理）医师 1 225 人，注册护士 1 499 人，药师（士）230 人，技师（士）220 人。全区卫生医疗机构总诊疗量 340.2 万人次，出院人数 39 665 人。

【体育事业】年末，全区有各类体育健身场地 13 个，其中，体育馆 1 个、游泳场馆 4 个、各种训练房 8 个。全区有等级裁判 669 人，其中，国家级 5 人、一级 72 人、二级 592 人。全年组织区级比赛 50 项，参赛人数 7.5 万人次；参加市级比赛 32 项，参加全国比赛 5 项；共获金牌 62 枚、银牌 56 枚、铜牌 81 枚；向上一级体校输送优秀运动员 4 人。

【劳动和社会保障】年末，城镇登记失业率为 4.1%；年末实有城镇登记失业人员 3 730 人，5 279 名城镇登记失业人员实现就业。全区养老、失业、工伤、医疗和生育保险参保人数分别比 2016 年增长 3.3%、3.4%、3.4%、3%和 4.4%。城乡最低生活保障应保尽保，城镇、农村居民最低生活保障人数分别达到 5 317 人、1 643 人，城乡特困人数为 395 人。

基层组织与民主政治建设

【概况】扎实推进“两学一做”学习教育常态化制度化。开展党支部规范化建设试点，加强对第一书记考核管理，抓好 16 个软弱涣散村整顿转化工作。建立完善村干部待遇保障机制，制定《门头沟区关于加强村干部待遇保障的实施办法（试行）》。选拔培养村级后备干部 300 余名，1 人获评全国农业劳动模范。积极推进监察体制改革试点，深入开展

"为官不为""为官乱为"和"严肃查处群众身边的不正之风和腐败问题"专项治理。

【出台人才培养资助办法】年内，印发《"门头沟区优秀人才"和"门头沟区青年人才"培养资助办法（试行）》，明确"门头沟区优秀人才""门头沟区青年人才"培养资助项目的范围、数量、申报条件和评审程序、支持措施、经费管理及考核等内容，规范人才资助工作。经评审，共评选出王振德等10名"门头沟区优秀人才"、李明等10名"门头沟区青年人才"，评选出"门头沟区优秀人才"和"门头沟区青年人才"培养资助项目各5个。

【农村实用人才】年内，清水镇李家庄村的"北京清水云峰果业奇异莓项目"和雁翅镇碣石村的"门头沟区槐井石舍民宿设计与运营服务项目"获评北京市优秀农村实用人才创业项目。北京阿芳嫂黄芩种植专业合作社理事长陈燕、北京谷香园种植专业合作社理事长王振德被授予"门头沟区优秀人才"荣誉称号，妙峰山镇水峪嘴村京西古道景区经理张红岗、门头沟区气象局气象台副台长杨袁慧被授予"门头沟区青年人才"荣誉称号，其申报项目获得区级资助。

【全国农业劳动模范】年内，妙峰山镇涧沟村民委员会主任王德强同志被人力资源社会保障部、农业部评为"全国农业劳动模范"。

【开展村居并行社区党建工作调研】年内，针对城乡接合部地区农村拆迁上楼后基层组织架构与社区管理体制不匹配，农村治理机制与社区建设需要不适应，农民文明素质与社区生活环境不协调等问题，区委组织部、区委社会工委联合国家行政学院社会治理研究中心、中国社区发展协会成立专门课题组，对全区29个回迁村和11个回迁社区基层党组织和自治组织运行情况进行了全面调研。梳理了村居并行社区类型，剖析了问题根源，强化分类指导，提出了治理新举措，形成了"党建引领、村居共管、居民自治、统一服务"的管理新模式。

【举办"学习贯彻十八届六中全会精神"轮训班】2月13日至3月10日，在区委党校连续举办了4期"学习贯彻十八届六中全会精神"轮训班，区委书记张贵林同志做开班动员并授课，全区600余名处级干部全员参加培训，80余名各单位组织人事部门科长（部长）列席参训。

【加强村级后备干部队伍建设】制定下发《关于加强农村后备干部队伍建设的意见》，以"双向提名、三级培养"为主要原则，按照每村选派1～2名村级后备干部的标准，从本地优秀青年、回乡大学生、退伍军人、致富能人中进行公开选拔，新确定村级后备干部331人，同时通过集中学习、机关轮岗、名师带徒、实岗轮换、学历教育等方式进行培养，进一步提升后备干部整体质量。

【开展软弱涣散村集中整顿工作】年内，召开区委常委会，专题研究软16个弱涣散村党组织集中整顿工作，制定《门头沟区软弱涣散村党组织集中整顿工作方案》。

【开展基层党建创新项目评比活动】年内，开展纪念建党96周年暨基层党建创新项目评比活动，通过各基层党组织申报、各党（工）委初审等环节，全区共申报基层党建创新项目44个。其中门头沟区"加强党建助理员建设，为农村发展注入活力"项目被评为北京市基层党建创新项目孵化工程2017年度推广型项目。

【建立完善村干部待遇保障机制】年内，制定《门头沟区关于加强村干部待遇保障的实施办法（试行）》，按一肩挑4.5万元/年、村书记4万元/年、村主任3万元/年、交叉任职委员（副书记）2.5万元/年、其他委员2万元/年标准进一步规范了村干部待遇保障机制。同时，新设立区级农村干部绩效奖励资金，按照每村每年2万元的标准，由镇党委统筹使用。

【村党组织书记培训】9月20—22日，区委组织部、区委农工委联合举办"门头沟区2017年农村党组织书记培训班"。区委书记张贵林同志出席开班仪式并做动员讲话，区委常委、组织部长陆晓光同志做结业讲话。各镇党委副书记、组织委员、党建办主任，各村党组织书记、副书记共计220余人参加培训。

【第一书记培训】3月9—10日，区委组织部、区委农工委联合举办门头沟区2017年村党组织第一书记应急安全培训班，全区50名市派和区派村党组织第一书记参加培训。

【做好第一书记选派工作】自6月起，在全区机关、事业单位科级干部中开展第五批区派村级党组织第一书记选拔工作，最终共有12名同志被选拔为区派第五批村党组织第一书记，其中处级2名、科级10名。同时，市委选派7名同志到门头沟区担任第三批市派第一书记。先后组织开展任前培训、安全自救、北大经济专题班和人大党建专题班等集中培训，促进第一书记履职尽责，市区选派第一书记共计 63 人参加各类培训。

【做好干部挂职选派和接收工作】年内，共选派 24 名干部赴新疆生产建设兵团第十四师、青海囊谦县、内蒙古察右后旗、四川绵阳、河北涿鹿、湖北神农架林区等地进行挂职锻炼。接收来自新疆和田、西藏拉萨、河北涿鹿、湖北神农架林区等地的 29 名干部到门头沟区进行挂职交流。

【开展党内统计工作】截至 12 月 31 日，全区共有党员 34 855 名，基层党组织 1 380 个，其中党委 84 个、党总支 65 个、党支部 1 231 个。

【修订村规民约】3 月，全面启动 158 个村（20 个村在 2016 年已完成修订工作）村规民约修订工作。村规民约以“易记、易懂、易行”为出发点，以解决问题为导向，坚持“六大”修订工作原则（即依法依规原则、问题导向原则、群众主体原则、简单实用原则、道德规范原则、突出村域特点原则），6 月底全部完成。

【开展第一次农村民主日活动】1 月，开展第一次农村民主日活动。应到村民代表 3 523 名，实到代表人数 3 074 名，代表出席率 87.3%；上会决策议题 365 条，其中讨论通过议题 357 条，通过率 97.8%；民主评议村“两委”干部 828 名；评议村务监督委员会成员 486 名；村民代表提出建议 310 条。

【开展第二次农村民主日活动】7 月，开展第二次农村民主日活动。应到村民代表 3 460 名，实到代表人数 2 989 名，代表出席率 86.4%；上会决策议题 330 条，其中讨论通过议题 325 条，通过率 98.5%；民主评议村“两委”干部 986 名；评议村务监督委员会成员 594 名；村民代表提出建议 189 条。

【监察体制改革】年内，完成门头沟区监察体制改革，成立区监察委员会，配备区监察委员会主任、副主任、委员。区监察委员会向镇、街道分别派出监察办主任、监察组组长。

【强化执纪监督】针对采空棚户区改造、低收入精准帮扶、十九大维稳安保、大气污染防治等重点工作开展监督检查，共立案查处“为官不为”“为官乱为”及“群众身边的不正之风和腐败问题”案件 87 件。严肃查处违规占用林地、绿地养护监管不到位和违法养殖畜禽等典型案件，共问责 19 人，其中处级领导干部 10 人、科级干部 9 人；予以立案进一步审查 3 人，给予诫勉谈话处理 6 人，给予其他组织处理 10 人。

“三农”工作部署和实施

【召开农村工作电视电话会】5 月 10 日，召开 2017 年门头沟区农村工作电视电话会暨低收入村帮扶方案交流会。区领导张贵林、付兆庚、陈国才、金秀斌、王涛、张满仓，区相关单位负责同志，3 名基层典型发言代表、3 名低收入村代表参加主会场会议，各镇、村、辖区内农民专业合作社市级示范社、低收入村帮扶团支部、帮扶企业负责同志，帮扶农技员参加分会场会议。区委书记张贵林就贯彻落实中央和北京市农村工作会议精神，进一步做好全区农村工作提出要求，并对 3 个村的低收入帮扶方案进行点评。

【召开低收入农户增收工作推进会】3 月 3 日，召开 2017 年门头沟区低收入农户增收工作推进会，区四大部门领导张贵林、付兆庚、陈国才、张冰等同志，各单位及低收入村负责同志参加会议。会上，张贵林、付兆庚同志分别与相关镇党、政主要负责人签订了低收入帮扶责任书，王涛同志总结了 2016 年全区低收入增收工作、部署了 2017 年工作，相关单位进行了表态发言。

【提案建议办理】年内，共办理市人大代表建议 6 件、市政协委员提案 6 件、区人大代表建议 112 件、区政协委员提案 125 件，办复率均为 100%。

【市领导调研】1 月 5 日，市委常委、副市长林克庆到潭柘寺镇桑峪村慰问低收入户，并送去米、面、油、慰问金和新春祝福。市委农工委书记、市农委主任孙文锴，区委书记张贵林等领导陪同慰问。7 月 22 日，围绕“深入学习贯彻习近平总书记视察北京重要讲话精神，认真落实市第十二次党代会精神，推进浅山区生态涵养保护”主题，市领导蔡奇、陈吉宁、景俊海、崔述强、卢彦等同志到门头沟区调研，先后察看永定河周边绿色廊道生态环境工程、妙峰山镇水峪嘴村美丽乡村建设，并主持召开座谈会，听取相关工作情况汇报。区领导张贵林、付兆庚、陈国才、张冰、张永、彭利锋、张兴胜、陆晓光、闫中、张金玲、金秀斌同志分别参加了现场考察及座谈会。

【区领导调研软弱涣散村】5 月 9 日，区领导张贵林、陆晓光、张翠萍、王涛同志，及区相关部门负责同志到妙峰山镇陇驾庄村现场调研软弱涣散村存在问题及整顿进展，并召开区软弱涣散村整顿工作会，听取各镇关于软弱涣散村情况汇报，各软弱涣散村结对帮扶单位负责人、各软弱涣散村党组织书记及第一书记参加会议。

门头沟区领导名录

区委书记	张贵林
副书记	付兆庚　丁　勇（9月免）
常委	张贵林　付兆庚 丁　勇（9月免）　张　永 彭利锋　张兴胜　陆晓光 闫　中（女）　张金玲（女） 金秀斌
区人大常委会主任	陈国才
副主任	郑伟革　许　彪　何　渊 李　伟　张　焱（女，不驻会）
区长	付兆庚
副区长	彭利锋　张兴胜　杨雄华 赵北亭　张翠萍（女） 王　涛　庆兆珅（女）
区政协主席	张　冰（女）
副主席	张满仓　冯　飞　高连发 野京城（不驻会） 顾慈阳（不驻会） 安长生（不驻会）
区委农工委书记、区农委主任	耿新民

门头沟区乡镇党政正职领导

	党（工）委书记	镇长（主任）
潭柘寺镇	占永谦（11月免）	丁章春（4月免） 李岿然（4月任）
永定镇（地区办事处）	王　涛（1月免） 周　杨（1月任）	周　杨（3月免） 赵　威（3月任）
龙泉镇（地区办事处）	亓建军	张　伟（女）
军庄镇	付军利（女）	娄相峰
妙峰山镇	曹子扬（1月免） 丁章春（1月任）	姜春山
王平镇（地区办事处）	韩兴无（1月免） 张慧琦（1月任）	刘甫通
雁翅镇	孙东宇	张书军（3月免） 张雅利（3月任）
斋堂镇	杨少培	谢晓东
清水镇	贾卫东	崔兴珠

（门头沟区农委　符乃清）

房　山　区

综　　述

房山区设建制乡6个、镇14个、街道办事处4个、办事处1个，有居委会145个、村委会459个。2017年年末，全区常住人口115.4万人，同比增加5.8万人。其中，常住外来人口30.3万人，占常住人口的比重为26.3%。常住人口中，城镇人口31.5万人，占常住人口的比重为27.3%。2017年年末，全区户籍人口81.9万人，同比增长0.8%。

初步核算，全区2017年实现地区生产总值（GDP）679.5亿元，剔除价格因素影响，同比增长6.5%。其中，第一产业增加值13.1亿元，同比下降3.3%；第二产业增加值395.4亿元，同比增长10.5%；第三产业增加值271亿元，同比增长1.7%。全区财政收入完成244.3亿元，同比增长1.6倍。其中，一般公共预算收入完成60.2亿元，同比增长12.2%；政府性基金预算收入完成183.5亿元，同比增长3.6倍。一般公共预算支出375.8亿元，同比下降4.4%。全区区域税收完成259.3亿元，同比增长16.7%。其中，房山地区完成146.7亿元。全区实现农林牧渔业总产值35.7亿元，同比下降6.6%，粮食播种面积0.92万公顷，同比减少0.15万公顷。粮食产量4.9万吨，同比下降13.7%；粮食亩产354.2千克，同比增长1.3%。

城乡发展一体化

【概况】新型城镇化步伐加快，发展空间不断优化。对接北京城市总体规划，启动研究编制分区规划工作，开展房山新城发展战略研究以及山区人口搬迁、高教园扩区、工业用地开发利用等专项规划编制工作，编制完成“两图合一”初步方案，明确减量规划实施路径。完成全区土地利用总体规划调整完善工作，明确全区282平方公里的城乡建设空间，划定永久基本农田 18.3 万亩，启动“两田一园”高效节水 PPP 项目，完成经营性土地供应 71 公顷，全区城镇化率 71.5%。城镇建设有序推进。特色小镇建设全面铺开，长沟、阎村、城关、良乡、琉璃河、张坊、青龙湖、周口店等明确发展定位，开展规划编制，启动拆迁腾退及项目引进等工作。棚改工作加快推进，拱辰渔儿沟等 4 个项目安置房开工建设，长阳 06、07 街区和琉璃河中心区棚改项目启动，西潞街道“北三村”完成宅基地腾退，全区累计有 31 个村、7 451 户实施棚改和村庄改造。城市承载力稳步提升，轨道交通燕房线通车运营、支线开工建设。千榆路正式通车，南水北调巡线路、昊天大街等道路建设稳步推进。5 座集中供热中心清洁能源改造完成，铺设燃气管道 125 公里。垃圾分类回收和再生资源“两网融合”试点工作进展顺利，垃圾分类达标小区 134 个，建成建筑垃圾资源化项目。制定新版“智慧房山”建设方案，电信网、广播电视网、互联网“三网”融合步伐加快，城市管理网格化平台试运行，长阳城市管理与服务信息化平台投入使用。

【农村村庄类型统计工作完成】为进一步推进农村村庄地籍调查及宅基地的确权登记发证工作，夯实农村基本情况摸底的基础，房山国土分局组织全区各乡镇、街道，利用两周时间开展农村村庄类型统计工作，截至 2 月 24 日，该工作基本完成。此次统计主要依据房山区土地利用总体规划、房山区新城规划及镇域规划、村庄规划、村庄体系规划；统计类型包括城镇化整理型、迁建安置型、保留发展型三大类；统计范围包括全区 23 个乡镇、街道办事处，共计 459 个村庄。

【城乡环境综合整治见成效】年内，房山区对 119 个村庄和 22 条大街进行全面整治提升，巩固提升美丽乡村建设成果。清理垃圾渣土 9.9 万余吨、乱堆乱放 5 428 处、拆除私搭乱建 422 处、清理占道经营 1 517 处、违规破损广告牌匾 960 处，修补道路 19 万平方米，增加配套设施 2 950 处，增加绿化美化 21.5 万平方米。涌现出拱辰街道罗府街和大石窝镇辛庄村一批典型。完成周口店猿人遗址周边、长沟镇府前街、红南路提升工程，重点区域环境实现进一步提升。

农村经济发展

【概况】加快现代农业发展，良乡镇、窦店镇分别被列入第二批国家现代农业产业园和北京市现代农业产业园创建名单，相关工作正在统筹推进。葡萄酒产区种植面积 2 万余亩，已建酒庄 24 家，18 家酒庄进入葡萄酒生产和试生产阶段。举办 2017 北京房山国际葡萄酒大赛。莱恩堡等 10 家农业企业认定为第三批区级农业产业化龙头企业，累计达到 23 家，市级以上龙头企业 18 家。首诚、燕都泰华、卓宸、燕都中原获“北京企业好品牌”称号；格瑞拓普获“北京产品好品牌”称号。琉璃河镇周庄村食用菊花获全国“一村一品”示范村和北京市特色专业示范村称号。对 10 家休闲园区实施提升工程，组织周口店镇天毓山庄等 5 家休闲园，开展北京市星级休闲农业园区创建工作。推进农业政策性保险愿保尽保，全区开展政策性农业保险业务的保险公司 6 家，开设险种 33 个。保费收入 4 436 万元，参保农户 10 964 户次；向 4 309 户次农户支付理赔款 1 921 万元。

【房山区植物保护站获全国农牧渔业丰收奖】2 月 20 日，房山区植物保护站在“北京蔬菜绿色高效生产技术集成与推广应用”工作中，被中华人民共和国农业部授予 2014—2016 年度全国农牧渔业丰收奖的农业技术推广成果一等奖。

【农药生产企业检查】4 月 5 日，房山区植物保护站和北京市农药检定所农药管理科共同对房山区农药生产企业进行执法检查。检查重点一是核查是否存在无证、假冒农药登记证生产农药产品的行为；二是检查成品库房内的待销农药产品标签是否合格；三是检查生产经营档案等相关资料是否完善；四是对农药生产企业开展法律法规和政策宣传。随机抽查东旺农药厂 3 种农药标签，全部合格，未发现违规生产行为。

【农区灭鼠】4 月 10 日，房山区植物保护站启动农田灭鼠工作。组织干部职工到北京慧田蔬菜种植专业合作社开展春季灭鼠示范。按照农药减量的原则，灭鼠毒饵站投饵量 4 克/个，示范区灭鼠面积 200 亩，布放毒饵站 300 个，发放毒饵 3.6 千克。房山区灭鼠面积 6 万亩，其中保护地灭鼠面积 1.5 万亩，放置毒饵站 3 万个。防治效果 90%。

【上方山林场获全国“十佳”林场称号】4 月 18 日，在重庆召开的中国林场协会第四届二次常务理事扩大会上，上方山林场获 2016 年度全国“十佳”林场称号。

【农机示范推广】4 月，房山区农机所协助市农机试验鉴定推广站在窦店镇河口村、琉璃河镇西地村等农机服务组织示范点进一步建立和完善农机服务组织建设工作，进行设施农业蔬菜生产农机试验示范、推广工作。包括旋耕、起垄、秧苗移栽、深耕、蔬菜精密播种等多项机械化作业。5月，在琉璃河镇周庄村慧田蔬菜种植专业合作社进行环保增效雾化剂及配套新型雾化机的试验示范工作，配套的新型雾化机具有省力、效率高、烟雾细微、弥漫均匀、不留死角等优势，单人操作可达到60～90亩/小时，是发展绿色无公害蔬菜最理想的配套机械。7月，在琉璃河镇庄头村北京金利农机服务专业合作社进行鲜食玉米精量播种技术的试验示范，同步举办现场演示会1次。引进两行气吸式免耕玉米播种机，可以在未耕地或有少量作物残茬覆盖地上，一次性完成侧深施肥、开沟播种、覆土镇压多项工序。9月，在窦店镇窦店村进行种肉牛青贮饲料收获机械化技术试验，青贮亩产量达到4 500千克，采用约翰迪尔7250型青贮饲料收获机进行作业，对收获质量、油耗、作业速度等指标进行测试，进一步掌握种肉牛青贮饲料收获机械化作业相关指标参数，提高青贮饲料收获质量。

【农药质量抽检】5月3日，房山区配合北京市农药检定所开展房山区农药质量安全情况抽查。共抽取房山区5家农药经营店的23个农药样品进行质量检验，随机抽查农药标签79个。房山区植物保护站农药执法人员积极配合，协助取样，对经营单位进行执法检查，重点检查经营店内是否经营国家禁限用农药、假冒农药登记证、无农药登记证及擅自修改标签内容的农药产品。检查过程中，对1家经营农药标签不合格产品的经营单位进行现场处罚。

【联合督导检查组检查房山农药市场】5月24日，房山区植物保护站配合京津冀农药联合督导检查小组对房山区的北京宏联物资有限责任公司、北京森鑫森果林医院两家农药经营单位进行检查。重点检查有无批发销售禁用农药、假劣农药、未取得农药登记证的农药（包括无农药登记证农药、假冒农药登记证号农药、登记证超过有效期限）以及标签严重违规农药产品。

【小麦产地检疫】6月1—30日，房山区植物保护站受理2家小麦种子生产企业产地检疫申请，开展小麦籽种田产地检疫。田间踏查地块15块，累计调查小麦籽种7个品种3 670余亩，总产146.8万千克，室内检测10个小麦品种，未发现检疫对象。

【北京市拒马河流域增殖放流活动暨“全国放鱼日”活动在房山区举办】6月6日，北京市农业局在房山区拒马河流域举行2017年北京“放鱼日”活动。农业部国家渔业渔政局、水生野生动植物救护中心、北京市农业局相关领导参加放流活动。此次活动主题为“放流濒危保护鱼类　改善水域生态环境”，共放流北京市二级保护鱼类多鳞白甲鱼5万尾，为修复拒马河水系河湖生态平衡、改善首都水域生态环境奠定了基础。多鳞白甲鱼是具有北京市地理标志性的动物，生活在拒马河保护区内，具有重要的研究和经济价值，近几年资源锐减，已近濒危，经几次放流恢复试验并取得一定成效。

【高产创建】6月14日，市农业技术推广站小麦专家对窦店镇窦店村二农场的小麦籽种田进行实收测产。窦店二农场面积253亩，选用良种“良星99”；收割机实收测产3.27亩，平均亩产678.2千克，仅次于2014年创造的历史最高纪录681.8千克，高于2016年创造的673.8千克。

【渔业资源保护专项执法行动】6月15日，房山区农业局联合区水务局水政监察大队在小清河、刺猬河及哑叭河流域开展了联合执法检查。检查中，发现并制止非法捕捞行为4起，现场对当事人及水域周边休闲纳凉的群众进行了相关法律法规的宣传，发放宣传材料50余份。进入汛期以来，房山区渔政站先后对拒马河、大石河、小清河、刺猬河等重点水域开展执法检查8次，累计出动执法人员36人次，其中联合执法行动3次，出动执法人员21人次。

【科技下乡暨健康养殖技术现场会】6月16日，房山区农业局水产技术推广站在石楼镇举办渔业科技下乡暨健康养殖技术现场会，石楼镇、琉璃河镇、窦店镇等周边养殖户50余人参加活动。活动现场观摩了北京中科天利水产科技有限公司的“池塘浮式循环流水养殖系统”和“生态浮床治理池塘富营养化技术”，为养殖户讲解了该套养殖系统高效、节能、减污的技术原理，并解答养殖户的问题疑惑，活动后发放渔业专业书籍150余册，水质分析试剂盒200余盒。

【上方山国家森林公园被评为全国森林康养基地试点单位】6月20日，上方山国家森林公园被中国林业产业联合会评为全国 99 家森林康养基地试点建设单位之一，也是北京市唯一一家森林康养基地试点建设单位。

【周庄村（慧田菊花）被认定为第七批全国“一村一品”示范村镇】6 月，房山区琉璃河镇周庄村（慧田菊花）被认定为第七批全国“一村一品”示范村镇，截至 2017 年，房山区有全国“一村一品”示范村镇 9 个。

【房山区绿控工作站揭牌暨蔬菜病虫害全程绿色防控服务合作签约】7 月 26 日，房山区在窦店镇泰华芦村举办“北京捷西农科房山绿控工作站揭牌仪式”和“北京捷西农科与泰华芦村种植专业合作社蔬菜病虫害专业化全程绿控服务合作签约仪式”。

【部署拒马河水生野生动物自然保护区管理工作】8 月 24 日，房山区召开拒马河水生野生动物自然保护区管理工作部署会。区环保局、区水务局、区国土分局、区工商分局、区园林绿化局、区旅游委、区查违办、区广电中心以及张坊镇、十渡镇参加会议。会议就保护区管理工作做出全面部署，下发《关于引发〈关于加强拒马河水生野生动物自然保护区管理的工作方案〉的通知》，成立保护区管理工作领导小组，由副区长于吉顺担任组长，区农业局、区水务局、区环保局局长和十渡镇、张坊镇镇长担任副组长，负责统筹推进保护区管理工作。会议进一步明确保护区管理工作的总体目标、时间安排和各单位职责分工，并研究制定下一阶段保护区管理工作的重点。

【景观农业】8 月 24 日，北京市农技推广站专家对房山区周口店镇娄子水村景观农业进行调查。娄子水村大力发展特色农业，将农业与景观结合起来，有效地促进当地产业发展。该村主要种植苹果树、桃树等果树以及玉米、谷子、大豆、甘薯等粮食作物。通过实地参观和调研，专家们对娄子水村的景观农业建设表示了充分的肯定。

【渔业养殖技术推广】8 月，房山区围绕“健康、生态、节水”养殖技术开展推广服务工作。一是到田间地头举办“科学合理用药”“健康养殖技术”“微生态制剂应用”等主题现场观摩活动，向来自周边乡镇的养殖户 50 余人宣传生态环保养殖技术，发放宣传书籍 500 余册，引导养殖户树立科学健康养殖理念；二是在区域内推广“生态浮床技术”“中草药应用技术”“微生态制剂技术”等实用节水技术，示范“浮式循环流水养殖模式”等，推广示范面积约 1 500 余亩；三是技术人员定期入户指导实用技术、模式应用的注意事项，跟踪采集鱼苗生长、水质管理等信息，收集养殖户应用后的意见反馈等。

【“清网”行动】9 月 3 日，房山区结合前期摸排情况，集中人力、物力开展联合水上执法行动，坚决制止和打击非法捕鱼行为。22 时许，区水务局出动 15 人、快艇 2 艘、执法车 2 辆，采用水陆结合方式对南北库区进行突击巡查，到达库区抓获使用橡皮艇非法下网捕鱼人员 3 名，没收渔网 30 张、捕鱼工具 1 套，并对违法者进行严厉的批评教育。

【房涿秋季联合执法检查】9 月 8 日，房山区和涿州市农业执法人员开展市场联合执法检查。检查房山区大石窝镇、长沟镇、涿州百尺杆镇种子销售门市，出动执法人员 10 人次，市场遵纪守法销售情况良好。进行检疫监测技术交流，参观学习“闪讯”害虫远程实时监测仪的使用情况。

【养殖业疏解清退专项工作】截至 9 月 20 日，房山区各乡镇就养殖业疏解清退专项工作方案的要求，在进行摸底调查，建立禁（限）养区内畜禽养殖场（户）清退台账的基础上，有序开展畜牧业疏解清退工作。经初步统计，全区清退畜禽养殖 1 048 场（户），清退畜禽养殖共计 435 541 头（只），完成任务量的 97%。

【屠宰企业安全生产大检查】9 月 21—22 日，房山区农业局、区商务委联合开展安全生产检查工作。此次检查涉及区内 4 家畜禽屠宰企业，重点对各企业屠宰工艺流程与设备操作规范、突发状况应急处置预案制定及水、电、气、制冷设备、畜禽产品兽药残留、易燃易爆危险品等突出内容加大排查力度。工作人员要求企业负责人要高度重视安全生产工作，严格按照规章制度开展生产经营活动，做好日常安全生产工作。检查中，工作人员对存在的安全隐患逐一提出了改进意见。同时，明确畜禽屠宰企业负责人为安全生产第一责任人，企业内设立的安全生产管理人员及特种作业人员需经培训后持证上岗，确保绝对安全生产。

【北京林业国际科技创新示范基地战略合作签约】9 月 29 日，国家林业局科学技术司、北京市科学技术委员会、北京市园林绿化局、北京林业大学、中国林业科学研究院、房山区人民政府 6 家单位在房山区举行北京林业国际科技创新示范基地战略合作签约仪式。

【兽医实验室通过考核】10月24日，房山区动物疫病预防控制中心兽医实验室通过市农业局、市疫控中心、市监督所专家组的现场考核。专家组听取了房山区疫控中心关于兽医实验室硬件建设、质量体系运行等情况的汇报。现场查看了实验室基础设施、环境条件、设备配备、实验室管理制度、程序文件、生物安全手册等相关内容，随机抽查了设备、人员档案和检测报告，并对实验室从业人员进行了理论知识和现场实际操作考核。专家组认为房山区动物疫病预防控制中心兽医实验室所有考核关键项内容均符合要求，具备了对口蹄疫非结构蛋白抗体-ELISA试验等15项动物疫病的检测能力，同意通过兽医实验室考核，建议上报北京市农业局审批。

【窦店现代农业产业园获批】10月，北京市农村工作委员会、北京市财政局联合下发《关于批准创建第一批市级现代农业产业园的通知》。经乡镇政府申请、区级推荐、专家评审、现场答辩等公开竞争选拔程序并进行公示，正式批准房山窦店现代农业产业园创建第一批北京市级现代农业产业园。房山区窦店镇现代农业产业园创建范围包括窦店村、芦村、河口村等25个行政村，总面积5.58万亩。产业园北至窦店镇城区，东至小清河岸边，南邻琉璃河镇，西至大石河。围绕蔬菜和肉牛两大产业，统筹“科技研发、生产示范、加工转化、农业服务”四大核心功能版块，规划打造“一核一轴·两翼多园”的空间发展布局，其中，“一核”为窦店村核心区，“一轴”为设施农业发展轴，“两翼”为小清河景观农业东翼和大石河景观农业西翼。

【冬季水域安全联合检查】11月21日，房山区对拒马河水生野生动物自然保护区开展拉网式联合检查。此次检查，共计出动渔政、水政等相关工作人员12人，查获并销毁违法捕捞网具地笼约500米，并向周边村民发放宣传材料60余份。房山渔政部门继续加大自然水域执法力度，做好河湖水域渔业资源的保护工作。

【饲料生产企业涉爆粉尘隐患专项督查】11月，房山区农业局开展了为期1个月的饲料生产企业涉爆粉尘隐患专项督导检查工作。成立区农业局饲料生产企业安全生产督导组，明确分工，细化职责，紧绷安全弦，高标准、高质量地落实此次督导检查工作。召集12家饲料生产企业负责人召开“饲料生产企业涉爆粉尘隐患专项督导检查工作部署会”，进一步明确此次督导检查的目标及任务。开展安全隐患排查工作，重点对安全管理制度、应急处置措施、预案建立、演练执行及粉尘作业场所通风、除尘、照明、检测检验、防爆、隔爆、抑爆、消防设施等安全设备设施的设立及操作使用规范等情况进行了检查。并要求严格作业场所火源管控，杜绝明火产生。督导检查期间，排查整改警示标识未按规定悬挂、用电隐患及杂物堆放堵塞消防设施通道5起，确保此次督导检查取得实效。开展安全生产事故警示教育活动，通过开展专题教育，播放安全生产警示片，强化生产经营者主体责任和诚信意识，进一步推动安全生产工作。

【水产品送检、自检任务完成】12月，房山区水产技术推广站按计划完成水产品质量安全送检、自检任务。同时，加大中草药、微生态制推广应用、水产养殖法律法规宣传工作，切实做好水产品日常安全生产监管，加大渔业生产服务保障力度。全年累计完成北京市水产技术推广站抽样送检任务53个；房山区农业环境和生产监测站抽样送检任务120个；房山区水产技术推广站自检任务500个。抽样品种涉及鲟鱼、虹鳟、鲤鱼、草鱼等，检测项目为孔雀石绿、氯霉素、硝基呋喃类代谢物等，通过市、区级检测、监测共计完成水产品药残定量检测173个，定性检测500个，未发现水产品药残超标现象，为保障本区水产品质量安全奠定了基础。

村镇建设

【概况】美丽乡村建设全面启动。以农村环境整治为抓手，推动疏解整治促提升专项行动向纵深延伸，明确“干干净净、整整齐齐”的初期目标，确定“整治为先、拆违治乱、弥补短板、健全机制”思路，启动农村地区“百村整治”和“达标大街”创建工程，坚决拆除侵街占道、私搭乱建，着力加强以污水和垃圾处理为重点的“六网”基础设施建设，完成抗震节能改造1万户，创建大石窝辛庄、周口店黄山店、青龙湖漫水河等一批示范村。加速山区转型发展，重点打造霞云岭绿海红歌沟域，围绕“红色文化”“绿色经济”两大主题，推进环境整治、基础设施、生态建设、新村民居和特色产业五项工程。种植黄芩约6 000亩，带动约1 000户农民，举办房山区首届采茶节以及第三届冰雪节、首届全国攀冰锦标赛。霞云岭乡实施 50 户民俗接待改造；北京首旅寒舍文化旅游发展股份有限公司在上石堡村，将 20 个院落改造成乡村高端民宿酒店；北京韩建集团有限公司正在石板台村对 30 座宅基地和 89 间旧房屋进行民宿开发。继续打造“要登山到房山”的登山休闲品牌，新修 5 条步道 2 万米，全区总数达到 43 条，长度 325 公里，初步形成网格化布局。发展山区替代产业，在 5 个乡镇扶持新发展杏、脆皮核桃等干鲜果品种植 340 亩。种植金银花、杜仲等中药材 428 亩。加大传统村落保护。南窖乡水峪村 2016 年被市确定为北京市传统村落保护利用 2 个试点村之一，2017 年基本完成水峪村传统村落保护修缮实施大纲和实施方案的编制工作。南窖村 2016 年被住建部评为“第四批中国传统村落”，2017 年列入中央财政支持范围。南窖村和水峪村传统村落数字博物馆建馆工作，完成电子档案并录入中国传统村落数字博物馆。组织 3 个村申报第五批中国传统村落。2017 年，全区水资源总量 4.1 亿立方米。全年平均降水量 605.4 毫米。年末大中型水库蓄水总量 1 129.56 万立方米，比 2016 年年末少蓄水 40.4 万立方米。全区总用水量 2.82 亿立方米，比 2016 年下降 2.92%。其中，生活用水 0.89 亿立方米，增长 4.8%；生态环境补水 0.49 亿立方米，增长 10.8%；农业用水 0.71 亿立方米，下降 17.3%。2017 年，全区生活垃圾清运量 42 万吨，生活垃圾无害化处理量 42 万吨，无害化处理率（根据垃圾清运量计算）为 100%。2017 年，全区大气主要污染物细颗粒物（PM2.5）累计平均浓度为 58 微克/立方米，同比下降 23.7%；可吸入颗粒物（PM10）累计平均浓度为 89 微克/立方米，下降 6.3%；二氧化硫累计平均浓度为 9 微克/立方米，下降 35.7%；二氧化氮累计平均浓度为 39 微克/立方米，下降 27.8%。二氧化硫、氮氧化物、化学需氧量、氨氮主要污染物排放量分别下降 35%、26%、18%、12%。2017 年，完成人工造林面积 3.07 万亩，其中，平原造林 660 亩。2017 年年底，全区公共绿地面积达到 1 683.15 万平方米，比 2016 年增加 20.2 万平方米；城市绿化覆盖率达到 49.28%，比 2016 年提高 0.16 个百分点。

【农业生产领域“煤改清洁能源”调查工作会】 1月16日，房山区召开 2017 年农业生产领域“煤改清洁能源”调查工作会。按照北京市对 2017 年农业生产领域“煤改清洁能源”和“减煤换煤”工作的总体安排，确保实现全区农业生产领域“无煤化”目标，开展农业生产领域“煤改清洁能源”需求调查。会上，区农业局、区种植中心分别就设施蔬菜、畜牧、水产设施需求调查工作进行安排部署。

【2017 年农业生产领域“煤改清洁能源”项目启动】 9 月 13 日，房山区召开 2017 年农业生产领域“煤改清洁能源”项目启动会，正式启动农业籽种设施及使用燃煤取暖农业设施的“煤改清洁能源”项目。区农业局、区农委、区财政局、区种植中心、有关乡镇主管领导及有改造意愿的农业企业或农民专业合作社负责人参加会议。会议解读《房山区 2017 年农业生产领域“煤改清洁能源”工作推进指导方案》，公布了项目工作流程，进一步明确了支持政策、主推技术、补贴标准、申报条件、责任分工等。2017 年房山区农业生产领域“煤改清洁能源”项目，主要是对 25.31 万平方米的农业籽种设施实施“煤改清洁能源”改造和 26.7 万平方米现有使用燃煤取暖的农业设施外墙进行保温改造。主推热泵、蓄能式电加热、太阳能增温＋辅热、自然余热利用＋辅热等技术。取暖设备购置给予 20%补贴（最高不超过 65 元/平方米），外墙保温给予 30%补贴（最高不超过 27 元/平方米）。

【全面推进河长制工作会】 9 月 14 日，房山区召开全面推进河长制工作会，传达贯彻中央、市级河长制精神，进一步统一思想，提高认识，明确目标，凝聚合力，全面推进河长制工作。区委书记、区级总河长曾赞荣出席会议并讲话，区委副书记、区级副总河长李江主持会议。会议宣读房山区区级河长名单。经八届区委常委会第 27 次会议讨论决定，曾赞荣任区级总河长，区委、区政府各领导分别担任总河长、副总河长、主要河湖水系的区级河长。会议传达中央、市级河长制精神并对全区进一步全面推进河长制工作进行了详细部署。提出围绕“三查、三清、三治、三管”，突出与“疏解整治促提升”相结合，抓保水；与市委、市政府签订的重点工作责任书相结合，抓治污；与“美丽乡村”建设相结合，抓增靓；与环保督查及纪检监察工作相结合，抓落实。进一步明确了各级河长职责，提出加快推进“一河一策”治理，要不断完善河湖管理保护长效机制。随后，十渡镇镇级河长、窦店镇村级河长分别进行交流发言。区领导刘兵、于波、魏广勋、王明哲、翟东、陈广利、廖春迎、于吉顺出席会议，全区各乡镇（街道）、村各级河长及有关部门负责人参加会议。

【房山区河长制7项制度出台】 10月20日，房山区印发试行《房山区河长制会议制度》《房山区河长制巡查制度》《房山区河长制信息报送制度》《房山区河长制信息共享制度》《房山区河长制督导检查制度》《房山区关于对各街道（乡镇）全面建立河长制的验收办法》《2017年房山区河长制考核细则》7项河长制工作制度，房山区全面推行河长制制度体系初步建成。7项河长制工作制度的出台，为河长履行职责、开展河长制工作督察与考核、规范河长制工作信息报送、实现河长制信息共享、组织开展全面建立河长制验收等工作提供制度保障，为顺利推行河长制奠定基础。

【增殖放流工作完成】 11月7日，房山区2017年度增殖放流工作任务完成。区渔政监督管理站全程负责放流苗种的检查、验收，确保放流苗种质量。本年度秋季增殖放流水域为崇青水库、龙门口水库、鸽子台水库，共4 600余亩水面，投放优质苗种39万尾，其中包括鲢鱼、鳙鱼、草鱼、青鱼。放流工作完全依照程序进行，充分保证了将优质苗种投放到指定放流水域，成活率达到99%以上。

【高效节水器具推广项目完工】 11月13日，房山区高效节水器具推广项目完工，为拱辰街道、阎村镇的7个老旧社区安装节水花洒3 597套，该项目中每个花洒年节水量达6吨，全年可节约生活用水2.1万吨。此次工程通过第三方以10%比率抽样调查，入户安装率100%，居民满意度100%。

【农业生产领域“无煤化”工作】 11月，区农业局采取四项措施做好农业生产领域“无煤化”工作。一是制定检查工作方案。制发《房山区关于开展平原地区农业生产领域“无煤化”检查工作方案》，明确工作目标及检查的时间、范围、内容、方式等。二是成立检查组。区农委、区农业局、区种植中心联合成立8个检查组，2017年10月至2018年3月底，集中对全区15个平原乡镇295个村的农业设施大棚、畜禽养殖场（户）、水产养殖场（户）的炉具、存量燃煤、安全生产、清洁能源改造等情况开展地毯式检查。三是明确责任分工。副职领导明确责任乡镇，科室人员明确责任村，乡镇农业科、防疫站、防疫员、全科农技员全员对接责任村。村级每天巡查，镇级每周巡查一次，区级两周巡查一次，并做好检查记录。四是建立双考核机制。即同时考核乡镇政府及检查人员，将农业设施大棚、畜禽养殖场（户）、水产养殖场（户）不使用燃煤取暖情况纳入区政府对乡镇政府的年底考核，作为乡镇政府年底评优的重要依据；检查工作落实情况纳入责任领导、包片干部年底评优，实行“一票否决”；燃煤锅炉、炉具与防疫员、全科农技员的工作挂钩，责任范围内出现3个炉具或燃煤现象，取消任职资格。

【东沙河治理工程完工】 东沙河治理工程治理范围为东沙河燕东路暗涵出口至入大石河口桥段，治理河道长度约6 164米。主要建设内容为：疏挖护砌河道2 398米、清淤河道3 766米、新建跌水2座、改建新建桥梁2座、改建雨水口12座、修建巡河路5 090米、河道内坡绿化面积13 873平方米、河道坡顶绿化面积21 150平方米、截污工程新建污水管道长度3 870米。截至11月，工程实体全部按照设计要求完成建设，全部8个分部工程已完成验收并核备，房山区水务局对该工程建设进行全程质量监督，工程建设平稳，未发生质量事故。

【送气下乡】 房山区送气下乡工程于2013年1月开始实施，2014年全面推进，到2016年底实现全区覆盖的任务目标。在换瓶站点没有建设完成的情况下，为了能够及早提供惠民服务，供应企业通过对村镇的实地考察与调研，采用“村村定点、班车流动”的形式集中供气，后期服务启用了临时站点，为居民的用气提供保障。送气下乡工程覆盖全区23个乡镇（街道）、459个行政村25.6万户居民。截至2017年11月初，累计为用户提供液化气服务73.3万瓶，累计折合压减燃煤总量18 125吨。

【黑臭水体治理工作】 2017年，按照《2017年水务工作目标责任书》要求，房山区黑臭水体治理工作任务共4段，分别是大石河（芦村至兴礼16.55公里、田家园至芦村3.68公里）、六股道沟（六股道村南至东南召村东段4.26公里）、窦店沟（七里店村至芦村南段7.67公里），全长32.16公里。按照“一河一策”原则，房山区农业局通过建设截污管线、河道清淤等方式消除4段黑臭水体，全部建设完成。

【全面开启河道清障工作】 2017年，为确保2017年安全度汛，房山区人民政府防汛抗旱指挥部对永定河、拒马河、周口店河、西沙河等 11 条河道设障者及 13 个街道、乡镇发放“河道清障通知书”，要求其限期清除障碍物。同时对河道内的 100 余处行洪障碍物实施 GPS 定位，并制订台账。

【确保拒马河水源地水质安全】2017 年，房山区为确保拒马河水源地水质安全，实现对水源地全方位监控监测。建立自动化视频监控系统，对水源地内取水口、调蓄池等重要水工建筑物进行 24 小时监控；每个月对水质进行 55 项指标检测，全年共检测 24 次。开展水源地水环境专项执法活动。按照《水污染防治工作方案》要求，对饮用水水源地保护区周边各类违法排污、倾倒垃圾和餐饮行业散排等行为开展联合执法检查，及时制止涉水违法行为。加强对水源地的巡查监管力度。针对重要节、假日游人多、活动多的特点，建立区水政监察大队—所辖乡镇—水务中心站三级巡查机制，增加巡查执法人员和巡查频次，每年巡查不少于 400 余次。完善水源安全警示标识。在水源地保护区设立 20 余个地理界标和安全警示标志，落实各项保障措施；每年开展保护水资源、防治水污染的法制宣传 5 次，增强群众节水、护水意识。

【“互联网＋全民义务植树”全国试点】2017 年，全国绿化委员会批复北京、内蒙古、安徽、山西四省（自治区、直辖市）开展“互联网＋全民义务植树”试点工作。北京市唯一“互联网＋全民义务植树”试点基地确定为房山区张坊镇南白岱村。

【昊天 110 千伏输变电工程竣工投产】2017 年，房山供电公司完成昊天 110 千伏输变电工程，该工程投资 9 123 万元，新增 110 千伏变电容量 100 兆千伏安，新建电缆线路 12 公里，该项工程的竣工投产，有效缓解了电网度冬压力，为地区电网平稳过冬提供了有力保障。

【官道 110 千伏输变电工程竣工投产】2017 年，房山供电公司完成官道 110 千伏输变电工程，该工程投资 15 616 万元，采用模块化钢结构智能变电站设计，新增变电容量 100 兆伏安，新建隧道 1.9 公里，敷设电缆长度 7.8 公里，新建双回架空线路 3 公里、铁塔 10 基。该项工程的竣工投产，可满足琉璃河镇及周边地区约 1.5 万户“煤改电”负荷需求。

【普安屯 110 千伏输变电工程竣工投产】2017 年，房山供电公司完成普安屯 110 千伏输变电工程，该工程投资 7 871 万元，新增变电容量 100 兆伏安，新建电缆线路 16 公里，该项工程的竣工投产，为“煤改电”负荷的接入提供了可靠的电源支持，同时有效缓解了地区用电形势紧张的局面，为后续地区网架结构的优化奠定了坚实基础。

【完成 100 个村 7.5 万户“煤改电”改造任务】2017 年，房山供电公司农村“煤改电”工程涉及 10 个乡镇 100 个村，共计 7.5 万户，共计投资 11.14 亿元，新、改建 10 千伏线路 91 条，新建变压器 822 台，更换高低压架空绝缘导线 1 771 公里，更换各类电杆 1.35 万基，采暖季前实现平原地区“无煤化”目标。

【完成 10 座充电站、100 个充电桩及 646 路公交外电源建设任务】2017 年，房山供电公司在琉璃河镇、窦店镇、十渡镇、阎村镇等地区，投资 2 750 万元完成 10 座充电站、100 个充电桩以及 646 公交外电源建设任务，推进清洁空气行动计划有效落实。

农村改革与管理

【概况】农村综合改革稳步实施。初步构建农村集体资产新经营主体组建体系，成立首家资产联营公司。农村承包地“三权分置”基础工作加快推进，完成农村土地承包经营权确权登记颁证年度任务。集体经济事项权力清单覆盖范围不断扩大，集体资产监管得到强化。有效落实阳光惠农政策，建设一事一议奖补项目 69 个。体制机制改革不断深化。完成农委系统改革，构建“1＋4”管理体制。深化城市管理体制改革，组建区城市管理委员会，统筹城市管理工作。推动重心下移、执法力量下沉，环保、城管部门执法力量派驻乡镇街道，长阳城市综合管理改革试点工作取得成效。

【国有林场改革实施工作会】2 月 27 日，房山区园林绿化局组织召开国有林场改革实施工作会议，对区内国有林场改革工作进行全面动员和部署。会议按照市国有林场改革工作领导小组的批复做出房山区国有林场改革工作的工作计划，全面部署国有林场改革工作。

【琉璃河镇官庄村被农业部选为全国固定观察点试点村】3 月 31 日，农业部、北京市农经办领导就全国固定观察点选点事宜到琉璃河镇进行实地调研。考察人员听取了四个备选村在村庄现状、产业结构、收入来源等方面的汇报，并就有关问题与镇、村干部进行了详细探讨和交流，最终选定官庄村为全国固定观察点试点村，北京市共确定3个固定观察点。

【房山区国有林场管理中心成立】 8月1日，经房山区机构编制委员会办公室批准，成立区国有林场管理中心，并加挂房山区森林公园管理中心和房山区野生动植物保护中心两块牌子。

【提前完成农村确权登记颁证】 截至8月底，房山区累计开展登记颁证面积2.29万公顷，其中，完成公示面积2.19万亩，占全年计划的94.8%，提前4个月完成全年工作目标。全区的登记颁证工作时间紧、任务重，区经管站用了1年3个月时间，在保持农村社会稳定的前提下，提前4个月完成登记颁证工作目标，农业部和北京市都给予高度认可和评价，吉林、辽宁、山东等省份纷纷来学习经验做法。

【房山区接受农业部登记颁证督导检查】 9月1日，农业部经管司对房山区农村土地承包经营权确权登记颁证工作进行督导检查。检查中，区经管站和大石窝镇领导分别就房山区和大石窝镇的登记颁证情况及登记颁证工作经费管理使用情况向农业部进行汇报，并就登记颁证相关具体问题进行了深入细致的研讨。会后，检查组实地检查了大石窝镇南尚乐村、王家磨村和张坊镇史各庄村的登记颁证成果，详细询问了村级工作开展情况。检查结束后，农业部对北京市和房山区的登记颁证工作给予肯定。

【5家合作社被纳入北京市首批信用评价体系】 11月30日，经过2016年的前期调研、借鉴参考、沟通协调、统筹考虑、专家论证等环节，金立农机、周庄蔬菜、御蜂堂蜂业、书平绿圃食用菌、韩继养殖5家合作社通过北京市首批参评的合作社信用评价，其中，获三星的有金立农机、周庄蔬菜；二星的有御蜂堂、书平绿圃；韩继养殖为一星。

【农村集体经济合同清查】 12月6日，房山区农村集体经济合同清查工作会召开。区经管站领导对全区农村集体经济合同清查工作进行全面安排部署。随后，副区长于吉顺对工作提出具体要求。最后，区经管站对农村经济合同清查报表的填报进行业务培训。

农村民生

【概况】 持续发力低收入增收，制定精准施策和工作分工方案、工作考核办法、结对帮扶工作方案等，印发《房山区低收入发展资金管理实施细则（试行）》，将2016—2017年两年的市级资金全部用于发展产业项目，全区35个低收入村确定农业产业项目30个，启动资金已拨付到各乡镇，按照报账制方式，引导村民自主施工建设帮扶项目。拟定《房山区低收入农户农村事务综合岗位管理办法（试行）》，按照自愿申请、每户一岗，基本达到低收入农户全覆盖。拟定《房山区低收入农户家庭困难学生教育帮扶实施办法（试行）》，对低收入家庭子女给予就学帮扶资金。年底，完成低收入农户人均可支配收入增速高于全区农民平均水平目标。农村居民人均可支配收入22 727元，增长9%。农村居民人均消费支出达到16 730元，比2016年增长8.1%；恩格尔系数为27%，比2016年下降1.1个百分点。

【低收入增收科技帮扶框架协议签约仪式】 2月16日，房山区与北京市农林科学院签订低收入增收科技帮扶框架协议。北京市农林科学院全力支持房山区低收入增收工作，充分发挥专家、技术和信息的优势，提供技术、项目、人才等全方面服务。

【低收入村就业专场招聘会】 4月18日，房山区农业企业联合会（以下简称“农企联”）组织10家会员单位赴石楼镇二站村、周口店镇龙宝峪村召开就业专场招聘会。本次招聘会，农企联共提供办公室、前台、导购、人事、厨师、产业工人等150余个岗位。两村村民纷纷踊跃参与，现场收集就业意向登记信息100余份。

【房山区被授予“国家农产品质量安全县”牌匾】 6月29日，国务院食品安全办、农业部、国家食品药品监督管理总局在北京举办全国食品安全示范城市创建和农产品质量安全县创建成果展。农业部在全国择优遴选了17个省份作为本次参展单位，房山区作为首批农产品质量安全县参加了本次展示活动，房山区被授予“国家农产品质量安全县”牌匾。

【低收入农户农村事务综合岗位认定工作部署会】 9月20日，房山区召开低收入农户农村事务综合岗位认定工作部署会。会议贯彻落实市委、市政府的会议精神及蔡奇书记对低收入农户增收工作的讲话精神，进一步落实就业补贴政策，宣读《房山区低收入农户农村事务综合岗位管理办法（试行）》，对低收入农户农村事务综合岗认定工作流程做具体部署。

基层组织与民主政治建设

【概况】摸排全区现任村党组织书记、村民委员会主任曾受刑事处罚情况，对不适宜担任现职的进行组织处理。举办全区村党组织书记培训班，对全区484名村党组织书记和第一书记开展为期5天的培训。全面实施新一轮“连心共建”工程，整合政策资源，助推农村发展稳定。召开软弱涣散村整顿工作推进会，建立“五个一”工作机制，不断加大对全区36个软弱涣散村、4个后进社区整顿帮扶力度。召开村党组织第一书记项目联审会，联合区农委、区财政局、区发展改革委等27家区直单位，对第一书记申报的65个村级重点建设项目进行联审。召开第一批村党组织第一书记2016年度述职评议考核会，根据述职评议结果确定考核等次8名同志被评为优秀。先后在大石窝镇、佛子庄乡、霞云岭乡召开第二批第一书记工作座谈会，听取各第一书记工作汇报，并对下一步工作进行指导。及时收集总结各村党组织第一书记工作和典型经验，编印《房山区“连心共建”工程及选派村党组织第一书记工作专刊》6期。按照《房山区城乡基层组织服务群众经费管理办法》，协调区财政局做好服务经费拨付工作。继续做好2017年正常离退职村党组织书记补贴发放工作，完成全区780名符合享受条件人员的资格审核和经费申请工作。完成2017年基层党组织工作和活动经费拨付工作，共拨付经费859万元。对部分基层党建工作推进积极、成效明显的乡镇，给予基层党建工作支持资金120万元。完成村干部基本报酬和基本保障经费拨付工作，共拨付经费2 983.5万元。召开农村实用人才工作会，对全年重点工作进行安排部署，组织各乡镇开展新一轮帮带培养工作。开展农村实用人才调研工作，协调区委农工委、区经管站和区农广校成立调研组，分别对全区各乡镇（街道）农村实用人才开发培养工作开展情况进行实地调研，并根据调研结果确定奖励资金发放方案。举办2017年农村实用人才工作者培训班、农村实用人才专题培训班，全面提升农村实用人才队伍整体水平。

【开展软弱涣散村党组织整顿帮扶工作】年内，房山区按照市委组织部要求，制定“五个一”帮扶工作机制，定期开展软弱涣散村督导调研工作。结合开展新一轮“连心共建”工程及集中选派村党组织第一书记等资源，切实构建起了横向联动、纵向联动的责任共同体。在村党支部自诊、乡镇党委会诊的基础上，成立调研工作组深入软弱涣散村逐一巡诊，找准共性和个性问题，逐一建立台账，帮助软弱涣散基层党组织理清发展思路，建强基层组织。

【深入开展新一轮“连心共建”工程】年内，房山区深入开展新一轮“连心共建”工程，做好督促指导和联络协调工作。通过组织共建、发展共谋、难题共解等多种方式，不断创新城乡帮扶新形式，积极构建城乡共建新格局。要求各单位按照相关工作要求，切实从以单纯的物质援助向支持培育产业项目转变，从集中走访慰问向常态化、长效化联系群众转变，从少数领导干部参与向全体机关干部共同参与转变，着力帮助村党组织解决实际问题、培育主导产业、壮大集体经济、提高农民收入、服务党员群众。

【民主评议村（社区）**“两委”班子和村级干部**（社区工作者）**】**年内，房山区分年中、年底两次组织各乡镇（街道）党（工）委开展村（社区）“两委”班子和村级干部（社区工作者）民主评议，以及村党组织书记“三维”式动态考核工作。在对评议结果进行深入分析的基础上，强化结果运用，依照民主测评结果作出相应组织处理。

【村党组织第一书记选派与管理】年内，房山区落实联系走访、调查研究、重大事项报告等15项工作制度。强化对第一书记任期管理和日常考核，参照村党组织书记“三维式”考核方式，将其纳入每年两次村级干部民主评议和基层党组织书记述职评议考核范围。积极整合政策资源，借助农村现行政策，帮助第一书记进行村级建设项目申报，包括改电改气、道路修整、产业培育等多个方面，累计申报项目65个。做好第一批选派村党组织第一书记考核和总结工作。结合抓党建促脱贫攻坚，做好第二批村党组织第一书记管理工作。新选派42名第三批村党组织第一书记，实现软弱涣散村、低收入村、发展落后村全覆盖。

【基层党建基础保障工作】年内，房山区落实基层党建经费相关管理办法，逐步建立村干部基本报酬财政托底机制和社会保险财政补贴机制，村干部基本报酬按照平均每村5人进行核算，所需资金由市、区财政按比例负担，全区每年投入经费达到1 193.4万元，大幅提高村干部待遇保障，激发村干部干事创业的激情。做好基层党组织服务群众经费、基层党组织工作和活动经费、正常离退职村党组织书记补贴的发放工作。2017年共下拨城乡基层党组织服务群众经费9 795万元、基层党组织工作和活动经费859.9万元、正常离任村党组织书记补贴623.1万元。

【基层党务工作者队伍建设】年内，房山区以“履职尽责强党建、实干担当促发展”为主题，采取“观、说、学、书、测”的培训方式，开展集“实地参观、主题论坛、集中学习、撰写体会、党建测试”于一体的系列培训活动，分级分层分期开展基层党组织书记集中轮训，确保基层党组织书记受教育、学得会、用得好。以区招镇管的形式，公开招聘30名聘任制专职党务工作者，分配到各乡镇(街道)。

【实施“基层干部素质提升行动计划”】年内，房山区在23个乡镇（街道）开展“基层干部素质提升行动计划”，根据《房山区干部教育培训学时学分考核指标体系》《房山区基层干部素质提升行动计划实施方案》，从任务完成情况、组织管理、培训效果三个方面，对各乡镇（街道）培训情况进行了考核评价。评选出一等单位5个、二等单位18个，对不同等次单位将给予相应师资补助。

“三农”工作部署和实施

【《关于加快推进培育特色小镇的建议》提案督办】5月12日，房山区政协副主席刘琼带领部分委员到北京基金小镇督办《关于加快推进培育特色小镇的建议》提案办理情况。听取了区发展改革委关于加快推进培育特色小镇提案办理情况的汇报。委员们就特色小镇建设中开发建设与环境保护、完善配套公共设施、维护好群众利益以及打造特色品牌等方面提出了意见建议。

【《关于有效盘活利用低收入村闲置资产的建议》提案督办】7月26日，区政协常务副主席吕守军带领部分委员就《关于有效盘活利用低收入村闲置资产的建议》的提案办理情况进行调研，视察了霞云岭乡上石堡村首旅寒舍·梵泉溪水项目，听取了区经管站关于提案办理情况的汇报。委员们就加强规划顶层设计、完善工作机制、加大政策扶持力度、多样化开发等方面提出了意见和建议。

【大型新闻公益行动在房山区举行】8月10日，“美丽乡村·筑梦有我”大型新闻公益行动2017年度首场活动在房山区南窖乡水峪村举行。活动介绍了“美丽乡村·筑梦有我”4年来的情况，展示北京电视台主持人牵手房山区美丽乡村的成果。据了解，此次活动以“传承优秀文化　提升乡风文明”为主题，旨在推动美丽乡村发展，全面展示“三农”工作和媒体“走转改”成果，为建设美丽乡村做出贡献。

【加快特色小镇建设协商议政会】10月13日，房山区政协举办加快特色小镇建设协商议政会。区委副书记、区长陈清，区政协党组书记、主席赵佳琛出席会议，区政协副主席赵永祥主持会议。区发展改革委负责人通报全区特色小镇建设进展情况，7位政协委员围绕加快特色小镇建设主题，分别就建设什么样的特色小镇、如何建设特色小镇等问题提出了具有针对性的意见和建议。区领导于波、吕守军、刘胜国、谢宝元、王擎，相关区直单位和乡镇负责人参加会议。

【农村垃圾综合整治专题协商会】11月6日，房山区政协召开加大农村垃圾综合整治力度专题协商会。区政协主席赵佳琛，副区长陈广利出席会议。区城市管理委负责人介绍全区农村垃圾整治情况。区政协委员黄文明、赵庶吏、相国强、李刚、吴海涛分别从推进农村垃圾分类投放与处理、建立城乡统筹垃圾处理体系、推进建筑垃圾循环再利用、加强餐厨垃圾收集处理等不同角度提出意见与建议。区政协常务副主席吕守军主持会议，相关单位负责人，乡镇主管领导及部分委员参加会议。

【政协委员献智精准施策促脱低】2017年，房山区政协围绕“促进低收入村发展，低收入户增收”协商议题，就精准施策促脱低增收存在的问题，开展监督性调研。区政协常务副主席吕守军、副主席刘琼牵头，组织课题组成员先后到霞云岭乡大草岭村、上石堡村、周口店镇驷马沟村，蒲洼乡宝水村开展系列调研活动。委员们从打造高端民宿促增收、发挥生态优势促发展、整合资金为低收入户搭建增收平台等8个方面，为低收入村发展、低收入户增收，精准施策诊脉开方，形成了《房山区促进低收入村发展低收入户增收协商议题调研材料汇编》和《关于深入推进低收入村发展低收入户增收的调研与思考》调研报告，并提交政府有关部门参考。

【政策性农业保险工作】 2017年，全区开展政策性农业保险业务的保险公司6家。共开设政策性农业保险险种33个，其中，纳入北京市统颁条款险种26个，仔猪、核桃、肉牛等特色险种7个，基本覆盖了种植、养殖、林业主要品种。截至年底，全区政策性农业保险实现保费收入4 436万元，参保农户达到10 964户次；共向4 309户次农户支付理赔款1 921万元。

房山区领导名录

区委书记　曾赞荣（11月免）
陈　清（12月任）

副书记　陈　清（12月免）
李　江（满族）

常　委　高云峰（11月免）
吴会杰（4月免）　刘　兵
于　波（满族）　曹　蕾（女）
李　威（11月任）
魏广勋　王明哲

区人大常委会主任　孙　强

副主任　赵　军　郭志族　任正宽
孔庆远　周　蕾（女）

区长　陈　清

副区长　吴会杰（5月免）
于　波（5月任）　刘　兵
李宝虎　翟　东（兼，3月任）
齐文东　陈广利
廖春迎（女，壮族）
于吉顺

区政协主席　赵佳琛（女）

常务副主席　吕守军

副主席　刘胜国　赵永祥　谢宝元
刘　琼（女）　王　擎（女）

区委农工委书记　汤连成（10月任）

区农委主任　刘宝忠

房山区乡镇（街道）党政正职领导

	党委(工委)书记	乡(镇)长、主任
燕山办事处	翟　东	李光明
城关街道办事处	陈广利(1月免) 王　耕(1月任)	高武军(1月免) 郭泽峰(1月任)
西潞街道办事处	李　军	肖　丹(女,1月免) 邱　刚(1月任)
拱辰街道办事处	马春雷	米忠诚
新镇街道办事处	王广健	王广健
良乡地区办事处、良乡镇	耿纪民(1月免) 任国强(1月任)	任国强(1月免) 黄　莹(女,1月任)
周口店地区办事处、周口店镇	方玉祥(满族)	张福利
琉璃河地区办事处、琉璃河镇	陈立新(1月免) 周有成(1月任)	周有成(1月免) 高晓坤(1月任)
窦店镇	李进伟	李冠华
石楼镇	樊会来	刘荣秀(女,12月免)
长沟镇	臧金凤(女)	高运华
张坊镇	樊宗军	游向荣(女,1月免) 王文路(1月任)
十渡镇	刘　金(1月免) 游向荣(女,1月任)	魏　然
河北镇	胡建光(1月免) 翟凤航(1月任)	翟凤航(1月免) 刘学军(3月任)
大石窝镇	杨海峰	朱华俊
阎村镇	张　杰	栗鹏程
韩村河镇	薛满德	邵志杰(满族)
青龙湖镇	刘松华	王春年
长阳镇	慈建民(8月免)	王永民
佛子庄乡	杨生军	薛全英
大安山乡	韩继华(1月免) 隗合庆(1月任)	隗合庆(1月免) 余　涛(2月任)
南窖乡	刘永玘(10月免) 王化占(11月任)	张喜利
史家营乡	钱新宇	陈峰岩
霞云岭乡	李雪生	杨叶辉
蒲洼乡	许金涛	刘　芳(女)

（房山区史志办　蔡晓东）

通 州 区

概 述

通州区位于北京市东南部，京杭大运河北端，面积905.95平方公里（土地面积数据为2009年全国第二次土地调查数）。辖10个镇、1个回族乡、4个街道、470个行政村、129个居委会。2017年，全区户籍人口76.9万人，比2016年增长3%。其中，农业人口26.6万人，非农业人口50.3万人。全年地区生产总值758.1亿元，比2016年增长8.1%；全区完成一般公共预算收入79.2亿元，比2016年增长3.6%；全社会固定资产投资实现1 054.5亿元，比2016年增长12.2%；社会消费品零售总额实现419.1亿元，比2016年增长8%。

2017年，通州区始终把“坚持世界眼光、国际标准、中国特色、高点定位，以创造历史、追求艺术的精神进行北京城市副中心的规划设计建设”作为开展工作的根本遵循和行动指南。集中精力智慧，绘就宏伟蓝图。围绕编制规划这一“龙头”，积极协同市级部门，组织精干人马，聘请国内外顶尖团队，集中开展了城市副中心顶层设计。9月底，《北京城市总体规划（2016—2035年）》正式获中央、国务院批复，从法律意义上确定了城市副中心功能定位与发展目标，城市副中心将以行政办公、商务服务、文化旅游为主导功能，构建“一带、一轴、多组团”的城市空间结构，突出蓝绿交织、水城共融、文化传承的城市特色，用最先进的理念和国际一流的水准绘就了城市副中心发展蓝图。同时，城市副中心控制性详细规划、17个专项规划加快完善，15个专题研究全面完成，规划统筹对接全面加快，为实现高水平的“多规合一”、确保“一张蓝图干到底”奠定了坚实的基础。

担当疏解重任，服务市级搬迁。行政办公区及周边区域搬迁全面完成，创造了“通州速度”；一期主要路网基本建成，市政管网等市政设施完成接入，500千伏电源建设、高压线入地、冷热电三联供等工程加快推进；主要建筑日夜兼程抓紧装修，年底将配合市级部门启动搬迁工作。同时，大力开展行政办公区及周边的交通治理、绿化美化、安全维稳；为办公区服务配套的医疗、教育设施布局基本确定，潞河医院、新华医院做好对接准备，安贞医院确定落户，人大附中、北师大未来实验小学、北京市第一幼儿园海晟实验园、第五幼儿园、北海幼儿园等优质资源全面对接，中国人民大学通州校区完成奠基，为市级机关搬迁后的公共服务配套做好了充分准备。

实施整体布局，推动协同发展。按照规划要求，加快布局和建设副中心重要节点，运河商务区市政基础设施累计完工40项，重点项目梯次推进，建筑品质实现提升。文化旅游区市政道路、轨道交通、地下综合管廊等基础设施工程全面启动，环球主题公园项目基本完成土方工程。城市副中心站完成设计方案国际招标，进一步深化设计方案；城市绿心启动棚户区改造拆迁，歌舞剧院、图书馆、博物馆等公共建筑预计年底前完成设计方案征集；宋庄文化产业集聚区加快中国艺术品交易中心项目推进。

2017年11月，获“全国文明城市”光荣称号。

城乡发展一体化

【概况】统筹布局906平方公里的均衡发展，通州区总体规划形成成果，镇域规划编制进展顺利，特色小镇和乡镇功能定位研究深入推进，与城市副中心总体城市设计有机对接。台湖演艺小镇功能定位研究取得重大进展，相关工作有序推进。新型城镇化综合试点取得阶段性成果，建立涵盖114个项目的项目库。谋划布局京津冀协同发展，与河北廊坊、天津武清签署框架合作协议，产业疏解全面启动、教育共建形成机制、运河通航共同推进、干部交流有序展开，道路交通、生态环境等各个方面实现深入合作。与雄安新区开展多轮工作对接，部分领域取得初步成果，“新两翼”初步形成相互协同、推动发展的良好态势。

【城乡经济发展水平比较】2017年，全区居民人均可支配收入达到37 209元，比2016年增长9.1%。其中，城镇居民人均可支配收入44 607元，比2016年增长9.2%；农村居民人均可支配收入25 632元，比2016年增长8.9%。全区居民人均消费支出达到26 550元，比2016年增长8.3%；恩格尔系数为25.2%，比2016年减少1.4个百分点。城镇居民人均消费支出达到 31 701 元，比 2016 年增长 8.4%；恩格尔系数为 23.4%，比 2016 年减少 1.4 个百分点。农村居民人均消费支出达到 18 490 元，比 2016 年增长 8.1%；恩格尔系数为 29.9%，比 2016 年减少 1.5 个百分点。2017 年，城镇居民人均住房建筑面积 33.98 平方米，农村居民人均住房面积 50.96 平方米。

【提升城乡环境整体品质】深入落实副中心城乡环境建设标准，全面提升城乡环境建设水平。加快打造高品质的市容景观，推进长安街延长线（二期）、京哈铁路沿线和张采路沿线市容景观整治提升工程，实施运河沿岸、减河沿岸、通燕高速沿线、宋梁路沿线等重点区域的景观照明亮化提升工程。深入落实街巷长制、“新门前三包”等工作机制，切实抓好群众身边环境整治。推进城区范围内 123 个居住小区再生资源收运网和固体废物收运网“两网合一”建设，实现全区注册经营餐饮服务单位餐厨垃圾规范收运。深入开展居住环境优化提升、村容村貌综合整治、村庄秩序规范等工作，加大乡镇环卫设施投入，持续推进文明村镇、文明单位、文明家庭、文明校园等创建活动，继续打造一批创建典型，建设一批美丽乡村。

【新型城镇化试点工作】国家新型城镇化试点成效明显。加快探索集体建设用地集中集约、高效利用的有效路径，台湖镇集体产业用地统筹利用试点方案编制完成；以打造标杆、探索路径为目标，加快推动台湖演艺小镇和设计之都建设，演艺小镇及周边地区功能定位研究基本完成，设计之都整体方案加快深化，形成推进新型城镇化建设好的经验和做法。加大涉农支持力度，构建涉农政策性资金统筹利用机制，2017 年累计整合市、区涉农政策性资金 2.46 亿元。在已完成的相关专项规划研究的基础上，依托试点工作大力支持继续推进完善相关配套设施，力求打造交通便捷、生态良好、功能完备、职住合一的富有北京城市副中心特色的新型城镇化试点建设。

农村经济发展

【概况】2017 年，全区实现农林牧渔业总产值（现价）40.8 亿元，比 2016 年下降 3.8%。其中，农业产值 18.5 亿元，比 2016 年下降 15.8%；林业产值 7.6 亿元，增长 31.9%；牧业产值 11.1 亿元，下降 7.4%；渔业产值 2.7 亿元，增长 52.7%；农林牧渔服务业产值 1 亿元，下降 0.6%。全年设施农业收入 13.3 亿元，下降 3.6%。设施农业实际利用面积 2 187 公顷，下降 4.8%。其中，温室占地面积 1 484 公顷，下降 9.4%；大棚占地面积 628 公顷，增长 4.4%；中小棚占地面积 75 公顷，比 2016 年增长 31.6%。

【农业服务体系】围绕农业生产需求，提供优质农业服务。开展农业保险、贷款贴息工作，全区 10 余个险种签单保费 2 356.64 万元，保险金额 4.42 亿元，理赔金额 593.44 万元，参保农户 2 668 户；为 4 家农业企业申请利息及担保费用 324.88 万元；开展农业气象服务工作，全年为各类农业生产主体推送服务短信约 250 万条。

截至 2017 年，全区拥有农机总动力 13 万千瓦，农机原值 2.19 亿元，农机净值 1.18 亿元；万亩小麦拥有联合收割机 47 台，万亩玉米拥有收获机 29 台，万亩耕地拥有总动力 0.4 万千瓦，拖拉机 568 台，拖拉机配套农具 1 132 台件套，其中，大中型配套农具 883 台件、小型配套农具 249 台件。收获机械 172 台，植保机械 7 790 台，农副产品加工机械 77 台，渔业机械 5 036 台，林业机械 165 台。年内，区农机服务中心发展都市农业急需的农业机械与设备，推进落实市农业局各项农机补贴工作，争取国补机具 20 台套，其中，动力机械 17 台、猪饲养设备 1 套、水处理设备 1 套、农产品加工机械 1 套。

【培养农村实用人才】研究制定并印发《2017 年通州区农村实用人才工作要点》，将农村实用人才的开发培养任务分解到各乡镇，并指导各乡镇建立培养对接名册，结合自身产业结构特点制定全年培训计划。全区农村实用人才总量、产业分布、整体素质进一步优化，2017 年新增农村实用人才 246 名，农村实用人才总数达到 5 350 名，其中，种植类人才 2 204 名、养殖类人才 1 195 名、文艺类人才 760 名、能工巧匠 581 名、管理类人才 265 名、服务类人才 205 名、农村经纪人 140 名。全区农村实用人才队伍建设呈现出数量与质量稳步提高、结构日趋合理的良好态势。

【农村金融】面对农村地区金融服务渠道匮乏的实际现状，结合市政府“金融服务”村村通工程，北京农商银行通州支行创新服务模式，按照农村地区客户特点量身打造全新的“乡村便利店”农村金融服务模式。截至年底，开通运行 65 家乡村便利店，覆盖辖区内各乡镇。惠农、便民始终是农商银行的主要工作，通州支行代理发放农村地区各项政策性资金，包括农村地区无保障人员养老金、城乡居民养老保险、民政部门各项低保金、抚恤金等 30 余项政策性资金，涉及城乡居民达 20 余万人，每年发放金额超过 23 亿元。

村 镇 建 设

【概况】 2017 年，按照应改尽改的工作原则，通州区基本实现平房住户冬季清洁取暖“无煤化”。全区农宅抗震节能新建翻建 393 户，单项改造 7 621 户。完成农村基础设施管护工作，各项基础设施运维良好。

【小城镇建设】 通州区有 4 个北京市重点小城镇，即漷县镇、台湖镇、西集镇、永乐店镇。漷县镇：2017 年，漷县棚户区改造项目、安置楼项目、中心区集中供热中心、医院周边配套市政工程取得阶段性成果。加快推进镇域内道路工程建设，完成首环高速地上物腾退工作，保证首环高速的施工进度。启动觅子店组团路网、漷永路、漷于路、漷小路二期、孔兴路北延等道路工程地上物拆迁工程。台湖镇：启动镇域总体规划编制工作，组建城市设计国际团队工作营。扶持重点企业发展，2017 年，扶持项目 43 个，扶持金额 1 959.5 万元。设计之都示范区建设取得新成效。一是引进优质项目。光机电基地引进雄博科技等 8 家优质项目，通州留创园首期 3 800 平方米具备入驻条件，专家库首批入库专家 16 名。启动通州区人才驿站建设，作为留创园发展配套机构。举办 2017“通武廊”协同创新创业大赛，吸引 10 个获奖项目入驻通州留创园。二是推动转型升级。成立通州第一支产业基金（北京智慧大运河产业基金），重点投资管委会扶持企业。与江苏新沂等地对接，为园区企业转型外迁打好基础。红狮漆业、联东模板厂、亚南气体等 7 家企业完成退出工作。三是对接优质设计资源。总部基地参加“北京设计周主题论坛——创意 2030 高峰论坛”活动，协办 2017 北京国际设计周之设计师走进台湖研讨会，对接优质设计资源，住总集团启动“创意设计谷”前期规划设计各项工作，推动设计之都示范区建设。光机电基地 B－30 地块完成入市交易，北神树组团地块一级开发成本调整工作完成。北神树村定向安置楼建设项目和二期选房工作完成。总部基地开发主体变更成为住总集团。全力推进地铁 17 号线建设工作。“两站一街”项目的两条主干路工程进展顺利，两条次干路具备通车条件。完成重点 3 户住宅、10 户非宅签约，10 项市政设施迁改。东城安置房主体施工完成，台湖公租房项目施工进展顺利。西集镇：完成首都地区环线高速公路（西集段）拆迁工作，9 月，实现西集段全线进场施工。首环西集段长 11 公里，占地总面积超过 1 400 亩，完成产值超 15 亿元，春节前高架段具备主体竣工条件。陕京四线河道修复和 10 千伏老庄路部分入地、望君疃 110 千伏变电站、中心区供水设施及其附属项目等工程竣工。西觅路、北环路东段、规划二路正在建设。镇综合配套区沙尹沟观景平台工程完成基础施工。潞河医院分院（含郎府卫生院）项目实现封顶。养老照料中心完成前期手续办理。镇第一幼儿园、配套区文体活动中心设计方案取得初步成果。镇域开发建设扎实推进。西集村棚户区改造项目实施方案取得市重大办、区政府批复，待区政府进行实施主体授权。综合配套区 12 万平方米两限房（C 地块）完成主体工程施工，9.8 万平方米政策性住房（D 地块）入市交易，13.92 万平方米的村民安置房项目（E 地块）、5.3 万平方米的经济适用房项目（F 地块）开工建设。永乐店镇：2017 年，引进工业项目 28 家，引进投资 6.52 亿元。7 月 25 日，永乐店镇与武清区大王古庄镇签订区域战略合作协议，11 月 7 日，与漷县镇、武清区高村镇、河西务镇、京津高村科技创新园签订的“四镇一园”区域合作框架协议，打造协同发展示范区。发展都市型现代农业，加大政府补贴工作力度，巩固提升永乐店镇食用菌、特色蔬菜、水产养殖三大特色主导产业。中心镇路网规划进一步完善，基本形成“四横三纵两贯穿一循环”的道路格局。永乐店中学周边路网、浦洋东路、永德路、供水厂二期、通州可再生能源发电厂、永乐大街污水管线等项目完工。漷小路、首环高速、采林路、孔兴路北延、中水管线工程、消防站等项目正在抓紧建设。供热中心及管网、永乐大街、北内环路、学府路、东内环路、东外环路、北外环路等启动项目前期手续办理。加快推进镇中心区 G 地块一级开发工作，取得市发展改革委立项批准，正在开展各分地块控规和征地前手续办理工作。

【新型农村社区建设】 2017 年，永顺镇着力提升社区服务能力，新建 3 个社区居委会，开展智慧化社区建设，完成106个精品楼门文化建设，建成2家社区养老服务驿站。梨园镇完成格瑞雅居、颐瑞东里等7个精品社区建设和2 100个楼门文化创建工作。推行共商共治试点建设，在格瑞雅居、新城乐居及万盛北里3个社区开展居民议事委员会的试点工作，群众反响良好。张家湾镇选取马营村作为试点，启动首家农村社区枢纽型社会组织培育基地。潞城镇创新工作载体，出台全区首个社区微协商制度，引进社会力量，全程指导社区开展社区微协商活动，提高居民参与社区建设能力，有效协商不文明养犬、施工扰民等居民关注问题。

【农村地区“减煤换煤、清洁空气”行动】 年内，通州区采取超常规的措施，坚持“四早、四快”（早谋划、早部署、早动员、早宣传，快对接、快组织、快设计、快施工）原则引领全局，健全完善组织机构，创新“三级调度”“分片管理”“一户一设计、一户一档案”“电取暖管护员”等多种工作机制。在106个“煤改电”村的工作基础上，将核心区内3个街道、高压自管户及历年城市改造过程中形成的散村散户“煤改电”工作纳入到年度工作任务。截至供暖季前，超额完成任务，6.9万户均正常取暖使用。2017年是“煤改电”三年专项行动的收尾之年。3年累计完成全区约260个村、12万户的“电取暖”工作，折合年压减燃煤30余万吨，为副中心“蓝天保卫战”做出巨大贡献。体制机制、工作制度、工作程序等多方面做法均为全市首创，区、镇、村多项典型举措荣获社会主义新农村创新奖励，受到市领导及有关部门一致好评，北京电视台、北京日报、北京晚报、焦点访谈、通州时讯等10家媒体也多次报道通州区先进工作经验。3年来，通过实施“煤改电”工程，农村电力供应户均动力由1.5千瓦提高到9千瓦，实现老旧电网的改造升级，农村的环境、卫生、安全、宜居、生态有较大改观，农民的幸福指数有明显提升，这项“暖心惠民”工程得到全区广大农民的普遍认可。

【农宅抗震节能工程】 全力实施农民“暖心暖居”工程，年内，为贯彻落实市新农办、市住建委、市财政局关于印发《2017年北京市农民住宅抗震节能改造工作实施方案》的通知文件要求，推进通州区农民住宅抗震节能工作及配合2017年北京市农村地区“煤改清洁能源”工作，截至12月底，通州区完成新建翻建393户，单项改造7 621户，农村住户居住条件得到极大改善。

【农村基础设施管护】 年内，根据《通州区农村基础设施维护和管理实施意见（试行）》和《通州区2017年新农村基础设施管护工作实施方案》文件精神，坚持“解决需求、深化完善、建管并重”的工作原则，服从服务于首都城市副中心建设大局，稳妥做好各项农村基础设施管护工作，继续开展新农村村邮员、农村街坊路、节能路灯、村庄绿化、公厕、太阳能浴室、“两气”（沼气、秸秆气化）等基础设施的管护工作，农村公共服务能力水平有效提升，人居环境得到根本改善。村邮员方面，2017年，村邮员和村邮站工作基本良好，村邮员能够完成接收邮件、报刊并及时完好送到户。农村街坊路方面，对全区街坊路和节能路灯开展两次巡查工作，总体情况良好。修复破损路面9 500余平方米，全区农村街坊路完好率达90%；节能路灯修复损坏灯头8 189盏，更换线缆10 050延米，亮灯率达到90%以上。新农村绿化美化方面，结合首都“绿色村庄”项目建设，重点集中打造16个村庄的绿化美化提升工程，创建首都绿色村庄4个。公厕管护方面，采取以乡镇政府为管护的实施主体，组建维护队伍或委托专业公司或各村委会等方式，开展公厕保洁和设施进行维修及更换等维护和管理工作。截至年底，对190座公厕实施修缮及设施维修工作，公厕开放运行数量为603座，开放使用率为100%。

【环境建设】 以项目为抓手，初步建立涵盖基础设施、生态环境、公共服务等多个领域的114个项目、总投资950余亿元的新型城镇化项目库。镇村路网大幅改善，铺西路完工，孔兴路、潞小路一期、西觅路等加快建设，95项乡村公路大修工程、15项桥梁改造工程全力开展。配套设施加快完善，马驹桥镇等4座乡镇再生水厂具备通水条件，2座乡镇升级改造再生水厂通水调试，农村污水治理项目中16座试点污水站完工，望君疃110千伏变电站竣工，马驹桥镇西马各庄小学基本完工。

农村改革与管理

【概况】 2017年，区经管站以稳定农村基本经营制度为基础，以深化农村各项改革为抓手，以强化农村集体“三资”监管、创新农村集体资产经营方式为切入点，完成全年工作任务。

【农民专业合作组织】 2017年，推进国家和市区级示范社建设，培育产业基础好、带动能力强、示范效应明显的示范社。对 11 个国家级示范社实施动态监测和运行分析，实现优胜劣汰。截至年底，在工商登记注册并在区经管站备案的合作社 279 家，核心社员 1.5 万户，带动社外农户 3.5 万户。10 月 25 日，北京市农民专业合作社联合会授予通州区北京专平林下农业专业合作社为五星级会员；北京裕群养殖专业合作社、北京绿蜻蜓特色果蔬产销专业合作社为三星级会员。11 月 10 日，北京市农经办公布北京市首批参评的农民专业合作社信用评价结果，通州区北京聚牧源农业合作社被评为四星级；北京专平林下农业专业合作社被评为三星级；北京振龙园种植专业合作社、北京裕群养殖专业合作社、北京聚隆农业农民专业合作社联社被评为二星级。

【产权制度改革】年内，建立健全农村产权流转交易服务体系，完善相关管理制度和交易规则。根据工作需要，转型交易中心的体制机制，制定相关工作管理办法，加强市场规范化建设。全年完成交易事项 114 宗，总预算标底价 1.24 亿元，合同期内为村集体增收节资 576.8 万元。结合新型城镇化建设的新形式、新要求，研究制定《乡镇土地股份联社设立方案》《乡镇土地股份联社章程》《乡镇联营公司设立方案》和《乡镇联营公司章程》等文件。指导台湖镇政府成立镇级土地股份联营公司。

【土地确权与流转】坚持土地集体所有权，稳定农户承包权，放活土地经营权，基本完成全区农村土地承包经营权确权登记颁证工作。通州区 9 个乡镇 340 个村启动农村土地确权登记颁证工作，其中，324 个村完成权属公示任务，涉及确权土地面积 41.3 万亩，占全区确权土地总面积的 94%，超额完成市政府折子工程 90%的目标要求。2017 年，进一步规范土地流转合同档案管理，拓宽土地流转服务范围，发挥于家务、永乐店、宋庄、漷县 4 个乡镇土地流转管理服务中心的职能作用，引导农民以多种形式流转土地。加强区级仲裁机构建设，充分发挥区、镇、村三级调解体系作用，逐步建立起乡村调解、区级仲裁、司法保障的农村土地承包经营纠纷调处工作机制。全年接待农村家庭土地承包类政策咨询及利益诉求 82 件次，全部调解完成，群众满意度 100%。

【农村集体资产管理】进一步提高新型集体经济组织的市场化经营水平，健全法人治理结构，完善民主管理、监督和决策机制。理顺现行农村集体经济组织机构代码管理体制机制，加快推进农村经济组织统一社会信用代码制度建设，做好农村集体经济组织存量登记证换发工作。全年换发证书 367 份。推进村级产权制度改革未完成村的工作，协同相关部门研究服务保障市级机关搬迁工作，为古月佳园小区村级资产处置提供业务指导。

【一事一议财政奖补项目】年内，研究制定工作意见，从加强组织领导、强化项目管理、规范资金管理、加大对低收入村和美丽乡村扶持力度、严格验收六方面提出标准和要求。经逐级评审，全年实施项目 34 个，投资总额 4 830 万元，惠及人口 2.8 万人。项目主要涉及路面硬化、村内雨污排水改造、绿化美化等村级公益事业。

【农村集体“三资”监管信息系统建设】年内，结合区纪委要求，拟定信息系统升级完善工作方案，优化调整模块内容，增强提升模块功能，推进平台外网开发。廉政法规宣传模块及外网应用模块开发完成，待完成系统等级测评后适时开通新建功能。2017 年，系统监管大额资金使用 14 724 笔、金额 73.22 亿元，否决不合理资金使用 605 笔、金额 4.83 亿元。

农村民生

【概况】2017 年，民生状况持续改善。就业形势保持稳定，全年新增就业 2.08 万人，城镇登记失业率控制在 2.5%的较低水平。积极争取市级支持，年内全域纳入城市化建设地区就业失业管理制度范围，实行城乡统一的就业失业管理制度。社会保障水平持续提高，年底城乡参保规模达 110.5 万人，32 家定点医疗机构全部实现跨省异地就医住院医疗费用直接结算，新型农村合作医疗向城乡居民基本医疗保险制度平稳过渡。成为全市“精准救助”试点区，实施“政策帮扶+专业服务”新模式，积极开展产业帮扶、就业帮扶、兜底帮扶和社会力量帮扶，扎实推进低收入村发展和低收入农户增收工作。城市特困和农村“五保”救助政策实现并轨，城乡最低生活保障标准、基本生活费标准、孤残儿童生活保障标准普遍提高。

【农民收入和消费】2017 年，通州区农村居民人均可支配收入 25 632 元，同比增长 8.9%。按收入构成看，财产净收入增长最快，增速达到 17.6%；其次是转移净收入，增速为 9.6%；工资性收入和经营净收入增速分别为 8%和 8.4%。通州区农村居民人均消费性支出 18 490 元，同比增长 8.1%，八大类消费支出均呈增长态势。其中，增幅靠前的是其他用品及服务、生活用品及服务和交通通信类支出，同比分别增长 22.4%、14.4%和 12.3%。精准帮扶，持续推进低收入农民增收。2017 年，推进农民增收工作，着重对低收入群体进行救助帮扶。一是通过社保、园林、经管等部门的公益岗位、绿色岗位、村级一事一议用工岗位政策，促进农民转移就业近万人。二是通过社保、民政、教育、残疾等部门的多项帮扶救助政策，解决农村地区不同群体的救助帮扶工作。三是通过农业、商务系统开展的多项系统工作，加强“农超对接”、促进本地农产品“走出去”。四是聚焦低收入农户增收，通过社会兜底、促进就业、社会力量、产业帮扶“四个一批”帮扶措施，促进低收入村产业发展及低收入农户增收。截至年底，农民和低收入农户收入增速分别为 8.9%和 22.1%，均高于全市平均水平，完成各项考核任务。全区农民人均所得 2.57 万元，比 2016 年增长 9%。组织乡镇开展低收入农户动态管理，全年新认定低收入农户 12 户（46 人），因去世、迁出等原因减少 37 户（97 人）。截至年底，全区认定低收入农户 845 户（1 939 人）、低收入村 3 个。

【农村劳动力非农就业】2017 年，城乡劳动力就业 17 227 人，其中，登记失业人员就业 8 622 人，农村劳动力转移就业 1 196 人，完成任务指标的 144%。全区城乡就业困难人员就业 9 818 人，完成任务指标的 179%，就业困难人员就业率达到 73%。开展创业培训 17 期，培训各类学员包括失业人员及农村转移就业劳动力等 435 人。培训后取得工商营业执照可持续经营的 176 人，创业成功率为 40.5%。直接带动就业 1 496 人。开展特色创业一体化见习培训 12 期，包括“北京环球主题公园就业培训行动计划”创业培训项目的特色培训班、“互联网＋”商务创业培训班以及大学生村官创业培训班等，涉及学员 321 人。

【农村社会事业】社会事业提质发展。紧抓机遇加快教育事业发展：出台《通州区教师素质提升支持计划（2017—2020 年）》《通州区基础教育质量提升支持计划（2017—2020 年）》，31 所农村薄弱校得到市级名校“一对一”结对帮扶，6 600 名城乡教师参加跟岗培训等素质提升项目，4 000 名学生在名师伴读“双师工程”中受益，首批外教进入外语课堂。促进市级优质资源校落地融合发展，发挥示范带动作用。整合资源，支持潞河中学、运河中学教育联盟及名师、名校长工作室健康发展，中考成绩在全市名列前茅，高考本科上线率达到 90%。第二期学前教育三年行动计划圆满完成，新增公办、普惠制幼儿园 22 所、学位 6 000 个，3 所幼儿园被评为市级示范园。加快教育基础设施建设，北京五中（通州校区）主体完工，首师大附中（通州校区）等一批重点项目加快推进。医疗卫生事业快速发展：4 个区域医疗中心建设有序推进，潞河医院在全市三级医院综合评比中名列第七，内分泌等专科达到全国领先水平，四期工程和分院工程主体结构封顶；友谊医院成功托管新华医院，新院年底前投入使用；东直门医院东区二期工程完成粗装修；人民医院通州院区主体完工。医药分开综合改革取得阶段性成果，全区 148 家医疗机构实现药品阳光采购。组建 194 个家庭医生服务团队，重点人群签约率达 94%。积极与国家、市级优质医疗卫生资源合作，新建 4 个市级 120 急救站，实现 19 所基层医疗机构与“城四区”一对一精准帮扶，区疾控中心、妇幼保健院与北大公共卫生学院深入合作。文化事业取得新成果：深入挖掘通州历史文化资源，编制完成大运河文化带建设项目清单和目标任务，完成全区 236 处不可移动文物的巡查，完成燃灯塔修缮等 4 项文物保护工程。以首都公共文化服务示范区创建为载体，大力推进公共文化基础设施建设，打造运河艺术节、书香通州等品牌文化活动，切实提升基层公共文化服务能力。完善村级公益事业建设，根据情况和资金量，确定 34 个实施项目，涉及 7 个乡镇 34 个村，项目涵盖 10 个美丽乡村、2 个低收入村。

【农民社会保障】年内，全区城乡居民养老保险累计参保 22.44 万人，续保率达 99.1%。累计收缴基金 5.26 亿元，有 5.34 万人享受居民养老保险待遇。及时上调养老、失业、工伤等社会保险待遇标准。其中，全区 7.18 万名企业离退休人员月人均领取养老金达 3 275.81 元；城乡居民养老保险待遇人员基础养老金调整为每人每月 610 元，同比增长 19.6%；无保障老年人福利养老金调整为每人每月 525 元，同比增长 23.5%；失业保险金发放标准每档增加 80 元，共五档，分别为一档每人每月 1 401 元、二档每人每月 1 373 元、三档每人每月 1 346 元、四档每人每月 1 319 元、五档每人每月 1 292 元；工伤人员伤残津贴按工伤等级逐级增加，最低档每人每月增加 275 元；工亡人员供养亲属抚恤金每人每月增加 175 元。完成潞城、台湖、永顺等 8 个乡镇、27 个村、4 660 名转非劳动力的社会保险补缴工作，补缴金额 6.09 亿元。其中，潞城镇棚改二期涉及转非劳动力 2 498 人，补缴金额 3.92 亿元。

基层组织与民主政治建设

【概况】 党的基层组织活力持续提升。深入落实基层党建三年规划，突出抓好党支部规范化建设，研究制定基层党建工作考核评价指标体系，全面开展党组织书记述职评议，实现对基层党组织监督和考核全覆盖。形成“五微工作法”等一批党建工作新模式，基层党组织在城市副中心建设过程中的作用更加突出。

【基层干部队伍建设】 3 月 27 日，召开农村党支部班子专题组织生活会观摩会，宋庄镇王兴庄村党支部进行专题组织生活会展示。6 月 29 日，召开纪念中国共产党成立 96 周年座谈会，区委书记杨斌出席会议并对全区党员提出要求。7 月 3—11 日，举办 4 期村党组织书记、村民委员会主任集中培训班。8 月 2—6 日，举办基层干部党性教育专题示范培训班，对 30 余名基层优秀党务工作者、村级党组织书记进行为期 5 天的脱产培训。12 月 9—10 日，依托“党员 e 先锋”微信公众号试点开展在职党员回居住地党支部集中报到活动，1.8 万余名各领域在职党员完成报到工作。年内，发展党员 704 名，统筹做好党员教育管理监督工作。

【民主政治建设与组织建设】 做好村党组织第一书记相关工作。11 月 20 日，召开通州区第一批村党组织第一书记任期述职评议暨总结会，11 位第一书记围绕两年来的驻村工作进行述职。12 月 19 日，召开通州区村党组织第一书记工作电视电话会议，区委副书记赵磊同志出席会议。12 月 27 日，召开第三批村党组织第一书记动员出征会，区第一批和第三批第一书记代表进行了交流发言。截至 12 月底，全区有市、区两级第一书记 34 人在村任职。

【党风廉政建设】 坚决贯彻全面从严治党要求，层层传导压力，党委主体责任和纪委监督责任得到有力落实。推进国家监察体制改革试点工作，在全市第一批成立监察委员会，第一家实现合署办公，第一例使用留置措施，完成全国首例留置案件审结工作。全面完成派驻机构改革，实现对全区各级党和国家机关监督工作的全覆盖。成立区委巡察机构，正式启动对漷县镇等 4 家单位的巡察。驰而不息正风肃纪，紧盯隐形变异，严防“四风”反弹。充分运用监督执纪“四种形态”加强对党员干部的纪律约束，查处一批“为官不为”“为官乱为”、群众身边的不正之风和腐败问题，集中向社会曝光一批典型案件，彰显区委以“零容忍”态度惩治腐败的决心。

“三农”工作部署和实施

【概况】 2017 年，区农委从实际出发，强化政策研究和贯彻执行，制订实施一系列农业产业补贴政策，“菜篮子”工程扎实推进，为推动城市副中心建设中的“三农”工作营造了良好的环境。

【强农惠农政策落实】 一是创新惠农政策体制机制，促进农民增收。以稳面积、保安全、提效率、强产业为总目标，制定并实施八项强农惠农政策，通过政策汇编成册，以菜单形式供农户、企业、合作社等经营主体自愿申请政策补贴。二是以品牌农业、休闲农业为抓手，推进产业升级。组织开展 2017 年“北京农业好品牌”遴选推介工作，区内中农富通、花仙子等 4 家企业分获“企业好品牌”“产品好品牌”称号；组织开展北京市休闲农业星级园区（企业）评定工作，2017 年新评定各星级园区 17 家，全区星级园区总数量达到 25 家；推进通州区农业品牌和休闲农业建设工作，有 16 家企业、园区获得通州区 2017 年休闲农业精品园区创建奖项，有 6 家企业、园区获得通州区 2017 年农业品牌创建奖项，为农业产业提档升级提供政策支撑。三是组织通州区农产品流通工作。组织区内农业企业参加第十五届中国农产品交易会、2017 年京郊金秋特色农产品推介会，集中推介通州区优势特色农产品，提高产品知名度。四是打好副中心“蓝天保卫战”。开展对影响生态环境的低端种植、养殖业态的调整退出工作，并进行种养殖业煤改清洁能源工作，全年完成 29 家规模种植园区、60 家备案养殖场的清洁能源改造工作；完成 2017 年农机低速货运汽车淘汰任务指标；确保通州区农作物秸秆零火点，秸秆粉碎还田率达到 98%以上。五是开展通州区菜田种植信息调查项目。做到情况清、底数明，进一步对接农业多环节数据信息，建立集分析、应用为一体的数据信息平台。六是贯彻落实“通武廊”三地签署的《“通武廊”战略合作发展框架协议》，促进区域内农业资源的合理配置和有效利用，增强区域内农业整体竞争力。与武清区农委、廊坊市农业局签订《战略合作框架协议书》，对“通武廊”统防统治、病虫害信息预警、极端恶劣气象信息互通提供有力支撑。

【实践创新】打造国际种业园区建设国家种子“硅谷”。支持种业园区建设种业研发中心以及四大高科技平台，将种业园区打造成集种业育种、展示、评价、交易、服务于一体的高端、可持续发展的现代农作物种业产业集聚地；推进科研院校入驻通州项目尽快落地，建设中国农业科学院通州创新中心和中国水产科学院通州创新中心，不断聚集中国种业的高科技资源和要素；协助种业园区举办2017年第六届种业博览会。

【区人大执法、政协提案办理】市区代表联动，推动建议办理。区六届人大一次会议期间代表提出建议147件（含议案转建议办理29件），闭会期间提出建议2件，全部依法办复。其中，本行政区域内能办理的137件建议，97%得到了实实在在的解决。区政府高度重视，主管区长定期调度，加强考核评估，有效推动办理工作的深入开展。代表提出的“四个街道实施提升老旧小区改造标准试点工作”“万达广场周边交通微循环改造”“农村煤改电加强维修服务”“加强公租自行车站点管理”等一大批建议，办理质量非常高。2017年，政协收到提案242件，经审查立案225件，未立案17件，立案率93%。立案的提案中，党派提案18件，界别提案5件，委员提案202件。225件立案提案全部办复完毕。提案办理满意率100%，提案建议采纳率87%。对六届一次会议提案进行分析，从中归纳出提案的主要特点和存在的共性问题，提出改进意见和建议。组织驻会主席督办提案工作，促进7件提案落实。对《关于提案办理“扩面协商”工作的暂行办法》和《关于完善提案办理指标考核体系的意见》进行修订，选取15件提案与承办单位进行协商，委员参与率稳定在60%。刊发《重要提案摘报》20期，精选主要内容呈送区委、区政府领导决策参考。评选表彰优秀党派团体界别提案14件，优秀委员提案41件。

【社会力量参与】2017年，中国农业银行股份有限公司北京通州支行服务城市副中心建设，为通州区重点项目提供资金支持。向通州区八里桥集体土地腾退项目提供资金投放；为宋庄镇通顺一线、二线500千伏高压架空线路迁改工程项目，朝阳北路东延项目提供资金支持；为“绿心”项目拆迁客户提供金融咨询、资金安置服务等工作。中国农业发展银行北京市通州区支行为更好地发挥农业政策性银行金融职能，服务实体经济，推进惠民生工程，支持京粮集团3亿元贷款用于原粮收购；后续还将根据企业收购进度陆续发放12亿元粮食收购贷款。北京银行通州支行持续打造“普惠金融”特色品牌的号召，加大对涉农企业、小微企业的支持力度；不断加强渠道建设，加强与担保公司的合作，拓宽担保公司合作渠道，与各个渠道逐步形成稳定的专人对接；开展进园区活动，推动园区金融发展。北京农商银行通州支行提高区域内金融服务力度，全力支持潞城地区拆迁工作，同时介入水务、园林、基础建设等重点项目。年内，区财政局、区农委对政策性农业保险进行招投标，人保财险通州支公司以绝对优势成功中标永乐店镇、漷县镇标段。在政策性农业保险开展过程中，本着一切为农户服务的宗旨，做好所辖乡镇的政策性农业保险工作，为两个乡镇农户提供风险保障1.8亿元，支付赔款741.7万元。

通州区领导名录

区委书记	杨　斌（12月免） 曾赞荣（12月任）
副书记	张力兵　付晓辉（8月免） 赵　磊（9月任）
常委	杨　斌（12月免） 曾赞荣（12月任）　张力兵 付晓辉（8月免） 赵　磊（9月任）　洪　波 韦　江（女） 洪家志（土家族）　查显友 崔松光　郑　宇　刘贵明
区人大常委会主任	李玉君
副主任	刘　卉（女）　尚祖国 薄立军　张绍武 金文岭（不驻会）
区长	张力兵
常务副区长	崔松光
副区长	洪家志（土家族）

　　　　李亚兰（女）　朱益军（6月任）
　　　　王岩石　张德启　雷晓宁（女）
　　　　李耀光（6月免）阳　波
区政协主席　赵玉影
副主席　季志会（女）　贾君刚
　　　　石宝玉　王子江（不驻会）
　　　　田春华（女，不驻会）
　　　　吴　涛（不驻会）
区委农工委书记　杨泽军（9月免）
　　　　刘青松（9月任）
区农委主任　刘庆生

通州区乡镇党政正职领导

	党委书记	镇（乡）长
永顺镇	邓忠义	邓小民
梨园镇	冯利英（女）	周东振（6月免） 刘永忠（6月任）
宋庄镇	柳德利	王　艳（女）
张家湾镇	阳　波（3月免） 聂玉泉（3月任）	聂玉泉（3月免） 范亮亮（3月任）
漷县镇	孝　军	朱春彬
马驹桥镇	鲁新红	孙　伟
西集镇	杨　利（回族，6月免） 张全启（6—7月主持工作） 张全启（7月任）	张全启（7月免） 陈洪波（7月任）
潞城镇	关　平（9月免） 刘贵明（11月任）	吴孔安
台湖镇	倪德才	曹东波
永乐店镇	魏　国	卢庆雷
于家务回族乡	王德松	古　剑（回族）

（中共通州区委党史工作办公室、通州区地方志办公室　肖姗姗）

顺　义　区

综　述

顺义区位于北京市东北部，北邻北京市怀柔区、密云区；东界北京市平谷区，南与河北省三河市、北京市通州区接壤，西南、西与北京市朝阳区、昌平区隔温榆河为界。地理位置北纬40°00′～40°18′，东经116°28′～116°58′，镇域东西长45公里，南北宽30公里，总面积1 021平方公里。到2017年底，顺义区设12个镇、7个地区办事处（加挂镇牌）和6个街道办事处，辖426个村民委员会，127个居民委员会。顺义区常住人口112.8万，户籍人口63.5万人，其中农业人口250 505人、非农业人口384 910人，流动人口41.85万人。全年户籍人口出生9 423人，政策符合率98.98%。出生人口性别比为105，出生率15‰。

年内，顺义区统筹推进城乡发展，城乡一体化形成新格局。7个棚改项目高效有序实施。临河村、夏县营村和西泗上村项目民宅拆迁拆除工作全面完成，幸福西街项目签约率达到98.5%，维尼纶厂项目征收补偿方案启动公示，西丰乐村、东石槽村项目手续加快办理，全年实现2 531户危旧房屋家庭签约，达到市级棚改任务指标的4.5倍。河东地区发展持续加快。全年在河东地区安排重点工程项目53个、资金17.5亿元，分别占全区的44%和41%；河东地区建安投资全年完成72亿元，增长53%。制定实施全区特色小镇培育方案，龙湾屯生态旅游小镇入选全国特色小镇，张镇被列为全国首批运动休闲特色小镇，祥云小镇创建全市首批生活性服务业示范街区顺利开展。村庄规划编制全面启动，美丽乡村达到143个，总数位列全市第三。120项重点工程全部立项，其中100项开工建设。北京首座双塔双索面斜拉桥复兴大桥竣工通车，木孙路中段、顺平南辅线、安宁大街项目开工建设，复兴东街、华中路施工完成，马坡、东府22万站和新城、东营等5座11万站竣工供电，重点镇城乡供水一体化一期工程完工运行。天竺综保区首家进口商品直营中心挂牌营业，后沙峪沃尔玛、马坡鲁能购物中心、空港一号、澳金园项目招商进展顺利。新建和规范便民商业网点103个，便民服务功能社区覆盖率达到74.1%。土地供应力度加大，全年累计供应国有建设用地10宗、137公顷。社区服务治理水平持续提高，新增60个八型社区。新增停车位5 480个、公共自行车2 000辆、公共候车亭50座，市民出行更加智能、高效、便捷。

顺义区顶住经济下行压力，经济社会实现持续平稳健康发展。完成地区生产总值 1 695 亿元，增长 6.5%左右；实现社会消费品零售额 474 亿元，增长 7%。顺义区城镇居民人均可支配收入 39 736 元，增长 3 288 元，同比增长 9.0%，增速与全市持平，位居全市第三位。城镇居民和农村居民人均可支配收入分别达到 39 546 元和 26 818 元，分别增长 8.5%和 8.8%。农产品质量安全统一监测检测合格率 100%。年内，共检测农产品样品 70 948 个，其中种植产品检测样品 23 262 个（定量 625 个，定性 22 637 个）；畜禽产品检测样品 44 817 个（定量 771 个，定性 44 046 个）；水产品检测样品 2 869 个（定量 259 个，定性 2 610 个）；检测合格率 100%。

城乡发展一体化

【概况】 统筹推进城乡发展，城乡一体化形成新格局。7 个棚改项目有序实施。临河村、夏县营村和西泗上村项目民宅拆迁拆除工作全面完成，幸福西街项目签约率达到 98.5%，维尼纶厂项目征收补偿方案启动公示，西丰乐村、东石槽村项目手续加快办理，先后创造“临河速度”“夏县营加速度”，全年实现 2 531 户危旧房屋家庭签约，达到市级棚改任务指标的 4.5 倍。河东地区发展持续加快。全年在河东地区安排重点工程项目 53 个、资金 17.5 亿元，分别占全区的 44%和 41%；河东地区建安投资全年预计完成 72 亿元，增长 53%。制定实施全区特色小镇培育方案，龙湾屯生态旅游小镇入选全国特色小镇，张镇被列为全国首批运动休闲特色小镇，祥云小镇创建全市首批生活性服务业示范街区开展。村庄规划编制全面启动，美丽乡村达到 143 个，总数位列全市第三。

【规划研究】 一是制定落实总体规划实施工作方案。《顺义区落实〈北京城市总体规划〉实施工作方案》编制完成，对涉及顺义区的 3 项主责和需要配合的 29 项任务进行细化落实，明确责任部门，确定完成时限。二是深化顺义空间战略规划研究成果。结合北京城市总体规划对顺义区功能定位，编制完成潮白河生态功能带规划研究、顺义总体城市设计优化、顺义历史文化资源梳理、顺义区特色小镇发展专题研究等各专项规划，同时按照减量规划的要求，初步完成“两图合一”现状图和规划图的区级细化工作，为分区规划和新城控制性详细规划编制提供技术支撑。三是编制杨镇空间规划。为实现河东河西协调发展，借助北京城市学院、M15 号线东延等契机，细化杨镇的功能定位、空间布局和人口规模，划定生态红线和城市增长边界。四是编制美丽乡村规划。《顺义区农村地区村庄规划编制工作实施方案》编制完成，并先行开展柳庄户、石家营等 8 个市级试点村庄和焦庄户和山里辛庄等 34 个区级试点村庄的美丽乡村规划编制工作。五是开展顺义新城金融产业空间规划研究。紧密围绕“十三五”期间建设后沙峪金融商务区的目标，组织编制《顺义新城金融产业空间规划研究》，并完成金融商务区城市设计，经政府专题会审议通过。六是完成综合管廊建设规划。以“规划先行、适度超前、因地制宜、统筹兼顾”为原则，深入分析区域发展需求和基础设施现状，按现状用地情况、区域功能结构、建筑密度分区、地下空间利用规划等因素，构架顺义区综合管廊建设思路。七是完成顺义区停车场专项规划编制工作。通过分析现状停车位供需关系，预测规划年停车位需求总量，提出区域差别化的分区停车位供应总量，确定城市公共停车场规模和分布。

【舞彩浅山开发】 投入资金 1 000 万元，在木林、龙湾屯两镇继续实施五彩浅山沟域经济项目建设。其中，木林镇对重点沟域实施第四期环境景观提升工程，龙湾屯镇对山里辛庄村樱桃幽谷进行升级改造。

农村经济发展

【概况】 2017 年，顺义区认真贯彻落实党的十九大会议精神、中央农村工作会议及北京市农村工作会议精神，深入学习贯彻习近平总书记系列重要讲话，以“四个全面”战略布局为引领，以创新、协调、绿色、开放、共享的发展理念为指导，以农业供给侧结构性改革为主线，围绕京津冀协同发展战略和首都城市发展战略定位，坚持依法履职，加强农村集体“三资”监管，保障集体经济组织成员合法权益，不断发展壮大农村经济。

【农业结构调整持续深化】 调减小麦等高耗水农作物种植面积和畜禽出栏，完成市级调减小麦 6 000 亩任务，完成 65 家养殖场（小区）关闭任务，落实菜田补贴等相关政策，安排“菜篮子”工程各类产业相关项目 30 余个，推进“国家农业可持续发展试验示范区”试点建设。

【高效节水灌溉】 2017年，顺义区新增高效节水灌溉面积6.75万亩。一是完成顺义区2017年中央财政小型农田水利项目县工程。项目涉及9个镇56个行政村114个地块，建设农业高效节水灌溉面积1.86万亩，建设雨洪利用工程1处、改造2座排水泵站。二是实施2016年农业高效节水示范区建设工程（“两田一园”农业高效节水一期）。项目涉及15个镇，建设农业高效节水灌溉面积10.03万亩（中央任务4.2万亩）。截至年底，建设实施310个地块，共计4.89万亩。

【农情监测】 年内，利用66个苗情、墒情、水肥情、病虫草鼠害、有害生物监测网络，开展农情监测260余次，提出科学合理的生产管理建议及病虫草鼠害防控指导意见48篇，指导春耕、三夏、三秋等关键农时的生产。全区粮经作物病虫草害防治面积135.5万亩次；蔬菜作物病虫草害防治面积133.85万亩次；农田鼠害防治面积40万亩次，平均防治效果达到90%以上。

【蔬菜提质增效】 一是实施百名专家兴顺工程，聘请国内种植业行业专家44名，合作水培蔬菜生产、番茄长季节栽培、西甜瓜丰产优质根结线虫防控、功能西瓜新品种等项目40项。二是实施2017年基本菜田补贴，对17个镇253个村5 839个生产主体进行补贴，补贴面积52 281.99亩，发放补贴资金23 828 005元。三是完成10个蔬菜标准化基地提升、2个育苗场续建、2个园艺化园区建设、5个品牌创建、2个蔬菜专业村建设等项目。四是承担国家农业重大项目实施——“2017年农业部设施蔬菜有机肥替代化肥示范县试点”项目。遴选31个实施主体，示范区面积10 000亩，其中核心区面积2 000亩。全面实施有机肥、配方肥、水溶肥和生物肥补贴，补贴肥料10 690吨；开展蔬菜残体回收循环利用技术模式的探索和应用，回收菜田废弃物约13万吨，转化加工成有机肥2万吨；开展“绿奥”“水云天”等10个品牌创建。五是“好园区”、品牌推优，推荐28家蔬菜园区参加“北京蔬菜好园区”评比以及品牌推优，“绿奥”入选北京农业好品牌，“水云天”“沿特”入选优质农产品好品牌。

【“北京农业好品牌”和“京郊农业好把式”称号】 在“2017年北京农业好品牌遴选推介”和“2017年京郊农业好把式遴选推介”活动中，经各区推荐和专家组评审，共遴选出44家“北京农业好品牌”、20名“京郊农业好把式”，其中本区北京绿奥蔬菜合作社的“绿奥”、北京顺鑫农业股份有限公司的“顺鑫农业”、北京顺沿特种蔬菜基地的“沿特”、北京绿富农果蔬产销专业合作社的“水云天”获得“北京农业好品牌”称号；张金旺获得“京郊农业好把式”称号。

村镇建设

【概况】 2014年以来，顺义区共有143个村达到美丽乡村标准，占426个行政村的33.57%，创建总数位列全市第三位。2017年，本区围绕贯彻落实全市“实施乡村振兴战略，推进美丽乡村建设”精神，按照北京城市总体规划赋予顺义的功能定位，制定《顺义区“实施乡村振兴战略，推进美丽乡村建设”专项行动（2018—2020年）的实施方案》审议稿，启动42个村庄的美丽乡村规划编制工作。

【“煤改清洁能源”工程】 年内，采取“1＋1＋7”模式，即“一个引领、一个反馈、七个保障”，全面完成16个镇258个村9.1万余户“煤改电”工程；完成8个镇19个村1.1万余户“煤改气”工程，任务量是本区历年之最、全市之首。通过实施“煤改清洁能源”工程，全年可压减燃煤量约41.17万吨，减排二氧化碳约107.85万吨、二氧化硫约0.35万吨、氮氧化物约0.30万吨。

【农业生态建设】 出台一系列农业环境保护方面相关文件，连续三年实现秸秆焚烧“零火点”，在全区范围内实施农业面源污染治理、菜田废弃物回收循环利用等工程，改善农业生产对大气、水、土壤等资源的环境影响。

【两气一室长效管护】 本区“两气”站和太阳能公共浴室综合运行率居全市首位。对全区20座“两气”站定期不定期进行安全检查、技术培训和硬件维护，规范安全管理，保证安全稳定高效运行；对303座太阳能公共浴室制定系统化、科学化的管护制度，形成区、镇、村、维护企业四级管理机制，达到动态运行率99.3%以上。

【生态农业建设】 专利技术在全市农业系统进行全面推广，本区建设太阳能加温大棚10座，解决蔬菜温室大棚冬季依赖煤炭等二氧化碳高排放能源加温能效比低、成本高、环境污染严重的问题；实施沼液滴灌项目1项，将沼渣沼液经处理后变废为宝，实现水肥一体化，提高水肥的利用效率，提高蔬菜的产量和品质。

【"一村一品"、特色专业村】年内，按照《农业部办公厅关于申报第七批全国"一村一品"示范村镇的通知》和市农委印发《北京市特色专业示范村认定管理办法》（京政农发〔2017〕7号）的要求，推荐木林镇贾山村和大孙各庄镇前陆马村申报第七批全国"一村一品"示范村和北京市特色专业示范村，经过专家最终评审，木林镇贾山村（水云天西红柿），大孙各庄镇前陆马村（绿奥番茄）获评第七批全国"一村一品"示范村，木林镇贾山村、大孙各庄镇前陆马村获评北京市特色专业示范村。

【美丽休闲乡村推介】年内，按照农业部办公厅印发《关于开展中国美丽休闲乡村推介工作的通知》（农办加〔2017〕10号）的要求，南彩镇河北村荣获"2017中国美丽休闲乡村"荣誉称号。

【市级休闲农业星级园区】年内，本区19个园区获评第三批北京市休闲农业园区，其中顺丽鑫生态观光农业园、欧菲堡酒庄等5个园区获评北京市五星级休闲农业园区。

【种植业】一是调减小麦种植面积，降低农田用水。2017年"三夏"收获小麦6.06万亩，较2016年同比减少2.14万亩。秋季继续退出小麦种植0.6万亩，播种小麦5.46万亩。二是开展农业节水示范，助力节水技术推广。在赵全营都市型万亩示范区和李遂葛代子开展小麦水肥一体化示范，面积3 000亩，示范时针式喷灌机、滚移式喷灌机、半固定式喷灌施肥和微喷水肥一体化自动控制4项技术；在杨镇张家务吉祥苑采摘园、木林镇大林村北京义农农产品产销合作社，开展蔬菜、果树水肥一体化技术示范，面积285亩；在大孙各庄开展节水小麦新品种及新技术示范，面积250亩，展示农大212、中麦12、农大4123等6个品种，应用测墒灌溉、测土配方施肥等配套技术，在小麦全生育期减少2次浇水，平均单产335.4千克。

农村改革与管理

【农村"三资"管理】深化落实《顺义区关于进一步加强村集体"三资"管理工作的意见》，严格执行顺农文〔2011〕40号文件（简称"1＋4"）精神，深化农村集体资产监管平台在基层的管理应用，推进"三资"管理的制度化、规范化、信息化。推进"三资"监管平台的跨部门应用和资源共享。按时保质完成农村经济统计年报等报表的基层基础数据资料的审核上传工作。通过调查摸底、核查汇总、镇村逐级上报形式完成全区农村收益分配情况统计。

【国家农产品质量安全县成功创建】年内，按照农业部和市农业局关于"国家农产品质量安全县"创建工作统一部署，顺义区推进"国家农产品质量安全县"创建工作。主要在农产品质量安全监管工作情况，包括地方政府属地管理责任依法履行、农产品生产经营单位主体责任落实到位、农业投入品监管有力、农产品质量安全监测扎实推进、农产品质量安全执法到位、标准化生产全面实行、农产品质量安全监管体系健全、农产品质量安全制度机制基本完善9大项50小项，从质量安全水平、群众满意度、强化能力建设三方面，最终形成13册《顺义区国家农产品质量安全县创建工作措施》。

【农民专业合作社】顺义区工商注册的合作社210家，基本运营且备案的187家。全区农民合作社涵盖林果、瓜菜、畜牧、花卉、农机、民俗旅游等行业，入社社员1.89万户，带动农户3万户，约占全区纯农户的28%。市级以上示范社19家，其中国家级示范社5家，全国农民合作社加工示范单位3家。

【土地确权登记颁证工作】年内，顺义区全面部署2017年度土地确权登记颁证工作。截至年底，本区299个村完成审核公示，公示村二轮延包确权面积53.04万亩，占应确权登记面积的比例98%，270个村完成农户签字。

【涉农仲裁调解】农村土地承包经营纠纷调解仲裁培训工作完成，年内，接到电话来访180余件，调解纠纷36件，农村土地承包仲裁委员会接到仲裁申请4宗，3宗做出仲裁裁决，1宗根据法律规定裁定不予受理。

【农村集体经济合同管理】对现有农村集体经济合同进行规范，对相关业务人员进行培训，严格合同签订程序，对新签订的合同从制度上进行管理。完成《顺义区农村经济合同管理办法》2017年版修订工作，参与北京市农村土地家庭承包与流转合同示范文本的制定工作，审批设施农业合同3份。

【农村集体财务规范化建设】年内，配合区委组织部派出的党建责任落实情况专项检查组，梳理各镇在"三资"管理方面存在的突出问题，就梳理问题的文件依据、"三资"管理存在的突出问题等内容对检查组人员进行业务培训，并对检查组提出的相关问题进行解答。通过农村集体“三资”监管平台，实现对“三资”的网上监控和动态管理。定期对“三资”管理情况进行监督检查，督促整改发现的问题，进一步强化农村财务管理工作。

【产权交易平台建设】根据《顺义区农村经济合同管理办法》，2017年，顺义区在市产权交易所挂牌项目14宗，成交8宗，挂牌金额1 670万元，交易总额1 725.9万元，溢价3%。

【农民专业合作组织管理与服务】依法指导农民专业合作社的设立、登记注册等服务工作，依法指导监督农民专业合作社建立健全各项规范管理制度。本区现有合作社210个，其中国家级示范社7个、市级示范社18个。并组织本区市级示范社的财务人员参加《农民专业合作社财务管理软件应用培训班》。

【农产品成本调查】完成小麦、西瓜、苹果、肉鸡、鲜花等12个品种60个成本点的监测工作。督促指导各成本点做好原始资料的登记，认真做好原始数据审核工作，避免出现错、漏记，确保各点的代表性、真实性和准确性。

【农经培训】加大农经业务培训力度，重点抓好乡镇财务代理机构、村集体经济组织以及合作社等农村财会人员的培训。开展农村经管在线培训，完善培训教材，改进培训质量，提高农村经管队伍的整体素质和业务水平。2017年度镇村两级信息化人员培训班开展2期，共450余人参加培训。

【农业面源污染控制】一是农药减量。在北小营、南彩、李遂、赵全营开展小麦吸浆虫防治示范1.2万亩；释放11亿头赤眼蜂防治玉米钻蛀性害虫，覆盖11.5万亩玉米；菜田推广防虫网、色板隔离、诱杀技术5 000亩，推广异色瓢虫、小花蝽、烟盲蝽、捕食螨天敌控害技术4 000亩；推广高效低毒低残留农药、生物农药、蜂授粉技术和振荡授粉器技术2万余亩，推广轻便、高效的新型喷雾机具125台10 000亩。累计减少农药用量39.72吨，项目区农药利用率由30%提升到50%。二是化肥减量。推广配送有机肥3 600吨，生物有机肥600吨，缓释肥650吨，配方肥800吨，水溶肥12.5吨，吊袋二氧化碳肥10 000袋，累计减少不合理化肥施用量490吨。三是农业环境监测。建立各类监测点189个，采集土壤样品678个，农产品样品123个，水样60个；完成面源污染情况、废弃物工程、土壤监测、农产品监测、典型农户调查表等198份。

农村民生

【概况】2017年，顺义区城镇居民人均可支配收入39 736元，增长3 288元，同比增长9.0%，增速与全市持平，位居全市第三位。城镇居民人均消费支出为25 928元，比2016年同期增加2 118元，同比增长8.9%。2017年农村居民人均可支配收入26 833元，比2016年同期增长8.9%，绝对额比全市高2 593元，排名居全市第1位。人均生活消费支出16 396元，比2016年同期增长7.6%。

【精准帮扶】《顺义区关于推进低收入农户增收及低收入村发展工作的实施方案》（京顺办发〔2017〕25号）制定，从产业发展、就业帮扶、社保兜底等方面制定详细的帮扶措施，为低收入村户增收发展提供强有力的政策保障。制定并完善低收入农户帮扶台账，做到“一户一策”，形成区、镇、村三级低收入农户分类帮扶台账一览表。协调相关部门，通过就业帮扶、社保兜底、慈善帮扶、引智帮扶等途径开展低收入农户精准帮扶工作。完成低收入农户动态管理工作，动态管理后，本区低收入农户剩余3 957户、8 877人。

【农房家财险投保工作】顺义区农房家财险投保工作成效显著。2013年以来，顺义区民政局联合人保财险顺义支公司向全区农户推出农房家财险，保险内容包括房屋、装潢及电器设备等，每份保费25元，区、镇各补贴10元，个人负担5元，低保、特困对象免费投保，保险期限为一年。在一年的保险期内，受灾家庭可获得0.5万～5万元的赔偿。2017年，顺义区出资102万元补贴10.2万户家庭投保农房家财险。据统计，2013年至今，全区累计投保金额492万元，出险金额1 272万元，保障了农村家庭房屋财产安全。

【政策性农业保险】完善政策性农业保险各项制度建设，《顺义区政策性农业保险实施意见》制定下发。创新险种，扩大惠农性和覆盖面；提高保额，调整费率，延长保险责任期限，全年完成总保额20.73亿元，出险农户5 008户，出险赔付金额1.05亿元。

【一事一议财政奖补项目】投资5 000余万元，在13个镇实施村级公益事业一事一议财政奖补项目38个，其中安排资金近500万元，对本区3个低收入村进行重点倾斜。

【文化惠民】引进高雅艺术入区演出，提升顺义群众文化品味。邀请北京交响乐团、中央杂技艺术团等著名艺术团体开展多次弘扬主旋律的音乐会和文艺演出，为市民提供家门口的高品质音乐盛宴。举办第五届惠民文化消费季活动，设置“惠民文化演出季”“惠民文化电影节”“惠民文化休闲旅游”“惠民文化娱乐消费”以及“惠民阅读季”5 大板块，形式和内容多元多样，全区共有 2 家影剧院、5 个旅游景点及 10 家重点文化创意企业参与活动，现场活动参与人数超 165 万人次，参与文化惠民消费近 50 万人次，文化产品消费总额超 2 000 万元。举办第 26 届北京国际燕京啤酒文化节、首届北京・顺义张镇灶王文化节等深受市民喜爱的文化活动，传承并创新“文化顺义”名片。积极组织参展第十二届北京文博会，以“创意顺义・北京对外文化贸易先行区”为主题，重点对顺义区对外文化贸易方面的文创企业及产品进行宣传推介，有效提升顺义区对外文化贸易先行区知名度和影响力。指导文化委按照北京市“1＋3”公共文化政策文件精神，持续推进基层公共文化设施全覆盖工作。强化监督管理，解决基层公共文化服务设施运营不规范、服务水平不高的问题，努力满足基层群众文化需求。启动文化馆图书馆总分馆制改革试点工作，探索建设 24 小时自助图书馆，培养、引导市民多读书、读好书，努力营造顺义区书香文化氛围。

【公益行系列活动】年内，顺义区启动“顺义区公益行”主题系列活动。通过广泛征集、全面筛选、重点跟踪等形式，全年共征集公益活动 155 项，其中，全年性活动 37 项，特色活动 118 项，重点跟踪活动 33 项。内容涉及扶老助残、便民利民、法律援助、特殊群体帮扶等多个领域。全年累计开展系列活动 1 500 余次，提供各类服务 2 000 余场次，覆盖全区 19 个镇、6 个街道各个社区，服务人群近万余人次，使公益逐步成为社区居民的生活方式。

【群众住房居住条件持续改善】2017 年，顺义区全力做好棚户区改造工作，7 个棚改项目高效有序实施。临河村、夏县营村和西泗上村项目民宅拆迁拆除工作全面完成，幸福西街项目签约率达到 98.5%，先后创造“临河速度”“夏县营加速度”，全年实现 2 531 户危旧房屋家庭签约，达到市级棚改任务指标的 4.5 倍。保障性住房和定向安置房开复工面积 188 万平方米、23 376 套，竣工 3 440 套；4 个自住房项目、首个共有产权房项目入市交易，累计提供房源 3 221 套。老旧小区治理压茬实施，一期工程进入长效治理阶段，居民满意率达到 95%，投资 13.6 亿元、覆盖 19 个小区近 600 栋居民楼的二期工程有序推进，电力改造工程同步启动。

【城镇和农村地区生活垃圾管理】完成光明街道、胜利街道、石园街道、双丰街道、旺泉街道、空港街道以及仁和镇、后沙峪镇、天竺镇等 125 个小区垃圾分类达标工作，招募垃圾分类绿袖标指导员志愿者 2 000 余名，城镇地区垃圾分类小区覆盖率达到 90%。完成生活垃圾（含粪便）经营性清扫、收集、运输服务审批 18 件。备案合格生活垃圾作业车辆 93 辆（扫路车 6 辆、洒水车 5、吸粪车 6 辆、压缩车 76 辆），备案合格建筑垃圾运输车辆共 236 辆。

【公共厕所建设与管理】建成公厕共计 844 座。公共厕所投入资金 90 万元，针对重点二类公厕进行品质提升，包括 30 座公厕加装除臭设备，更新维修 62 座公厕脚踏阀，修补破损瓷砖，加装屋顶，更新公示牌等公厕新建改造工程项目。

基层组织与民主政治建设

【农村党建服务中心组建成立】按照全市农村基层党建工作座谈会会议要求，顺义区委农工委多下力气，协助组织部门做好农村党建工作，形成齐抓共管的强大合力。2017 年顺义区委农工委成立农村党建服务中心，编制 4 名，人员于 8 月初全部到位。

【“四联四促”支部共建活动广泛开展】推进党支部规范化建设，在进一步夯实“两学一做”学习教育常态化制度化工作基础上，区委农工委着力构建落实“B＋T＋X”体系，《关于开展“四联四促”支部共建活动的实施方案》制定（顺农党文〔2017〕14 号），并在农工委系统各基层党支部广泛开展“四联四促”支部共建活动，取得初步成效。

【构建党建工作联席会议机制】构建党建工作联席会议机制，通过整合资源，对全区农村基层党建工作进行指导，并联合组建基层党建课题组，开展农村党建工作调研摸底，研究改进措施，为建立顺义区基层党建工作体系提供决策依据。

【《顺义区农村土地法律事务手册》组织编写】《顺义区农村土地法律事务手册》对农村土地承包、土地承包经营权流转、农村集体建设用地的使用、管理等内容进行法律分析，对实际工作中的常见问题提出处理建议，并引用人民法院相关审判文书，摘编相关法律法规，对规范农村土地承包流转、优化农村土地资源利用提供有力的法律支撑，促进“疏解整治促提升”专项行动的深入开展。

【信访工作责任制落实有力】 一是深入贯彻落实《信访管理办法实施细则》。进一步明确区、镇街（包括委办局）和村居三个层级责任，推动“三级接待”工作有效落实，各镇、街道、委办局等单位，牢记“属地管理、分级负责，谁主管、谁负责”的工作原则，加大信访工作在各级督查考核工作中的权重，推动信访工作责任落到实处。二是营造法治信访社会氛围。在全区19个镇和6个街道办启动主题为“落实信访责任制、推动信访法制化”的信访宣传月活动，累计悬挂条幅380余条，发放《信访条例》《北京市信访条例》2万册，宣传海报、宣传折页2万套，宣传品1.2万个，受教育群众达9 000人次。三是信访队伍建设稳步推进。开展基层信访干部业务培训7次，信访干部的综合素质和履职能力得到进一步提升；加强基础业务规范化建设，进一步调整办信、接访、网上信访、督查督办等业务规则，优化办理流程，推动问题化解。

【村民委员会选举工作】 顺义区第十届村民委员会选举工作完成，同步选举产生新一届村务监督委员会。全区共有村务监督委员会成员1 321人，其中，党员793人，占60%；村监会主任中，党员358人，占总人数的80%。顺义区出台《村务监督委员会工作实施细则》，进一步规范村监会职责、权利、义务。通过村务公开监督检查、大党建任务考核等途径，进一步加强基层民主自治，依法保障人民当家作主的权利。

“三农”工作部署和实施

【概况】 以城乡规划编制实施为引领，促进城乡发展深刻转型。新版北京城市总体规划的规划期到2035年，远景展望到2050年，落实好新版北京城市总体规划，是贯彻落实党的十九大精神的重要抓手，是践行习近平总书记视察北京重要讲话精神的重大举措，更是顺义面向未来的使命所在。加强规划统筹管理。严格落实“减重、减负、减量”要求，健全多规合一的规划实施管控体系，确保“双控”“三线”落到实处，把规划实施的“四梁八柱”立起来，系好城乡发展的第一粒扣子。加快城市控制性详规编制。立足打造北京东北部区域中心城市，坚持多组团集约紧凑式发展，优化“一核、三带、三区、五镇”空间布局，突出核心功能、核心产业、核心影响力辐射力，不断强化对首都功能的承载力、对中心城区的反磁力、对城市副中心的支撑力、对京津冀区域的辐射力。要抓好乡村规划编制。把编制村庄规划作为落实乡村振兴战略的先导和突破口，遵循乡村发展规律，着眼实现“生产、生活、生态”相协调、“法治、共治、精治”相统一，推动定居向安居再向宜居转变，用美丽乡村留住美丽乡愁。强化规划的严肃性权威性，坚持开门搞规划，既广泛征求专家学者意见，深入基层开展调查研究，广开言路、广开思路，又及时公布规划，接受社会监督，提高规划的科学性、可操作性。以城市体检等检查评估制度倒逼规划落实，确保一张蓝图绘到底。

【推动全区协调发展】 区五届人大一次会议将杨镇代表团提出的《关于加快全区协调发展　重点推进河东地区建设的议案》作为大会议案。区五届人大二次会议就落实议案作出决议。区委、区政府对此高度重视，区政府根据区委《关于推动河东河西协调发展的意见》，研究制定《促进河东地区重大项目建设发展行动计划（2018—2020年）》并着手落实。常委会通过专题调研和代表视察等方式，深入了解河东地区短板需求、群众呼声，推动议案办理。

【百名专家兴顺工程】 百名专家兴顺工程工作会召开，在京科研院校部门为主的34名专家出席会议。2017年顺义区聘请中国农业科学院、北京市农林科学院、中国农业大学、北京农学院、北京市农业局所属系统以及山东寿光、河南郑州专家44人，包括国家西甜瓜创新体系首席专家许勇研究员，北京现代农业产业技术体系果菜、食用菌、西甜瓜、粮食团队首席专家李红岑、邓德江、朱莉、王俊英，以及小麦专家赵昌平、农业行业甲基溴淘汰项目首席专家曹坳程研究员、市农业技术推广站王克武站长、土肥站赵永志站长等。会上，专家对顺义区种植业现代农业发展提出建议：一是着重发展顺义现代农业，以提高“三率”为出发统筹各项工作开展。二是建立良好农业规范，完成国家农业“两减一提”任务目标。三是重视园区、品牌、土壤与环境保护及可持续发展，重视面源污染治理，提高水资源利用率与节水效率。四是重视顺义种植业生产、加工产业链建设，提升顺义农业标准化生产管理水平、机械利用水平，以科技为支撑提升蔬菜单产水平，实现顺义种植业高产高效水平。

【三级河长制全面落实】构建政府主导、属地负责、行业监管、专业管护、社会参与的河湖生态环境管理体系，实施最严格的水资源管理制度，持续推进黑臭水体治理，基本完成区内村庄污水收集建设工程，促进河长治、水长清。切实加大生态系统保护力度。不断扩大绿色空间，持续实施“造林见绿”“留白增绿”“见缝插绿”，推进城市森林、健康绿道、公共绿地和湿地建设管理，给城市带上绿色项链。

【农村综合改革工作部署会】年内，农村综合改革工作会召开，部署农村土地承包经营权确权登记颁证工作。一是要求稳步推进，到 2018 年全面完成颁证工作。二是加强低收入农户和低收入村动态监测和“账款双托管”工作，要求及时做好数据更新。三是做好年度审计工作，要求镇集体经济审计部门为审计主体，区集体经济审计部门进行审核检查，按时保质完成审计工作。

【阳光政务　邀您同行】年内，农委组织开展“阳光政务　邀您同行”政务开放日活动，邀请 30 余名人大代表、政协委员、营商服务监督顾问员、市民代表走进绿色农业开放点——北京绿奥蔬菜合作社，参观合作社蔬菜加工车间、智能连栋育苗温室和设施生产温室并座谈交流，听取合作社通过“五个统一”管理防治，“预防为主防治为辅”的生产方针，渐进式地在生产中推进全程质量标准化；听取区各级相关职能部门为确保农产品质量安全所采取的多种有效措施，让市民了解本区为保障农产品质量安全做出的努力。

【中央财政小型农田水利项目县建设工程水影响评价报告书】顺义区 2017 年中央财政小型农田水利项目县建设工程水影响评价报告书获批。拟建项目位于顺义区北务、赵全营、杨镇、南彩等 9 镇涉及 18 603 亩农田，建设内容主要为节水灌溉工程。项目取水主要为农业灌溉取水、水源当地地下水，年取用水量 731.7 万立方米，比实施前年节水 19.47 万立方米，通过现有 100 眼完好机井和更新 35 眼第四系机井解决水源问题。项目计划于 2018 年 4 月完工。

顺义区领导名录

区委书记	王　刚
副书记	高　朋　于庆丰
常　委	宋建明（3 月任）　初军威 张　良　肖承继　霍光峰 禹学垠　贺亚兰（女） 张晓峰
区人大常委会主任	车克欣（女）
副主任	吴建国　盛德利 赵殿江　丁文强 白丽洁（女，不驻会）
区　长	高　朋
副区长	霍光峰　初军威 赵为民　李向英（女） 吴耀新　张爱冬（12 月免） 郑晓博
区政协主席	周颖博
副主席	闫志广　单成刚　郭振江 刘　静（女，不驻会） 金泰希（女，不驻会） 杨凤辉（不驻会）
区农工委主任	刘振河

顺义区街道、镇（乡）党政正职领导

	党委书记	**镇长**（主任）
光明街道	郭树文（7 月免） 姜惠琴（女，7 月任）	姜惠琴（女，7 月免） 陈志勇（8 月任）
胜利街道	贾崇彪（12 月免） 张　洁（女，12 月任）	王洪涛
石园街道	徐志国	衣　晶（女）
旺泉街道	黄学英（女）	于宝鑫
双丰街道	赵靖宇	乔　龙
空港街道	柳亚辉（7 月免） 李　莉（女，7 月任）	李　莉（女，7 月免） 张　敬（7 月任）
仁和镇 （地区办事处）	刘　洋	杨文仲（7 月免） 李光明（12 月任）
马坡镇 （地区办事处）	武　捷（12 月免） 贾　睿（12 月任）	贾　睿
牛栏山镇 （地区办事处）	郝蔚泉	陈　红（7 月免） 王永生（8 月任）
赵全营镇	李在东	李志刚

高丽营镇	王海松	王彦利（女，12月免）	张镇	刘晨光	张　涛
		王秀刚（12月任）	北小营镇	马　强（9月免）	孙海江
北石槽镇	王鉴远	胡小刚		欧阳华洲（9月任）	
南法信镇 （地区办事处）	黄永志	王　民	木林镇	李　健（7月免）	李　浩
				李　刚（7月任）	
后沙峪镇 （地区办事处）	史卫东（12月免） 冯江全（12月任）	冯江全（12月免） 李　强（12月任）	龙湾屯镇	闫　岩（女）	张　伟
			李遂镇	朱新生	李　黎
天竺镇 （地区办事处）	王　江（3月免） 李子腾（3月任）	杨登科	北务镇	李　刚（7月免） 陈　红（7月任）	马占磊
李桥镇	黄海鹏	张春和	大孙各庄镇	马卫国	王秀刚（12月免） 陶黎黎（女，12月任）
南彩镇	赵海波	刘海丰			
杨镇 （地区办事处）	赵志勇	陈向东			

（顺义区史志办　兰　岚）

昌平区

概　述

昌平区区域面积1 343.5平方千米，其中山区面积759.4平方千米，占区域面积的59%。区辖15个镇（含5个地区办事处）、5个街道办事处和1个以企代镇行政单位（北企公司），其中有4个山区镇。辖区内有298个行政村和1个计划单列村。

2017年年末全区常住人口206.3万人，比上年末增加5.3万人，增长2.6%，在5个城市发展新区中增量最少、增速最低，其中常住外来人口105.5万人，同比增长1.6%，占常住人口的比重为51.1%，比上年末下降0.5个百分点。年末全区户籍人口户数27.8万户，人口61.9万人，比上年末增加0.8万人，增长1.3%，其中非农业人口44.3万人，占全区户籍人口的71.6%，比上年末提高0.7个百分点；农业人口17.6万人，占全区户籍人口的28.4%。户籍人口出生率为17.14‰，死亡率为12.96‰，自然增长率为4.18‰。

昌平区农业的发展，准确把握首都城市战略定位，紧扣北京“大城市小农业”“大京郊小城区”的特点，不断深化农业供给侧结构性改革的发展进程，拓展农业功能，提升农业质量，促进农村经济发展，带动农民持续增收，促进城乡一体化融合发展，不断增强农业对建设国际一流科教新区的支撑力度。

2017年全年完成农林牧渔业总产值20.3亿元，同比下降1.7%。其中，农业产值完成8.1亿元，比上年增长10.1%；林业产值完成5.3亿元，比上年增长13.9%；牧业产值完成6.1亿元，比上年下降22.1%；渔业产值完成0.2亿元，比上年下降3.5%；农林牧渔服务业完成0.8亿元，比上年下降0.4%。

2017年昌平区农村居民人均可支配收入23 839元，比上年同期增长9.0%。

城乡发展一体化

【概况】紧抓疏解非首都功能工作，举全区之力开展十大专项行动，集中解决了一批多年积累的痼疾顽症，全面发力、多点突破态势基本形成。七大类市级任务全部超额完成，全年拆除违法建设760.6万平方米，相当于前两年的总和。高标准制定了街巷胡同及道路空间整治提升三年行动计划，并实施了京藏、京承、京新、六环路沿线等18项环境建设提升工程，积极探索推进疏解腾退空间后续利用。大力推进煤改清洁能源、美丽乡村建设等工作，改善农村人居环境，加快城乡一体化融合进程。

【农村地区煤改清洁能源工程】年内，加快农村地区煤改清洁能源工作力度，完成72个村煤改清洁能源工作。其中在马池口、小汤山、崔村、南邵等

10个镇（街）62个村实施完成煤改电工作，在百善、小汤山、城北街道3个镇（街）10个村实施完成煤改气工作。完成156个村级公共服务、活动场所煤改清洁能源工作，并为未实施煤改清洁能源村庄配送优质燃煤16万吨。全区共有122个村实现冬季取暖无煤化。

【中心城区无煤化工作推进】年内，推动昌平中心城区清洁能源改造工作，组织市政、供电、燃气、热力部门对一街、二街、三街、六街、西关等城中村和部分集中小区进行实地考察，共同探讨实现无煤化最优方案。截至年底，除五街、八街不符合改造条件单位外，中心城区符合改造条件的单位全部完成清洁能源改造。

【抗震节能保温改造工作】年内，完成农户抗震节能保温工程411户，启动全区228处村属公益、公共活动场所节能保温改造工程。

【开展疏整促专项行动】年内，关停一般制造业企业70家，摸排整治市、区挂账“散乱污”企业1 292家；疏解升级区域性专业市场9家，完成全年任务量的180%；治理群租房1 148处、地下空间14处、占道经营12 037起、无证无照经营9 531户、开墙打洞454处；24个城乡接合部重点村综合整治全面完成，同步清理整治集体土地出租大院985个；西沙屯—满井西等棚户区改造项目取得实质进展。

【启动工业大院清理整治】25个大院基本完成清退，腾退土地6 651亩；取缔未经审批幼儿园62所、“黑诊所”58家。

【推进综合整治和提升】制定了街巷胡同及道路空间整治提升三年行动计划，先期完成192条整治任务。实施了京藏、京承、京新、六环路沿线等18项环境建设提升工程。

【推进疏解腾退空间后续利用】实现拆违增绿157万平方米，新增便民服务设施124处、文体活动场地1.9万平方米、停车位1.6万个。

农村经济发展

【概况】2017年，昌平区不断深化农业供给侧结构性改革进程，以增加农民收入、保障农村稳定为目标，以推进精准扶贫、深化土地改革为抓手，不断深化农村改革，激发农村发展新活力，加快推进农业农村现代化，推动都市型现代农业可持续发展，加快农业经济发展方式转变，促进农业增效、农民增收、农村和谐，农村经济保持平稳较快增长。全年粮食播种面积19 589.4亩，比上年减少7 011.6亩，下降26.36%。粮食产量0.57万吨，比上年下降28.75%；粮食亩产290.2千克，比上年增长1.5%。全年蔬菜产量3.7万吨，比上年下降4.7%；禽蛋产量0.3万吨，比上年上升4.1%。

【特色产业发展】一是苹果产业，2016年产优质苹果1 595万千克，年产值1.27亿元。二是草莓产业，2016—2017年草莓种植季，全区种植草莓5 000栋，全区草莓总产量625万千克，比上年增产8.5%，总产值3.25亿元，比上年增收1.9%。三是花卉产业，现昌平花卉产业逐步形成多种花卉并举的花卉产业格局。全区花卉种植总面积2 255亩，设施面积为62.5公顷，其中联栋温室9.8万平方米，日光温室919栋。四是传统果品，全区现有柿树60余万株。2016年产值为273.7万千克，产值为532万元。五是栗蘑产业，全区共计有94户农户，种植栗蘑菌袋总计385.85万袋，其中新增农户34户。全年栗蘑产量115万千克，农民种植收入达到2 400万元。

【观光旅游】农业观光园199个，比上年减少10个；观光园总收入3.7亿元，比上年增长7%。民俗旅游经营户352户，累计接待游客256万人次，比上年增长6.1%；民俗旅游总收入1.1亿元，比上年增长5.6%。设施农业占地面积14 601.8亩，比上年增长2.6%；实现收入4.7亿元，比上年增长22.5%。

【草莓产业】年内，全区有12个镇、72个村、1 500多户农民发展草莓种植，建成草莓专业合作社46个，上万人通过草莓产业实现就业增收。草莓种植季全区草莓总产量625万千克（上年为576万千克），增产8.5%；草莓总产值3.25亿元（上年为3.19亿元），增收1.9%。

【苹果产业】年内，全区更新发展苹果16.65公顷，苗木保存率90%以上，累计完成苹果套袋8 778.1万个。全区果品总产量3 274.3万千克，比上年增长2.6%。其中苹果产量1 730.7万千克，比上年增产8.5%。

【花卉产业】年内，昌平区花卉产业蓬勃发展，花农生产积极性大幅度提高，总产值达1.97亿元，比上年增加19.1%。花卉形成以鲜切花为主，特色盆花、绿化用草花为辅的多元化产业发展格局，产业发展综合竞争力显著提升。区花卉企业参加第九届中国花卉博览会，获奖 61 个，其中金奖 4 个、银奖 18 个、铜奖 29 个、优秀奖 10 个。

【特色产业】 一是栗蘑种植，全年栗蘑产量 180 万千克，农民种植收入达到 3 600 万元，通过栗蘑进社区活动带动乡村旅游和休闲采摘，栗蘑产业综合产值达到 6 000 万元。二是食用百合种植，共有 59 户农户参与，种植面积 201.1 亩，种植户总收益达到 231.265 万元。三是菊芋、地环种植。在流村镇 4 个村推广种植地环 230 亩、菊芋 30 亩，种植农户 88 户。预计地环总产量 17.25 万千克，菊芋 6.75 万千克，两项市值 206 万元。如果全部按保护价计算，农户可增加收入 75.7 万元。

【农产品质量安全工作】 年内，累计完成农残精确检测样品 480 个、重金属精确定量检测样品 497 个、快速检测样品 5 047 个，委托第三方检测草莓样品 15 个。开展农产品产地环境质量动态监控工作，设 58 个监测采样点，取得土壤样品和农产品样品各 58 份，从源头上保障了昌平区农产品质量安全。

【农产品安全检测】 年内，完成农产品风险监测 31 697 个样本。其中，种植产品完成 21 892 个、畜禽动物产品完成 9 302 个、水产品完成 503 个。完成农产品定量检测 940 个样本。抽样检测样本全部合格。

【北京昌平苹果文化节】 年内，成功举办昌平区第十四届苹果文化节开幕式及分会场等系列活动。在电视台、电台、花椒直播平台等 30 余家新闻媒体和微信平台进行广泛宣传，发布 4 条观光采摘路线和 47 片重点采摘园信息。开幕式现场展示精品苹果样品 170 份，苹果传统品种样品 12 份，新优品种样品 15 份，艺术苹果 8 份，在昌金合盈合作联社、乐多港、八达岭奥莱设立 3 个分会场举办系列展销活动。

【果品质量安全认证和管理】 年内，协助 14 个果园完成无公害认证和复查换证，全区新增认证果园面积 73 公顷。全年完成 11 个果树树种、285 份果品随机取样和送检工作，实现 100%符合无公害食品安全标准。

【农产品基地认证】 年内，按照北京市农业局农产品认证条件，开展新认证基地 17 个、已认证基地扩项 6 个，复查换证基地 15 个（种植基地 11 个、畜牧 4 个），可认证主体认证通过率 100%。

【标准化基地备案】 年末，对全区标准化基地进行重新登记备案，全区标准化基地 27 个，其中，种植业 23 个、畜禽养殖业 3 个、水产养殖业 1 个。

【农村实用人才培训】 年内，制定《2017 年昌平区农村实用人才重点工作安排》，全年累计开展培训 14 000 人次。新增实用人才 393 人。其中以村第一书记为主的村干部培训班 44 人，以农民专业合作社社长及合作社辅导员为主的社长培训班 74 人，以精准帮扶村益农信息社信息员为主的信息员培训班 45 人，以果树、花卉、蜂产业为主的多渠道、多形式实用技术培训活动累计 6 540 人次，以草莓、蔬菜、食用菌等为重点的培训活动累计 8 052 人次。

【涉农保险工作开展】 2 月 22 日，制定印发《北京市昌平区农村工作委员会关于 2017 年政策性农业保险工作的意见》（昌农发〔2017〕2 号）文件，开办险种 25 个，农村参保 3 375 户。全年接险出险 689 次，赔付保险金 1 315.35 万元。

【信息进村入户】 8 月，“美丽八家村”电视云平台上线运行，平台依托歌华有线电视网络，将网络信息服务推送到农民家中，电视云平台信息发布内容涵盖村情快报、政务信息（村务公开）、办事指南、便民服务、培训活动、健康养生等。

【益农信息社建设】 12 月 1 日，完成年度新建 13 个益农信息社建站。年内，按照市农委信息中心工作要求，对原有益农信息社进行调整。截至年底，全区有标准型益农信息社 21 家。

【加强农村经济管理信息化建设】 年内，开展 2016 年度农村管理信息化数据更新工作，主要包括人口数据库、收益分配数据库、社务管理数据库等主要数据库的数据更新，保障区、镇、村三级农村管理信息化工作的正常开展，并完成新一轮触摸屏软硬件情况和使用情况调查工作，促进“村务公开”工作更好地开展。

【涉农专项贴息工作】 按照《关于进一步完善涉农专项贴息贷款工作的实施办法》，2017 年完成贴息 161.5 万元。

村镇建设

【概况】 以保障好、发展好农民利益为原则，切实做好城乡接合部重点村农民回迁安置上楼、集体产业发展、农民就业、社会保障、社区建设等关系农民切身利益的工作。按照突出特色、规划引领、产业为本、适度配套、多元投入的原则，加快全国小城镇建设试点的建设步伐。

【美丽乡村建设工作】年内，对第一批获得命名的38个“美丽乡村”进行建设项目核查，统计并拨付最终项目资金；对第二批命名的4个“美丽乡村”进行创建项目申报；对已申报的第三批22个“美丽乡村”，进行自查验收。根据市级工作要求，编制《关于开展“实施乡村振兴战略推进美丽乡村建设”专项行动（2017—2020年）的实施方案》，于区政府专题会、区委常委会会议讨论并通过。

小汤山镇是全国特色小镇，也是北京市重点小城镇，自小汤山镇2016年被评为首批“中国特色小镇”以来，2017年昌平区农委按照职责分工加快推进小汤山特色小镇建设工作，区住建委在小镇基础设施建设方面予以重点支持。对小汤山镇2016年尚信村道路修缮、2017年官牛坊村自来水管道改造项目给予约200万元的资金支持，有效改善了村民的生活环境。

【农村生态环境建设】年内，区政府专题会审议通过《昌平区粮田、菜田、鲜果果园（简称“两田一园”）农业高效节水三年实施方案》，落实标准化果园田间节水配套政策，在崔村、十三陵、南口镇发展果树微喷带灌溉4 800亩。建立区、镇、村3级农业灌溉机井管理平台，实现农业用水远程计量。全区安装灌溉机井智能计量设施700套，流村镇、南口镇实现灌溉机井计量全覆盖。

【平原地区重点区域造林】年内，完成平原地区重点区域造林任务66.67公顷，共栽植各类乔灌木4.3万株。

【彩叶树种造林】年内，完成彩色树种造林工程66.7公顷，共栽植黄栌、元宝枫等彩叶树种5万株，建设地点位于崔村镇麻峪村、兴寿镇桃峪口村前山脸。

【森林健康经营】年内，完成生态效益促进发展机制森林健康经营工程林木抚育2 866.7公顷（含国家重点公益林抚育），其中重点地区林木抚育面积1 252.4公顷，一般地区林木抚育面积1 614.3公顷；作业道路建设35 606米。

【义务植树活动】年内，累计约35万人参加植树活动，新植树木30万株；造林绿化类折合48万株，抚育管理类折合5.16万株，自然保护折合4.26万株，认种认养折合2 160株，设施修建折合16.27万株，志愿服务折合9 630株，合计共完成75万株义务植树任务，全年共完成105万株，圆满完成3项大型义务植树活动。

【水利建设与管理】年内，落实北京市水务局《关于做好2016年下半年疑似水土保持违法项目核查工作的通知》《关于做好2017年上半年疑似水土保持违法项目核查工作的通知》精神，分别对涉及昌平区辖区内疑似水土保持违法建设项目，与各属地水务站一道，逐个项目进行核查，并将核查结果及时报市局并监督整改。完成昌平区第二阶段中小河道治理工程，治理9条河道，总长度61.2千米。第三、四阶段昌平区中小河道治理工程治理7条河道，全长56千米。

【延寿沟域建设】在特色产业发展方面，延寿沟域紧抓产业升级，探索旅游休闲产业发展新途径。在基础设施建设方面，延寿镇落实财政资金2 595万元，在百合、北庄、慈悲峪、黑山寨、上庄、西湖、湖门实施农村污水处理设施配套管网工程。湖门村银山民宿产业成为沟域内亮点。延寿镇在充分尊重镇域总体规划和西湖、湖门村庄发展规划空间规划的基础上，探索升级民俗旅游产业，试点打造民宿行业格局，引导形成新兴业态。

【农户搬迁工程】2017年昌平区列入市政府泥石流易发区搬迁计划且有搬迁意愿的农户为543户1 428人，涉及2个镇（十三陵、流村）10个行政村（果庄、大岭沟、禾子涧、老峪沟、黄土洼、马刨泉、溜石港、高崖口、瓦窑、菩萨鹿），另外还有以前安排未能实施搬迁的漆园村28户。为加快推进昌平区地质灾害易发区和生存条件恶劣地区搬迁工作，区政府第44次专题会研究将2017年山区搬迁安置用地确定为紧急避险搬迁急需用地。

农村改革与管理

【概况】2017年，昌平区有序推进农村土地承包经营权确权登记颁证工作，大力推广应用“农村集体经济运行实时监控系统”，推广使用产权交易平台，规范农村产权交易行为，助推农交所入驻区综合行政服务中心，进一步加大农经地理综合信息系统的推广应用，不断提高农民专业合作社规范化建设。

【推进农民专业合作社规范化建设】年内，培育农民专业合作社规范化建设工作取得成效，全区累计获评区级以上示范社49家，其中国家级示范社11家，市级示范社9家，区级示范社29家。全区登记注册农民专业合作社 497 家，合作社入社社员总数达 16 274 人，辐射带动非成员农户 29 506 户。经营范围有 35 类，涵盖养殖、种植、种苗生产、科技服务、农产品加工、销售、运输等产业，其中“一花三果”、食用菌优势产业合作社 144 家，占全区合作社总数的 28.46%。

【规范农村集体经济组织管理】第二季度，区经管站进一步深化产权制度改革，开展年度审计工作，审计 45 个村级新型集体经济组织资产总额、负债总额和所有者权益总额。完成上年度农村股份经济合作社分红统计工作，完成产权制度改革的 305 个村，其中 294 个村在 2016 年实现分红。

【农村集体经济产权制度改革】年内，昌平区深化产权改革工作以调查研究和继续推进为主，一是通过深入调查，摸清本区现有的未完成产权改革村的基本情况和重点镇的镇级资产情况。二是重新启动并推进阳坊镇西马坊村的产权改革工作。已基本完成城北街道未启动产权改革的 5 个村的基础情况调查，阳坊镇西马坊村的产权改革工作也正在按程序推进中。

【土地确权工作汇报会】5 月 25 日，区土地确权办在农委组织召开“农村土地承包经营权确权登记颁证工作阶段性情况汇报会”。会议要求各镇高度重视土地确权工作，切实加强镇村两级组织领导，采用多种方法解决历史遗留问题。区确权办全体人员、各镇主管副镇长、经管科长和测绘公司工作人员参加会议。

【土地承包经营权确权登记颁证】年内，开展农村土地承包经营权确权登记颁证工作，审核公示合同面积 2 820.67 公顷，占应确权承包地合同面积的 98.5%，超额完成年度工作任务。

【推进农村集体货币资金“收支两条线”工作】年内，区经管站依据昌平区委、区政府出台的“1+5”系列文件，推行农村集体货币资金收入专户储存，镇村共管，“收支两条线”的管理方法。截至 2017 年年底全区 291 个村已经正式实行“收支两条线”管理，占全区总村数的 93.3%。

【开展农村集体经济组织登记证书换发工作】年内，严格落实《关于做好农村集体经济组织登记证换发工作的通知》（京农经〔2016〕36 号）文件精神，认真做好农村集体经济组织登记证书两证合一工作。目前昌平区所有农村集体经济组织登记证书两证合一工作已经全部完成，换发了加载“统一社会信用代码”的新证书，村集体经济组织拥有了特别法人资格，有利于其以经济主体身份开展各项经营活动。

农村民生

【概况】进一步采取有力措施，健全对低收入村的专项帮扶、行业帮扶、社会帮扶机制，逐级建立农民增收目标责任制，落实农村经济薄弱地区发展规划，加大帮扶力度，培育造血机能，提升低收入村集体经济发展能力。

【农民收入和消费】农村居民人均可支配收入 23 839元，比上年同期增长 9.0%。农村居民人均消费支出 21 437 元，比上年同期增长 13.1%。

【农村住房救助】农村危房改造 16 户，其中翻建 14 户、维修 2 户，共拨付救助资金 67 万元。

【区财政支持农业发展】年内，投入资金 105 771 万元，支持强农惠农。加强农村基础设施建设，提升农村环境品质。保障第五届农业嘉年华顺利举办，支持都市型现代农业发展。落实农业补贴、农业保险等强农惠农政策，发展农业产业。落实各项村级公益事业岗位补助，吸纳农村劳动力就业。安排专项资金，扎实推进精准帮扶工作，通过就业、社会保障、产业带动、教育帮扶等举措带动低收入户增收。

【举办会计支农培训】11 月组织开展了“昌平区 2017 年农村财会人员财政支农培训”工作，就村级公益事业专项补助资金的使用与核算、有关“自主腾退”项目资金管理与会计核算规范、村级出纳违反《会计法》常见问题及规范管理等方面的政策进行详细解读。全区 21 个镇街行政村及农村集体经济组织的会计、出纳等在岗人员、实行村级会计委托代理服务工作的村报账员、代理会计等人员，共计 428 人参加了此次培训。进一步提高了村镇会计人员的责任意识、民主意识、服务意识，增强了工作信心和动力，为打胜脱贫攻坚战奠定了坚实基础。

【区财政支持社会保障和就业】年内，投入资金 265 277 万元，支持社会保障和就业。完善养老保障体系建设，确保资金及时发放到位。发放高龄老年人津贴和老年服务卡补助。落实城乡低保、优抚安置、残疾人等困难群体补助调标政策，确保资金足额发放。做好社区公益性就业组织建设，促进农村劳动力、残疾人就业。扩大养老服务供给，推进养老照料中心、老年驿站、区级养老服务指导中心建设。支持退役士兵、军队离退休人员安置工作。设立军民融合发展专项资金，促进军民融合示范区建设。

【区财政支持本区农业产业提质增效】拨付农业产业扶持资金 10 380.36 万元，贯彻落实《昌平区人民政府关于扶持农业产业化发展的意见》，保障草莓产业、栗蘑菌袋、新增蜂群、菜田、花卉生产、老旧日光温室改造、日光温室棚膜等补贴，促进本区农业产业提质增效。

【区财政支持基层就业服务平台建设】投入专项资金 260 万元，用于全区 527 家就业服务站平台建设，实现信息网络向社区、行政村延伸，扩大服务覆盖面，完善服务功能，提升基层劳动就业和社会保障公共服务平台的标准化和规范化建设水平，充分发挥基层劳动就业和社会保障工作机构在促进农民就业、统筹城乡社会保障制度建设等工作中的积极作用，完善本区公共就业服务体系。

基层组织与民主政治建设

【概况】扎实开展“强党性、敢担当、出实效”主题活动，深入推进“两学一做”学习教育常态化制度化，切实做好了基层组织建设、干部队伍建设、思想宣传工作和群团组织建设等各项工作，统筹推进各领域基层党建工作提质增效，为全区各项工作的顺利开展提供了坚强的政治组织保障和思想文化支撑。

【开展“强党性、敢担当、出实效”主题活动】成立由区委书记侯君舒任组长的主题活动领导小组，统筹推进各环节工作任务。组织全区各级党组织和党员干部对照不担当不作为 14 条具体表现，深查细照、剖析根源、反思整改。层层制定《“担当作为”认领任务清单》，并组织党员干部围绕疏解承接、拆违控违、环境整治等列清单、做承诺，推动责任延伸到基层、任务落实到人头。深入推进支部“六争创”、党员“六带头”，全力服务保障打赢昌平“蓝天保卫战”和十九大政治安全保卫仗。在疏解整治行动的关键时刻，部署开展“迎接十九大、奋战一百天”攻坚活动，督促各级党员干部抖擞精神、决战决胜。

【推进“两学一做”学习教育常态化制度化】研究制定实施方案和任务清单，建立“党员学习日”“党员政治生日”“党员服务日”制度，开展“我是党员＋”活动，引导党员履职尽责做模范、当先锋。全面推进党员“积分制”考核管理工作，指导基层党组织合理设置积分考核指标体系，配发使用党员积分智能卡。稳步推进智慧党建项目，完成“互联网＋党建”第一阶段建设任务，推出“十九大学习”专栏，实现党员在线学习、党务公开和在线互动等功能。扎实做好电教课件拍摄、基层远教站点建设等工作。

【统筹推进各领域基层党建工作提质增效】制定各领域党建工作要点，梳理任务清单 189 项，建立“清单式”专项督促检查工作机制，严格督促检查、推动任务落实。健全“两新”组织、园区、国企党建工作联席会议制度，制定出台非公有制企业、园区、区属国有企业、中小学校等领域党建工作意见。大力开展“两新”组织党建工作“灯塔行动”，不断巩固扩大“两新”组织“两个覆盖”工作成果。深化村级重大事项民主决策“十步工作法”的贯彻落实，巩固村党组织“领导力提升工程”成果。

【扎实推进党支部规范化示范化建设】按照全区铺开、重点推进的原则，在全区所有党支部推广应用“一规一表一册一网”，并按照 20％的比例推进重点支部规范化建设各项工作。推行村级党组织履职“三定两评”、社区党员教育管理“五微工作法”，强化各领域党组织政治功能和组织动员能力。选取以“红色动力”引领绿色发展的福田康明斯有限公司、以“红色基因”筑牢忠诚警魂的公安昌平分局刑侦支队、以“红色星期六”党员志愿服务点亮社区生活的霍营街道等 9 家单位作为典型示范，组织现场拉练、交流点评，带动全区基层党组织自加压力、比学赶超。

【提升干部教育培训实效】制定《昌平区 2017 年干部教育培训工作计划》《昌平区委区政府领导干部到党校讲课制度》等文件，扎实推进各类培训任务落实落细。举办处级领导干部“学习贯彻十八届六中全会精神”研讨班，把全区处级领导干部轮训一遍。以“三化三有”管理模式，举办新任职处级领导干部培训班、中青年干部培训等党校主体班次，打造全区精品示范班次。顺利举办全市乡镇人大主席、街道人大主任培训班、西藏拉萨市当雄县基层干部人才来京培训班，会同相关职能部门举办 21 期专题班次，继续办好“领导干部进高校”大讲堂，累计培训干部 4 900 余人次，进一步提升职业素质和专业技能水平。

【加强年轻干部队伍建设】推进大学生“村官”和选调生选拔工作，择优录选26名优秀高校毕业生到农村任职，8名优秀年轻干部被确定为选调生。注重在基层一线和困难艰苦的地方培养锻炼年轻干部，搭建干部成长锻炼平台，选派14名同志担任软弱涣散村党支部第一书记，选派24名同志参与全区巡察工作，让干部开眼界、增才干、接地气，不断提高联系服务群众、处理复杂问题的能力和水平。

【从严强化干部监督管理】深入开展处级干部选拔任用工作监督检查。截至目前，已对16家单位进行了督查检查。制定实施《昌平区领导干部报告个人有关事项及抽查核实工作流程》等机制，建立健全区纪委区监委和巡察机构查阅查核机制，严格落实“凡提必核”要求。截至目前，重点查核137人、随机抽查107人，对18名干部给予诫勉或取消考察对象资格处理。扎实开展处级单位干部选拔任用工作“一报告两评议”，强化结果运用和整改检查，不断提高选人用人水平。有序推进处级单位党政正职分设自查清理，干部“带病提拔”集中倒查，清理规范领导干部违规兼职等工作。对严肃换届纪律和强化风气监督进行再动员、再部署、再培训，确保市级代表委员选举工作顺利推进。

“三农”工作部署和实施

【概况】2017年，昌平区准确把握首都城市战略定位，紧扣北京“大城市小农业”“大京郊小城区”特点，不断深化农业供给侧结构性改革的发展进程，进一步加强对“三农”工作的重视和领导，明确责任和分工，细化措施和要求，严格监督检查，确保农村改革发展各项工作任务落到实处。

【落实全市农村工作会议精神】贯彻落实全市农村工作会议精神。按照全市统一部署，4月27日北京市农村工作会议结束后，昌平区委、区政府立即组织相关部门主要领导，各镇（街道）党（工）委书记、镇长，市级龙头企业近80人就贯彻落实全市农村工作会议精神，全面做好2017年工作进行了热烈讨论。区委副书记鲁亚同志主持会议，区委书记侯君舒、区长张燕友、副区长李志杰出席会议，市农委、市环保局领导参加了会议。

【市级督查农民增收工作】5月24日，市农委与市政府督查室一行6人来到昌平区，就农民增收情况开展联合督查。昌平区农委围绕产业扶持、精准帮扶、农民培训等方面，将本区促进农民增收的措施、遇到的问题进行了汇报。在随后的座谈中，市农委与市政府督查室领导就相关情况进行了详细了解，昌平区督查室负责人与昌平区农委各业务科室负责人针对具体工作进行了补充。市农委委员左晓波用“两好一扎实”肯定了本区农民增收工作。

【市级农村调研考察工作】3月24日，市委农工委委员、市农委副主任张宏图一行到延寿镇调研查看沟域经济建设及山区搬迁工作情况。延寿镇相关领导先后汇报沙岭村泥石流险区搬迁工作、慈寿寺景观平台建设情况以及慈悲峪村、西湖—湖门村节点打造情况。调研组对昌平区沟域经济建设和山区搬迁工作提出新要求。7月12日，市人大常委会党组副书记、副主任牛有成带领市人大常委会农村办、市农研中心、市农委等相关部门负责人，到昌平区阿卡农庄、延寿镇湖门村，分别就农业与服务业融合发展、农村土地经营权流转情况进行调研。

【精准扶贫工作部署会】2月28日，召开精准扶贫工作部署会，区级工作队主责单位负责人参会，会议安排部署年度精准帮扶任务和工作方向，要求区级工作队主责单位细化本单位帮扶措施，确定相关负责人向区农委按月报送帮扶工作进展情况。

【农民农户增收实施方案】10月，按照市级文件精神，起草《关于促进昌平区农民增收及低收入农户增收工作的实施方案》，经区政府专题会议审议通过后，以政府办名义下发。实施方案包含11项、17条促进农民增收具体措施，各项措施于11月全面完成。

【落实粮食补贴政策】年内，根据北京市农村工作委员会、北京市财政局、北京市农业局《关于2017年北京市农业支持保护补贴政策的指导意见》（京政农函〔2016〕30号）文件，小麦补贴标准为140元/亩，玉米补贴标准为97元/亩，按照文件要求的补贴原则、贴补范围、补贴标准和工作程序，完成全区小麦补贴面积1 660亩，补贴资金23.24万元，涉及4个镇8个村22个种植户；玉米补贴面积13 639.46亩，补贴资金132.3万元，涉及12个镇119个村4 964个种植户。

【落实蔬菜补贴政策】年内，按照《北京市基本菜田补贴实施办法（试行）》的通知（京政农函

〔2016〕22 号）和昌平区人民政府《关于扶持农业产业发展的意见》（昌政发〔2016〕9 号）精神，按照补贴范围、补贴对象、补贴标准和工作程序，对现有种植菜田、蔬菜生产、节水、草莓、蔬菜生产用棚膜及老旧温室的提升改造进行补贴，共计发放补贴资金 2 569.2 万元。

【落实设施农业清洁能源改造工程】年内，根据《京津冀大气污染防治强化措施（2016—2017 年）》（环大气〔2016〕80 号）和市委、市政府关于大气污染治理的决策部署，按照区政府《2017 年昌平区农村地区冬季清洁取暖工作实施方案》（昌政办发〔2017〕14 号）相关要求，对涉及煤改电的村域内蔬菜、草莓育苗温室实施煤改清洁能源工程。全年完成煤改清洁能源设备安装 50 余套，改造面积 29 680 平方米，超额完成市政府下达昌平区 16 800 平方米的任务，设施农业保温改造工程完成 19 522 平方米。

【建议提案办理情况】区农委共承办区人大代表建议 4 件。政协委员提案 5 件。内容涉及农业产业发展和促进农民增收方面，经承办科室与代表沟通、答复后，代表们对办理结果均表示满意。

【义务植树活动】全年累计约 35 万人参加植树活动，共完成义务植树任务 105 万株。

昌平区领导名录

区委书记	侯君舒
副书记	张燕友　鲁　亚
常委	孙　启　王燕庆　孙　卫 苏贵光　刘绍坚　徐　萍（女） 贺　军
区人大常委会主任	朱光彤
副主任	杨国昌　奚增森　李春菊（女） 杨洪达　张强斌
区长	张燕友
副区长	孙　卫　苏贵光　刘　泽 李志杰　刘长永　吴　彬（女） 周金星
区政协主席	张晓兰
副主席	李永生　靳增立　洪起国 李雪红（女）　姚仰平　明占学
区纪委书记	徐　萍（女）
副书记	瓮　民　王海津（3 月免） 杨　琳（女，3 月任）　王双锋
区委农工委书记	李元和
区农委主任	董锦华

昌平区各镇（街道）党政正职领导

	党（工）委书记	镇长（街道办主任）
回龙观镇（地区办事处）	杨玉宝	雷　涛（8 月免） 刘晋京（8 月任）
东小口镇（地区办事处）	王　军（8 月免） 冉　灏（8 月任）	冉　灏（8 月免）
沙河镇（地区办事处）	黄建军	柴龙钢
小汤山镇	刘　芬（女）	王红敏
崔村镇	韩　军	李桂美（女）
兴寿镇	杨玉文	郭卫东
阳坊镇	李　昌	徐冬云（女）
南邵镇	李　欣（女）	李　勇
百善镇	李怀来	李文慧（女）
北七家镇	周金星（8 月免） 齐俊国（8 月任）	齐俊国（11 月免） 雷海良（11 月任）
十三陵镇	王建成（3 月免） 唐拥军（3 月任）	刘长德
延寿镇	鹿伟强（8 月免） 李　攀（8 月任）	李　攀（8 月免）
南口镇	徐　强（8 月免）	唐朝辉
流村镇	桑先军	王志强
马池口镇	张新亮	柳　强
城北街道办事处	王　建	刘庆海（8 月免）
城南街道办事处	郑森堂	张田华
天通苑南街道办事处	黄先锋（8 月免） 刘庆海（8 月任）	苏贵峰
天通苑北街道办事处	刘智勇	张学广（8 月免） 庄卫民（8 月任）
霍营街道办事处	张海明	黄森华

（昌平区农委　郑贤）

大兴区

概述

大兴区位于北京市南部，总面积1 036平方千米。下辖黄村、西红门、旧宫、亦庄、瀛海、青云店、长子营、采育、礼贤、安定、榆垡、魏善庄、庞各庄、北臧村14个镇和清源、兴丰、林校、观音寺、天宫院、高米店、荣华、博兴8个街道办事处。共有527个行政村，212个社区。常住人口176.1万人，比上年末增加6.7万人。常住人口出生率10.79‰，死亡率4.67‰，自然增长率6.12‰。年末户籍人口70万人，比上年末增加0.9万人。2017年，大兴区“三农”工作全面贯彻落实中央、市区有关精神，以农业供给侧结构性改革为主线，坚持疏解非首都功能，深入落实新区“三个三”战略，进一步强化“三农”工作的基础支撑、服务保障和融合促进作用，大力发展生态农业、高效农业、特色农业、合作农业，通过创新驱动，培育发展新动能，释放“三农”新活力，不断提升农村战略空间价值，缩小城乡居民收入差距，加快新区健康城镇化步伐。全年共承担市级实事1项、市级折子7项、区级实事1项、区级折子6项，“三农”各项工作均按进度要求稳步推进。全区现有耕地面积60万亩，2017年大兴区实现农林牧渔业总产值40.8亿元，同比下降16.4%；农村居民人均可支配收入21 338元，同比增长9.1%。产业方面，全区有蔬菜、西甜瓜、果品、甘薯、花卉五大种植业主导产业。西瓜播种面积2.8万亩，产量9.3万吨；蔬菜（含食用菌）播种面积19.6万亩，产量41.9万吨；花卉（含盆栽观赏植物）播种面积0.36万亩，产量鲜切花111.3万支、盆花3 698.8万盆；甘薯播种面积0.44万亩，产量1.2万吨。养殖业方面，生猪出栏27.9万头、牛奶产量6.3万吨、家禽出栏364.6万只、禽蛋产量0.5万吨。平原造林面积累计完成24.4万亩，全区林木绿化率达到31.5%。大兴区有观光园84个、19个星级民俗旅游村、129个星级民俗旅游户，观光休闲农业收入1.2亿元，其中观光园总收入达到1.2亿元，民俗旅游总收入实现0.2亿元。全区投入生产的设施农业面积达到7.5万亩，设施农业收入12.7亿元。“煤改电”方面，基本实现农村地区无煤化，完成“煤改电”75个村及部分散户近2.8万户、“煤改气”76个村3.3万户。在此基础上，完成393个村公益设施的“煤改清洁能源”工作和249家农业园区的“无煤化”工作。农业调转节方面，腾退禁养区养殖企业246家，调减高耗水粮食种植2.9万亩。农村改革方面，流转土地37万亩；完成确权登记颁证31.9万亩；现有561个村级集体经济组织，2017年300个村193 340位集体经济组织成员实现分红12.9亿元，人均分红6 671元，分红最高的村为狼垡二村，人均分红27 053元。

城乡发展一体化

【道路建设】年内，大兴区公路里程达到2 818.2千米，比上年增加29.8千米。其中，国道187.7千米，省道170.8千米，县道405.6千米，乡道1 019.7千米。按公路等级分，高速公路136.5千米，一级公路147.2千米，二级公路435.2千米，三级公路368.2千米，四级公路1 731.1千米。

【公共交通】年内，大兴区公共电汽车区内运营线路达60条，运营线路区内长度1 137.1千米；轨道交通运营线路2条，轨道交通运营线路区内长度21.8千米；新能源出租车500辆，客运量316.9万人次；接驳车171辆，接驳车运营线路23条，接驳车运营线路长度97.3千米，客运量570万人次；大兴区公租自行车已累计建设站点562个，投放公租自行车1.7万辆，办卡12.3万张，全年累计骑行2 593万次。

【城乡基础设施建设】年内，大兴区续建及新建后大营等110千伏电站9座、罗奇营等220千伏电站4座；推进亦庄调节池、狼垡调蓄池等南水北调配套工程建设，实施新城地区雨污合流改造工程；推动东环路等新城内部道路和芦花路等新城对外通道建设。

【城乡精细化管理】年内，大兴区加强网格化管理。围绕“疏解整治促提升”重点任务、“一带一路”国际高峰论坛重大活动，坚持网格融入中心，累计开展背街小巷、占道经营、消防安全等十余项专项巡查和普查工作。提升社区信息化水平。完成新建30个智慧社区和25个智慧社区升星工作；完善网格化社会服务管理信息系统，实现对社区人、地、物、事、组织的基础数据动态管理。加快智慧城市建设。不断完善信息化基础设施建设，城区4G覆盖率达到95%以上，农村地区4G覆盖率达到90%以上；规划建设区级综合治理中心，促进资源整合和深度应用，提升全区社会治理社会化、法制化、智能化、专业化水平。

【城乡安全运行保障】年内，大兴区加强安全生产监管。在重点行业领域实施联合执法工作机制，检查生产经营单位97 315家次，发现隐患97 490项，消除隐患93 840项，隐患整改率达96.3%；开展安全生产大检查工作，检查企业50 817家次，发现隐患47 271项，整改隐患46 854项，整改率达99.12%。加强食品药品安全监管。加大食品药品安全监管执法力度，保障全区食品药品安全，重点食品安全监测抽检合格率达到99.31%，药品检验合格率达到99.56%。加强应急保障建设。建成新城地区防汛应急指挥系统，实现防汛抢险责任单位互联互通，应急保障能力逐步提升；加强电网重点站线巡视，保障夏季汛期用电安全；建立电力隐患政企共治责任制，实现516处存量输电线路隐患全部治理。

【人口调控】年内，大兴区按照“北清南控、清控同施、南北联动”的工作要求，推进人口总量调控和结构优化。开展人房基础调查，详细掌握流动人口和出租房屋底数情况。持续加大拆迁、拆违、拆除腾退和清理违法经营、清整违法出租、清退低端业态的工作力度，将人口调控与“疏解整治促提升”专项行动相结合。推进落实“九控”措施等机制，健全完善“村居主体、镇街主责、区级督考”三级管理体制责任。实施机场地区人口单统单记，健全完善机场内外防控机制。

【城乡环境面貌改善】年内，大兴区加强美丽乡村建设。按照《北京市农村地区“疏解整治促提升、推进美丽乡村建设”专项行动2017—2018年工作实施方案》的新要求，开展新一轮更高水平的美丽乡村建设，启动方案研究和19个试点村的规划设计。继续做好新型农村社区试点建设。庞各庄梨花村新型生态社区市政基础设施提升改造工程（二期）完成验收；魏善庄羊坊新型社区基础建设正在加紧施工。加快推进特色小镇建设。魏善庄镇通过承办首届都市休闲高峰论坛等重大活动，推动休闲产业发展，打造特色“月季小镇”。长子营镇依托科技航食，着力打造航食产业基地；依托湿地资源，打造生态湿地和湿地公园。

【公共服务】年内，大兴区推进49个新建、改扩建项目建设，新增学位5 640个。大兴一中西校区、核心区九年一贯制等17个项目实现开工建设。探索优质资源引进新途径，开办大兴永华实验学校，正在推进与中关村一小等名校的合作办学。北大医院南院区项目正在办理招投标等手续，同仁医院南区二期结构封顶。深化医药卫生体制改革，普通病、常见病逐步分流到基层机构，看专家难的问题得到逐步缓解。公立二、三级医院医药费同比下降0.15%，药占比（不含中药饮品）同比下降23.01%，医药费用得到有效控制。以获得首都公共文化服务示范区创建资格为契机，加大资金投入，对大兴文化活动中心、荣华街道文化中心等活动场所进行升级改造，提升100个村和社区的文娱设备。体育设施建设稳步推进，新城北区体育中心已竣工，新建标准篮球场等各类场地34个，不断满足居民健身需求。

【社会保障】年内，大兴区实现城乡劳动力就业15 879人，城镇登记失业率控制在1.66%。开展市场化培训机制，不断提升劳动者技能水平，全年培训14 527人次。加强全区养老机构综合管理，全年新批准设立养老服务机构2所，新增运营床位320张，全区已投入运营的养老机构达到38所，床位7 956张。开竣工各类保障性住房2万余套，超额完成全年任务。推进南郊农场、黄村车站北里300户棚户区改造，1 176套改造安置房已开工。

【新机场及新航城建设】年内，新机场及新航城建设稳步推进。主体工程封顶封围，“五纵两横”综合交通骨干网加速建设，南部地区排水工程具备通水条件，195万平方米新机场安置房主体工程高标准建设完成，空军南苑新机场、新机场生活保障基地项目实现顺利开工，南航、东航主基地项目正加快建设，中航油等6个项目落户。

【京津冀协同发展】年内，大兴区促进交通互联互通。围绕“五纵两横一联络”交通网规划，推动京津冀地区城际铁路网和首都地区环线高速规划建设。京开高速（魏永路—西黄堡桥段）拓宽工程完工通车；京雄城际（原京霸铁路）、轨道新机场线一期工程、新机场高速公路和新机场北线高速均开工建设。加强生态共建共享。围绕永定河、机场周边等重点绿化区域，开展平原造林和生态养护，全年完成绿化面积2.3万亩；开展各项养护措施，保障生态林健康持续发展。深化产业互惠互利。加快推进北京“亦庄·永清”高新技术产业开发区建设，编制完成园区总体规划，核心区30平方千米已获控规批复；与丰台区成立联合工作组，推动服装企业与河北沧州精准对接，三地从服装生产、销售、配套服务等方面促进全产业链的外迁。

都市型现代农业

【都市现代农业新突破】 年内，大兴区创新举办第二十九届全国西甜瓜擂台赛。申报庞各庄现代农业园和长子营航食基地产业园项目，成功获批首批市级农业产业园项目（全市3个）。申报庞各庄农村产业融合发展示范园项目，成功获批国家发改委首批国家农村产业融合发展示范园（北京市2个）。申报魏善庄“一村一品”示范镇，东黄垡村、东辛屯村“一村一品”示范村，并获得农业部认证。整区推进农村产业融合发展试点获得市级支持（全市2个）。

【新品种新技术试验示范】 年内，大兴区引进推广蔬菜、西甜瓜、食用菌、甘薯、粮食、生态作物等96个品种，其中蔬菜59个、西甜瓜14个、食用菌10个、甘薯3个、生态作物5个、粮食作物5个，累计推广面积为35 740亩；引进推广蔬菜、西甜瓜、甘薯、食用菌、生态作物等主要作物的栽培管理技术和病虫害防治、水肥管理技术等共计52项，累计推广面积472 414亩。

【农业生产技术培训】 年内，大兴区开办瓜菜、粮油、食用菌、甘薯等田间学校40所，开展专题培训251次，组织观摩80次，田间指导458次，电话咨询指导1 300人次，累计培训农民22 351人次。

【北京市创新团队大兴综合试验站】 年内，大兴区承接北京市果类创新团队试验10项，其中黄瓜、番茄、辣椒、茄子四种作物品种比较试验10项，涉及102个品种；承接叶类创新团队试验9项，其中节水试验3项，机械生产技术示范1项，叶菜品种试验示范2项，病虫害防治试验2项，高产示范1项。年底前完成15项。

【地膜回收项目】 年内，大兴区继续开展地膜回收项目，项目总资金700万元。全年共回收旧地膜1 151.3吨，兑换新地膜575.65吨。

【沃土工程项目】 2017年上半年开展2017年沃土工程项目，肥料补贴面积17 707.5亩，补贴有机肥35 415吨，项目总资金1 699.92万元。下半年开展2017—2018年度沃土工程项目，补贴面积2.13万亩，补贴肥料42 505吨。项目资金2 182.81万元。

【低收入村扶持项目】 年内，大兴区开展低收入村扶持项目，投入资金100万元。项目结合青云店六村实际情况，引进蘑菇优新品种2个，形成规模化林下特色菌类种植，带动低收入人员就业18人。

【水肥一体化项目】 年内，大兴区开展水肥一体化技术示范项目，示范点共12个，示范面积共计318.7亩。

【设施蔬菜高产高效创建】 年内，大兴区按照春大棚、秋大棚、春温室、秋温室、越冬温室5个不同茬口，建立黄瓜、番茄、茄子、甜辣椒4种果菜高产示范点14个。

【蔬菜集约化育苗】 年内，大兴区集约化育苗场育苗数量8 113.42万株，组织区级观摩培训4次，开展区级育苗调研2次，完成《大兴区蔬菜集约化育苗产业发展调研报告》1篇。

【社区蔬菜技术服务】 年内，大兴区开展阳台蔬菜栽培技术培训12次，入户指导5次，培训居民210人次，结合培训发放技术丛书200册。为社区居民发放叶菜、果菜育苗3 000余株。社区服务范围覆盖5个街道13个社区及3所中小学。

【草莓生产】 2016—2017年，大兴区冬春季草莓生产面积195亩，草莓育苗面积60亩。年内引进新品种2个、示范新技术5项。年内，大兴区在5个草莓种植园区开展草莓套袋技术示范，提高果品质量。组织重点园区参加市级产后加工培训1次，观摩电商企业1次。

【中药材种植技术培训】 年内，大兴区对全区中药材种植情况进行调研1次，开展技术培训1次，田间指导4次，促进大兴区景观及休闲农业发展。

【蔬菜生产检查监督】 年内，大兴区对辖区内的蔬菜基地、园区的生产情况及农业设施进行不定期现场检查，共检查60次，重点清查农业设施住人、蔬菜生产过程中存在的安全隐患等问题，保证蔬菜生产安全与农产品质量安全。

【蔬菜价格监测】 年内，大兴区开展蔬菜产地生产信息监测上报，共落实蔬菜产地价格监测点9个，其中涉及蔬菜企业1家，蔬菜种植重点村8家，监测蔬菜品种 20 多个，采集入库蔬菜价格等数据 2 800 余条。对大兴西沙窝、丰台新发地及蔬菜产地监测点 10 种常规蔬菜的交易价格进行监测，撰写蔬菜价格行情分析报告 12 期。

【蔬菜质量安全追溯】 年内，大兴区共有北京市农业局蔬菜质量安全追溯试点企业 23 家，追溯面积约 15 500 亩，品种 100 余个。使用标签约 180 万枚，累计使用追溯标签约 2 500 万枚，产品销往加乐福、华联等 40 余家超市和多家社区及机关团体。

【蔬菜院区合作】 年内，大兴区开展蔬菜院区合作项目。引进优良品种 3 个，邀请蔬菜中心专家开展专题技术培训 3 次，培训农民 230 人次。在礼贤镇东黄垡村、庞各庄镇东义堂村开展水培韭菜高产、番茄无土栽培试验示范，示范面积 6 亩。

【大兴区 2 600 万株种苗繁育基地项目】 一期连栋玻璃展示温室自 2016 年 10 月投入使用，至 2017 年 7 月拉秧，首次种植持续生产 9 个月，种植番茄品种 8 个 18 000 株，椒类品种 8 个 6 000 株。9 月完成秋季定植工作，种植番茄品种 13 个 18 000 株，椒类品种 7 个 6 000 株。

【市级创新团队工作】 年内，西甜瓜创新团队承担北京市西甜瓜创新团队岗位专家工作 1 项、综合试验站 1 个和田间学校工作站 4 所。共开展试验 8 项，安排试验点 6 个。完成大兴综合试验站及岗位专家示范工作 4 项，示范总面积 8 550 亩；果（叶）类蔬菜创新团队全年开展田间学校工作站活动日超过 72 次，解决农民实际问题 100 余个；甘薯创新团队发放脱毒薯苗 48 万株，缓释甘薯专用肥 7.5 吨，培养村级示范户 8 名。

【国家西甜瓜产业体系大兴综合试验站】 年内，国家西甜瓜产业体系大兴综合试验站开展试验 20 个，示范项目 26 个，引进西甜瓜及砧木新优品种 200 余个，推广面积 2 万亩，累计培训 3 000 人次。

【设施西瓜新品种新技术示范与推广】 年内，在大兴区庞各庄、魏善庄、礼贤、榆垡和安定等西甜瓜主产镇推广西瓜优良品种 1 000 亩，推广设施西瓜微喷灌溉技术 100 亩，推广设施西瓜天窗放风技术 80 亩。

【第六期西甜瓜院区合作】 年内，大兴区分别与中国农科院郑州果树所和北京农林科学院合作开展第六期西甜瓜院区合作，实施大兴瓜王庄园田园综合体的创建项目和功能型西瓜多茬栽培技术示范与推广项目，共进行试验、示范 4 项。

【大兴西瓜国家地理标志产品宣传与推广】 年内，大兴区推广应用种西瓜专用地理标志商标 40 000 枚，并配套发放西瓜专用包装箱 2 000 套。

【西甜瓜育苗补助】 年内，在庞各庄、礼贤镇建立 12 个西瓜育苗场，培育西瓜苗 238.92 万株，发放西瓜育苗补助 95.57 万元。

【农业支持保护补贴】 2017 年小麦收获面积 22 174.8 亩，发放补贴资金 3 104 472 元；2017 年玉米种植面积 62 980.9 亩，发放补贴资金 6 109 147.3 元。

【食用菌综合站工作】 年内，食用菌综合试验站开展培训 3 次，开展食用菌菌种制作技术培训、香菇高产栽培技术培训和平菇高产高效栽培技术培训，共培训 200 余人次。

【农田节水生态景观建设与示范推广项目】 年内，大兴区种植景观作物面积 3 000 亩，包括 200 亩花生、200 亩大豆、1 300 亩油菜花以及 1 300 亩的油葵。

【农田景观新品种展示园建设项目】 年内，大兴区在魏善庄镇打造一个面积 220 亩的农田景观新品种示范园，园区共引进农田景观作物 50 余种，并成功种植栽培 39 种。

【土壤样品检测】 年内，土壤取样 600 个，植株取样 310 个，其中化验基础五项 3 000 项次，微量元素 1 600 余项次，测定植株氮磷钾 930 项次，测定植株水分 310 项次。

【耕地保护与质量提升促化肥减量增效】 年内，大兴区完成取土化验，进行番茄磷肥用量试验、设施蔬菜“2+X”动态优化施肥试验、生菜—番茄配方筛选试验及番茄底肥用量优化试验田间试验共计 20 项，通过测土配方施肥一体机及施肥宝手机 APP 等模式进行推广。

【土壤长期定位监测】 年内，大兴区对 3 个国家级监测点、11 个市级监测点进行持续监测，监测土壤基础五项、中微量元素。同时进行长期定位监测试验一项，推广补贴缓施肥 600 吨，配方肥 1 750 吨。

【化肥面源污染防控技术示范应用项目】 年内，大兴区化肥面源污染防控技术示范应用项目补贴有机肥 2 000 吨、优质冲施肥 17.5 吨、二氧化碳气肥 11 000 袋，涉及庞各庄、北臧村、青云店、魏善庄、采育、长子营等 9 个镇；分别在魏善庄镇立春基地、青云店镇青云龙腾基地、绿得金生态园区布置为期二年的黄瓜全生育期盐迫害试验。

【化肥减量项目】年内，大兴区在春华合作社、世同瓜园、立春基地、国平蔬菜专业合作社实施化肥减量项目，补贴有机肥 1 500 吨，生物有机肥 600 吨，在立春、新聚点、世同瓜园、春华基地 4 个园区安排设施蔬菜化肥减量替代技术示范推广项目试验，试验的作物为西瓜、生菜，经采收测产，化肥减量处理比常规施肥处理的产量高 10%左右。

【现代农业产业带耕地质量提升机制建设项目】年内，大兴区开展现代农业产业带耕地质量提升机制建设项目，项目分两批次进行，第一批共补贴有机肥 1 万吨，第二批共补贴有机肥 1.2 万吨，项目补贴标准为 1 吨/亩，涉及全区 67 家蔬菜种植企业，惠及 2.2 万亩蔬菜。

【设施瓜菜秸秆资源化利用技术推广应用项目】年内，大兴区设施瓜菜秸秆资源化利用技术推广应用项目在主要农业镇以购买服务的形式开展设施瓜菜秸秆回收试点工作。通过与有机肥企业开展合作，对临近大型种植园区、农户设施生产产生的瓜菜秸秆统一回收，采取高温堆肥等处理措施，实现农业废弃物资源化利用。年底前完成招标工作，共 3 家企业中标，分别为北京一特农业技术服务有限公司，服务范围为长子营镇及采育镇；北京世纪大德环保科技有限公司，服务范围为青云店、安定及礼贤镇；北京双龙万通科技有限公司，服务范围为庞各庄镇、北臧村镇及榆垡镇。

【肥料执法】年内，大兴区土肥站下乡执法 126 次，出动人员 378 人次，检查销售门店及企业 615 家，发现问题 12 个，安全隐患问题 15 个，及时提出整改意见，通过复查均已改正。年底，结合拉网式清查任务，确定全区合法正常经营销售门店 120 家，生产企业 14 家，其中 4 家已外迁，剩余 10 家。

【西瓜智慧气象节水灌溉示范推广项目】大兴西瓜智慧气象节水灌溉示范推广项目在 2017—2018 年度为西甜瓜主产区补贴微喷灌溉设施 3 500 余套，配套水溶肥 140 吨，推进西甜瓜主导特色产业向节水绿色方向发展。

【节水增效农业示范及产品增值开发项目】年内，大兴区节水增效农业示范及产品增值开发项目在大兴区科技成果展示基地、立春园区、桃花园及西黑垡、龙头等多个园区安装物联网灌溉及监测系统，并补贴灌溉设施，实施规模 180 亩。

【无土栽培技术基质筛选试验】年内，无土栽培技术基质筛选试验选择食用菌生产废料“菇渣”作为基质的主要成分，通过对“海鲜菇”“茶树菇”和“金针菇”3 种菇渣的不同配比基质进行槽式种植对比，筛选适宜京郊地区番茄菇渣栽培专用基质及营养标准化管理。经过对春茬试验的总结，初步筛选出茶树菇渣与草炭配比为 3.5：6.5 的处理在无土栽培模式和应用水肥一体化技术的种植中效果最佳，667 平方米产量为 9 318.52 千克。

【椰糠无土栽培技术推广】年内，大兴区继续选择“小黄垡村种植户”“四季春园区”“区推广站基地”“竣铭诚园区”4 个示范点开展椰糠无土栽培技术推广，栽培作物为番茄、黄瓜、西瓜，共计 8 亩。调查结果显示番茄和辣椒未发现明显优势，而春茬椰糠无土栽培西瓜（嫁接苗）与传统土壤栽培相比，具有生长期提前，口感好的优点，667 平方米产量为 1 839.6 千克。

【农作物化学农药减量控害技术集成与推广项目】年内，在全区 6 个绿色防控基地开展植保专业化防治服务面积 2 000 亩；在全区 9 个蔬菜病虫绿色防控示范基地和部分粮田种植区示范推广天敌防控技术 100 亩，色板防控技术 800 亩，推广生物农药及高效低毒低残留农药 2 000 亩。

【农作物农药使用减量行动技术示范项目】年内，农作物农药使用减量行动技术示范项目是北京市植物保护站 2017 年重大项目，主要内容是病虫防控物资补贴。以蔬菜标准化园区和千亩村万亩镇为重点，防治设施蔬菜病虫害。以谁购买补贴谁、买多少补多少为原则，对农业生产者在病虫害防治实际使用的绿控产品进行一定比例的限额补贴。项目开发“北京市农药减量使用管理系统”平台。截至年底，全区已制卡的补贴对象 79 个，建立绿控补贴产品经营点 7 个。

【瓜菜田化学农药减量控害项目】年内，瓜菜田化学农药减量控害项目示范推广全程绿色防控技术，并进行集成示范与应用，项目实施面积 1 万亩。

【农区灭鼠】年内，大兴区春季农区灭鼠面积 20 万亩，秋季农区灭鼠面积 5 万亩，应用塑料毒饵盒 2 万个、粘鼠板 4.6 万张，防治效果 91%以上。

【赤眼蜂防治二代玉米螟】7 月 25 日，借助农药减量项目，在大兴区 8 个项目镇 6.5 万亩夏玉米田释放 6.5 亿头赤眼蜂，防治二代玉米螟，防治效果 80.2%，减少化学农药投入 16.25 吨。

【植物检疫行政许可】年内，植物检疫行政许可共签发产地检疫 6 批次，调运检疫 1 批次，完成产地检疫、调运检疫2项行政许可梳理工作，启用新系统实现网上受理签发行政许可业务。

【植物检疫执法】年内，大兴区累计组织植物检疫执法72次，出动执法人数148人次，检查门店351个次，依法进行当场处罚2起，累计罚款金额100元。

【疫情防控】年内，大兴区普查14种检疫性有害生物，累计普查8个镇76个村，普查代表面积2.8万亩次，速测样本68个，全年未发现检疫性有害生物。

【农药管理执法】年内，大兴区组织农药管理执法61个次，出动执法人员176人次，检查农药经营单位296个次，检查农药生产企业14个次，检查中与农药生产企业和经营单位签订农药安全经营保证书160余份。开展2次全区农药生产经营普查，期间填写生产经营单位信息统计表139份。开展安全检查10余项，检查70余次，检查农药生产企业、农药经营单位、种植基地330余家次。

【农药管理宣传培训】年内，大兴区组织6家农药生产企业参加区植保站召开的座谈会，规范农药生产企业生产、经营行为。针对辖区内农药生产企业、经营单位、蔬菜种植基地负责人以及各镇监管人员开展3次培训，培训260余人次，开展执法赶集宣传活动5次。

【农药管理案件】年内，大兴区根据北京市药检所的检验结果及北京市农业局文件，对不合格农药的生产及经营单位进行处罚，全年处理一般案件3起，简易案件3起，包括2起警告，罚没款共计912元。

【果品产业】年内，大兴区完成万亩高效密植果园管理和200公顷低效果园改造提升工作。采用集中培训与地头指导相结合，组织市、区专家对果农进行技术培训，辐射32个重点示范园。做好节水、果园生草、生物防治、果园机械化管理等节能、环保、高效相关技术的推广及应用，新建安全标准化基地3个、规范提升25个。启动老梨树桑树的资源保护工作，并着手开展资源调查工作。

【种苗产业】年内，大兴区完成733.33公顷规模化苗圃经营期年度检查验收，推进126.67公顷新增苗圃建设。开展林木种苗质量检查工作，对9个镇、40个地块的苗批进行种苗质量检查和复检，共计抽查80个苗批。

【农机补贴项目】补贴涉及5个项目，4个农业产业，总投资3 620万元，补贴资金1 810万元。主要项目包括：长子营航食生产基地机械化设备补贴项目；安定桑葚机械化冻干设备项目，解决桑葚存贮时间短，易腐烂问题；魏善庄水产机械化提升项目，实现水产智能化管理服务。魏善庄果树节水灌溉设备补贴项目以及常规农机具补贴项目；区级农机项目涉及4个，资金983.8万元，补贴资金494.9万元。对2015—2017年农机购置补贴机具和2万亩深松作业补贴面积和作业质量开展核查。全年深松作业任务2万亩，补贴资金100万元。涉及2个镇，分别为魏善庄1 350亩，礼贤镇18 650亩。

【秸秆快速无害化处理与肥料化利用试验示范项目】年内，大兴区农机中心经过10余次现场调研，完成设备采购、安装、调试以及试验和小批量示范作业等各个环节的工作，同时制定机械化处理农作物废弃物的技术方案，探索出农作物秸秆处理的技术路线。

【果园生产配套机械化技术试验示范项目】年内，大兴区农机中心通过建立实施方案、开展调研论证、确立项目实施单位，并对需购置的机械设备进行实地考察，设备到位后，对其性能指标和技术参数进行试验检测，同时展开示范作业。通过科技下乡、赶集发放宣传材料，宣传果园生产配套机械化技术。

【农业机械示范作业设备维修养护项目】年内，大兴区农机中心维修拖拉机3台，甘薯生产机械2台，花生生产机械2台，葡萄埋藤机3台，小牛868深耕机6台，大田生产机械3台。

【大兴区“十三五农业机械化发展研究”项目】年内，大兴区农机中心和市农机鉴定推广站沟通协调，制定实施方案，组织考察、调研活动3次，明确提出发展研究的撰写总体思路，完成发展研究的规划框架结构。

【蜂产业】年内，大兴区实现蜜蜂授粉服务覆盖面积533.33公顷。蜂蜜产量60余吨。2个无公害蜂蜜生产基地获农业部标准化蜜蜂养殖基地的证书称号。

【农田水利】年内，大兴区完成2016年农业高效节水灌溉工程，新增农业高效节水灌溉面积7 260亩，其中滴灌4 375亩，微喷870亩，果树微喷带灌溉1 190亩，大田喷灌825亩。出台《大兴区两田一园高效节水方案》，推进农业高效节水工作。

【禁养工作】年内，大兴区完成凉水河、大小龙河、永兴河、新老凤河流域周边1公里范围内、大兴区六环路以内全部区域、礼贤镇全镇和榆垡镇京开路以东区域范围内的禁养工作。各镇共申报禁养养殖场（户）262家，除西红门金星牛场和榆垡油鸡场申请延期外，其余260家全部完成清退工作。5月至9月，与区环保、区财政、区农委及工商分局进行联合验收，最终246家验收合格，共计拨付禁养补助资金23 221.67万元。

【畜禽养殖总量缩减】 截至年底，全区畜禽总存栏74.74万头（只）。其中生猪7万头，同比减少61.3%；家禽63.3万只，同比减少59.2%；肉牛0.34万头，同比减少26.9%；肉羊3万只，同比减少44.8%；奶牛1.1万头，同比减少42.7%。累计出栏425.3万头（只），其中生猪27万头，同比减少32.3%；家禽390万只，同比减少36.8%；肉牛1.3万头，同比增加71.5%；肉羊7万只，同比减少29.7%；鸡蛋产量0.57万吨，同比减少50.7%；牛奶产量6.4万吨，同比减少28.1%。按照北京市农业“十三五”规划要求，到2020年，生猪年出栏量调减1/3，肉禽年出栏量调减1/4（2015年底生猪出栏46.5万头，肉禽出栏是553.6万只，到2020年时，生猪出栏应调减到33.5万头，肉禽出栏调减到433万只），截至年底，提前完成“十三五”规划的调减目标。

【渔业生态养殖推广】 年内，大兴区推广微生态制剂水质调节技术，利用微生物分解水体中产生的有害物氨氮和亚硝酸盐等，提高溶氧，改善水环境，全年累计发放微生态制剂680千克，推广面积175亩。推广中草药在鱼类病害防治中的应用，利用中草药防治水霉病、赤皮病等，示范推广面积70亩，辐射全区养殖水面300余亩，通过中草药防治鱼类疾病技术亩增效益857元。推广立体养殖模式60亩，利用生物浮床技术进行水培蔬菜和水培花卉的种植，达到鱼菜兼收的效果，同时降低池塘养殖水体污染压力，提高水资源利用率。推广低碳高效池塘循环流水技术，以北京博兴种植有限公司为试点，引进适应该技术的养殖鱼类淡水鲈鱼5 000尾，丰富鱼类种质资源。

【渔业高产高效生产基地建设】 年内，大兴区贯彻落实市委、市政府《关于调结构转方式发展高效节水农业的意见》精神，投资764.63万元，在北臧村、魏善庄、采育等3个镇实施4家养殖场的工厂化改造和1家养殖场的循环温室改造，改造面积共计32亩。通过改造可以净化并循环利用养殖用水，提高水产品的品质，还可以实现全季节养殖，提高水产品的产量，增加效益。

【渔业增殖放流】 年内，大兴区以维护渔业水域生态安全为目的，按照生产与资源养护、生态保护协调发展的原则，不断加大水生生物增殖放流力度。根据鱼的生活习性和水域环境，分别于6月和10月在北京野生动物园、长子营自然湿地等处放流锦鲤、白鲢共计0.7万千克，比上年增长19.6%。

【外埠基地建设】 大兴区结合禁养、京津冀一体化发展，鼓励有条件的养殖场向外埠拓展发展空间，减轻区内土地、环境等资源压力。年内，帮助1家养殖场在河北固安建成1个规模为300头能繁母猪的外埠养殖基地。截至年底，全区建成外埠基地15家。

【病死动物无害化处理】 年内，大兴区对覆盖全区14个镇、8个街道办事处的病死动物收集体系的运营情况进行监督，在64个收集暂存点和120余家养殖场（户）中开展拉网式检查，并对无死亡及死亡数量偏低的养殖场户开展走访调查，确保无违规情况发生。全年共接收处理病死猪30 355头，禽类44 341只，其他动物255头只，动物产品761千克。

【免疫、监测、净化】 年内，免疫口蹄疫共82.1万头（只）次，高致病性禽流感581万羽次，新城疫281.4万羽次，猪瘟51万头份，高致病性猪蓝耳病28.7万头份，羊小反刍兽疫4.2万头份，羊布病3万头份。开展疫病免疫抗体监测，禽流感、口蹄疫、猪瘟、布病等各类疫病免疫抗体监测39 675份次，总体保护率合格。进行寄生虫性、细菌性疾病的防控，定期进行鱼病检测，确定5个鱼病监测点，送检疾病毒血症样品各150尾，检测结果均为阴性。病原检测37 754份次，对检测结果为阳性的动物进行扑杀。

【狂犬病防控】 3月初，召开大兴区狂犬防控工作会，全面展开2017年度狂犬病防治工作，做好宣传、防疫技术人员培训等前期准备工作，组织8次狂犬宣传活动，发放宣传材料4.6万余份，并结合电视台、报纸、发放宣传册、张贴海报等方式，提高群众的狂犬病防控意识。全年免疫犬95 901条，发放免疫标识10.5枚。采集样品327份次，进行犬狂犬病免疫抗体检测，总体保护率合格。

非农产业

【旅游单位规范发展】年内，大兴区旅游委按照市旅游委的安排部署，执行旅游新业态、星级民俗村户评审的标准，编制完成《大兴旅游行业准入标准及管理办法》，并对全区旅游行业新业态、民俗村户进行申报和复核。此项工作历时四个月，经过初评和复评，最终评出新业态园区11家、三星级民俗村3家、三星级民俗户2家。规范旅游农村实用人才培养，与榆垡、安定、魏善庄、庞各庄4镇共18家旅游大户签订培养协议书，开展相关培训，提升农村旅游行业人才水平。

【第二十九届北京大兴西瓜节】年内，大兴区成功举办第29届北京大兴西瓜节开幕式和"大兴东城手拉手·旅游互惠一家亲"大兴春季旅游资源推介、2017年春季旅游启动暨第24届梨花节开幕式、"大兴榜样·最美旅游人"评选、青云店第五届乡村美食节、长子营第六届文化旅游季、"花绘北京、悦跑大兴"半程马拉松、第十六届安定桑葚旅游文化节、西瓜美食创意大赛、"醉美大兴"大型摄影巡展、全区职工风采展示、北京国际旅游博览会、"享趣大兴、爱上大兴，百万市民游大兴"主题旅游体验活动等20项系列旅游活动。2017年西瓜季期间（包含清明、五一和端午长假），全区旅游综合收入和接待人数同比均大幅增长。

【农产品加工业】年内，大兴区鼓励农业园区、合作组织采用合作、代工等方式发展初加工、精深加工及综合利用加工产业，提高农产品加工转化率，实现农产品全链条增值。围绕区域蔬菜产业带，建设蔬菜加工配送中心1个，在全区蔬菜集中生产的千亩村、合作社和园区，建设蔬菜产地初加工处理中心2个。

【农业流通体系】年内，大兴区研究制定《2017年大兴区农产品流通体系建设实施意见》，通过政策引导、平台带动，促进农产品高效率、高效益流通。建立市级示范社动态调整机制，进一步加强示范社财务规范管理，推动40家区级以上示范社开展财务专业托管。推动京东大兴馆建设，与区邮政局合作，启动"农邮通"服务站建设。借助北京农业嘉年华等节庆活动平台，加强产销衔接，通过农超对接、农社对接、农企对接，销售特色农产品2 551.5万千克，实现收入2.39亿万元。区域品牌"大兴西瓜"获得2017中国百强农产品区域公用品牌称号。区域品牌"大兴西瓜"、北京老宋瓜果专业合作社品牌"宋宝森"、北京庞各庄乐平农产品产销有限公司品牌"乐苹"、北京长子营昌兴种植园品牌"孙升"、北京赵家场春华西甜瓜产销专业合作社品牌"赵家场春华"、北京三元食品股份有限公司品牌"三元食品"等6个品牌获得"北京农业好品牌"称号。贾尚、宋宝森、张月强3人获得"京郊农业好把式"称号。

村镇建设

【智慧乡村建设】年内，大兴区按照市城乡经济信息中心智慧村试点建设指南及工作安排，由南九镇每镇推荐一个村开展智慧乡建设，从信息化基础设施建设、农村产业微营销及宣传平台、农村公共服务平台开发建设等方面完成对徐柏村、巴园子村、潘铁营村等第二批共9个智慧乡村的建设，并通过市级验收。开展智慧乡村的运维推广，做好智慧乡村网站运维和智慧乡村的数据更新及部分民俗村的宣传推广工作。

【农村宜居建设】年内，大兴区按照现有村庄15%的比例推进61个美丽乡村建设和2个重点最美乡村候选村建设。按照市级最新要求，开展新一轮更高水平美丽乡村建设工作，启动方案研究和16个试点村规划设计，取得初步成果。同时全面开展村庄环境整治工作，解决农村私搭乱建、污水垃圾等突出问题。

【新农村设施服务项目】年内，大兴区安装LED节能灯2 647盏，为295个村维修路灯3 121盏，共计巡检路灯38 834盏，并对333盏路灯的电瓶壳进行重新喷漆等维护工作。开展太阳能公共浴室使用情况巡检巡查343次，对全区51座太阳能公共浴室维修156次，开展2次太阳能浴室操作工的培训。

【供排水管理】年内，大兴区启动黄村镇、礼贤镇、魏善庄镇三个镇的村镇供水设施改造工程，包括水厂改造、输配水管线、水源井更新等建设内容。经过前期方案论证及各项前期手续办理工作，年底具备开工条件。截至年底，大兴区共有污水处理厂11座，污水处理总规模28.8万吨/天，其中区级污水处理厂4座（黄村再生水厂、天堂河再生水厂、西红门再生水厂、瀛海污水处理厂），镇级污水处理厂7座（采育、庞各庄、榆垡、青云店、长子营、魏善庄及安定）。年内污水处理率达到

86%，再生水利用量12 300万吨。

【全市首批农村社区建设试点】年内，大兴区全面推进街道、社区管理体制改革和社区减负工作。根据北京市民政局印发的《关于确认北京市首批农村社区建设试点单位的通知》，大兴区申报的9个行政村中，安定镇徐柏村、青云店镇东辛屯村、东赵村、魏善庄镇赵庄子村、北臧村镇巴园子村、西王庄村等6个村被确认为北京市首批农村社区建设试点单位，按照大兴区农村社区建设工作安排，其余3个村（安定镇后安定村、青云店镇孝义营村、魏善庄镇半壁店村）将列入第二批试点单位。12月18日，以区委办、政府办名义正式印发《大兴区关于深入推进农村社区建设试点工作实施方案》，推进农村社区建设。

农村改革与管理

【农村金融改革】年内，大兴区推动农村承包土地的经营权抵押贷款试点工作，研究制定《大兴区农村承包土地的经营权抵押贷款试点实施办法》。将农村承包土地的经营权抵押贷款试点纳入贴息范围。鼓励银行与农业担保公司合作，开展农村承包土地经营权抵押贷款等业务。北京银行、大兴华夏村镇银行累计成功发放农业经营主体农村承包土地经营权抵押贷款11笔，共计2 691万元。

【农村土地承包经营权确权登记颁证】大兴区作为全市试点，从2015年开始在全区范围内开展农村土地承包经营权确权登记颁证工作。截至年底，全区共启动确权登记颁证工作280个村，累计拟开展确权土地总面积31.94万亩（按原承包合同面积）实测确权面积35.97万亩，按计划100%完成审核公示。

【农村集体资产股份权能改革试点】大兴区作为全国29个试点区县之一，年内完成试点工作，并通过农业部的验收。3月，区农委、区经管站联合制定下发《大兴区农村集体资产股份管理办法》明确农民对集体资产股份占有、收益、有偿退出、抵押、担保、继承的条件、形式、程序等。制定《股份转让协议书》《股份集体赎回协议书》《股份继承协议书》等协议模板。截至年底，全区有51个村2 065人发生股权继承，继承股份金额17 795万元。创建股权管理平台，全区开展对村级集体经济组织成员名册上传市农经管理平台备查，对集体经济组织股东名册进行台账登记簿管理。完成市农经办开发创建的北京市农村集体资产股权信息管理平台对股东基本情况的信息登记备案，开展平台监管。对已经完成整建制转非资产清晰的81个村，完成固化成员、固化股份工作后，完成股权平台的录入工作。

【农村集体经营性建设用地入市试点】①联营公司组建。按照“镇级统筹”要求，成立镇级集体联营公司作为入市主体。年内，组建7个镇级集体联营公司，截至年底，共计组建11个镇级集体联营公司，并全部完成工商注册。②规划编制。在完成《大兴区集体建设用地试点规划实施意见》和11个镇规划编制的基础上，年内重点推进地块详细性控制规划编制工作。截至年底，完成北四镇（不含亦庄）地块详细性控制规划并得到批复，南部镇地块详细性控制规划通过市技审会。③拆除腾退。全区拆除腾退工作全面开展，已腾退土地4万亩，拆除地上建筑物2 020万平方米。试点以来，共计腾退土地5.93万亩，拆除地上建筑物3 400万平方米，完成近万亩绿化。④地块入市。将西红门镇“新旧试点衔接”项目地块转让给相关企业，共计3块地，面积42.5公顷，金额32亿元。5个集体租赁租房项目地块正在公示，面积共计约33公顷。⑤金融参与。截至年底，全区集体经营性建设用地入市项目总授信额度达到630.2亿元，实际发放贷款225.25亿元。北京赞比西房地产有限公司已用土地使用权证向民生银行武汉分行成功贷款5.6亿元。年内，区级财政下拨支持各镇入市试点资金58.74亿元。

【集体经济组织规范化建设】年内，大兴区开展镇、村两级集体资产产权证书的年检和集体资产统计工作，及时做好农村合作经济组织统一社会信用代码证书法人换证工作。全区镇村两级集体经济组织共换发新型证书1 032个，为开展资产经营和管理提供便捷的“数字身份证”。

【农村集体经济审计】年内，全区共审计510个单位，审计金额共计222.7亿元。其中财务收支审计324个、经济效益审计30个、干部离任审计7个、专项补贴审计98个、土地补偿费专项审计51个。

【对45个新型集体经济组织的审计】年内，区经管站组织各镇经管站完成对上年度45个新型集体经济组织经营状况、资产增减变动情况的审计工作。45个村集体总资产200 223.4万元，同比增长14.8%；总负债63 543.8万元，同比增长68.2%。

45 个村经营总收入 30 456.5 万元，同比增长 0.6%；经营总支出 9 733.4 万元，同比增长 27.2%；经营净利润 19 981.9 万元，同比减少 13%。45 个村股金分红总额 8 273.4 万元，其中集体股东分红金额 1 180.5万元、社员个人股东分红金额 7 092.9 万元。人均分红 0.25 万元。

【村级专项补助资金管理使用情况审计】 年内，大兴区完成 500 个村上年度村级组织正常运转专项补助资金的管理使用情况审计工作。实际收到专项补助资金 11 570 万元。其中村干部固定补贴资金 852.4 万元，村干部办公经费补贴资金 240.6 万元，公益事业专项补贴资金 10 477 万元。专项补助资金使用金额 10 541.77 万元（包括 2015 年末余额 3 899 万元），其中用于村干部报酬金额 850.09 万元，用于办公经费金额 234.66 元，用于集体公益事业补助金额 9 448.78 万元，用于其他开支金额 8.24 万元。

【农村集体经济组织征地补偿费管理使用情况审计】 上年度期初征地补偿费余额 702 971.97 万元，其中专户存储余额 247 892.16 万元。2016 年收回委托贷款金额 153 060 万元。征地补偿费总额 389 144.27 万元，征地补偿费支出总额 576 637.07 万元，征地补偿费余额总计 668 539.17 万元，其中专户存储余额 314 865.41 万元。从审计结果看，未发现侵占、截留、挪用、拖欠及其他未到位情况。11 个镇按照规定在银行开设专户、并签订征地补偿费监管协议；所取得的征地补偿款能够及时足额纳入专户存储并通过专户进行转账支付；征地补偿费结余做到“账账相符、账实相符、账表相符”。西红门镇未开设银行专户，实行专账管理。采育镇由镇财政设专户管理。各镇在征地补偿费管理使用上，均制定管理办法和审批程序并严格执行，确保集体经济组织资金安全。

【村级财务预决算执行情况】 上年度全区村级集体经济组织实现总收入 450 191.2 万元，同比下降 16%，占年初预算 369 172.4 万元的 121.9%；总支出为 353 527.4 万元，同比增长 19.1%，占年初预算 319 501.4 万元的 110.6%；全区管理费用总计 38 311.1 万元，同比下降 3.2%，占年初预算 46 544.3 万元的 82.3%；2016 年部门无偿投入账外资产入账金额为 833 万元；固定资产投资总计 1 422.3 万元。

【村级用章管理使用情况】 年内，全区由镇级统一托管村级公章 1 935 枚。全年全区村级累计盖章 30.2 万余次，其中村委会盖章 22.3 万余次，经济合作社盖章 7.9 万余次，主要用于经济合同、报表、资金申请及各类证明等村级一般性事务和村级重要经济事项。

【农村承包合同规范化管理】 年内，大兴区继续落实农村土地承包合同订立程序的合法性、内容的健全性、条款的严谨性，全年鉴证土地承包合同 1 312 份。

【土地流转规范管理】 截至年底，全区流转农地约 39 万亩，占已确权总面积的 73.4%。其中年内有 9 个镇涉及近 135 个村共流转土地 36 407.31 亩，流转价格 1 500～4 500 元/亩。接转后土地用途为一产与三产高度融合的都市型现代农业（观光休闲农业）、现代种业、生态农业等，具体用途为平原造林、高效农业园区、特色产业发展等。

【村级重要经济事项监管】 年内，全区开展事前咨商及招投标工作的涉及 11 个镇，召开联席会议 315 次，咨商议题 4 738 个，出具指导性意见 7 942 条。招投标事项 70 件，涉及金额 8 150.47 万元。在北京农村产权交易所挂牌成交项目 48 宗，均为土地流转项目，成交总金额 4.07 亿元，流转土地面积 1.17 万亩。

【农民负担执法检查】 年内，大兴区根据市农经办《关于做好 2017 年农民负担执法检查的通知》要求，开展农民负担监督管理执法检查工作，各镇开展自查，自查率达到 100%。通过检查，各镇村情况良好，没有发现不合理开支或增加农民负担的情况。

【收益分配统计分析】 年内，全区集体经济总收入完成 240 826.4 万元。其中主营业务收入完成 49 639.1 万元。人均所得 24 485 元，同比增长 8.02%。

【低收入农户监测情况】 年内，大兴区开展全区 9 个镇 1 809 户的低收入农户收入情况监测，全年低收入农户人均可支配收入 12 486.42 元。家庭经营净收入人均 1 146.82 元，工资性收入人均 3 832.77 元，财产性净收入人均 2 142.52 元，转移性净收入人均 5 364.31 元。

【农民专业合作社建设】 年内，大兴区开展合作社农产品流通体系建设工作，拟定《关于 2017 年大兴区农产品流通体系建设的实施意见》。开展农民专业合作社培育和示范带动工作，大兴区立征春雨农业专业合作社被确定为“2017 年农民专业合作社产业融合创新试点项目”实施单位。完成对农民专业合作社示范社财务代理工作的检查验收。

【农村信息化系统的维护和建设】年内，大兴区完成从村、镇、区到市四级平台的数据统计、分析和上报。继续开展对“三资”监管平台的维护，完成长子营镇四级网络的建设，开展农村信息化人员培训500余人次。

【政策性农业保险】年内，大兴区组织开展政策性农业保险宣传，提高全区投保覆盖率。经统计，新增西瓜附加险和红薯两个险种，种植业险种增加到18个，投保亩数84 621.73亩，投保金额1 800 361.56元。

农民生活

【农民增收】年内，大兴区农村居民人均可支配收入21 338元，同比增长9.1%，增速全市排名第一。重点推动低收入农户增收及低收入村发展工作，实现低收入农户就业764人，投入1 039万元实施产业帮扶项目13个，研究确立利益联结机制，利用500万元区级专项资金，加大镇级考核力度，推进2个低收入村民俗旅游、设施农业等产业发展，成立村级合作组织，吸收低收入农户入股，共同分享村域发展成果，全年低收入农户家庭人均可支配收入11 006元，同比增长20.2%。

【农民培训】年内，农业技术学校继续负责大兴区新型农民综合素质提升工程和大兴区新型职业农民培训工作的相关组织管理工作，综合素质提升工程全年培训农民10 254人，超额完成任务。全年开展各类农机培训活动79期，受益农民3 147人次。开展安全及下乡宣传培训1 845人次。

【农村地区“无煤化”】年内，大兴区推动农村地区煤改清洁能源工程，加大农业生产领域用煤管控力度及燃煤锅炉和存煤的清理力度，支持“育秧、育种、育苗、仔畜、雏禽”等农业籽种设施实施“煤改清洁能源”工作，对村委会、村民公共活动场所等公益设施实施清洁能源覆盖。完成“煤改电”75个村及部分散户近2.8万户、“煤改气”76个村3.3万户。在此基础上，完成393个村公益设施的“煤改清洁能源”工作和249家农业园区的“无煤化”工作。

【抗震节能改造】年内，农宅抗震节能改造主要实施内容包括新建翻建、既有住宅节能保温改造和综合改造三类。大兴区农宅抗震节能改造工作共完成3 825户，其中同时进行门窗和外墙改造的完成2 148户、单独进行外墙改造的完成1 341户、单独进行门窗改造的完成336户。

【农民文体活动】1月13日，“传承文化 筑梦新区”传统文化作品展巡展启动式暨长子营镇2017年文化惠民大拜年活动在长子营镇潞城营二村举办。2月10日，大兴区图书馆开展“金鸡报晓闹花灯”元宵节主题活动，分别在馆内和长子营镇潞城营二村举办。11月5日，第十二届“美丽大兴我的家”广场舞大赛活动在亦庄开发区北京电子科技职业学院体育馆开幕。来自全区各街道、乡镇的34支代表队、600余名选手参加社区组和乡镇组的比赛。3月，第二届“天狼杯”京南业余足球联赛开赛。4月29日，2017“鸿坤杯”花绘北京、悦跑大兴半程马拉松，在魏善庄镇月季博物馆鸣枪开赛。8月，大兴区传统赛事、第十一届“和谐杯”乒乓球赛迎来决赛，来自全区17支代表队120人参加比赛。年内，大兴区在青云店镇大东社区建设1块笼式多功能球场、2块篮球场、1条乒乓球长廊，在北臧村镇诸营村建设1条乒乓球长廊、2套棋苑。

基层组织与民主政治建设

【农村干部培训培养】年内，大兴区举办“基层党员进党校”轮训工程启动仪式暨第一期农村骨干党员示范培训班，针对基层党员“增强党员意识，树立党员形象”开展培训，让学员们有指向性地摄取知识，达到“三有”，即思想有转变、认识有提高、素质有提升的效果。针对不同领域，举办重点扶持村党组织书记培训班，深入贯彻落实党的十九大精神，应用不同形式教学，确保党员教育培训“校内校外、网上网下”全覆盖，提高农村党组织书记服务大局、引领发展能力，服务群众、凝聚人心能力，协调关系、维护社会和谐稳定能力。

【村干部待遇提升】年内，大兴区实行村干部基本报酬财政托底和社会保险财政补贴制度，拨付村干部基本报酬5 277万元，安排892万元给予参保补贴。村主要干部报酬达到农民人均纯收入3.37倍。建立健全社区工作者基本待遇动态调整机制，分级分类确定社区工作者基本待遇，社区工作者平均工资比三年前翻一番。

【基础阵地建设】年内，大兴区加大村级办公活动场所提升改造，6个街道、8个镇建成党群活动中心，党组织活动和服务场所规范化建设水平进一步提升。

【加大“第一书记”工作力度】年内，大兴区拨付第一书记专项工作经费和区级支持项目资金1 144万元。通过给支持、定任务、抓培训、重管理等措施，实施居家养老送菜、天然气入户等惠民项目

50余项。通过村级测评、镇党委初评、考核组现场考核、区级现场述职等方式，完成第一批市里选派的35名第一书记任期考核。

【软弱涣散农村、社区整顿】年内，大兴区确定4个市级软弱涣散村、5个市级后进社区，结合非“一人兼”、换届双重点村等建立80个区级重点村台账。建立“五个一”工作机制和联席会议制度，逐村分析存在的问题，一村一策制定整改措施，实行“精准整顿”。

“三农”工作部署和实施

【农业结构调整】年内，大兴区制定《大兴区2017年农业结构调整工作要点》，协调农业行业部门围绕6大工程19项任务推进农业结构调整。落实三夏、三秋及防汛各项工作任务，调减高耗水粮田2.9万亩，完成246家禁养区养殖企业的关闭与退出。总结提出“推进农业生产功能向生态功能转变”的农业结构调整模式。落实水、土、气十条，制定《大兴区农业农村环境保护工作方案》，完成市环保督查各项汇报、约谈、案件办理等工作。对通过项目联席会审批备案73个项目，定期开展联合检查。

【农业环境整治】年内，以区政府办名义下发《今冬明春农业环境综合整治专项行动方案》《关于加强老旧农业设施清理整治的实施意见》，制定《关于加强设施农业监管工作的意见》。成立5个专项督导组，15个工作组，建立区、镇两级5个工作台账。开展农业环境综合治理工作，涉及道路及重点位置309处，通过专业队伍管控、秸秆还田、集中运输和掩埋等方式，清理农作物秸秆、杂草、树叶、树枝以及各类垃圾千余吨。开展大棚房清理，对现有59 745个农业设施进行摸排整改。

【政策性农业保险】年内，大兴区落实多项措施提高保险覆盖率，增加农业园区、农民专业合作社、村集体经济组织作为投保主体。将保费中农民自筹的比例从20%降到10%，并鼓励各镇结合实际，给予适当保费补贴，创新保险条款。创新建立西瓜种植人工成本附加险，将西瓜保额提高到每亩2 500元，《人民日报》以《瓜农吃上了定心丸》为题进行专门报道。在粮食作物、养殖产品大幅下降的基础上，实现保额9.55亿元，涉及13 798户次，已解决赔款2 814.18万元。其中种植承保规模9.86万亩，较上年同期增长17%；实现保额4.59亿元，较上年同期增长71.9%。

【打造国家农产品质量安全区】年内，大兴区出台《大兴区农药使用监督管理办法（试行）》《大兴区食用农产品（种植业）质量安全监督检测抽样管理意见》和《大兴区种植业食用农产品质量安全监督抽查不合格后处理工作意见（试行）》等，加大监督抽检和惩处力度，完成定性抽检6.6万个，定量抽检3 000个。持续完善“农产品征信评价系统”，于6月开始试运行工作。加大农业投入品疏与堵的管控，制定农药连锁经营推广方案，引进知名农药品牌开展区域覆盖，加大农资执法，开展农资企业检查1 190家次，清退小散乱农资店57家。

【农业科技创新】年内，大兴区强化科技和人才驱动，验收完成西瓜、蔬菜、花卉、智能节水、国际展示等第五期院区科技合作项目8个，确定围绕西甜瓜产业的第六期合作项目3个；引进挂职科技副镇长，结合镇域特色开展成果转化和引进示范工作；加强农村实用人才与新型经营主体培育，首批认定新型职业农民44人，获得农业部资助奖项1人；不断强化全科农技员队伍管理，持续做好基层科技服务。

【整合提升信息系统平台】年内，大兴区建设“三农”数据采集与分析系统，建立“三农”数据采集标准、模块化数据采集与统计分析和数据采集评价等系统。建立镇、村农业农村数据采集机制，增强区级农业数据管理与分析能力，通过灵活定制的Web端、移动端数据采集方式，提升数据采集的质量和效率。完成视频会议系统建设，开展政务信息系统整合共享，提升信息化水平，服务“三农”发展。

【农业安全管理】年内，大兴区结合行业特点和当前安全工作形势，以在建施工项目、设施农业项目、粉尘企业、易燃易爆危险品场所、彩钢板建筑、有限空间、出租房屋、“煤改电”项目施工等重点监管内容，开展隐患排查整治、专项督导、暗查暗访等工作。加强重要时段监管，确保重点时段不发生重特大安全事故。农口系统共开展督导检查1 038次，出动人员3 409人次。

大兴区领导名录

区委书记　谈绪祥（6月免）
　　　　　周立云（6月任）

副书记　崔志成（11月免）
　　　　　王有国（5月免，11月任）
　　　　　梁　胜（3月任，换届后任命）
　　　　　龚宗元（12月任）

常委 贺　锐
王合生（3月任，换届后任命）
王荣武　沈　洁（女，9月免）
祁金利（12月任）　金卫东
喻华锋　袁海鹏　许玉增

区人大常委会主任 邵　恒
副主任 赵显鹏　陈晓君（女）
张德广　郭金江　刘振宝

区长 崔志成（11月免）
副区长 王有国（11月任副区长、代区长）
梁　胜（4月任，换届后选举）
贺　锐　王荣武　方　健
刘禹锡　杜志勇　杨彦光
李　强　杨蓓蓓（女）

区政协主席 吴问平
副主席 李亦武　冯　波　荣俊艳（女）
苏　荣（不驻会）
韩占生（不驻会）
刘会新（女，不驻会）

区纪委书记 袁海鹏
副书记 戴光伟　芦君英（女）
关　卓（3月免）
冯宝军（3月任）

大兴区各镇党政正职领导

	党委书记	镇长
黄村镇	白立成	刘　耕（2月免）
		莎红高（2月任）
北臧村镇	贾卫国	高志纯
庞各庄镇	王春晖	付建国
榆垡镇	刘志刚	张国柱
礼贤镇	任喜军	方　勇
安定镇	耿晓梅（女）	白建松
魏善庄镇	谢景然（女）	王　烨
青云店镇	张存忠（11月免）	孔　永
	张廷武（11月任）	
长子营镇	张　辉	潘郁峰（2月免）
		翟　杨（2月任）
采育镇	杨永政（3月免）	张新颖（女，7月免）
	张新颖（女，7月任）	张　博（7月任）
西红门镇	郑亚君	司文韬
旧宫镇	刘景瑞	庄卫华（女）
亦庄镇	王　森	李　燕（女）
瀛海镇	张　华	徐振涛

（大兴区史志办　田亚南）

怀柔区

综　述

怀柔区地处燕山南麓、华北平原北端，东靠密云，南连顺义，西和昌平、延庆为邻，北与河北省丰宁、滦平、赤城三县接壤，是北京东部发展带上的重点和会议旅游休闲基地。全区总面积 2 122.83 平方千米，其中山区面积占 88.7%。区辖 12 个镇、2个满族乡、2个街道办事处，共 284 个行政村。2017 年年末常住人口 40.5 万人，其中城镇人口 27.9 万人。年末全区户籍人口 28.4 万人。2017 年，在区委、区政府的正确领导下，全区上下坚持以党的十九大精神和习近平新时代中国特色社会主义思想为指引，认真贯彻习近平总书记对北京工作的重要讲话精神，紧紧围绕服务首都“四个中心”建设，全力以赴调结构、转方式、治环境、补短板、惠民生，圆满完成党的十九大、“一带一路”国际合作高峰论坛服务保障任务，全区经济发展稳中有进，城乡治理更趋精细，改革活力不断释放，生态优势更加凸显，人民生活持续改善，各项事业开创了新局面。2017 年全年实现地区生产总值 286.4 亿元，比上年增长 7.6%；实现一般公共预算收入 38 亿元，同比增长 6.5%，完成年度预算的 100.2%，其中，税收收入 28.9 亿元，同比增长 5.6%；实现社会消费品零售总额 119.8 亿元，同比增长 7.5%；完成全社会固定资产投资 141.6 亿元，同比增长 16.9%。

城乡发展一体化

【概况】 城乡建设稳步推进，老城改造和新城开发同步实施，19 个项目纳入市棚改计划，庙城和下元、钓鱼台及东关村安置房结构封顶，刘各长、驸马庄安置房实现开工。龙山广场项目加快建设。深化城乡管理体制改革，城市管理委员会挂牌运行，镇乡街道综合执法中心正式成立，城中村划转和网格化分中心标准化建设等工作顺利完成，街巷长制全面落实，建管一体、权责一致、运转高效、执行有力的城乡治理体系初步形成。

【城乡居民家庭收入稳步增长】 2017 年，全区城镇居民家庭人均可支配收入达 39 272 元，同比增长 9%；农村居民家庭人均可支配收入达 23 506，同比增长 8.7%。

【城乡居民人均消费支出增势趋缓】 2017 年，全区城镇居民人均消费支出 25 415 元，同比增长 7.5%，农村居民人均消费支出 18 754 元，同比增长 9.1%，增幅与 2016 年相比均有所减少。城镇、农村居民家庭恩格尔系数同比均呈明显下降趋势，全区城乡家庭富裕程度呈上升态势。

【“城中村”管理主体变更工作进展顺利】 年内，将东关村、南关村、新街村、下元村、小中富乐村等 12 个“城中村”管理主体交由龙山街道和泉河街道。根据有关规定，将农村保洁、公厕管理、垃圾清运等内容逐项移交。并针对涉及移交的“城中村”资金问题，包括保洁员补助、公厕运营维护费和环境管理经费等，逐步完成合理分配与移交。

【开展高科技企业入乡村结对帮扶工作】 6 月 14 日，区科委、北京博龙阳光新能源高科技开发有限公司到大黄木厂村开展结对帮扶活动。力求通过共建实现三个目标，一是村企联手，促政策引领突破瓶颈；二是以企带村，促发展思路推进创新；三是村企互动，促基层组织迸发活力。

农村经济发展

【概况】 农业结构调整成效显著，全年调减高耗水农作物 1 万亩，打造生态景观农田 1 万亩，发展景观农田、林下经济和高效果园 2 万余亩。实现农业总产值 15.4 亿元，同比增长 1.2%。发展现代高效节水果园和林下经济作物 1 750 亩，建设规模化苗圃 4 060 亩。推进秸秆和园林废弃物综合利用 7 万亩。腾退畜禽养殖场户 1 126 个，清退畜禽 28.1 万头（只）。国家全域旅游示范区总体规划编制完成。发挥自然山水优势和民俗文化特色，促进绿色生态农业与旅游休闲服务融合发展，实施神堂峪、撞道口等 10 个村提质升级，新评定星级乡村旅游户 199 户，渤海镇荣获“中国乡村旅游创客示范基地”称号。

【培育壮大特色种植业规模】 进一步探索怀柔区农业主导产业新方向。推进高效节水休闲观光示范果园项目 1 000 亩，其中汤河口镇 120 亩、长哨营乡 180 亩、桥梓镇 120 亩、渤海镇 100 亩、怀柔镇 110 亩、雁栖镇 120 亩和北房镇 250 亩。

【全力做好设施农业清查工作】 通过调查统计，全区有设施农业 430 处、8 392 栋、6 270.93 亩，涉及 14 个镇乡和泉河街道办事处，其中：连栋温室 18 栋、60.33 亩；日光温室 5 206 栋、4 065.24 亩；大棚 3 148 栋、2 090.01 亩；其他 20 栋、55.35 亩；主要种植种类为蔬菜、花卉、果木等。在清查过程中发现有问题的 31 处、989 栋，全部整改完成。完成责任书签订工作，层层落实签订《加强基本农田内设施农业建设和管理责任书》。全区设立“大棚房”警示牌 207 个，悬挂横幅 364 条。

【推广板栗高接换优工程】 继续实施板栗高接换优工程，计划实施 100 公顷，实际完成 105.21 公顷。工程抓住 4 月底至 5 月中旬的板栗嫁接关键时期，在渤海镇、九渡河镇及琉璃庙镇的板栗主产区，采取“高接换优”方式，大力推广早熟品种“3113”和中晚熟品种“燕红”2 个适应性强、品质好、产量高的优良品种，嫁接板栗良种接穗。经过验收合格的，每亩补助资金 1 500 元，工程共兑现补助资金 236.722 5 万元。

【规划建设高效现代化家庭精品果园】 年内，全区家庭精品果园建设工程规划发展 66.67 公顷，工程涉及桥梓镇、九渡河镇、宝山镇等 11 个镇乡，栽植苹果、桃、樱桃、冬枣等品种 22 万余株。经验收合格的，每亩补助 3 000 元，工程共补助资金 294.3 万元。

【引种试验鲜食大果枸杞】 年内，区园林绿化局组织申报鲜食大果枸杞引种实验示范项目，总投资 15 万元，建设地点位于雁栖镇乐园庄村军平种植专业合作社基地。项目种苗选用宁夏地区的中宁 5 号等品种，栽植五年生苗木 1 000 株，二年生苗木 1 000 株。经验收，项目栽植苗木成活率 96%，土壤改良及整地方法严格按照项目实施方案进行，并达到预期目标。

【申报 3 家无公害果品生产基地】 年内，全区新申报 3 家无公害果品生产基地，认证面积 32.67 公顷，果品产地认证面积同比增长率为 14.9%。3 家基地申请人分别是北京全保果树技术服务专业合作社，生产产品为苹果、梨、桃，申请认证面积6.67公顷；北京东方天和种植专业合作社，生产产品为苹果，申请认证面积6公顷；北京炜烨树雄种植专业合作社，生产产品为苹果，申请认证面积20公顷。

【大力发展蜂业生产】 年内，全区蜂群保有量1.5万群，蜂农190户，蜂业产值300万元。年产蜂蜜12万千克，蜂王浆1.6万千克，花粉0.53万千克，蜂胶0.195万千克。3月中旬，怀柔区组织召开2016年度蜂产业农商对接工作会议，就巢蜜和成熟蜜生产技术进行交流研讨。建立蜂农微信群，随时发布蜂业最新信息，对发现的技术问题及时沟通、讨论并加以解决。

【试点建设林下经济产业示范体验项目】 由区园林绿化局与北京林业大学合作，在怀柔区桥梓镇前辛庄平原造林地块试点建设怀柔区林下经济示范体验项目。该项目占地750亩，投资3 000万元，计划两年完成。该项目2016年投资1 570万元，完成林下种植面积475.8亩。其中，林花337.3亩、林药81.5亩、林蔬57亩，共计111个种类。建设完成6座大门、围网1 000余米等附属设施。

【完成规模化苗圃建设区级验收工作】 年内，完成规模化苗圃建设71.73公顷并完成区级验收工作。其中，北京丰顺卉园园林绿化工程有限公司建设的桥梓镇平义分村规模化苗圃36.33公顷；北京雁栖岛生态园林发展有限公司建设的汤河口镇河东村规模化苗圃35.40公顷。

【蔬菜新品种冰菜试种成功】 2017年引进冰菜、秋葵等蔬菜新品种，目前冰菜已在桃山村、大屯村及梨园庄村试验示范点栽培成功，部分已开始第二批冰菜育苗工作。冰菜种植试验示范户结合自身实际情况选择适合的处理方式，大部分试种成功。冰菜播种后2个月侧枝采收，可一直采收，持续半年左右。

【畜禽养殖业腾退成效显著】 畜禽养殖腾退分别列入区政府折子工程和疏解整治促提升专项行动。完成1 000个畜禽养殖场（户）动物清退，100个养殖场（户）地上物拆除和清退15个禁养区外规模化畜禽养殖场。全年共清退畜禽28.1万头（只），腾退土地730亩，拆除建筑面积15.95万平方米。共完成了1 126个畜禽养殖场（户）动物清退，113个畜禽养殖场（户）地上物拆除工作，清退禁养区外规模化畜禽养殖场63个，分别超额完成计划的12.6%、13%、313.3%。

【开展渔业综合整治】 雁栖河、怀九河、怀沙河流域养殖场（户）原有63个，自开展“三条河”流域渔业综合整治工作以来，区环保局、区水务局对“三条河”流域养殖场（户）的排放水质进行2轮检测。到12月底，共有21个养殖户开展了关闭工作，其中因水质检测不达标关闭场（户）3户（渤海镇1户，九渡河镇2户），自愿关闭18户（渤海镇12户，九渡河镇1户，雁栖镇5户）。

【完成2017年乡村旅游等级评定初评工作】 自8月1日起启动2017年乡村旅游等级评定工作，截至9月25日评定工作初步完成。评定星级民俗户232家、星级民俗村1个、特色业态5家。五星级民俗户及特色业态将由市旅游委安排评定小组进行最终评定。

【两家企业荣获第二十届农洽会“金质产品”称号】 第二十届中国农产品加工业投资贸易洽谈会上，怀柔区红螺食品、御食园食品、好亿家食品的“山楂糕”等六种产品参加展示，红螺食品公司的“红螺”牌山楂糕、御食园食品公司的“御食园”牌清恬莲子荣获“金质产品”称号，好亿家食品公司的“好亿家”牌无蔗糖添加苹果脯荣获“优质产品”称号。

【完成市级221信息平台数据采集】 年内，全区共采集农业生产、农产品加工、休闲观光、农业科技及农业服务等各类信息1万余条。

【研发引进农业新品种配套机具】 协助首都师范大学和北京林业大学在怀柔区设施园区内进行以百合为主的农业新品种的研发试验，引进配套机具有育苗床、自动控温系统、卷帘机、自动灌溉系统（滴灌、微喷）、土壤杀虫、空间静电场等系统，并协助数据采集与汇总。

【改造园区管理农机具】 全区百亩高效果园实验示范园占地110亩，目前定植树种有苹果、桃、樱桃、梨、果桑、石榴、葡萄、核桃、李子、冬枣、草莓等北方果树十余种。年内，组织专业技术人员，自主研发设计改造适用于该示范园使用的割草机、打药机、施肥机，实现割草省时省力，打药雾化均匀，提高施肥效率。

【实施2017年基层农技推广项目】 实施了基层农技推广补助项目，针对绿控技术和渔业节水技术举办了素质提升系列培训，全年培训3期96课时，共培训在编基层农技人员100人。采取“首席岗位专家＋岗位技术指导员＋示范主体＋辐射带动户”的技术服务模式，推广新品种、新技术，服务基层示范主体 900 户，扶持 2 个“农技推广试验示范基地”。发挥“农业科技网络书屋”“中国农技推广 APP”“云上智能平台”作用，加速农业技术及信息进村入户。

【怀柔区首家农业融资担保区县机构揭牌成立】 6 月28 日，市农业融资担保有限公司怀柔办事处正式成立，北京市农业融资担保有限公司怀柔办事处将通过政府资金的导向作用和专业担保的放大功能，引导更多的信贷资金和社会资金投向“三农”领域，为全区家庭农场、种植大户、农民合作社、农业社会化服务组织、小微型农业企业等农业适度规模经营主体和优秀涉农企业提供多种、全方位的融资担保服务，明显降低农民和农业企业的融资成本。

村 镇 建 设

【概况】 美丽乡村建设全面推进，110 个村达到市级标准，转年、庄户沟门等新型农村社区建成入住。大力整治农村乱堆乱放、卫生死角等问题，乡村环境面貌明显改观，北沟村入选 2017 年“全国美丽乡村示范村”，红螺镇村被评为“2017 中国美丽休闲乡村”。积极推进生活垃圾分类，新建垃圾密闭站 11 座，建成生活垃圾焚烧发电项目，垃圾无害化处理能力进一步提高。1 361 户山区搬迁、4 210 户农宅抗震节能改造全部完成，农村生产生活条件进一步改善。

【完成 3 个智慧乡村建设】 投入资金 115.6 万元，分别委托北京守朴科技有限公司、北京派得伟业科技发展有限公司，完成了宝山镇下坊村、琉璃庙镇双文铺村和青石岭村 3 个智慧乡村建设。

【群众性绿化创建活动】 年内，全区完成创建首都森林城镇 1 个、首都绿色村庄 7 个、花园式单位 4 个、花园式社区 1 个。

【完成 2015 年怀柔区节能路灯改造项目验收工作】 10 月初，区农委与北京坤泰融和会计师事务所有限公司签订委托协议，约定该公司作为第三方，参与 2015 年怀柔区节能路灯改造项目的验收工作。该项目共安装 LED 节能路灯、太阳能路灯 14 299 盏，验收工作于 11 月底完成，验收合格率 97.5%。

【启动 2016 年怀柔区节能路灯改造项目路灯安装工作】 9 月初，2016 年怀柔区节能路灯改造项目路灯安装工作正式启动，该工程计划安装 LED 节能灯 5 130 盏、太阳能路灯 200 盏。

【完成 2017 年怀柔区节能路灯改造项目立项及招投标工作】 9 月初，2017 年怀柔区节能路灯改造项目在区财政局采购办公室完成立项（项目编号 132)。该项目投资 200 万元，计划在农村地区安装 LED 节能路灯 800 盏。11 月底完成招投标工作，中标单位为江苏欧阳照明有限公司，中标金额 198.6 万元。

【启动低收入村光伏发电试点项目】 12 月 12 日，区农委与北京君阳投资有限公司正式签订合作协议，拟在宝山镇杨树下村、盘道沟村、下坊村建设分布式发电 140 户。项目总投资 600 万元，区财政和君阳公司分别出资 300 万元，收益分配比例为：低收入户占 50%，低收入村项目管理费用占 5%，君阳公司占 45%。

【完成农村基础设施运行维护检查验收工作】 12 月底，区级有关部门对怀柔区农村基础设施运行维护情况进行检查验收。共检查验收太阳能公共浴室 43 座，太阳能路灯 9 865 盏，街坊路绿化 258.3 万平方米，街坊路硬化 776.6 万平方米，安全饮水村庄 279 个、集中供水厂 6 个，污水管网村庄 156 个，计划拨付管护资金 3 686.6 万元。

【完成 3 处老旧公园改造工作】 年内，完成桥梓镇北宅百亩公园、汤河口镇桥头公园和渤海镇兴海公园景观综合提升建设。3 个公园总建设面积约 10 公顷，项目资金来源于 2015 年市财政转移支付。其中，桥梓镇百亩公园位于北宅村，总面积 6.7 公顷，投资 150 万元；汤河口桥头公园位于汤河口镇，西邻京加路，总面积 2.4 公顷，投资 150 万元；渤海镇兴海公园位于渤海所村，总面积 1 公顷，投资 150 万元。

【新建九渡河中心公园】 完成九渡河中心公园建设。该项目位于九渡河镇黄坎村，面积约 1.7 公顷，投资 300 万元。

【加强森林防火设施建设】 年内，投资 810 万元，新建森林防火临时性检查站 65 座，现已达到 104 座；安装钢制森林防火宣传牌 750 块；建设喇叭沟门自然保护区森林防火瞭望塔 1 座，现已达到 10 座；建设市级森林扑火物资储备库 1 座。全区已安装电子语音宣传杆 119 个。

【完成年内“减煤换煤”工作】 截至 2017 年 12 月，全区对 7 个镇、45 个村、11 894 户农村住户实施了“煤改电”工程。对3个镇、10个村、4 423户农村住户实施了“煤改气”工程。全区14个镇乡和2个街道使用优质燃煤的农村住户共订购优质燃煤40 566.55吨，订购炉具923台。

【实施燃气集中供暖改造】年内，对庙城镇刘两河、李两河、大杜两河、肖两河942户实施了燃气集中供暖改造工作。

【“减煤换煤”工作成效显著】2017年，全区共完成55个村的“煤改清洁能源”改造工作。对目前尚未实施“煤改清洁能源”改造的村庄继续实施优质燃煤替代全覆盖。实现减煤换煤90 951吨，其中减煤48 951吨，换煤42 000吨，可减少二氧化硫排放730吨，减少烟尘排放1 480吨，减少氮氧化物排放270吨。

【完成农村边角地绿化工作】年内，完成农村边角地绿化6个镇（乡）、共计10个村的绿化栽植工作，共栽植乔木3 058株、灌木1.7万株、地被花卉2.5万平方米，新增绿化面积6.47公顷。

【完成年内平原造林任务】完成平原造林203.2公顷，栽植树木11.4万余株，动土石方量2.7万立方米，铺设管线3.3万米，建泵房7座，修建作业道1.4万米，修建围栏3.7万米。工程涉及桥梓、杨宋、北房3个镇的8个行政村。

【村级污水处理站升级改造工程主体工程完工】投资1 116万元，对渤海、九渡河、雁栖、杨宋4个镇（乡）的15个村26处村级污水处理设施进行选址重建和升级改造。新建和改造的污水处理设施都采用新型MBR膜技术，日污水处理总量提升至1 090吨，有效改善4 890余农村居民的日常生活环境，减少污水直排至下游水体，进一步改善下游水体质量，有效保护水环境。

【完成2017年山区搬迁工作】年内，完成7个镇（乡）24个行政村山区搬迁工作。共拆除旧房617处，开工建设新房740处，其中完成瓦房等主体工程648处并基本达到入住条件，实现入住189处，顺利完成年度搬迁任务。

【推进水长城沟域（怀九河沟域）项目建设】紧紧围绕环境综合整治、生态治理、基础设施建设、新村民居建设、特色产业五大工程，顺利推进水长城沟域（怀九河沟域）九渡河段建设。该沟域共集成市农委、发改委、财政局项目12个，集成资金11 820万元。年内完成投资9 341万元。

【完成天河川延伸沟域规划设计工作】该沟域覆盖整个天河川流域，共涉及怀柔区宝山镇23个行政村和丰宁县杨木栅子乡7个行政村，沟域总长度110千米。沟域规划范围内实施生态治理工程、环境整治工程、基础设施、特色产业和新村民居五项工程，实现沟域规划京津冀一体化。规划设计工作已于12月17日通过专家论证和验收，年内累计拨付规划设计费190万元。

【2017年京津风沙源治理二期工程（易地搬迁项目）**顺利完工】**该项目共涉及怀柔区宝山镇转年、汤河口镇小梁前、长哨营满族乡北干沟、长哨营满族乡老沟门、琉璃庙镇崎峰茶、琉璃庙镇梁根六个行政村。除老沟门浆砌坝、管涵和转年村挡土墙、村内街道硬化外，其他村均为村内街道硬化。所有工程年内开工建设并已顺利完工。2017年11月8日，监理公司、施工单位和区农委对工程进行了联合验收，年内拨付工程资金共计479万元。

农村改革与管理

【概况】农村改革工作实现新突破，开展渤海镇田仙峪乡村休闲养老社区试点二期建设工程，流转闲置房屋14处并投入运营。促进农民专业合作社规范化建设提档升级工作，截至12月底，全区工商登记注册农民专业合作社876家，870家合作社（不含5家联合社和1家联合会）资产总额7.6亿元，固定资产4.2亿元，总收入4.4亿元，可分配盈余3 622.97万元，按交易量返还2 522.29万元，其中实际运营221家，占总数的25.2%。221家实际运营合作社工商注册成员10 905人，带动非成员农户数21 500户。集体资产总额平稳增长，2017年镇乡（街道）级集体资产总额达3.16亿元，同比增长1.61%；村级集体资产总额38.38亿元，同比增长9.4%，集体资产管理进一步规范与加强。

【强化品牌认证工作】截至12月底，全区共有57家农民专业合作社拥有各类品牌认证107个，比去年增加8个。其中：注册品牌58个，无公害产品认证23个，有机食品认证9个，绿色食品认证2个，原产地理标识4个，食品质量安全生产许可证（QS认证）7个、行业内认证4个。

【参与农机服务专业合作社示范社评选活动】年内，推荐北京聚源来农机服务专业合作社和北京富民腾飞农机服务专业合作社参加“怀柔区区级农民专业合作社示范社”评选活动。11月13日，杨宋镇北京富彬兴旺农机服务专业合作社被评为“2017 年度北京市农机合作社示范社”。

【**评定 2 家市农民专业合作社联合会星级会员**】推荐 6 家农民专业合作社参加北京市农民专业合作社联合会星级会员评选。北京老栗树聚源德种植专业合作社和北京桃山月亮湖种植养殖专业合作社分别荣获五星级会员和三星级会员资格。

【**组织合作社填报基本情况调查表**】7 月，组织市级及以上农民专业合作社示范社填报《本市农产品产销企业（合作社）基本情况调查表》，全面掌握合作社经营范围及规模、主营品种、年产（销）量、年交易额、主要合作单位和辐射地区等。

【**出台进一步促进农民专业合作社发展意见**】年内，完成对怀政发〔2013〕2 号文件的修改和完善，于 8 月份正式出台《关于进一步促进农民专业合作社发展意见》（怀政办发〔2017〕65 号），作为当前及今后一个时期内对全区农民专业合作社指导和管理的政策依据。

【**10 家板栗合作社获得金融支持**】9 月，由农业担保公司负责担保，北京融兴村镇银行负责提供贷款资金支持，为全区 10 家板栗专业合作社定做贷款产品，共申请到北京融兴村镇银行近 600 万元贷款。

【**组织开展农民专业合作社业务培训**】年内，组织市级以上农民专业合作社示范社参加第二期合作社财务管理软件应用培训 19 人次，市级农民专业合作社理事长培训 20 人次，“三资”管理平台业务培训 53 人次，国家级财务规范及品牌建设业务培训 2 人次，以上各类业务培训累计 94 人次。

【**完成村集体经济组织营业执照年检变更工作**】年内，完成了 284 个村集体经济组织统一社会信用代码制度建设，以及农村集体经济组织存量登记证换发工作，对全区农村集体经济组织重新办理、颁发由北京市农村工作委员会统一印制的《北京市农村合作经济组织登记证书》，并对新划归泉河街道管理的后横街等 8 个行政村，新划归龙山街道管理的东关等 4 个行政村的村集体经济组织重新办理《北京市农村合作经济组织登记证书》。

【**3 个新型集体经济组织实现利润分红**】12 月底，桥梓镇后桥梓村、渤海镇慕田峪村、泉河街道办事处后城街村实现了利润分红，分红总额 1 319.4 万元。

【**农村集体经济产权制度改革工作稳步推进**】怀柔区自 2004 年启动产权制度改革，在试点基础上逐步推开产权制度改革，截至 2017 年 12 月底全区 284 个行政村已有 273 个完成了农村集体经济产权制度改革，成立了社区股份合作社，改革率达到 96.1%，为实现法人治理结构奠定了基础。村级社区股份合作社股东总数为 155 694 个，股本总额 36 508.52 万元，其中集体股本 12 786.42 万元，占总股本 35.02%；成员股本 23 722.9 万元，占总股本 64.98%。累计股金分红总额 67 437.18 万元，其中集体股股东分红 15 753 万元；个人股股东分红 51 684.18 万元。

【**土地流转农户签订合同率 89.1%**】年内，全区 35 506 户农户流转土地 115 951 亩，其中确地面积 23 474 亩，确利面积 88 707 亩，确股面积 3 770 亩；集体经营 9 905 亩，专业合作社 1 847 亩，农户承包 43 710 亩，对外租赁 44 263 亩，其他经营方式 16 226 亩。签订土地流转合同 31 642 份，签订流转合同的农户占流转户总数的 89.1%。

【**规范农村承包合同管理工作**】完成镇乡审查经济合同、流转合同 60 份，提供各类规范合同文本 10 000 份，确保了合同的真实、合法、规范可行。

【**完成农村产权交易项目回访跟踪工作**】年内，完成 25 宗项目的跟踪回访工作，充分掌握合同履行情况，包括租赁费是否欠缴、租赁年限有无私自延长、有无私自更改租赁用途、租赁期内完成指标执行情况、租赁期内土地流转是否合规、有无私自改变土地使用性质、合同到期后优先承租合同条款的约定情况、违反合同规定后违约金支付等，年底前已完成项目跟踪回访报告。

【**开展农村土地承包经营权登记颁证工作**】全区 14 个镇乡共 270 个村有确权登记颁证任务。年内，已完成权属调查的村有 236 个，完成二轮公示的有 216 个村，涉及原承包土地面积 20.2 万亩，占拟确权土地总面积的 95.8%。

【**稳步推进农村产权交易**】年内，利用农村产权交易平台，共完成耕地、实物资产、林地等流转项目 26 宗，其中耕地流转面积 2 467.803 亩、闲置房屋等实物资产面积 18 230.428 平方米、林地流转面积 16 706.30 亩，合同到期后交易总金额 5 783.24 万元，预计长期解决当地村民就业 198 人，农村耕地类主要集中用于影视绿化布景、带状公园景观、农业种植、苗圃等，闲置场院、底商等实物资产主要集中用于停车场、洗衣房、底商出租等，林地主要用于自然景观建设、林业种植及林下经济作物种植等项目。

【做好征地补偿费管理工作】截至12月底，国家征用农村集体土地2 111亩，涉及农户883户，农业人口2 087人。全区农村获得土地补偿费总额2.2亿元，分配给农户1.4亿元。

【集体企业主营业务收入增长明显】截至12月底，农村集体经济总收入105 702.1万元中，企业主营业务收入63 454.8万元，占总收入的60%，同比增长33.1%。其中，乡镇级集体企业实现主营业务收入11 182.9万元，同比增长5.7%，占企业主营业务收入的17.6%；村级集体企业实现主营收入52 271.9万元，同比增长40.9%，占企业主营业务收入的82.4%。

【开展村干部任期经济责任审计】4月，制定完成《怀柔区2016年干部任期经济责任审计实施方案》。明确对100个村集体经济资金、资产、资源情况进行审计，确定了审计范围、审计内容、审计期限和审计时间安排。

【开展农民负担执法情况检查】年内，对全区14个镇乡、2个街道办事处开展了农民负担执法检查工作。对村级公益事业补助资金的拨付使用、公费订阅报刊"限额制"落实情况、涉农乱收费专项治理、农民负担重点领域治理工作进行检查，通过检查未发现有关建设费用向农民转移问题和加重农民负担的现象，对村级一事一议筹资筹劳的检查，未发现超标准、超范围收取和使用等情况。

【开展农村集体经济审计工作】年内，开展农村集体经济审计工作，完成村级财务收支审计、专项补贴审计和任期经济责任审计430个单位；其中财务收支审计46个单位；专项补贴审计284个单位；任期经济责任审计100个单位，共审计金额19.3亿元。

【编印农村"三资"管理工作手册】编印《怀柔区农村集体资金资产资源管理监督工作手册》。其中，财务管理篇以农村"三资"管理中出现的问题为主线，内容包括：农村集体"三资"管理、规范农村集体"三资"管理、加强财务公开管理、加强民主理财管理等。手册通俗易懂，实用性强，细化具体工作操作流程，遇问题可立即查阅。印制5 000册全部发放至各镇乡（街道）、行政村。

【完善农村集体经济组织财务规范化管理制度】从2016年开始对旧的财务制度进行修改完善，2017年4月28正式出台《怀柔区农村集体经济组织财务规范化管理制度》（怀农发〔2017〕42号），2017年5月1日起实施。

【开展"三资"管理检查】年内，开展两次"三资"管理大检查工作，共抽查95个村。检查中发现存在财务公开不及时、不全面；未建固定资产、资源性资产台账以及台账登记不全面等问题。问题进行汇总后反馈镇乡（街道），并要求及时整改。

【开展"三资"管理及会计业务培训】年内，有重点、分批次地开展区、镇、村"三资"管理人员和会计人员的业务轮训，累计培训约1 912人次。

【开展农村审计实务培训】聘请审计经验丰富的注册会计师授课，使学员全面深入了解了审计工作重点及会计科目的运用，提高对京怀发〔2017〕12号、怀农发〔2017〕42号文件中关于违反"三资"管理规定行为问责的深刻认识。区、镇乡专兼职审计人员53人通过培训。

【村级印章实现全托管】截至12月底，全区284个行政村村级印章全部实行了委托镇乡管理，至此，怀柔区全面实行"村章镇管"。

农 村 民 生

【概况】持续增进民生福祉，群众不断得到新实惠。低收入农户增收工作扎实有效推进，社会保障体系更加健全，33项民生实事全部落实。社会事业全面发展，出台推进义务教育优质均衡发展实施意见，深化与中心城区名校合作办学。取"区办市管"方式，完成朝阳医院、北京中医医院、北京妇产医院托管怀柔医院、中医医院、妇幼保健院工作，积极推进公共文化服务体系示范区建设，新建、扩建基层文化室22个，群众生活更加丰富。

【农民人均所得稳步增长】截至12月底，实现农民人均所得22 902元，同比增长5.7%。其中：人均家庭经营净收入12 558元，人均报酬性收入5 380元，人均财产性收入2 477元，人均转移性净收入2 487元，分别占农民人均所得总额的54.8%、23.5%、10.8%、10.9%。农民收入的五成以上来源于农民家庭经营净收入。

【低收入农户增收工作取得明显成效】2017年，怀柔区围绕"社会保障兜底、就业创业帮扶、社会力量帮扶"三个一批精准帮扶举措，全年共完成低收入农户2 900户、6 015人的增收达标任务，2017年全区低收入农户总量实现11 754元，比全市平均水平 10 698 元高 1 056 元，仅低于顺义区，处全市第二；同比增速 22.7%，较全市平均水平 19.4%高 3.3 个百分点，高居全市首位。

【稳步推进低收入农户脱低工作】截至 12 月底，全区低收入农户 10 373 户、21 115 人。低收入农户年人均可支配收入实现 16 111.4 元，同比增长 40.6%。低收入农户“脱低”户数 8 756 户，占低收入农户总数的 84.4%（如果剔除医保报销费用，全区低收入农户“脱低”户数为 8 571 户，占低收入农户总数的 82.6%）。

【开通“绿色通道”促低收入农户就业增收】通过求职登记和失业登记以及依托全区公益性就业组织全覆盖，挖掘公共设施维护、社区保安等岗位，实现精准帮扶，已帮助 956 名低收入农户劳动力就业。

【农村劳动力非农就业率保持稳定】截至 12 月底，参加分配的农村劳动力 93 531 人，其中已就业劳动力 87 873 人，就业率达到 94%。在已就业劳动力中，从事第一二三产业的劳动力分别为 22 308 人、21 796 人和 43 769 人，分别占就业劳动力总数的 25.4%、24.8%和 49.8%，半数劳动力从事第三产业。

【镇村获市级充分就业示范称号】渤海镇、桥梓镇后桥梓村和九渡河镇红庙村获北京市 2016 年度充分就业示范地区名单。截至 2017 年底，全区共认定充分就业街道（镇乡）7 个，充分就业社区（村）259 个，分别占全区社区（村）总数的 44% 和 83%。其中，创建市级充分就业示范镇达到 3 个、充分就业示范社区（村）达到 11 个。

【搭建“大家讲给大家听”培训平台】创新培训模式，搭建“大家讲给大家听”平台。年初，遴选 38 名乡土专家成立乡土专家师资库，全年举办各类专业培训班 126 期，培训学员 5 000 人次。培训内容涉及民宿旅游、餐饮服务、手工艺、微电商、花艺、种植技术、养殖技术等。

【举办京津冀一体化农村实用人才素质提升培训班（第三期）】2017 年 3 月 28 日至 4 月 1 日，与承德市合作，以“休闲农业与民宿旅游”为主题，在承德市举办京津冀一体化农村实用人才素质提升培训班（第三期），两地共有 96 名学员报名参加。

【开展农机技术人才培训】全年开展拖拉机驾驶员、联合收割机驾驶员、农机操作工等各类免费农机鉴定培训共计 272 人次，为农民节约培训成本 27.2 万元。对享受国家补贴农机具农户开展培训、复训 150 人次。

【举办“北京响水湖第二届长城梅花展”】2 月 18 日至 3 月 31 日，怀柔区渤海镇响水湖长城风景区依托特有的“梅花映长城”景观隆重举办“北京响水湖第二届长城梅花展”。长城梅花展既是一次影响深远的中国精神寻根之旅，也是一次重塑民族精神的文化体验之旅，更是一次影响深远的文艺高峰盛典。本届梅花展主题为“梅展中国梦　花开古长城”。

【举办 2017“敛巧饭”民俗风情节】2 月 10—12 日，琉璃庙镇杨树底下村举办“敛巧饭”民俗风情节，该风情节是琉璃庙镇杨树底下村流传了 200 年的民俗活动，系国家级非物质文化遗产传承项目。村中以霍、靳二姓为首居户，清嘉庆、道光年间陆续迁至此地，此项民俗活动代代沿袭，传承不断，一直延续至今。

【举办怀柔汤河川满族民俗风情节】5 月 27 日，2017 怀柔汤河川满族民俗风情节在天河川滨水公园隆重开幕。当天，由当地村民、驻镇单位、各界社会组织组成的 12 支龙舟队伍，通过点睛、表演、竞渡、祈福等方式，为游客呈现了一场集艺术性、观赏性、竞技性、趣味性于一体的文体活动，展现出纯正的端午龙舟风情。天河川滨水公园还安排了清代满族文化展、通过 3D 立体画面和图文展板，让游客了解满族的历史文化、民俗风情。

【推进农村危房改造工作】在全区范围内开展农村危房检测鉴定工作，以落实农村危房改造质量安全管理工作，保障农村贫困人口住房安全。完成对 2017 年社会救济和优抚对象的房屋全部入户工作和对 232 户的检测工作。

【保障医改平稳过渡】4 月 8 日，怀柔区 110 家医疗机构同时启动医药分开综合改革。相关部门启动应急机制，保证系统安全平稳运行。同时，北京怀柔医院、中医医院及其他各基层医疗服务机构也迅速采取措施确保医改平稳过渡。

基层组织与民主政治建设

【概况】严格落实全面从严治党主体责任，坚持不懈抓好政治建设和思想引领，深入学习宣传贯彻党的十九大精神，扎实推进“两学一做”学习教育常态化、制度化，认真落实意识形态工作责任制。注重发挥党建统领作用，坚持党建阵地前移、支部建在一线。深入开展基层组织规范化建设，在全市首创党支部规范化建设实训中心，进一步提高了抓好基层组织建设的针对性和实效性。坚持从严正风肃纪，深入推进监察体制改革，启动并完成两轮巡察工作，查处“为官不为、为官乱为”问题92起、处分75人，查处群众身边不正之风和腐败问题案件91件、处分78人，查处违反中央八项规定精神问题48起、处分35人，有效促进了全区政治生态持续向好。

【参加2017年山区建设培训班】 4月12—14日，市农委在北京绿安培训中心开办2017年北京山区建设暨沟域经济致富带头人培训班。区农委及所有涉及2017年山区搬迁和市级重点沟域建设的镇（乡）政府主管镇乡长、村支部书记和相关人员47人参加培训。通过学习，极大丰富了怀柔区山区建设工作者的理论基础，为推动山区建设工作起到积极作用。

【举办2017年农村党组织书记培训班】 12月8日，2017年农村党组织书记培训班在国科大会议中心召开。培训班开设了党的十九大精神解读，党风廉政建设、农村三资管理政策和农村合同管理政策解读，促进低收入农户增收，农村清洁能源煤改电、煤改气，“互联网＋”与农业转型升级等内容，指导全区284个行政村党支部书记、2016年选派的村第一书记和部分区级农村党代表深刻领会党的十九大精神、抓好新时期的农村工作。

【召开第一批村党组织第一书记工作总结会暨第三批第一书记动员部署会】 12月25日召开了第一批村党组织第一书记工作总结会暨第三批第一书记动员部署会，会议总结了第一批第一书记两年来的工作，并对新选派的第三批第一书记进行了动员部署。

【怀柔区党支部规范化建设实训中心正式启用】 该实训中心是怀柔区委贯彻习近平总书记“抓实基层支部”的重要批示精神及市委党建工作相关要求，为全区各试点党支部开展学习教育的平台而建，分为展厅、实操演练室和督导指挥平台三部分，将陆续对全区321个试点党支部全面开展培训学习，助推党支部规范化建设工作取得成效。

【首家乡镇党校挂牌成立】 11月16日，九渡河镇举行中共怀柔区九渡河镇委员会党校成立揭牌暨首期培训班开班仪式，为深入学习贯彻党的十九大精神，落实全面从严治党要求，进一步推进“两学一做”学习教育常态化、制度化，搭建党员教育培养平台，实现基层党员教育培训全覆盖。

【举办区级基层一线党代表学习贯彻党的十九大精神培训班】 12月11—14日，举办区级基层一线党代表学习贯彻党的十九大精神培训班。60余名来自区直机关、乡镇、街道社区、企业以及教育、医疗系统有关单位的基层一线党代表参加了培训。为期4天的培训包括专题辅导、视察调研、研讨交流等内容。

【开展扶贫领域腐败和作风问题专项监督】 5月，面向全区印发《关于2018年至2020年开展扶贫领域腐败和作风问题专项监督的工作方案》，决定自2018年到2020年，持续深入开展扶贫领域腐败和作风问题专项监督。专项监督工作将通过开展全覆盖多轮次监督检查，严厉惩治扶贫领域违纪违法犯罪问题，健全问题线索收集处置机制，将扶贫领域腐败和作风问题作为巡察工作重点，督促相关单位落实主体责任等一系列措施。

【举办纪检监察系统学习监察法专题辅导报告会】 6月21日，区纪委区监委举办纪检监察系统学习监察法专题辅导报告会。市纪委常委陈名杰同志来怀作专题辅导报告。会议要求，要把学习宣传贯彻监察法作为一项重要政治任务，夯实开展纪检监察工作的基础；要在守法用法上狠下功夫，严格规范程序、把握权力边界；纪检监察干部要带头遵法、学法、守法、用法，维护监察法的严肃性和权威性。

【举办2018年首场拟提任处级领导干部“廉政考试”】 3月12日，怀柔区举办2018年首场拟提任处级领导干部党纪党规知识测试，18名拟提任的处级领导干部接受新年“廉政第一考”。2017年，共计举办6场拟提任处级干部集中测试和80场拟提任科级干部线上测试，53名处级干部和242名科级干部领导进行了“任前考廉”并顺利通过。

“三农”工作部署和实施

【概况】 进一步明确全区“三农”工作发展思路，认真研究全区“三农”工作面临的新形势，直面区域农业产业转型发展的“阵痛期”。从供给侧结构改革入手，加快推进三次产业融合和调结构、转方式，大力发展绿色产业，发挥土地最大效益，促进山区农民增收致富等工作，切实保障农民利益，不断增进农民福祉。

【召开2017年农村工作会】 3月29日，召开怀柔区 2017 年农村工作会，深入贯彻落实怀柔区第五次党代会和怀柔区第五届人民代表大会第一次会议精神，全面总结 2016 年“三农”工作，部署 2017 年工作任务。

【召开 2017 年农村“三资”管理工作部署会】 4 月 19—20 日，召开 2017 年怀柔区农村“三资”管理部署会，结合全区农村“三资”管理工作的现状、成效、问题，对区委下发的《关于进一步加强农村资金资产资源和监督的意见》进行了全面解读，同时，对下步工作重点进行了详细部署。

【召开贯彻落实北京市农村工作会议精神研讨会】 4 月 27 日，召开贯彻落实北京市农村工作会议精神研讨会，深入学习领会市农村工作会精神和郭金龙书记重要讲话精神。市农委、市商务委有关领导出席会议，并结合怀柔区工作实际，同与会人员进行了深入探讨。

【召开 2017 年农村地区“煤改电”工作部署会】 5 月 17 日，召开怀柔区 2017 年农村地区“煤改电”工作部署会，就“煤改电”近期工作和下一步工作计划进行安排部署。会议要求各部门高度重视，狠抓落实，确保“煤改电”工程顺利完工。

【市山区秸秆综合利用模式推介会在怀召开】 3 月 20 日，北京市山区秸秆综合利用模式推介会在怀柔区宝山镇召开。推介会重点推广介绍了秸秆综合利用的“怀柔模式”，即秸秆膨化、固定式秸秆方捆压块两种秸秆处理模式。这两种模式均是全市首次尝试，所需的机具设备也是全市首次引进。

【发放农业支持耕地地力保护补贴】 2017 年，全区共统计上报农业支持耕地地力保护补贴累计面积 46 836.04 亩，其中小麦 6 520.2 亩、玉米 38 923.34 亩、大豆 1 392.5 亩；补贴资金 5 464 049.4 元，其中小麦 1 043 232 元、玉米 4 281 567.4 元、大豆 139 250 元。补贴范围涉及怀柔镇、北房镇等共 12 个镇乡共计 181 个村，三类作物累计惠及农户 16 814 户。

【做好优级标准化基地建设工作】 2017 年，标准化基地建设资金共计 30 万元。其中：建设北京市琉璃庙青山果林果树种植中心优级标准化基地 1 家，需资金 10 万元；评定复查北京中菌菌业和北京三山蔬菜种植合作共计 2 家，每家奖励资金 10 万元，共计 20 万元。

【落实农业机械购置补贴政策】 年内，发放补贴农业机械共计 13 类、603 台（套），以及保温被 14 818 平方米。落实补贴资金共计 712.71 万元，其中国家、市补贴资金 392.71 万元，区补资金 320 万元。

【2017 年三项水库移民扶持资金全部兑现】 完成大中型水库农转非移民扶持资金、大中型水库农村移民后期扶持资金和怀柔水库一级保护区农民生活困难补助资金三项移民资金的发放工作。共有 11 792 人符合领取上述三项补助资金条件，总体比 2016 年减少了 335 人。其中符合大中型水库农转非移民扶持资金领取条件的人员有 1 691 人，领取标准为每人每年 560 元；符合大中型水库农村移民后期扶持资金领取条件的人员有 5 444 人，领取标准为每人每年 600 元；符合怀柔水库一级保护区农民生活困难补助资金领取条件的人员有 4 657 人，领取标准为每人每年 1 157 元。累计兑现各项补助扶持资金 960.430 9 万元。

【秸秆综合利用工作成效显著】 2017 年，秸秆综合利用面积共 7.3 万亩。秸秆综合利用工作共投入补贴资金约 717.94 万元，其中农业机械购置补贴资金 400.41 万元，机械作业补贴资金约 317.53 万元。秸秆综合利用机械作业补贴标准由 2016 年最高 50 元/亩提高至最高 70 元/亩。

【免费发放农产品生产配套技术物资】 6 月 20 日，区种植中心免费为全区 30 余家设施蔬菜无公害生产基地发放 34.4 万农产品生产配套技术物资，进一步提高设施蔬菜生产园区产品质量。

怀柔区领导名录

区委书记	齐　静（女，7 月免）
	常　卫（7 月任）
副书记	常　卫（7 月免）
	卢宇国（9 月任）姜泽廷
常委	迟行刚　朱家亮　刘久刚
	崔占辉　于海波　鲍晓健（女）
	任武军（12 月免）
区人大常委会主任	彭丽霞（女，满族）
副主任	祝自河　堵凤春
	郇秀海（满族）　张书远
	吴秋红（女，不驻会）
区长	常　卫（9 月免）
	卢宇国（11 月任）
副区长	朱家亮　于海波　王　弢
	李志遥　王　赤（满族）

	肖　坤（女）　焦宝军
区政协主席	武占刚
副主席	周东金　王玉山　史宗祥
	范淑玲（女，不驻会）
	马春秀（女，不驻会）
	李永旺（不驻会）
区纪委书记	崔占辉
副书记	杜连明（3月免）　王　征（女）
	刘　蔚　任会东（满族，3月任）
区委农工委书记	薄振山
区农委主任	田志兵

怀柔区街道、镇（乡）党政正职领导

	党委书记	主任、镇（乡）长
龙山街道	王学明	姜亦生
泉河街道	穆宗生	朱　刚（6月免）
		徐晓龙（6月任）
怀柔镇	张建民（1月免）	田墨华（4月免）
	田墨华（3月任）	刘宝恩（4月任）
北房镇	肖正凯	田　杰（4月免）
		张俊峰（4月任）
杨宋镇	王建刚	温春霞（女）
庙城镇	魏海涛（1月免）	宋霁朋（5月免）
	任占智（满族，1月任）	马国柱（5月任）
桥梓镇	李树海	彭玉柱（满族）
九渡河镇	任占智（满族，1月免）	孟海龙（5月免）
	孟海龙（3月任）	黄　锋（5月任）
渤海镇	王立臣（12月免）	孙　逊
雁栖镇	周福刚	于永慧（女）
怀北镇	马天彪	张茹苹（女）
琉璃庙镇	赫金峰	曹晓杰
汤河口镇	苗志强	张海玉
宝山镇	张　军	王　琦
长哨营满族乡	于德利（满族）	魏怀珍（女，满族）
喇叭沟门满族乡	彭明卫（满族）	彭兴思（满族）

（怀柔区委研究室　毕珊）

平　谷　区

概　述

平谷区位于北京市东北部，总面积950.13平方千米，其中山区、半山区和平原面积各占三分之一。辖14镇2乡2个街道办事处。年末，全区共有272个行政村和35个居委会，户籍总人口40.4万人，其中农业人口18.2万人。2017年，平谷区认真贯彻中央和市委市政府决策部署，深入落实区第五次党代会精神，紧扣“一二三四五”发展思路，坚持引领发展、凝聚共识、保障落实，围绕“生态立区”主线，抓住京津冀协同发展、北京城市副中心建设等重大机遇，坚持治乱象、打基础、优环境，解决了一部分突出问题，党员干部作风明显转变，各项事业全面发展。年内，完成地区生产总值233.6亿元，按不变价计算，比上年增长4.2%；完成固定资产投资101.4亿元，下降38.4%；社会消费品零售额达到107.3亿元，增长7.1%。农业经济总体运行平稳。2017年，平谷区继续围绕“农业增效、农民增收、农村发展”工作主线，开拓创新，求真务实，顺利完成了农业农村各项工作任务。全年农业总产值30.17亿元，同比负增长10.1%。

城乡发展一体化

【王辛庄镇加快新城建设】小辛寨村和齐各庄村完成了前期基础数据（土地性质、地类情况、宅基地、人口、地上物情况等）统计摸底工作。年内正在办理二号地二期项目立项可研报告编制工作，初步完成住宅拆迁补偿方案，正在等待区重大办审批。积极建设放光村污水处理站，土建工程基本完成，年内已检测完成并投入使用。

【大力推进岳各庄村棚户区改造】年内，完成对岳各庄村现有宅基地、拟安置人口的全面摸底；召开与岳各庄村六个社区共240户400余村民代表棚改意愿座谈会；制定了岳各庄宅基地登记办法和被安置人员确认办法；完成了岳各庄宅基地户主及其直系三代亲属人员信息调查及房产情况登记工作；为垤子峪项目落实建设用地指标55亩，为今后项目取得开工手续奠定基础。

【夏各庄镇加强新城环境整治】实施“乡镇吹哨部

门报到”联合执法机制，加大对占道经营、无证无照经营行为执法检查查处力度。加强对街面经营秩序的管理，及时取缔无证无照的小摊点、小作坊、小门店、小市场，不间断清理街头游商、游贩，强化对无证无照经营的打击力度。全年共整治街道3条，封堵拆墙打洞商户150余家，疏解人口500余名。

【进行煤改电管理体制创新】年内，为使得居民“看得明白、选得放心、用得满意”。为此，建立了2017年“煤改电”项目基地，基地展示区及办公区面积5 200平方米。并制定了“五个集中”的管理模式，即集中存储、集中展示、集中管理、集中售后、集中回访等措施。

【进行乡村老旧小区综合改造】2017年3月15日供暖期结束后，对夏各庄、金海湖农村地区剩余的热计量和消防改造进行了施工，于2017年7月初完成全部改造工程，并达到设计使用要求。完成投资10 874.3万元。

【马坊城市化水平加快推进】南区安置房总占地13.77公顷，总建筑面积23.8万平方米，年内，南区一、二期土地一级开发项目正式获批复，拆迁补偿方案审议通过；北区回迁楼818户供暖和地下室防水改造工程加快推进；金塔北路、环马北街一期工程完成面层作业；中心区供热管网正式投入使用；轨道交通平谷线（马坊段）正式揭牌落实，马（昌营）马（坊）区间全长9千米，已入户登统评估60户；共有产权房加快落地实施。

农村经济发展

【农业经济平稳发展】2017年，平谷区粮食收获面积103 809.8亩，总产43 453.9吨，其中小麦收获面积15 520亩，亩产同比减2%；豌豆收获面积2 425亩，亩产同比减少5.8%；玉米收获面积78 548.8亩，亩产同比减少0.41%。蔬菜播种面积3.3万亩，产量8.4万吨。预计全年牧业产值16.5亿元，同比下降15.4%，出栏猪42.5万头，出栏家禽580万只，禽蛋产量7.5万吨；渔业产值1.7亿元，同比增长42.9%，水产品产量1.05万吨，同比增加28%。

【都市型现代农业发展方向明确】明确了农业科技创新区发展定位，年内，积极与各大高校、科研院所对接，广泛开展专业、产业及区域联盟等多种形式交流合作，共同谋划农业科技创新区建设，努力打造农业示范窗口。与北京科技大学开展战略合作，共建“北科大平谷生物农业研究院”；中国农业大学、北京农学院、北京市农林科学院、西北农林科技大学计划在平谷设立试验站、研究所、工作站等研究机构。

【产业结构进一步优化】在全市率先完成10.8万亩永久基本农田划定。取消小麦补贴政策，推广“豌豆＋玉米”和一茬雨养旱作玉米种植模式，推广雨养旱作玉米7.9万亩、豌豆种植2 400余亩，调减小麦面积0.73万亩。新发展高密植桃园6 000余亩，进行了桃延迟栽培技术试验示范。强化引导力度，重点河流周边300米范围内128家养殖场（户）关停转产。新增育苗面积800余亩，发展蜂农96户，新增鲜切花种植1 400余平方米、盆栽植物种植2.3万余平方米。

【一产三产化深入推进】启动金海湖—蓟县沟域经济规划编制，丰富九里山桃花谷沟域民俗旅游功能，推进了山区融合发展。包装、打造了茅山后佛见喜梨、北寨红杏等“一村一品”示范村，建设、完善了大兴庄休闲农庄、东高村花田百果园等休闲农业项目，黄草洼村获评“2017年中国美丽休闲乡村”。

【农产品流通方式转型升级】引导提升农产品电商、微商销售比例。实施“互联网＋大桃”工程，全年实现电商销售大桃1.7亿元，促进农民增收5 155万元，对“触电”农户增收贡献率超过87%。

【农业安全水平进一步提升】建成平谷区农产品质量安全管理信息系统综合监管平台，实现农产品质量安全监管全覆盖。积极开展“三品”认证，推进标准化生产，提高覆盖率。推广绿色防控技术，减少农药面源污染，开展防治技术示范面积1.1万亩。加强果品防控，创新方式方法，调整技术方案，推动桃细菌性黑斑病重点时期防控11.4万亩，为桃农挽回经济损失8 000万元；早发现、早扑灭，有效遏制了果品虫害栎舟蛾和中华锉叶蜂2种突发性疫情。

【打造本区特色农业品牌】以豌豆、麻核桃、大桃三个产品为主的国家级生态原产地产品保护示范区创建工作顺利通过国家质检总局评定验收，成为全国第一个自定标准、以行政区域为单位的示范区和北京市第一个创建成功的示范区。策划了“果之首桃之都”平谷大桃区域品牌，通过规范生产管理、制定产品标准、授权使用等手段，形成从大桃生产到品牌营销完整的品牌化经营体系。策划举办了“甜桃王擂台赛”、大桃嘉年华等品牌宣传活动，品牌效应进一步提升。平谷大桃成功入选“中国特色农产品优势区”和商标总局“商标富农和运用地理标志精准扶贫十大典型案例”，获得“2017年中国百强农产品区域公用品牌”称号。

【用科技引领“三农”发展】实施了“果渣回收再利用研究”“豆芽类产品中植物生长调节剂的检测研究”“平谷区蜂产业提升关键技术研究与应用”等科技项目，项目进展顺利，并及时报送了重点任务进展情况。

【土壤污染防治工作继续推进】组织北京世纪阿姆斯生物工程有限公司实施了北京市科技计划课题“微生物技术在平谷桃树种植区土壤保护的研究与示范”。该项目开展了平谷桃区农户种植习惯和土壤情况的调查；筛选了适宜平谷地区桃树种植的微生物菌种；开展了菌株之间的拮抗实验、枯草芽孢杆菌和地衣芽孢杆菌发酵培养基设计及发酵条件优化研究、菌液高浓度喷雾干燥工艺研究、菌株吸附工艺研究、菌剂颗粒制备研究；开发出生物配方肥；在桃树专用微生物肥料田间进行了试验与示范应用。

【区县科技专项顺利通过验收】组织实施了2017年区县科技专项“平谷产地花椒、大葱深加工及高产种植技术研究示范”，完成了枸椒子、大葱的最佳工艺条件，实现高效风味物质提取；分析枸椒子、大葱提取物风味成分，制定了使提取物风味还原度达到90%以上的分子调香修饰方案；形成了枸椒子、大葱的调味料、食品用香精产品。

【开展了农业科技培训】结合2017年农业科技项目的实施，组织农业技术专家，在黄松峪、东高村、镇罗营、大华山、刘店等乡镇，开展大葱、葡萄、黄秋葵、桃、花椒等栽培管理技能培训32场，培训农民1 120人次。通过开展农业实用技术培训，提高了农民的技术管理水平，提升了农产品的品质，增加了农民收入。

【全面启动区农村企业创新服务中心工作】与中关村天合科技成果转促中心签订了《建设协议》，在北京市设立了第一个科技成果转化分中心。根据企业需求，邀请专家到50余家企业进行上门指导，对农村企业科研人员遇到的技术难题和盲点进行攻坚，对科技成果进行评估，促进科技成果转化。

【构建农村金融“拨改投”模式】通过“拨改投”模式支持优质农业龙头企业，以国资平台投资入股、设立农业产业基金等形式，实现农业龙头企业、村民自治、政府监督的融合创新。建立了荣涛、鑫桃源、许家务村3个基层联络点，探索解决融资难题。

【推进农地经营权抵押贷款试点】制定了《北京市平谷区农村承包土地的经营权抵押贷款试点暂行实施办法》，该办法已经政府常务会审议通过。年内，农村承包土地经营权抵押贷款工作已全面展开，初步完成农户、农业企业、农村合作社的全覆盖。全市首笔农业企业农地经营权抵押贷款已在平谷区完成，各驻区银行受理农地经营权抵押贷款共4笔，规模共计800.5万元。

【破解“三农”产业融资难问题】年内，平谷区金融机构正在设计金融产品，通过“三农”供应链金融的打造实现产业链要素的聚合协同效应，破解“三农”融资难题。

【推进农村支付体系建设】积极引进聚合支付第三方支付平台，建立本区第一个“三农”产业聚合支付平台，为本区“三农”产业的小微商户和农户提供全方位、多渠道的支付服务。同时收集基础数据和支付数据，建立数据模型，为“三农”产业的商户和农户建立信用档案。年内，分别与两家试点合作，累计从7月到12月，刷卡276笔，交易金额690万元，扫码（微信、支付宝）支付1 965笔，交易金额313万元。

【农机装备水平显著提升】通过更新大中型拖拉机、小麦联合收割机、玉米收获机等机具，为本区的大田全程机械化作业打下坚实基础；生猪规模养殖场，进行机械化改造提升，配备自动化生产设备，改善生产条件，推进标准化生产，提高动物疫病防控能力，增强畜产品的综合生产能力和应急供应保障能力；设施园区实现了电动卷帘、温度控制、智能通风等自动化管理；果树地下旋耕、除草，果树打药、枝条粉碎逐步实现机械化管理。

【做好农机安全保障工作】掌握农机底数，核实拖拉机台账信息，掌握了272台拖拉机的基本信息。督促农机车开展年检，入户督促258个拖拉机主积极参加年度检验。出动314人次对47个（次）农机专业合作社和14个农机维修企业开展安全生产检查。积极开展农机检查、专项巡查，确保农机作业安全措施落实到位，农业生产安全开展。出动83车次、309人次执法人员到农机密集作业区进行了专项检查。

村镇建设

【做好金海湖新农村建设】金海湖镇将军关、黑水湾、向阳村、罗汉石四个新农村建设村，分四种模式建设，都取得了不错的效果。为继续解决靠山集村和周边4个村村民宅基地、泥石流险户和住房紧张户的住房问题，试点了靠山集保障性住房试点工程，共建72户，累计307户。年内将军关新村三期工程完工，完成166套新民居分房工作。

【镇罗营镇镇村建设加快】年内，继续实施抗震节能房屋改造1 056户，保障村民住房安全。桃园村新民居建设稳步推进，建成样板房3栋，完成民居基础108栋，争取市发改委基础设施建设资金4 606万元。东牛角峪村第一批35户村民通过“工程治理、就地搬迁”政策，搬入新居，住房条件得到极大改善，2017年就地搬迁15户。

【马坊南区定向安置房一期项目】马坊镇中心区南区定向安置房（一期）项目总建筑面积约23.8万平方米，总投资约15.3亿元，2017年3月正式启动施工。年内，基础施工已全部完成，正在进行车库底板和楼栋主体结构施工，形象进度为地下二层至地上五层，完成投资3亿余元。完成车库主体结构和楼栋主体结构二层至八层施工。与此同时，项目手续办理加紧进行，已完成协议出让合同签署并已取得建设用地规划许可证、建设工程规划许可证和施工登记意见书，正在办理建筑工程施工许可证。

【马坊北区定向安置房项目维修改造工程】供暖改造部分的换热站土建施工已完成，正在进行设备安装，11月初进行了试水，室外供暖管线和室内热表安装完成95%，确保采暖季及时供暖；维修部分的屋面防水工程和车库顶板疏水工程已全部完成，进行了消防电气工程、通风工程和其他零星修补工程施工。年内，完成总工程量的90%，累计完成产值约3 200万元。

【夏各庄新城基础设施更加完善】完成新城剩余部分基础设施和配套建设工程，已建成集中供热中心、自来水厂、燃气临时CNG站、污水处理临时站、110千伏变电站。建成市政道路9条，道路总长12千米，绿化面积8.6万平方米，安装路灯748盏。

【白各庄新型农村社区建设有序推进】年内，白各庄村民自住楼建设完成并交付使用。该社区总用地面积为4.4万平方米，规划建筑面积5.6万平方米，年底，240余户村民入住新民居，享受新型城镇化带来的美好生活环境。

【金海湖地区土地一级开发项目推进】金海湖机场一期工程土地一级开发项目已完成征地手续上报，后因二级意向单位退出，项目搁置。年底，正在对项目后续方案进行研究，确定后进行一级开发。

【加强农村治污工程建设】经过科学踏勘比选，主要治污模式有6种，即全管网户收集模式、街道口收集模式、村外截污收集模式、直接并网收集模式、“污水处理厂站＋功能性湿地＋地渗”综合处理模式和分散式处理模式。2017年124个村治污工程分两批推进，第一批61个村进行社会投资人（带施工资质）招标，其中，8个村作为试点村已开工建设；第二批63个村进一步优化设计方案，其中8个村作为试点村已开工建设，6个村完成三截流工程，确保实现“污水不出村，出村没污水”目标。

【进行河道治理工程】二阶段中小河道治理工程全长46.5千米，年内洳河治理工程已竣工验收；小辛寨石河治理工程已完工；黄松峪石河完成总进度的95%；泃河上段完成总进度的86%；泃河新城段完成总进度的75%。三、四阶段中小河道治理工程全长86.3千米，涉及10个乡镇共77个村。4月启动了依法打击“四抢”专项行动，已完成拆迁占地及水域确权放线工作，开展违法查实及地上物登统评估工作。将根据打击“四抢”及地上物腾退情况同步跟进施工，东高村段、黄松峪石河段做到进场施工。

【加大对农村公路养护力度】对影响通行或者景观的病害落实“24小时”修复机制，熊南路大修、北杨桥桥旧桥改造、5项中修工程已全部完工。年内，完成小修及二类路面修复路面坑槽及病害10.2万平方米，区域乡村公路路况水平得到全面提升。

【建设生态公路】借力平谷生态立区、2018年创建国家森林城市战略，与区市政、园林等部门主动对接，打造成多彩的生态走廊，服务全域旅游。因地制宜对龙安路和顺平南线13.52千米公路实施绿化景观提升工程，增加路域绿量，提升公路服务水平。两项绿化工程共新植乔灌木5 645株。同时，打响环境保卫战，借势平谷区大力实施“政府吹哨，部门报到”“双安双打”“打非拆违”“街面环境秩序综合整治”“渣土运输专项整治”“入境大货车运输治理”等行动，建立了联动机制，形成路域环境治理合力。年内，拆除非公标（含道旗）347块；拆除违建路口11处，清除752立方米；清除路面堆积物346立方米；清理摆摊设点1 600余处，确保路域环境安全、整洁。

【农村电网建设进展顺利】电网建设“2561”工程快速有序推进，鱼子山220千伏输变电工程、变电站工程已完成了土建交安，进入设备安装调试阶段，已完成安装工程量的70%。送电工程已完成塔基进场前期协调，基础浇筑完成100%，已进入组塔阶段。东高村110千伏输变电工程、变电站工程已完成了土建交安，进入设备安装调试阶段，已完成安装工程量的80%。送电工程基础浇筑完成100%，已进入组塔阶段。陆港110千伏输变电工程变电站工程已办理完成施工许可证，送电线路工程已办理完成工程建设规划许可证。

【加快山区绿化美化】着力推进森林生态、产业、休闲、文化、保障等五大体系建设。完成京津风沙源治理低效林改造3.4万亩、困难立地造林1 000亩、封山育林1.7万亩、森林健康经营林木抚育3万亩。绿化公路、河道30千米。主干线公路两侧绿化美化工程全部完成。引进200余种观赏花卉，完成了滨河森林公园改造提升工程，景观效果进一步提升。

农村改革与管理

【全区农民专业合作社平稳发展】年内，平谷区在工商局注册登记的合作社总数为1 360家，其中种植业1 075家；养殖业225家；农机28家；旅游12家；其他20家。注册资金274 878.04万元，入社农户55 364人。部级示范社16家，市级以上示范社26家，平谷区区级以上示范社共计80家。据京政农函〔2017〕36号文件公布，2017年平谷区参加市级动态管理的市级以上示范社25家，全部合格，没有一家被摘牌，且优良率100%。

【推进集体林权制度改革】2月24日，区园林绿化局依据《平谷区集体林权制度改革实施方案》，开展第三轮集体经济组织成员林改界定工作，完成有生态林的16个镇乡152个村第三轮集体经济组织成员林改界定工作。全区有5.73万户17.08万名集体经济组织成员享受山区生态林补偿政策。

【生态林管护】年内，全区有集体生态林总面积3.5万公顷，有管护人员2 459人。生态林管护开设防火隔离带40万延长米，发放宣传材料5万份，制止违章用火1 000余人次，设卡230个，登记过往车辆0.84万余车次，暂扣火种300多个。生态员督察开出隐患督查通知书16件，通知书涉及146人次，其中辞退15人，落实罚款金额1.26万元。

【开启新一轮合同清查】全面清查农村土地承包合同，彻底清理“袖口”合同，及时解除和清退手续不全、程序不规范及有违法行为的合同，并通过稽查实现农村土地资源镇区两级收储统筹。对全区19 000多份专业承包合同进行了逐一梳理，并完成市级试点大兴庄镇、区级试点王辛庄镇所有土地承包合同清查工作，共完成合同拍照1 529宗，外业实测宗地数1 402宗，面积14 239.79亩。11月完成大兴庄镇18个村合同和台账的核实工作并完成遗漏或需补充完善宗地的补测工作等；完成王辛庄镇19个外业测量工作及同步核实台账和合同扫描等工作。

【完成农村土地承包经营权确权登记颁证工作】2017年，主要集中攻破难点村的确权登记工作，同时进一步完善已完成村的细节。年底，已完成公示的村193个。还有12个村正在进行工作，完成比例为90.8%。

【农村土地流转工作】在稳定和完善农村基本经营制度的前提下，按照依法、自愿、有偿的原则，积极探索、有序推进农村土地承包经营权流转。年内，全区已确权土地流转总面积为16.75万亩，占全区已确权土地面积的52.3%。

【建设农村公开信息化管理平台】聘请苍穹数码技术股份有限公司研究开发《北京市平谷区农村公开信息化管理平台》，经过多次交流研讨、5次设计汇报，已建成平台系统原型。经过安装、实测、培训等环节，实现农村“三资”管理的明权、明责、明法。

【规范农村财务管理】认真落实财务公开，加强内部监督。制定财务公开方案，召开各镇乡街道经管科长会议，将财务公开工作部署到位，利用电字显示屏、数控广播等方式加大财务公开宣传力度，通过加大检查力度，有效地促进了平谷区农村财务公开工作。采取全面检查与随机入村座谈、边检查边整改相结合的方式，完成农村财务管理大检查。完成农村集体资产产权登记年检工作，完成全区 3 729 户低收入户的动态监督和信息更新工作。

【强化农村监督审计】组织各镇乡完成 2016 年农村集体经济组织正常运转专项补助资金管理和使用情况审计；开展农村集体经济资产经营及财务收支审计；对 2016 年度离任的村级组织负责人进行经济责任审计。采取政府购买服务的方式，引入中介机构对农村集体经济进行审计，针对中介机构对农村集体经济审计提出来的问题和整改建议向王辛庄镇、黄松峪乡党委下发了审计整改通知。

农村民生

【农民人均收入稳步增长】2017 年，农村居民人均收入 23 760 元，增速为 8.7%。其中，工资性收入 16 197 元，同比增长 7.3%，工资性收入对纯收入增长的贡献率为 68.1%，拉动纯收入增长 6.8 个百分点。在农村居民家庭经营纯收入中：第一产业人均纯收入为 2 783 元，同比增加 326 元，增长 4.6%，占家庭经营纯收入的比重为 45.2%，虽然有所下降，但仍是农村家庭经营收入的主要来源。第二产业人均纯收入 619 元，同比减少 50 元。其中建筑业人均纯收入增加 503 元。从业人员中从事建筑业的人员增加和工人报酬的提高是建筑业纯收入增长的原因；第三产业人均纯收入 3 586 元，同比增加 403 元，增长 10.1%。

【农民生活消费支出稳步增长】人均生活消费支出 17 223 元，增长 9.3%，其中人均食品消费支出 4 618 元，同比增长 12.6%，增长的主要原因是社会交往日益增多。人均购买服装消费支出 1 026 元，增长 6.5%；人均居住消费支出 4 687 元，同比减少 6.3%。人均家庭设备用品及服务消费支出 1 027 元，同比增长 0.7%。人均医疗保健消费支出 1 517 元，同比增长 11.9%。人均交通和通讯消费支出 2 438 元，同比增长 3.5%。

【低收入农户精准帮扶工作扎实推进】建立了“3 对 1”的精准帮扶责任体系，明确处级干部帮扶责任人 220 人、科级干部帮扶责任人 1 020 人、村干部帮扶责任人 1 065 人。集成补助类、就业类、服务类、培训类 4 类共 36 项区级政策资源，推进了 35 个低收入农户产业增收项目。精准掌握低收入农户的每一名家庭成员基本情况、低收入成因和发展需求，实施一户一档管理，“因人施策”制定并落实各项帮扶措施。全年低收入农户人均可支配收入 10 122 元，同比增长 16.5%，增长速度接近普通农村居民的 2 倍。

【农民增收途径逐步拓宽】举办招聘会 155 场，发布各类岗位信息 6 万余次，实现农村劳动力转移就业 2 118 人。落实“岗补”“社补”政策，为 420 家用人单位招用的 4 760 人次农村就业困难人员申请岗位补贴和社会保险补贴 4 000 余万元。加大平原造林管护、园林苗圃和山区营林招用本区农村劳动力力度，805 名农村劳动力实现就业。落实山区生态公益林生态效益促进发展政策，向 17 万余人发放补偿资金 2 200 余万元。将山区生态林管护员补贴标准 533 元/（人·月）提高至 638 元/（人·月），向 2 459 名生态林管护员补发资金 310 万元。

【加强农村科普工作力度】实施市级科普项目“身边的科学——中医药与健康”“安全知识进农村科普系列活动”2 项；开展了科普进社区、科普进农村、科普赶大集等大型宣传活动 11 次，发放科普宣传资料 14 000 余份，让公众更加了解科技工作，理解科学发展、自主创新的发展理念，科普的影响力和实效性进一步增强。

【加强职成教育】实施“农民实用技术培训、乡村旅游培训、农民信息技术培训、居民素质提高工程”四项工程。2017 年共举办 11 个学历班，招生 300 余人；开展远程教育培训 3 000 人次；评选区级“学习之星”30 名、“学习型家庭”30 户，创建区级“学习型新村”10 个。

【基层文化设施和设备进一步完善】有序开展第二批村级文化活动室验收工作。第二批基层文化活动室改建项目共有 35 个单位，基本建设完成并通过验收。开展第三批共 10 个村级文化活动室改建工作。开展第四批文化活动室的监理招标工作，为 2018 年工程建设做好准备。为第二批新改建成的文化活动室配备灯光、音响、桌椅等文化设备。

【开展惠民文化活动】年内，举办平谷区春节文化庙会、激情广场百姓乐、星火工程演出、全民阅读、电影放映等各类公益文化活动。完成文艺演出 3 000 余场，公益电影放映 1.2 万场次，大众阅读活动 100 余场次。在普遍惠民的基础上突出特色、呈现亮点。

【“中国书法之乡”推广工程】在每个乡镇设置了“中国书法之乡”大型广告标识，设立了区级平谷书法院，开办了 1 个高级书法研修班和 70 多个乡镇基层书法爱好者培训班，年内书法培训班将达到100个。并且开办了山水画研究班。

【基层医疗卫生服务能力不断加强】加快进行平谷区57个空白村卫生室建设；依靠首都医科大学定向培养本科和大专人员，加强人员配备；适当增加社区编制，保持社区人员的稳定；强化管理和培训，对社区人员实行“考核为主、培训为辅”；加强技术提升，在医联体内部加强人员轮转，建立上下滚动机制；制定乡村医生岗位管理政策，建立乡村医生岗位人员培养、聘用和退出机制。

【基层设施建设不断完善】体育彩票公益金总投入1 742万元，建成全民健身工程549处，其中包含市级工程1个、标准工程6个、青少年工程2个，居家工程540个；致力打造全国篮球之乡，为全区所有村庄配建了篮球架。投资980万元，完成了33个村庄的篮球场升级改造工程。投资90万元，为每个村庄配备了乒乓球台。在全市率先实现了健身工程，篮球场、乒乓球室“村村有、全覆盖”。

【体育健身指导走进基层】聘请赵之心等健身专家走进街道、镇乡，开展专家讲座20余场次，5 000多名群众受益；全区社会指导员发展至1 277人，举办了健身大课堂活动39次。通过社会体育指导员进社区、进村庄宣传健身知识、健身项目、健身技能，在全区范围内推广了大众广播体操、健身秧歌、太极拳、太极剑等20余种健身项目。

【基层“八个一”工程落到实处】以“八个一”工程为抓手，推动农村（社区）全民健身工作。即各镇乡、街道每年召开一次专题会议，制定一个工作计划，召开一次全民运动会，举办一次篮球大赛，一次乒乓球大赛，一次拔河比赛，一次象棋比赛，每个行政村、社区召开一次运动会或体育比赛。镇乡（街道）、村庄（社区）运动会或体育比赛覆盖率达到91.2%；王辛庄镇熊尔营村组织了太极拳、太极剑表演队，坚持长年锻炼不间断。大华山镇后北宫村于久江连续多年个人出资举办象棋赛。王辛庄镇、东高村镇、刘家店镇、大华山镇、马坊镇建成社区健身俱乐部，体育生活化社区达到31家，体育特色村达标24个；组队参加了2015年北京市农民体育健身展示周（北京市第八届农运会），获得了一等奖三项、二等奖八项，荣获优秀组织奖和体育道德风尚奖。平谷农村体育的一些典型经验和做法，得到了国家农民体育协会的高度评价与肯定。

【培育北京平谷国际户外休闲健身大会】年内，推出了25条大众户外休闲健身路线。依托良好的生态资源和浅山资源，平谷区连续9年举办“北京平谷国际户外休闲健身大会”，大会的知名度、影响力越来越大，被市政府命名为市级“一区一品”群众体育品牌赛事；徒步大道每周吸引登山、徒步、野游爱好者数千人，成为京东户外徒步休闲的首选之地。国际户外休闲健身大会的连续举办，吸引了各界人士走进平谷健身，认识平谷，了解平谷，投资平谷。

【打造金海湖水上运动季】依托金海湖水上资源，致力打造以铁人三项赛、龙舟大赛、垂钓、游泳等为主的金海湖水上运动季品牌。赛事内容不断丰富，规模不断扩大、水平不断提升。2017年6月第十八届三夫国际铁人三项赛在平谷金海湖举行。来自全球16个国家的920名铁人三项高手和业余爱好者参加了比赛。

【“新农合”参保报销有创新】通过建立应急值守制度、现场巡查等措施，确保医改平稳过渡。医改后，医保基金支出增加12.03%，个人负担比例下降0.6%。“新农合”参合人员在区内就医实现即时结报，取消社区转诊制，提高区内二三级定点医院门诊补偿标准，参合人员医疗负担有所减轻，群众就医更加方便。

【完成城乡居民医保机构整合】按照全市统一部署，农合管理中心机构、人员、档案、财务等全部合并到区人力社保局，完成城乡居民医保机构整合。年内，共有73 118户，173 351人加入“新农合”，农业人口参合率达99.7%。

【做好占地转非工作】年内，共为325人办理转非手续，妥善解决占地转非村历史遗留问题，为932人补缴养老保险，补缴金额6 569万元；为719人补缴医疗保险，补缴金额435万元。为817人办理建档手续，为763人办理灵活就业，帮助455人办理退休手续。

基层组织与民主政治建设

【健全“横向集中、纵向分解，一门主责、分口配合”的基层党建责任体系】“横向集中”，各系统党（工）委统一思路、统一目标、统一行动，分抓落实，在思路、资源等方面更集中。“纵向分解”，区委组织部抓总、系统党（工）委对号、基层具体落实，层层授权、逐级考核。“一门主责”，全区基层组织建设工作，由区委组织部承担主要责任。“分口配合”，系统党（工）委各负其责，承担在各领域党建工作中的具体责任。明责、履责、考责，压紧各级党建责任。制定《党（工）委抓基层党建工作三级责任清单》，依岗定责。细化《平谷区基层党建工作重点任务清单》，明确九个方面 60 项重点任务的牵头系统。建立“问题跟踪”机制，以“季度督查＋随机抽查”方式，直接到村入户、进机关进学校，检验各系统党（工）委党建责任落实情况，对发现的问题，“一对一”给予反馈意见，督促落实整改。

【建立支部“体检”机制】以问题为导向，采取“支部自检为主、党（工）委普查一遍、区级抽查兜底”方式，开展两轮支部体检，对组织设置、岗位职责、计划总结等基础性工作进行先期整改。

【规范基层组织设置】年内，制定《平谷区关于在党支部规范化建设中加强党小组设置及工作的方案（试行）》，对党小组定位、职责、设置、党小组长选配等作进一步规范，推动党组织工作的实化、细化、小单元化。针对“基层党组织设纪律检查委员”要求，进行专题安排部署，严格按照相关规定程序设置，实现全部基层党组织纪检委员应设尽设、全面覆盖。

【建立“支部吹哨、党员报到”机制】制定下发了《建立“支部吹哨、党员报到”工作机制的通知》，以党支部为主体，明确“学习传达召集、中心工作响应、支部建设自转”三项支部“吹哨”内容，以及“主动参加学习、带头攻坚克难、自觉遵规守纪”三个党员“报到”要求，制定《支部工作规范册》和《支部工作记录册》，规范“三会一课”“组织动员”“志愿服务”“党费收缴”“发展党员”等 16 项具体工作的规范要点和 21 项配套流程，强化基层支部主体作用。

【建立“党员积分管理”机制】实行“正反双向”计分模式，一人一卡、一事一计、公开公示，晒出党员“成绩单”，形成了教育管理党员工作的有力抓手，有效激发了党员参加组织生活、带头攻坚克难、主动服务群众的内生动力。此项工作经验得到了市委副书记景俊海的批示。

【建立党支部规范化建设督查指导机制】区级层面组建 18 个督导组，在系统、乡镇街道党（工）委成立指导组，确保每个试点支部都有督导员、指导员。搭建共建平台，组织 82 家区直机关单位和 128 个农村试点支部开展结对共建，积极帮助共建村抓好党建工作和精神文明建设，多方促进村经济发展，帮助共建村做实事、办好事，解决实际问题。

【加强农村干部队伍建设】严格落实中央巡视“回头看”反馈意见，制定整改方案，坚持从严处理，对受刑事处罚的村书记全部免职，部分村主任劝辞，并采取上级选派等方式，依法依规完成人员补充，确保村级工作平稳有序衔接。加大第一书记工作力度。制定落实《持续推动第一书记干事创业六项措施》，通过拍摄专题片、开展培训、第一书记派出单位回访推荐工作，强化服务保障；在第一、二批选派 42 名第一书记的基础上，以软弱涣散村为主，继续选派 22 名干部，加大帮扶力度；严格日常管理，抽查检查在岗情况，开展阶段性、期满考评工作，推动干事创业。

【强化基层组织功能】在全区范围内确定 16 个党建重点项目，扶持打造金海湖镇洙水村“党员积分制”、大华山镇“互联网＋党建”移动式组织平台等一批党建创新示范点。针对 27 个软弱涣散村，制定全区工作方案，并逐一制定工作台账，“一村一策”提出整顿措施。推动落实区领导、区直部门、第一书记等“五个一”帮扶责任，形成工作合力。实行动态管理，定期溯源摸排，不断扩大全区非公有效覆盖。依托讲习所、党校分校，对“两新”组织党务工作者普遍轮训，建立多层次全覆盖的指导队伍，完善联系机制，强化督导检查，加强非公党建的有效指导。

【规范化推进派驻机构改革】9 月，平谷区完成了派驻体制改革，派驻工作产生了质的变化。变“驻在单位管理”为“纪委机关管理”。改革后，各单位派驻纪检组的人、财、物均由区纪委机关管理，“自己人”变成了“执纪人”，充分彰显了“派”的权威，也让区纪委的监督探头能够沉下去，监督目光能够渗进去，各驻在单位切实感到纪委就在身边，纪律就在眼前。变“单独派驻”为“联合派驻”。此次成立的 13 个纪检监察组中，有 11 个为联合派驻模式，起到了盘活存量、优化结构的作用，达到了全面覆盖、不留死角的目标。变“副处职组长”为“正处级组长”。13 个派驻纪检监察组组长全部实行高配，从过去的“副处职”变为现在的“正处级”，通过级别的提升，进一步树立了监督权威。

【加强乡镇纪委纪律审查场所建设】明确建设标准，各乡镇按标准建设专门谈话室。紧盯“小官贪腐”，开展农村基层党员干部违纪违法线索集中排查工作，认真排查农村“三资”和涉农专项资金管理使用等方面的违纪违法线索，对基层政治生态进行“体检”与“排毒”。在全区开展专项治理，对有机肥、涉农财政补助等问题专项调查，严肃查处侵害群众利益的问题。以问责倒逼责任落实，本年度实施问责13起。

“三农”工作部署和实施

【召开2017年农村工作会议】3月10日，平谷区召开2017年农村工作会工作会议。区委常委、区委政法委书记吴连江致辞。会议对2016年“三农”工作进行回顾，副区长付湘生展望2017年工作任务，并发布2017年度“三农”支农惠农政策。区领导王成国、汪明浩、刘军、闫维洪为先进乡镇、先进村、先进企业、先进个人颁奖。区领导吴小杰、李福芝、于海山参加会议。各区直单位、各乡镇、街道和农业企业、合作组织代表900人参加会议。会上，区委书记王成国强调，①紧紧围绕国家农业发展战略，推动“三农”工作取得新作为。要更加坚定决心，牢牢抓住机遇，推动平谷乡村经济快速发展。②以美丽乡村为抓手，打造景美、业美、人美的新农村。要以生态建设为基础，打造整洁优美的农村环境。要坚持“生态立区”，把生态标准贯穿于“三农”工作的全过程，实现“三农”发展与生态建设协调推进、互促共进。让新时代的乡村既要绿起来，更要美起来。要以农业科技创新为引领，打造绿色优质的农村产业。要让农业成为有奔头的产业，积极推动农业科技创新示范区建设，加大科技研发与成果转化，释放农业发展活力。要以富民增收为目标，打造富裕舒适的农村生活。坚持扶贫与扶志相结合，帮助提升致富能力和致富主动性，下大力气增进就业，让更多农民实现“家门口赚钱”。③加强农村干部队伍建设，有力提升农村基层新作风。要发挥农村干部的带头表率作用；要加大干部交流力度，实现干部沉下去，作风提起来。努力培养造就一支懂农业、爱农村、爱农民的“三农”工作队伍；要发挥农村党员的先锋模范作用。④以诚信友善自强互助为导向，焕发乡风文明新气象。以文育人，让美好德行“树”起来；以文化人，让文明风气“动”起来。要让大家有乡村自信，把乡村文化挖掘出来，特色彰显出来。充分利用好创建文明乡镇、文明村等活动载体，让村村有团队，周周有活动。

【召开区四届人大常委会第三十四次会议】3月25日，区四届人大常委会召开第三十四次会议。讨论通过《平谷区人大常委会2016年工作要点》；听取和审议区政府关于高产高效高密植现代化果园建设和《平谷新城建筑风貌设计导则（草案）》编制情况报告；作出关于实施《平谷新城建筑风貌设计导则》决议。

【召开基层党建述职评议考核会议】2月1日，区委召开基层党建述职评议考核会议。会上，全区18个镇乡（街道）党（工）委书记和5个区直党（工）委书记进行述职，与会代表现场提问，区委常委进行点评，最后是参会人员对考评对象进行考核评议。

平谷区领导名录

区委书记	王成国
副书记	王明浩（满族）　沈　洁（女）
常委	刘　震　杨东起　吴小杰 王红艳（女）　底志欣（回族） 邵亚平　吴连江
区人大常委会主任	刘　军
副主任	屈志奇　刘　忠　李福芝（女） 王　欣　张东伟（女，满族）
区长	王明浩（满族）
副区长	吴小杰　杨东起　张利民 徐素芝（女）　李永生　付湘生 王晓东
区政协主席	闫维洪
副主席	张双全　刘　英（女）　于海山 狄长安　陈月侠（女） 田　禾（女）
区纪委书记	邵亚平
副书记	王何义　见莉欣（女）　崔小东
正局级	王春辉
副区级	张彦友　王如生　周　民 白长河
区委农工委书记	乔福刚
区农委主任	李小丰

平谷区乡镇党政正职领导

	党委书记	乡镇长
平谷镇	崔　跃	沈　炎
金海湖	韩小波	徐春刚

王辛庄镇	见小东	宋小勇
夏各庄镇	邢广宏	王　静
东高村镇	孙学新	陈慧华
马坊镇	牛福生	马冬梅
马昌营镇	杨河清	陈　亮
山东庄镇	王晓全	崔成立
南独乐河镇	张艳革	刘久兴
刘家店镇	马立文	刘晓东
大兴庄镇	沈立军	高　磊
峪口镇	见国柱	刘　昉
镇罗营镇	任利泉	路卫红（女）
大华山镇	王立宝	宋长文
黄松峪乡	马思亿（女）	刘东明
熊儿寨乡	张武祥	吴亚军

（平谷区委研究室　梁自山）

密　云　区

概　述

密云区位于北京市东北部，是首都重要饮用水源基地和生态涵养发展区。属燕山山地与华北平原交接地，是华北通往东北、内蒙古的重要门户，故有“京师锁钥”之称。全县东、北、西三面群山环绕、峰峦起伏，巍峨的古长城绵延在崇山峻岭之上；中部是碧波荡漾的密云水库，西南是洪积冲积平原，总地形为三面环山，中部低缓，西南开口的簸箕形。东、北部分别与河北省承德市的兴隆、承德、滦平三县交界，西、南部与怀柔区、顺义区、平谷区接壤。全区总面积 2 229.45 平方千米，占全市面积的 13.6%，是北京市土地面积最大的区。全区山区面积 1 771.75 平方千米，占 79.5%；平原面积 263.4 平方千米，占 11.8%；水面面积 194.3 平方千米，占 8.7%。全区共辖 2 个街道、17 个镇、1 个乡（地区办事处），有 92 个居委会，334 个村委会。2017 年末，本区常住人口 49 万人，与上年相比，增加 0.7 万人，增长 1.4%。其中，常住外来人口 7.6 万人；户籍人口 43.67 万人，比上年末增加 0.07 万人。其中，非农业人口 19.16 万人，占户籍人口的比重为 43.9%。

2017 年是实施“十三五”规划的重要一年，本区以“调转节”为主要内容的农业供给侧改革持续深化；生态文明和城乡环境建设力度持续加大，农村环境建设的投入力度空前；新一轮低收入精准帮扶工作全面展开。全年实现地区生产总值 278.2 亿元，比上年增长 7.1%。其中，第一产业增加值 14.2 亿元，下降 11.3%；第二产业增加值 112.2 亿元，增长 1.0%；第三产业增加值 151.8 亿元，增长 14.6%。按常住人口计算，全区人均地区生产总值达到 57 192 元。

城乡发展一体化和生态文明建设

【财政】全年完成一般公共预算收入 33.0 亿元，比上年增长 6.0%。其中，增值税 4.6 亿元，增长 37.3%；企业所得税 3.8 亿元，增长 31.0%。一般公共预算支出 150.9 亿元，增长 33.0%。其中，用于教育、科学技术、社会保障和就业、节能环保、农林水事务的支出比上年分别增长 10.2%、15.9%、6.3%、45.1%和 12.5%。

【固定资产投资】全年完成全社会固定资产投资 130.9 亿元，比上年增长 3.9%。其中，完成基础设施投资 63.9 亿元，比上年增长 22.3%。分产业看，第一产业投资 10.6 亿元，比上年增长 40.1%；第二产业投资 34.2 亿元，增长 29.8%；其中工业投资占 99.9%；第三产业投资 86.2 亿元，下降 6.5%。

【农业】全年完成农林牧渔业总产值 35.8 亿元，比上年下降 12.5%。其中，农业产值 16.1 亿元，下降 15.0%；牧业产值 13.1 亿元，下降 14.9%；林业产值 4.8 亿元，增长 2.6%；渔业产值 0.8 亿元，下降 10.0%。

【旅游】全年 A 级及主要景区接待游人 400.7 万人次，比上年增长 1.9%，实现营业收入 8.7 亿元，增长 19.4%；农业观光园和民俗旅游共接待游人 833.9 万人次，比上年增长 0.2%，实现收入 9.2 亿元，增长 7.9%；限额以上住宿餐饮业实现营业额 3.6 亿元，比上年下降 0.3%，接待住宿人数 40.4 万人次，下降 11.2%。

【密云区“三个动起来”，全力以赴打好正式登记“第一枪”】正式登记工作的全面展开标志着第三次全国农业普查已经正式进入实战阶段，为做好正式登记工作，圆满完成第三次全国农业普查任务，密云区“积极作战”，在入户登记首日做到“三个动起来”，即：各级主要领导动起来，区、镇农普办动起来，村级“两员”动起来，全力以赴打好正式登记的“第一枪”。

【三项景观照明工程提升密云城市景观】密云区三项景观照明工程提升密云城市景观。一是在白河两岸打造“一带十桥八景”景观照明，营造生态自然、绿色休闲的水岸夜景画卷，塑造水光潋滟的景观形象；二是在城区原有72栋楼体照明基础上，对101绕城线、新北路以及101国道的行政事业单位和高大具有特色的54栋楼体进行亮化；三是对冶仙塔的夜晚灯光进行重新设计，用主灯光勾勒出建筑线条，凸显建筑形态，体现层次感和立体感。

【推进城乡基础设施建设】在农村环境建设“三起来”、造林管护、库滨带建设、水源保护等工作中优先安排本地农民、特别是低收入户劳动力，最大限度促进“绿岗”就业。同时，认真落实好生态林管护等政策，保障山区农民收入。完成2017年度76个村市级美丽乡村创建、最美乡村创建工作，按照区政府要求新启动的美丽乡村创建及最美乡村创建工作，按照市新农办考核指标的要求，开展环境综合整治、绿化美化、污水处理，推广清洁生产，“减煤换煤”，开展农宅抗震节能改造，电网改造，医疗服务，社会建设，完善管护机制等具体工程建设。

【坚持生态立区的理念】坚持“规划一步到位、建设分步实施”；坚持在规划设计中融入海绵村庄、沼气利用等生态理念，将镇村总体规划与市政基础设施等专项规划相结合，将规划设计与长效管理相结合，将规划建设与基层党建相结合；坚持“生态立区”的理念，在村庄山、水、林、田、湖等自然现状的基础上做好绿化美化，尽可能保留村庄的原始风貌；坚持深入挖掘村庄历史、文化、地域等内涵，突出村庄特色，避免“千村一面”的粗放式发展。提出规划编制工作要像绣花一样精细，打造有农村特色和味道的规划，努力打造“望得见山、看得见水、记得住乡愁”的美丽乡村。

农村经济发展

【概况】2017年，农林牧渔业总产值实现35.8亿元，同比下降12.5%。下降的原因主要是受生态环境建设和保护要求而大力推进战略性农业产业结构调整，全区畜禽养殖大幅缩减，但密云农业的生态、休闲功能不断增强，发展的质量和水平进一步提升，全区观光园和民俗户共实现收入9.2亿元，同比增长7.9%。其中，农业产值16.1亿元，下降15.0%；牧业产 值13.1亿元，下降14.9%；林业产值4.8亿元，增长2.6%；渔业产值0.8亿元，下降10.0%。

【发展精品特色农业】优化密云都市型现代农业“三个三”的发展格局。大力推进现代高效观光果园建设，改造低效果园，建设现代高效密植果园。加强10万亩“三品”基地管理，推进谷子、甘薯、食用菌等特色种植3万亩，巩固冯家峪玉米制种基地0.3万亩。

【发展休闲观光农业】围绕“三园一场”农业产业基础，推进农业与休闲产业深度融合，深入打造蔡家洼玫瑰情园、金叵罗农耕体验园、葫芦大观园等一批观光园、采摘园、农业主题园，发展种植油菜花、向日葵等景观作物。推进穆家峪、巨各庄、河南寨等7个北京都市型现代农业示范镇创建，建设套里蔬菜、石匣甘薯、金叵罗小米、北台大葱等10个农业特色产业村，开展休闲农业园区和重点设施园区升级改造，促进一产与三产融合发展。

【持续深化农业“调转节”】按照“调粮、增菜、减畜、控渔、稳林”的目标思路，调结构、转方式，大力发展高效节水农业。优化农业空间布局，完成“两田”生产空间划定，划定永久基本农田16.82万亩，划定畜禽禁养区867平方千米。水库一级区内675户畜禽散养大户全部退出养殖，关停整治禁养区内畜禽规模养殖场累计200余家，清退畜禽100万头（只）。大力实施水肥一体化、无土栽培、内置式秸秆反应堆等技术，实现农业园区高效节水目标。退出高耗水作物，积极发展谷子、甘薯等抗旱节水作物种植。开展了全市农药减量化试点示范工程建设。

【抓好“菜篮子”工程】推进库南精品设施蔬菜园集群建设，进一步提高园区种植技术、机械装备、园区环境、经营销售水平，着力打造具有区域优势的“密云菜园”。实施绿色蔬菜基地建设项目，按照“一棚一品、一村一品”规模化生产模式，建设打造河南寨镇万亩蔬菜生产镇和季庄村千亩蔬菜生产村。实施重点设施园区改造提升，改造老旧棚室200亩，打造蔬菜精品园区26个、“一村一品”蔬菜专业村 12 个。继续完善并深化落实基本菜田补贴制度，补贴面积 1.2 万亩，鼓励镇、专业村、合作社推进“菜篮子”生产，开展实施全市农药减量化试点示范工程建设，推进植保、农机专业化服务组织体系建设，提升全区“菜篮子”生产建设水平。

【加强农业产业化发展服务】 进一步加强农产品品牌宣传，积极组织合作社和企业参加全国农交会、北京农业嘉年华等大型农产品宣传推介活动，密农人家、百年栗园等 9 家企业参加第十五届中国国际农产品交易会，进一步提高密云农产品品牌知名度。在全市范围内开展的北京农业好品牌遴选推介活动中，百年栗园、天葡庄园、花彤蜂蜜三个品牌获得了北京市好品牌称号。继续落实基本菜田补贴、农业支持保护补贴、扩大农业领域贷款贴息等政策，稳步推进政策性农业保险工作。

【山区特色产业】 以北部山区和密云水库周边村为重点，依托农业资源、生态环境和空间优势，转变传统生产模式，因地制宜发展符合首都产业定位的特色产业。积极培育高效设施农业、密植果园、中草药种植、食用菌、特色杂粮种植等林下经济，提高农业生产效益。巩固发展养蜂产业，提供优质蜂王 2 000 个，新发展中华蜜蜂 4 000 群，建设生态原产地标准化蜂场 2 个，建设中华蜜蜂保护区和蜜蜂生态原产地示范区。

【积极拓宽农产品销售渠道】 对合作社以订单形式收购低收入户农产品给予奖励，收购金额 50 万元以上，每家合作社奖励金额不超过 50 万元。目前已有 8 家合作社收购低收入户核桃、板栗、红果等农产品，补贴资金 121.192 万元，带动农户 1 019 户。为拓宽农产品销售渠道，联合市供销社、京农集团共同开展了保底收购全区低收入户板栗、核桃工作。以西田各庄镇新王庄村、冯家峪镇裕民顺农民专业合作社为试点，价格高于市场 5%～10%，收购范围以 31 个低收入村为主。目前已收购板栗、核桃 48.3 万千克，636 户低收入农户实现收入 261.3 万元。

【落实城乡居民基础养老金和福利养老金政策】 2017 年，本市城乡居民基本养老保险基础养老金和老年保障福利养老金标准经过两次调整，每人提高 100 元，分别提高到 610 元和 525 元。此项政策使全区共 7.8 万人受益。

【水库移民人口核定及资金发放】 2017 年核定农业户口水库移民 59 822 人，发放补助资金 3 589.32 万元；核定无固定职业农转非水库移民 11 048 人，发放补助资金 618.688 万元；核定密云水库一级保护区内困难群众 33 715 人，发放生活困难补助资金 2 902.562 1 万元。

【提高密云水库一级区内困难群众补助标准】 积极争取北京市财政支持，提高了密云水库一级保护区内困难群众生产生活困难补助标准，自 2017 年 10 月 1 日起，每人每年由 1 157 元提高到 1 500 元。

【库区和移民安置区专项资金项目】 2016 年共有 16 个镇申报 21 个项目，预算总投资 8 402.78 万元，到 2017 年年底，已有 9 项完工并通过验收，4 项已完工待验收，其余项目有序实施中。2017 年度库区和移民安置区专项资金 7 830 万元，按照区政府统一安排，由区水务局统筹用于水库移民接收村的水务工程建设。

【密云水库库滨带水源保护二期工程初步设计概算调整申请获市发改委批复】 密云水库库滨带水源保护二期工程内容主要涉及在 148～155 米高程线内实施绿化造林工程 7 089.9 亩，其中穆家峪镇 1 014.4 亩、溪翁庄镇 352.9 亩、石城镇 905.4 亩、冯家峪镇 303.4 亩、不老屯镇 3 406.4 亩、高岭镇 1 107.4 亩。

【区财政多措并举投入资金 1 559.29 万元，推进农民增收】 一是区财政局投入资金 460.13 万元大力发展甘薯种植，户均收入从 5 000 元提升到 5 500 元，惠及 4 000 余农户；二是投入 839.16 万元发展林下黑木耳产业，实现农民户均收入约 3 000 元；三是投入 260 万元用于赤眼蜂生物防治，共释放赤眼蜂 130 亿头，效力全区 20 万亩板栗林和 15 万亩玉米地。

【水库移民中央结余资金项目】 大中型水库移民中央资金项目，其中：2015 年项目共涉及 7 个镇 12 个村的 9 项工程，总投资 4 019.99 万元，到 2017 年年底，已有 6 项完工并通过验收，1 项完工待验收，1 项正在施工，1 项废止；2016 年项目共涉及 7 个镇 21 个村的 8 项工程，总投资 3 845.07 万元，到 2017 年年底，3 项已完工，3 项正在施工，2 项废止；2017 年项目共涉及 7 个镇 14 个村的 9 项工程，预算总投资 3 719.62 万元，到 2017 年年底，3 项已开工，5 项已完成招标，1 项正在招标中。

农业建设与管理

【山区搬迁】 根据《北京市人民政府关于实施新一

轮（2013—2017年）山区地质灾害易发区及生存条件恶劣地区农民搬迁工程的意见》和密云区山区搬迁工作总体安排，实施山区农民居住环境恶劣地区及生活困难地区149户343人搬迁工作。

【农宅抗震节能改造】按照“应改尽改”的原则，继续大力实施农宅抗震节能改造，年内完成改造3 561户，超额完成区政府确定的3 000户改造任务。

【推进“煤改清洁能源”和“减煤换煤”】2017年共完成“煤改电”51个村15 583户，“煤改气”4个村2 433户；推广优质燃煤6.15万吨，安装无烟煤炉具9 811台，基本实现了密云区域内优质燃煤全覆盖。

【密云区工业燃煤锅炉实现“清零”目标】按照北京市《2013—2017年清洁空气行动计划》要求，区经信委通过制定改造拆除计划、项目推介、现场督查、资金支持等多项措施，按照“先城后乡、先大后小、先易后难”的原则统筹安排，扎实推进燃煤锅炉清洁能源改造工作。2013年以来，累计拆除（含改造）燃煤锅炉达265家、303台、777.48蒸吨，压减燃煤达228 864吨；区经信委通过2次排查，有126家、197台茶炉大灶，现已全部拆除，标志着密云区工业企业燃煤锅炉“清零”歼灭战完胜告捷。

【密云区园林绿化局多举措推动实现“绿满密云”】扎实开展屋顶绿化和垂直绿化工程。目前已完成密云一中体育馆和密云经济开发区综合楼屋顶绿化4 500平方米，完成古北水镇司马台村、京承高速司马台出口至古北水镇景区间的垂直绿化工程7 000延长米，2020年前还将继续实施屋顶绿化5 500平方米、垂直绿化3 000延长米，以有效降低噪音、减少水土流失，吸土纳尘、降温降湿。二是计划实施道路补植增绿工程。对因近几年市政实施港湾式公交站台造成行道树隔离带稀疏情况进行恢复补植，按照“适地适树”原则更新、栽植行道树1 400余株，提升绿屏成线景观。三是实施水源路两侧绿地景观提升工程。计划在檀东路至滨河路（商务区灯岗）段实施，全长4.1千米，面积7.26万平方米，调和建筑、道路与桥梁等生硬的人工景观对人产生的心理压抑，改善城市道路生态景观。四是开展斑秃绿地治理工程。计划对新中街、鼓楼北大街、新东路、檀西路南延4条道路实施斑秃治理，采取补栽花灌木、种植地被、串联树池等措施，治理斑秃7.5万平方米，提升道路草坪和植物群落景观效果。五是推进实施公园、道路及附属绿地建设工程。2020年前计划完成各类绿地建设总任务1 180余亩，目前已完成200余亩，实施后可有效提升城市绿地景观，为市民休闲提供良好场所。

【密云区“一二三四五”试点农村居家养老改革初见成效】①制定“一个规范”，即《幸福晚年驿站建设规范》。在驿站建设上，规范不同建设方式的设计规范、申报程序、审批手续等。②建立“两个标准”，即《幸福晚年驿站设施设备配置标准》和《幸福晚年驿站运营标准》，规范驿站设备配置、功能划分。③试行“三种设施来源”。即利用农村集体所有闲置房屋升级改造建成驿站；流转农村个人住宅到村集体、村级经济组织建成驿站；农村个人开发自有住宅建成驿站。④实施“四种运营模式”。即“村办村营”“村办民营”“民办民营”和“连锁运营”四种驿站运营模式。⑤形成“五个统一”，即统一驿站标识、统一服务热线、统一服务项目、统一服务标准、统一服务频道，确保服务内容的标准化和精准化。截至目前已在17个镇街建设“幸福晚年驿站”55家，服务功能覆盖54个社区（村），1.5万老年人。计划到2020年年底达到100家。

【密云区农合中心多措并举助推“密云农业”品牌扩大影响力】①利用北京交通台、北京农业、宜居密云等平台，提升“密云农业”品牌影响力；组织“密云农业”旗下200余种产品进景区、社区100余次；组织参展各类推介会、展会50余次。②邀请市民参加“生态密云采摘季、十万家庭进园区”系列活动，吸引自驾游7万人次，消费1 400余万元，近6万余个家庭参与。③2016年9月成立以密农人家为龙头的电商协会，目前销售额已达亿元；对25家“互联网＋销售”工作突出的合作社给予评优奖励。④以12家线下体验店为基地，以点带面，推介展卖密云优质农产品。

农村民生

【扶持低收入农户增收和低收入村发展】年初，以区政府名义印发了《密云区2017年促进低收入农户增收及低收入村发展扶持办法》，涉及低收入村7个方面帮扶项目、低收入农户8个方面帮扶项目。共发展养蜂、黑木耳、芽菜、有机杂粮种植、扶持低收入户乡村旅游以及低收入村旅游基础设施建设项目、购置移动抗旱水车等多项产业发展项目，累计拨付扶持资金 8 971.572 万元。

【落实一事一议财政奖补政策】按照不低于 50%的资金支持标准为低收入村安排一事一议项目，31 个低收入村中已安排 16 个村，其中 10 个村项目已实施，项目总资金 1 170.18 万元，项目内容包括村内街坊路、护地护路坝、环境整治等工程建设，为低收入村持续发展奠定基础。

【开展政策性农业保险】种养殖保费实现 2 449.740 6 万元，其中，玉米、果树及蔬菜大棚等 9 种种植险参保 43 614.5 亩，实现保费 1 468.266 6 万元；种猪、奶牛等 4 种养殖险参保 96 041 头，实现保费 979.014 万元；2 个农机合作社险实现保费 2.46 万元。年内共赔付 2 384 户 1 065.320 3 万元。

【密云区综合施测促进低收入农户增收】①投入 8 850.38 万元，支持低收入农户发展养蜂、木耳种植、民俗旅游等产业项目。②联合市供销社所属京农集团保底收购板栗、核桃 48.3 万千克，636 户低收入农户实现收入 261.3 万元。③开展城乡劳动力整建制、跨区域输出就业试点，450 名农村劳动力实现公交乘务管理、轨道交通安检、环卫作业等城市运营服务类岗位就业。④完成农村实用技术培训 2 000 余人，3 160 名农村富余劳动力实现转移就业。⑤制定并落实低收入家庭子女教育补助政策，2 200 余名低收入农户家庭子女获得资金补助 646.02 万元。

【实施农民安居工程】继续推进山区搬迁工程，实施山区农民居住环境恶劣地区及生活困难地区 149 户 343 人搬迁工作，主体工程均基本完工，部分已实现入住。完成农宅抗震节能改造 3 511 户，其中单项改造 1 977 户，新建翻建 1 534 户。继续开展农村住房保险，年度内承保符合条件的农户共计 92 928 户，占总农户数的 83%，提供保险保障 37.17 亿元。

【推进农村照明工程】重点在山区整体搬迁村、民俗村、永久保留村、高速路出口村庄、镇政府所在地等安装节能 LED 路灯，2017 年在 12 个镇 41 个村新安装 LED 路灯 4 028 盏，农村路灯累计已达 3.8 万余盏。

【农村居民人均可支配收入】2017 年，全区农村居民人均可支配收入实现 22 604 元，同比增长 8.7%，在五个生态涵养区中，收入绝对值处于第 4 位，增速位居第一位。

【低收入农户增收】2017 年，全区低收入农户人均可支配收入实现 10 185 元，同比增长 19.7%。5 000 余户低收入农户年人均收入越过 11 160 元的低收入线。

【密农人家荣获“2017 年度全国农业农村信息化示范基地”称号】在首届全国新农民新技术创业创新博览会上，北京密农人家农业科技有限公司凭借“互联网＋”现代农业技术，依据大数据打造区域特色农产品，用信息数字化提升运营效率，实现电子商务助力农产品上行的特色模式，荣获由农业部颁发的“2017 年度全国农业农村信息化示范基地”称号。

【密云区园林绿化局多项措施促进农民增收】①在京津风沙源治理、森林健康经营林木抚育等工程中累计安排当地农民就业 1 500 余人，占施工总劳动力的 80%左右，为农民增收致富拓宽了途径。②2017 年完成免费培育发放优良种用蜂王 2 000 只，切实保障了蜂王质量，预计蜂农增收将超过 200 万元；在全区 15 个镇新发展养蜂新户 248 户，蜂群 13 305 群，并根据蜂产业扶持政策以每群最高补贴 450 元及 350 元价格进行补贴，以减轻蜂农经济压力，预计实现年销售收入 1 000 万元，目前完成蜂群及蜂机具发放工作。③采取集中授课、田间技术指导、科普之春、科技赶集、外出参观学习、邀请专家来本区技术指导等方式为果农传授果树管理技术，讲解、示范、指导果树生产，已完成果树技术培训 2 万人次，发放果树技术材料 3 560 余份，为果农扩大生产、提质增效提供了技术保障。

【“密云水库流域监测、防控及管理体系构建”项目获得市科委立项】项目实施期 3 年，计划针对密云水库流域水资源保护，部署水质、水量与生态立体监测网络，建立面向水库流域水资源的监测和预警体系。结合人工智能识别分析等先进技术，研发一级保护区水源保护网格化综合智能管理平台，建立空间可视化管理和立体智能安全防护网，形成以网格化为基础、信息化为手段，人防、物防、技防相结合的水源监管新模式，确保密云水库水质达标，促进库区周边环境整洁、秩序良好、社会稳定。

【密云水库库滨带水源保护二期工程初步设计概算调整申请获市发改委批复】密云水库库滨带水源保护二期工程内容主要涉及在 148～155 米高程线内实施绿化造林工程 7 089.9 亩，其中穆家峪镇 1 014.4 亩、溪翁庄镇 352.9 亩、石城镇 905.4 亩、冯家峪镇 303.4 亩、不老屯镇 3 406.4 亩、高岭镇

1 107.4 亩。密云水库库滨带水源保护二期工程进展顺利，截至目前围网工程已完成 170 千米，造林工程完成整地 7 000 亩，栽植苗木 7 000 亩。二期围网工程实施后，将与一期围网首尾相连接，实现密云水库全封闭式管理。造林工程实施后，将大大提高库滨带植被覆盖率，实现水土保持和水源涵养功能提升，增强水体净化能力，达到保护水源、改善水质的目的。

【密云区财政局多措并举保障居民养老服务】一是居民养老金每人每月增加 50 元，惠及全区 7.79 万老人。本区城乡居民基本养老保险、基础养老金和老年保障福利养老金再次上调，针对 60 岁以上男性、55 岁以上女性，每人每月再增加 50 元。区财政加快落实调标后养老金发放，1 月至 9 月增加发放养老金共计 3 508 余万元，惠及 7.79 万余人，进一步保障本区居民老有所依。二是争取市彩票公益项目专项资金 3 158 万元，支持不老屯镇、高岭镇等 10 所社会福利中心消防设施和基础设施维修改造工程。三是拨付社会福利中心工程资金 1 350 万元，对现社区服务中心进行扩建改造，养老床位由现在的 200 张增加到 455 张。四是 2016 年已统筹资金 3 102 万元用于幸福晚年驿站建设，今后将继续推进并不断提高居家养老服务的覆盖面和受益面，使居家养老服务功能覆盖每个村（居），提供契约式服务。

【落实提高低收入农户家庭救助政策】着力推进精准救助，完善社会救助政策制度，实现精准帮扶。全区城乡困难群众 8 588 户 13 582 人，累计发放保障金 10 095.1 万元。临时救助 338 户 725 人，发放资金 79.14 万元，资金增幅达到 90%。救助因病致贫家庭 27 人，支出医疗救助资金 20.5 万元。

【落实低收入农户子女教育帮扶政策】对低收入户家庭子女高中阶段助学补助，对考取大专及本科的家庭给予奖励，2017 年享受补贴学生 742 人，补助资金 317.65 万元。享受移民村及移民安置区低收入农户家庭子女助学补助 1 395 人，补助资金 259 万元。民政部门对低保户、低收入家庭子女学费进行补助，补助 37 人，补助 16.53 万元。

基层组织与民主政治建设

【打造先进性支部，统筹推进“B＋T＋X”党建模式】明确“B”“T”“X”在区、镇、村三级的从属关系、转化关系、不同特点、关联属性，编制党支部建设标准、特色项目和发展先进性指南，按照“狠抓‘B’，打造‘T’，引领‘X’”的工作原则，聚焦农村领域，认真梳理，为打造农村先进性党支部奠定基础。指导各农村基层党组织把区级的“B”和“T”中涉及农村领域的内容，全部纳入到农村基层党组织的“B”中来，实现党支部建设的标准化、规范化。年底，重点检查各农村基层党组织落实“B”的情况，将检查情况作为评标兵、评“五好”、是否先进的重要依据。17 个镇全部制定工作方案，并召开部署会进行了部署。要求各基层党组织与党支部建设标准对标对表，限期上报《“B＋T＋X”党建模式推进情况表》，针对亟待解决的突出问题，逐一列出清单，明确责任人和完成时限。同时，要求每季度上报可以全镇、全村推广的先进性作法，按照“成熟一个推动一个”的原则，让农村领域的“X”成功转化、成功升级。

【指导农村基层党组织引领低收入村】帮助各低收入村党组织认真分析造成低收入的原因，明确思路，积极联系各类帮扶力量，打造主导产业。溪翁庄镇尖岩村大力发展“栗子宴”，引领村民发展民俗旅游；新城子镇塔沟村以“筐栽红薯”为基础，建红薯加工厂，规划打造休闲观光园，发展精品民宿，逐步打造“种植—加工—休闲采摘—民宿旅游”产业链，使低收入户在产业链各个环节都能增加收入。

【彰显特色，重点打造党建示范村】深入挖掘 18 个党建示范点在绿水青山、乡土文化等方面的资源优势，把名胜古迹、自然景点、历史文化等进行整理归纳，深度融合，发展民俗旅游、文化创意等产业，归纳总结了各示范点的特色做法。

密云区领导名录

区委书记	夏林茂
副书记	潘临珠　刘　颖
常委	张　岩　杨　珊　解江凌 倪紫剑　王　宇　李光辉 蒋学甫　王维民
区人大常委会主任	王玉江
副主任	孔令昌　赵秦岭　王铁明 李洪山　何继玲（不驻会）
区长	潘临珠
副区长	杨　珊　李光辉　刘　滨 范永红　朱锡才　方建卿

区政协主席　王稳东
副主席　李长春　孙　奇　何丽娟
相远方　王森林（不驻会）
杨伟兰（不驻会）
区委农工委书记　付全利
区农委主任　耿智慧

密云区乡镇（街道办事处）党政正职领导

	党（工）委书记	乡（镇）长（办事处主任）
鼓楼街道	周广明	侯东武
果园街道	刘长礼	丁宏志
檀营满族蒙古族乡	关佩君	张　波
密云镇	付小平	吴显生
河南寨镇	马　超	郭保林
十里堡镇	李东方	李　斌
西田各庄镇	赵双武	刘振江
溪翁庄镇	晁怀新	杨建军
穆家峪镇	王　东	任玉文
巨各庄镇	李阔林	郑仲志
太师屯镇	王东利	马守新
古北口镇	吴显生	杨行辉
高岭镇	王大捷	李　东
不老屯镇	张　涛	郑　伟
冯家峪镇	陈祥庶	刘继雄
大城子镇	常艳军	程建邑
东邵渠镇	祝　刚	赵　勇
北庄镇	方建卿	付宝东
新城子镇	刘　永	曾永东
石城镇	何立军	任会芹

（密云区农委　贾雪）

延　庆　区

概　述

延庆区位于北京市西北部，全境平均海拔 500 米，气候独特，冬冷夏凉，有着北京“夏都”之美称。总面积 1 994.9 平方千米，其中平原面积 371.60 平方千米，山区面积 1 623.3 平方千米。耕地面积 2.8 万公顷。全区辖 11 镇、4 乡、3 个街道办事处，376 个行政村，年末全区总户数 142 733 户。其中，农业户 70 767 户。常住人口 34.0 万人，其中，常住外来人口 4.3 万人。全区实现地区生产总值 137.6 亿元，按不变价计算比上年增长 8.4%。其中，第一产业实现增加值 6.8 亿元，下降 5.8%。全区人均地区生产总值达到 40 459 元。产业结构由上年的 6.1 ∶ 29.7 ∶ 64.2 变化为 5.0 ∶ 31.3 ∶ 63.7。全区完成财政收入 65.89 亿元，比上年增长 2 倍。完成一般公共预算收入 16.16 亿元，比上年增长 18.8%；财政支出 161.12 亿元，比上年增长 61.1 %。一般公共预算支出 121.59 亿元，比上年增长 31.5%。其中，农林水事务支出 26.0 亿元，增长 37.4%；教育支出 23.8 亿元，增长 52.1%；医疗卫生支出 6 亿元，增长 5.1 %；社会保障和就业支出 11.5 亿元，下降 13.8 %。全社会固定资产投资完成 154.1 亿元，同比提高 43.7%，其中第一产业完成投资 2.1 亿元，比上年下降 53.7%。

城乡发展一体化

【生态环境】全年造林 3 212 公顷，森林抚育面积 2.57 万公顷。森林覆盖率达到 58.7%，比上年提高 0.29 个百分点。绿化覆盖率 64.39%，与上年持平。林木绿化率 71.15%，比上年提高 0.2 个百分点。细颗粒物（PM2.5）浓度为 49 微克/立方米，比上年下降 18.3%。可吸入颗粒物（PM10）71 微克/立方米，下降 4.1%。二氧化氮 36 微克/立方米，增长 5.9%。二氧化硫 8 微克/立方米，下降 20.0%。

【绿化造林】全区参加义务植树 20.3 万人，完成义务植树 57.3 万株，其中新植树木 2.7 万株。创建首都绿色村庄 6 个：大庄科乡铁炉村；永宁镇北关村；张山营镇东门营村；珍珠泉乡八亩地村；刘斌堡乡周四沟村；井庄镇王仲营村。完成 2019 年世界园艺博览会周边绿化建设工程 566.67 公顷；完成京津风沙源治理工程 2 466.67 公顷；完成平原生态林管护 9 733.33 公顷；推进彩色树种造林 200 公顷；完成山区林木抚育 8 933.33 公顷。启动区 2017 年平原地区重点区域绿化工程，包括平原地区80公顷，京藏高速（延庆段）景观提升工程153.33公顷，永定河流域妫河生态走廊景观提升工程760公顷。

【居民生活】全年全区居民人均可支配收入31 555元，比上年增长8.2%，人均生活消费性支出21 449元，增长8.7%；城镇居民人均可支配收入41 599元，比上年增长8.2%，人均生活消费性支出27 109元，增长9.3%；农村居民人均可支配收入21 248元，比上年增长8.5%，人均生活消费性支出15 641元，比上年增长7.9%。全区居民恩格尔系数为23.1%，同比下降1.7个百分点；农村居民恩格尔系数为25.8%，同比降低2.3个百分点。城乡居民居住条件进一步改善，农村居民人均住房建筑面积为39.95平方米。

【城乡居民养老保险】年内，参加城乡居民养老保险人数59 584人，其中农村居民58 845人，收缴金额6 474.21万元。领取养老金人数26 392人，其中农村居民25 823人，领取保险金额20 209.43万元。

【福利养老金】截至年底，城乡无社会保障老年人享受福利养老金人数24 238人，同比减少5.99%。累计发放福利养老金16 234.25万元，同比增长15.99%。

【村（居）委员会统一社会信用代码】完成376个村委会和46个居委会信息采集、审核、比对工作，录入到“全国村（居）委会统一赋码管理系统”。

【城乡居民基本医疗保险制度整合】年内，完成城乡居民基本医疗保险制度整合，提高城乡居民医保待遇，制定补充保障政策，做好政策宣传、信息采集、社保卡制发、新增定点医药机构验收和系统升级改造工作，为2018年城乡居民医保制度的顺利实施奠定基础。城镇居民医疗保险参保缴费22 645人，同比增长10.16%。新型农村合作医疗参合145 219人，基金累计收入17 426.28万元，累计支付21 932.95万元。

农村经济发展

【概况】年内，粮食作物面积1.14万公顷；蔬菜播种面积稳定在0.17万公顷。完成560.4公顷农业节水灌溉建设任务，编制完成“两田一园”农业高效节水三年工作方案，农田灌溉水有效利用系数达0.72。着力培育“延庆·有机农业”品牌，34家企业和基地的140个品种获得有机认证。稳定鲜果面积0.54万公顷、花卉和林下经济0.34万公顷。成功创建“国家有机产品认证示范区”。全年农林牧渔业实现总产值17.68亿元，同比下降8.4%。其中，种植业实现产值50 882.6万元，下降10.3%；林业实现产值30 483.4万元，增长11.6%；牧业实现产值87 581.3万元，下降12.7%；渔业实现产值2 341.3万元，下降26.2%。全年粮食产量81 365.7吨，同比下降18.3%；蔬菜产量58 708.7吨，下降8.1%；干鲜果品产量18 088.9吨，下降12.8%。

【粮食生产】全年粮食作物面积1.14万公顷，同比减少16.3%。其中，玉米1.05万公顷。

【蔬菜生产】全年蔬菜播种面积0.17万公顷，同比减少8.94%。其中露地蔬菜播种面积1 142.8公顷，同比减少21%；设施蔬菜播种面积523.6公顷，同比减少0.3%。地头收购均价2.15元/千克，同比减少0.08元/千克。

【畜牧产业】年内，畜牧业实现产值8 758.13万元，下降12.7%。奶牛存栏1.1万头，肉牛出栏2 898头，家禽出栏248.2万只，生猪出栏10.3万头，羊出栏4.1万只。全年鲜奶总产4.1万吨，鲜蛋总产3.7万吨，水产品总产1 618吨。

【渔业】延庆渔业水域资源总面积3 169公顷，其中渔业生态养护水域面积（水库面积）2 975公顷，渔业养殖面积（池塘）193公顷。年内区域内水产养殖85户，捕捞作业船只50条，养殖和捕捞的主要品种有青、草、鲢、鳙、鲫，少量的虹鳟、鲟鱼等。

【林下产业】完成高效节水现代化果园33.33公顷，改造老旧果园33.33公顷；新增蜂群2 000群，生产蜂蜜约210吨、蜂花粉2.5吨，蜂王浆1吨，实现产值约303万元；林下经济累存面积2 873.27公顷，其中新增面积645公顷，总产值7 296.2万元，带动就业人数3 000余人；举办第三届百合文化节、第九届北京菊花文化节，打造“四节一展”品牌；组织区花卉企业参展第九届中国花卉博览会，引导花卉企业在珍珠泉乡实施“三千花谷”项目。

【产业成果】年内，柳沟村（民俗旅游）被评定为第一批北京市特色专业示范村。12个乡镇（除四海镇、珍珠泉乡、大庄科乡）开展都市型现代示范乡镇监测及申报工作，大榆树镇、八达岭镇成功创建市级都市型现代（高效）农业示范乡镇。北京北菜园农业科技发展有限公司和北京兴业富民果蔬种植专业合作社2家企业被认定为市农业信息化龙头企业。

【休闲农业与乡村旅游】年内，四海镇南湾村被评为中国美丽休闲乡村。截至2017年年底本区已评定国家星级园区22家，其中国家五星级1家、国家四星级7家、国家三星级14家；已经评定市级星级园区56家，其中五星级4家、四星级11家、三星级32家。全区共评定星级民俗村52个，星级民俗户1 210户，乡村旅游特色业态76家，精品民宿12家，全年乡村旅游共计接待游客633.7万人次，旅游收入3.98亿元。

【畜禽养殖禁养区内规模养殖场关停】延庆区畜禽养殖禁养区内12处规模化养殖场（小区）已实现全部关停，共清理畜禽3.99万头（只），腾退农业用地47.33公顷。

【全程农业标准化基地建设】年内，本区开展全程农产品质量安全标准化示范基地建设，北京绿富隆农业股份有限公司被评为区级全程农产品质量安全标准化示范基地。

【三品认证】年内，本区积极推进三品认证工作。截至年底，全区新增无公害认证8家，总数达到48家、绿色认证总数达到3家、新增有机农产品认证2家总数达到34家。

【国家有机产品认证示范区】年内，本区正式向国家认监委申请创建“国家有机产品认证示范区”。通过多方面努力，12月22日成为北京首个有机产品认证示范区。

【无公害农产品认证】截至2017年年底，全区无公害农产品种植业认证企业35家，192个产品，生产规模665.05公顷，年产量2 976.396万千克。其中蔬菜认证33家，188个产品，生产规模596.85公顷，产量2 887.876万千克；杂粮认证2家，4个产品，产量88.52万千克。

【绿色食品认证】截至2017年年底，全区有2家蔬菜企业通过绿色食品认证，产品数量34个，产地规模32公顷，年产量209.3万千克。

【“京秀”葡萄获“全国葡萄优质奖”】8月1日，在第二十三届全国葡萄学术研讨会中，延庆区葡萄及葡萄酒产业促进中心选送的“京秀”葡萄品种获得“全国葡萄优质奖”。

【规范农资培训大会】年内，种植业服务中心会同农业局、工商延庆分局联合在延庆中银酒店会议室召开2017年农资打假暨规范农资经营使用培训会，全区农资经营单位、蔬菜生产基地及种植中心所属执法单位120余人参加了会议。同时签订责任书等。

【全国绿色食品原料标准化生产基地建设管理】年内，延庆区创建的0.68万公顷全国绿色食品原料（玉米）标准化生产基地圆满通过年度验收。

【农药监督管理】全年共组织执法检查37次，出动检查车辆42台次、执法人员180人次，经营单位162个次，蔬菜基地45个次。共计抽查农药标签115个，合格率97.4%。农药质量抽检47个样品，合格率91.5%。下发执法检查整改意见书6份；当场处罚3起，罚款150元；一般程序5起，罚没款1 870元，共计罚没款2 020元。

【植物诊所】年内开办6个植物诊所，共为10个镇2个乡2个街道的101个村的725户农民诊断了2 251个绿色处方，并相应地提出了绿色防控意见。

【退耕还林基本口粮田建设】年内，完成巩固退耕还林成果基本口粮田建设2008—2015年项目市级验收。累计基本口粮田建设项目8 666.67公顷，进行农田基础改造工程8 666.67公顷，发放精制有机肥6 500万千克、专用配方肥455万千克、保水剂11.63万千克、叶面抗旱剂0.33万千克。

【蔬菜沼液滴灌建设】年内，完成双营、东小营、孔化营、唐家堡村等4个村沼液滴灌工程，实现水肥一体化。

【水产品质量监管】年内农产品质量安全水产品检测：渔业环境监测6个渔场54.3公顷，监测6个点22.3公顷池塘病害。

【水产新品种引进】引进长丰鲢水花200万尾，松浦镜鲤乌仔和大规格鱼种12万尾，淡化大西洋鲑鱼苗3 000尾，推广养殖面积10公顷，进一步改变养殖品种单一模式。

【水产品农残检测】苗种企业速检样品30个，养殖场（户）孔雀石绿自检101个，对重点养殖场（户）抽检50个，结果全部为阴性。

【动物卫生监督执法】全年出动执法车辆445车次，出动执法人员1 586人次，检查场所598场次，下达监督笔录495份、监督意见书493份。查处案件55件，结案55件，同比增加10%。罚没金额共计61 127元，同比增加22.34%。

【动物及动物产品检疫】全年产地检疫各种动物763.21万头（只），动物产品343.45吨，消毒车辆2 515车次，屠宰检疫禽类40.77万只，出证率100%，未发生畜禽非定点屠宰动物产品质量安全事件。

【运输环节监督】公路动物防疫监督检查站依法对运输动物及动物产品的车辆逐一检查，共检查车辆17 170辆，检查动物216.92万头（只），检查动物产品45 232.3吨（枚，张）。查处2件“接收未取得监督检查专用章动物”案，涉案货值金额高达41.9万元，处罚金额17 000元；查处2件“落地报告未开具动物检疫证明”案，处罚金额9 219元，上述案件均为本区首次以该案由立案；查处1件“不遵守动物免疫退出和动物疫病传播阻断制度”案件，处罚金额4 000元，该案件是2017年唯一一件启用休眠条款的案件。

【推进动物贩运经纪人备案工作】9月26日，召开动物贩运经纪人工作会议，年底已完成首轮动物贩运经纪人备案工作，运输车辆个人备案18个，单位备案14个；动物收购、销售人员个人备案15个，单位备案4个。

【病死动物无害化处理机制建设】年内，建成病死动物无害化处理收集暂存点58处并投入运营，其中区动物疫病预防控制中心1个，农业局基层所9个，动物诊所（医院）3个，畜禽屠宰加工企业3处，动物养殖企业41个；与北京市一清百玛士绿色能源有限公司签订了协议，处理病死动物34 957头。

【畜禽疫病免疫】年内共进行3次畜禽集中强制免疫，免疫口蹄疫36.55万头（只）次，禽流感830.13万只次，羊布病6.02万只次，小反刍兽疫5.7万只次，狂犬病16 045只，强制免疫疫病均达到应免的100%。

【狂犬病集中免疫】全区13个犬只狂犬病免疫定点单位共免疫犬只16 045条，狂犬病应免疫率100%，免疫标识佩戴率100%。

【集中消毒灭源】分别于4月和9月在全区范围内组织开展“预防重大动物疫病”消毒灭源工作。共投入各类消毒药品11.95吨，涉及场（户）1 664个，累计消毒面积达252万平方米，确保100%覆盖所有重点养殖场（区）以及养殖密集区。

【农邮通建设】区农业局与中邮集团延庆分公司签署了战略合作协议，建设“农邮通”服务站总站1处、分站10处。2017年新增35家合作社与邮政公司开展物流合作，累计运输农产品1 387车次、1 680余吨，其中商超553车次，宅配订单30 840件。

【“中国特产·延庆馆”上线】4月，北京金钰诚通电子商务有限公司与京东等电商平台达成合作，成功上线京东“中国特产·延庆馆”，同时开设涵盖48家企业90余种农副产品的延庆特产馆线下展销平台，线上线下累计销售额50余万元。

【延庆区农产品展示平台开网】9月20日，“延庆区农产品展示平台”正式开网，线下为归原、绿富隆、北菜园等30家合作社（企业）制作了二维码标牌，通过扫描可直观了解延庆优质农户和农产品。

【园艺项目落地延庆】年内，扎实做好HBD一区多园宣传推荐招商工作。中国绿墙、西诺花卉、妫景郦园等知名园艺企业开工投产，中国林场、开源汇通、春光原野、乾景园林、鑫地园林、北京花木、植觉空间等一批三次产业融合的园艺类企业集聚延庆。

【官厅水库禁渔期监管】4月1日至8月15日，官厅水库进入禁渔期，5月17日市渔政站组织延怀两地联合执法，查获电鱼案件1起，移送公安部门处理，成为北京市渔政部门第一起成功实现行刑衔接案例；6月1日起水产中心开展为期三个月的“清理整治违规渔具专项执法行动”。

【参展中国国际农产品交易会】9月21—24日，组织北京绿富隆农业股份有限公司、北京北菜园农产品产销专业合作社、北京金粟种植专业合作社、四海田园农副产品加工有限责任公司参加在全国农业展览馆举办的第十五届中国国际农产品交易会，展示有机蔬菜、有机葡萄、无公害杂粮、菊花茶、玫瑰茶等20余个品种。北京绿富隆农业股份有限公司的有机荷兰黄瓜获得第十五届中国国际农产品交易会金奖称号。

【京张优质农产品推介会】11月3—5日，2017年京张优质农产品推介会在北京市延庆八达岭国际会展中心举办。本次推介会由延庆区农委主办，主题为“打造京津冀优质农产品的未来”，京张两地128家企业共600余种产品参展，设置农产品展区和“延庆乡村美食、精品民宿展”两个展厅，总展出面积5 400平方米，接待观众11 000余人次，现场成交额190万元，意向成交额1 200万元，较2016年增长20%。新设立TOP30京津冀优质农产品“延庆金禾奖”。

【农业好品牌】年内，本区5家农业企业和产品获得“北京农业好品牌”称号，其中“北菜园”“归原”“德青源”3个品牌获得2017年“北京农业好品牌”企业品牌；“绿富隆”和“晓忠”2个品牌获得2017年“北京农业好品牌”产品品牌。王占利、韩永茂、张进元获评“京郊农业好把式”称号。

【乡村旅游文化节】 7月21日，“延庆乡村旅游文化节”乡村美食大赛在北京延庆龙湾汽车露营公园隆重举行。

【新型职业农民培育】 实施新型职业农民培育工程，区农广校组建休闲农业培训班1个，培训79人。

【科普活动】 2017年，在全区开展科普之春、科普之夏、全民科普日活动共计112次，对全科农技员、乡土专家、农业产业专业技术人员进行培训，受益人数13 500余人次，其中，科技培训38次，培训人员7 200人次；科普宣传活动56次，受益人达到12 880余人次，发放宣传品23 000余份；科技下乡6次，发放各类科普资料4 000余份，受益农民1 000余人。

【基层农技推广体系改革与建设工作有序推进】 年内，全区共有区乡两级农技推广机构34个、农技推广人员343人，其中区级层面涉及种植业、畜牧业、水产业、农机化4个行业；另有村级全科农技员123人。年内共推广应用主推技术39项，选聘基层农技人员130名，培育示范主体1 301个，建设示范基地3个。

【农机国补政策】 年内，购置补贴农业机械180（套组）及保鲜储藏1 000平方米，享受市级补贴资金915.92万元。其中，120马力拖拉机8台，85马力拖拉机7台，玉米精量播种机100台，青贮收获机3台，30马力拖拉机30台，35马力拖拉机10台，40马力拖拉机15台，养鸡设备1套，废弃物处理设备2组，简易保鲜贮藏机械1 000平方米，并列式挤奶机4套。

【秸秆综合利用】 年内，引进了秸秆粉碎还田机、双轴灭茬变速旋耕机、1S－200A型深松机、翻转犁等秸秆还田机械。秸秆综合利用率超过97%。完成秸秆粉碎还田4 666.67公顷，制作青贮饲料2 000公顷玉米，收贮秸秆4 000公顷，13万吨，用作饲草和肥料化的原料。

【玉米免耕播种机取得补贴资格】 年内，自行研制生产的2BMF－4型玉米免耕播种机在北京地区已经列入北京市农机补贴名录，100台玉米免耕播种机取得补贴资格。

【自行设计安装棚内省力轨道车】 年内，5台自行设计的棚内省力轨道运输车在北京绿菜园蔬菜专业合作社安装完成并投入使用，方便种植户运送肥料、采收农产品运输等劳动量大的生产活动。

【深松整地作业】 年内，全区9个乡镇完成深松整地1 333.33公顷。

【举办第三届（总第五届）基层农技推广知识竞赛】 12月15日，14个乡镇各选派1支代表队参加，每队由3名村级全科农技员组成。张山营镇代表队荣获一等奖，香营乡、旧县镇代表队荣获二等奖，井庄镇、延庆镇和大榆树镇3支代表队荣获三等奖。

【村级全科农技员管理】 年内，修改完善《延庆区村级全科农技员管理办法》，并开展专项自查，更换5人，总人数保持稳定。

【“1+1+X”工程】 年内，完成农村实用人才开发培养工程，选派指导教师14名为全区7个乡镇的36户农民进行对接服务。主要指导蔬菜、玉米、脱毒马铃薯种薯繁育、花卉的栽培技术及病虫害防治管理。

【科普惠农】 年内，通过培训班、田间指导、科普赶集等形式，培训农民5 000余人次，发放技术资料8 000余份。

【菜田补贴】 年内，全区享受蔬菜补贴总面积929.5公顷，其中，露地蔬菜560公顷、日光温室蔬菜95.1公顷、钢架大棚蔬菜274.5公顷，补贴资金736万元。

【农业支持保护补贴】 制定出台《延庆区2017年农业支持保护补贴政策实施方案》《关于调整延庆区2017年农业支持保护补贴标准的补充方案》，11月25日完成补贴工作。补贴面积0.86万公顷，补贴资金1 936.2万元，涉及15个乡镇309个村2.7万户。

【种植业政策性农业保险】 年内，全区种植业承保总面积6 848.2公顷，同比增加36%。其中，承保玉米2 475.4公顷，同比减少6%；承保温室大棚197.2公顷，同比减少5%；承保果树4 200.5公顷，同比增加91%；种植业总保额31 211.3万元，同比增加364%，涉及7 780户（企业或合作社）。保费收入1 767.4万元，同比增加49%。全区受灾理赔面积600公顷，总赔付资金157万元。

【养殖业政策性农业保险】 年内，对养殖企业投保情况进行了现场审核，全年共投保98户次，投保畜禽总量192.52万头（只），投保总额21 842.1万元。其中奶牛10户次4 882头；能繁母猪头41户次4 587头；生猪44户84 561头；蛋鸡3户

183.12 万只。共计理赔 2 953 户次 28 301 头（只），理赔金额 905.04 万元。

村镇建设

【美丽乡村和特色小镇】年内，确定 2018—2020 年美丽乡村建设总任务及年度目标，确定 120 个任务村庄名单并建立任务台账，已编制完成 35 个美丽乡村示范村建设发展规划。推荐铁炉村、八亩地村和东龙湾村参评“北京最美的乡村”；康庄镇获评第二批全国特色小镇。

【国家新型城镇化综合试点】12 月 5 日，将延庆区国家新型城镇化综合试点工作纳入北京市延庆区社会主义新农村建设工作领导小组，为区委、政府议事协调机构，由区委副书记任组长，相关副区长任副组长。领导小组下设两个办公室，均设在区农委，新型城镇化综合试点工作办公室主任由区农委主任、区发展改革委主任担任，副主任由区农委副主任、区发展改革委副主任担任；新农村建设工作办公室主任由区农委主任担任。

【旧县镇全国运动休闲特色小镇试点项目启动仪式】2017 年 9 月 29 日，旧县镇运动休闲特色小镇启动仪式及首届“独山夜月”旅游文化体验季活动在北京龙湾国际露营公园开幕。

【率先完成京张高铁主线征拆任务】4 月 28 日，由区交通局牵头负责的京张高铁（延庆段）主线征拆工作全部完成并交地，在京张高铁沿线的区县中率先完成任务，至 11 月底，支线征拆任务全部完成并交地。

【冬奥森林公园建设】冬奥森林公园规划占地南北长 1.1 千米，东西长 0.28 千米，总面积约 32 公顷。年内完成冬奥森林公园水评、环评等工作，可研报告已上报市发改委，待批复后开工。

【冬奥会延庆赛区场馆工程】赛区位于张山营镇西大庄科村，核心区规划用地面积约 1 513.7 公顷。规划建设用地面积 70 公顷、建筑规模 35 万平方米，设施用地 120 公顷，环境用地约 1 323.7 公顷。赛区拟建 5 个竞赛、非竞赛场馆，将进行 3 个大项（高山滑雪、雪车、雪橇）、4 个分项（高山滑雪、雪车、钢架雪车、雪橇）、20 个小项的比赛。

【冬奥会延庆赛区外围综合管廊工程】综合管廊是为冬奥会延庆赛区提供水、电、通信等基础设施保障的地下廊道项目。该项目起点位于佛峪口水库管理处，终点位于赛区新建塘坝处，管廊主隧洞长度约 7.5 千米。该工程于 2017 年 9 月 15 日启动，目前正在施工中。

【送气下乡】年内，推进液化石油气“送气下乡”工作，建设村级换瓶点 282 个，开户 4 327 户，销售 21.7 万瓶。累计开户 6.7 万户，累计销售 72.6 万瓶。

【农村煤改气】年内，36 个村庄通气，累计安装壁挂炉 4 265 台，敷设燃气管道 16 万米，改造村庄数量占全市完成总量的 4%，减少农村地区用煤量 1 643 万千克。

【重大工程项目】年内，“陕京四线”张山营段回填及管道打压任务全部完成，签订延崇高速张山营山区段地上物补偿协议及临时占地协议。

【农村环境建设与管理】年内，推进垃圾分类工作，完善垃圾分类设施配备，设置垃圾分类入户收集员；开展餐厨垃圾收运工作，农村地区共有餐饮单位 1 170 家，签订餐厨垃圾清运协议的有 1 170 家，签约率 100%；开展季节性环境整治、“双创”环境综合整治、公路沿线“百日”环境综合整治、秋冬季农村环境综合整治行动，整治各类环境问题 3 500 余处，整改率 98%。此外，处理首都环境管理建设办公室挂账问题 330 件，整改率 100%。处理环境热线、每日舆情、新闻曝光等各种渠道反映的问题 85 余处，整改率 100%；继续开展“十佳”村庄和垃圾分类示范村庄创建工作；完成农村保洁员管理机制的调整工作，剩余保洁员 6 730 人。

【农村地区冬季清洁取暖工作】年内，确定清洁能源设备企业 19 家、优质型煤炉具企业 2 家、优质型煤供应企业 9 家。供暖季，重点推进优质燃煤替代、取暖“煤改电”、更换无烟煤炉具等工作，“煤改电”设备安装涉及 11 个乡镇 45 个村庄 11 784 户，实现减煤 6.6 万吨、换煤 8.69 万吨，更换优质燃煤炉具 994 台。

【抗震节能改造工程】年内，完成农宅抗震节能改造 7 018 户，其中新建翻建 3 057 户、单项保温 3 961 户；完成 6 个乡镇 23 个村的村属公益用房节能保温工程。

【沟域经济建设】年内，“乡宴柳沟”沟域被列为市级重点建设沟域，“百里山水画廊”“四季花海”“冰川绿谷”被列为区级建设提升沟域，安排沟域经济建设转移支付支持资金 3 000 万元。

【山区搬迁工程】年内，按照美丽乡村示范村标准推进山区搬迁村建设，完成大庄科乡里长沟村、董家沟村，珍珠泉乡小川村，井庄镇碓臼石村、冯家庙村，香营乡山底下村，千家店镇沙梁子村 7 个村规划方案编制工作。

农村改革与管理

【概况】年内，印发出台了《北京市延庆区乡镇集体经济组织产权制度改革试点实施方案》，全面启动大榆树镇镇级产权制度改革工作；《北京市延庆区农民专业合作社组织管理体制改革方案》已通过第 37 次区政府常务会议审议；《关于建立优质农产品营销网络的实施方案》已通过区政府专题会议审议；《延庆区国家新型城镇化综合试点实施方案》通过区政府专题会研究审议。

【农民专业合作社】年内，16 家合作社被评定为市级示范社，可享受免抵押担保贷款、贷款贴息、担保费补贴和产业项目优先扶持等优惠政策。对 23 家表现突出的农民专业合作社给予表彰。前庙村葡萄、红福宝养殖等 5 个农民专业合作社考评不及格，取消市级示范社称号。

【土地确权】年内，确定 33 个村属于暂不确权范围，涉及承包合同面积 0.15 万公顷。清理土地承包合同档案 4.2 万份，调查承包户 5.1 万户，审核公示承包地面积 2.07 万公顷（实测面积 2.57 万公顷），累计完成总任务的 93.37%。

农 村 民 生

【农民增收】年内，落实市级促进农民增收若干措施，出台《延庆区 2017 年下半年促进农民持续增收行动方案》，实现农民人均可支配收入 21 248 元，增速达到 8.5%，快于城镇居民增收 0.3 个百分点。

【低收入村户增收】年内，58 个低收入村、12 358 户 25 652 人被纳入监测数据库。确定低收入产业项目 122 个，78 个项目已开工建设，完工 38 个。对符合条件的 490 户、1 107 人低收入农户新纳入低保、特困等社救救助系统，做到应保尽保。实施因病致贫、临时救助、教育救助低收入农户 1 313 户 1 349 人。对全区低收入农户 21 479 人参加新农合个人缴费部分予以补贴，每人每年 160 元。农村社保、社会救助标准及公共服务水平进一步提升，两次提高养老金水平，基础养老金每人每月达 610 元，福利养老金达到每人每月 525 元。先后选派 139 名第一书记，引进帮扶项目 60 余个，涉及资金近 2 500 万元。通过多项帮扶举措，86.3%低收入农户人均可支配收入超过标准线。低收入农户人均可支配收入 10 014 元，同比增长 16.3%，增速快于农民增收水平。

【统筹城乡劳动力就业】年内，实现城镇新增就业 8 655 人，城镇登记失业人员就业 3 696 人，城镇就业困难人员就业 2 044 人，农村劳动力转移就业 4 374 人。城镇登记失业率 4%，城镇登记失业人员就业率达到 56%。对困难失业人员、困难企业职工和安置农民工较多的企业进行了两节期间走访慰问；生态就业岗位安置农村就业困难人员 7 897 人；社区公益性就业岗位安置城乡就业困难人员 2 931 人。

【就业政策】年内，宣传和落实市、区两级用人单位岗位补贴和社会保险补贴政策、灵活就业（自谋职业）社会保险补贴政策、公益性就业补助政策、绿色生态就业补助政策。全年共落实促进就业资金 5.95 亿元，其中市失业保险基金 3.07 亿元，区财政 2.88 亿元，促进 3.9 万人次稳定就业。

【推动城市公共服务类岗位对接】年内，延庆区作为城市公共服务类岗位安置农村地区劳动力就业促进农民增收试点地区，召开 13 场招聘会，成功输送 431 人。

【月嫂培训】3 月，北京市妇女干部学校与延庆区妇联联合举办了家政培训班。来自延庆区 15 个乡镇的 32 名妇女姐妹参加了此次培训，其中 65%来自低收入家庭。

【职业技能培训】年内，对农村劳动力、城镇失业人员开展森林管护、花卉园艺等技能培训。职业技能培训 3 513 人，其中，失业人员再就业培训 270 人，农村劳动力转移就业培训 827 人，其他人员 2 416 人。共申请职业培训补贴 50.66 万元。

【职业技能鉴定】年内，组织参加鉴定 653 人。其中农村劳动力考核 336 人，职技院校学生双证考核 317 人。取得职业资格证书 604 人，全部为中级。鉴定涉及保育员、中式烹调师、绿化工、美容师、美发师等七个职业工种。继续推广“寻找技能达人活动”成果，打造精品人才培养项目。

【农转非占地安置】年内，配合做好世园会占地安置，对谷家营、李四官庄两村开展软件操作培训，协助开立社保账户，完成 809 名转非劳动力和 562 名超转人员的参保、补缴信息入库和 809 名转非劳动力的社会保险趸缴工作，累计趸缴金额 1.37 亿元，同时完成征地村胜利街的社保开户及 102 名转非劳动力信息采集入库工作。

【大学生“村官”管理】年内，2014 届次大学生“村官”合同期满人数 133 人，已就业 128 人，就业率为 96.24%。大学生“村官”与选调生工作并轨，招录大学生“村官”（选调生）33 人。启动“我是‘村官’”系列活动，开展“最美大学生‘村官’”评选、寻找“大学生‘村官’骄子”“把脚印留在妫川大地上”等主题实践活动，助力大学生“村官”创立“长城脚下的蜂蜜”“野菜小王子”等产业品牌，带动低收入农户增收。

【劳动监察】年内，以冬奥会、世园会、政府保障房项目等政府投资类建筑工地为重点，摸底排查农民工欠薪隐患，规范工资支付渠道。以住宿餐饮业和劳动密集型企业为重点，开展执法宣传专项活动。日常检查用人单位 599 户 6.3 万人次，查处劳动违法案件 88 件，追发补发工资 886 人 1 072.62 万元；为 3 人补缴社会保险，为 3 人补签劳动合同，发放责令改正通知书 29 份，行政处罚 2 起，罚金 1.2 万元。

【山区生态林补偿机制工作】完成年度管护员轮岗工作，产生管护员 7 740 人。

【成立全市首个扶贫社工服务站】8 月 10 日，全市首个扶贫社会工作服务站落户张山营镇胡家营村。

【农村财会中专班】4 月 13 日，延庆教委在康庄镇开办农村财会中专班。招收农民学员 65 人，成绩合格学员取得毕业证书，通过考试可获得会计从业资格证书。

【完善老年人用餐服务体系】政府为餐饮企业免费提供配餐场地、水电等扶持政策；在农村建成了 20 家村级餐桌，为 1 200 余名老年人提供用餐、助餐服务。

【推广慈善“1+1”关爱空巢助老项目】乡土志愿服务资源，为农村高龄空巢特困老人提供照料、耕作、应急、农收、暖冬等系列家门口志愿服务。年底推广至 11 个乡镇 107 个村，650 名志愿者为 885 名困境老年人提供上门服务。

【居家养老服务设施建设】已建成的 6 家乡镇养老照料中心为辖区内老年人提供居家辐射服务。年内开工建设养老驿站 6 家，实现运营 2 家。

【惠老政策】年内为 9 344 名 80 周岁及以上老年人养老助残卡，充值 991.24 万元；为 65～79 周岁的老年人发放北京通—养老助残卡 30 818 张；为 346 名 60～64 周岁老年人办理老年人优待证 346 本；为 832 名 90～99 周岁及以上老年人发放高龄津贴 73.98 万元，为 16 名百岁老人发放高龄津贴 2.64 万元；为 18 名 95 周岁及以上老年人报销医药费 0.44 万元；春节、重阳节期间，慰问百岁老人、特困老人 1 200 余人次，发放慰问金 36.3 万元；为全区 3 885 名 60 周岁以上“低保、特困、优抚”老年人统一购买了老年人意外伤害保险，共计 19.43 万元；完成全区 540 户困难老年人家庭适老化改造工作。

【获少数民族乡村经济发展 7 个奖项】延庆区政府获得区级主体作用发挥优秀奖一等奖，奖金 500 万元；井庄镇政府获得乡镇主体作用发挥优秀奖三等奖，奖金 60 万元；慈母川村、新华营村、南张庄村、吴坊营村分别获得特色发展示范奖、精准帮扶优秀奖及经济发展进步奖，分别获得奖金 50 万元、20 万元、20 万元和 20 万元；井庄镇王仲营村获得国家民委命名的“中国少数民族特色村寨”称号，获得奖金 100 万元。

【井庄镇燕羽情志愿服务队正式成立】5 月 5 日，井庄镇燕羽情志愿服务队正式成立，包括旅游保障志愿服务队、环境美化志愿服务队、安全保障志愿服务队、秩序维护志愿服务队、医疗保障志愿服务队共 5 支分队。

【旧县镇群众文化工作】旧县镇安排文艺演出 67 场，其中 22 个行政村星火演出 62 场，其中专业场次 18 场，业余场次 44 场。安排夏日文化广场演出 3 场，周末场演出 2 场。全镇近 8 000 余人观看文艺演出；加强文化大院建设，强化文物保护，做好非物质文化遗产的传承；参加北京市健身舞比赛获得二等奖；镇文体中心被评为 2016 年全国优秀文化站。

【多部门联合开展法治宣传活动】3 月 15 日，区司法局、区质监局、区食药局、珍珠泉乡等单位联合在珍珠泉文化广场开展“疏解整治促提升，法治护航助发展”法治宣传活动。活动共发放宣传材料千余份，受教育人数百余人次。

【宗教活动】10 月 27 日，北京市宗教界捐助延庆区少数民族乡村贫困户善款共计 30.2 万元，延庆区 14 个民族村的 151 户贫困家庭受益。平安夜、圣诞节共接待信教群众及参观人员 2 300 余人次。开斋节和古尔邦节会礼活动共接待 400 余名穆斯林群众。

【第二届北京野鸭湖冰雪马拉松圆满举行】 1月7日第二届北京野鸭湖冰雪马拉松拉开序幕，2008北京奥运会奥组委秘书长魏纪中、李志军、穆鹏、董亮等嘉宾参加，共有2 022名选手报名参赛，意在“预热”2022年北京冬奥会。最终，来自中国的沙宇超、张新分别获得男女冠军。

【野鸭湖举办北京市第35届爱鸟周活动】 4月8日，北京市第三十五届“爱鸟周”宣传活动启动仪式暨“北京雨燕杯”野鸭湖春季观鸟邀请赛在北京野鸭湖国家湿地公园举办，200余人组建了20组观鸟队伍参加观鸟赛。

【延庆区参加北京市农民篮球比赛】 2017年北京市农民篮球赛于9月2日至24日在北京国际温泉体育健身中心举行。延庆区农民获得了体育道德风尚奖和个人三分球冠军。

【中式面点培训班】 1月16—18日，区残联联合第一职业学校举办了为期三天的低收入户残疾人中式面点培训班，20名残疾人参加了培训。学习制作了开口笑、烧饼、纸杯蛋糕、蔓越莓司康等面食和糕点，提高了残疾人就业能力和创业渠道。

【城乡最低生活保障】 城乡低保标准从家庭月人均800元调整为900元；城乡特困分散供养标准从家庭月人均1 120元调整为1 350元；城乡特困集中供养标准分别从家庭月人均1 485.6元和839.25元统一调整为1 350元；城乡低收入标准从家庭月人均1 050元调整为1 410元。全区共有城乡低保对象2 940户，4 313人，累计支出低保金4 518.41万元；城乡特困人员共计807户813人，全年累计支出资金1 305.88万元。此外，为城乡低保和城乡特困人员发放电价补贴33.56万元。

【医疗救助】 年内，为10 283人次社会救助对象发放医疗救助资金1 304.59万元。集中资助符合参保参合条件的城乡社会救助对象个人缴费部分，资助参保317人，支出资金12.51万元；资助参合5 413人，支出资金86.61万元；共资助5 730人，支出资金99.12万元。参保率达到98.45%，参合率达到100%。为134户因病致贫家庭发放医疗救助资金110.53万元。

【临时救助】 年内，为586名急难群众发放救助资金127.51万元，解决城乡群众突发性、紧迫性、临时性基本生活困难。

【高等教育救助】 年内，为119名大学新生发放高等教育新生入学救助资金52.74万元。

【定期生活补助工作】 年内，新接收了延庆镇谷家营、李四官庄、胜利街3个村征地超转人员共566人，为全区征地超转人员发放补贴款1 418.19万元；为孤残儿童发放孤儿基本生活费115.99万元；为白河伤残民工发放补贴款146.41万元；为季发定救人员发放补贴款0.77万元。共计1 681.36万元。

【大病和突发事件救助项目】 年内救助大病家庭100户、突发事件家庭2户，发放救助款210.9万元。

【“妫川希望”助学项目】 联合爱心企业，对延庆区户籍低保家庭在读学生按照小学、初中、高中、大学四个阶段进行资助，共资助救助351人，发放助学款48.24万元。

【“SOS”紧急救助项目】 年内，对因重大疾病、意外事故等原因无力承担医药费的10名急难群众，一次性给予5 000元救助金进行紧急帮扶。入选北京市民政局评选出的十个最佳创新项目。

【留守儿童（困境未成年人）关爱服务项目】 通过政府购买服务方式委托北京市延庆区鹏鲲社会工作事务所开展留守儿童（困境未成年人）关爱服务项目，服务期限自2017年6月1日起至2019年5月31日止。开展了留守（困境）儿童“合力监护、相伴成长”专项行动和“助力成长”留守（困境）儿童关爱行动。

【建立留守（困境）儿童紧急救助庇护站】 在刘斌堡乡敬老院建立延庆区留守（困境）儿童紧急救助庇护站，辐射东部山区千家店镇、四海镇等7个乡镇，可以为东部山区338名留守（困境）儿童提供紧急庇护。

【推进慈善超市创建】 张山营镇、大榆树镇的2家爱心家园升级改造为慈善超市并投入使用。

【优待抚恤】 年内，共为2 370名各类优抚对象发放抚恤补助金3 247.77万元、慰问金186.56万元、集中供热采暖补助170.43万元。对本区2 116名优抚对象全部进行核查。为300名义务兵发放义务兵优待金和义务兵家庭补助金约842.4万元；为255名优抚对象报销2016年超支医疗费210.6万元，为14家卫生院下达2017年基本医疗费预算152.1万元；完成21名优抚对象危房翻建工作。为113名困难优抚对象发放临时救助10万元。全年新增优抚对象32人，去世优抚对象98人。

【退役士兵安置】年内，接收退役士兵 103 人，其中自主就业退伍士兵 98 人，符合政府安置工作 5 人，共发放自主就业一次性经济补助 791.99 万元，发放待安置期间生活补助 2.07 万元。组织退役士兵参加教育培训，11 人参加短期技能培训。

【镇企携手结对帮扶】年内，大榆树镇与中建八局联合开展“十九大精神进工作、进农家暨‘百名党员连百户，心手相连助扶贫’”活动，镇机关和中建八局共 154 名党员与全镇 188 名低收入农户中 65 周岁以上的老人结对帮扶，入户慰问老人，宣讲十九大精神，同时一对一填写“党员连心卡”，建立长效帮扶机制。

基层组织与民主政治建设

【乡镇纪检监察干部业务培训班】3 月 27 日至 31 日举办该培训班，乡镇纪检监察干部 44 人参加。由区纪委领导和业务骨干集中授课，重点讲授依规依纪履职担当、信访举报线索处置、执纪审查以及案件审理工作规范等业务知识和技能，并通过讨论演练、学员演示发言、总结点评等形式强化培训实效。

【监察体制改革试点工作】3 月，成立全区深化监察体制改革试点工作小组，出台《延庆区深化监察体制改革试点工作实施方案》，决定设立区监察委员会，同时撤销区监察局、区预防腐败局、区行政投诉中心；撤销区人民检察院反贪污贿赂局、反渎职侵权局、职务犯罪预防处，将相关职能整合至区监察委员会。区纪委、区监委合署办公，履行党的纪律检查、国家监察两项职责，实行一套工作机构、两个机关名称。4 月 6 日，区人民检察院 16 人正式转隶至区纪委区监委。4 月 7 日，区二届人大二次会议选举虞宝才为区监委主任，区人大常委会第三次会议任命区监委副主任 3 名、区监委委员 3 名，同日召开区监察委员会成立大会。8 月 9 日，市深化监察体制改革检查评估组对全区深化监察体制改革试点工作进行现场检查评估。12 月 28 日，区二届人大四次会议选举蒋达峰为区监委会主任。

【落实农村基层全面从严治党主体责任】年内，组织党员干部层层签订全党风廉政建设责任制个性化责任清单，农村基层党员干部公开作出廉政承诺，严格落实履行主体责任情况报告制度。全面推行党风廉政建设主体责任全程纪实制度，将“全程纪实”管理对象范围延伸至乡镇科队站所负责人。完善党风廉政建设责任制检查考核机制，健全日常考核和集中考核程序，量化考核评价指标体系，年底进行专项检查，对考核排名靠后的乡镇进行约谈。

【整治小官贪腐问题】集中开展“为官不为、为官乱为”“整治和查处侵害群众利益不正之风和腐败问题”两个专项治理。全区纪检监察组织受理信访举报 550 件次，同比下降 14.6%，其中反映农村干部 175 件次，占 57.4%，同比下降 15.9%；处置问题线索 247 件，同比上升 30%；新立案件 162 件，其中乡镇立案 95 件；给予党纪政务处分 151 人，其中农村党员干部 108 人。

【强化扶贫领域监督执纪问责】7 月，区纪委对全区扶贫领域监督执纪问责工作进行部署，集中开展扶贫领域情况大起底，建立联查工作机制，会同审计、财政等部门集中开展低收入农户帮扶资金专项检查，组织巡察组对精准帮扶重点乡镇进行巡察，加大对低收入农户帮扶责任部门、乡镇和村“两委”履行职责情况的监督检查，共查处 11 乡镇 16 个行政村存在违反财经纪律行为，对 33 名农村党员立案审查。

【农村党风廉政宣传教育】年内，开通延庆纪检监察微信公众号，制作推送微信文章 77 期、信息 288 篇，开设“廉政妫川”“家庭助廉”“理论与研究”“以案说纪”等原创栏目，持续打造“德蕴清风”廉政品牌，联合高校开展“红廉”文化体验活动和红廉文化演出，创作《延庆纪检监察者之歌》等一批廉政文化作品，开展“廉政亲情寄语”征集活动，营造德治礼序、以德促廉的良好社会氛围。

“三农”工作部署和实施

【区农村工作会】7 月 10 日，本区召开 2017 年农村半年工作会。穆鹏主持会议，区社会主义新农村建设领导小组成员单位、农口单位、乡镇党委政府、龙头企业和合作社代表与负责人参加了会议。刘瑞成作农村工作报告，李志军作重要讲话。

【北京市延庆区大榆树镇第一届人民代表大会第三次会议】11 月 26 日，北京市延庆区大榆树镇第一届人民代表大会第三次会议召开，会议听取审议了《大榆树镇政府工作报告》《大榆树镇 2017 年财政预算执行情况和 2018 年财政预算（草案）的报告》，圆满完成了大会通过的各项议程。

【提案办理】2017 年收到正式提案 110 件，已全部完成文字办复。提案所提问题已经解决或基本解决的有83件，占提案总数的75.5%；正在解决或列入规划逐步推进解决的23件，占提案总数的20.9%；因政策体制和客观条件所限暂不能解决的4件，占提案总数的3.6%。

延庆区领导名录

区委书记	李志军
副书记	穆鹏 李军会
常委	李志军 穆鹏 李军会 张远 刘学亮 黄克瀛（女） 吕桂富 谢文征 蒋达峰
区人大常委会主任	胡耀刚
副主任	武克 郑世华 郭永华 闫承发 吴辰英（女，不驻会）
区长	穆鹏
常务副区长	张远
副区长	谢文征 刘瑞成 祖宇 罗瀛（女，满族） 董亮 吴世江
区政协主席	陈合安
副主席	刘明利 谷艳兰（女） 张立新 张留全 程大庆（不驻会） 杨雪平（女，不驻会）
区委农工委书记	徐自成
区农委主任	程大庆

延庆区乡镇党政正职领导

	党委书记	镇（乡）长、主任
延庆镇	郭慧成	张海峰
永宁镇	葛新	陈志海
康庄镇	陈桂芬（女）	张春元
张山营镇	崔旭龙	郁世民
八达岭镇	孟顺利	曹凯锋
旧县镇	郭铁石	王秦江
大榆树镇	辛文军	赵满江
沈家营镇	郭雄强	王建柱
井庄镇	曲荣杰	刘军
千家店镇	张利忠	王晓娟（女）
四海镇	张胜军	马庆友
香营乡	李新生	李英铁
刘斌堡乡	崔秀海	程立军
大庄科乡	徐志中	荣欣锋
珍珠泉乡	王琦	闫茂先
百泉街道办事处	赵振华	谷建英（女）
儒林街道办事处	马素军（女）	赵贵军
香水园街道办事处	冯浙军	李艳芬（女）

（延庆区农委 李永翔）

市农业系统行政、事业机构

中共北京市委农村工作委员会 北京市农村工作委员会

2017年，在市委市政府坚强领导下，市委农工委、市农委（以下简称“两委”）深入学习宣传贯彻党的十九大精神和习近平新时代中国特色社会主义思想，以习总书记两次视察北京重要讲话精神及对北京工作的一系列重要指示精神为根本遵循，落实市十二次党代会决策部署，紧紧围绕“四个中心”城市战略定位和“国际一流的和谐宜居之都”建设大局，坚持疏解整治促提升，扎实推动城乡一体化发展，持续加大城乡统筹与农村改革力度，深化农业供给侧结构性改革，在率先全面实现小康、城乡融合发展、生态文明建设、绿色农产品供应、重大活动保障等方面作出了不懈努力，“三农”各项工作持续向好发展。

2017年，两委共承担市政府重点工作、民生实事、新农村建设等11类176项市级重大决策任务，并全部按时完成。主要开展的工作如下：

（一）着力改善农村人居环境

启动实施新一轮美丽乡村建设三年行动计划。全年新建美丽乡村300个，累计达1 300个。研究制定了《关于开展“实施乡村振兴战略　推进美丽乡村建设”专项行动（2018—2020年）的实施意见》，11月21日召开全市大会，蔡奇书记、陈吉宁市长出席会议、直接动员部署，明确了全市美丽乡村建设的总体要求、“三步走”的建设时序和10项重点任务。先期推进63个试点村的村庄建设发展规划、环境整治和美丽乡村建设实施方案的编制任务。

大力度推进农村地区冬季清洁取暖工作。落实京津冀大气污染防治强化措施，全年完成901个村庄、36.9万户的“煤改清洁能源”工作，超额完成市政府要求的目标任务。同步完成1 514个村委会、村民公共活动场所和95万平方米籽种农业设施的改造工作，在山区乡村探索开展冬季清洁取暖的有效方式。自2013年工程实施以来，全市已累计完成2 237个村庄、约90万户住户的“无煤化”改造任务，减少散煤燃烧约270万吨。

扎实推进功能性特色小城镇建设。坚持特色引领、试点带动，通过规划、土地、财政、金融等方面政策集成创新，引导功能性项目、特色文化资源、品牌企业落户小城镇。出台了《北京市关于进一步促进和规范功能性特色小城镇发展有关问题的通知》，围绕承接中心城区功能疏解和新型特色产业培育，支持规划建设一批特色小城镇，怀柔区雁栖镇等4个镇被认定为第二批中国特色小镇，累计达到7个。完成城乡接合部重点地区环境问题整改年度任务，疏解整治一批工业大院、“散乱污”企业。扎实推动小城镇区域内资源整合、项目组合和产业融合，提升教育、医疗等公共服务水平，打造与小城镇自身禀赋与地域特点相适应的优势产业，探索形成宜居宜业宜游的功能性特色小城镇发展路径。

继续推进农宅抗震节能改造。全年组织开展6万户农宅的改造工程，完成《北京市农民住宅抗震节能改造工程建设规划（2014—2017年）》任务，累计实施近70万户农宅的抗震节能改造，基本实现全市农宅应改尽改。

加强传统村落保护和发展。研究制定《关于加强传统村落保护发展的指导意见》以及规划设计指南、修缮指导意见等一系列技术规范和管理文件。确定了北京市第一批 44 个市级传统村落，其中 21 个列入中国传统村落名录，并全部完成了村庄的保护发展规划编制工作。启动了第五批中国传统村落调查推荐。

推动山区绿色发展。配合做好浅山区违法占地违法建设整治工作，全面清查了全市荒山荒滩承包（租赁）合同，认定涉违合同 589 份、违章构筑物 1 073 亩（分别占合同总数和清查面积的 3.82%、0.07%），加强荒山荒滩承包（租赁）管理，坚决拆除违章建设。在 2 778 平方公里的范围内，实施严格控制新开发建设项目、严格农村土地用途管制、严格落实快拆机制等六项严禁严管措施，确保管控范围内无违法占地、无违法建设、无违法排污、无禁限产业。扎实做好第三轮地质灾害易发区和生存条件恶劣地区山区搬迁收尾工作，2017 年启动了 46 个村、4 715 户、10 400 人的搬迁工程。扎实推进 10 条重点沟域建设；推动京津冀三地 10 个区县共同建设 5 条跨区域沟域经济发展带，重点培育特色产业、增强生态服务功能。

（二）着力提升农业发展质量

深入推进农业“调转节”。继续调减退出高耗水种养业，在地下水严重超采区继续调减高耗水的粮食种植，已完成“调转节”2020 年目标任务的 80%。把农业节水作为方向性、战略性大事来抓，印发了《北京市推进“两田一园”高效节水工作方案》《北京市农业水价综合改革实施方案》，严格落实用水限额管理制度，加快推动节水栽培技术广泛应用和绿地林地集雨节水工程建设，全面开展区域规模化高效节水灌溉，全面推进农业水价综合改革和区域规模化高效节水灌溉，农业用新水节约 4 000万立方米。

积极创建国家现代农业示范区。制定《2017 年北京市国家现代农业示范区重点工作细化方案》，修订《北京市级现代农业示范区创建管理办法（试行）》，组织 6 个区开展北京市级现代农业示范区创建工作，启动创建北京市第一批 4 个市级现代农业产业园，新认定 23 个北京都市型现代农业示范乡镇，推动房山区良乡现代农业产业园入选第二批国家现代农业产业园名单。开展特色农产品优势区创建，评选出 44 个“北京农业好品牌”、20 个“京郊农业好把式”。农业部评价 2017 年北京市国家现代农业示范区建设水平综合得分 76.11 分，达到基本实现农业现代化水平。

推进以现代种业为重点的农业科技发展。牵头六部门研究出台了《关于推进北京市种业人才发展和科研成果权益改革工作的若干意见》，深化种业体制机制改革，启动北京南繁科研育种基地建设，举办了第六届北京现代种业博览会，北京现代种业继续保持全国领先优势，更好地服务国家粮食安全。创新农业科技服务方式，重点加强农业综合节水技术、育种繁种技术、农业高端技术转化、农业生态技术和观光休闲技术五个领域的扶持引导，不断提升农业科技应用水平。完善全科农技员绩效管理手段，试点“滴滴农科”（互联网＋农技服务）的新模式，组织实施“移动 APP 及咨询通产品在全科农技员管理服务中的应用示范”项目，提升全科农技员服务实效。

加强“菜篮子”工程建设。加强农产品质量安全监管，全面创建国家农产品质量安全城市，健全监管体制，增加绿色优质农产品供给，“菜篮子”产品质量抽检合格率达到 97%以上，汪洋同志在北京出席全国“双安双创”现场会时，对北京农业和农产品质量安全给予表扬肯定。结合疏解整治促提升，支持本市农业企业、合作社在环京周边地区建立蔬菜基地 3.3 万亩、畜禽基地 5 家，每年可为首都市场提供蔬菜 7.5 万吨、牛奶 7.1 万吨、商品猪 10.3 万头、鸡肉产品 1.8 万吨，稳步提升我市“菜篮子”产品供给能力，同时也进一步推动了京津冀农业协同发展。

推进农业绿色发展。启动国家农业可持续发展试验示范区创建工作，印发《北京市全市创建国家农业可持续发展试验示范区三年行动计划（2017—2019 年）》。扎实推进“三个十条”在农业领域的落实，组织开展土壤污染防治和改良工作，加强农业面源污染治理，实施化肥农药使用减量行动计划。组织开展 100 家规模化养殖场粪污治理与资源化利用。开展清理整治“大棚房”专项行动，强化设施农业监管，排查各类设施农业 16.9 万栋、20 万亩，清理整治“大棚房”150 宗、问题大棚 7 887个。

推动乡村旅游转型升级。出台了《关于加快休闲农业和乡村旅游发展的意见》，以市民需求为导向，创新农旅结合、农科结合、农文结合等发展模式，打造了一批集农事体验、娱乐休闲、健康养老等为一体的乡村旅游目的地和精品线路，不断丰富乡村旅游业态和产品。全市现有休闲农业园区1 216个，民俗旅游接待户8 363户，休闲农业和民俗旅游全年接待游客4 337万人次，实现收入44.1亿元。延庆区南湾村等5个村被推介为2017年中国美丽休闲乡村，累计达到19个村，开展了第三批北京休闲农业园区（企业）星级创建工作。成功举办第五届北京农业嘉年华，累计接待入园游客136.9万人次。

（三）着力改善农村民生

大力促进农民就业增收。会同市人力社保局，出台《关于进一步做好本市农村劳动力转移就业工作的通知》，支持引导用人单位招用农村劳动力就业，对招用本市农村就业困难人员的，给予最长5年的岗位补贴［5 000元/人·年］和社会保险补贴。加强农村劳动力就业培训，深化“城乡手拉手”就业协作机制，组织城市公共服务岗位成建制招用1 000个本市农村劳动力，由失业保险基金按照不高于每人每月2 500元的标准给予岗位补贴。年内帮助4万名农村劳动力转移就业，动态保持“零就业家庭”至少一人就业。围绕抓就业、抓产业、抓环境、抓救助的要求，出台了《促进本市农民增收及低收入农户增收工作的若干政策措施》，不断加大农民增收工作力度。落实提高山区生态林管护标准政策，将生态林管护员岗位补贴由532元/（人·月）提高20%左右，达到638元/（人·月）。2017年，农村居民人均可支配收入实现24 240元，同比增长8.7%，扣除物价实际增长6.7%。

精准抓好低收入帮扶。推动“六个一批”分类帮扶措施落地实施，印发了《关于进一步加强低收入村户产业发展帮扶项目和资金管理的通知》，督促落实4.8亿元产业帮扶专项资金项目，安排项目415个，92%产业项目开工建设，62%已完工。开展针对性就业服务，共对4.72万名低收入户劳动力进行了信息登记，办理2.29万名失业登记，按需开展就业技能培训；调整提高生态公益林补偿金（由原来每年每亩40元，提高到每年每亩70元），山区6.1万低收入农户、13.1万人直接受益。落实提高低收入农户家庭救助水平的相关政策，对全市低收入农户开展全面筛查，对符合条件的低收入农户做到应保尽保。2017年，全市低收入农户人均可支配收入10 698元，同比增长19.4%。

继续做好一事一议财政奖补工作。印发了《关于进一步加强村级公益事业建设一事一议财政奖补项目和资金管理的意见》，稳步扩大奖补覆盖面，切实加强项目监管，重点支持低收入村项目建设，明确项目用工的60%以上要使用本村村民。各级财政投入奖补资金5.4亿元，建设项目537个，其中低收入村项目129个、奖补资金1.4亿元。

（四）着力深化农村改革

抓好农村“三块地”改革。加快推进农村承包土地确权登记颁证工作，全市共有125个乡镇2 609个村开展了确权工作，分别占拟确权乡镇、村数的100%和98.1%，涉及承包土地面积278.5万亩，占全市拟确权土地总面积的98.5%，土地承包经营权确权登记颁证工作主体任务基本完成。农村土地承包经营权确权登记颁证信息平台已经具备运行条件，114万本农村土地承包经营权证书已印制完成。加强集体土地管理，探索建立“村地乡管”机制，规范承包及流转程序，加强合同管理，严格用途管制。稳步推进农村集体经营性建设用地乡镇统筹利用试点，制定了试点工作方案和相关政策安排，13个试点乡镇正在抓紧编制具体实施方案。稳妥推进盘活利用农民闲置房屋试点，培育了房山区黄山店村等一批新典型，目前全市7个区开展了相关试点，涉及24个乡镇、27个村，盘活闲置农宅789套，租期内农民可获得租金1.27亿。

深化农村产权制度改革。出台本市深化农村集体产权制度改革意见，进一步加强农村集体经济组织规范运营，保障集体经济组织成员权益。进一步完善制度、加强“三资”监管，对财务公开、集体经济审计等具体工作进行了强化部署。继续加强对朝阳等重点区的监督指导力度，加快推进剩余未改村的改革，稳步推进一绿、二绿及重点城镇化地区的乡级改革，全市完成农村集体经济产权制度改革单位达到3 920个，其中村级3 899个，乡级21个，村级完成比例为98%。组织大兴区完成了农村集体资产股份权能改革试点的全面自查评估和总结。推动海淀区成为全国农村集体产权制度改革试点区。

加强合作社规范化建设。制定实施示范社监测考评程序及标准，组织各区开展市级示范社和国家级示范社数据监测和考核评定工作，淘汰不合格示范社14家，动态确定市级示范社192家，全市农民专业合作社联合社已经达到 39 家。全市在工商登记注册的合作社达到 7 447 个，成员 19.6 万人，出资总额 109.8 亿元，辐射带动农户 46 万户。

稳步推进农村金融改革。政策性农业保险保障水平进一步提升，险种达到 44 个，参保农户 8.1 万户次，全年保费收入 5.7 亿元，同比增长 5.5%，出台农业领域贷款贴息办法，支持 72 家新型农业经营主体融资 9.4 亿元。

（五）着力加强党对农村工作的领导

加强农村党建工作。常态化推进“两学一做”学习教育，加强农村党支部规范化建设，初步构建“B+T+X”工作体系。加强乡镇干部培训，完成了 15 期、共 2 250 余人参加的新一届乡镇领导班子轮训。扎实做好抓党建促低收入村发展工作，开展第三批第一书记选派，探索形成了责任在村衔接、组织在村建强、干部在村成长、政策在村集成、帮扶在村落实、成效在村检验的“六在村”帮扶工作机制。坚决落实中央巡视“回头看”涉农反馈意见整改工作，分类处理了 132 名有前科的村党组织书记和村委会主任，对 212 个市级软弱涣散村开展集中整顿工作。

创新完善乡村治理机制。试点开展“一站一中心”建设（社会工作服务站、乡贤社会服务中心），探索建立了党建引领、乡贤参与、社会协同、共享善治的工作模式。健全村民代表会议（村民会议）制度和决策规程，推广“四议一审两公开”工作法，加强村务监督委员会建设。全面推进信息进村入户工程，开展了村级党务、村务和财务“三务”公开入户电视点播试点，推进了 32 个智慧乡村建设。进一步强化农村财务公开、合同清理、审计监督工作。扎实推进农村法治建设，加强农村社会治安综合治理，加大对“村霸”的整治力度，严惩各种违纪违法行为。深入开展涉农矛盾纠纷排查化解，切实做好平安农机创建，农村社会保持和谐稳定。

积极培育文明乡风。加强农村宣传思想工作，大力培育与社会主义核心价值观相契合、与新农村建设相适应的文明乡风、优良家风和新乡贤文化。启动了 2017—2018“北京最美的乡村”宣传评选活动，累计评选 113 个。继续开展“美丽乡村·筑梦有我”大型新闻公益行动，办好第 27 届“北京市农民艺术节”，继续推进文化试点村建设，农村精神文明建设不断取得进展。

（六）着力加强两委机关建设

认真落实两委全面从严治党主体责任。认真学习贯彻党的十九大关于全面从严治党的精神和决策部署，严格落实“两个责任”，全面推进两委政治建设、思想建设、组织建设、作风建设、纪律建设。始终把抓政治建设摆在机关党的建设的首位，坚决维护以习近平同志为核心的党中央权威和集中统一领导。扎实推进“两学一做”学习教育常态化制度化，两委工委会、办公会全年学习通报、研究讨论涉及党建工作的会议 20 次、29 项议题，两委理论中心组全年学习习近平总书记系列重要讲话精神、党章 11 次。落实基层党建工作责任制，研究制定了《关于进一步规范落实党支部“三会一课”制度的通知》《两委内部审计工作管理办法（试行）》等 24 项内部管理制度，进一步夯实从严治党根基。开展党支部评星定级，严格按照《党支部评星定级参考标准》和市直机关工委具体要求，在两委机关直属 96 个党支部中，评定四星党支部 6 个、三星党支部 84 个、二星党支部 6 个，没有一星党支部。认真落实意识形态工作主体责任，制定实施《市委农工委市农委意识形态工作责任分工方案》。

切实加强机关及系统单位党风廉政建设。全面落实党风廉政建设主体责任，制定《2017 年加强两委机关党风廉政建设工作方案》，积极落实党风廉政建设和反腐败工作的 19 项主体责任。全面落实“一岗双责”制度，主要领导认真履行第一责任人的职责，班子成员根据工作分工，对职责任务范围内的党风廉政建设承担责任，主要领导与班子成员、班子成员与分管部门（处室）党支部书记、主要负责人，签定党风廉政责任书 36 份。认真填写《全程记实手册》，各党支部（处室）规范建立《全程记实台账》，做到了全程留痕、有据可查。规范设置基层党组织纪律检查委员。牵头组织开展了两委机关和系统单位落实党风廉政建设责任制情况检查考核，对存在的问题现场指出并要求认真整改。制定了《中共北京市委农工委问责工作实施办法（试行）》，对问责情形、方式、程序、实施与监督等进行了明确规定。高度重视巡视整改工作，围绕中央巡视“回头看”反馈问题召开了班子专题民主生活会，就涉及农委的 2 项任务进行认真整改。

持续深入推进机关作风建设。严格落实中央八项规定精神和市委贯彻落实办法，研究制定了两委实施办法，坚决防止“四风”问题反弹回潮。落实两委《关于不准收受基层赠送农副产品的规定》，加强元旦、春节、五一、端午、中秋、国庆等节日期间的监督检查，保持机关作风良好。制定两委《关于进一步深化“为官不为”“为官乱为”问题专项治理的工作方案》《关于开展“严肃查处群众身边的不正之风和腐败问题”专项工作方案》，建立健全防范“微腐败”的长效机制。切实改进调查研究，两委领导带头深入农村基层开展蹲点调研，组织开展了包含6项子课题的“实施乡村振兴战略、加快城乡融合发展”专题调研，2017年，完成两委领导重点调研课题11项，处室调研课题13项。进一步精简文风会风，坚持开短会、少发文。严格执行厉行节约、反对奢侈浪费的有关规定，规范出访活动，加强公车、办公用房管理，严控单位“三公”经费支出，继续保持了下降态势。

切实抓好干部选拔任用工作。全面贯彻党管干部原则，坚持好干部标准，严格依规范按程序地做好干部选任。完善程序，认真贯彻执行中央和市委有关干部选拔任用的文件精神，修订了《市委农工委市农委处级领导干部选拔任用工作流程（试行）》，把“凡提四必”、全程记实等要求落到实处。对处级领导干部选拔任用工作流程进行了修改完善。2017年，启动了两委机关2名处长、5名副处长、4名调研员和直属事业单位1名调研员的选拔任用工作，各项环节均符合要求。做好干部交流核职和挂职锻炼工作，2017年，两委向外输出了2名处长任局级领导干部，1名调研员到农科院任处长，对1名处长、2名副处长、3名科级干部进行了内部交流任职。完成6名主任科员核职，选派2名机关干部分别到内蒙古、新疆挂职锻炼，选派1名同志到村任第一书记，对4名第八批援藏农口干部进行了集中考核和任职考察。安排1名同志到中央农办挂职、2名主任科员到乡镇挂职锻炼。从其他市级机关调入1名副处长、2名主任科员，从区里调入1名主任科员、1名副主任科员，组织系统单位落实安置军转干部13名。

全面加强机关规范化建设。做好行政规范性文件、重大决策事项以及两委专项资金项目合同的合法性审核工作，确保两委出台的政策文件依法合规。开展了政府规章和行政规范性文件清理、权力清单清理等工作，对截止2016年制发的45份文件进行梳理，保留22份，废止23份，梳理和公布承担的11项公共服务事项，明确办理流程。落实法律顾问制度，法律顾问专家委员会和法律顾问积极参与两委立法、政策文件合法性审核工作。进一步推进政府信息公开工作，年度公开政策文件34个，更新政务公开清单，邀请公众列席办公会、专题会2次。统筹做好依法行政、保密、安全稳定等工作。

市委农工委、市农委领导班子成员

市委农工委书记、农委主任	孙文楷
副书记	康　森　苏卫东
委员、纪检监察组组长	戚书平
委员、农委副主任	吴更雨（挂职，2017年8月挂职期满）
委员、农委副主任	张宏图
农委副主任	马荣才
副巡视员	郝　霞（2017年9月退休）
副巡视员	左晓波
农工委委员	王修达
副巡视员	寇文杰

（市委农工委研究室）

北京市农业局

主要工作

年内，全市农业系统深入学习习近平总书记两次视察北京的重要讲话精神，深入贯彻市委、市政府工作部署，深入落实农业调结构转方式，按照“提升、转变、融合、发展”的八字方针，不忘初心，攻坚克难，砥砺前行，全面落实“疏解整治促提升”专项行动，大力推动农业供给侧结构性改革，农业工作取得了很好的成效。

一是成功举办全国“双安双创”现场会。中央政治局常委汪洋同志在大会开始前深入细致地了解了北京农业和北京的农产品质量安全，并给予了高度评价。会后，农业部与北京市共建北京农产品绿色优质安全示范区，并由陈吉宁市长和韩长赋部长亲自签署合作协议，让北京农业安全品牌为全国的农产品质量安全树立了榜样，并率先唱响了质量兴农的主旋律。

二是农业结构调整已经提前完成任务。2017年年底，全市粮田面积调减到了83万亩，已提前2年基本完成任务。现在，83万亩粮田、50万亩菜田、1 224家畜禽规模养殖场、4.3万亩养殖水面，构成了当下的农业生产空间。

三是顺利实施种业人才发展和科研成果权益改革。6月，联合多个委办局出台了《关于推进北京市种业人才发展和科研成果权益改革工作的若干意见》，使得众多推广单位在科技创新、成果转化及其收益分配方面，管理更加灵活，动力更加充足，激发了农业科技创新和技术推广事业的活力。

四是高效率成功阻击春季H7N9禽流感。2017年，北京市共报告人感染H7N9流感27例，市重大动植物疫情应急指挥部启动应急预案，实施紧急调查和病原监测，无分昼夜，落实各项综合防控措施，成功阻击了H7N9流感疫情的发生蔓延。另外，病死动物无害化收集处理体系运行一年来，共计出动运输车辆2 404台次，清运处理11 791吨，在市政府绩效办组织的全市行政部门工作创新项目评审中，得到了4.3分的好成绩。

五是生态文明体制改革年度任务顺利完成。农业节水提前完成任务，据市水务局统计，2017年农业用水量5亿立方米左右，已基本实现2020年农业节水目标。化肥农药施用量已实现负增长，2017年化肥用量比2014年减少20%以上，农药总量比2014年下降15%以上。全市完成了227家共105万平方米籽种设施的“煤改清洁能源”，南部6区农业生产设施实现“无煤化”，北部7区对“无煤村”同步配套完成农业籽种设施“煤改清洁能源”和保温改造。按要求如期完成了104家规模化畜禽养殖场粪污治理，初步构建了养殖场就近就地消纳小循环、养殖密集区域集中处理消纳中循环、有机肥链条大循环的粪污还田利用“三循环”机制。农作物秸秆禁烧连续三年保持卫星监测零火点。

六是农业执法与行政审批成效显著。按照国务院“放管服”改革要求，积极主动梳理调整本局事权，2017年本局公布权力清单599项，比2016年减少200项。行政审批大厅窗口全年共受理各类审批服务事项2 461件，收到锦旗2面、表扬信7封，本局职工（唐朝同志）被评为全市“服务之星”。2017年，全市农业部门共出动执法人员8.6万人次，人均检查量达到107件，比2016年末的51件增长110%，人均处罚量达到1.1起，这在农业执法的广度、频度和效率上都是空前的。

七是一系列展示宣传活动收获很大反响。参加政府首次举办的重点工作系列开放日活动，邀请市民走进植物总医院，了解北京农业，了解农产品质量安全监管等，北京电视台、人民日报等多家媒体连篇报道。两会期间参加的“市民对话一把手”栏目，现场直播，让北京农业和“京字号”农产品又一次在公众面前惊艳亮相。

此外，围绕市委、市政府年初提出的四张牌，深入谋划，认真实施。第一张是以创建“国家农业可持续发展试验示范区”为指引，突出绿色发展主题，深入治理农业面源污染，全面完成中央环保督查整改工作，推动《土十条》《大气十条》落实。第二张是以创建“国家农产品质量安全市”为目标，突出质量安全主题，持续推动农业标准化基地建设，全市新建设通过市级备案农业标准化基地150家，“菜篮子”产品“三品一标”认证率达到60.0%，农产品质量安全检测合格率达98%以上，保障了全市绿色农产品有效安全供给。第三张是以建设“国家现代农业示范区”为统领，突出高端高效主题，集中资源，聚焦政策，以设施农业、景观农田集中连片区域为主，打造都市现代农业产业带。推进农业电子商务，全面拓宽北京农产品销售渠道，推进了农产品优质优价。第四张是以创建“国家（北京）现代种业创新试验示范区”为抓手，突出改革创新主题，大力发展农作物种业、畜禽良种、水产种苗和花卉苗木四大种业，2017年种业销售额达到120亿元，南繁基地建设顺利通过中期检查并多次受到农业部表扬。

2017年本局重点、难点任务很多，新形势下北京都市现代农业的发展需要不断探索，不断攻坚。同时本局每年都承担市政府不少重点任务，2017就承担着市政府重点工作19项、绩效任务22项，市人大、政协建议提案24件，还有中央环保督察、市委巡视、市政府督查、市专项审计等各方面事项和任务。局领导班子集体研究、集体决策，班子成员率先垂范，在大家的共同努力下，一年的工作总体来说成绩可喜，亮点纷呈。

机构设置

单位名称	地址	邮编	电话
北京市农业局	西城区裕民中路6号	100029	82031800
北京市农业技术推广站	朝阳区惠新里高原街4号	100029	84638460
北京市土肥工作站	西城区裕民中路6号	100029	82078454
北京市种子管理站	海淀区北太平庄路15号	100088	62051552
北京市植物保护站	西城区北三环中路9号	100029	62016348
北京市优质农产品产销服务站	朝阳区安外北苑路88号	100101	64965639
北京市农业环境监测站（北京市农业绿色食品办公室）	西城区裕民中路6号	100029	82031875
北京市农业局信息中心	西城区裕民中路6号	100029	82031894
北京市动物疫病预防控制中心	大兴区生物医药基地祥瑞大街临17号	102600	60275629
北京市畜牧总站	朝阳区安外北苑路甲15号	100107	64891950
北京市动物卫生监督所	西外上园村甲3号	100044	62248621
北京市兽药监察所	大兴区生物医药基地祥瑞大街临17号	102600	60272616
北京市饲料监察所	朝阳区安外北苑路甲15号	100017	84934332
北京市畜牧业环境监测站	昌平区昌平镇超前路21号	102200	89740848
北京市水产技术推广站	朝阳区潘家园华威西里甲48号南楼	100021	87702636
北京市水生野生动植物救护中心	延庆县大榆树镇西杏园300号	102100	81198253
北京市渔政监督管理站	丰台区永外西罗园二区23楼二层	100077	67274269
北京市农业机械试验鉴定推广站	丰台区南方庄甲60号	100078	67631575
北京市农业机械监理总站	海淀区复兴路2号	100038	63312505
北京市农业局后勤服务中心	西城区裕民中路6号	100029	82078481
北京市农民体育工作办公室	西城区裕民中路6号	100029	62024158
北京市农业局宣传教育中心	西城区裕民中路6号	100029	82078183
北京市农业局财务服务中心	西城区裕民中路6号	100029	82085018
北京市农业局老干部活动站	西城区裕民中路6号	100029	82078496

市农业局党政领导班子成员

党组书记　吴宝新

成　　员　郑　渝　马丽英　李全录　阎晓军　陶志强

局　　长　吴宝新

副 局 长　郑　渝　马丽英　李全录　阎晓军

总农艺师　陶志强

（市农业局　黄生斌）

北京市气象局

概　　况

中华人民共和国成立初期，北京市气象工作由中央气象台兼管，1958年7月，北京市农林水利局设气象组，开始组建市属气象台站网，1959年11月，北京市气象服务台成立。1960年10月，经国务院批准成立北京市气象局，逐步健全各级气象机构，开展各项气象业务工作。1964年2月与市水利工程局合并为市水利气象局，1968年10月与市农林局、市农机局、市农场管理局合并为市农业局，1973年7月恢复市水利气象局建制，1978年6月恢复市气象局建制。1980年以后，北京市气象局实行中国气象局和北京市人民政府双重领导管理，以部门领导为主的管理体制，作为中国气象局的下属机构，同时是北京市政府的工作部门。负责北京市行政区域内的气象管理工作以及承担北京地区气象监测、制作和发布北京地区天气预报和灾害性天气预警任务，开展气象科学研究和气候变化研究等工作。

年内，市委书记蔡奇、市委副书记市长陈吉宁多次通过视频连线指挥调度防汛和高影响天气应对，对全市气象工作表示肯定；市委副书记景俊海、副市长卢彦多次到市气象局调研指导工作，肯定市局重大活动和汛期气象服务保障。1 月 22 日，中国气象局党组书记、局长刘雅鸣调研北京气象工作，要求北京气象工作在预报技术提高、服务水平提升、服务领域拓展、事业发展能力建设上实现“四个领先一步”。8 月 21 日，副市长卢彦与中国气象局领导刘雅鸣、宇如聪会见，共商首都气象事业发展和气象现代化工作。9 月 18 日，副市长卢彦召集市发展改革委、市财政局等相关单位负责同志，专题研究部署支持地方气象工作和提高北京气象现代化能力等问题。

北京市气象局同时是中国气象局华北区域气象中心，负责对该区域内的其他省（自治区、直辖市）气象局开展气象业务技术协调和指导、科研组织、技术支持及业务培训等工作。

50 多年来，北京市气象局内设机构和直属单位经历过多次变化与调整。2017 年市气象局内设有局办公室（应急管理办公室、行政管理处）、应急与减灾处、观测与预报处、科技发展处（气候变化处）、计划财务处、人事处、政策法规处（雷电防护管理办公室）、党组纪检组、机关党委办公室（精神文明建设办公室）、离退休干部办公室 10 个机关处室、10 个直属事业单位，下设 14 个区气象局（东、西城区政府明确由区应急办承担气象工作职责）。代管北京市人工影响天气办公室、北京市突发事件预警信息发布中心；北京气象学会、北京减灾协会挂靠北京市气象局。

人员与机构

年内全市气象部门事业在编职工 548 人，其中参照公务员管理 122 人、事业单位管理人员和专业技术人员 418 人、工人 8 人。职工学历不断提升，学历结构：博士研究生 88 人、硕士研究生 189 人、大学本科生 224 人、大学专科及以下 47 人。职称结构：高级职称 203 人（其中正研级职称 31 人）、中级职称 245 人，正研级高工占比为 5.6%、高工占比为 29.8%。

机 构 设 置

单位名称	办公地点	邮编	联系电话
北京市气象局	海淀区紫竹院路 44 号	100089	68400858
北京市气象台	海淀区紫竹院路 44 号	100089	68400581
北京市气候中心	海淀区紫竹院路 44 号	100089	68400552
中国气象局京津冀环境气象预报预警中心	海淀区北洼西里 55 号	100089	68400755
中国气象局北京城市气象研究所	海淀区北洼西里 55 号	100089	68400745
北京市气象服务中心（专业气象台）	海淀区紫竹院路 44 号	100089	68400562
北京市气象灾害防御中心	海淀区北洼西里 55 号	100089	68400678
北京市气象信息中心	海淀区紫竹院路 44 号	100089	68400527
北京市气象探测中心	大兴区成寿寺路临 1 号	100176	68400731
北京市气象局机关服务中心	海淀区紫竹院路 44 号	100089	68400808
北京市人工影响天气办公室（代管）	海淀区紫竹院路 44 号	100089	68400535
北京市突发事件预警信息发布中心（代管）	海淀区紫竹院路 44 号	100089	58991332
北京市避雷装置安全检测中心	海淀区北洼西里 55 号	100089	68400707

主 要 工 作

（一）气象服务

决策气象服务。年内提供各类决策服务材料 4 570期，获得市委市政府、中国气象局领导书面批示和委办局感谢信 44 次。向市防汛办等单位提供京津冀全境天气变化情况，组织专家参加全市防汛培训会、道路交通防汛培训会授课；汛后及时向市委市政府、中国气象局、市防汛办报送汛期气象服务总结报告。

重大活动保障。年内圆满完成“一带一路”国际合作高峰论坛、七七卢沟桥抗战纪念活动、北京马拉松、党的十九大等36项大型活动保障任务，协助完成建军90周年阅兵、第十三届全运会和金砖会议等保障工作。提前一个月准确预测出高峰论坛期间有利天气形势，为中央作出不限行、不扰民等“七不”筹办要求、探索重大活动常态化保障提供重要科学依据。提前两个多月分析评估党的十九大期间气候背景、高影响天气等，启动近一个月的特别工作状态。组织各类天气会商92次，发布各类决策、专项服务产品166期。

专业专项气象服务。年内强化与市防汛办、城管委、规划国土委、交通委、旅游委、农委、园林局、电力公司等单位应急联动机制。与防汛办强化信息共享，与国土局更新数据传输流程，联合旅游委、农委开展农业休闲旅游气象服务；与路政局对接路况、积水点、摄像头等道路交通气象监测信息；与市园林绿化局对接杨柳飞絮和休闲采摘气象服务；组织供暖会商，与城管委对接供暖、供电、供气气象服务，做好城市生命线气象服务保障。完成精细化城市内涝风险预警产品研发和城市内涝风险预警业务系统开发。结合电力部门需求，研发电线舞动、积冰等精细化风险预报服务产品。

公众气象服务。创新“气象＋互联网＋赛事”的气象服务新模式，开展气象跑团移动观测与精细线路预报服务。改版“气象北京”微信公众号，新增“地铁天气”“休闲天气”“出行天气”“天气小秘”“天气直播”等功能；全国首个“旅游天气助手”微信小程序和直播号年内上线运行；1月1日，北京卫视《新闻天气预报》节目改版，改版后的节目包装风格更加国际化，主持人播报更加专业、内容更加丰富。年内获全国气象影视服务业务竞赛天气预报节目一等奖、气象服务节目二等奖及团体第二名。利用社会资源和新媒体科普解读，有效引导舆论。公众气象服务满意度为86.3％，比上年提高8.1个百分点，创历史新高。

人工影响天气服务。年内进行地面碘化银发生器作业524点次，燃烧碘化银烟条3 026根；火箭增雨作业46点次，发射增雨火箭167枚；高炮作业10点次，发射炮弹168发。开展防雹高炮作业129点次，发射炮弹5 846发。开展人工影响作业69日，全年飞行114架次，411小时，燃烧机载碘化银烟条495根。京津冀联合组织9次空地增雨雪作业，开展15架次云及气溶胶探测飞行。人工影响天气业务现代化建设三年行动计划中期评估全国第一。

应急保障气象服务。年内在高峰论坛、党的十九大等重大活动和“7·6”“7·20”等重要天气过程期间采取应急力量24小时备勤，累计64天。加强气象反恐应急备勤，出动气象应急车辆及人员组建反恐和现场服务团队参加现场备勤。年内启动各类应急响应12次，累计24天。其中高影响天气类应急响应11次（Ⅳ级7次、Ⅲ级3次、Ⅱ级1次），累计19天；重大活动类应急响应1次，5天。

气象防灾减灾服务。年内完成与全市10家单位14类预警信息发布对接，实现预警信息10分钟内全渠道发出，预警信息发布情况纳入市应急办日常值班报告，以市应急委名义出台区级预警信息发布平台建设指南。联合市网格办出台《实施气象服务网格化工作意见（试行）》，将气象服务融入全市网格化体系建设中。实现气象防灾减灾组织体系乡镇全覆盖，乡镇（街道）气象协理员、行政村（社区）气象信息员全覆盖，气象安全社区认证率为88.6％。全市14个区成立由区政府牵头的气象灾害防御领导小组。

防雷气象服务。年内继续深化改革，完成中央政府、轨道交通、金融系统、高等院校等4 300家单位防雷检测任务，对1 726家存在防雷安全隐患的单位提出整改意见。圆满完成高峰论坛峰会会场及核心区域防雷服务保障工作。安全生产大检查期间，对加油站、危险品库以及化工厂等单位进行集中、统一的防雷安全排查。

（二）气象业务与现代化建设

气象基本业务与建设。至2017年年末，首都气象基础设施落后状况彻底改变。市预警中心主体工程完成。市人影综合科学试验基地工程进入总验收阶段。大兴区局业务用房投入使用，海淀区局业务用房完成基建，石景山区局业务用房取得土地证。“十三五”规划重点工程项目入库，进入评审环节。

预报预测系统建设。年内建立智能网格预报业务，实现0～10天站点和格点预报一体化运行。全年灾害性天气过程无漏报。晴雨预报准确率考核全国第一，中雨以上降水预报准确率比上年提高12.4个百分点。“三维三进”预报预警工作模式监测预警半径扩大50千米，暴雨、雷电、大风、冰雹预警提前量分别为110分钟、57分钟、658分钟、51分钟。

综合观测系统建设。年内7部毫米波测云仪、6部微波辐射计、5部激光雷达布设完成安装，标志着全国超大城市综合观测试验设备安装完成，开展初步观测。更新X波段雷达信号处理算法，提高雷达观测灵敏度。组网X波段天气雷达（一期）建设任务完成，5部X波段雷达实时组网运行。通州、房山、门头沟3个局站分离国家级观测站实现无人值守。取消人工土壤水分观测。在观象台站开展全程探空业务试验。

信息网络通信系统建设。年内完成地面、高空数据格式标准化工作。建立基于CIMISS的市级运行、市区两级应用的数据环境。扩充基础资源池，完成虚拟桌面系统内部测试并在全局推广使用。印发《北京市气象局网络安全事件应急预案》，新增网络安全审计等安全防护系统，有效应对“勒索软件”等网络安全威胁。

（三）气候与气候变化

气候预测。完成春运、全国“两会”、2016—2017供暖结束日、2017—2018供暖起始日、北京马拉松、“一带一路”高峰论坛和党的十九大等气候分析及预测服务工作。完成华北雨季和冷空气预测平台系统建设，引进极端天气气候事件监测系统。完成月、季气候预测产品16期，延伸期预报产品36期，专题服务产品16期，区域指导产品12期，月（季、年）气候监测和影响评价产品30期，干旱监测公报2期，决策服务材料64期。

气候变化监测与评估。完成2017年北京市气候变化监测公报及2017年中国气候变化监测公报北京部分，确定华北区域第二次区域气候变化评估报告编制内容。

服务生态文明建设。年内经中央政治局会议审定批准的《北京城市总体规划》将《北京中心城区通风廊道规划图》纳入其中。完善气候可行性论证技术，积极参与北京城市副中心、雄安新区和杭州、石家庄等地规划研究，其中通州区通风廊道划定及管控思路成果同北京城市副中心详细规划及蓝绿交织系统、生态环境保护工作实现对接。

（四）气象为农服务

年内，继续做好春播春耕、夏收夏种气象服务，开展2014—2016年“三农”专项验收，完成2016年农业产量预报考核、2018—2020年中央财政“三农”专项的组织申报和入库，标准化现代农业气象服务县全市覆盖率提高至50%，标准化气象灾害防御乡（镇）全市覆盖率提高至16.9%。蜂业气象指数保险在国内国际均属首创，依托乡镇综合信息站，探索开展乡镇农业保险代理业务。继续开展气候品质论证工作，在2016年对平谷大桃、门头沟京白梨、怀柔板栗、房山酿酒葡萄4种国家地理标志性农产品进行认证的基础上，增加昌平苹果、密云鲜食葡萄2种，制定相应认证技术标准，推动认证结果纳入北京市农产品溯源系统。依托“都市生态休闲农业气象科技支撑服务”项目，建立顺义鲜花港花卉展园气象灾害实时监测及发布系统，初步建立花卉气象服务指标体系。

（五）科研与科技创新

科研项目。年内完成2项国家自然科学基金项目、2项中国气象局气候变化专项、1项北京市科技计划课题、5项北京市自然科学基金项目的验收；完成1项国家重点研发计划子课题、10项国家自然科学基金、1项留学人员回国创业启动支持计划创新支持子项目、1项北京市科技计划课题、12项北京市自然科学基金、1项科技新星的立项。

科技成果及荣誉。年内发表97篇科技论文，其中SCI/EI论文32篇，国内核心论文37篇。获批专利3项、软件著作权6项。“睿图”数值预报系统v1.0通过中国气象局业务准入，25毫米以上降水预报TS评分高于EC模式。市人影综合科学试验基地和上甸子区域大气本底观测站入选首批中国气象局野外科学试验基地。城市气象研究所客座专家、美国圣何塞州立大学罗伯特·伯恩斯坦教授荣获北京市政府颁发的2014—2016年度“长城友谊奖”。市人影办的《北京上空大气污染物空间分布与输送特征研究》项目获2016年度北京市科学技术奖三等奖。京津冀环境气象预报预警中心作为第二完成单位的《中国不同区域反应性气体变化特征研究》获中国气象局大气科学基础研究成果一等奖。

（六）人才队伍建设

年内，交流调整处级干部9人。选拔处级干部7人：正处级3人、副处级4人；市局机关3人、直属单位1人、区局3人。接收毕业生博士后2人、博士10人、硕士9人、本科4人（均在区局)。

职工参加中国气象局培训中心和有关职能司培训120人次，送非气象部门培训3人。在职教育送学计划13人，其中博士生5人、硕士生4人，本科生4人。1人入选2017年度北京市委组织部优秀人才资助，1人成立北京市创新工作室，1人入选北京市科技新星计划，1人入选中国气象局科技领军人才，1人入选中国气象局首席预报员。获全国气象部门2016年度人才高层次人才队伍建设评估、人才综合评估排名第一。

（七）开放与交流

年内，选派气象台2名首席预报员到中央气象台学习交流，安排2名业务人员到宁夏局参加东西部交流、1名高工和1名博士参加援助新疆和田地区气象局工作。国际出访交流25人次，其中中长期出访学习5人，国际来访交流50余人次。

建立国际专家领衔机制，与美国大学大气研究联盟（UCAR）共建“城市气象国际联合研究中心”，与俄克拉荷马大学开展雷达数据质量控制研究。与企业共建“城市气象科技众创及成果孵化基地”。与IBM探索引入企业力量助推气象科技发展。

6月19日，组织召开第一届北京云物理和人工影响天气国际研讨会，来自美国、韩国、日本、澳大利亚的特邀专家及该领域国内科研院所、企事业单位的专家学者百余人参加。举办第五次“城市对降水和雾霾影响科学试验”及第一次“复杂地形冬季综合气象观测科学试验”国际研讨会，来自美国、英国、日本等国的合作单位及国内的专家学者50余人参加，共同探讨城市气象关键技术研究。

（八）气象法规建设与社会管理

气象法治和标准化建设。年内开展气象行政执法检查1 518次，行政处罚52件，其中一般程序处罚8件。行政审批按时办结率100%；进一步推动气象普法，开展领导干部学法用法专题培训3次，10余部气象法治宣传文艺作品获展播；获批发布地方标准和行业标准各1项；12月8日，怀柔公共气象服务标准化试点通过国家标准委验收，为全国首个由基层气象部门承担的国家级标准化项目。

气象服务、防雷、放球管理。年内联合工商、网信等部门，推动北京气象服务市场管理工作实现“三规范”：规范备案管理、规范信息传播、规范执法监管。针对“6·22”“7·20”等重大降水过程发布4期气象信息传播质量评价报告。办理气象信息服务单位备案46家。开展全市气象信息服务行业摸底调查，建立台账。党的十九大期间加强施放气球安全监管，开展执法巡查371次，作出行政处罚9件，制定并宣贯地方标准《系留气球施放安全规范》。与市住建、规划国土部门联合印发《关于做好北京市建设工程防雷施工图审查及竣工验收管理工作的通知》，市安委会和市住建委转发市局出台的《关于进一步加强防雷安全工作的通知》。全面放开北京防雷检测市场，17家社会企业获得资质。完成10个区局防雷检测站整合。

安全生产管理。年内开展由主要负责人带队的防雷安全大检查，做好人工影响天气安全作业管理。完成市安委会下达的17项考评任务，连续第3年获得市政府安全生产综合考核优秀单位称号。北京首部360°VR全景防雷安全宣传片在2017年北京市安全生产宣传咨询日活动现场展示，得到市领导及国家安监总局领导肯定。

（九）党的建设

党的组织建设。年内编制印发《北京市气象局党建工作手册》，成立党组党建和党风廉政建设工作领导小组。10个支部按时换届，发展新党员6名。局党组书记、局长姚学祥和气象服务中心支部赵娜作为代表出席北京市第十二次党代会。选取气象台支部等四个支部作为试点，开展党支部规范化建设。开展支部评星定级等工作。

理论学习与教育活动。推动“两学一做”常态化制度化，党组中心组开展理论学习14次，年内首次举办对全局党务干部的全覆盖式培训学习班。党组成员结合分管工作讲党课，以普通党员身份参加所在支部活动。利用办公网建立党建课堂管理平台，公开交流党员干部讲党课资料。建立主题党日制度，明确每月首个周五为支部主题党日。宣传基层支部优秀典型，展现气象服务中心支部风采的报道《首都气象服务的“铁军”》，作为优秀党建案例刊登在北京《支部生活》杂志2017年第7期。

党风廉政建设。年内召开全市气象部门党建纪检工作会议，建立党建和党风廉政建设工作联席会议制度，加强与地方党委纪委沟通。认真践行“四种形态”，强化监督执纪问责，党组成员和纪检组开展各类谈话 300 余人次，函询 2 人，诫勉谈话 2 人。成立市局党组巡察工作领导小组，制定巡查办法，完成对丰台区、顺义区局党组和人影办领导班子的巡察和其余单位的督察。完成“为官不为”“为官乱为”问题专项治理和“严肃查处群众身边的不正之风和腐败问题”专项工作。开展典型案例学习、警示教育基地参观等多项廉政宣传教育文化活动。完成雷电防护装置检测资质审批工作专项检查。开展 35 项审计项目和 7 名领导干部经济责任审计。

（十）精神文明建设及成果

气象文化建设。深化精神文明创建，年内组织开展以“对标先进，爱岗敬业”为主题的道德讲堂活动，2016 年以来获得先进荣誉称号的各位先进典型分享个人工作经历和生活感悟，受到干部职工好评。坚持以党建带动精神文明建设，充分发挥群团组织作用，依托各工会兴趣小组开展拔河、篮球、羽毛球、瑜伽等文化体育活动。弘扬志愿服务精神，29 支志愿服务队年内组织开展志愿服务活动 53 次。

工青妇工作。组织市局青年开展“气象人生 诗意生活”古诗词大赛和“满分一百天”青年自律活动。在局团委微信公众号开展“读书心苑”评书荐书活动和“闪亮新气象”新同事风采展示活动。党的十九大期间，局团委在微信公众号推出“青年兴则首都气象事业兴”系列专题报道。局妇委联合工会、团委邀请心理学专家做题为“做好情绪的主人”主题心理讲座。市气候中心工会被市总工会、市人力社保局联合授予“北京市模范职工小家”称号。

老干部工作。落实老干部两项待遇。年内，组织离退休干部支部学习十九大精神，撰写学习体会。发挥老同志正能量作用，组织老干部开展“畅谈十八大谏言十九大”参观调研活动和纪念建军 90 周年喜迎十九大书画摄影展等。丰富老同志生活，办好“老干办”微信公众号，及时向老同志传递党的声音、气象事业发展等。

先进集体和个人表彰。年内，市气象局（机关）、海淀区局、昌平区局继续保持“全国文明单位”称号；平谷区局荣获第五届“全国文明单位”称号；昌平区局苏慧娥同志荣获中共北京市委、市政府授予的“首都精神文明建设奖”称号。城市气候评估创新团队（市气候中心）获团市委授予的“北京市青年文明号”称号。

（十一）华北区域中心工作

年内，华北五省区市积极推进地方“十三五”专项规划实施，开展了 25 个重点工程项目可行性研究和申报立项工作。围绕分工建设 10 个业务中心：京津冀天气预报和研究中心（北京）、京津冀环境气象预报预警中心（北京）、高性能计算中心（天津）、海洋气象中心（天津）、水文气象中心（天津）、生态与农业气象中心（河北）、交通气象中心（河北）、京津冀气象技术装备保障中心（河北）、国家级人工影响天气科学实验基地（河北）、能源气象服务中心（山西）。

统筹协调区域综合气象观测系统建设，在华北区域站网中遴选出 327 个区域站为国家级天气观测站，新建 44 套交通自动气象站，完成 16 部风廓线雷达新建及升级，完成 6 部新一代天气雷达大修及技术升级，推进河北康宝、北京海坨山、天津宝坻 SA 天气雷达规划建设；在北京、河北布设 8 部固定式 X 波段天气雷达；建成环渤海区域 15 个海上石油平台观测站和 1 个气象浮标站。

加强人工影响天气区域协作能力。推进探测和作业装备共用和资料共享，联合开展人工增雨（雪）和人工消云减雨科学试验。建立针对有效增雨、水库增蓄、降低区域大气污染的区域联合作业机制；完成华北区域人影决策指挥系统和会商视频系统。

年内，大北方区域数值模式体系协同创新联盟成立协调工作组和技术工作组，协助天津、河北、山西、内蒙古、辽宁等成员省份开展数字模式系统技术转化及移植工作。建立常态化工作交流机制，年内有 12 人到京进行中长期交流互访，多家单位到京调研气象科技创新、数值模式发展等，与内蒙古、天津、河北、山西、辽宁等气象局签订数值预报业务发展合作协议。甘肃、宁夏气象局年内加入联盟，使成员单位增至 12 家。11 月 22 日，联盟成员在京开会，研讨联盟工作及未来发展，中国气象局领导参会对联盟取得的工作进展给予肯定，要求把握方向，强化集约发展，整体规划资源布局，加强开放合作，推进联盟工作，实现区域数值模式的可持续发展。

（十二）京津冀气象事业协同发展

年内，围绕《京津冀协同发展气象保障规划》落实，加强与天津、河北的合作、交流、共建共享。完善区域环境气象数值预报业务，雾霾中长期模式预报时效由 10 天提高至 16 天。构建京津冀一体化精细预报预测业务系统和交通气象服务系统，初步实现交通气象信息共享服务。加强区域天气监测信息共享，津冀自动站资料到达时效提高至5分钟以内。

（十三）冬奥气象服务筹备

年内，完善与冬奥组委沟通联系机制，组建冬奥气象中心，印发冬奥气象服务行动计划，向国际奥委会提交《北京2022年冬奥天气报告（2017版）》，组建赛区预报服务核心团队并开展培训。

建设4个赛道临时气象站，自3月起投入使用；升级海坨山地区原有4个梯度气象站；完成海坨山8套固定气象站建设。海坨山S波段双线偏振天气雷达工作频率获批通过，并确定初步选址地点。

实施中韩、中俄、中奥等冬奥国际合作，开展冬奥气象科技攻关。依托北京市科委重点项目"复杂地形冬季气象综合保障技术研究一期"，组织实施海坨山地区2016—2017年及2017—2018年两个冬季观测试验，对加密观测期间不同天气条件下精细边界层结构、风场和辐射特征，以及北京山区降雪宏微物理结构演变特征进行分析。

学会、协会

登记证号	社团名称	业务主管单位	会长	电话	地址	邮编
0010262	北京气象学会	北京市科学技术协会	朱　江	68400820	海淀区紫竹院路44号	100089
0010834	北京减灾协会	北京市科学技术协会	林克庆	68400821	海淀区紫竹院路44号	100089

市气象局党政领导班子成员

党组书记　姚学祥

成员　庞鸿魁　王迎春　曲晓波　郭　虎　梁　丰

局长　姚学祥

副局长　庞鸿魁　王迎春　曲晓波　郭　虎　梁　丰

纪检组长　庞鸿魁

巡视员　刘燕辉

（市气象局　杨姝　曹冀鲁）

北京市农林科学院

概　况

北京市农林科学院成立于1958年，近60年来，在各级政府的支持和几代农科人的共同努力下，现已发展成为学科齐全、设备先进、学术水平高、创新能力强，为都市型现代农业和全国现代农业发展提供有力引领和支撑的综合性科研机构。

全院设有14个专业研究所（中心），业务领域涵盖农林牧渔各方面。全院现有在职职工1 152人。其中具有高级职称的专业技术人员471人，包括研究员140名。获得博士学位的有407人。拥有中国工程院院士1人、国家杰出青年1人、优秀青年1人、全国杰出专业技术人才1名、国家级百千万人才11人、万人计划5人、科技部创新人才推进计划2人、科技部重点领域创新团队2个。国家农业产业技术体系首席科学家2人、岗位科学家13人、中国种业十大杰出人物2人、杰出青年科学家2人、农业部农业科研杰出人才7人、农业部农业科研创新团队7个；北京学者3人、科技北京百名领军人才6人；国务院参事1人、全国人大代表1人、全国政协委员2人；10人在国际组织担任职务。

拥有3个国家工程实验室、4个国家工程技术研究中心、7个农业部学科群重点实验室、18个北京市重点实验室及工程技术研究中心、1个具有国际种子质量检测资质认证实验室（ISTA）、4个国家级检测机构，已经形成由57个各类创新平台组成的科技创新平台体系；拥有1个具有独立招收资格的博士后科研工作站。"植物学与动物学"（Plant & Animal Science）和"农业科学"（Agricultual Sciences）两门学科进入ESI世界前1%。

与美国、荷兰、法国、加拿大等30余国开展近百项科技项目合作。与 20 多个国家的大学、科研机构签署全面合作协议，建立国际联合实验室 6 个、国家级国际合作基地 2 个、市级基地 5 个。

近年来，加大了科研仪器设备更新与完善的投入，新增大中型科研仪器设备 8 227 台（套），科研装备水平达到国际水准。

承担了诸多国家各类科技计划项目，在已发布的三批国家重点研发计划中本院主持项目 11 项，主持或参与课题 146 项。

“十二五”以来共获得省部以上各类政府科技奖励 147 项，包括国家奖 10 项、农业部奖 33 项、北京市科技奖 34 项、外省科技奖 24 项。其中，获得国家科技进步一等奖 1 项、二等奖 8 项、国家技术发明二等奖 1 项、农业部和北京市科技一等奖 16 项。

研发出各类成果与知识产权 3 100 余项。其中农业新品种 309 个、新兽药证书 6 个（一类证书 1 个），制定国（行、地）标 130 项、专利授权 1 623 项（其中发明专利 975 项，首次获得 PCT 国际专利授权）、软件著作权 1 099 项。

发表 SCI 论文 749 篇。其中，在《自然·遗传》上发表的有关西瓜基因组测序的论文，影响因子达 35.5。近年来，论文数量和质量明显提升，2017 年发表 SCI 论文 168 篇，其中 Q1 区 93 篇，较 2016 年增加 52.9%。

在科技服务工作方面，坚持“立足北京、面向京津冀、辐射全国、走向世界”的理念，积极开展农业科研成果的推广应用，在一主多元推广农业技术体系中发挥了重要作用。

“十二五”以来，本院深入落实中央 1 号文件和北京市相关文件精神，实施了“科技惠农行动计划”和“百名专家对接百个基地（双百对接）”工程，积极引导广大科技工作者奔赴生产一线服务，在京郊开展各类培训 5.9 万人次，共展示新品种 3 500 多个，推广各种新技术 400 余项，为首都北京的“三农”发展提供了有力的科技支撑。

2016 年，本院牵头成立了京津冀农业科技创新联盟，目前成员已经发展到 64 家。联盟重点围绕资源环境、生态治理、种业、农产品质量安全等领域开展联合攻关，加速各类新品种、新技术在京津冀转化落地，提升了区域现代农业科技总体水平，支撑了区域农业协同发展。特别是与石家庄市、张家口市、承德市、保定市等地市开展的科技对接，建立了科技示范基地 37 个，联合展示新技术、新品种 100 余项，区域科技对接取得了显著成效。

本院的新品种、新技术、新产品在全国 30 个省（自治区、直辖市）得到推广应用，特别是在北京市对口支援的新疆、西藏、内蒙古、青海、河北、河南、湖北等 7 省 89 个市县得到了广泛应用，大力推动了当地农业产业升级转型。此外，本院杂交小麦、鲜食玉米和蔬菜等科技成果已跨出国门推广到“一带一路”国家，呈现了良好的发展势头。

机构设置

北京市农林科学院直属单位

单位名称	办公地点	邮编	联系电话
蔬菜研究中心	海淀区曙光花园中路 9 号	100097	51503032
北京市林业果树科学研究院	海淀区香山瑞王坟甲 12 号	100093	62591506
畜牧兽医研究所	海淀区曙光花园中路 9 号	100097	51503351
北京市水产科学研究所	丰台区永外角门路 18 号	100068	67586098
植物保护环境保护研究所	海淀区曙光花园中路 9 号	100097	51503330
植物营养与资源研究所	海淀区曙光花园中路 9 号	100097	51503325
农业信息与经济研究所（北京市党员干部现代远程教育技术服务中心）	海淀区曙光花园中路 9 号	100097	51503304
北京农业信息技术研究中心	海淀区曙光花园中路 11 号	100097	51503187
玉米研究中心	海淀区曙光花园中路 9 号	100097	51503404
北京农业生物技术研究中心	海淀区曙光花园中路 9 号	100097	51503293
北京杂交小麦工程技术研究中心	海淀区曙光花园中路 9 号	100097	51503104
北京草业与环境发展研究中心	海淀区曙光花园中路 9 号	100097	51503297
北京农业质量标准与检测技术研究中心	海淀区曙光花园中路 9 号	100097	51503892
北京农业智能装备技术研究中心	海淀区曙光花园中路 11 号	100097	51503425

主 要 工 作

过去的一年，全院干部职工在院党委的领导下，紧紧围绕全国科技创新中心建设、京津冀协同发展、农业供给侧结构性改革等重大战略任务，齐心协力，攻坚克难，开拓创新，各项工作取得显著成就，实现了全院在新起点上的创新发展。

（一）科技创新能力持续增强

2017年，落实各类项目418项，经费2.75亿元，其中国家级项目156个，经费1.36亿元。主持第二批国家重点研发计划项目3项，承担课题或科研任务66项；获得国家自然基金资助34项，资助率达23.9%，高于全国平均资助率，位居省级农科院前列。全院各类在研项目718项，年度到位经费2.4亿元。

全年获得省部以上各类政府科技奖励17项，其中获得国家科技进步二等奖2项、中华农业科技一等奖（或相当）和北京市科学技术一等奖4项。特别值得一提的是，本院主持的“大白菜优异种质创新和多样化系列品种选育和推广”项目同时获得中华农业科技一等奖和北京市科学技术一等奖。在当前获奖难度日益增大的情况下，市农林科学院获奖成果总量和获奖率再上新台阶，殊为不易。

获得各类成果和知识产权480余项。其中审定、鉴定、认定新品种38项，获得新兽药证书1个、新品种权21项、专利授权249项（其中发明专利135项），制定国（行、地）标23项。发表SCI论文168篇，其中Q1区93篇，较上年增加52.9%。

基础性、前沿性研究取得新突破。生物信息学和基因编辑平台技术体系初步建立，在番茄、玉米、西瓜、杨树、鲟鱼等动植物中应用取得新进展。首次获得了印度南瓜与中国南瓜的高质量参考基因组框架图，解析了南瓜种间杂交种的基因表达变化对杂种优势的贡献。在果实液泡糖转运蛋白调控西瓜果实糖分积累的分子机制方面取得重要突破，获得了首个西瓜糖分积累功能基因，为提高西瓜果实品质提供了理论基础。基本明确了桃的起源和进化历史，阐明了桃可食用性的进化机制。首次在国际上揭示了葡萄座腔菌受环境因素影响的“机会性”致病机制；首次精准诊断了我国葡萄白腐病的病原菌种类，并完成了对其侵染规律的研究。首次揭示了C型禽偏肺病毒致病机理，揭示了其介导细胞自噬的分子机制。

新品种、新技术、新产品持续涌现。京农科728通过了国家首批机收籽粒玉米品种审定，NK815成为京津冀三地首次联合审定的唯一夏播玉米品种。构建了位点高通量芯片平台和玉米样品高通量的KASP检测平台。完善了杂交小麦规模化制种技术，小区最高制种产量突破400千克/亩。鸡传染性鼻炎三价灭活疫苗研究处于国内领先水平。奶牛性别控制冻精技术研究取得进展，明显提高了性控精液的青年奶牛受胎率，较国内同类技术提高近10%。鲑鳟鱼IHNV灭活疫苗和DNA疫苗取得新突破。樱桃、苹果矮化砧木和主要品种脱毒技术研究取得新突破，建立了工厂化繁育技术体系。生防微生物制剂研发和转化取得可喜进展，获得两项国家肥料产品登记证书。农业面源污染防控关键技术取得新突破，在华北地区设施农业和养殖业发展中得到应用。研发成功反应成膜控释肥生产专用转鼓包膜设备和工艺，提高了产品生产效率和质量。多因素辅助的空间插值方法研究提高了重金属空间分析的准确度，为农业禁产区划分提供了技术支撑。净菜品质保持技术与关键设备研发取得新进展，解决了离心脱水对弱软性蔬菜的伤害难题。

农业信息化和智能装备优势得到强化。承建了全国农业科教云平台，聚集了500万职业农民用户、8万农技推广机构、50万农技推广人员、2万名农业专家，日在线活跃用户超过百万，利用大数据技术有效对接供给侧和需求侧，为我国农技推广插上了信息化的翅膀。承担开发的国家农作物品种试验数据管理平台成功上线，显著提升了全国农作物品种试验管理水平与效率，为种业发展提供了有力支撑。农业航空导航与作业装备被国家林业局纳入林业飞防“互联网+”首批示范产品，全年累计监管作业面积达到639万亩，有效提升了我国航空植保的质量和效率。

农科“智库”作用得到进一步彰显。参与了中央农村工作会议文件的起草工作，国务院研究室专门向北京市政府表示感谢。完成中国工程院、国家发展改革委、农业部、科技部以及10个省区委托的农业信息化咨询、产业规划、战略研究50余项，涵盖智慧农业、智慧村镇、“互联网+”乡村振兴和地区产业可持续发展等领域，丰富了绿色农业发展的顶层设计和思路举措。其中，农业部委托院信息中心编制的《农业生产安全保障体系建设规划》

以农业部文件正式印发。现代远程教育平台建设水平持续提升，获得市委领导批示肯定。

科技创新平台建设取得新成就。“农业部蔬菜产后处理重点实验室”“农业部农业遥感机理与定量遥感重点实验室”“农业部农业信息软硬件产品质量检测重点实验室”等农业部学科群重点实验室获得批准。“杏工程技术研究中心”获得国家林业局批准建设。“北方果树病虫害绿色防控北京市重点实验室”和“北京市功能花卉工程技术研究中心”获得北京市科委的认定。“果蔬鲜切加工技术集成基地”等三个农业部科学试验基地获得批准建设。“国家蔬菜工程技术研究中心”“农业部农业信息技术重点实验室”和“农业部华北都市农业重点实验室”考核评估荣获优秀。目前，本院已经拥有57个省部级以上科技创新平台，有力支撑了本院的科技创新。

京津冀区域协同创新不断深入。京津冀农业科技创新联盟不断壮大，成员达到64家，成功召开联盟高层论坛暨年度工作会议，发布了联盟规划纲要。持续加强区域协同创新，累计投入3 500多万元，支持项目40余项。积极与石家庄市、张家口市、承德市、保定市等地市开展科技对接，建立了科技示范基地37个，联合展示新技术、新品种100余项，区域科技对接成效显著。

科研创新环境深入优化。牢固树立“专家为本、成果为王”的理念，打造创新文化品牌，高质量开展“农科大讲堂”，先后邀请饶毅、俞敏洪等4位知名人士作报告，累计参加人数达1 500余人次；成功举办第二届“青年学术论坛”，17位青年科研人员登台演讲；扎实开展青年交流活动，邀请4位长江学者、“青年千人”等知名专家为本院青年科技人员进行专题报告；文化墙建设也在全院得到全面铺开。各项活动的开展有效地传播了科学理念和知识，增进了学术交流，激发了科技人员的探索热情，进一步营造了良好的创新氛围。

（二）科技成果转化与推广服务能力持续提升

成果转化再上新台阶。深入落实国家有关科技创新激励政策，全年成果转化总收入达1.19亿元，比2016年提高40.66%。其中，成果转让收入3 313.06万元，同比提高7.85%；三技收入8 637.28万元，同比提高59.24%。例如，鸡新城疫等三类兽药技术转让780万元，玉米样品DNA指纹检测102批次，技术服务收入647.4万元。本院成果转化工作卓有成效，有力地激发了科研创新热情，增强了全院职工的获得感。

推广服务和科技帮扶工作成效显著。在京郊共组织实施各类示范推广项目67项，实施双百对接工程对接农业新型生产经营主体70个。在各类基地推广新品种、新装备、新技术500余项，社会经济效益显著，促进了首都农业的绿色发展。组织52位专家与44个低收入村进行对接，为340户低收入户建立帮扶台账，为20个低收入村编制了产业发展规划，开展各类技术服务、观摩、培训1 000余次，累计培训各类人员近2万人次，培养骨干技术人才近100名。采用“生产基地＋深加工企业＋电商”的产业链帮扶模式，有效解决了所对接低收入村产品销售难问题。

对口援助科技支撑工作成效突出。帮助新疆和田地区编制了《国家科技园区“先导区”规划设计方案》，实施了设施草莓、特色葡萄、设施樱桃、水肥一体化等一批项目，呈现出良好发展势头。为河南省邓州市编制了5个专业性规划，邓州市国家杂交小麦产业化基地得以稳步推进，成功流转建设用地60亩、制种试验田3 000亩，种子加工基地开工建设。与西藏农牧局合作开展电子商务和“互联网＋”培训工作，培养了一批农业信息化专业骨干。

企业改革稳步推进。深化院农作物种业人才发展和科技成果权益改革，完成蔬菜、玉米种业改革方案；京研益农和顺鑫农科销售收入双超亿元，京研益农（北京）种业科技有限公司获批成为育繁推一体化种子企业。进一步加强科技产业管理工作，规范企业运营，关停僵尸企业，对部分院属企业进行了股权结构、股东调整；新成立邓州昌平农业科技公司。本院产业发展进一步焕发活力。

（三）育才引才用才环境持续优化

高端人才建设实现新突破。本院信息中心赵春江研究员入选中国工程院院士，实现了本院院士零的突破，这既是对赵院士本人学术地位的认可，也是本院科技创新实力和竞争力的证明，为本院人才队伍建设树立了标杆。全院75人次入选国家及北京市的高层次人才计划。其中，赵久然研究员新入选北京学者计划，刘月焕研究员入选国家级百千万人才工程，许勇、孟志军、杨信廷三位研究员新入选国家万人计划科技创新领军人才；许勇、赵久然两位研究员入选全国十大种业人物。

人才引育力度加大。修订完善了《杰出科研人才引进实施办法》，目前已成功引进2名青年英才，另有3位优秀学者通过了面试，即将正式加入本院科研团队。出台了《青年英才海外培养计划管理办法》，17名优秀青年科技人员已顺利派往美国、英国和以色列学习交流。

考评机制更加科学完善。对专业技术职务评聘机制进行了全面改革，进一步确立了“分类＋门槛＋动态管理”的职称工作机制，评聘工作更加科学有公信力。2017年14名研究人员晋升研究员，28人晋升副研究员；4人晋升为二级研究员，12人晋升为三级研究员。修订出台了北京市农林科学院《工作人员分类考核实施办法》，提高了岗位管理的规范化、科学化水平。

（四）国际交流与合作持续深化

国际交流进一步加强。与FAO、欧盟、CABI、CIMMTY等国际组织及美国斯坦福大学、康奈尔大学等机构在育种、农业信息化、安全生产等方面的科技合作持续深入；代表中国园艺学会，成功获得了2021年第九届国际樱桃大会举办权；成功主办（承办）了“智能农业国际学术会议”等五个国际性学术会议；积极拓展国际合作伙伴关系，全院签署合作协议和备忘录12份；获批国家外专局培训项目15项，数量居北京市前列；获批公派出国留学人员5人，数量创历史新高；共出访71个团组153人次，来访156人次。

参与“一带一路”建设成果显著。落实各类国际合作项目33项，其中，涉“一带一路”内容的有国家自然基金委国际合作项目1项、农业部国际合作项目1项；该院鲜食玉米品种在越南、柬埔寨、斯里兰卡等国的示范推广力度进一步加大，其中“京科糯2000”在越南种植面积达150万亩，主导地位不断巩固；杂交小麦在巴基斯坦的示范应用面积继续扩大，并扩展到蔬菜育种、生物技术、植物营养等领域的合作，支撑与服务了国家的外交战略部署。

（五）服务保障力度持续加大

完成了院科研配套集体宿舍分配，解决了132名科研人员住房压力。积极改善办园条件，增设了院幼儿园入园名额，加强与万泉小学沟通交流，最大程度解决职工子女入托入学问题。积极推进行政后勤服务改革，完成了保安社会化服务改革，提升了管理效率和专业化管理水平，降低了运营成本。开展安全隐患大排查大清理大整治工作，消除安全隐患106项，全面保障了本院科研生产安全。对院科研实验楼外立面墙进行了集中改造，完成办公区及家属院电力改造工程，科研办公环境进一步提升。

（六）党的建设切实得到加强

去年，市农林科学院接受了市委巡视，这是对全院各项工作的一次“全面体检”，市农林科学院党委坚持问题导向，举一反三、综合施策、狠抓落实，进一步健全机制、完善制度、堵塞漏洞、防控风险，顺利完成了各项整改任务，推动了全院党的建设全面从严、全面过硬，为全院创新发展提供了坚强的政治和组织保障。

思想政治建设水平进一步提升。组织党员领导干部采取多种形式，深入学习贯彻党的十九大精神和习近平新时代中国特色社会主义思想，不断加强思想理论武装，坚决执行党的政治路线，严格遵守政治纪律和政治规矩，全院党员干部理想信念更加巩固，“四个意识”更加牢固，“四个自信”更加坚定，始终在思想上、政治上、行动上同以习近平同志为核心的党中央保持高度一致，有效确保了中央和市委重大决策部署在农科院落地生根，形成生动实践。

领导班子和干部队伍建设进一步加强。坚持党管干部原则，从严从实选优干部、配强班子，全年共任免处级干部29人次，干部队伍得到优化。后备干部培养取得新进展，进一步建立完善了后备干部库，坚持在实践中培养锻炼干部，充分利用挂职锻炼等平台为干部成长创造条件。干部监督管理得到新加强，结合市委巡视和专项整治，从严落实干部监督制度规定，先后开展领导干部出国（境）管理监督，领导干部配偶、子女及其配偶经商办企业，领导干部兼职等规范清理工作，进一步规范领导干部个人有关事项报告，把干部监督管理工作抓在日常、严在经常，通过严管厚爱，护航干部成长。

基层党建基础进一步夯实。坚持重心下移，不断夯实支部工作基础，结合“两学一做”学习教育常态化制度化，组织实施了基层组织规范化行动、基层队伍素质提升行动、党建示范引领行动，不断深化拓展“学做改”，使党建工作与农科院各项改革、科研创新、服务“三农”、维护稳定、改善民生、作风转变等工作有机融合起来，使基层党组织的战斗堡垒作用和党员先锋模范作用得到有效发挥，推动了全院各项工作有效落实。加强党对群团工作的组织领导，充分发挥工会、团委的桥梁纽带作用。认真落实“两个待遇”，不断加强和改进离退休干部工作。

党风廉政建设成果进一步巩固。严格落实市纪委、驻两委纪检组要求，以落实“两个责任”为主线，以科研经费监督管理、资产资源管理、行政效能提升为重点，强化监督执纪问责，不断净化科研环境。坚持关口前移，切实用好“四种形态”，紧盯破纪之初，突出抓早抓小，使“咬耳扯袖”成为常态。强化纪律教育，引导全院广大党员干部始终做政治上的“明白人”、守纪律讲规矩的“带头人”。深入贯彻落实中央八项规定精神，持续改进作风。继续深化“为官不为、为官乱为”和“严肃查处群众身边不正之风和腐败问题”专项治理，切实维护职工利益。

意识形态工作进一步抓牢。严格落实意识形态工作责任，结合科研单位特点，主动发声，释疑解惑，加强风险防控，牢牢把握意识形态工作主动权。坚持团结稳定鼓劲为主，运用改革发展成果、群众身边事例讲好农科院故事，传播团结奋进正能量。

学会、协会

序号	登记证号	社团名称	业务主管单位	理事长	电　话	地　址	邮　编
1	10257	北京农学会	北京市科学技术协会	李云伏	51503848	海淀区曙光中路9号，市农林科学院	100097
2	10070	北京水产学会	北京市科学技术协会	苏建通	67586268	北京市丰台区角门路18号，市农林科学院水产所	100068
3	10265	北京作物学会	北京市科学技术协会	赵久然	51503936	海淀区曙光中路9号，市农林科学院玉米研究中心	100097
4	10591	北京蔬菜学会	北京市科学技术协会	李武	51503200	海淀区曙光中路9号，市农林科学院蔬菜研究研究中心	100097
5	50030065-9	北京畜牧兽医学会	北京市科学技术协会	李德发	51503210	海淀区曙光中路9号，市农林科学院畜牧兽医研究所	100097
6	10192	北京食用菌学会	北京市科学技术协会	刘宇	51503437	海淀区曙光中路9号，市农林科学院植保与环保研究所	100097
7	10277	北京昆虫学会	北京市科学技术协会	高希武	51503688	海淀区曙光中路9号，市农林科学院植保与环保研究所	100097
8	110000-3363479-1	北京植物病理学会	北京市科学技术协会	李健强	51503695	海淀区曙光中路9号，市农林科学院植保与环保研究所	100097
9	10738	北京土壤学会	北京市科学技术协会	徐明岗	51503524	海淀区曙光中路9号，市农林科学院营养与资源研究所	100097
10	11456	北京农业信息化学会	北京市科学技术协会	赵春江	51503593	海淀区曙光中路11号农科大厦A座908室，市农林科学院信息中心	100097
11	11586	北京农产品质量安全学会	北京市科学技术协会	王纪华	51503729	海淀区曙光中路9号，市农林科学院质标中心，种质楼1003	100097
12	京民社政字第0011663号	北京山区发展研究会	北京市科学技术协会	李云伏	51503341	海淀区曙光中路9号，市农林科学院作物所留守处	100097
13	社政字第3755-13号	中国水产学会观赏鱼分会	中国水产学会	苏建通	67042023	北京市昌平区小汤山镇中心街155号	102211
14	中经林协字〔2014〕39号	中国经济林协会文玩核桃分会	中国经济林协会	秦树福		海淀区香山瑞王坟甲12号，市农林科学院林果院	100093
15		中国园艺学会樱桃分会	中国园艺学会	张开春	82596007	海淀区香山瑞王坟甲12号，市农林科学院林果院	100093

（续）

序号	登记证号	社团名称	业务主管单位	理事长	电话	地址	邮编
16		中国园艺学会草莓分会	中国园艺学会	张运涛	82598882	海淀区香山瑞王坟甲12号，市农林科学院林果院	100093
17	社政字第3802-9	中国经济林协会板栗专业委员会	中国经济林协会	黄武刚	82590742	海淀区香山瑞王坟甲12号，市农林科学院林果院	100093
18	3531-4	中国畜牧兽医学会禽病学分会	中国科学技术协会	杨汉春	51503678	海淀区曙光中路9号，市农林科学院畜牧兽医研究所	100097
19		北京畜牧兽医学会小动物分会	北京市科学技术协会	刘爵	51503671、51503210	海淀区曙光中路9号，市农林科学院畜牧兽医研究所	100097
20	10329	北京微生物学会兽医专业委员会	北京市科学技术协会	张培君（副理事长）	51503455	海淀区曙光中路9号，市农林科学院畜牧兽医研究所	100097
21	京民社证字第0011881号	北京智慧农业物联网产业技术创新战略联盟	北京市科学技术委员会	赵春江	51503128	北京市海淀区板井曙光花园中路11号，北京农科大厦	100097
22	中经林协字〔2016〕4号	中国经济林协会植物香料分会	中国经济林协会	黄丛林	51503801	海淀区曙光花园中路9号，市农林科学院生物中心	100097

市农林科学院党政领导班子成员

党委书记 高　华
副书记 喻　京
委员 程贤禄（正局级，至2017年12月）
唐桂均　赵春江
院长 李成贵
副院长 程贤禄（正局级，至2017年12月）
苏建通（至2017年12月）　唐桂均
刘建华　王之岭

（市农林科学院　李潇）

北京市农村经济研究中心

2017年，市农研中心（农经办）坚持以习近平总书记系列重要讲话和对北京工作的重要指示精神为指引，深入学习贯彻习近平新时代中国特色社会主义思想，以推进供给侧结构性改革为主线，贯彻新发展理念，落实市委市政府工作部署，围绕农业增效、农民增收、农村增绿，着力推进“精细农经管理、强化资源区划、实效农经智库、统筹‘三农’信息”四位一体协调发展，不断激发创新潜能、凝聚改革合力、塑造发展优势，向着“党建水平全面提升，服务能力全面提升，管理效能全面提升”的目标迈出坚实步伐，各项工作取得新的成绩。

主要工作

一、从严从实做好巡视整改工作

坚持党要管党、从严治党，认真落实全面从严治党主体责任，持续抓好巡视整改各项工作。一是把巡视整改作为重要政治任务牢牢抓在手上。党组始终把提高思想认识贯穿巡视整改全过程，党组书记第一时间组织召开党组会，研究部署整改落实工作。二是强化组织领导，建立党组落实巡视整改主体责任的体制机制。成立以党组书记为组长，领导班子成员为组员的巡视整改工作领导小组，成立党建工作组、调研工作组、经管工作组、财务及资产管理工作组、信息化工作组、社团管理工作组等6个专项整改工作组，建立落实整改工作推进会制度。三是坚持问题导向、抓实求效，有序推进巡视整改工作。制定了《市委专项巡视市农研中心（农经办）党组反馈意见整改工作方案》，列出了80项整改措施，逐一落实责任领导、责任部门和完成时限，形成清单台账，办结销号，强化督办，确保巡视整改所涉及的三大类11个方面的30个具体问题（农村集体经济改革立法、服务和指导基层农经工作需要持续整改）如期完成。

二、深入全面推进从严治党工作

一是深入学习贯彻党的十九大精神。通过理论中心组学习、周末大讲堂、支部固定学习日，形成党组、党支部、党员三级学习体系，引导广大党员干部深入领会精神实质，自觉在思想上、政治上、行动上同以习近平同志为核心的党中央保持高度一致。二是扎实开展“两学一做”学习，巩固学习教育成果。制订《党组理论中心组学习规则》《关于推进“两学一做”学习教育常态化制度化实施方案》和《学习情况一览表》，对“两学一做”学习教育常态化制度化进行了总动员、总部署，坚持全覆盖、常态化、重创新、求实效，扎实推进学习教育的常态化制度化。三是注重基层组织建设，提升党员队伍的战斗力。将经济体制处和资产管理处联合支部分离，分别建立独立支部。开展党支部书记支部委员培训，举办党建业务培训班。推进“科研型支部”“双周论坛”“书香支部”建设，创新党支部建设形式。四是强化党风廉政建设。制定了《落实党风廉政建设主体责任实施办法》和《党风廉政建设责任制检查考核办法（试行）》。组织党员干部认真学习《关于新形势下党内政治生活的若干准则》《中国共产党党内监督条例（试行）》《中国共产党问责条例》。召开了“以案为镜、正风肃纪”警示教育大会和专题组织生活会，增强了廉洁教育的针对性和实效性。

三、积极稳妥推进集体产权制度改革

认真贯彻落实中共中央、国务院《关于稳步推进农村集体产权制度改革的意见》，海淀区被列为全国100个农村集体产权制度改革试点单位之一。受农业部经管司委托，审核10个省的30个试点单位改革方案。与市农委、财政局联合研究印发《关于财政资金扶持农村集体经济组织形成的经营性资产股份量化实施办法（试行）》。认真规范新型集体经济组织收益分配工作，研究制订《关于规范新型农村集体经济组织收益分配工作的意见》。组织开发北京市农村股权管理系统，大兴区试点运行情况良好。存量农村集体经济组织赋码换证工作基本完成，6 609个乡村集体经济组织换发了农村合作经济组织登记证书，加载了统一社会信用代码，占存量组织的99.5%。难点村、乡镇级集体产权制度改革取得新进展，全市已有58个难点村、12个乡镇级集体经济组织启动改革。截至12月底，全市累计完成产权制度改革的单位达到3 920个，其中村级3 899个，乡镇级21个。村级完成产权制度改革的比例达到98%，331万农民当上了新型农村集体经济组织的股东。1 356个村集体经济组织实现股份分红，占改制村集体经济组织的34.8%。股份分红总金额48.7亿元，比上年增加1.4亿元，增长2.9%。2017年在改制村中有131万农民股东获得红利，人均分红3 712.3元，比上年增加257.7元，增长7.5%。

四、农村集体经济管理迈出新步伐

集体经济事项权力清单试点范围扩大到房山区10个乡镇（街道）的17个村级集体经济组织，精细化管理迈出新步伐。开展朝阳、海淀、丰台、通州、大兴、怀柔等区农村集体财务公开情况检查，与市纪委机关、市委组织部、市委农工委、市民政局联合印发《关于进一步规范全市村级组织党务公开、村务公开、财务公开工作的通知》和《北京市村干部管理监督办法（试行）》，农村财务管理规范化程度明显提高。推进北京智慧乡村“三务公开”入户电视点播试点，延庆区张山营镇32个村已全部入户，覆盖8 000余户。顺义区大孙各庄镇试点村增至30个。进一步规范农民专业合作社财务管理，与市农委共同研究确定《北京市农民专业合作社市级示范社考核评定标准（试行）》，制定财务管理和成员账户评分标准。逐步完善北京市农民专业合作社综合管理系统财务管理功能，在全市所有市级以上示范社以及昌平、延庆的区级示范社范围内推广运用，用户满意度近90%。进一步完善农村集体经济合同管理系统，完成海淀区经济合同管理系统升级。在怀柔、通州、平谷等区开展了农村财务管理人员培训班，合计培训1 050余人。

组织开展2016年村级组织正常运转专项补助资金和新型集体经济组织经营效益全市性的审计工

作。落实卢彦副市长批示，组织开展逐条逐项整改落实。组织开展 2016 年村级组织负责人经济责任审计工作和其他专项审计。编制《农村集体经济审计工作指南》、农经审计工作示范文书和参考文本，补充完善 5 340 份农经审计员原始档案。截至今年上半年，全市各区共审计 5 629 个单位，审计金额达 1 439.8 亿元。

五、农村土地制度改革取得新进展

农村土地承包经营权确权登记颁证工作完成 90%以上。会同市农委、市妇联对 10 个区确权和妇女权益保护情况进行了联合督导检查。北京市农村土地承包经营权信息应用平台建设基本完成，进入全面试运行阶段。组织参加了 3 期全国确权登记颁证培训班。截至 12 月 31 日，全市共有 125 个乡镇 2 609 个村开展了确权登记颁证工作，分别占全市拟确权乡镇、村数的 100%和 98.1%，涉及承包土地面积 278.5 万亩，占全市拟确权土地总面积的 98.5%，全面完成了“2017 年底前完成总体任务 90%以上”的工作目标。开展农地流转价格和规模经营效益动态监测。完成了 2016 年、2017 年上半年农地流转价格监测报告，2016 年农地适度规模经营效益监测报告。2016 年全市农村土地承包经营情况分析报告。农村土地经营创新试点工作进一步深化。平谷区管家庄村土地托管试点工作健康发展。怀柔区二台子村土地股份合作制试点获得财政资金支持。平谷区周村“土地股份合作社＋职业经理人＋农业社会化服务组织”的农业共营制试点取得实效。依法开展农村土地承包经营纠纷调解仲裁工作。处理来信来访 16 件。指导郊区依法开展纠纷调解仲裁工作，2017 年上半年全市共发生农村土地承包经营纠纷 478 件，调处解决 467 件，调处率 98.1%。

六、农民专业合作社指导服务更精准

一是有序推进合作社规范化建设。完善全市 216 家市级示范社动态监测和考评程序标准，取消 24 家考评不合格合作社的市级示范社称号，取消 12 家考评不合格合作社的国家示范社称号。积极推进信用评价体系建设，发布北京市首批参评的合作社信用评价结果。加强对全市 6 600 余家合作社的统计监管，实现合作社统计信息系统与三资监管平台融合共享。二是指导合作社转型发展。推进合作社“禁养”、产业转移，立征春雨合作社和金冠种植合作社由单一种植向都市休闲农业转型。三是不断提升合作社发展动力，实施“2017 年合作社产业融合创新试点项目”，重点支持市级示范社，以点带面，提升全市合作社三次产业融合发展水平。推进合作社品牌化发展，全市合作社实施标准化生产的 477 家，拥有注册商标品牌的 386 家，通过农产品质量认证的 832 家。四是推进北京农联发挥市级枢纽型社会组织作用，组织北京农联 32 家合作社参加“首都科技条件平台百家重点实验室进千家企业”专题对接会，开展北京农联会员星级评定工作。组织北京农联会员合作社参加第十五届中国国际农产品交易会，创办《北京农联会刊》。打造“北京农联 24 集市”，组织活动 12 场，30 余家合作社和农业企业产品陆续入驻微信商城。

七、农经系统部门统计工作更精细

连续 9 年获得全国农经统计工作优秀单位。一是扎实开展各项常规统计，认真做好专项监测工作。完成农业部系统、市统计系统、市农经系统各类报表统计。完成郊区 7.3 万低收入农户、234 个低收入村动态监测更新及月报，完成 450 个农产品成本核算点 25 个品种的动态监测。二是深化农经统计制度改革。印发《关于深化农经统计制度改革与“三资”监管平台应用的通知》（京农经〔2017〕13 号），研究制定《北京市农村集体济部门统计工作管理办法（征求意见稿）》《数据质量控制手册（征求意见稿）》和《农户收入分类台账》，在全市郊区全面推广。《北京市农村合作经济经营管理综合统计报表制度》获得 2017 年度统计文号，实现了依法统计规范管理的要求。三是加强农村管理信息化建设。三资监管平台取得了中国互联网络信息中心颁布的《国家域名注册证书》，获得 11 份计算机软件著作权登记证书。完成了三资监管平台的政务云部署和数据迁移工作，软件、硬件、网络、安全运维 10 584 次。四是深化统计数据分析利用。完成《2017 年上半年全市农村经济运行分析》《2017 年 33 个小麦监测点成本效益分析报告》等统计分析报告，编印《北京市低收入农户增收材料汇编（政策文件）》《北京市低收入村基本情况与帮扶需求手册》，为农业部、市农委、市民委、市统计局、市农科院等单位提供统计咨询服务27次。五是强化农经统计与信息化培训。2017年农经统计与信息化培训涵盖市级、14个区、197个乡镇、3 945个村，培训人员达到6 294人次。

八、农村金融服务创新有突破

一是农村承包土地的经营权抵押贷款试点工作取得新成效。截至2017年年底，大兴、平谷两个试点区共完成农村承包土地的经营权抵押贷款6笔(大兴5笔，平谷1笔)，抵押土地面积共计371.8亩，经营权价值评估总额共计1 062万元，贷款金额共计734万元。完成“两权”抵押登记系统开发，全市首例农村承包土地经营权抵押登记业务完成线上审批。建立联动工作体系，构建了市、区两级政府与涉农金融机构、市农担公司、北京农交所等多部门或组织联动的工作体系。二是推进农民专业合作社内部资金互助试点工作。积极探索内部资金互助机制运行的规律，有效推动新型农村合作金融发展。东四道岭建立了内置金融合作社资产收储模式，盘活了闲置资产。指导帮助赤鲁村整合资源，实现与多家企业的对接。赤鲁村新流转果树地310亩、利用或出租已经收储的闲置农屋6套（共8套)。三是强化农村金融服务。推进北京国际信托有限公司富民系列产品发行。截至2017年年底，富民系列产品共发行11支，年预期收益率在6.5%～10%，发行规模为24.86亿元，信托累计收益6.25亿元。完成“农村金融公共服务平台”一期建设，筹建平谷农村产业基金。联合市农投公司开展研究制定低收入村、低收入农户精准帮扶工作方案。指导延庆区吴庄村、怀柔区四渡河村两个低收入村设立“乡村便利店”。开展市农村金融协会工作，筹备、组织和召开了市农村金融协会两次理事会和一次会员大会。四是扎实推进农村产权交易。截至2017年年底，成交农村产权交易项目140笔，总成交金额30亿元；累计流转土地面积3.5万亩，实物资产房屋面积18.5万平方米。

九、农民负担监督管理工作更扎实

一是扎实开展农民负担监督检查和涉农乱收费专项治理工作。在区级自查基础上，开展了10个区13次市级抽查。开展涉农乱收费乱摊派情况专项治理工作，对新型农业经营主体农民负担及涉农乱收费等问题进行了重点检查。二是有效推进“一事一议”财政奖补工作规范管理，在10个远郊区开展“一事一议”财政奖补工作。出台《关于进一步加强村级公益事业建设“一事一议”财政奖补项目和资金管理的意见》，进一步对民主决策、项目实施程序、监督检查及绩效评价机制等内容进行了规范。举办了北京市农民负担监管与“一事一议”政策培训班，培训学员200余人。三是完成农民负担监测工作。做好对全国监测点密云区2个乡镇6个村30户监测户的检查和指导。综合分析显示，全市农民负担监管总体趋势良好，农民负担进一步减轻，惠农政策得到积极落实。2017年，全市未收到农民负担信访案件。

十、持续加强农业农村资源区划工作

开展重要农业资源台账制度试点，完成密云区重要农业资源台账数据清单数据的采集。积极参与全市创建国家级农业可持续发展试验示范区，与天津市区划办、河北省区划办、中国农业资源区划学会共同开展《京津冀农业协同发展与综合农业区划》总体框架研究。《京津冀地区一二三产业融合发展研究》不断深化。完成《市民农园建设标准与经营规范》《北京市休闲农业园区星级划分与评定》地方标准研究，联合市农业局、市农业技术推广站完成申报工作。深化休闲农业的典型总结与宣传，《开发农业资源，发展休闲农业》专题片2018年年初在北京电视台新闻频道播出。举办休闲农业专题展，北京国际设计周走进龙湾屯等子活动社会反响强烈，30余家媒体和新闻网站进行了报道和转载。

完成五一、十一、春节和四季度等7次监测点数据整理工作和12次农园节监测工作。完成了北京市休闲农业园区星级评定工作，发布第三批90家北京市休闲农业星级园区。完成了13个全国休闲农业与乡村旅游星级园区创建的申报和考评工作。指导北京观光休闲农业行业协会开展行业管理与服务，完成农园节系列活动的宣传工作，组织会员单位参加全国休闲农业与乡村旅游发展大会、京津冀休闲农业发展高层论坛、津台创意农业论坛。成立了“一老一小”工作委员会、亲子农业教育专业委员会和市民农园专业委员会，社会影响力不断拓展。

认真开展农村资源与区划理论研究。完成《北京市田园综合体建设研究》《平谷区金海湖镇休闲农业发展概念性规划》《北京市农业农村资源与农业教育项目开发案例研究》，不断探索北京农村一二三产业融合发展的有效模式。完成《2017年北京市郊区土地利用消长变化监测分析报告》《北京市农业生产废弃物资源化利用试点工作》《不断挖掘农业文化和服务内涵，促进资源循环高效利用》等，为土地利用结构调控、土地利用方式转变、农业生态环境保护和改善等相关农业区划工作提供决策支持。

十一、积极探索“三农”发展信息化支持工作

统筹推进农业农村信息化。一是完善机制建设。推动成立全市农业农村信息化领导小组，由市委农工委书记、市农委主任孙文锴同志担任组长，进一步明确市农委系统各单位、郊区农委的工作职责。发布《关于2017年北京市农业农村信息化重点工作的通知》。组织召开北京市农业农村信息化工作会暨信息进村入户工程部署会。二是推进智慧乡村建设。开展32个村的智慧乡村建设，在丰台区槐房村、房山区黄山店村、昌平区八家村等村开展市级试点。三是促进产业融合。将物联网技术与生产经营服务全过程相结合，截至2017年年底，北京现代农业物联网应用服务平台接入农场数量达到588个，涉及农业设施数量18 317个，种植面积29.4万亩，农作物品种324个。完成2017年北京市特色农产品生产园区安全生产建设项目。开展北京休闲农业行业指数研究，采集83家三星级以上休闲农业园区行业数据，提出行业指数。四是开展农村“三务公开”试点，建设北京“美丽智慧乡村”信息服务平台。截至2017年年底，平台发布信息1 970条，累计访问量45.9万次。2017年，6家单位被认定为全国农业农村信息化示范基地，5家单位案例入选农业部农村大数据案例，26家企业通过2017年北京市农业信息化龙头企业认定专家评审。

稳步推进电子政务。组织开展市委农工委、市农委、市农研中心、智慧乡村顶层设计工作，明确了未来三年建设任务与实施路径。完成涉农信息资源平台一期项目建设，14个应用系统实现数据交换接入。修订完善资源目录，形成110个数据目录类、138万条数据。组织系统单位开展政务信息系统整合工作，完成71个网站、9个微博、38个微信、6个移动客户端的开通及应用数据调查。

切实保障信息安全。强化重要时期应急保障，较好完成党的十九大、“一带一路”高峰论坛、全国两会等重要时期的网络信息安全保障工作。提供终端运维服务千余次，安全加固高、中、低脆弱风险点864个。完成互联网门户网站保密检查、电子政务网络安全检查、政务信息化设施安全隐患排查等专项整改工作。

扎实做好信息服务。2017年，市农委、市农研中心网站分别新增信息4 528条和4 198条，采用量同比上升8.35%和41.8%，完成11次在线访谈和7次在线调查，206封网络信箱答复工作，达到政府网站普查要求。向中国农业信息网政务网站报送信息共4 295条，向首都之窗报送信息784条。北京现代农业信息网发布信息1 042篇，页面总访问量4 042 885次、日均访问量17 888次。农信机4 902台，发送实用信息3 058万条，同比提高21%；“首都农经”和“北京智慧乡村”微博分别发布博文542条和409条，同比增加19条和48条。完成249期涉农舆情监测日报和12期月报的发布工作。编发《城乡经济通讯》39期，采用各类稿件839篇，文字47.5万字，图片529张。编发《北京城乡经济信息》共56期，文字10万字。

稳步推进农村改革与发展观察员队伍建设。完成村庄基础信息及农户基本情况调查两项观察点基础信息采集工作，共汇集数据超过12万条，上报动态信息170篇。围绕农业电商、村官创业及北京智慧乡村建设等主题，组织培训和专题交流。

十二、深入开展农经智库建设工作

2017年，《北京市非首都功能疏解形势下农村集体产业升级的有效途径试点研究》等13项调研工作开展顺利，调研成果稳步增长。截至2017年年底，发表文章136篇，其中公开发表文章58篇，内部发表文章78篇，出版著作11部，调研成果获得市级领导批示19次，成果获奖9次。

重要试点研究工作取得新成绩。乡镇统筹利用集体产业用地扩大试点与研究取得新实效。系统总结五年来的试点工作经验，完成《乡镇统筹要义》

《乡镇统筹实务》《乡镇统筹 片区联营——旧宫镇南街片区统筹利用集体建设用地经验透视》研究报告，形成了全市性的较系统的乡镇统筹集约利用集体建设用地改革试点思想。完成《关于探索“村地乡管”的思考与建议》专题报告，刊发于《决策参考》第38期。市委书记蔡奇、时任副书记景俊海、副市长卢彦、副市长隋振江、市委农工委书记孙文锴等市领导给予重要批示。关于“旧宫镇片区联营的‘五本账’”的分析报告作为扩大试点的参照样本，下发十三个试点区、试点镇。起草《北京市乡镇统筹利用集体产业用地试点工作方案》《关于统筹利用集体建设用地政策的有关意见》，建立了石景山区、东升镇集体土地资源数据管理系统和大兴区镇级统筹利用集体建设用地数据管理系统，形成了《2016年北京市农村集体土地资产价值估算》报告。指导丰台区长辛店镇设计联营公司组建方案，指导房山区张坊镇、长沟镇、青龙湖镇、顺义区木林镇开展方案设计、联营公司组建、股权设置等工作。

“三农”改革试点和重难点问题研究取得新突破。一是东升博展股份合作社法人治理结构试点取得新进展。完成了《从农村集体所有制改革到法人治理结构改革》研究报告，东升镇试点扩大至全镇十个分社及总社。二是公平贸易试点工作稳步推进。6家合作社和1家渠道商实施公平贸易认证，2家合作社和1家渠道商通过认证。三是扎实推进重难点问题研究。完成《京冀农业农村信息化协调发展研究》《“互联网＋”对新型农业经营主体的带动作用》《北京市农业农村信息化标准体系研究》《京津冀协同发展背景下北京市特色小镇案例研究》。《北京市乡村治理和农村社会发展研究》《关于探索“村地乡管”的思考与建议》《产业融合提升农业适度规模经营效益调查》《北京市农村财务管理模式对比分析研究》《北京市农村财务管理模式对比分析研究》等调研成果获得市级领导批示19次，“实效农研”迈出新步伐。

“三农”改革发展战略问题研究取得新成果。一是认真开展习近平集体经济思想研究。完成了《习近平集体经济发展观汇编》单行本，中央政策研究室专家鉴定为：具有重要文献价值，填补了国内研究的一项空白。二是稳步推进北京市新型农业经营主体发育与政策体系研究。落实蔡奇书记等多位市主管领导批示精神，组织75名农村观察员在北京市11个区191个样本村，随机选取1 072个农户、100个专业合作社、130个农业企业、200个村集体进行了问卷调查，探索了首都特色的新型农业经营主体培育路径。三是扎实开展“四点一书”战略课题调研。“北京市农村现代化路径研究”“北京市非首都功能疏解形势下农村集体统一经营产业升级问题研究”等课题取得重要调研成果。《北京市农民住宅财产性收益实践路径研究》以专刊形式在《战略与管理》2017年第5期发表。

调研管理工作更加规范。一是持续加强调研课题管理。首次对2017年14项改革试点工作进行管理评估。协调组织中心各处室参与市委农工委市农委重大课题，召开“实施乡村振兴战略 加快城乡融合发展”专题调研部署会。组织编辑出版《北京城乡一体化发展报告（2016—2017）》《北京农村研究报告（2016）》2个年度报告，“北京市农村经济研究中心丛书”《中国农村宅基地节约利用机制研究》等3部著作。二是强化学术交流工作。组织举办了10期农研智库大讲堂。加强京台农业交流，主办了2017年京台农村社区交流对接会，成功举办了主题为“美丽乡村绿色发展”的第20届京台科技论坛乡村论坛。中心在市委对台工作领导小组（扩大）会议暨2017年北京市对台专项工作部署会上围绕京台农业交流工作成效做了典型发言。

编刊史志工作有新突破。完成《北京农村经济》月刊12期的编辑、出版、发行工作。全年刊物收到来稿767篇，发表433篇，逾120万字。出版《北京市村党组织第一书记工作案例专刊》，集中刊登43篇第一书记工作案例，精选出版53篇第一书记撰写的调研报告。编印《北京市农村经济发展报告（2017）》，包括《农村综合经济》《城乡发展一体化和新农村建设》《农村改革与集体经济发展》《休闲农业与乡村旅游》《农业农村信息化发展》《山区经济与生态建设》等分册。《北京志·农业农村志》复审稿通过复审，2017年《北京农村年鉴》编辑完毕。截至2017年底，编刊史志出版各类书籍资料9部，刊物12期。

十三、不断加强队伍建设和内部管理工作

持续推进干部队伍建设。完成局级领导干部“推进农业供给侧结构性改革”研讨班调训、学习贯彻党的十八届六中全会精神和党的十九大精神专

题研讨班调训任务，共计12人次参加培训。完成农委系统处级干部学习贯彻党的十九大精神专题培训组织工作，共57名处级干部参加培训。做好选人用人整改工作，研究制定选人用人工作整改方案，制定整改措施，明确了任务要求。制定《选人用人专项检查反馈意见整改落实情况报告》，6月27日整改报告通过市委组织部、市委巡视组审核。做好从严管理干部相关工作，研究制定《市农研中心关于考察对象党风廉政情况书面征求纪检监察部门意见的实施办法》。认真组织核查工作，对违规在企业兼职的干部进行处理。加强因私出国（境）证件管理工作，进一步规范因私出国（境）审批程序。严格执行领导干部个人有关事项报告制度，完成领导干部个人有关事项报告报表的收集、信息的录入、综合汇总和上报工作。做好离退休干部服务管理工作，制定了《关于进一步加强和改进离退休干部服务管理工作的实施意见》，健全服务管理网络机制，积极帮助离退休干部解决实际问题。举办离退休干部学习十八届六中全会精神专题讲座和十九大精神专题辅导，组织离退休干部开展主题党日活动。

机关运行保障能力不断提高。高质量完成卢彦副市长来中心调研指导的保障工作，做好参加中农办在京举办的“乡村治理和农村社会发展座谈会”、卢彦副市长到密云区调研集体经济、市委办公厅市委组织部关于《党组工作条例（试行）》的书面自查及现场督促检查、市纪委办公厅、派驻纪检组党风廉政建设现场督促检查等服务工作。圆满完成项目绩效评价工作。对30个项目进行了考评，向市财政局报送了自评报告。完成市审计局对中心2016年度部门预算执行和决算草案审计工作，对项目预算编报方法进行了规范。对2013—2016年以来非课题项目的预算编制、预算执行情况进行了统计汇总，修订完善《预算管理规定》《差旅费管理规定》《社团组织财务管理规定》。扎实开展机关家属院消防安全管理、公务用车管理、机关食堂管理，确保机关后勤高效、安全运行。

市农研中心（市农经办）
党政领导班子成员

党组书记　吴宝新
党组成员　张秋锦　曹四发
　　　　　蒋洪昉　吴志强
　　　　　刘军萍
主　　任　吴宝新
副 主 任　张秋锦　曹四发
　　　　　蒋洪昉　吴志强
市城乡经济信息中心主任　刘军萍
副巡视员　熊文武

［市农研中心（市农经办）刘雯］

北京农业职业学院

概　　况

（一）稳妥完成第四轮干部人事制度改革

结合干部人事制度改革工作，制定了《关于第四轮干部人事制度改革的实施意见》等9个配套文件，顺利完成全员聘任、分配改革和内部管理体制改革等工作，理顺了干部人事管理体制，进一步优化了本院干部队伍结构，深化了干部人事制度改革，解决了多项长期未能解决的问题，实现了预期工作目标。

（二）各方资源融合，社会服务功能突显

一是新型职业农民学历提升班稳步推进，2017年招收新型职业农民学历提升班学生166名，同时还积极推进了新型职业农民全科农技员职业素质培养；二是农村基层干部培训工作扎实开展，全年共完成23期3 066人的农村基层干部培训工作；三是中学生学农教育发展势头良好，基地建设水平及教学质量稳步提升。全年共完成北京市5个城区，17批次、43所试验校，260个学农班级的10 000余名学生的学农工作任务和965名教师的接洽工作。

（三）科研工作稳步推进

入选北京市“南繁科研育种基地建设”项目体系。项目基地位于海南省三亚市乐东县黄流镇，土地面积105亩，主要用于玉米育种、兰花鉴定扩繁、观赏草繁育等。通过科学规划、合理施工，基地正建设成为“环境优美、功能完备、运行稳定”

的科研育种基地。成立动物科学院士工作站，开展动物营养科学前沿科研课题研究和养殖行业重大及高端技术难题组织联合攻关，充分发挥院士群体在学校动物科技创新方面的引领带动作用。承担的市农委项目“藏猪养殖模式的示范推广”在京郊实现与企业点对点对接，在北京中科友创生态种植园开展藏猪养殖模式示范推广服务。承担的市教委2015年度科技计划面上项目“金叶紫穗槐生态适应性与繁育技术研究”通过专家组验收，其成果具有潜在的推广应用价值。

（四）继续推进中学生学农教育

在不断推进基地的层次提升和提高办学质量的基础上，接受北京市5个城区，43所试验校，260个学农班级的10 000余名学生和965名教师的学农工作任务，共计17批次，每批6天。学院各系部、教辅部门150名专兼职教师完成近11 000学时的学农教学任务。“学农教育”课程分为“基本生活技能，传统种植、养殖，现代农业，农职特色”等模块为主的必修课程，和“农业创意、生活技能、知识拓展”等模块为主的选修课程两大类。根据不同课程授课标准、不同师资渠道来源将学农师资培训分为“常规性师资培训”“请进来培训”“走出去培训”三种方式。

（五）开展多种形式办学

与日发牧马堂马术有限公司签署了共建马术学院合作框架协议，共建牧马堂马术国际学院。马术休闲管理专业和运动马疾病诊断与驯养专业也已获得批准，正在制定人才培养方案，组织相关课程开发、师资的引进与培训，以及马术实训基地建设。

（六）组织开展驻村帮扶

组织全院各党总支结合工作实际和自身优势，开展驻村帮扶活动。完成14个党总支、5个直属党支部帮扶对接3个区8个乡镇17个低收入村的工作，主要采取项目扶持、教育扶持、科技扶持、生活扶持等形式开展帮扶。在农广校的驻村帮扶中，相继推出了密云的“三石鱼宴”、大兴的“御林家宴”、延庆的“胡家一锅蒸”、房山区黑龙关村的“五谷长寿宴”等项目。

主要工作

（一）积极推进内涵建设

专业结构进一步优化。新增农产品流通与管理、互联网金融、设施农业与装备等3个专业，明确重点专业、特色专业和一般专业的结构和定位。申报无人机应用技术、旅游管理（休闲马术管理）、畜牧兽医（运动马驯养与疫病防治）、旅游管理（空乘服务）、电子商务（新媒体运营）等5个新专业，专业方向获批，都市农业办学理念显著。获批教育部第二批现代学徒制试点单位。

教学研究不断深化。4项市级教改课题完成验收，49项院级教改项目获得立项。在第七届全国农业职业教育教学成果奖中，荣获一等奖4项、二等奖4项、三等奖7项。在北京市教育教学成果评比中，获得一等奖2项、二等奖6项。国家信息化大赛二等奖1项、三等奖1项。

技能大赛成果丰硕。承办北京市技术技能大赛的5个赛项，9所院校的115名选手来院参加比赛。共有2 000余名学生参加院级、市级、国家级职业技能大赛，211名学生在校外各级技能大赛中获得123个奖项奖励，其中，国赛二等奖1项、三等奖4项，省赛一等奖12项、二等奖15项、三等奖38项，教指委和行指委赛一等奖3项、二等奖16项、三等奖34项。

实验实训条件大幅改善。8个实训室建设项目完成验收，14项新建项目完成立项和论证。

（二）进一步加强了人才队伍建设

教师素质进一步提高。面向社会公开招聘23名高素质人才，其中，专任教师20人，实践指导教师1人，其他专业技术岗2人；博士9人，硕士13人，学士1人；其他高校、科研院所调入9人，应届毕业生14人；博士后2人。71人晋升了专业技术职务，其中正高11人、副高34人、中级26人。

名师和创新团队培养力度持续加大。1名教师被评为北京市教学名师，1名教师被评为北京市青年教学名师，1名教师被评为北京市优秀教师。

（三）学生管理服务得到加强

学风建设扎实推进。开展校园十星评比活动。评出国家级、市级、院级优秀毕业生874人次。管理与服务进一步改善。举办两期学生干部拓展训练，对学生公寓开展专项整治。资助工作得到加强。面向困难学生开展特别资助，为低保和残疾毕业生发放就业补贴，1 136名学生获得励志奖学金和助学金，成为北京慈善协会“爱心成就未来”项目受助单位。心理咨询工作得到拓展。开展大学生心理健康节，完成2017级新生心理普查工作，首次开设心理选修课。征兵工作成绩显著。共有 38 名男生、2 名女生光荣入伍，为历年之最。

（四）科技与培训服务成绩显著

科研工作成绩显著。全年专利申请数 33 项，获得授权专利和软件著作权数 25 项，论文成果 264 项，著作成果 62 项，获奖成果 30 项。

扎实开展新型职业农民培训。以党校工作部为平台，在开展农村基层干部培训的同时，相继开展了农业专业合作社精准培训、承德合作社理事长培训、安徽金寨现代农业知识培训、内蒙古农牧业产业人才培训、湖北十堰贫困村致富带头人培训等。以农广校为平台，开展了新型职业农民和农村实用人才培训，共培训学员 61 529 人。

积极推进继续教育。农民中等职业教育在校生 6 974 人，成人自考大专在校生 127 人，成人大专在校生 253 人；合作办学在校生 1 843 人。

（五）改革财务、资产、产业和后勤管理体制

完成财务九户合一管理改革。财务管理完成九户合一工作，实施统分结合的业务管理与运行模式，实现四校区财务处理软件兼容和工资统发软件研发应用。

规范招投标管理。修订《采购及招标管理办法》和资产录入工作。完成财政专项、学院自筹以及教师科研课题的采购招标工作。

农职资产公司开局良好。按照现代企业制度规范公司运营，积极推进企业科学管理，启动 ISO 9001 质量管理体系建设，启用钉钉智能移动办公平台，优化物资采购等模块管理流程；服务学院中心工作，全力做好服务保障，实现国有资产保值增值；在禽业遭遇市场低谷、政策限制等不利因素影响下，加强生产管理，强化鸡病防控，超额完成年初计划。

后勤服务成绩显著。南区新建锅炉房工程竣工验收、北区图书馆综合修缮改造等多项工程，完成校园绿化美化和快递中心、共享单车进校园。

（六）党的建设进一步加强，校园文化进一步繁荣

党的建设不断加强。制定了《关于推进“两学一做”学习教育常态化制度化的实施方案》和《任务清单》，以“两学一做”为基本内容，以“三会一课”为基本制度，以党支部为基本单位，推动学习教育融入日常、抓在经常，“两学一做”学习教育常态化制度化取得初步成效。巡视整改工作取得明显成效。完成新一轮处科级干部聘任工作，进一步优化本院干部队伍结构。认真开展院处级干部企业、社团兼职清理规范工作，进一步规范领导干部兼职管理。完成学院出席市第十二次党代会代表选举、党的十九大代表候选人、全国政协、市人大、市政协人选推荐工作。

对党风廉政建设主体责任进行签字背书，全面落实主体责任全程记实工作，积极做好党风廉政建设责任制检查考核，全面落实从严治党专项整治。强化了对中央八项规定落实情况、领导干部履行职责等情况的监督检查。继续深入开展“知规守纪”教育活动，扎实开展党风廉政教育。

重视抓好意识形态工作。与各党总支、直属党支部签订了《2017 年度意识形态工作责任书》，狠抓《举办形势报告会等管理暂行办法》等三个文件的贯彻落实。

加强对中心工作的宣传力度。印发了院报五四专刊、教师节专刊、招生专刊，在多个郊区电视台和报纸开展了招生宣传，持续开展了“十三五”规划的宣传。校园文化和精神文明建设日益深入。开展了黄大年式教师团队、首都道德模范、首都市民学习之星评选和学院“六育人”评优表彰活动。充分发挥工会、共青团等群团组织作用，开展思想教育，繁荣校园文化。积极推进离退休和关工委工作。安全稳定工作得到加强。按照“谁主管、谁负责”的原则，认真落实一岗双责，不断健全完善责任体系。

北京市农业职业学院领导班子成员

党委书记　李云伏
院长　王福海
副书记　杜保德　冯学会
纪委书记　牟少华
副院长　李俊英　程文华

（北京市农业职业学院　孙田田）

统 计 资 料

农村基本情况

指标名称	计量单位	北京市	朝阳区	丰台区	海淀区	门头沟区	房山区	通州区
1. 村委会个数	个	3 920	144	64	84	178	459	470
2. 乡村户数	户	2 166 560	247 973	113 454	146 768	34 129	204 925	285 847
3. 乡村人口	人	5 665 958	571 326	287 144	380 595	71 153	591 486	774 820
4. 乡村从业人员	人	3 522 122	384 282	175 157	237 958	35 723	314 974	400 710

指标名称	计量单位	顺义区	昌平区	大兴区	怀柔区	平谷区	密云区	延庆区
1. 村委会个数	个	426	301	527	284	273	334	376
2. 乡村户数	户	230 939	347 956	154 558	90 829	109 105	116 942	83 135
3. 乡村人口	人	613 909	836 790	493 039	221 651	337 402	283 923	202 720
4. 乡村从业人员	人	370 766	631 792	305 054	139 332	205 518	198 534	122 322

农林牧渔业总产值（现价）

单位：万元

各 区	农林牧渔业总产值			农 业			林 业		
	2017	2016	2017年比2016年增长（%）	2017	2016	2017年比2016年增长（%）	2017	2016	2017年比2016年增长（%）
北京市	3 083 174.7	3 380 635.1	−8.8	1 298 303.6	1 452 011.5	−10.6	588 230.8	522 090.4	12.7
朝阳区	33 280.2	31 935.1	4.2	4 968.7	5 287.9	−6.0	22 926.0	20 174.8	13.6
丰台区	20 797.0	17 012.3	22.2	8 839.8	8 015.9	10.3	9 797.0	6 734.7	45.5
海淀区	43 711.1	51 718.7	−15.5	15 463.6	17 985.5	−14.0	15 134.4	18 167.0	−16.7
门头沟区	26 982.1	24 925.8	8.2	8 900.4	9 423.5	−5.6	13 146.7	8 150.9	61.3
房山区	357 000.7	382 035.3	−6.6	164 106.9	180 407.7	−9.0	59 906.7	54 470.4	10.0
通州区	408 018.4	424 141.3	−3.8	184 545.6	219 283.6	−15.8	75 726.1	57 409.0	31.9
顺义区	483 405.8	534 110.6	−9.5	177 824.6	178 925.3	−0.6	84 212.2	92 232.5	−8.7
昌平区	203 273.4	206 738.1	−1.7	80 585.9	73 178.9	10.1	52 787.4	46 353.2	13.9
大兴区	408 028.1	488 174.9	−16.4	202 432.2	239 758.9	−15.6	91 506.9	85 222.1	7.4
怀柔区	154 252.5	152 464.1	1.2	44 509.8	48 602.6	−8.4	62 919.6	43 214.2	45.6
平谷区	398 083.6	449 870.9	−11.5	194 022.1	224 821.3	−13.7	21 613.4	15 827.2	36.6
密云区	357 788.7	408 905.3	−12.5	161 221.4	189 606.0	−15.0	48 071.0	46 831.7	2.6
延庆区	176 831.0	193 145.7	−8.4	50 882.6	56 714.4	−10.3	30 483.4	27 302.7	11.6

（续）

各 区	牧 业			渔 业			农林牧渔服务业		
	2017	2016	2017年比2016年增长（%）	2017	2016	2017年比2016年增长（%）	2017	2016	2017年比2016年增长（%）
北京市	1 013 709.4	1 226 873.9	−17.4	96 072.6	92 269.0	4.1	86 858.3	87 390.3	−0.6
朝阳区	283.3	161.2	75.7	2 097.9	3 286.9	−36.2	3 004.3	3 024.3	−0.7
丰台区	745.1	846.6	−12.0	0.0	0.0		1 415.1	1 415.1	0.0
海淀区	6 180.1	8 528.6	−27.5	33.0	82.6	−60.0	6 900.0	6 955.0	−0.8
门头沟区	4 057.5	6 468.9	−37.3	0.0	0.0		877.5	882.5	−0.6
房山区	112 896.7	126 487.2	−10.7	6 705.4	7 184.0	−6.7	13 385.0	13 486.0	−0.7
通州区	111 046.3	119 945.7	−7.4	26 809.2	17 553.8	52.7	9 891.2	9 949.2	−0.6
顺义区	191 268.3	233 274.6	−18.0	12 188.9	11 690.4	4.3	17 911.8	17 987.8	−0.4
昌平区	60 711.4	77 927.1	−22.1	1 677.6	1 737.8	−3.5	7 511.1	7 541.1	−0.4
大兴区	103 842.3	151 387.1	−31.4	1 380.4	2 875.5	−52.0	8 866.3	8 931.3	−0.7
怀柔区	38 601.8	51 881.2	−25.6	7 346.4	7 884.2	−6.8	874.9	881.9	−0.8
平谷区	165 140.7	195 278.5	−15.4	15 296.7	11 933.2	28.2	2 010.7	2 010.7	0.0
密云区	131 354.6	154 308.0	−14.9	8 473.7	9 411.6	−10.0	8 668.0	8 748.0	−0.9
延庆区	87 581.3	100 379.2	−12.7	2 341.3	3 172.0	−26.2	5 542.4	5 577.4	−0.6

注：全市数据含远洋渔业数据。

主要农产品产量

单位：吨

各 区	粮 食			蔬菜（含食用菌）			干鲜果品（不含瓜果类）		
	2017	2016	2017年比2016年增长（%）	2017	2016	2017年比2016年增长（%）	2017	2016	2017年比2016年增长（%）
全 市	411 237.4	536 917.2	−23.4	1 568 184.0	1 835 771.2	−14.6	611 471.3	660 909.8	−7.5
朝阳区	12.5	58.0	−78.4	4 811.4	6 262.6	−23.2	607.2	381.9	59.0
丰台区	251.7	151.5	66.1	2 925.7	4 856.3	−39.8	766.3	863.4	−11.2
海淀区	2 112.0	2 669.0	−20.9	17 034.6	19 209.2	−11.3	3 766.8	4 779.4	−21.2
门头沟区	968.2	1 184.3	−18.2	3 173.8	3 707.4	−14.4	3 268.4	3 475.0	−5.9
房山区	48 682.1	54 699.3	−11.0	149 470.1	155 057.0	−3.6	33 803.9	29 936.7	12.9
通州区	28 306.6	47 129.6	−39.9	352 525.4	402 989.1	−12.5	38 644.7	43 441.7	−11.0
顺义区	60 966.6	82 934.9	−26.5	259 321.7	259 402.8	0.0	49 877.0	53 899.2	−7.5
昌平区	5 684.7	7 606.3	−25.3	37 530.3	39 392.2	−4.7	32 743.2	31 923.4	2.6
大兴区	55 862.6	84 287.3	−33.7	418 602.9	539 555.0	−22.4	59 496.6	72 844.2	−18.3
怀柔区	25 961.0	37 361.3	−30.5	20 194.1	22 521.1	−10.3	23 336.1	23 405.3	−0.3
平谷区	43 453.9	45 814.6	−5.2	88 641.3	149 040.4	−40.5	285 369.2	310 142.5	−8.0
密云区	69 043.6	65 189.6	5.9	155 244.0	169 625.8	−8.5	61 703.0	65 084.8	−5.2
延庆区	81 861.6	99 545.8	−17.8	58 708.7	64 152.3	−8.5	18 088.9	20 732.3	−12.8

（续）

各区	肉类			#猪牛羊肉		
	2017	2016	2017年比2016年增长（%）	2017	2016	2017年比2016年增长（%）
全　市	263 924.7	303 721.1	−13.1	217 483.8	243 658.8	−10.7
朝阳区	17.2	9.9	73.8	17.2	9.9	73.8
丰台区	129.6	118.0	9.8	124.7	114.1	9.3
海淀区	1 348.3	1 931.6	−30.2	1 326.5	1 696.3	−21.8
门头沟区	1 515.4	2 744.4	−44.8	483.3	808.2	−40.2
房山区	35 046.1	39 000.1	−10.1	29 616.9	32 709.0	−9.5
通州区	28 615.8	30 983.3	−7.6	23 557.1	24 931.1	−5.5
顺义区	60 869.4	70 634.5	−13.8	55 722.5	65 829.6	−15.4
昌平区	9 352.4	8 799.3	6.3	8 414.6	8 199.6	2.6
大兴区	31 309.9	44 683.4	−29.9	25 470.3	34 476.8	−26.1
怀柔区	11 833.7	15 156.5	−21.9	9 516.7	11 035.3	−13.8
平谷区	44 077.3	44 878.3	−1.8	35 835.5	35 651.9	0.5
密云区	27 149.4	30 396.7	−10.7	18 284.0	18 462.5	−1.0
延庆区	12 660.2	14 385.1	−12.0	9 114.5	9 734.5	−6.4

各区	牛奶			鲜蛋		
	2017	2016	2017年比2016年增长（%）	2017	2016	2017年比2016年增长（%）
全　市	374 212.9	456 952.8	−18.1	156 847.4	183 333.9	−14.4
朝阳区	285.8	157.5	81.5			
丰台区	36.0	109.4	−67.1	341.9	360.1	−5.1
海淀区	1 662.1	2 535.5	−34.4	164.7	156.8	5.0
门头沟区	23.5	24.5	−4.1	109.5	123.5	−11.3
房山区	35 171.5	39 851.1	−11.7	8 294.4	8 548.9	−3.0
通州区	91 082.5	88 269.3	3.2	5 007.5	6 775.2	−26.1
顺义区	45 386.6	55 183.5	−17.8	6 876.3	8 688.3	−20.9
昌平区	24 760.5	32 387.3	−23.5	3 372.5	3 239.5	4.1
大兴区	63 365.5	88 988.5	−28.8	5 199.4	11 573.0	−55.1
怀柔区	2 824.9	20 167.8	−86.0	1 601.1	1 818.0	−11.9
平谷区	2 035.7	3 460.6	−41.2	72 650.1	85 088.5	−14.6
密云区	66 599.4	78 671.2	−15.3	16 079.7	19 322.7	−16.8
延庆区	40 979.1	47 146.6	−13.1	37 150.3	37 639.4	−1.3

注：全市粮食产量为抽样调查推算数据，故与区合计数不等。

农作物播种面积

单位：公顷

各区	农作物播种面积			#粮食作物			#蔬菜及食用菌		
	2017	2016	2017年比2016年增长（%）	2017	2016	2017年比2016年增长（%）	2017	2016	2017年比2016年增长（%）
全　市	125 907	151 404	−16.8	66 844	87 329	−23.5	41 849	47 450	−11.8
朝阳区	247	314	−21.2	2	9	−82.1	205	256	−19.7
丰台区	214	230	−6.7	50	40	25.0	146	167	−12.2
海淀区	1 091	1 134	−3.8	411	479	−14.2	566	583	−3.0
门头沟区	1 762	2 083	−15.4	603	840	−28.2	83	84	−0.6
房山区	15 097	16 627	−9.2	9 166	10 746	−14.7	4 435	4 509	−1.6
通州区	13 266	17 686	−25.0	4 452	7 462	−40.3	8 110	9 361	−13.4
顺义区	20 593	24 242	−15.1	9 954	13 424	−25.8	5 885	6 496	−9.4
昌平区	3 266	3 723	−12.3	1 306	1 773	−26.4	992	1 082	−8.3
大兴区	23 445	31 859	−26.4	7 405	12 968	−42.9	13 069	14 984	−12.8
怀柔区	6 835	8 102	−15.6	4 426	6 370	−30.5	759	841	−9.8
平谷区	9 805	11 780	−16.8	6 921	7 908	−12.5	2 490	3 573	−30.3
密云区	15 403	16 450	−6.4	10 756	11 705	−8.1	3 442	3 679	−6.4
延庆区	14 883	17 175	−13.3	11 392	13 604	−16.3	1 666	1 836	−9.2

设施农业

指标名称	占地面积（亩）			销售收入（万元）		
	本年实际	上年同期	增减（%）	本年实际	上年同期	增减（%）
合计	224 111	231 062.5	−3.0	545 042.3	543 706.9	0.2
一、温室	120 002	125 160.3	−4.1	377 724.6	385 097.5	−1.9
1. 蔬菜	—	0		215 040.2	234 431.5	−8.3
2. 食用菌（干鲜混合）	—	0		66 165.7	61 453.8	7.7
3. 花卉苗木	—	0		33 117.2	30 014.6	10.3
其中：鲜切花	—	0		4 883.0	5 205.1	−6.2
盆栽花	—	0		27 730.4	24 314.9	14.0
4. 瓜果类	—	0		43 748.0	42 526.8	2.9
其中：草莓	—	0		41 751.1	39 685.3	5.2
5. 水果	—	0		13 807.4	13 199.2	4.6
6. 其他	—	0		5 846.2	3 471.6	68.4
其中：盆栽观叶植物	—	0		646.9	1 167.2	−44.6

（续）

指标名称	占地面积（亩）			销售收入（万元）		
	本年实际	上年同期	增减（%）	本年实际	上年同期	增减（%）
二、大棚	89 472	87 578.1	2.2	148 880.8	140 024.2	6.3
1. 蔬菜	—	0		101 118.7	103 855	−2.6
2. 食用菌（干鲜混合）	—	0		1 883.8	3 275	−42.5
3. 花卉苗木	—	0		8 530.5	6 556.7	30.1
其中：鲜切花	—	0		1 197.2	1 153.5	3.8
盆栽花	—	0		7 333.4	5 383.2	36.2
4. 瓜果类	—	0		32 261.9	22 302.6	44.7
其中：草莓	—	0		1 701.7	516.9	229.2
5. 水果	—	0		4 076.2	2 840.3	43.5
6. 其他	—	0		1 009.8	1 194.6	−15.5
其中：盆栽观叶植物	—	0		39.4	2	1 870.0
三、中小棚	14 637	18 324.1	−20.1	18 436.9	18 585.2	−0.8
1. 蔬菜	—	0		10 844.8	11 675.4	−7.1
2. 食用菌（干鲜混合）	—	0		559.4	272.1	105.6
3. 花卉苗木	—	0		751.0	1 234.3	−39.2
其中：鲜切花	—	0		63.5	4.5	1 311.1
盆栽花	—	0		672.5	1 087.8	−38.2
4. 瓜果类	—	0		6 198.7	5 148.1	20.4
其中：草莓	—	0		161.2	196	−17.8
5. 水果	—	0		83.0	83.3	−0.4
6. 其他	—	0		0.0	172	−100.0
其中：盆栽观叶植物	—	0		0.0	0	
设施个数	211 358	221 249	−4.5			

生 猪 生 产

各 区	存栏（头）			出栏（头）		
	本年	上年	幅度（%）	本年	上年	幅度（%）
北京市	1 121 828	1 653 117	−32.1	2 420 685	2 753 386	−12.1
朝阳区						
丰台区	776	1 028	−24.5	1 178	1 008	16.9
海淀区	3 950	16 654	−76.3	13 515	19 095	−29.2
门头沟	2 703	2 361	14.5	4 667	6 299	−25.9
房山区	140 343	230 841	−39.2	339 429	379 817	−10.6
通州区	112 055	136 909	−18.2	253 176	261 240	−3.1
顺义区	368 704	476 142	−22.6	634 944	763 382	−16.8
昌平区	48 580	75 088	−35.3	91 535	95 202	−3.9
大兴区	58 956	180 683	−67.4	279 298	398 690	−29.9
怀柔区	38 440	95 843	−59.9	95 107	117 671	−19.2
平谷区	216 101	253 137	−14.6	413 172	403 858	2.3
密云区	64 138	117 562	−45.4	191 340	197 425	−3.1
延庆区	67 082	66 869	0.3	103 324	109 699	−5.8

牛的生产

各区	存栏（头）			出栏（头）		
	本年	上年	幅度（%）	本年	上年	幅度（%）
北京市	128 312	161 556	−20.6	84 258	73 827	14.1
朝阳区	152	541	−71.9	41	38	7.9
丰台区	15	90	−83.3	23	44	−47.7
海淀区	1 262	1 073	17.6	908	1 113	−18.4
门头沟	7	29	−75.9	22		
房山区	11 051	13 438	−17.8	6 434	7 440	−13.5
通州区	25 519	24 838	2.7	7 814	10 096	−22.6
顺义区	30 776	33 457	−8.0	21 059	18 774	12.2
昌平区	7 279	9 539	−23.7	5 682	2 199	158.4
大兴区	11 773	23 837	−50.6	12 906	7 580	70.3
怀柔区	4 422	11 605	−61.9	7 659	4 377	75.0
平谷区	2 795	4 986	−43.9	5 120	6 213	−17.6
密云区	18 475	23 291	−20.7	13 601	11 048	23.1
延庆区	14 786	14 832	−0.3	2 989	4 905	−39.1

羊的生产

各区	存栏（只）			出栏（只）		
	本年	上年	幅度（%）	本年	上年	幅度（%）
北京市	351 815	596 194	−41.0	645 114	696 410	−7.4
朝阳区	353	768	−54.0	930	365	154.8
丰台区	1 414	1 797	−21.3	1 772	2 000	−11.4
海淀区	2 088	2 851	−26.8	1 896	1 362	39.2
门头沟	1 281	8 093	−84.2	10 086	19 846	−49.2
房山区	33 802	126 880	−73.4	138 595	93 566	48.1
通州区	45 239	55 459	−18.4	64 733	78 513	−17.6
顺义区	76 383	74 957	1.9	78 292	84 909	−7.8
昌平区	22 006	30 638	−28.2	31 158	32 523	−4.2
大兴区	27 365	54 336	−49.6	65 137	99 597	−34.6
怀柔区	16 841	47 367	−64.4	36 330	34 030	6.8
平谷区	40 315	75 477	−46.6	102 137	118 016	−13.5
密云区	42 590	66 131	−35.6	72 916	78 112	−6.7
延庆区	42 138	51 440	−18.1	41 132	53 571	−23.2

家禽生产

各区	存栏（万只）			出栏（万只）		
	本年	上年	幅度（%）	本年	上年	幅度（%）
北京市	1 382.41	1 838.05	−24.8	3 115.20	3 882.74	−19.8
朝阳区						
丰台区	2.1	2.61	−19.5	0.51	0.24	112.5
海淀区	1.66	2.81	−40.9	1.70	17.51	−90.3
门头沟	2.8	6.68	−58.1	65.63	113.54	−42.2
房山区	107.83	118.23	−8.8	345.52	417.97	−17.3
通州区	57.06	104.54	−45.4	339.80	397.70	−14.6
顺义区	83.02	99.9	−16.9	343.78	302.09	13.8
昌平区	58.81	62.8	−6.4	61.33	40.47	51.5
大兴区	51.77	155.09	−66.6	364.63	617.10	−40.9
怀柔区	17.33	78.16	−77.8	144.45	247.01	−41.5
平谷区	570.32	642.18	−11.2	604.81	665.01	−9.1
密云区	142.73	268.52	−46.8	594.83	764.48	−22.2
延庆区	286.97	296.53	−3.2	248.22	299.62	−17.2

农业观光园

各区	农业观光园个数（个）		高峰期从业人员（人）		接待人次（人次）		经营总收入（万元）	
	2017	2016	2017	2016	2017	2016	2017	2016
全市	1 216	1 258	39 624	40 349	21 052 828	22 504 746	299 171.5	279 770.9
朝阳区	11	11	1 460	1 770	698 364	1 605 401	50 330.1	40 337.1
丰台区	13	13	884	769	2 650 768	1 718 661	16 346.9	9 428.0
海淀区	66	56	2 767	2 729	356 761	372 894	6 378.9	7 179.7
门头沟区	66	61	902	805	398 404	395 704	3 823.1	4 433.8
房山区	72	97	2 309	2 435	1 418 350	1 804 875	14 591.0	15 071.7
通州区	62	56	2 792	2 836	1 110 975	1 346 770	29 653.5	25 073.4
顺义区	54	51	2 239	2 188	931 715	909 651	10 167.3	10 720.7
昌平区	199	209	6 654	6 748	1 767 992	1 904 970	36 977.7	34 544.1
大兴区	84	97	3 066	3 696	1 261 529	1 543 023	11 989.8	13 729.0
怀柔区	206	210	2 324	2 419	1 984 409	2 214 836	20 805.5	20 873.8
平谷区	194	210	8 649	9 039	3 618 729	4 398 069	30 996.3	38 594.0
密云区	143	144	4 056	3 658	3 496 794	3 391 012	58 440.0	53 096.9
延庆区	46	42	1 522	1 227	1 358 038	898 180	8 671.4	6 665.7

注：全市合计数中含石景山区数据，故分区数据相加不等于合计。

民 俗 旅 游

各 区	民俗旅游接待户数（户）		高峰期从业人员（人）		民俗旅游接待人次（人次）		民俗旅游总收入（万元）	
	2017	2016	2017	2016	2017	2016	2017	2016
全 市	8 363	9 026	22 455	22 215	22 321 317	22 974 198	142 021.7	143 540.6
朝阳区	3	3	5	5	547	800	3.0	6.5
海淀区	20	26	56	45	40 274	38 798	250.8	257.4
门头沟区	436	463	1 097	1 144	658 513	857 041	4 827.6	5 669.8
房山区	1 254	1 324	2 079	2 176	1 608 497	1 827 490	8 211.4	9 451.3
通州区	76	77	53	115	33 660	40 116	679.8	1 608.4
顺义区	32	32	205	164	140 294	51 540	619.3	802.8
昌平区	352	351	1 655	1 572	2 560 062	2 412 172	11 002.4	10 422.4
大兴区	74	96	594	627	395 776	427 940	1 543.1	1 737.0
怀柔区	1 495	1 585	4 218	4 226	2 716 473	2 467 082	21 072.6	19 142.4
平谷区	1 374	1 844	4 688	4 929	4 345 902	4 704 247	29 241.5	31 187.5
密云区	2 157	2 185	4 580	4 470	4 841 860	4 933 420	33 402.8	31 988.9
延庆区	1 090	1 040	3 225	2 742	4 979 459	5 213 552	31 167.4	31 266.2

注：民俗旅游接待户数为实际经营的户数。

索　引

本索引采取主题索引法编纂，主题词以年鉴正文出现的重要专业名词或名词词组、机构名为主。按汉语拼音音序排列，汉字的标目按首字的音序、音调依次排列，首字相同时，则以第二字排序，依此类推。

X

Y

Z

图书在版编目（CIP）数据

北京农村年鉴．2018／《北京农村年鉴》编委会编．—北京：中国农业出版社，2019.5
ISBN 978-7-109-25356-8

Ⅰ．①北…　Ⅱ．①北…　Ⅲ．①农村经济—北京—2018—年鉴　Ⅳ．①F327.1-54

中国版本图书馆 CIP 数据核字（2019）第 052190 号

中国农业出版社出版
（北京市朝阳区麦子店街 18 号楼）
（邮政编码 100125）
责任编辑　姚　红　孙鸣凤　边　疆　潘洪洋

北京通州皇家印刷厂印刷　　新华书店北京发行所发行
2019 年 5 月第 1 版　　2019 年 5 月北京第 1 次印刷

开本：889mm×1194mm　1/16　　印张：28.75　　插页：10
字数：840 千字
定价：200.00 元